LE ROBERT & NATHAN

allemand
vocabulaire

Florent Gabaude
Professeur agrégé
en classes préparatoires

Frédérique Mengard
Maître de conférences

Sibylle Nowag-Pugliarelli
Studienrätin

Nathan

ISBN : 978-209-184472-5

Avant-propos

Avoir du vocabulaire : employer le mot juste qui reflète fidèlement notre pensée, s'exprimer à propos et en termes choisis. Tâche délicate dans une langue étrangère, où nous nous voyons trop souvent contraints de simplifier grossièrement une pensée que l'on voulait précise, riche et nuancée. L'approximation nous guette, voire l'erreur.

Ce qui nous fait alors cruellement défaut, c'est le nécessaire rapport de **familiarité** qu'il faut entretenir avec les mots d'une langue — et parfois avec la réalité culturelle qu'ils véhiculent.

Fonctionnel et pédagogique, **l'allemand contemporain** multiplie explications et conseils qui permettront à tous de bien saisir tant le sens des mots que les principaux usages qui s'y rattachent.

Les thèmes et les mots proposés répondent aux besoins lexicaux rencontrés dans la plupart des **situations de communication** et permettront d'optimiser les échanges oraux ou écrits, de prendre part aux débats actuels et, plus généralement, d'enrichir l'expression personnelle.

Originalité importante de l'ouvrage, un soin particulier a été apporté à **la mise en contexte**, avec un approfondissement à plusieurs niveaux :

- en regard des mots, de **nombreuses aides** permettent d'apprivoiser les subtilités de la langue allemande (formation des mots, polysémie, variantes linguistiques, irrégularités…) ;
- **l'entraînement pratique** active l'assimilation et permet d'éprouver les acquis ;
- **la dimension culturelle**, très présente, apporte d'utiles éclairages sur le sens et la formation de mots hérités du passé ou nés de l'actualité ;
- **les expressions idiomatiques**, par leur portée métaphorique, invitent à manier une langue colorée et imagée.
- Enfin, la **modernité du vocabulaire** proposé fait de ce recueil un reflet fidèle du monde d'aujourd'hui.

Au-delà de la simple compilation de mots, le lecteur trouvera en l'**allemand contemporain** une source d'inspiration et de créativité, un outil stimulant ouvrant tant aux richesses de la langue allemande qu'à celles de la pensée germanique.

Table des matières

L'homme social, politique, religieux

L'homme en construction

L'homme dans l'espace et le temps

L'homme, agent économique

Les loisirs

Les outils de l'expression

Annexes

Guide d'utilisation

Pour tirer le meilleur parti de l'ouvrage

28 chapitres thématiques

Communiquer et trouver des idées, au gré des besoins

- 27 thèmes généraux couvrent les domaines essentiels de l'activité humaine et de la pensée.
- Le dernier chapitre prolonge les listes thématiques en offrant des structures incontournables de l'expression (expression des opinions, des appréciations, etc.)

► La classification des mots

Consulter, apprendre et mémoriser :

- L'alignement en colonnes permet l'accès par le français ou par l'allemand et favorise l'apprentissage et la révision.
- Sont regroupés noms, verbes, adjectifs.
- Les trois catégories sont séparées par un filet de couleur rouge.

► Les bulles d'aide

Comprendre et retenir :

(!) *fidèle* : treu

- **les registres**

fam.	familier
péj.	péjoratif
plais.	plaisanterie
iron.	ironique
pron.	prononciation
jarg.	jargon
pop.	populaire

- **les variantes linguistiques**

AU	Autriche
CH	Suisse
SÜDD	Allemagne du Sud

- **les irrégularités**

Les verbes irréguliers sont accompagnés d'indications concernant leur conjugaison aux : (prétérit, participe 2, 3e personne du présent de l'indicatif).

(!)	faux ami, difficulté orthographique...
(AS)	adjectif substantivé
sing.	singulier
plur.	pluriel
pron.	prononciation

- **les nuances de sens**

aussi	autre sens
≠	antonyme
=	équivalent culturel

- **les similitudes avec la langue anglaise**
- **les abréviations**

jdn	jemanden
jdm	jemandem
A	accusatif
D	datif
G	génitif

ÜBUNGEN

Mémoriser par la pratique

- Les exercices portent sur le réemploi en contexte, la formation des mots, le sens, l'emploi grammatical, etc.
- Avec des corrigés pour évaluer les acquis.

MEHR WÖRTER

Mieux connaître le monde germanophone

► **Landeskunde**
Découvrir le contexte culturel :

Du patrimoine linguistique aux toutes dernières créations dictées par l'actualité, cette rubrique donne les explications nécessaires sur les termes spécifiques à la civilisation germanique.

► **Bildlich gesprochen**
S'exprimer dans une langue imagée, colorée, vivante :

Les mots du chapitre sont ici utilisés dans un contexte métaphorique.

► **Rund um...**

Gros plan sur des termes mis en vedette pour la richesse de leur polysémie.

► **Zum Nachdenken**

Dictons, proverbes ou citations donnent le dernier mot à la sagesse populaire.

1 Sprache und Kommunikation
La parole et le discours

1 Die Stimme — La voix et les voix

> der Muttersprachler, -: *le locuteur natif*
> Es hat ihm die Sprache verschlagen: *il en est resté bouche bée*

> die tote Sprache: *la langue morte*

> die Parole, -n: *le mot d'ordre, le slogan*

> = das Rotwelsch[e]

> sprichwörtlich: *proverbial*

Die Sprache	La langue
die Sprache, -n	la langue
die Muttersprache, -n	la langue maternelle
die Fremdsprache, -n	la langue étrangère
die lebende Sprache, -n	la langue vivante
der Dialekt, -e; die Mundart, -en	le dialecte, le patois
die Sprache der Einheimischen	la langue vernaculaire
die Phrasendrescherei	la langue de bois
das Wort, -e	la parole
das Wort, ¨-er	le mot
der Ausdruck, ¨-e	l'expression
das Sprachregister, -	le registre de langue
die Umgangssprache, -n	la langue parlée, la langue familière
das/der Argot; der Jargon, -s	l'argot
die Fachsprache, -n	le jargon, la langue de spécialité
das Kauderwelsch	le sabir, le charabia
die Sprachvermengung, -en	la confusion des langues
die Gaunersprache, -n	l'argot du milieu
die Geheimsprache, -n	le langage secret, chiffré
das Sprichwort, ¨-er	le proverbe
die Redensart, -en	l'idiotisme
die Redewendung, -en	la tournure, l'expression
das Klischee, -s	le cliché
die Phrase, -n	la formule toute faite
der Akzent, -e	l'accent
die Aussprache, -n	la prononciation

> fließend (deutsch) sprechen/können: *parler couramment l'allemand*
> ein holpriges Deutsch sprechen/gebrochen deutsch sprechen: *parler avec difficulté*

> Ich möchte dies betonen: *j'insiste là-dessus*

sprechen (a, o, i)	parler
aus/sprechen (a, o, i)	prononcer, articuler
sich versprechen (a, o, i)	se tromper en parlant
sagen	dire
reden	parler
betonen	accentuer
buchstabieren	épeler
auf/sagen	réciter
herunter/leiern	débiter qqch d'une voix monotone
etwas in Worte fassen	formuler qqch

sprachlich	qui concerne la langue, grammatical
gesprochen	parlé
linguistisch	linguistique

	• zweisprachig, bilingual	• bilingue
	• muttersprachlich	• de langue maternelle
	• gehoben	• soutenu
(!) salopp: *familier*	• umgangsprachlich	• familier
	• abgedroschen	• usé, désuet
	• überladen	• surchargé
	• schnulzig	• niais
	• knapp	• bref
	• nüchtern	• sobre
	• sachlich	• concret, précis, sobre
	• förmlich	• formel
	• feierlich	• solennel
	• locker	• décontracté, cool
	• unaussprechbar	• imprononçable
	• unaussprechlich	• indicible, inexprimable

Die Stimme — La voix

der Stimmbruch: *la mue*	• die Stimme, -n	• la voix
	• der Laut, -e	• le son
aussi : *l'argile*	• der Ton, ¨-e	• le son, le ton
	• der Tonfall, ¨-e	• l'intonation
	• die Betonung, -en	• l'accentuation
	• die Klangfarbe, -n	• le timbre
	• die Schwingung, -en	• la vibration
	• das Stimmband, ¨-er	• la corde vocale
der letzte Schrei (Mode): *le dernier cri*	• der Schrei, -e	• le cri
	• das Geschrei	• les cris
pluriel	• das Kreischen	• les cris stridents
	• das Gezeter	• les braillements, les hurlements
der Ruf: *la réputation*	• der Ruf, -e	• le cri, l'appel
	• das Heulen	• le hurlement
	• das Wutgeheul, -e	• le hurlement de colère
	• das Geflüster	• le chuchotement
	• das Gemurmel	• le murmure
	• das Gesumme; das Summen	• le fredonnement
das Wiegenlied: *la berceuse* das Volkslied: *la chanson populaire*	• das Lied, -er	• la chanson
	• der Gesang, ¨-e	• le chant

• vernehmen (a, o, i)	• percevoir
• die Stimme erheben (o, o)	• élever la voix
• hören	• entendre
• zu/hören	• écouter
• lauschen (+ D)	• tendre l'oreille (à qqch)
• rufen (ie, u)	• crier, appeler
• schreien (ie, ie)	• crier
• aus/rufen (ie, u)	• s'écrier
• donnern	• tonner
• flüstern	• chuchoter
• lispeln	• balbutier, susurrer
• murmeln	• murmurer, marmonner

- **jammern, wimmern, stöhnen** • geindre, gémir
- **sich heiser reden** • s'enrouer à force de parler

- **mehr stimmig** • à plusieurs voix
- **einstimmig** • unanime
- **laut** • tout haut, sonore
- **leise** • tout bas, faible
- **sanft, zart** • doux
- **eindringlich** • pressant
- **einschmeichelnd** • enjôleur
- **polternd, ohrenbetäubend** • bruyant, assourdissant
- **hörbar** • audible
- **wahrnehmbar** • perceptible
- **deutlich** • distinct
- **hell, klar** • clair, limpide
- **hoch, spitz** • aigu
- **schrill** • strident
- **tief** • grave
- **dumpf** • sourd
- **gedämpft** • assourdi
- **erstickt, unterdrückt** • étouffé
- **heiser, rauh** • enroué, rauque, éraillé
- **zitternd** • tremblant, chevrotant
- **näselnd** • nasillard
- **scharf** • perçant
- **mächtig, wuchtig** • puissant, imposant
- **kraftvoll, energisch** • énergique
- **donnernd, durchdringend** • tonitruant
- **markerschütternd** • déchirant
- **abgehackt** • saccadé

laut werden: *devenir public*
schreien so laut man kann: *crier à tue-tête*

mit gedämpfter Stimme: *à voix basse*

die Heiserkeit: *l'enrouement*

ein scharfer Verweis: *une verte réprimande*

das Mark, -: *la moelle*

Sprachfehler — Troubles de la parole

- **die Sprechweise, -n** • l'élocution
- **der Sprachfehler, -** • le défaut d'élocution, le trouble de la parole
- **der Aussprachefehler, -** • le défaut de prononciation
- **das Lispeln** • le zézaiement
- **das Stottern; das Stammeln** • le bégaiement
- **der Stotterer, -** • le bègue
- **der Autist, -en; die Autistin, -nen** • l'autiste
- **der Stumme (AS)** • le muet
- **der Taubstumme (AS)** • le sourd muet
- **der Logopäde, -n, -n** • l'orthophoniste

- **zögern** • hésiter
- **sich versprechen (a, o, i)** • commettre un lapsus
- **stammeln** • bafouiller, bredouiller
- **undeutlich reden, nuscheln** • parler indistinctement
- **sich verheddern** • s'empêtrer, s'embrouiller
- **lallen, stottern** • bégayer

≠ etwas versprechen: *promettre qqch*
er hat sich versprochen: *sa langue a fourché*

anglais : *to stutter*

• **an/stoßen (ie, o, ö)**	• zozoter
• **lispeln**	• zézayer, avoir un cheveu sur la langue
• **sich verständlich machen**	• se faire comprendre

selbstverständlich: *évident ; évidemment*

stumm wie ein Fisch: *muet comme une carpe*

• **verständlich**	• intelligible
• **undeutlich**	• indistinct
• **autistisch**	• autiste
• **stumm**	• muet
• **zitternd**	• chevrotant
• **stockend**	• hésitant

2 Redseligkeit und Wortkargheit / Loquacité et taciturnité

Die Redseligkeit / La loquacité

das Gelaber (fam.): *le baratin, le blabla*

leeres Gerede: *le verbiage*

der Kaffeeklatsch: *réunion de dames prenant le café*

einen Schnitzer machen/begehen: *faire une gaffe*

• **die Redegewandheit**	• la loquacité
• **die Gesprächigkeit**	• la volubilité
• **der Redefluss, ¨-se**	• le débit
• **die Weitschweifigkeit**	• la verbosité
• **das Palaver**	• les palabres
• **das Gerede**	• les racontars
• **das Geschwafel**	• les balivernes
• **das Plaudern**	• le bavardage, le papotage
• **das Geschwätz**	• le bavardage, les commérages
• **der Wortschwall, -e**	• un flot de paroles
• **die Phrasendrescherei**	• la langue de bois
• **der Klatsch, -e; der Tratsch, -e**	• un cancan, un ragot
• **der Schwätzer, -**	• le bavard
• **der Schönredner, -**	• le beau parleur
• **der Angeber, -; der Aufschneider, -**	• le fanfaron
• **die Prahlerei, -en; die Angeberei, -en**	• la fanfaronnade, la vantardise
• **der Lapsus, -**	• le lapsus
• **der Schnitzer, -**	• la gaffe

aussi : *ruminer*

brachte, gebracht

zog, gezogen

familier

• **weit ausholen**	• remonter au déluge
• **(vom Thema) ab/schweifen**	• faire une digression
• **schwatzen, plaudern**	• bavarder
• **aus/plaudern**	• ébruiter
• **ins Blaue hinein/schwatzen**	• parler en l'air
• **wiederkäuen**	• rabâcher, ressasser un sujet
• **klatschen**	• faire des commérages, jaser
• **jdn zum Sprechen bringen**	• faire parler qqn
• **ununterbrochen reden**	• parler sans cesse
• **jdm die Würmer aus der Nase ziehen**	• tirer les vers du nez à qqn
• **beschwatzen**	• baratiner
• **seinen Senf dazu geben (a, e, i)**	• mettre son grain de sel
• **etwas ausspucken**	• cracher le morceau

• **prahlen**	• se vanter de
• **jdn langweilen**	• ennuyer qqn
• **ein gutes Mundwerk haben**	• avoir la langue bien pendue
• **nicht auf den Mund gefallen sein**	• ne pas avoir sa langue dans sa poche
• **ins Blaue hinein/reden**	• parler à tort et à travers
• **ins Fettnäpfchen treten (a, e, i)**	• mettre les pieds dans le plat
• **leere Phrasen dreschen**	• pratiquer la langue de bois

• **redselig**	• loquace
• **schwatzhaft, geschwätzig**	• bavard, cancanier
• **gesprächig**	• volubile, expansif
• **langatmig, ausholend, weitschweifig**	• qui fait des digressions, verbeux
• **unermüdlich**	• intarissable
• **leichtfertig**	• irréfléchi
• **ungeniert**	• désinvolte

Die Zurückhaltung — La modération

peinliche Stille: *un silence pesant*
das Schweigen im Walde (fam.): *un ange passe*

• **das Schweigen; die Stille, -**	• le silence, le mutisme
• **die Verschwiegenheit**	• la discrétion
• **die Zurückhaltung**	• la réserve, la modération
• **die Diskretion**	• la discrétion
• **der Vorbehalt, -e**	• la réserve, la réticence
• **die Reserve, -n**	• la retenue
• **die Verlegenheit, -en**	• l'embarras, la gêne
• **die Sprachlosigkeit**	• la stupéfaction
• **die Scham**	• la pudeur

die Verlegenheitspause: *un ange qui passe*

• **schweigen (ie, ie)**	• se taire
• **etwas verschweigen (ie, ie)**	• passer qqch sous silence
• **das Schweigen bewahren**	• garder le silence
• **sich aus/schweigen (ie, ie) über** (+ A)	• garder le silence sur
• **in Schweigen verfallen (ie, a, ä)**	• s'enfermer dans le silence
• **seine Worte ab/wiegen (o, o)**	• peser ses mots
• **seine Zunge im Zaum halten** (ie, a, ä)	• tenir sa langue
• **verstummen**	• cesser de parler
• **Abstand wahren**	• garder ses distances
• **sich beherrschen**	• se contenir
• **nach Worten ringen (a, u)**	• ne plus trouver ses mots

das Ringen: *la lutte*

• **zurückhaltend**	• réservé, distant
• **umsichtig**	• circonspect
• **reserviert**	• réservé, prudent
• **wortkarg, schweigsam**	• taciturne, peu loquace
• **verschlossen**	• renfermé
• **zugeknöpft**	• fermé
• **unzugänglich**	• inabordable
• **diskret**	• discret
• **schweigend, schweigsam**	• silencieux

schweigsam wie ein Grab: *être muet comme une tombe*

• **verschwiegen**	• discret
• **schüchtern**	• timide
• **sprachlos**	• coi, interloqué
• **vorsichtig**	• prudent
• **lakonisch**	• laconique
• **implizit**	• implicite
• **der langen Rede kurzer Sinn**	• bref, pour résumer

Die Offenheit im Reden — Le franc-parler

• **die Offenheit**	• la franchise
• **die Aufrichtigkeit**	• la sincérité
• **die Redlichkeit**	• la loyauté, l'honnêteté
• **die Unredlichkeit**	• la malhonnêteté, la mauvaise foi
• **die Ehrlichkeit**	• l'honnêteté
• **die Unehrlichkeit**	• la malhonnêteté
• **die Falschheit**	• l'hypocrisie, la duplicité
• **die Heuchelei**	• l'hypocrisie, la dissimulation
• **der Heuchler, -**	• l'hypocrite, le tartuffe

anglais : *to lie*	• **lügen (o, o)**	• mentir
(a, o, i)	• **kein Blatt vor den Mund nehmen**	• ne pas mâcher ses mots
	• **nicht auf den Mund gefallen sein**	• ne pas avoir sa langue dans sa poche
	• **mit jdm offen reden**	• être franc avec qqn
(a, o, i)	• **frei von der Leber weg sprechen**	• avoir son franc parler
	• **ehrlich gesagt, offen gesagt**	• pour parler franc
	• **um den heißen Brei herum/reden**	• tourner autour du pot

anglais : *open*	• **offen**	• franc, franche
	• **ehrlich**	• honnête, sincère
	• **redlich**	• honnête, loyal
	• **aufrichtig**	• franc, sincère
	• **direkt**	• direct
	• **schroff**	• sec
	• **unverblümt**	• sans fioritures, sans détour
	• **falsch**	• faux, perfide
	• **unehrlich**	• malhonnête
	• **heuchlerisch**	• hypocrite
	• **verlogen**	• mensonger

3 Der Gefühlsausdruck — L'expression des sentiments

Die gute Laune — La bonne humeur

anglais : *the feeling*	• **das Gefühl, -e**	• le sentiment
die Stimmungskanone: *qqn qui met de l'ambiance*	• **die Stimmung, -en**	• l'état d'âme
	• **die Zufriedenheit**	• la satisfaction

die Schadenfreude: *la joie maligne*	• **die Freude, -n**	• la joie
	• **die Fröhlichkeit**	• la joie, la gaieté
	• **der Frohsinn**	• l'entrain, la bonne humeur
	• **die Heiterkeit**	• l'hilarité
	• **die Lustigkeit**	• la gaieté
	• **die Ausgelassenheit**	• l'exubérance
	• **das Vergnügen, -**	• le plaisir, l'agrément
	• **das Glück**	• le bonheur
	• **die Wonne, -n**	• le délice, le ravissement
	• **der Jubel**	• l'allégresse
	• **die Begeisterung**	• l'enthousiasme, la passion
aussi : *le caprice*	• **die Laune, -n**	• l'humeur
pluriel rare	• **der Humor, -e**	• l'humour
	• **der Optimist, -en, -en**	• l'optimiste
	• **der Optimismus**	• l'optimisme
die Lache: *la façon de rire/la flaque* die Lachsalve: *un grand éclat de rire*	• **das Lachen**	• le rire
	• **das Gelächter**	• les rires
	• **das Lächeln**	• le sourire
	• **das Glucksen**	• le gloussement, le rire bête

anglais : *to laugh*	• **lachen**	• rire
	• **in Gelächter ausbrechen (a, o, i)**	• éclater de rire
	• **schallend lachen**	• éclater, pouffer de rire
familier	• **sich kaputt/lachen**	• rire comme un fou
	• **sich krank/tot lachen**	• mourir de rire
(ie, a, ä)	• **sich vor Lachen den Bauch halten**	• se tenir les côtes de rire
	• **sich ins Fäustchen lachen**	• rire sous cape
	• **glucksen (vor Lachen)**	• glousser
	• **kichern**	• ricaner
	• **prusten (vor Lachen)**	• s'esclaffer
	• **jubeln**	• jubiler
	• **jauchzen**	• exulter
	• **lächeln**	• sourire
sich freuen, dass…: *être content que* sich freuen über + A: *se réjouir, être content de* sich freuen auf + A: *se réjouir, être content en pensant à qqch*	• **sich freuen**	• se réjouir, être content, heureux
	• **sich unbändig/diebisch freuen**	• ne pas réprimer sa joie
	• **jdn erfreuen**	• réjouir qqn
	• **in Stimmung sein**	• être en forme
	• **frohen Mutes/guten Muts sein**	• être d'humeur joyeuse
	• **gute Laune haben/gut gelaunt sein**	• être de bonne humeur
	• **total aus dem Häuschen sein**	• être fou de joie

	• **froh**	• content
	• **fröhlich**	• joyeux
	• **freudestrahlend**	• rayonnant de joie
überglücklich: *comblé de joie*	• **glücklich**	• heureux
	• **zufrieden**	• satisfait, content
	• **entzückt**	• ravi
	• **begeistert**	• enthousiasmé
	• **heiter**	• gai, serein, hilare
(!) *fidèle* : treu	• **lustig; fidel**	• joyeux, gai, plein d'entrain

• **gut gelaunt**	• de bonne humeur, bien luné
• **ausgelassen**	• exubérant
• **euphorisch**	• euphorique

> seine Wut an jdm aus/lassen: *décharger sa colère sur qqn*

Die schlechte Laune — La mauvaise humeur

• **die Laune, -n**	• l'humeur, le caprice
• **die Wut**	• la fureur, la colère
• **der Zorn**	• la colère
• **der Zornausbruch, ¨-e**	• l'accès de colère
• **der Fluch, ¨-e**	• le juron
• **die Beleidigung, -en**	• l'insulte, l'injure
• **der Groll**	• la rancune
• **der Pessimist, -en, -en**	• le pessimiste
• **der Pessimismus**	• le pessimisme
• **die Unzufriedenheit**	• le mécontentement
• **die Klage, -n**	• la plainte
• **das Gejammer**	• la jérémiade
• **das Murren**	• le grognement, le grommellement
• **die Rüge, -n**	• la réprimande
• **der Vorwurf, ¨-e**	• le reproche
• **die Verleumdung, -en**	• la calomnie

> der Fluch: aussi : *le mauvais sort*
>
> das Gejammer: familier

• **jdm die Laune verderben (a, o, i)**	• mettre qqn de mauvaise humeur
• **murren**	• grogner, ronchonner
• **brummen**	• maugréer
• **meckern (über + A)**	• rouspéter (contre)
• **motzen (über + A)**	• râler (contre)
• **schmollen**	• bouder
• **jdn schelten; zurecht/weisen (ie, ie)**	• gronder ; réprimander qqn
• **gegen jdn wettern, jdn verwünschen**	• vitupérer, tempêter
• **fluchen (auf/über + A)**	• pester (après/contre)
• **jdn verfluchen; verwünschen**	• maudire qqn
• **schimpfen (auf/über + A)**	• fulminer (contre/après), invectiver
• **jdn verstimmen**	• fâcher, contrarier qqn
• **beleidigen**	• offenser
• **kränken**	• vexer
• **verleumden**	• calomnier

> brummen: der (alte) Brummbär: *le ronchon, ronchonneur*
>
> jdn verstimmen: aussi : *désaccorder (instrument)*

• **launisch, launenhaft**	• lunatique, changeant, capricieux
• **unzufrieden**	• mécontent
• **mürrisch**	• grognon
• **verstimmt**	• contrarié, fâché
• **wütend (auf/über + A)**	• furieux (contre)
• **zornig (auf/über + A)**	• courroucé, en colère (contre)
• **jähzornig**	• coléreux, colérique
• **grimmig**	• furieux
• **brummig**	• ronchon
• **griesgrämig**	• grincheux
• **rüpelhaft, grob**	• grossier
• **beleidigend**	• insultant, injurieux

> launisch: ihm ist eine Laus über die Leber gelaufen (fam.): *il est de mauvaise humeur*
>
> griesgrämig: der Griesgram, -e: *le grincheux*

• **schimpflich**	• ignominieux
• **aggressiv**	• agressif
• **unfreundlich**	• désobligeant
• **demütigend**	• humiliant
• **böswillig**	• malveillant

Die Betrübnis — Le chagrin

Remarque	Allemand	Français
	• **das Leid, -en**	• la souffrance
	• **die Unruhe, -n**	• l'inquiétude
Sei ohne Sorge: *Ne t'inquiète pas*	• **die Sorge, -n**	• le souci
die Besorgung: *la course, la commission*	• **die Besorgtheit**	• l'inquiétude
	• **die Besorgnis, -se**	• la préoccupation
	• **die Rührung, -en**	• l'émotion
	• **die Traurigkeit**	• la tristesse
Trübsal blasen: *broyer du noir*	• **die Trübsal, -e**	• la (profonde) affliction
	• **die Betrübnis, -se**	• l'affliction, le chagrin
	• **die Mutlosigkeit**	• le découragement
	• **die Schwermut; die Wehmut**	• la mélancolie
	• **die Bestürzung**	• la consternation
	• **die Verzweiflung**	• le désespoir
	• **der Verzweifelnde (AS)**	• le désespéré
	• **der Kummer**	• le chagrin
	• **der Gram**	• la peine
	• **der Schmerz, -en**	• la douleur
die Qual der Wahl: *l'embarras du choix*	• **die Qual, -en**	• le tourment
	• **der Seufzer, -**	• le soupir
pluriel : die Unglücksfälle	• **das Unglück**	• le malheur
	• **das Stöhnen**	• le gémissement
	• **das Ächzen**	• le geignement
	• **das Jammern**	• la lamentation
den Tränen nahe sein: *être au bord des larmes*	• **die Träne, -n**	• la larme
	• **der Schluchzer, -**	• le sanglot

Remarque	Allemand	Français
	• **untröstlich sein**	• être inconsolable
	• **seufzen**	• gémir, soupirer
jdn zum Weinen bringen: *faire pleurer qqn*	• **weinen**	• pleurer
≠ wimmeln: *grouiller (de)*	• **wimmern**	• geindre
	• **klagen; sich beklagen**	• se plaindre
	• **jammern**	• se lamenter
	• **schluchzen**	• sangloter
	• **auf/schluchzen**	• éclater en sanglots
	• **stöhnen**	• gémir
fam. : *pleurer* anglais : *to howl* die Heulsuse: *la pleurnicheuse* das heulende Elend haben: *avoir une forte envie de pleurer*	• **heulen**	• hurler
	• **schmerzen**	• faire mal, faire souffrir
	• **jdm Kummer bereiten**	• causer du chagrin, des soucis à qqn
sich ängstigen: *s'inquiéter* sich zu Tode ängstigen: *mourir de peur*	• **ängstigen**	• faire peur
	• **bedrücken**	• oppresser, préoccuper
	• **sich betrüben**	• s'affliger
	• **(sich) quälen**	• (se) tourmenter

- **bekümmert, besorgt** — soucieux
- **deprimiert** — déprimé
- **traurig** — triste (ein trauriges Ende nehmen: *mal finir*)
- **gerührt, bewegt** — ému
- **schmerzlich** — douloureux (ein schmerzlicher Verlust: *une grosse perte*)
- **grämlich** — morose, chagrin
- **mürrisch** — maussade, morose
- **finster** — sombre, ténébreux
- **schwermütig, wehmütig** — sombre, mélancolique
- **depressiv** — dépressif
- **erschüttert** — bouleversé
- **bestürzt, ge/betroffen** — consterné
- **weinerlich** — larmoyant (personne)
- **tränend** — larmoyant (œil)

4 Die Kommunikation — Le discours

Allgemeines — Généralités

- **die Mitteilung, -en** — la communication, l'information (eine vertrauliche Mitteilung: *une confidence*)
- **die Ankündigung, -en** — la communication, l'annonce
- **die Formulierung, -en** — la formulation
- **die Bemerkung, -en** — la remarque
- **die Erklärung, -en** — la déclaration
- **die Behauptung, -en** — l'affirmation
- **die Erzählung, -en** — le récit, la narration
- **die Nacherzählung, -en** — la relation, le récit
- **die Zusammenfassung, -en** — le résumé
- **die Frage, -n** — la question (das kommt nicht in Frage: *c'est hors de question*)
- **die Antwort, -en** — la réponse
- **der Bericht, -e** — le rapport, le compte rendu

- **an/reden; an/sprechen (a, o, i)** — interpeller, adresser la parole à
- **eine Frage stellen** — poser une question
- **mit/teilen** — communiquer
- **sich aus/drücken** — s'exprimer
- **schildern, dar/stellen** — décrire, représenter
- **das Wort ergreifen** — prendre la parole (ergriff, ergriffen)
- **sich an jdn wenden** — s'adresser à qqn
- **sagen** — dire
- **erklären** — déclarer
- **behaupten** — affirmer
- **bemerken** — remarquer (nebenbei bemerkt: *entre parenthèses*)
- **etwas ein/werfen (a, o, i)** — observer en passant
- **Rechenschaft ab/legen** — rendre compte
- **kommentieren** — commenter
- **erzählen** — raconter (erzählend: *narratif*)

• **etwas ausführlich erzählen**	• relater
• **her/sagen; auf/sagen**	• réciter
• **betonen; unterstreichen**	• mettre l'accent sur
• **an/spielen (auf + A)**	• faire allusion à
• **fragen**	• demander
• **befragen**	• interroger
• **aus/fragen**	• questionner
• **antworten**	• répondre
• **eine Frage bejahen/verneinen**	• répondre affirmativement/ négativement

• **zustimmend**	• affirmatif
• **fragend**	• interrogatif
• **forschend**	• interrogateur
• **deutlich**	• distinct, clair(ement), intelligible
• **undeutlich**	• indistinct
• **ausweichend**	• évasif

Die Beredsamkeit — L'éloquence

die Rhetorik

• **die Rednerkunst**	• la rhétorique
• **die Rede, -n**	• le discours
• **die Ansprache, -n**	• l'allocution
• **die Anrede, -n**	• l'interpellation
• **der Redner, -**	• l'orateur
• **der Rednerpult, -e**	• la tribune
• **der Vortrag, ¨-e**	• l'exposé, la conférence, le discours
• **der Vortragende (AS)**	• le conférencier, l'orateur
• **die Predigt, -en**	• le sermon
• **der Monolog, -e**	• le monologue
• **das Selbstgespräch, -e**	• le soliloque
• **die Vorlesung, -en**	• le cours magistral, la conférence
• **die Autorenlesung, -en**	• la lecture publique
• **das Glanzstück, -e**	• le morceau de bravoure
• **die Redegewandtheit**	• l'aisance, le bagou
• **der Schwulst**	• l'emphase, la grandiloquence
• **die Lügengeschichte, -n**	• le boniment
• **das Charisma**	• le charisme
• **der Prediger, -**	• le prêcheur, le prédicateur

ein Anliegen, eine Dichtung, ein Lied vor/tragen: *exposer une préoccupation, réciter une poésie, chanter une chanson*

der Dozent: *le chargé de cours, le maître de conférences*

• **aus dem Stegreif reden**	• improviser
• **vor/tragen (u, a, ä)**	• exposer, réciter
• **auf/sagen**	• réciter, déclamer
• **eine Rede schwingen (a, u)**	• faire un laïus
• **predigen**	• prêcher, sermonner
• **eine Rede halten (ie, a, ä)**	• prononcer un discours
• **einen Vortrag halten (über + A)**	• faire une conférence (sur)
• **große Reden, Volksreden halten**	• pérorer
• **eine Moralpredigt halten**	• faire la morale, sermonner qqn
• **ein Selbstgespräch führen**	• soliloquer
• **dozieren**	• professer, enseigner

in seinen Bann ziehen (o, o)	envoûter
redegewandt sein	avoir la parole facile
aus/feilen	polir, fignoler, peaufiner

ein ausgefeilter Stil: *un style poli, fouillé*

---

die rednerische Begabung: *le don de la parole*

rednerisch	oratoire
rhetorisch	rhétorique
eintönig	monotone
weitschweifig	prolixe
hochtrabend	emphatique, pompeux
schulmeisterisch; lehrhaft	pontifiant
wortgewandt, redegewandt	éloquent

Das Gespräch — Le dialogue

die Unterhaltung (über + A)	la conversation (à propos de)
das Gesprächsthema, -themen	le sujet de conversation
die Plauderei, -en	la conversation (à bâtons rompus)
die (üble) Nachrede, -n	la médisance
die Beleidigung, -en	l'offense, l'insulte
das Kompliment, -e	le compliment
die Schmeichelei, -en	la flatterie
der Takt	le tact
die Diskussion, -en	la discussion
die Debatte, -n	le débat, la polémique
die Streitigkeit, -en	la controverse
die Auseinandersetzung, -en	la discussion, le démêlé
der Schlagabtausch	la prise de bec
das Wortgefecht	la joute oratoire
die Verteidigungsrede, -n	le plaidoyer
das Argument, -e	l'argument
das Gegenargument, -e	le contre-argument
die Argumentation, -en	l'argumentation
die Bemerkung, -en	la remarque
der Hinweis, -e	l'indication
die Behauptung, -en	l'affirmation, l'assertion
die Feststellung, -en	la constatation
der Einwand, ¨-e	l'objection
die Klarstellung, -en	la mise au point
der Widerspruch, ¨-e	la contradiction
die Anfechtung, -en	la contestation
die Entgegnung, -en	la riposte
die Frage, -n	la question
die Anspielung, -en	l'allusion
die Andeutung, -en	l'insinuation
die Meinung, -en	l'opinion
der Meinungsaustausch, -e	l'échange d'idées, le débat
die Meinungsverschiedenheit, -en	la divergence d'opinion
die Ausführungen	le développement, les explications
die Begründung, -en	la justification
der Befürworter, -	le partisan
der Gegner, -	l'adversaire

Margin notes:
- die Debatte: der aussichtslose Dialog, -e: *le dialogue de sourds*
- das Wortgefecht: aussi : das Rededuell, -e
- die Ausführungen: pluriel

	der Widersacher, -	le contradicteur
	der Streit, -e	la dispute, la querelle, le différend
	die Entzweiung, -en	la brouille
	die Kritik, -en	la critique
	die Schlagfertigkeit	l'esprit d'à propos, la repartie
	das Missverständnis, -se	le malentendu

	jdn (be)fragen	questionner, interroger
	eine Frage auf/werfen (a, o, i)	soulever un problème
	jdn ein Loch in den Bauch fragen	assaillir qqn de questions
	eine Frage beantworten	répondre à une question
	antworten	répondre
	reden (über + A)	parler (de)
aussi : *entretenir qqn, payer une pension alimentaire à qqn*	**jdn unterhalten (ie, a, ä)**	divertir, amuser qqn
	sich unterhalten (mit + D)	converser (avec qqn)
	diskutieren (über + A)	discuter (de)
	debattieren (über + A)	débattre (de)
	argumentieren	argumenter
-brachte, gebracht	**ein Argument vor/bringen**	avancer un argument
	aus/führen	expliquer, développer (une idée)
	sich auseinander/setzen mit jdm	s'expliquer, discuter avec qqn
	mit jdm ein Gespräch führen	avoir un entretien avec qqn
	mit jdm plaudern	bavarder avec qqn
darüber lässt sich streiten: *cela se discute*	**sich streiten (-itt, -itten) mit + D**	se disputer avec
	(sich) entzweien	se brouiller
aussi : *applaudir*	**klatschen**	faire des potins, des ragots
	über jdn lästern	médire de qqn
-zog, gezogen	**über jdn her/ziehen**	dire du mal de qqn
	nörgeln	ergoter, disputailler
	beleidigen	offenser, insulter
	schmeicheln	flatter
	entgegnen; erwidern	répliquer, rétorquer
	schlagfertig antworten	répondre du tac au tac
	schlagfertig sein	avoir de la répartie
aussi : *repasser, réviser (une leçon)*	**wiederholen**	répéter
	widerlegen	réfuter
	widersprechen (a, o, i)	contredire
	meckern	chercher la petite bête
erwähnenswert: *digne d'être mentionné*	**erwähnen**	mentionner
	an/spielen (auf + A)	faire allusion (à)
	an/deuten	insinuer
	sich berufen (ie, u) (auf + A)	se référer (à)
	berücksichtigen	tenir compte de
	in Betracht ziehen	envisager
bemerkenswert: *remarquable*	**bemerken**	remarquer
	fest/stellen	constater
	behaupten	affirmer, prétendre, soutenir
den Empfang (eines Briefes) bestätigen: *accuser réception (d'une lettre)*	**bestätigen**	confirmer
	begründen	justifier, motiver
	klar/stellen	clarifier
	betonen	insister, mettre l'accent sur
	heraus/stellen	faire ressortir, mettre en évidence

	• **unterstreichen (i, i)**	• souligner
Ich habe nichts dagegen einzuwenden: *je n'y vois pas d'inconvénient*	• **ein/wenden**	• objecter
	• **hinzu/fügen; hinzu/setzen**	• ajouter
	• **einverstanden sein mit + D**	• être d'accord avec
nach der übereinstimmenden Meinung aller Anwesenden: *de l'avis unanime de tous les présents*	• **überein/stimmen mit + D**	• être d'accord avec
	• **bejahen**	• approuver
	• **verneinen**	• nier
	• **zu/stimmen**	• acquiescer
	• **befürworten**	• approuver, se prononcer en faveur de
	• **ab/lehnen**	• refuser
bekritteln: familier	• **kritisieren**	• critiquer
	• **an + D Kritik üben**	• critiquer qqch
	• **bestreiten (-itt, -itten); leugnen**	• contester, nier

aussi : strittig	• **umstritten**	• controversé
	• **heikel, dornig**	• épineux
ein kritischer Geist: *un esprit critique*	• **kritisch**	• critique
	• **widersprüchlich**	• contradictoire
	• **nörglerisch**	• ergoteur, chicanier
eine hitzige Debatte: *un débat échauffé* der Hitzkopf: *la tête brûlée*	• **hitzig**	• fougueux, ardent, impétueux
	• **streitsüchtig**	• querelleur, hargneux
	• **unbeirrbar**	• assuré, catégorique, imparable
	• **selbstsicher**	• assuré
felsenfest überzeugt sein: *être fermement convaincu*	• **felsenfest**	• imperturbable, inébranlable
	• **kategorisch**	• catégorique
	• **unwiderlegbar**	• imparable
	• **zweifelhaft, strittig**	• discutable, contestable

Die Redeabsichten — Les buts du discours

einleitende Worte: *des propos liminaires*	• **die Einführung, -en**	• l'introduction
	• **die Beweisführung, -en**	• la démonstration
	• **die Erklärung, -en**	• l'explication
	• **die Rechtfertigung, -en**	• la justification
	• **die Ausschmückung, -en**	• l'illustration
	• **das Eingeständnis, -se**	• l'aveu
	• **das Zugeständnis, -se**	• la concession
	• **das Geständnis, -se**	• la confession
pluriel rare	• **die Überredung, -en**	• la persuasion
	• **die Überzeugung, -en**	• la conviction
	• **die Offenbarung, -en**	• la révélation
	• **die Beschuldigung, -en**	• la dénonciation
	• **die Verurteilung, -en**	• la condamnation
	• **die Glückwünsche (plur.)**	• les félicitations
der Toast: *la tranche de pain grillé*	• **der Toast; der Trinkspruch, ¨-e**	• le toast
die Lobhudelei (péj.): *la flatterie*	• **das Lob**	• l'éloge
	• **der Lobgesang (auf jdn)**	• la louange (de qqn)
	• **die Schmeichelei, -en**	• la flatterie
aussi : prénom *[Ernest]*	• **der Ernst**	• le sérieux
	• **der Humor, -e**	• l'humour
der Galgen,-: *la potence*	• **der Galgenhumor**	• l'humour noir

	• das Wortspiel, -e	• le jeu de mots
spottbillig: *à un prix dérisoire*	• der Spott	• la moquerie, la raillerie
	• die Ironie	• l'ironie
der Witzbold: *le blagueur*	• der Witz, -e	• la blague
	• der gute Witz, -e	• la bonne plaisanterie
	• der Spaß, ¨-e; der Scherz, -e	• la plaisanterie, le mot d'esprit
Spaß beiseite: *revenons aux choses sérieuses*	• der Spaßvogel, ¨-	• le blagueur, le farceur

	• an/kündigen	• annoncer
	• vor/stellen	• présenter
	• ein/führen; ein/leiten	• présenter
etwas ausdrücklich sagen: *dire qqch expressément*	• aus/drücken	• exprimer
informationshalber: *à titre informatif*	• informieren	• informer
	• mit/teilen	• faire savoir
	• bekannt machen	• rendre public, faire savoir
	• offenbaren	• révéler
	• gestehen; zu/gestehen (gestand, hat gestanden)	• avouer
zugegebenermaßen: *il faut admettre que…*	• zu/geben (a, e, i)	• concéder, reconnaître
	• sensibilisieren	• sensibiliser
	• beweisführen; auf/zeigen (o, o)	• démontrer
	• veranschaulichen, verdeutlichen	• illustrer
	• erläutern	• expliquer
	• (sich) rechtfertigen	• (se) justifier
	• überreden; überzeugen	• persuader, convaincre
	• Überredungskünste an/wenden	• user de ses dons de persuasion
der Rat: *le conseil* ≠ die Rate, -n: *la mensualité*	• raten (ie, a, ä)	• conseiller
	• ab/raten (ie, a, ä)	• dissuader
	• jdn ermahnen (zu + D)	• pousser qqn (à), exhorter qqn (à)
	• hervor/rufen (ie, u)	• susciter
	• bewegen	• émouvoir
	• enthüllen	• révéler
	• entlarven	• démasquer
	• bestreiten (-itt, -itten)	• contester
	• in Frage stellen	• remettre en question
	• an/klagen	• dénoncer
	• an/prangern	• stigmatiser qqn
	• verurteilen	• condamner
	• verleumden	• calomnier, diffamer
	• jdn total mundtot machen	• réduire qqn brutalement au silence
	• an/schwärzen	• noircir, dénigrer qqn
	• sich auf/lehnen (gegen + A)	• s'insurger (contre)
	• jdm gratulieren	• féliciter qqn
	• auf jdn trinken (a, u)	• porter un toast à qqn
	• loben	• faire l'éloge
(ie, a, ä)	• auf jdn eine Lobrede halten	• faire l'éloge de qqn
	• schmeicheln	• flatter
très familier	• jdm Honig ums Maul schmieren	• flatter bassement, flagorner
	• sich ins Fäustchen lachen	• rire sous cape
	• scherzen; spaßen	• plaisanter
	• erheitern	• divertir, amuser
	• jdn aus/lachen	• se moquer de qqn

• **lachen (über + A)**	• rire (de)
• **spotten (über + A)**	• se moquer (de)
• **verspotten**	• railler
• **lächerlich machen**	• ridiculiser, tourner en ridicule
• **nach/ahmen**	• imiter
• **nach/äffen**	• singer

• **informationsreich**	• informatif
• **überzeugend**	• convaincant, persuasif
• **lobend**	• élogieux
• **lobenswert**	• digne d'éloge, louable
• **erbaulich**	• édifiant
• **ernst(haft)**	• sérieux
• **rührend**	• touchant
• **spöttisch**	• moqueur, ironique
• **spitz, scharf**	• acéré, piquant, mordant, méchant
• **humorvoll**	• drôle, plein d'humour
• **humoristisch**	• humoristique
• **lustig, spaßig**	• drôle, amusant, plaisant
• **drollig**	• drôle
• **ironisch**	• ironique
• **(wort)wörtlich**	• au premier degré
• **nicht wörtlich zu nehmend**	• au second degré
• **spottlustig**	• facétieux, moqueur
• **neckend, neckisch**	• taquin, railleur
• **schmeichelnd**	• flatteur

überzeugend wirken: *emporter la conviction*

Das ist nicht ernst gemeint: *c'est pour rire*

eine spitze Zunge haben: *avoir la langue bien affilée*

im wörtlichen Sinne: *littéralement*
im übertragenen Sinne: *au sens figuré*

ÜBUNGEN

1 Ordnen Sie jeweils ein Geräusch zu einer Wortgruppe zu – Achtung: manchmal gibt es mehrere Möglichkeiten, ein Wort zu verwenden!

heulen - jammern - lispeln - murmeln - stöhnen - wimmern.

a. ein kleiner Bergbach: ...
b. der Wind, der um die Häuser fegt: ...
c. ein kleines Kind kurz vor dem Tränenausbruch: ...
d. deine Mutter, die sich ohne Unterlass über die Unordnung in deinem Zimmer beschwert: ...
e. das Geräusch, das du von dir gibst, wenn dir dein Lehrer zu viele Hausaufgaben aufgebürdet hat: ...
f. der leichte Geräuschpegel in einem vollen Theatersaal vor der Vorstellung: ...
g. eigentlich ein Sprachfehler, der sich daraus ergibt, dass man mit der Zunge an die Schneidezähne anstößt, aber der oft zur Beschreibung der Ausdrucksweise eines etwas dümmlichen Wesens verwendet wird: ...

2 Ein Stimmengewirr. Eventuelle Gemeinsamkeiten mit Vogelvieh sind nicht übel zu nehmen...

Welche Wörter passen zu welcher Definition?
weit ausholen - wie die Hühner gackern - ein lockeres Mundwerk - in seinen Bart hinein murmeln - einen Schnitzer begehen - jemandem die Sprache verschlagen - eine Fistelstimme - eine rauchige Stimme - eine spitze Zunge.

a. Ein Sänger bekommt eine solche Stimme durch erheblichen Zigarettenkonsum: eine ...
b. Die Töne, die eine Gruppe von albernen Mädchen von sich gibt, wenn sie sich über die neueste Boy-Group unterhalten: sie ...
c. Es gab eine Zeit, da waren junge Sänger, die eine äußerst weibliche Stimme besaßen, mit der sie das Publikum zur Begeisterung und die Gläser zum Platzen brachten, sehr beliebt. Eine solche schrille und eindringliche Stimme nennt man heute noch: eine ...
d. Wie nennt man jemand, der für alles einen ironischen Kommentar bereit hat? eine ...
e. Was macht einer, der entweder aus mangelnder Kommunikationsbereitschaft oder aufgrund einer schlechten Rasur sehr undeutlich spricht: er ...
f. Wie reagierst du, wenn du heute erfährst, dass du im Lotto gewonnen hast? es ...
g. Ein Lehrer, der die ganze Unterrichtsstunde dazu verwendet, sein eigentliches Thema einzuleiten, tut dies mit Vorliebe: er ...
h. Wenn jemand Witze über Dicke reißt und dabei nicht merkt, dass an seinem Tisch Helmut Kohl sitzt, begeht diese Tat: er ...
i. Ein Mensch, der nicht weiß, dass es manchmal ratsam ist, sich zu einem Thema auszuschweigen und der schnell und ohne nachzudenken überall seinen Senf dazugibt besitzt dieses: ein ...

3 Wissenschaftlicher Vortrag zur Kunst, viele Worte um nichts zu machen.

Setzen Sie die richtigen Wörter und Ausdrücke ein!
Argumentation - ausgefeilt - ausgepfiffen - ausschmücken - befürworten - beißende Ironie - Eingeständnis - Einleitung - eintönigem - Einwand - einwerfen - Erläuterungen fortfahre - fondiert - Fragen aufwerfen - Geblümte Worte - Heikle Themen - hochtrabenden Predigten - Kritik - langatmig - Lobgesang - rhetorische Frage - Schimpftiraden - schmeicheln - streitsüchtiges - wohlgemeinten Ratschläge - Zuhörer in seinen Bann zu schlagen.

Folgende ... mag Ihnen vielleicht .... erscheinen und einige ... aber meine Überlegungen sind durchaus ... und gehen auf lange Jahre pingeligster Nachforschung zurück. Die hohe Kunst des Redens besteht darin, die ... Sie werden ..., dass dies nicht einfach ist und Ihr ... ist berechtigt. Der Mensch, ist er ein Philosoph von Geburt an ? Dies ist natürlich eine ..., die keine Antwort verlangt. Ich könnte Ihnen lange ausführen, wie ich meine Rede aufs Genauste ... habe, doch dies würde vielleicht meine ... unnötig verlängern. Wie dem auch sei, Sie werden sicher ..., dass ich in meinen ... Ein guter Redner langweilt seine Zuhörer nicht mit ... Singsang oder ..., er versucht im Gegenteil seinem Publikum zu ... Jegliche ... am Publikum ist zu meiden, wenn man keine fliegenden Fremdkörper (zum Beispiel Tomaten) riskieren will. ... sind ebenfalls ein rotes Tuch für ein ... Publikum, das lieber ein ... Ihrer eigenen Fehlbarkeit hören will. Stellen Sie nie den Wert Ihrer Zuhörer in Frage, wenn Sie Ihre Kommentare ... für das lauschende Volk sind besser als ...
Beachten Sie all diese ..., ernten Sie vielleicht keine ..., sondern einen ... und werden vielleicht auch nicht gnadenlos ...

▶ Corrigés page 467 ◀

Landeskunde

Die Sprachpflege

La culture de la langue

- **das Hochdeutsch:** le "haut allemand", c'est-à-dire l'allemand normalisé par des règles de grammaire et de prononciation, évitant les expressions familières très dialectales ; à l'origine, "Hochdeutsch" désignait simplement l'allemand tel qu'on le parle dans l'Allemagne centrale et méridionale.
- **das Platt; das Plattdeutsch(e); das Niederdeutsche:** nom du dialecte bas-allemand parlé dans le Nord de l'Allemagne ; **das Platt** désigne aussi tout patois.
- **das Schwyzertütsch:** nom du dialecte suisse alémanique.
- **Gallizismen:** les gallicismes. En raison du rayonnement du Grand Siècle, nombre de mots et expressions françaises ont été intégrés dans la langue allemande : **der Frisör, die Toilette, elegant, das Rendezvous, das Militär, der Soldat**… Attention aux faux amis ! **Dirigent** veut dire chef d'orchestre et non dirigeant, die **Figur** n'est pas le visage mais la silhouette, **sortieren** ne veut pas dire sortir mais trier...
- **Anglizismen:** les anglicismes ; **das Denglisch** (mot-valise formé à partir de "Deutsch" et de "Englisch", équivalent du "franglais"). Les mots et expressions empruntés au monde anglophone sont en majorité assez récents. Ils sont le reflet d'une nouvelle civilisation : **der Job, das Fast-food-Restaurant, der Babysitter, der Single, die Roller blades**,… ne seraient pas correctement traduits par **die Arbeit, die Imbissstube, das Kindermädchen, der Alleinstehende, die Rollschuhe**…. D'autres mots ont d'emblée été importés sans avoir d'équivalent allemand : **der Computer, der Diskjockey, die Software** (logiciel), **das Know-how** (savoir faire)...
- **das Wort des Jahres:** le mot de l'année ; **das Unwort des Jahres**: le mot malheureux de l'année ; l'Allemagne n'a pas d'institution équivalente à l'Académie française, mais une Société pour la langue allemande (**Gesellschaft für deutsche Sprache**), qui décerne chaque année des satisfecit et des blâmes aux créations néologiques.

Reden, sprechen oder schnacken? – deutsche "Hoch"-sprache und Dialekte

Trois manières de dire "parler" – l'allemand "standard" et les dialectes

Il n'existe pas, en Allemagne, une séparation nette entre l'allemand standard (dit "Hochdeutsch") et les multiples variantes régionales, les dialectes : il est tout aussi légitime d'appeler le boucher **Metzger** ou **Fleischer**, de parler de **Fastnacht**, **Fasching** ou de **Karneval**, de sortir le **Samstag** comme **Sonnabend** (samedi). Promenez-vous sur le **Bürgersteig, Gehsteig, Gehweg, Fussweg**, ou **Trottoir** – peu importe : l'existence parallèle de plusieurs mots pour une notion est parfaitement normale en allemand. Le développement de l'allemand standard est le fruit d'une lente évolution qui a puisé (et puise encore) dans les dialectes pour parvenir à une langue communément compréhensible et acceptable. Qu'un mot soit ressenti comme "standard" ou plutôt dialectal résulte souvent de la fréquence de son emploi.

Voici quelques exemples de variantes dialectales très courantes pour un même objet de la vie quotidienne :

- **Brötchen, Semmel, Weck, Weckerl, Schrippe...:** Le petit pain
- **Frikadelle, Fleischklösschen, Fleischküchle, Fleischpflanzerl, Bulette...:** La boulette de viande

- **Bonbon, Gutsele, Gutel, Zuckerle, Klümpchen:** Le bonbon
- **Hausschuhe, Puschen, Latschen, Schlappen, Pantoffeln, Tappen...:** Les chaussons
- **Puffer, Kartoffelpuffer, Reibekuchen, Grumberpfannkuchen, Reiberdatschi, Reibekuchen...:** La galette de pommes de terre
- **Ohrfeige, Schelle, Watschen, Backpfeife, Dachtel, Maulschelle…:** La gifle

Bildlich gesprochen

Das stimmt! Rund um die Stimme

das	**stimm**	**t (nicht)!**	c'est juste/c'est faux !
Das Instrument ist ver	**stimm**	**t**	l'instrument est désaccordé
Ich bin ver	**stimm**	**t**	je suis contrarié, de mauvaise humeur
(ein Lied) an	**stimm**	**en**	entonner une chanson
zu	**stimm**	**en**	consentir
be	**stimm**	**en**	fixer, déterminer, décider
die	**Stimm**	**bänder**	les cordes vocales
die	**Stimm**	**ung**	l'ambiance, l'atmosphère

Rund um den Mund

- **jemandem über den Mund fahren:** couper la parole à quelqu'un
- **Mund und Nase auf/sperren; mit offenem Munde da/stehen:** rester bouche bée
- **reinen Mund halten:** rester bouche cousue, tenir sa langue
- **an jemandes Munde halten:** être suspendu aux lèvres de quelqu'un
- **jemandem nach dem Munde reden:** flatter quelqu'un
- **sich den Mund fusselig reden:** dépenser sa salive
- **jemandem den Mund stopfen:** clouer le bec à quelqu'un
- **sich den Mund verbrennen:** avoir un mot malheureux
- **den Mund voll nehmen:** faire le fanfaron, y aller fort
- **Halt den Mund!:** tais-toi !
- **Das Wort liegt mir auf der Zunge:** j'ai le mot sur le bout de la langue
- **sich auf die Zunge beißen:** se retenir de dire qqch qu'on aurait envie de dire

Zum Nachdenken

- **Lass' die Zunge nicht schneller als die Gedanken sein! (Sprichwort):** tourne sept fois ta langue dans ta bouche avant de parler !
- **Wie die Frage, so die Antwort (Sprichwort):** toute question a sa réponse.
- **Keine Frage ohne Antwort (Sprichwort):** pas de question sans réponse.

2 Das Buch und das literarische Schaffen

Le livre et la création littéraire

1 Der Schriftsteller und die Literatur — L'écrivain et les œuvres littéraires

Der Schriftsteller	L'écrivain
• der Verfasser, -	• l'auteur
• der Dichter, -	• l'auteur, le poète
• der Lyriker, -; der Dichter, -	• le poète
• der Komödiendichter, -	• l'auteur comique
• der Theaterdichter, -	• l'auteur dramatique
• der Dramatiker, -	• le dramaturge
• der Schriftsteller, -	• l'écrivain
• der Romancier, -s	• le romancier
• der Biograf, -en; die Biografin, -en	• le/la biographe
• der Tragiker, -	• l'auteur tragique
• der Erzähler, -	• le conteur
• der Essayist, -en, -en	• l'essayiste
• der Pamphletist, -en, -en	• le pamphlétaire
• der Satiriker, -	• le satiriste
• der Klassiker, -	• l'auteur classique, le classique
• das Schaffen, -	• la création
• das Werk, -e	• l'œuvre
• das Jugendwerk, -e	• l'œuvre de jeunesse
• die Vorstellungskraft	• l'imagination
• die Phantasie, -n	• la fantaisie
• die Phantasiewelt, -e	• l'imaginaire
• die Fabulierkunst, ¨-e	• l'imagination (littéraire), l'inventivité
• die Inspiration, -en	• l'inspiration

(péj.) der Schreiberling, -e: *l'écrivaillon*
(péj.) der Schmierfink, -e: *le griffonneur*

≠ der Dramaturg: *le metteur en scène*

aussi : *un classique*

das Lebenswerk; das Schaffen: *l'œuvre (d'une vie)*

• schaffen (u, a)	• créer
• schreiben (ie, ie)	• écrire
• beschreiben (ie, ie)	• décrire
• zu Papier bringen	• coucher sur le papier
• verfassen	• écrire, composer
• ab/fassen	• rédiger
• dichten	• composer, écrire des vers
• erdichten; erfinden (a, u)	• inventer
• sich vor/stellen	• imaginer
• die Muse küssen	• être inspiré

die Schöpfung: *la création (du monde)*
schaffen (aussi): *travailler*

brachte, gebracht

die Muse, -n: *la Muse inspiratrice*

• literarisch	• littéraire
• schriftstellerisch	• littéraire, relatif à l'écrivain
• erdichtet	• imaginaire

	Das Schreiben	L'écriture
	• der Text, -e	• le texte
	• die Form, -en	• la forme
	• der Inhalt, -e	• le fond
	• der Titel, -	• le titre
	• der Untertitel, -	• le sous-titre
	• der Aufbau	• le plan
	• der Teil, -e	• la partie
	• der Schlussteil, -e	• la conclusion (d'un texte)
	• die Schlussfolgerung, -en	• la conclusion (d'un raisonnement)
	• die Einteilung, -en	• la division
	• die Einleitung, -en	• l'introduction
	• der Abschnitt, -e	• le passage
	• der Auszug, ¨-e	• l'extrait
≠ der Paragraph, -en, -en: *le paragraphe d'un texte de loi*	• der Absatz, ¨-e	• le paragraphe
	• das Kapitel, -	• le chapitre
	• die Strophe, -n	• la strophe
	• das Wort, ¨-er	• le mot
	• das Wort, -e	• la parole
pluriel	• die Worte	• les propos
	• der Wortschatz	• le vocabulaire
das Hauptwort, ¨-er	• das Nomen, -mina	• le nom
	• der Gattungsname, -n	• le nom commun
	• der Eigenname, -n	• le nom propre
das Zeitwort, ¨-er	• das Verb, -en	• le verbe
das Eigenschaftswort, ¨-er	• das Adjektiv, -e	• l'adjectif
	• das Genus, -nera	• le genre
	• der Fall, ¨-e; der Kasus, -	• le cas
	• die Deklination, -en	• la déclinaison
	• die Endung, -en	• la terminaison
	• der Artikel, -	• l'article
	• der Satz, ¨-e	• la phrase
	• der Satzbau	• la syntaxe
	• der Schachtelsatz, ¨-e	• la période
	• das Adverb, -ien	• l'adverbe
	• der Buchstabe, -n	• la lettre
	• der kleine Buchstabe, -n	• la minuscule
	• der große Buchstabe, -n	• la majuscule
der Mitlaut, -e; der Laut, -e: *le son*	• der Konsonant, -en	• la consonne
der Selbstlaut, -e	• der Vokal, -e	• la voyelle
	• der Umlaut, -e	• l'inflexion vocalique
die Zeichensetzung, -en	• die Interpunktion, -en	• la ponctuation
	• das Satzzeichen, -	• le signe de ponctuation
pluriel	• die Anführungszeichen	• les guillemets
	• Anführungszeichen unten	• ouvrez les guillemets
	• Anführungszeichen oben	• fermez les guillemets
	• das Fragezeichen, -	• le point d'interrogation
	• das Ausrufezeichen, -	• le point d'exclamation
	• der Punkt, -e	• le point
	• der Doppelpunkt, -e	• les deux points
pluriel	• die Auslassungspunkte	• les points de suspension

• das Auslassungszeichen, -	• l'apostrophe
• der Gedankenstrich, -e	• le tiret
• der Bindestrich, -e	• le trait d'union
• der Strichpunkt, -e	• le point-virgule
• das Komma, -s/-ta	• la virgule
• das Sternchen, -	• l'astérique
• die Klammer, -n	• la parenthèse

die eckige Klammer: *le crochet*

• betitelt	• intitulé
• betont	• accentué
• (un)bestimmt	• (in)défini

Die literarischen Gattungen — Les genres littéraires

• die Belletristik	• les belles-lettres
• die Literatur	• la littérature
• die Prosa	• la prose
• die erzählende Prosa	• la prose narrative
• die Fiktion, -en	• la fiction
• der Roman, -e	• le roman
• der Abenteuerroman, -e	• le roman d'aventures
• der Briefroman, -e	• le roman épistolaire
• der Liebesroman, -e	• le roman d'amour
• der historische Roman, -e	• le roman historique
• der Sittenroman, -e	• le roman de mœurs
• der Romanzyklus, -en	• le roman-fleuve
• der Fortsetzungsroman, -e	• le roman-feuilleton
• der Schlüsselroman, -e	• le roman à clé
• der Episodenroman, -e	• le roman à tiroirs
• der Mantel-und-Degenroman, -e	• le roman de cape et d'épée
• der Spionageroman, -e	• le roman d'espionnage
• der Kriminalroman, -e	• le roman policier
• der Gruselroman, -e	• le roman d'épouvante
• der Schauerroman, -e	• le roman noir
• der Schelmenroman, -e	• le roman picaresque
• der Zukunftsroman, -e	• le roman de science-fiction
• der Heimatroman, -e	• le roman du terroir
• der Sexroman, -e	• le roman érotique
• der/das Essay, -s	• l'essai
• die Satire, -n	• la satire
• der Pamphlet, -e	• le pamphlet
• das Manifest, -e	• le manifeste
• die Autobiografie	• l'autobiographie
• das Tagebuch, ¨-er	• le journal intime
• der Briefwechsel, -	• la correspondance
• die Lebenserinnerungen	• les mémoires
• die Sammlung, -en	• le recueil
• der Bericht, -e	• le rapport
• die Abhandlung, -en	• le traité
• die Chronik, -en	• la chronique
• das Bekenntnis, -se	• la confession

die Epik: *le genre narratif* (→ die erzählende Prosa)

das Sachbuch, ¨-er: *l'œuvre non romanesque (non littéraire)* (→ der Roman)

der Krimi, -s: *le polar* (→ der Kriminalroman)

pluriel (→ die Lebenserinnerungen)

der Forschungsbericht, -e: *le compte rendu* (→ der Bericht)

• die Erzählung, -en	• le récit
• die Kurzgeschichte, -n	• la nouvelle brève
• das Märchen, -	• le conte (de fées)
• die Sage, -n	• la légende
• die Novelle, -n	• la nouvelle
• der Mythos, -then	• le mythe
• die Bühnendichtung, -en	• le théâtre
• das Theaterstück, -e	• la pièce de théâtre
• das Drama, -en	• le drame
• das Melodrama, -en	• le mélodrame
• das Trauerspiel, -e	• la tragédie
• das Lustspiel, -e	• la comédie
• die Sittenkomödie, -n	• la comédie de mœurs
• die Posse, -n; der Schwank, ¨-e	• la farce

Possen reißen: *faire de grosses farces*

Die Dichtung — La poésie

• die Lyrik	• la poésie
• das Gedicht, -e	• le poème
• das Heldenlied, -er	• le poème épique
• das Volkslied, -er	• le chant populaire
• der Minnesang, ¨-e	• la poésie courtoise
• das Epos, -en	• l'épopée
• das höfische Epos, -en	• l'épopée courtoise
• das Heldenepos, -en	• la chanson de geste
• die Fabel, -n	• la fable
• der Abzählreim, -e	• la comptine
• die Verserzählung, -en	• le récit en vers
• das Prosagedicht, -e	• le poème en prose
• die Elegie, -n	• l'élégie
• die Epistel, -n	• l'épître
• die Ode, -n	• l'ode
• die Ballade, -n	• la ballade

das Lied, -er: *la chanson, le chant*
die Minne, -: *l'amour courtois*

der Vers, -e: *le vers*

• erzählen	• réciter
• dichten	• versifier
• reimen (auf + A)	• rimer (avec)
• Reime machen	• faire des rimes
• skandieren	• scander

• belletristisch	• littéraire
• lyrisch	• lyrique
• ungebunden	• non versifié, en prose
• in gebundener Form	• en vers
• fiktiv	• fictif
• dichterisch	• poétique
• sagenhaft, legendär	• légendaire
• fabelhaft	• fabuleux
• episch	• épique
• allegorisch	• allégorique

• **romanhaft**	• romanesque
• **in Romanform**	• romancé
• **erzählend, narrativ**	• narratif
• **beschreibend**	• descriptif
• **autobiographisch**	• autobiographique
• **dramatisch**	• dramatique
• **tragisch**	• tragique
• **komisch**	• comique
• **satirisch**	• satirique
• **burlesk**	• burlesque
• **grotesk**	• grotesque, extravagant
• **derb**	• grossier, vulgaire
• **anzüglich**	• équivoque
• **gewagt**	• osé
• **erbaulich**	• édifiant
• **fantastisch, märchenhaft**	• rocambolesque
• **höfisch**	• courtois

Die Geschichte und die Gestalten / L'histoire et les personnages

anglais : *the plot*

im Hintergrund: *à l'arrière plan*
im Vordergrund: *au premier plan*

der innere Monolog: *le monologue intérieur*

pluriel

• **die Geschichte, -n**	• l'histoire
• **die Handlung, -en**	• l'action
• **die Haupthandlung, -en**	• l'action principale
• **die Nebenhandlung, -en**	• l'action secondaire
• **die Episode, -n**	• l'épisode
• **der Handlungsablauf, ¨-e**	• le déroulement de l'action
• **der Plot, -s**	• l'intrigue
• **das Motiv, -e**	• le sujet
• **das Thema, -en**	• le thème
• **die Beschreibung, -en**	• la description
• **die Stimmung, -en**	• l'ambiance
• **der Zusammenhang, ¨-e**	• le contexte
• **der Hintergrund, ¨-e**	• l'arrière-plan, la toile de fond
• **der Akt, -e; der Aufzug, ¨-e**	• l'acte
• **die Szene, -n; der Auftritt, -e**	• la scène
• **die Hauptszene, -n**	• la scène principale
• **der Auftritt, -e**	• l'entrée en scène
• **der Abgang, ¨-e**	• la sortie de scène
• **der Schauplatz, ¨-e**	• le lieu de l'action
• **der Rahmen, -**	• le cadre
• **das Fortschreiten, -**	• la progression
• **die Abschweifung, -en**	• la digression
• **der Übergang, ¨-e (zu + D)**	• la transition (vers)
• **die Steigerung, -en**	• la montée
• **der Dialog, -e**	• le dialogue
• **der Monolog, -e**	• le monologue
• **das Selbstgespräch, -e**	• le soliloque
• **das Beiseitesprechen, -**	• l'aparté
• **der Einsatz, ¨-e**	• la réplique
• **die Wechselreden**	• les répliques
• **der Umschwung, ¨-e**	• la péripétie

die Wendung, -en	le coup de théâtre
die Wende, -n	le revirement, le rebondissement
der Wendepunkt, -e	le tournant
der Höhepunkt, -e	le point culminant
das retardierende Moment, -e	l'élément retardateur
die Pause, -n	la pause
die Katastrophe, -n	la catastrophe
der Knoten, -	le nœud
die Lösung, -en	le dénouement
der Ausgang, ¨-e	l'issue
die Verwechslung, -en	le quiproquo
die Rückblende, -n	le retour en arrière, le flashback
der Rückblick, -e	le regard en arrière
die Perspektive, -n	la perspective
der Vorgriff, -e	l'anticipation
das Leitmotiv, -e	le leitmotiv
die Figur, -en; die Gestalt, -en	le personnage, la figure
die Hauptfigur, -en	le personnage principal
die Romangestalt, -en	le personnage de roman
die Randfigur, -en	le personnage secondaire
die Figurenkonstellation, -en	les rapports entre les personnages
die Rolle, -n	le rôle
der Held, -en, -en	le héros
der Antiheld, -en, -en	l'antihéros
die Heldin, -nen	l'héroïne
der Protagonist, -en, -en	le protagoniste
der Gegenspieler, -	l'antagoniste
die Schwarzweißzeichnung, -en	le manichéisme

die Wende: *la fin de la RDA (1989)*

die Nebenfigur, -en

erzählen	raconter
beschreiben (ie, ie)	décrire
schildern	dépeindre
dar/stellen	représenter
spielen; sich ab/spielen	se passer, se dérouler
(sich) gliedern (in + A)	(se) diviser (en)
enden (mit + D)	se terminer (par)
sich beschleunigen	s'accélérer
sich überstürzen	se précipiter
verlangsamen	ralentir
verkörpern	incarner
sich an/lehnen (an + A)	s'inspirer (de)
an/spielen	faire allusion à
etwas auf/greifen (-iff, -iffen)	aborder, reprendre (un thème)
behandeln	traiter de
eine Thematik durch/leuchten	éclairer (une thématique)
verzerren	déformer
vereinfachen	simplifier
entstellen	défigurer
übertreiben (ie, ie)	exagérer, charger
aneinander vorbei/reden	mener un dialogue de sourds
beiseite sprechen (a, o, i)	parler en aparté

	• verschachtelt	• à tiroirs
	• zusammenhang[s]los	• décousu, incohérent
	• ausführlich	• en détail
	• profiliert (Figuren)	• individualisé
	• abgegrenzt (Figuren)	• différencié
	• verzwickt (Handlung)	• compliqué
	• vielseitig	• à facettes
	• flach	• sans épaisseur

Der Stil und die literarischen Verfahren / Le style et les procédés littéraires

	• die Gestalt, -en; die Form, -en	• la forme
anglais : *wit*	• der Witz, -e	• l'esprit
	• der Stil, -e	• le style
	• die Stilfigur, -en	• la figure de style
	• die Stilebene, -n	• le niveau de langue
	• der Ausdruck, ¨-e	• l'expression
	• die Wendung, -en	• la tournure
	• die Redewendung, -en	• la tournure de style
	• das Wortspiel, -e	• le jeu de mots
	• das Wortfeld, -er	• le champ lexical
	• das Schallwort, ¨-er	• l'onomatopée
aussi : *le tableau (théâtre)*	• das Bild, -er	• l'image
aussi : das Sinnbild, -er	• das Symbol, -e	• le symbole
	• die Schablone, -n	• le cliché, le poncif
aussi : der Topos, -poi	• der Gemeinplatz, ¨-e	• le lieu commun
aussi : das Klischee, -s	• die Redefigur, -en	• la figure de rhétorique
	• die Metapher, -n	• la métaphore
	• der Vergleich, -e	• la comparaison
aussi : die Parabel, -n	• das Gleichnis, -se	• la parabole
aussi : die Allusion, -en	• die Anspielung, -en	• l'allusion
aussi : die Periphrase, -n	• die Umschreibung, -en	• la périphrase
	• die Paraphrase, -n	• la paraphrase
	• der Euphemismus, -en	• l'euphémisme
aussi : die Untertreibung, -en	• die Litotes, -	• la litote
	• die Übertreibung, -en	• l'exagération
die Ellipse, -n die Auslassungspunkte: *les points de suspension*	• die Auslassung, -en	• l'ellipse
	• die Hyperbel, -n	• l'hyperbole
	• die Antithese, -n	• l'antithèse
	• das Paradoxon, -xa	• le paradoxe
	• die Wiederholung, -en	• la répétition
	• die Personifikation, -en	• la personnification
	• die Parodie, -n	• la parodie
	• die Karikatur, -en	• la caricature
	• die Dichtkunst, ¨-e	• l'art poétique
	• der Vers, -e; die Zeile, -n	• le vers
der Pentameter, -: *le pentamètre*	• das Versmaß, -e	• le mètre
	• der Versfuß, ¨-e	• le pied
	• der Halbvers, -e	• l'hémistiche
	• der Vierzeiler, -	• le quatrain

der Schüttelreim, -e: *la contrepèterie*	• **der Reim, -e**	• la rime
aussi : die Alliteration, -en	• **der Halbreim, -e**	• l'assonance
	• **der Stabreim, -e**	• l'allitération
	• **der Klang, ¨-e**	• la consonance
	• **die Strophe, -n**	• la strophe
	• **der Ton, ¨-e**	• le ton, l'accent
die freien Rhythmen: *les vers libres*	• **der Rhythmus, -men**	• le rythme
	• **der Takt, -e**	• la mesure
der Zehnsilber, -: *le décasyllabe*	• **die Silbe, -n**	• la syllabe
	• **die Zäsur, -en**	• la césure

2 Die Herausgabe und der Vertrieb von Büchern — L'édition et la diffusion

Das Buch und die Bücher — Le livre et les livres

anglais : *book*	• **das Buch, ¨-er**	• le livre
≠ das Band, ¨-er: *le ruban*	• **der Band, ¨-e**	• le volume, le tome
	• **der Gedichtband, ¨-e**	• le recueil de poèmes
ein Wälzer; ein dicker Schmöker; ein alter Schinken: *un gros bouquin, un pavé*	• **das Wörterbuch, ¨-er**	• le dictionnaire
	• **die Enzyklopädie, -n**	• l'encyclopédie
	• **das Fachbuch, ¨-er**	• l'ouvrage spécialisé
	• **das Nachschlagewerk, -e**	• l'ouvrage de référence
	• **die Gedichtsammlung, -en**	• l'anthologie, le recueil de poèmes
	• **das Taschenbuch, ¨-er**	• le livre de poche
	• **die Übersetzung, -en**	• la traduction
	• **der Reisebericht, -e**	• le récit de voyage
	• **der Buchdeckel, -**	• la couverture
	• **der Umschlag, ¨-e**	• la jaquette
	• **der Buchrücken, -**	• le dos du livre, la quatrième de couverture
	• **die Rückseite, -n**	• le verso
	• **die Umschlagseite 1, -n**	• la première de couverture
	• **die Vorderseite, -n**	• le recto
	• **der Einband, ¨-e**	• la reliure
	• **der Titel, -**	• le titre
	• **die Widmung, -en**	• la dédicace
	• **die Dankesbezeigung, -en**	• le remerciement
	• **das Vorwort, -e**	• l'avant-propos
	• **das Nachwort, -e**	• la postface
	• **die Vorrede, -n**	• la préface
	• **die Inhaltsangabe, -n**	• le résumé
	• **das Inhaltsverzeichnis, -se**	• la table des matières
	• **die Inhaltsübersicht, -en**	• le sommaire
	• **das Register, -**	• l'index
	• **die Anmerkung, -en**	• la note, l'annotation
	• **die Fußnote, -n**	• la note (de bas de page)
	• **der Anhang, ¨-e**	• l'annexe, l'appendice

familier ; littéralement : *l'oreille d'âne !*	• **das Eselsohr, -en**	• la corne
	• **das Lesezeichen, -**	• le marque-page

• **broschiert, geheftet**	• broché
• **gebunden**	• relié

Das Verlagswesen — L'édition

	• **der Verlag, -e**	• la maison d'édition
	• **der Verleger, -**	• l'éditeur
	• **die Ausgabe, -n**	• l'édition (livre édité)
	• **die Taschenbuchausgabe, -n**	• l'édition de poche
	• **die Gesamtausgabe, -n**	• l'édition complète
	• **die Sonderausgabe, -n**	• l'édition spéciale
	• **der Sonderdruck, -e**	• le tirage à part
	• **die Veröffentlichung, -en**	• la publication
	die Auflage, -n	• le tirage
	• **die Neuauflage, -n**	• la réédition
	• **der Druck, -e**	• l'impression
	• **der Neudruck, -e**	• la réimpression
	• **der Raubdruck, -e**	• l'édition pirate
	• **der Offsetdruck, -e**	• l'impression offset
	• **die Druckvorlage, -n**	• l'épreuve
	• **der Druckfehler, -**	• la coquille, la faute d'impression
	• **die Korrektur, -en**	• la correction
	• **das Manuskript, -e**	• le manuscrit
	• **das Typoskript, -e**	• le tapuscrit
	• **die Umschreibung, -en**	• le rewriting
	• **das Pseudonym, -e**	• le pseudonyme
pron. anglaise	• **der Ghostwriter, -**	• le nègre
	• **der (Buch)drucker, -**	• l'imprimeur
	• **die Buchdruckerkunst, ¨-e**	• (l'art de) l'imprimerie
die Schwarze Kunst: *l'imprimerie*	• **die Druckerei, -en**	• l'imprimerie
	• **der Schriftsetzer, -**	• le typographe
	• **der Schriftsatz, ¨-e**	• la composition
	• **der Fotosatz, ¨-e; der Lichtsatz, ¨-e**	• la photocomposition
	• **die Letter, -n**	• le caractère typographique
	• **die fette Schrift, -en**	• le caractère gras
	• **die magere Schrift, -en**	• le caractère maigre
aussi : die Schrägschrift schräg: *italique*	• **die Kursivschrift, -en**	• l'italique
	• **die Neuerscheinung, -en**	• la nouveauté
	• **die Erstauflage, -n**	• la première édition
	• **das Freiexemplar, -e**	• le spécimen
	• **das Mangelexemplar, -e**	• l'exemplaire défectueux
	• **das Pflichtexemplar, -e**	• le dépôt légal
	• **das Besprechungsexemplar, -e**	• l'exemplaire de presse
	• **das Impressum, -en**	• l'ours
	• **das Urheberrecht, -e**	• le copyright

• **verlegen; heraus/geben (a, e, i)**	• éditer
• **setzen**	• composer (un livre)

• **veröffentlichen**	• publier
• **um/arbeiten**	• remanier (un texte)
• **erscheinen** (er erschien, ist erschienen)	• paraître
• **heraus/kommen (a, o)**	• sortir, être publié
• **an/kündigen**	• annoncer
• **drucken**	• imprimer
• **in Druck geben (a, e, i)**	• donner à imprimer
• **im Druck sein**	• être sous presse
• **ein/binden (a, u)**	• relier

• **auf Diskette**	• sur disquette
• **fehlerhaft**	• truffé de fautes
• **fettgedruckt**	• imprimé en gras
• **noch unveröffentlicht**	• inédit
• **durchgesehen und verbessert**	• revu et corrigé
• **bereinigt**	• expurgé
• **ungekürzt**	• intégral
• **vermehrt**	• augmenté
• **limitiert**	• limité (édition)
• **auflagenschwach**	• à faible tirage
• **auflagenstark**	• à grand tirage
• **am/auf Lager**	• en stock

Büchervertrieb und Leserschaft / La diffusion et le lectorat

• **das Lesen, -**	• la lecture (action)
• **die Lektüre, -n**	• la lecture (ouvrage)
• **der Leser, -** (die Leseratte, -n; der Bücherwurm, ¨-er (fam.): *le rat de bibliothèque*)	• le lecteur
• **die Buchhandlung, -en**	• la librairie
• **der Buchhändler, -**	• le libraire
• **der Antiquar, -e**	• le bouquiniste
• **das Antiquariat, -e**	• la librairie d'occasion
• **das Exemplar, -e**	• l'exemplaire
• **das Einzelexemplar, -e**	• l'exemplaire unique
• **der Bücherliebhaber, -**	• le bibliophile
• **die Bücherei, -en** (das Lesemobil, -e: *le bibliobus*)	• la bibliothèque
• **die Zensur, -en**	• la censure
• **die (Autoren)lesung, -en**	• la lecture publique
• **der Bestseller, -**	• le best-seller
• **die Bestsellerliste, -n**	• la liste des meilleurs ventes
• **der Kassenschlager, -**	• le succès de librairie
• **das Autogramm, -e**	• l'autographe

• **lesen (a, e, i)**	• lire
• **durch/lesen (a, e, i)**	• lire entièrement
• **vor/lesen (a, e, i)**	• lire (à haute voix)
• **schmökern** (familier)	• bouquiner
• **auf/sagen**	• réciter
• **verschlingen (a, u)**	• dévorer

• **überfliegen**	• survoler
• **in einem Buch schmökern**	• être plongé dans un livre

• **belesen**	• cultivé, qui a beaucoup lu
• **antiquarisch**	• d'occasion
• **vergriffen**	• épuisé
• **preisgekrönt**	• primé

3 Die Literaturkritik — La critique littéraire

Die Literaturkritik — La critique littéraire

der Kritikaster, - (péj.): *le critique tatillon, l'ergoteur*

• **der (Literatur)kritiker, -**	• le critique (littéraire)
• **die Buchbesprechung, -en**	• la critique, la recension
• **der Rezensent, -en**	• l'auteur d'une critique
• **der Verriss, -e**	• l'éreintement
• **die Auslegung, -en**	• l'interprétation
• **die Erläuterung, -en**	• le commentaire
• **die Analyse, -n**	• l'analyse
• **die Inhaltsangabe, -n**	• le résumé
• **das Zitat, -e**	• la citation
• **die Stelle, -n**	• le passage
• **der Auszug, ¨-e**	• l'extrait
• **die Nacherzählung, -en**	• la reconstitution
• **die Abhandlung, -en**	• l'essai critique
• **die Buchbesprechung, -en**	• le compte rendu de lecture
• **der Erfolg, -e**	• le succès
• **der Misserfolg, -e**	• l'échec
• **der Ruhm**	• la consécration
• **die Verurteilung, -en**	• la condamnation
• **das Verbot, -e**	• la censure
• **die Anerkennung, -en**	• la notoriété
• **das Lob**	• la louange

• **(kurz) zusammen/fassen**	• résumer
• **(von + D) handeln**	• parler, traiter (de)
• **deuten; aus/legen**	• expliquer, interpréter
• **kommentieren**	• commenter
• **analysieren**	• analyser
• **erläutern**	• expliquer, commenter
• **gegenüber/stellen**	• opposer, comparer
• **vergleichen (i, i)** (mit + datif)	• comparer à
• **urteilen** (über + accusatif)	• porter un jugement sur
• **beurteilen**	• juger
• **verurteilen**	• condamner
• **(ein Buch) besprechen (a, o, i)**	• faire la critique (d'un livre)
• **rezensieren**	• recenser
• **vorwerfen (a, o, i)**	• reprocher
• **gut/schlecht aufgenommen werden**	• être bien/mal accueilli

• **voreingenommen sein**	• avoir des idées préconçues
• **jdn an/erkennen**	• reconnaître qqn
• **gelobt werden**	• recevoir des louanges
• **von der Kritik verrissen werden**	• se faire éreinter par la critique

• **sachlich**	• objectif
• **lobend, anerkennend**	• élogieux

Die positive Wertung — L'appréciation positive

• **die Schreibart, -en**	• la manière d'écrire
• **die Eigenart, -en**	• la particularité
• **die Verherrlichung, -en**	• la célébration
• **der Meister, -**	• le maître
• **das Meisterwerk, -e**	• le chef-d'œuvre
• **das Genie, -s**	• le génie
• **der Ruf, -e**	• la réputation
• **die Atmosphäre, -n**	• l'atmosphère, l'ambiance
• **das Lokalkolorit, -e**	• la couleur locale
• **der Zauber, -**	• le charme
• **der Schwung, ¨-e**	• la verve
• **der Humor, -e** (pluriel rare)	• l'humour
• **die Echtheit**	• l'authenticité
• **die Glaubwürdigkeit**	• la vraisemblance
• **die Klarheit, -en**	• la clarté
• **die Sprachreinheit**	• la pureté de la langue
• **die Gedrängtheit**	• la concision

• **besingen (a, u)**	• chanter, célébrer
• **verherrlichen**	• célébrer, glorifier
• **verkennen (-kannte, -kannt)**	• méconnaître
• **echt klingen (a, u)**	• sonner juste

• **vielversprechend**	• prometteur
• **anschaulich**	• expressif
• **malerisch**	• pittoresque
• **originell**	• original
• **interessant**	• intéressant
• **eigentümlich**	• particulier, étrange
• **geheimnisvoll**	• mystérieux
• **sonderbar**	• étrange, bizarre
• **zauberhaft, wundersam**	• merveilleux
• **packend**	• poignant, captivant
• **atemberaubend**	• à couper le souffle
• **ergreifend**	• saisissant
• **auffallend**	• frappant
• **überzeugend**	• convaincant
• **humoristisch**	• humoristique
• **ablenkend**	• dépaysant
• **vergnügend**	• divertissant

das Vergnügen: *le plaisir*
die Vergnügung: *le divertissement*

• **wahrheitsgetreu**	• véridique
• **plausibel**	• plausible
• **faszinierend**	• fascinant, passionnant
• **fesselnd**	• captivant
• **spannend**	• à suspense
• **authentisch**	• exact, authentique
• **glaubwürdig**	• vraisemblable
• **sachlich, nüchtern**	• sobre, prosaïque, sans emphase
• **einfall[s]reich**	• inventif
• **fantasiereich**	• imaginatif
• **tief**	• profond
• **erschütternd, bestürzend**	• bouleversant
• **rührend, bewegend**	• touchant, émouvant
• **aufregend**	• palpitant
• **skizzenhaft**	• esquissé
• **angedeutet**	• suggéré

der Einfall, ¨-e: *l'idée*

Die negative Beurteilung — L'appréciation négative

• **der Gemeinplatz, ¨-e**	• le lieu commun
• **die Schablone, -n**	• le poncif
• **das Klischee, -s**	• le cliché
• **der Schwulst**	• l'emphase
• **die Schundliteratur, -en**	• la littérature de bas-étage
• **die Trivialliteratur, -en**	• la littérature de gare
• **der Schundroman, -e**	• le mauvais roman
• **die Eintönigkeit**	• la monotonie

• **karikieren**	• caricaturer
• **nach/ahmen**	• imiter
• **plagiieren**	• plagier
• **an/öden**	• raser, barber
• **falsch klingen (a, u)**	• sonner faux

• **limitiert**	• limité
• **eintönig**	• monotone
• **langweilig**	• ennuyeux
• **gewöhnlich**	• ordinaire, médiocre
• **einfallslos**	• sans imagination
• **zu hoch eingeschätzt**	• surfait
• **farblos**	• terne
• **glanzlos**	• sans éclat
• **oberflächlich**	• superficiel
• **inhalt[s]los**	• sans contenu
• **abgerissen**	• incohérent
• **unklar**	• obscur
• **süßlich**	• mièvre
• **gekünstelt**	• guindé
• **langatmig**	• plein de longueurs
• **holp[e]rig**	• poussif
• **abgedroschen**	• rebattu, éculé

• **klischeehaft**	• stéréotypé, plein de clichés
• **schnulzig, kitschig**	• à la guimauve
• **rührselig**	• larmoyant
• **preziös**	• précieux
• **gekünstelt**	• artificiel
• **bombastisch**	• ampoulé
• **schwülstig, überladen**	• surchargé
• **gewagt**	• poussé
• **karikierend**	• caricatural
• **erlogen, unwahr**	• mensonger
• **frei erfunden**	• inventé de toutes pièces
• **(un)genau**	• (in)fidèle, (im)précis
• **schulmeisterlich**	• pédant
• **peremptorisch**	• péremptoire

ÜBUNGEN

4 Wie heißen die Märchen auf Französisch? Quel est le titre français de ces contes ?

a. Schneewittchen – **b.** Dornröschen – **c.** Rotkäppchen – **d.** Aschenbrödel – **e.** Ein Märchen aus Tausendundeiner Nacht – **f.** Der gestiefelte Kater.
1. La Belle au bois dormant – **2.** Blanche-Neige – **3.** Cendrillon – **4.** Le Petit Chaperon rouge – **5.** Le chat botté – **6.** Un conte des mille et une nuits.

5 Sinnverwandte Wörter. Synonymes.

Finden Sie heraus, welche dieser Worte synonym verwendet werden können:

a. die Begebenheit – **b.** das Ammenmärchen – **c.** die Liebesgeschichte – **d.** die Parabel – **e.** der Hauptdarsteller – **f.** der Bücherwurm – **g.** das Symbol – **h.** das Synonym – **i.** das Mangelexemplar
1. die Entsprechung – **2.** das Ereignis – **3.** die fehlerhafte Ausgabe – **4.** das Gleichnis – **5.** die Leseratte – **6.** die Lügengeschichte – **7.** der Protagonist – **8.** die Romanze – **9.** das Sinnbild

6 Lesehunger. Soif de lecture.

Setzen Sie ein:
belesen - Lesebrille - Leselampe - lesen - lesenswert - Leserbrief
leserlich - Leserschaft - Lesestoff - Lesezirkel - Lesung.

Lehrer zum Schüler: Du hast vielleicht eine Sauklaue, schreib' doch endlich einmal …
Eine schlechte Angewohnheit meines Opas ist die Tatsache, dass er in sämtlichen Ecken des Hauses seine … liegenlässt und sie dann anschließend verzweifelt sucht.
Gestern fand eine interessante … eines jungen Autors in der Stadtbücherei statt.
Wenn du mit Liebeskummer geplagt bist, Probleme mit deinen Nachbarn oder mit der Gesundheit hast, so zögere nicht, einen … an Dr. Margarete Hilfmirdoch zu verfassen.
Mit seinen spannenden Krimis hat dieser Autor schon die Gunst einer großen … gewonnen.
Der … kann einen Club von lesefreudigen Menschen bezeichnen, aber auch das Abonnement verschiedener Zeitschriften, die man wöchentlich leihweise ins Haus geliefert bekommt.
Für den Urlaub habe ich mir jetzt mehrere Bücher gekauft, das dürfte genug … für die nächsten drei Wochen sein.
Bevor ich diese Arbeit abgebe, muss mein Vater sie unbedingt noch Korrektur …, damit keine Fehler mehr drin sind.
Von der Kritik ist dieses Buch als sehr … empfohlen worden.
Wenn du nicht gleich die kleine … anmachst, machst du dir bei der Dunkelheit noch die Augen kaputt!
Aus seinen klugen Kommentaren lässt sich schließen, dass er schon viele Bücher verschlungen hat, er ist sehr …

7 Deutsche Komposita sind transparenter! Les composés allemands sont plus transparents.

Wie sagt man auf Französisch?

a. das Erzählgedicht – **b.** das Hochzeitsgedicht – **c.** das Figurengedicht – **d.** das Lehrgedicht – **e.** das Zeitgedicht – **f.** das Sinngedicht – **g.** das Briefgedicht

1. le calligramme – **2.** l'épigramme – **3.** l'épithalame – **4.** l'épître – **5.** le poème didactique – **6.** le poème narratif – **7.** le poème social et satirique

8 Ein Blick auf den Buchdeckel. Un coup d'œil sur la couverture.

Welcher Kommentar zu welchem Genre ?
das Familienepos - der Krimi - der Liebesroman

a. Packend und fesselnd von der ersten bis zur letzten Seite ist diese Geschichte eine Garantie für schlaflose Nächte und Gänsehaut : ...

b. Liebvoll erzählt lädt diese romantische Erzählung dazu ein, die Füße hochzulegen und vom siebten Himmel zu träumen : ...

c. Ergreifend und anrührend kreist dieses Werk um zwei Familien, deren Schicksal sich in mehreren Generationen immer wieder verknüpft und löst : ...

9 Begriffsbestimmungen. Définition de termes.

Ordnen Sie zu : welche Beschreibung passt zu welcher Komponente einer Erzählung ?
die Figurenkonstellation - der Held - das Motiv - der Rahmen - der Stoff

a. ...: der historische Hintergrund einer Geschichte, ihre örtliche Situierung oder eine umklammernde Handlung, innerhalb der sich die weiteren Ereignisse abspielen.

b. ...: bezeichnet die Hauptfigur, der eine besondere und ehrenhafte Rolle zufällt.

c. ...: bezeichnet eine in der Literatur rekurrierende Konstellation, Begebenheit oder Symbolik, zu der der Autor greift, um sich deren Konnotation zunutze zu machen.

d. ...: die besonderen Beziehungen, in denen die Figuren zueinander stehen.

e. ...: die Grundlage, der Ausgangspunkt, auf der eine Geschichte basiert oder auf die sie zurückgreift. Das Essentielle der Handlung.

▶ Corrigés page 467 ◀

Landeskunde

Die Literaturgeschichte

L'histoire littéraire

Einige Epochenbegriffe aus der Literaturgeschichte - Quelques concepts d'histoire littéraire :

- **die Aufklärung:** désigne le siècle des Lumières (anglais : *Enlightenment*).
- **der Sturm und Drang (littéralement, "tempête et élan"):** le terme s'applique à la génération de jeunes écrivains préromantiques révoltés autour du jeune Goethe, qu'on appelle aussi le temps des génies **(die Geniebewegung, -zeit)**.
- **die Weimarer Klassik:** le classicisme de Weimar, du nom du duché où résidaient ses plus illustres représentants, Goethe et Schiller.
- **die Blut-und-Bodendichtung:** ("la littérature du sang et du sol") qualifie la littérature du national-socialisme (1933-1945).
- **die Exilliteratur:** la littérature de l'exil pendant la période nazie ; d'autres écrivains ont choisi l'"émigration intérieure" **(die innere Emigration).**
- **die Trümmerliteratur:** la littérature des ruines, c'est ainsi que l'on désigne la littérature de l'immédiat après-guerre **(die Nachkriegsliteratur), notamment autour du "groupe 47" (die Gruppe 47)** dont les membres cherchèrent à refonder la littérature d'expression allemande.

Der Literaturbetrieb heute

La vie littéraire aujourd'hui

- **die deutschen Literaturpreise:** les prix littéraires allemands : **der Georg-Büchner-Preis** (Darmstadt; équivalent du prix Goncourt), **der Kleist-Preis** (Cologne), **der Heinrich-Böll-Preis** (Cologne), **der Heinrich-Mann-Preis** (Berlin)**, der Friedenspreis des deutschen Buchhandels** (Francfort/Main), **der Geschwister-Scholl-Preis** (Munich) ; **der Ingeborg-Bachmann-Preis** (Autriche). Depuis la guerre, trois écrivains de langue allemande ont obtenu le prix Nobel de littérature (**der Literaturnobelpreis**), Heinrich Böll en 1972, Elias Canetti en 1981 et Günter Grass en1999.
- **die Frankfurter Buchmesse:** la foire du Livre de Francfort est la plus grande du genre au monde.
- **die Buchgemeinschaft, -en (ou der Lesering, -e):** les clubs du livre, dont le plus important au monde est **der Bertelsmann Club** (25 millions de membres). Les adhérents, tenus à une commande mensuelle, bénéficient en contrepartie de prix préférentiels sur la librairie et la discographie proposées.
- **der Lesezirkel:** le cabinet de lecture. C'est une formule d'abonnement à une série de magazines hebdomadaires variés (tous les genres imaginables, de la bande dessinée au magazine érotique) qui circulent d'un abonné à un autre. Le montant de la cotisation est fonction de la place que l'on occupe dans cette chaîne d'abonnés.
- **der Bücherbus:** le bibliobus ; bibliothèque ambulante visant à la promotion de la lecture **(die Leseförderung)**.

Bildlich gesprochen

Rund um das Buch

- **Das Buch der Bücher:** la Bible.
- **Es ist mir ein Buch mit sieben Siegeln:** c'est de l'hébreu pour moi.
- **Die Nase in ein Buch stecken (fam.):** être le nez dans les livres.
- **Reden wie ein Buch (fam.):** parler d'abondance.
- **Ein schlaues Buch (fam.):** un ouvrage de référence.
- **Ein Goldenes Buch:** un Livre d'Or.

Rund um Antonomasien

- **der Tartüff, -e:** un Tartuffe
- **der Don Juan, -s:** un Don Juan
- **die Gretchenfrage:** la question cruciale, allusion à la question de Marguerite à Faust : "Wie hast du's mit der Religion?"; **jemandem die Gretchenfrage stellen:** placer quelqu'un devant un cas de conscience.
- **ein faustischer Mensch:** désigne un homme "faustien", assoiffé d'expériences et de savoir.
- **der Kohlhaas:** un râleur, un procédurier (d'après Michael Kohlhaas, le héros d'un récit de Heinrich von Kleist).
- **der Schlemihl, -e:** un malchanceux, un déveinard (d'après un mot yiddish et le héros d'une nouvelle d'Adalbert von Chamisso, Peter Schlemihl).

Zum Nachdenken

- **Lies mal wieder - Bücher bilden (Motto):** Remets-toi à lire - La lecture cultive.
- **Das Leben schreibt die besten Geschichten:** C'est la vie qui écrit les meilleures histoires.
- **Ohne Krimi geht die Mimi nie ins Bett (Lied):** Mimi ne va jamais au lit sans polar.
- **Tadeln können zwar die Toren, aber besser machen nicht:** La critique est aisée, mais l'art est difficile.
- **Reim dich, oder ich fress' dich:** Rime ou je te mange (se dit à propos de mauvais vers).
- **Ohne Muße keine Muse:** Il faut de grands loisirs pour cultiver la Muse.
- **Ein Buch muss die Axt sein für das gefrorene Meer in uns (Franz Kafka):** Un livre doit être cette hache qui brise l'océan de glace qui est en nous.
- **Bücher haben ihre Schicksale:** Les livres ont leur destin (cette traduction de la citation latine "habent sua fata libelli" fait allusion à la complexité de la réception et de l'histoire des œuvres littéraires).
- **Des vielen Büchermachens ist kein Ende:** On n'arrête pas de faire des livres (reprise d'une phrase de l'Ecclésiaste (12,12) désignant sous forme de plaisanterie la quantité innombrable de livres publiés chaque année).
- **Genie ist Fleiß (Fontane):** Le génie, c'est du travail.

3 Die Medienwelt: Printmedien, Radio und Fernsehen

Les médias : presse, radio et télévision

1 Die Printmedien — La presse

Zeitungen und Zeitschriften — Journaux et magazines

durch die Medien verbreiten: *médiatiser*	• **das Medium, -dien**	• le média
	• **die Massenmedien (plur.)**	• les mass-media
	• **die Presse, -n**	• la presse
dpa (die deutsche Presseagentur): *l'agence de presse allemande*	• **die Presseagentur**	• l'agence de presse
	• **die Zeitung, -en**	• le journal
die Wandzeitung: *le dazibao*	• **die Tageszeitung, -en**	• le quotidien
	• **die Boulevardzeitung, -en**	• le quotidien populaire
das Käseblatt, ¨-er: *la feuille de chou* (fam.)	• **das Blatt, ¨-er**	• le journal, la feuille
(fam.) das Revolverblatt,¨-er (péj.) die Sensationsmache: *le sensationnalisme*	• **das Sensationsblatt, ¨-er**	• le journal à sensation
	• **das Skandalblatt, ¨-er**	• le journal à scandale
	• **das Anzeigeblatt, ¨-er**	• le journal d'annonces
	• **das Gratisblatt, ¨-er**	• le journal gratuit
	• **die Wochenzeitung, -en**	• l'hebdomadaire
die Hochglanzzeitschrift: *la revue sur papier glacé*	• **die Zeitschrift, -en**	• la revue
	• **die Fachzeitschrift, -en**	• la revue spécialisée, professionnelle
	• **die Monatsschrift, -en**	• le mensuel
	• **das Journal, -e**	• la revue
aussi : *la manche*	• **das Heft, -e**	• le cahier
	• **das Rätselheft, -e**	• le magazine de jeux
das Hochglanzmagazin, -e: *le magazine de luxe*	• **das Magazin, -e**	• le magazine, la revue
	• **die Illustrierte (AS)**	• l'illustré
	• **das Nachrichtenmagazin, -e**	• le magazine d'information
	• **das Frauenmagazin, -e**	• le magazine féminin
	• **die Nummer, -n**	• le numéro
	• **die Ausgabe, -n**	• la parution
	• **die Abendausgabe, -n**	• l'édition du soir
	• **die Sonderausgabe, -n**	• l'édition spéciale
	• **die Beilage, -n**	• le supplément
	• **die Farbbeilage, -n**	• le supplément couleur
	• **der Titel, -; der Zeitungskopf, ¨-e**	• le titre
	• **die Titelseite, -n**	• la page de titre, la une
anglais : *the front page*	• **die Frontseite, -n**	• la première page, la une
(jarg.) die Titelstory, -ies	• **die Titelgeschichte, -n**	• l'article qui fait la une
	• **die Spalte, -n**	• la colonne
	• **die Klatschspalte, -n**	• la chronique mondaine
	• **der Klatsch, -e**	• la chronique scandaleuse
Schlagzeilen machen: *faire la une des journaux*	• **die Schlagzeile, -n**	• la manchette, le gros titre

• der Artikel, -	• l'article
• der Beitrag, ¨-e	• le papier
• der Leitartikel, -	• l'éditorial
• der Vorspann, -e	• le chapeau, le lead
• die Nachricht, -en	• la nouvelle
• die Meldung, -en	• l'information (diffusée)
• die Kurzmeldung, -en	• la brève
• der Bericht, -e	• le reportage, l'article
• der Exklusivbericht, -e	• le reportage en exclusivité
• die Reportage, -n	• le reportage
• die Berichterstattung, -en über etwas (A)	• la couverture de qqch
• der Kommentar, -e	• le commentaire
• das Interview, -s	• l'interview
• der (Hinter)grundartikel, -	• l'article de fond
• der Rückblick, -e	• la rétrospective
• die Sparte, -n; der Teil, -e	• la rubrique
• dieWirtschaftssparte, -n	• la rubrique économique
• das Feuilleton, -s	• les pages littéraires
• die Sportchronik; der Sportteil, -e	• la rubrique sportive
• die Lokalseite, -n	• la page locale
• Vermischtes	• les faits divers
• die Todesanzeigen (plur.)	• la rubrique nécrologique
• die Heiratsanzeige, -n	• l'annonce matrimoniale
• die Leserbriefe (plur.)	• le courrier des lecteurs
• die Kummerecke	• le courrier du cœur
• die Kummerkastentante, -n	• la préposée au courrier du cœur
• die Aufmachung, -en	• la présentation
• die Überschrift, -en	• le titre (d'un article)
• der Untertitel, -	• le sous-titre
• der Aufhänger, -	• l'accroche journalistique
• der Zwischentitel, -	• l'intertitre
• das Pressefoto, -s	• la photo de presse
• die Retuschierung, -en	• la retouche
• die Fotomontage, -n	• le photomontage
• die Bildunterschrift, -en	• la légende
• das Impressum, -ssen	• l'ours
• die Anzeige, -n; die Annonce, -n	• l'annonce
• der Anzeigenteil, -e	• les petites annonces
• das Abonnement, -s	• l'abonnement
• der Abonnent, -en, -en	• l'abonné
• der Bezugspreis, -e	• le tarif d'abonnement
• die Treueprämie, -n	• la prime de fidélité

Notes in the margin:

> der Tatsachenbericht, -e: *l'article documentaire* (→ der Bericht)

> (jarg.) die Exklusivstory, -ies (→ der Exklusivbericht)

> vermischte Lokalnachrichten; die Gartenvereine (fam.): *la rubrique des chiens écrasés* (→ Vermischtes)

> der Kummer: *le chagrin, les soucis* (→ die Kummerecke)

> der Aufmacher: *la une du journal* (→ die Aufmachung)

> (!) die Unterschrift: *la signature* (→ die Bildunterschrift)

> eine Anzeige auf/geben: *passer une annonce* (→ der Anzeigenteil)

• drucken	• imprimer
• heraus/geben (a, e, i)	• publier
• erscheinen (ie, ie)	• paraître
• abonnieren (+ A)	• s'abonner (à)
• interviewen	• interviewer
• aus/schreien (ie, ie)	• vendre à la criée
• ein/fügen; inserieren	• insérer
• etwas/jdn groß heraus/bringen	• mettre qqch/qqn en vedette

> brachte, gebracht (→ heraus/bringen)

• **über ein Ereignis berichten**	• couvrir un événement
• **eine gute/schlechte Presse haben**	• avoir bonne/mauvaise presse

• **regional**	• provincial
• **überregional**	• national

Die Journalisten — Les journalistes

	• **der Journalist, -en, -en**	• le journaliste
	• **die Verlagsgruppe, -n**	• le groupe d'édition
	• **die Zeitungsgruppe, -n**	• le groupe de presse
	• **der Pressemagnat, -en**	• le magnat de la presse
	• **der Zeitungsverleger, -**	• le patron de presse
	• **der Herausgeber, -**	• l'éditeur
	• **der Leitartikler, -**	• l'éditorialiste
	• **die Redaktion, -en**	• la rédaction
	• **die Redaktionskonferenz, -en**	• la conférence de rédaction
	• **der Redaktionsschluss, ¨-e**	• le bouclage (de l'édition)
	• **der Redakteur, -e**	• le rédacteur
	• **der Chefredakteur, -e**	• le rédacteur en chef
der fliegende Reporter: *le grand reporter*	• **der Reporter, -**	• le reporter
	• **der Sonderkorrespondent, -en, -en**	• l'envoyé spécial
der Auslandsreporter, -: *le reporter à l'étranger*	• **der Auslandskorrespondent, -en, -en**	• le correspondant à l'étranger
	• **der Kolumnist, -en, -en**	• le chroniqueur
	• **der Pressefotograf, -en, -en**	• le reporter photographe
	• **der Paparazzo, -zzi**	• le paparazzi
	• **der (Presse)zeichner, -**	• le dessinateur (de presse)
	• **die Karikatur, -en**	• la caricature
	• **der Presseausweis, -e**	• la carte de presse
die Zeile, -n: *la ligne*	• **das Zeilenhonorar, -e**	• la pige
	• **der freie Mitarbeiter, -**	• le pigiste
	• **der Rezensent, -en; der Kritiker, -**	• le critique
	• **die Pressekonferenz, -en**	• la conférence de presse
	• **die Pressemeldung, -en**	• le communiqué de presse
	• **der Investigationsjournalismus**	• le journalisme d'investigation
ein Volontariat absolvieren: *effectuer un stage*	• **das Volontariat, -e**	• le stage (dans l'édition, la presse)

über + A.; von + D	• **informieren; unterrichten**	• informer de qqch
	• **über ein Ereignis berichten**	• couvrir un événement
	• **auf Reportage sein**	• être en reportage
	• **eine Reportage über etwas machen**	• faire un reportage sur qqch
(!) *rechercher* : suchen	• **recherchieren; ermitteln**	• enquêter
	• **etwas exklusiv veröffentlichen**	• publier qqch en exclusivité
	• **Schlagzeilen machen**	• faire la une des journaux
	• **karikieren**	• caricaturer
	• **ab/lichten; fotografieren**	• photographier
	• **von öffentlichem Interesse sein**	• présenter un intérêt pour le public
	• **freelance/freiberuflich arbeiten**	• travailler en free-lance

• von Interesse	• qui vaut la peine d'être publié
• aus sicherer Quelle	• de source sûre
• aus inoffizieller Quelle	• de source officieuse
• gut recherchiert	• bien documenté

2 Der Rundfunk — La radio

Der Empfang — La réception

	• der Rundfunk; das Radio	• la radio
	• der Radioapparat, -e	• le poste de radio
	• das Mikrophon, -e	• le micro
	• die Übertragung, -en	• la retransmission
	• die Direktübertragung, -en	• la retransmission en direct
(!) die Dauerwelle: *la permanente*	• die Welle, -n	• l'onde
mit jdm auf einer Wellenlänge sein: *être sur la même longueur d'ondes que qqn*	• die Wellenlänge, -n	• la longueur d'ondes
	• die Langwelle, -n	• l'onde longue
	• die Kurzwelle, -n	• l'onde courte
	• die Ultrakurzwelle, -n	• la modulation de fréquence
	• der UKW- Sender, -	• la station FM
der einwandfreie Empfang: *la réception parfaite*	• der Empfang, ¨-e	• la réception
	• das Rauschen, -	• le bruit de fond
pluriel	• die Störungen	• les parasites
	• die Reichweite, -n	• la portée
	• die Frequenz, -en	• la fréquence
	• die Antenne, -n	• l'antenne
	• der Piratensender, -	• la radio-pirate

brachte, gebracht	• bringen; senden	• émettre
	• aus/strahlen	• diffuser
	• übertragen (u, a, ä)	• retransmettre
	• an/schalten; aus/schalten	• allumer ; éteindre
	• um/schalten	• changer, zapper
	• den Sender wechseln	• changer de station
	• empfangen (i, a, ä)	• capter, recevoir
	• ein/stellen	• régler, mettre au point
	• rauschen	• faire un bruit de fond
knacksen (fam.)	• knacken	• grésiller
	• die Sendung übernehmen (a, o, i)	• prendre l'antenne
	• im Radio sprechen	• être à l'antenne

entstören: *antiparasiter*	• gestört	• brouillé
	• störanfällig	• sensible aux parasites
	• störungsfrei	• sans parasites

Die Rundfunkprogramme — La programmation

die Rundfunkanstalt, -en	la station de radio	die öffentlich-rechtlichen Rundfunkanstalten: *les stations de radiodiffusion de droit public*
der Sender, -	l'émetteur, la station	
die Sendung, -en	l'émission	(jarg.) auf Sendung sein: *être sur l'antenne*
die Nachrichten (plur.)	les informations	
Kurznachrichten (plur.)	le flash d'informations	
der Intendant, -en, -en	le directeur de la station	(!) *l'intendant:* der Verwalter, -
das Tagesgeschehen	l'actualité	
der (Nachrichten)sprecher, -	le speaker, le présentateur	
der Produzent, -en, -en	le producteur	
die Erkennungsmelodie, -n	l'indicatif musical	
der Jingle, -s	le jingle	pron. anglaise
der Sportredakteur, -e	le rédacteur sportif	
der Wetterbericht, -e	le bulletin météo	
die Wettervorhersage, -n	la prévision météo	
das Hörspiel, -e	la pièce radiophonique	
die Ansage, -n	l'annonce	
die Hitparade, -n	le hit-parade	die Charts *(pron. angl.)*
der Hörer, -	l'auditeur	
der Hörertyp, -en	le type d'auditeur	
die Hörgewohnheiten (plur.)	les habitudes d'écoute	
das Autoradio, -s	l'autoradio	
der Verkehrsfunk	le radioguidage	
der Radiowecker, -	le radioréveil	
binden (a, u)	fidéliser	
öffentlich-rechtlich	(de droit) public	
hörernah	proche des auditeurs	
inhaltsreich	riche	
inhaltsleer	superficiel, creux	
unterhaltsam	divertissant	

3 Das Fernsehen — La télévision

Das Fernsehen — La télévision

das Fernsehen, -	la télévision	(fam.) die Röhre; die Glotze: *la télé*
der Fernseher, -	le téléviseur, le poste de télévision	
die Fernbedienung, -en	la télécommande	
das Farbfernsehen, -	la télévision couleur	
das Digitalfernsehen, -	la télévision numérique	

	• das Kabelfernsehen, -	• la télévision par câble
über Satellit empfangen: *capter par satellite*	• das Satellitenfernsehen, -	• la télévision par satellite
	• der Fernsehsender, -	• la chaîne de télévision
	• das Kulturprogramm, -e	• la chaîne culturelle
	• der Spartenkanal, ¨-e	• la chaîne thématique
	• der Nachrichtensender, -	• la chaîne d'information
	• der Privatsender, -	• la chaîne privée
pron. anglaise	• das Pay-TV, -s	• la chaîne à péage
	• der Bildschirm, -e	• l'écran
	• die Bildröhre, -n	• le tube cathodique
	• die Bildschärfe, -n	• la netteté de l'image
	• der Schnee	• l'effet de neige
	• der Videotext, -e	• le télétexte
	• der Videorecorder, -	• le magnétoscope
	• die Videokassette, -n	• la cassette vidéo
	• die (Video)aufnahme, -n	• l'enregistrement vidéo
die Schüssel: *la parabole*	• die Parabolantenne, -n	• l'antenne parabolique
	• das Netz, -e	• le réseau
	• das Kabelnetz, -e	• le réseau câblé
	• der Fernsehzuschauer, -	• le téléspectateur
	• die Fernsehgebühr, -en	• la redevance audiovisuelle
unverschlüsselt: *en clair*	• der Decoder, -	• le décodeur
	• die Direktübertragung, -en	• la retransmission en direct
pluriel	• die Übertragungsrechte	• les droits de retransmission
	• der Fernsehturm, ¨-e	• la tour de télévision
	• das Fernsehstudio, -s	• le studio de télévision

• fern/sehen (a, e, ie)	• regarder la télévision
• an/schalten; aus/schalten	• allumer ; éteindre
• zappen; um/schalten	• zapper
• sich (D) [eine Sendung] an/schauen	• regarder [une émission]
• verkabeln	• câbler
• flimmern	• scintiller, papilloter
• kopieren	• copier
• auf/zeichnen	• enregistrer

	• analog	• analogique
	• digital	• numérique
	• terrestrisch	• hertzien
	• hochauflösend	• haute définition
pron. anglaise	• live, direkt	• en direct
	• zeitversetzt, aufgezeichnet	• en différé
	• gesponsort	• sponsorisé
	• allgemein (Programm)	• généraliste (chaîne)
	• speziell	• thématique
	• kostenpflichtig	• à péage
	• (un)scharf	• (pas) net

Die Fernsehsendungen — Les émissions

	Die Fernsehsendungen	Les émissions
	• das Fernsehprogramm, -e	• le programme de télévision
	• der Sendeplan, ¨-e	• la grille des programmes
	• der Fernsehzuschauer, -	• le téléspectateur
	• der Fernsehkonsum	• la consommation télévisuelle
pron. anglaise	• die Live-Sendung, -en	• l'émission en direct
	• der Vorspann, -e	• le générique
	• die Studiobühne, -n	• le plateau télévisé
die Kurznachrichten (plur.): *le flash d'information*	• die Nachrichten (plur.)	• les informations
	• die Nachrichtensendung, -en	• l'émission d'information
singulier	• die Tagesschau	• le journal télévisé
	• der Wetterbericht, -e	• le bulletin météo
	• die Fernsehserie, -n	• le feuilleton télévisé
	• der Kurzfilm, -e	• le court-métrage
	• der Spielfilm, -e	• le long métrage
anglais : *soap opera*	• die Seifenoper, -n	• la série mélo
Fortsetzung folgt: *la suite au prochain épisode*	• der Fernsehfilm, -e	• le téléfilm
	• der Dokumentarfilm, -e	• le (film) documentaire
	• der Tierfilm, -e	• le documentaire animalier
	• die Unterhaltungssendung, -en	• l'émission de variété
	• der Videoclip, -s	• le clip vidéo
	• die Quizsendung, -en	• le jeu télévisé
	• der Quizmaster, -s	• le meneur de jeu
	• die Talk-Show, -s	• le débat télévisé
	• die Kultursendung, -en	• l'émission culturelle
	• die Sportsendung, -en	• l'émission sportive
singulier	• das Tele-Shopping	• le télé-achat
	• das Frühstücksfernsehen, -	• le programme du matin
	• das Kinderprogramm, -e	• les émissions pour enfants
	• das Schulfernsehen, -	• la télévision scolaire
	• die Erstsendung, -en	• la première diffusion
	• die Wiederholung, -en	• la rediffusion
jargon	• das Sommerloch, ¨-er	• la période creuse (en été)
jargon	• die Nachtlücke, -n	• l'interruption d'antenne (la nuit)
familier	• der Pausenfüller, -	• l'intermède, l'interlude
	• der Werbespot, -s	• le spot publicitaire
	• der Werbeblock, -s	• la plage publicitaire
singulier	• die Fernsehwerbung	• la publicité télévisée
	• die Werbeeinblendung, -en	• le flash publicitaire
die Unterbrecherwerbung: *la publicité au milieu des émissions*	• die Unterbrechung, -en	• l'interruption
	• die Einschaltquote, -n	• le taux d'écoute, l'audimat
	• die Haupteinschaltzeit, -en	• les heures de grande écoute
	• der Zuschaueranteil, -e	• la part d'audience
	• die Sendezeit, -en	• la tranche horaire
das Zappen: *le zapping*	• der Zapper, -	• le zappeur

	• um/schalten	• changer de chaîne
	• zappen; herum/schalten	• zapper
	• übertragen (u, a, ä)	• retransmettre

• senden; aus/strahlen	• diffuser
• einen Riesenerfolg haben	• faire un tabac (fam.)
• fesseln	• captiver

• telegen	• télégénique
• erfolgreich	• à succès
• publikumswirksam	• efficace auprès du public
• lehrreich	• éducatif

Die Fernsehleute — Les gens de la télévision

• das Fernsehteam, -s	• l'équipe de télévision
• der Ansager, -	• le présentateur
• die Ansagerin, -nen	• la présentatrice
• der Moderator, -en	• l'animateur
• der Starmoderator, -en	• le présentateur vedette
• der Stargast, ¨-e	• la vedette
• der Publikumsliebling, -e	• l'idole, la coqueluche du public
• der Dauergast, ¨-e	• l'invité permanent

• moderieren	• animer
• Furore machen	• crever l'écran
• an/sagen	• annoncer

4 Die Medienfreiheit — La liberté des médias

Die Meinungsvielfalt und die Medienkonzentration — Le pluralisme et la concentration des médias

• die Medienlandschaft, -en	• le paysage médiatique
• die Fernsehlandschaft, -en	• le paysage audiovisuel
• das Medienüberangebot, -e	• la saturation médiatique
• die Pressekonzentration, -en	• la concentration de la presse
• das Zeitungssterben, -	• la disparition des journaux
• der Medienkonzern, -e	• le groupe médiatique
• die Auflage, -n	• le tirage
• die Auflagenhöhe, -n	• le chiffre de tirage
• die Verbreitung, -en	• la diffusion
• das Exemplar, -e	• l'exemplaire
• die Befragung, -en	• l'enquête, le sondage
• die Meinungsbildung, -en	• la formation de l'opinion
• der Meinungsmacher, -	• le faiseur d'opinion
• die öffentliche Meinung, -en	• l'opinion publique
• die Meinungsumfrage, -n	• le sondage d'opinion
• die Meinungsverschiedenheit, -en	• la divergence d'opinions
• das Panel, -s	• le panel
• die Tendenzpresse	• la presse d'opinion
• das Parteiorgan, -e	• l'organe d'un parti

> der Zeitungsriese, -n, -n: *le géant de la presse*
> der Mediengigant, -en: *le géant des médias*
> (→ die Pressekonzentration)

> eine Meinungsumfrage durch/führen: *effectuer un sondage d'opinion*
> (→ die Meinungsumfrage)

> pron. anglaise (→ das Panel)

die vierte Macht: *le quatrième pouvoir*

- **die Lobby, -s** • le groupe de pression
- **der Einfluss, ¨-e** • l'influence

- **wach/rufen (ie, u); betroffen machen** • sensibiliser
- **beeinflussen** • influencer
- **manipulieren** • manipuler
- **alarmieren** • alerter
- **programmieren** • conditionner
- **den Ton angeben (a, e, i)** • donner le ton

ein meinungsbildendes Organ: *un journal d'opinion*

- **unabhängig** • indépendant
- **regierungstreu** • pro-gouvernemental
- **parteigebunden** • proche d'un parti
- **meinungsbildend** • qui fait l'opinion
- **auflagenstark** • à gros tirage
- **demoskopisch** • obtenu par sondage

Meinungsfreiheit und Zensur / Liberté d'expression et censure

das Berufsvergehen, -: *la faute professionnelle*

die Zeitungsente, -n; der faule Fisch, -e (fam.): *le canard de presse, le bobard*

die Hetzkampagne, -n: *la campagne de diffamation*

- **die Meinungsfreiheit, -en** • la liberté d'expression
- **die Pressefreiheit, -en** • la liberté de la presse
- **das Presserecht, -e** • le droit de la presse
- **der Ehrenkodex, -e/-zes** • la déontologie
- **die Berufsethik, -** • l'éthique professionnelle
- **der Verhaltenskodex, -e/-zes** • le code de bonne conduite
- **das Pressevergehen, -** • le délit de presse
- **das Recht am eigenen Bild** • la protection de la vie privée
- **die Privatssphäre, -n** • la sphère privée
- **die Verletzung des persönlichen Lebensbereichs** • l'atteinte à la vie privée des personnes
- **die Desinformation, -en** • la désinformation
- **die Falschmeldung, -en** • la fausse information
- **das Gerücht, -e** • la rumeur
- **die Verleumdung, -en** • la calomnie
- **der Skandal, -e** • le scandale
- **das Recht auf Gegendarstellung** • le droit de réponse
- **die Richtigstellung, -en** • le rectificatif
- **die Diffamierung, -en** • la diffamation
- **der Schnüffler, -** • le fouineur
- **die Wahrhaftigkeit, -en** • la véracité
- **die Entgleisung, -en** • la dérive
- **das Dementi, -s** • le démenti
- **die Zensur, -en** • la censure
- **die Streichung, -en** • la coupure
- **die Beschlagnahme, -n** • la saisie
- **die Nachrichtensperre, -n** • l'embargo (sur l'information)
- **die Nachrichtenunterschlagung, -en** • la rétention d'information

Remarque	Deutsch	Français
	• **die Zeitungspalten füllen**	• défrayer la chronique
	• **verschweigen (ie, ie)**	• taire, passer sous silence
	• **vertuschen**	• étouffer
	• **auf/decken; ent/hüllen**	• révéler, déterrer, dénicher
	• **auf/zeigen**	• dénoncer
	• **verleumden**	• calomnier
	• **verschleiern**	• cacher, dissimuler
	• **verzerren; verfälschen**	• déformer, dénaturer
	• **jemandes Ruf schaden**	• nuire à la réputation de qqn
	• **gegen jdn auf/hetzen**	• monter contre qqn
	• **dementieren**	• démentir
	• **berichtigen; richtig/stellen**	• rectifier qqch
	• **zurück/nehmen (a, o, i)**	• rétracter
	• **überprüfen**	• vérifier
	• **durch/streichen (i, i)**	• caviarder
	• **(die Presse) mundtot machen**	• bâillonner (la presse)
	• **zensieren**	• censurer
	• **ein/schränken**	• restreindre, limiter
	• **der Zensur unterliegen (a, e)**	• être soumis à la censure
	• **verbieten (o, o)**	• interdire
brachte, gebracht	• **in Umlauf bringen**	• faire courir (une rumeur)
zog, gezogen	• **jdn durch den Schmutz ziehen**	• traîner qqn dans la boue
	• **bedrängen, verfolgen**	• harceler, poursuivre

Remarque	Deutsch	Français
	• **glaubwürdig**	• crédible
	• **leichtgläubig**	• crédule
	• **unglaubwürdig**	• peu digne de foi
	• **parteiisch**	• partial, tendancieux
	• **diffamierend**	• diffamatoire
	• **zweifelhaft**	• déloyal
	• **einseitig**	• orienté, partisan
	• **unparteiisch, neutral**	• impartial
	• **bestechlich**	• vénal, corruptible
	• **korrompiert**	• corrompu
péjoratif	• **hetzerisch**	• incendiaire, provocateur

Information oder Sensationslust ? / Information ou soif de sensations

Remarque	Deutsch	Français
	• **das Kommunikationsmittel, -**	• le moyen de communication
die nackten Tatsachen: *les faits bruts*	• **die Tatsache, -n**	• le fait
	• **die Informationsquelle, -n**	• la source d'information
	• **die Offenbarung, -en**	• la révélation
der Eckenbrüller, - (fam.)	• **der Scoop, -s; der Reißer, -**	• le scoop
	• **das Medienspektakel**	• le tapage médiatique
	• **der Medienrummel**	• le battage médiatique
der Knüller, - (fam.): *l'article accrocheur, l'événement médiatique*	• **das Medienereignis, -se**	• l'événement médiatique
	• **der Publikumsmagnet, -e**	• la grosse attraction
fam. : der Publikumsrenner, -	• **der Publikumserfolg, -e**	• le succès auprès du public
	• **die Bilderflut, -en**	• le flot des images
	• **die Reizüberflutung, -en**	• l'excès de stimulation

	• **die Verblödung**	• l'abrutissement
familier	• **die Volksverdummung**	• l'abêtissement général
	• **etwas auf/bauschen**	• exagérer (qqch)
	• **hoch/stilisieren**	• donner trop d'importance
	• **hoch/spielen**	• monter en épingle
	• **nicht beachten**	• négliger
	• **unterschätzen, unterbewerten**	• sous-estimer
	• **sachlich; objektiv**	• objectif
	• **unsachlich; subjektiv**	• subjectif
	• **seicht**	• creux, superficiel
	• **reißerisch**	• racoleur
	• **brandaktuell**	• à la pointe de l'actualité
	• **interaktiv**	• interactif
	• **medienwirksam**	• médiatique
	• **sensationell**	• à sensation, sensationnel
sensationsgeil (fam.)	• **sensationsgierig**	• avide de sensations

ÜBUNGEN

10 Welches Wort passt nicht in die Reihe? Chassez l'intrus.

a. Käseblatt/Revolverblatt/Feigenblatt/Skandalblatt
b. Schmierfink/Zeitungsente/Eckenbrüller/Vogelscheuche
c. Röhre/Glotze/Flimmerkasten/Mattscheibe/Leitung
d. Kurzwelle/Langwelle/Wellenlänge/Dauerwelle

11 Was passt am besten? Associez les mots composés.

a. Volks – **b.** Publikums – **c.** Nachrichten – **d.** Meinungs – **e.** Einschalt – **f.** Fern
1. bedienung – **2.** freiheit – **3.** liebling – **4.** quote – **5.** sperre – **6.** verdummung

12 Bildlich gesprochen. Métaphores.

Welches ist das richtige Wort?

a. Die Gesamtheit der Fernsehkanäle und die Tendenz der Programme kennzeichnen die Fernsehwüste/landschaft/gegend.
b. Die Einfallslosigkeit der Fernsehmacher zur Sommerzeit nennt man Sommerloch/Werbepause/Nachrichtensperre.
c. Eine Falschmeldung in der Zeitung ist ein Schmierfink/eine Titelstory/eine Zeitungsente.
d. Unter einer Schüssel versteht man die Fernbedienung/den Bildschirm/die Parabolantenne.

13 Zeitungsjargon. Jargon journalistique.

Ordnen Sie der jeweiligen Beschreibung eines der folgenden Wörter zu:
Einschaltquote - Erkennungsmelodie - Gegendarstellung - Gemischtes - Käseblatt - Kummerecke - Schlagzeile - Vorspann.

a. Der dickgedruckte Titel auf der ersten Seite einer Zeitung.
b. Eine Rubrik, in der Leser entweder andere Leser oder einen Zeitungspsychologen um Ratschlag bitten.
c. Eine Zeitschrift oder eine Zeitung von niederem Niveau.
d. Verschiedenerlei Nachrichten oder Berichte.
e. Teil eines Films, der vor der eigentlichen Geschichte eingespielt wird.
f. Die Anzahl der Zuschauer, die ein Programm verfolgen.
g. Antwort auf eine falsche Zeitungsmeldung.
h. Charakteristische Melodie eines Radiosenders.

14 Ordnen Sie zu. Rangez les mots dans la bonne colonne.

Titelblatt	Sensationsblatt	Kurzwelle	Ansager

Aufmacher - Erkennungsmelodie - Falschmeldung - Hörerwunsch - Kopf - Kürzel - Moderator - Publikumsliebling - Quizmaster - Schlagzeile - Schmierfink - Untertitel - Verkehrsfunk - Zeitungsente

Corrigés page 467

Landeskunde

Die deutschsprachige Presse

La presse germanophone

Die deutsche Presse - La presse allemande :

- **der Springer-Verlag:** groupe de presse conservateur fondé par Axel Springer en 1945, intégré en 1994 au groupe Kirch. Les titres les plus diffusés sont **Bild-Zeitung** et **Bild am Sonntag, Hörzu, Die Welt**.
- **die überregionale Tagespresse:** les grands quotidiens de dimension nationale, conservateurs comme **Frankfurter Allgemeine Zeitung (FAZ)** et **Die Welt,** de gauche ou de centre gauche comme **Frankfurter Rundschau (FR)** et **Süddeutsche Zeitung (SZ)**.
- **die Nachrichtenmagazine:** les magazines d'information **Der Spiegel** et **Stern** ont été créés au lendemain de la guerre, ils sont concurrencés par **Focus**, fondé en 1993. Deux grands hebdomadaires non brochés **(Wochenzeitungen) : Die Zeit** et le plus récent **Die Woche (1990)**.
- **die Regenbogenpresse:** la presse à sensation ou presse du cœur, comme **Super Illu,** le magazine le plus lu à l'Est de l'Allemagne, **Freizeit-Revue** et **Bunte** (groupe **Burda**), **Neue Post**.
- **die Fernsehzeitschriften:** les magazines de télévision ont un fort tirage. Les plus lus sont **TV Movie, TV Spielfilm** et **Hörzu**.

Die österreichische und die schweizerische Presse - La presse autrichienne et la presse suisse :

- En Autriche, le principal quotidien est **Der Standard** et le principal magazine d'information **Profil**.
- Pour la Suisse, on peut citer le quotidien **Neue Zürcher Zeitung (NZZ)** et l'hebdomadaire **Weltwoche**.

Die deutsche Fernsehlandschaft

Le paysage audiovisuel allemand

Die öffentlich-rechtlichen Programme - Les chaînes du service public :

- **die ARD** (die Arbeitsgemeinschaft der öffentlich-rechtlichen Rundfunkanstalten Deutschlands): la communauté des organismes de radio et de télévision publics d'Allemagne) :
- **"Das Erste"** (ou **ARD**): programme télévisé commun des stations régionales.
- **das dritte Programm der ARD (die Regionalprogramme)** : la troisième chaîne de la télévision allemande (les télévisions régionales) : **NDR (Norddeutscher Rundfunk)**, **WDR (Westdeutscher Rundfunk)**, **HR (Hessischer Rundfunk)**, **SWF (Südwestfunk)**, **BR (Bayerischer Rundfunk)**, **ORB (Ostdeutscher Rundfunk)**, **MDR (Mitteldeutscher Rundfunk)**.
- **das ZDF (Zweites Deutsches Fernsehen)**: la deuxième chaîne de la télévision allemande, chaîne généraliste de droit fédéral.
- **der Kulturkanal DWF (Deutsche Welle Fernsehen):** chaîne culturelle de droit fédéral, plurilingue et sans publicité.
- **die Gemeinschaftsprogramme:** les chaînes bi- et trinationales **Arte** ((France-Allemagne) et **3 SAT** (Allemagne, Suisse, Autriche).

- **der ORF (Österreichischer Rundfunk):** chaîne généraliste autrichienne.
- **die SRG (Schweizerische Radio- und Fernsehgesellschaft):** chaîne généraliste suisse.

Die privaten Sender - Les chaînes privées :

- **der Bertelsmann-Konzern:** le groupe Bertelsmann avec les chaînes de divertissement **RTL**, **RTL II** (surnommé **der Tittenkanal**), **Super-RTL**, **Vox** et la chaîne payante **Première**.
- **die Nischensender:** les petites chaînes comme la chaîne d'information continue **(Nachrichtenkanal) n-tv** et la chaîne musicale **(Musikkanal) Viva**.

Fernseh-Hits und Kultsendungen

Émissions vedettes et émissions cultes de la télévision allemande

- **"Dalli Dalli" ("dare dare"):** émission de variétés **(Unterhaltungssendung)** des années 70.
- **"Die große Samstagabendshow", "Wetten, daß" (ZDF):** shows télévisés.
- **"Die Sendung mit der Maus", "Die Sesamstraße", "Sandmännchen"** (Le marchand de sable): émissions pour les enfants.
- **"Lindenstraße":** feuilleton télévisé de l'**ARD**.
- **"Schimanski", "Derrick", "Tatort":** séries policières **(Krimis)**.
- **"Aktenzeichen XY... ungelöst":** émission interactive sur des enquêtes policières qui n'ont pas abouti **(Fahndungssendung)**, un classique de la **ZDF** depuis 1967.
- **"Ein Platz an der Sonne"** ("Une place au soleil"): loterie télévisée **(die Fernsehlotterie)**.
- **"Das Wort zum Sonntag"** ("La parole du dimanche"): émission religieuse diffusée le samedi soir sur l'**ARD**.
- **"Big Brother":** reality-show **(Reality-TV)** sur **RTL II**, tourné dans un conteneur.
- **"Wer wird Millionär?":** jeu télévisé **(Quizshow)** de **RTL**.

Bildlich gesprochen

Rund um das Fernsehen

Termes familiers désignant la télé, la téloche, le petit écran.

- **die Glotze, -n**
- **die Glotzkiste, -n**
- **die Röhre, -n**
- **die Mattscheibe, -n**
- **das Heimkino, -s**
- **das Pantoffelkino, -s**
- **der Kasten, ¨-**
- **der Flimmerkasten, ¨-**
- **die Flimmerkiste, -n**

Zum Nachdenken

- **"Die Presse - Druckerschwärze auf Papier"** (Otto von Bismarck, 1888): La presse - de l'encre qui noircit du papier.
- **"Das Fernsehen unterhält die Leute, indem es verhindert, dass sie sich miteinander unterhalten"** (Sigmund Graff): La télévision distrait les gens en leur interdisant de discuter entre eux.

4 Post, Fernmeldewesen und Informatik
Poste, télécommunications et informatique

1 Post und Fernmeldewesen / Poste et télécommunications

Die Post / La poste

Remarque	Deutsch	Français
die Post: *le courrier*	die Post	la poste
mit Luftpost: *par avion*	die Luftpost	la poste aérienne
	das Postamt, ¨-er	le bureau de poste
	die Postsendung, -en	l'envoi postal
der Schalter = der [Licht]schalter: *l'interrupteur*	der Postschalter, -	le guichet de la poste
	die Postkarte, -n	la carte postale
Diskretion! Bitte Abstand halten: *Veuillez respecter un espace de discrétion*	die Diskretionszone, -n	l'espace de discrétion
	das Postfach, ¨-er	la boîte postale
die PLZ	die Postleitzahl, -en	le code postal
	der Brief, -e	la lettre
	die Briefmarke, -n	le timbre
	die Sondermarke, -n	le timbre de collection
	der Briefkasten, -n	la boîte aux lettres
	der Postbeamte (AS)	l'employé de la poste
aussi : der Postler, - SÜDD: der Pöstler	der Briefträger, -	le facteur
	der Postbote, -n, -n	le préposé
	der Briefverkehr, -	la correspondance
≠ sich ein/schreiben: *s'inscrire*	der Einschreibebrief, -e	la lettre recommandée
	der Briefkopf, ¨-e	l'en-tête
	die Anrede, -n	la formule d'appel
	die Grußformel, -n	la formule de politesse
	der Umschlag, ¨-e	l'enveloppe
anglais : *stamp*	der Stempel, -	le cachet
	die Drucksache, -n	l'imprimé
	die Werbesendung, -en	l'envoi publicitaire
	die Postgebühr, -en	la taxe postale
	das Porto, -s/-ti	le port
	das Paket, -e	le paquet
	das Päckchen, -	le petit paquet
	die Adresse, -n	l'adresse
	der Absender, -	l'expéditeur
	der Empfänger, -	le destinataire
	die Anweisung, -en	le mandat
	der Rückschein, -e	l'accusé de réception
	der Einsendeschluss, ¨-e	la date limite d'envoi
	die Leerung, -en	la levée
	das Sortieren, -	le tri
	die Zustellung, -en	la distribution

- etwas brieflich mit/teilen • faire part de qqch par courrier
- frankieren; frei/machen • affranchir
- (einen Brief) ein/werfen (a, o, i) • poster (une lettre)
- schicken; senden (a, a) • envoyer, expédier
- (die Post) nach/senden (a, a) • réexpédier (le courrier)
- (Post/einen Brief) erhalten (ie, a, ä) • recevoir (du courrier, une lettre)
- aus/tragen (u, a, ä) • distribuer

- per Post • par voie postale
- postwendend (zurück/schicken) • (renvoyer) par retour du courrier
- postlagernd • poste restante
- Einschreiben • recommandé
- per Einschreiben • en recommandé
- gegen Nachnahme • contre remboursement

Das Telefon — Le téléphone

- das Telefon, -e • le téléphone
  (der Fernsprecher, -: *le téléphone*)
- der Telefonapparat, -e • l'appareil téléphonique
- der Hörer, - • l'écouteur, le combiné
- die Drucktasten • le clavier
  (pluriel)
- der Tastentelefon, -e • le téléphone à touches
- das Kartentelefon, -e • le téléphone à carte
- die Telefonkarte, -n • la carte de téléphone
- das Handy, -s/-ies • le téléphone cellulaire
- die Telefongesellschaft, -en • l'opérateur téléphonique
- das Telefonbuch, ¨-er • l'annuaire
  (die Gelben Seiten: *les pages jaunes*; im Telefonbuch nach/schlagen: *consulter l'annuaire*)
- die Geheimnummer, -n • la liste rouge
- die (Telefon)nummer, -n; die Rufnummer, -n • le numéro de téléphone
  (Nummern aus/tauschen: *échanger les numéros*)
- die 0190-Nummer, -n • le numéro vert
- die Telefonrechnung, -en • la facture de téléphone
- die Vorwahl, -en • l'indicatif
- die Verbindung, -en • la liaison
- die Leitung, -en • la ligne
- die Auskunft, ¨-e • les renseignements
- die Telefonzelle, -n • la cabine téléphonique
- der Notruf, -e • l'appel d'urgence
- der Anruf, -e • l'appel
- das Tonzeichen, - • la tonalité
- das Besetztzeichen, - • le signal occupé
- der Piepton, ¨-e • le bip sonore
- die Klingel, -n • la sonnerie
- der Anrufbeantworter, - • le répondeur téléphonique
  (= der AB)
- die Nachricht, -en • le message
- der Pfeifton, ¨-e • le signal sonore
- das Telefonat, -e • la conversation téléphonique
- das Ortsgespräch, -e • la communication locale
- das Ferngespräch, -e • la communication interurbaine
- das R-Gespräch, -e • la communication en PCV
- die Tarifeinheit, -en • l'unité (tarifaire)

• der Weckdienst, -e	• le réveil téléphonique
• die Zeitansage	• l'horloge parlante
• die Telefonfürsorge	• SOS-Amitié
• der Telefonist, -en, -en	• le standardiste
• die Telefonistin, -nen	• la standartiste
• die Telefonwerbung, -en	• le démarchage téléphonique
• das Bildtelefon, -e	• le visiophone, le vidéophone

• an/rufen (ie, u)	• téléphoner
• telefonieren (mit/nach + D)	• téléphoner (à)
• ab/nehmen (a, o, i)	• décrocher
• wieder auf/legen	• raccrocher
• einfach auf/legen	• raccrocher au nez de qqn
• (die Nummer) wählen	• composer le numéro
• klingeln; läuten	• sonner
• summen (Handy)	• vibrer
• ein Gespräch durch/stellen	• passer une communication
• verbinden (a, u)	• passer le poste demandé
• zurück/rufen (ie, u)	• rappeler
• eine Nummer ein/speichern	• mémoriser un numéro
• eine Nummer ab/rufen (ie, u)	• appeler un numéro enregistré
• eine Nachricht hinter/lassen	• laisser un message

jdn durch/stellen: *passer qqn*

der Rückruf: *le rappel*

(ie, a, ä)

• telefonisch	• téléphonique
• frei	• libre
• besetzt, belegt	• occupé
• gestört	• en dérangement
• falsch verbunden	• mauvais numéro
• kostenfrei	• gratuit (numéro vert)
• schnurlos, drahtlos	• sans fil
• tragbar	• portable
• (nicht) erreichbar sein	• (ne pas) être joignable
• fernabfragbar	• interrogeable à distance

Telegramm und Fax — Télégrammes et fax

• das Telegramm, -e	• le télégramme
• das Fernschreiben, -	• le télex
• das Faxgerät, -e	• le télécopieur
• das Fax, -e	• le fax, la télécopie

(!) die Faxen (plur.): *les singeries*

• etwas telegrafieren	• télégraphier qqch
• etwas faxen	• faxer qqch

2 Das Computerzeitalter — L'ère de l'informatique

Die Informatik — L'informatique

Remarque	Deutsch	Français
die EDV	die elektronische Datenverarbeitung	l'informatique
pluriel	die Daten	les données
	die Datenbank, -en	la base de données
	die Datenverarbeitung, -en	le traitement des données
	die Datei, -en	le fichier
	die Tondatei, -en	le fichier sonore
	das Netzwerk, -e	le réseau
	der Datenverbund	l'interconnexion des données
	das Computernetz, -e	le réseau informatique
	der Informatiker, -	l'informaticien
	der Programmierer, -	le programmeur
	die Programmiersprache, -n	le langage de programmation
	der Software-Entwickler, -	le développeur (de logiciels)
	der Computer, -; der Rechner, -	l'ordinateur
	der Personalcomputer, -	le micro-ordinateur, le PC
	der Mikro(computer), -	le micro(ordinateur)
	der Heimcomputer, -	l'ordinateur domestique
	der Laptop, -s; das Notebook, -s	l'ordinateur portable
	das Desktop(computer), -	l'ordinateur de bureau
	der Notepadcomputer, -	le bloc-notes électronique

Remarque	Deutsch	Français
auf EDV um/stellen	computisieren	informatiser
	formatieren	formater
	installieren	installer
	an/schließen (o, o)	brancher, connecter
	laden (u, a, ä)	charger
	über/laden (u, a, ä)	surcharger
anglais : *to down load*	herunter/laden (u, a, ä)	télécharger
	füttern (mit)	alimenter (en)
	(Daten) ein/geben (a, e, i); erfassen	entrer, saisir (des données)
	(Daten) ab/rufen (ie, u)	appeler (des données)
	(Daten) aus/werten	analyser, exploiter (des données)
	programmieren	programmer
	das Programm starten/beenden	démarrer/arrêter l'application
familier	ab/stürzen	(se) planter

Die Bürokommunikation — La bureautique

Remarque	Deutsch	Français
	die Hardware, -s	le matériel, le hardware
pron. anglaise	das Terminal, -s	le terminal
	die Konsole, -n	la console
	die Zentraleinheit, -en	l'unité centrale
	der Mikroprozessor, -en	le microprocesseur

	der Chip, -s	la puce électronique
	das elektronische Bauteil, -e	le composant électronique
	das periphere Gerät, -e	le périphérique
ein 17-Zoll-Monitor: *un écran de 17 pouces*	**der Monitor, -en/-e**	le moniteur ; l'écran
	der Bildschirmschoner, -	l'économiseur d'écran
	die Taste, -n	la touche
	die Tastatur, -en	le clavier
	die Maus, ¨-e	la souris
	der Mausklick, -s	le clic de la souris
	das Mousepad, -s	le tapis de souris
	der Zeiger, -; der Cursor, -s	le curseur
	die Markierung, -en	la sélection
	die Einrichtung der Seite	la mise en pages
	der Drucker, -	l'imprimante
	die Tintenpatrone, -n	la cartouche d'impression
	der Tintenstrahldrucker, -	l'imprimante à jet d'encre
	der Laserdrucker, -	l'imprimante laser
	der Scanner, -	le scanneur
aussi : *le grenier*	**der Speicher, -**	la mémoire
	die Speicherung, -en	le stockage
	die Sicherung, -en	la sauvegarde
aussi : das Backup, -s (pron. anglaise)	**die Sicherungskopie, -n**	la copie de sauvegarde
aussi : das Update, -s (pron. anglaise)	**die Aktualisierung, -en**	la mise à jour
	die Festplatte, -n	le disque dur
	die Diskette, -n	la disquette
	das Laufwerk, -e	le lecteur
	das Diskettenlaufwerk, -e	le lecteur de disquettes
	das Bit, -s/-	le bit
	das Byte, -s/-	l'octet
	das Megabyte, -s/-	le mégaoctet
	die Software, -s	le logiciel
	die Anwendersoftware, -s	le logiciel d'application
	das Anwenderprogramm, -e	le programme d'application
	die Shareware, -s	le logiciel en shareware
	das Betriebssystem, -e	le système d'exploitation
	die Nutzeroberfläche, -n	l'interface utilisateur
	der Benutzername, -n	le login
	das Passwort, ¨-er	le mot de passe
	das Anwendungsprogramm, -e	l'application
	die Werkzeugleiste, -n	la barre d'outils
	die Textverarbeitung, -en	le traitement de texte
	die Digitialisierung, -en	la numérisation
	das Menü, -s	le menu
	das Pulldown-Menü, -s	le menu déroulant
	die Funktion Ausschneiden-Einfügen	la fonction "copier-coller"
	die Benutzerfreundlichkeit, -en	la convivialité
	starten	démarrer
	an/aus sein	être sous/hors tension
	erfassen; (ein)/tippen	saisir, taper
herum/spielen (an/auf + D)	**herum/tippen (auf + D)**	pianoter (sur qqch)

• **markieren; aus/wählen**	• sélectionner
• **aus/schneiden**	• couper
• **kopieren**	• copier
• **ein/fügen**	• coller, insérer
• **speichern**	• enregistrer, sauvegarder
• **löschen**	• annuler, effacer, supprimer
• **überschreiben (ie, ie)**	• écraser
• **klicken (auf + A)** — etwas an/klicken	• cliquer (sur qqch)
• **bestätigen**	• valider
• **verschlüsseln**	• coder, crypter
• **(auf Diskette) sichern**	• sauvegarder, copier (sur disquette)
• **aus/werfen (a, o, i)**	• éjecter
• **drucken; aus/drucken**	• imprimer
• **digitalisieren**	• numériser
• **herauf(/herunter)/fahren (u, a, ä)**	• faire défiler (vers le haut/vers le bas)
• **scrollen**	• faire défiler
• **an/zeigen**	• afficher

• **numerisch, digital**	• numérique, digital
• **analog**	• analogique
• **integriert**	• intégré
• **eingebaut**	• incorporé
• **geschützt**	• protégé
• **auf dem Bildschirm**	• à l'écran
• **erweiterbar (auf)**	• extensible (à)
• **kompatibel**	• compatible
• **benutzerfreundlich**	• convivial

Der Multimedia-Bereich — Le multimédia

• **Multimedia** — pas d'article	• le multi-média
• **die CD-ROM, -s**	• le cédérom
• **das CD-ROM-Laufwerk, -e**	• le lecteur de CD-Rom
• **die CAD-Technik**	• la CAO
• **die CAM-Technik**	• la PAO
• **das Computerspiel, -e**	• le jeu électronique
• **das Videospiel, -e**	• le jeu vidéo
• **das Videospielgerät, -e**	• la console de jeu
• **das Spielprogramm, -e**	• le logiciel de jeu
• **der Joystick, -s**	• la manette de jeu
• **die Computergraphik, -en**	• l'image de synthèse
• **die Spracherkennung, -en**	• la reconnaissance vocale
• **die Soundkarte, -n**	• la carte son
• **die Videocard, -s**	• la carte vidéo
• **die Übersetzungs-Software**	• le traducteur automatique

• **scannen; ein/scannen**	• scanner, scannériser

die virtuelle Realität: *la réalité virtuelle*

• **computergestützt**	• assisté par ordinateur
• **computergesteuert**	• piloté par ordinateur
• **multimedial**	• multimédia
• **virtuell**	• virtuel
• **dreidimensional; 3D**	• en 3D

3 Die Online-Welt — La toile

Der Netzzugang — L'accès au réseau

der Klammeraffe (@): *l'arobase, l'"at" ; singe indonésien dont la queue ressemble à l'arobase*

aussi : der Provider (pron. anglaise)

der Neuling, -e im Internet; der Anfänger, -: *le nouvel internaute, le novice, le néophyte*

• **der Online-Betrieb, -e**	• le mode de fonctionnement en ligne
• **der Online-Dienst, -e**	• le service en ligne, le fournisseur de services
• **das Modem, -e**	• le modem
• **das Internet**	• l'internet
• **der Internet-Zugang, ¨-e**	• l'accès à l'internet
• **der Zugang, ¨-e (zu)**	• l'accès (à)
• **der ISDN-Anschluss, ¨-e**	• le branchement Numéris (RNIS)
• **das Netz, -e**	• le réseau
• **die Vernetzung, -en**	• la connection
• **der Netzbetreiber, -**	• le fournisseur d'accès
• **der elektronische Briefverkehr**	• la correspondance électronique
• **die Mailbox, -en**	• la boîte aux lettres (électronique)
• **die E-Mail, -s**	• le mél, le courriel
• **die E-Mail-Adresse, -n**	• l'adresse e-mail
• **die Mailing-Liste, -n**	• la liste de diffusion
• **der Chat, -s**	• le chat, la discussion directe
• **der Chat-Room, -s**	• le forum de discussion
• **der Chatter, -s**	• l'adepte du chat
• **die Netiquette, -n**	• la nétiquette, l'étiquette de réseau
• **der Internet-Nutzer, -; der Onliner, -s**	• l'internaute
• **das Net-Surfen, -**	• le surf sur Internet
• **die Newsgroup, -s**	• le groupe de discussion
• **das Browsen**	• la navigation, l'exploration
• **die Baumstruktur, -en**	• l'arborescence
• **die Interaktivität**	• l'interactivité

• **[sich] ein/loggen (in + A)**	• [se] connecter (à)
• **vernetzen**	• connecter, relier
• **sich ans Internet an/schließen (o, o)**	• se connecter sur Internet
• **sich ans Internet ab/schließen (o, o)**	• se déconnecter
• **einen Internetanschluss haben**	• avoir une connection Internet
• **(im/auf dem Internet) surfen**	• surfer, naviguer sur l'internet
• **knacken**	• voler, pirater
• **herunter/laden (u, a, ä)**	• télécharger
• **mailen**	• envoyer un courrier
• **chatten**	• s'adonner au chat

• **weltweit**	• mondial, universel

• **(an das Netz) angeschlossen**	• connecté (au réseau)
• **interaktiv**	• interactif
• **online, offline**	• en ligne, hors ligne
• **virtuell**	• virtuel

Die Online-Dienste / Les services en ligne

• **die Datenautobahn, -en**	• l'autoroute de l'information
• **die Datenbank, -en**	• la banque de données
• **das Web**	• la toile
• **der Server, -**	• le serveur
• **das (Internet-)Portal, -e**	• le portail (Internet)
• **die Web-Site, -s**	• le site internet, le site Web
• **die Web-Seite, -n**	• la page internet, la page Web
• **der URL; die Webadresse, -n**	• l'adresse Internet/de page Web
• **die Domainkürzel, -**	• le nom de domaine
• **die Startseite, -n**	• la page d'accueil, la page personnelle
• **die Suchmaschine, -n**	• le moteur de recherche
• **das Lesezeichen, -**	• le signet, le favori
• **der (Hyper)link, -s**	• le lien (hypertexte)
• **der Browser, -**	• le navigateur
• **das Plug-in, -s**	• l'accessoire, le plugiciel
• **der Cyberspace**	• le CyberEspace
• **das Internet-Café, -s**	• le cybercafé
• **das Online-Lernen, -**	• le fait d'apprendre sur Internet
• **die elektronische Zeitschrift, -en**	• l'e-zine, le journal électronique
• **das Downloading, -s**	• le téléchargement
• **die Hotline, -s**	• le service en ligne
• **der E-Commerce**	• le commerce électronique
• **das Cybergeld, -er**	• la monnaie électronique
• **die elektronische Unterschrift, -en**	• la signature électronique
• **das Online-Banking; das Homebanking**	• la gestion d'un compte bancaire à distance
• **das Online-Shopping**	• l'achat en ligne

(pron. anglaise) eine Web-Site besuchen: *consulter un site Web* [→ die Web-Site]

pron. anglaise [→ das Downloading]

pron. anglaise [→ die Hotline]

das virtuelle Einkaufszentrum, -tren: *le centre commercial virtuel* [→ der E-Commerce]

• **online ordern; bestellen**	• commander sur l'internet

Die Computerprobleme und die Sicherheit / La sécurité et les problèmes informatiques

• **der Computerausfall**	• la panne informatique
• **der Datenverlust, -e**	• la perte de données
• **der Programmierfehler, -**	• l'erreur de programmation
• **die Panne, -n**	• la panne
• **der Bug, -s**	• le bogue
• **der Computervirus, -ren**	• le virus électronique
• **der Netzwerkstau, -s**	• l'encombrement du réseau
• **der Computer-Crash, -es**	• la catastrophe/le krach informatique
• **der Datenschutz**	• la protection de la vie privée contre les abus de l'informatique

der Millenium-Bug: *le bogue de l'an 2000* [→ der Bug]

(fam.) : der Online-GAU (Größter Anzunehmender Unfall) [→ der Computer-Crash]

- **das Datenschutzgesetz, -e** • la loi informatique et liberté
- **die Datensicherheit, -en** • la sécurisation des données
- **der Code, -s; der Schlüssel, -** • le code personnel, la clé (das Keyword, -s: *le mot-clé*)
- **die Kodierung, -en** • le codage
- **die digitale Signatur, -en** • la signature électronique
- **die (Daten)verschlüsselung, -en** • le cryptage (des données)
- **die Kindersicherung, -en** • la protection enfants
- **der Kreditkartenbetrug** • la violation de la carte de crédit
- **die Computerkriminalität** • la fraude/délinquance informatique
- **der (Computer)Hacker, -** • le pirate informatique (von Hackern gejagt werden: *être persécuté par des hackers*)
- **das Hackertum** • le piratage informatique
- **der Datenangriff, -e** • l'attaque électronique
- **die Sicherheitssoftware** • l'anti-virus (jargon : die Firewall, -s)
- **das Desinfektionsprogramm, -e** • le logiciel anti-virus
- **die Sicherheitslücke, -n** • la faille du système de protection
- **die Softwarepiraterie, -n** • le piratage des logiciels
- **die Raubkopie, -n** • le logiciel piraté
- **der Schwarzkopierer, -** • le pirate de logiciels
- **der Einbruch, ¨-e** • l'effraction
- **die Internet-Urheberrechte** • les droits d'auteur sur l'Internet (pluriel)
- **die Urheberrechtsverletzung, -en** • le non-respect des droits d'auteurs
- **die Internet-Polizei** • la police du réseau
- **die Netiquette** • la net étiquette

- **kostenlos herunter/laden (u, a, ä)** • télécharger gratuitement
- **schwarz kopieren** • pirater
- **an/greifen** • attaquer (-griff, -griffen)
- **befallen (ie, a, ä); infizieren** • infecter
- **(Computerviren) ein/schleusen** • transmettre (des virus informatiques)
- **einen Virus ein/pflanzen** • introduire un virus
- **den Zugang (zu) sperren** • verrouiller l'accès (à)
- **Zugang zu etwas haben** • avoir accès à qqch
- **unschädlich machen** • neutraliser

- **ansteckend** • contagieux
- **Antiviren-** • anti-virus
- **gesperrt** • verrouillé
- **virengeschützt** • à l'abri des virus

ÜBUNGEN

15 AB-Sprüche. Annonces de répondeur téléphonique.

Setzen Sie ein:
Anrufbeantworter - Anschluss - erreichen - Pieps - Piepston - Rückruf - rufen ...zurück - Signalton - telefonisch - verbunden (Attention ! Pieps, Piepston et Signalton sont interchangeables)

a. Sie sind mit dem AB der Familie Müller ... Im Moment sind wir leider nicht zu Hause, aber Sie können uns nach dem ... eine Nachricht hinterlassen– wir ... auch gern ...
b. Das ist der ... 28796, im Moment bin ich ... nicht zu ... Nach dem ... können Sie ihr Anliegen aufsprechen, ... folgt.
c. Das ist der ... von XX, die gerade außer Haus ist. Deswegen musst Du mit mir Vorlieb nehmen – aber erst nach dem ...!

16 Was ist richtig? Quel est le mot juste ?

a. Um nicht zu riskieren, dass der Computer abstürzt, sollte man Geschriebenes in regelmäßigen Abständen **auswerten/speichern/einfügen**.
b. Ein großes Problem der Musikindustrie sind in der letzten Zeit die vielen **Hacker/Laufwerke/Raubkopien**, die kursieren.
c. Wenn du das Porto nicht selbst bezahlen willst, kannst du den Brief ja per **Nachnahme/Aufnahme/Entnahme** schicken.
d. Um ins Ausland zu telefonieren, sollte man die einzelnen **Verbindungen/Bundestagswahlen/Vorwahlen** kennen.
e. Informationen über nicht bekannte Telefonnummern kann man bei der **Ankunft/Auskunft/Einkunft** ausfindig machen.

17 Was passt zusammen? Qu'est-ce qui va ensemble ?

a. Empfänger und	**1.** Absender
b. belegt und	**2.** Draht
c. Strippe und	**3.** frei
d. abstürzen und	**4.** Hacker
e. speichern und	**5.** löschen
f. Hacker und	**6.** neu starten
g. Datenschutz und	**7.** Urheberrechtsverletzung
h. Schwarzkopierer und	**8.** Virus

18 Versprecher. Lapsus Linguae.

Wie heißt das richtig?

a. Hier ist ein automatischer Anrufbeantworter. Pfeifen Sie nach dem Sprechton.
b. Neu von der Erfindermesse: Telefonlose Schnur
c. Die deutsche Post AG sucht: Briefsäger

Corrigés page 467

Landeskunde

Die Online-Welt

Le monde de l'internet

Internet-Suchdienste – Les moteurs de recherche :

- **die deutschsprachigen Suchmaschinen:** les moteurs de recherche allemands. Les plus utilisés sont **Fireball, Web.de, Lycos** (après Yahoo et Altavista).
- **das Portal:** le portail d'accès.
- **der Datenbestand:** le stock d'informations.
- **die Bedienerführung:** le guidage de l'utilisateur.
- **der Suchbegriff:** l'objet de la recherche, le terme à rechercher.
- **die Wortfeldsuche:** la recherche thématique.
- **der Mehrfachtreffer:** la réponse multiple.
- **der Seitenabruf:** l'affichage des pages.
- **der digitale Agent; der intelligente Helfer, -:** "l'agent numérique", "l'auxiliaire intelligent" qui font gagner du temps grâce à une recherche ciblée.

Das Geschäft ums Internet – Le marché de l'internet :

- **das IT-Unternehmen (-Informationstechnologie):** l'entreprise de nouvelles technologies ; **der IT-Fachmann, -leute:** le spécialiste des technologies de l'information.
- **die I- und K-Technologie; die I- und K-Branche:** les technologies de l'information et de la communication.
- **die Online-Dienste:** les fournisseurs d'accès les plus importants en Allemagne sont **T-Online, AOL,** et **Compuserve. Der Internet Service Provider (ISP).**
- **die Infobahn:** l'inforoute.
- **die CeBIT:** le salon de l'informatique le plus important d'Europe. Il se tient tous les ans à Hanovre.
- **die Online-Händler:** les marchands en ligne comme la librairie électronique **Amazon.de**.
- **Otto Normalsurfer:** l'internaute lambda (formé par analogie avec l'expression **Otto Normalverbraucher**: le consommateur lambda).

Neudeutsch

Mots forgés

- **die Telefonitis:** la maladie du téléphone, la téléphonite
- **die Handymania; der Handy-Boom:** le boom/la manie du téléphone cellulaire
- **die Robinson-Liste:** la Liste Orange
- **der Computerfreak, -s:** le fana d'informatique
- **die Computersucht; die Internet-Abhängigkeit:** la dépendance de l'ordinateur / de l'internet ; **der Online-Süchtige:** le drogué de l'internet
- **das globale Dorf:** le village planétaire
- **die Netzliteratur:** la littérature sur l'internet
- **die Emoticons:** les smileys ; combinaison de signes graphiques utilisés dans la correspondance électronique pour exprimer ses états d'âme, par exemple : :(pour la mauvaise humeur ou :) pour la bonne humeur
- **die Chatiquette** (mot-valise)**:** l'étiquette du chat, code de bonne conduite et de respect mutuel des utilisateurs du chat
- **das Spamming:** l'envoi massif de messages publicitaires
- **das Flooding:** la saturation intentionnelle des systèmes informatiques et des disques durs

Bildlich gesprochen

Rund um die Post

- **die Fürsten Thurn und Taxis:** la paternité de la poste allemande revient à cette célèbre famille noble qui instaura dès le XVIe siècle sur le territoire du Saint Empire un service postal rapide et fiable.
- **das Posthorn:** le cor du postillon reste le symbole de la poste allemande
- **die gelbe Post:** la couleur traditionnelle de la poste allemande – des véhicules **(Postautos)**, des boîtes aux lettres **(Briefkästen)** et des cabines téléphoniques **(Telefonzellen)** – avant la privatisation **(Die Deutsche Post AG)**
- **die Christel von der Post:** "la petite Christel de la poste" (personnage d'opérette), désigne familièrement la factrice.
- **Es gilt der Poststempel:** le cachet de la poste faisant foi
- **die Eilpost:** l'envoi exprès
- **die Elektro-Post:** le courrier électronique
- **die Taubenpost:** l'envoi de messages à l'aide de pigeons voyageurs
- **die Flaschenpost:** la bouteille à la mer
- **Postkarte genügt (komm sofort)!:** Vous pouvez compter sur moi (j'arrive) !
- **Denn bei der Post gehts nicht so schnell:** expression signifiant que l'on veut exhorter quelqu'un à la patience ou que l'on n'est pas pressé (cette expression est une citation de l'opérette de Carl Zeller, Le Marchand d'Oiseaux : **"Nur nicht gleich, nicht auf der Stell/Denn bei der Post gehts nicht so schnell").**

Rund ums Telefon

Floskeln – Phrases toutes faites :

- **Kein Anschluss unter dieser Nummer:** Il n'y a pas d'abonné au numéro demandé
- **Sie sind falsch verbunden:** Vous vous êtes trompé de numéro
- **Ich stelle zu Herrn X durch:** Je vous passe Monsieur X
- **Die Verbindung wurde unterbrochen:** la communication a été coupée
- **Es rauscht in der Leitung:** il y a de la friture sur la ligne
- **eine SMS verschicken:** envoyer un SMS

Umgangsprachliche Synonyma für das Telefon – Synonymes familiers du téléphone :

- **die Strippe; die Quasselstrippe; der Draht; die Leitung:** le bigophone
- **jemanden an die Strippe bekommen; jemanden an der Strippe haben:** avoir quelqu'un au bout du fil
- **an der Strippe hängen:** être pendu au bout du fil
- **eine Quasselstrippe sein:** être un moulin à paroles

Zum Nachdenken: Zitate

- **Das Telefon hat nur eines zerstört: das Briefeschreiben. Aber das ist auch wieder ganz gut. Der Goethe hat so unendlich viele Briefe geschrieben, die nur deshalb gesammelt werden, weil er sie geschrieben hat (Friedrich Dürrenmatt):** le téléphone n'a détruit qu'une seule chose : la correspondance. Mais c'est finalement aussi bien. Goethe a écrit une infinité de lettres que l'on recueille uniquement parce que c'est lui qui les a écrites.

5 Die Künste
Les arts

1 Die Kunst — L'art

Allgemeines — Généralités

• **die Kunst, ¨-e**	• l'art
• **der Künstler, -**	• l'artiste
• **der Schöpfer, -**	• le créateur
• **das Werk, -e**	• l'œuvre
• **das Kunstwerk, -e**	• l'œuvre d'art
• **das Meisterwerk, -e**	• le chef-d'œuvre
• **die angewandten Künste** (pluriel)	• les arts appliqués
• **die schönen Künste** (pluriel)	• les beaux-arts
• **die Kunstakademie, -n**	• l'école des beaux-arts
• **die bildenden Künste** (pluriel)	• les arts plastiques
• **die Graphik, -en**	• les arts graphiques
• **das Kunstgewerbe** (singulier)	• les arts décoratifs
• **das Kunsthandwerk, -e**	• l'artisanat d'art
• **das Talent, -e; die Begabung, -en**	• le talent, le don
• **die Kreativität**	• la créativité
• **die Konvention, -en**	• la convention
• **die Eingebung**	• l'inspiration
• **die Kunstfertigkeit**	• le savoir-faire
• **der Kunstgriff, -e**	• la technique

• **kreativ**	• créatif
• **erfinderisch**	• inventif
• **einzigartig**	• original
• **begabt**	• doué, talentueux
• **genial**	• génial
• **kunstgerecht**	• conforme aux règles de l'art

Der Kunstmarkt — Le marché de l'art

• **die Ausstellung, -en**	• l'exposition
• **die Daueraustellung, -en**	• l'exposition permanente
• **der Eröffnungstag, -e** (aussi : die Vernissage, -n)	• le vernissage
• **das Museum, -en**	• le musée
• **das Museum für die schönen Künste**	• le musée des beaux-arts
• **der Museumsbeamte, -n**	• le conservateur
• **das Kulturgut, ¨-er**	• le patrimoine culturel
• **die Restaurierung, -en**	• la restauration
• **der Restorator, -en** (der Gastwirt: *le restaurateur*)	• le restaurateur
• **die Kunstsammlung, -en**	• la collection d'objets d'art
• **der Kunstsammler, -**	• le collectionneur d'art
• **der Kunstverstand**	• la connaissance de l'art
• **der Kunstkenner, -** (der Kunstbanause, -n, -n: (péj.): *le béotien*)	• le connaisseur

der Klecks, -e: *la tâche, le "pâté"*

familier (!) der Schinken: *le jambon/le gros livre*

• **der Kunsmarkt, ¨-e**	• le marché de l'art
• **die rasante Kunstmarktentwicklung, -en**	• l'explosion du marché de l'art
• **die Investitionsausgabe, -n für die Kunst, ¨-e**	• l'investissement dans l'art
• **die Kunstgalerie, -n**	• la galerie d'art
• **der Galerist, -en, -en**	• le marchand de tableaux
• **der Kunstliebhaber, -**	• l'amateur d'art
• **das Liebhaberstück, -e**	• la pièce de collection
• **das Gutachten, - (über + A)**	• l'expertise (de, sur)
• **das Original, -e**	• l'original
• **die Signatur, -en**	• la signature
• **die Kopie, -n**	• la copie
• **die Fälschung, -en**	• le faux
• **die Kleckserei, -en**	• la croûte
• **der Schinken, -**	• le barbouillage
• **der Antiquar, -e**	• l'antiquaire
• **der Mäzen, -e; der Gönner, -**	• le mécène
• **das Mäzenatentum**	• le mécénat
• **die Versteigerung, -en**	• l'enchère
• **die Versteigerungsanstalt, -en**	• la salle des ventes
• **der Auktionator, -en**	• le commissaire-priseur
• **die Auktion, -en**	• la vente aux enchères
• **das Gebot, -e; die Offerte, -n**	• l'offre
• **das höhere Gebot, -e**	• la surenchère
• **der Bieter, -**	• l'enchérisseur
• **der Meistbietende (AS)**	• l'adjudicataire

• **aus/stellen**	• exposer
• **restaurieren**	• restaurer
• **ein/rahmen**	• encadrer
• **auf/hängen**	• accrocher
• **beglaubigen**	• authentifier
• **schätzen**	• estimer
• **begutachten**	• expertiser
• **mit/bieten (o, o)**	• enchérir
• **überbieten (o, o)**	• renchérir
• **versteigern**	• mettre aux enchères
• **zu/schlagen (u, a, ä)**	• adjuger
• **jdm den Zuschlag erteilen**	• adjuger à qqn
• **dem Meistbietenden verkaufen**	• vendre au plus offrant

künstlich, gekünstelt: *artificiel*

• **künstlerisch**	• artistique
• **kunstvoll**	• artistique (fait avec art)
• **kunstverständig**	• qui s'y connaît en matière d'art
• **ästhetisch**	• esthétique
• **meisterhaft**	• magistral
• **geschmackvoll, stillvoll**	• de bon goût
• **geschmacklos, kitschig**	• de mauvais goût
• **originell**	• original
• **begehrt**	• convoité

Die Epochen	Les époques
• der Stil, -e	• le style
• die Kunstrichtung, -en	• la tendance artistique
• die Gotik, -	• le gothique
• die Renaissance, -	• la renaissance
• der Barock, -	• le baroque (style)
• das Rokoko	• le rococo
• der Klassizismus	• le classicisme
• der Neoklassizismus	• le néo-classicisme
• der Realismus	• le réalisme
• der Akademismus	• l'académisme
• die Romantik	• le romantisme
• die moderne Kunst	• l'art moderne
• der Impressionismus	• l'impressionnisme
• der Expressionismus	• l'expressionnisme
• die naive Kunst	• l'art naïf
• der Kubismus	• le cubisme
• der Surrealismus	• le surréalisme
• der Futurismus	• le futurisme
• die Pop-art	• le Pop art
• die zeitgenössische Kunst	• l'art contemporain
• die Konzeptkunst	• l'art conceptuel

das Barock: *l'époque baroque*

• akademisch	• académique
• informell	• informel
• abstrakt	• abstrait
• gegenständlich	• figuratif
• entartet	• dégénéré
• dekadent	• décadent
• zeitgenössisch	• contemporain
• modern	• moderne
• kitschig	• kitsch, pompier
• expressionistisch	• expressionniste

2 Die bildenden Künste — Les arts plastiques

Die Zeichenkunst	Le dessin
• die Graphik, -en	• les arts graphiques
• die Zeichnung, -en	• le dessin
• der Zeichner, -	• le dessinateur
• der technische Zeichner, -	• le dessinateur industriel
• der Karikaturist, -en	• le caricaturiste
• die Karikatur, -en	• la caricature
• die Illustration, -en	• l'illustration
• der Illustrator, -en	• l'illustrateur
• der Comic(strip), -s	• la bande dessinée

aussi : die Grafik

	• das Plakat, -e	• l'affiche
	• der Plakatmaler, -	• l'affichiste
	• der Werbegraphiker, -	• le dessinateur publicitaire
der schemenhafte Entwurf: *l'ébauche grossière*	• die Skizze, -n; der Entwurf, ¨-e	• l'ébauche, l'esquisse, le croquis
	• die Studie, -n	• l'étude
	• der Strich, -e	• le trait
verwischte Konturen: *des contours flous*	• der Umriss, -e; die Kontur, -en	• le contour
	• das Licht, -er	• la lumière
	• der Schatten, -	• l'ombre
	• der Schlagschatten, -	• l'ombre portée
	• die Proportion, -en	• la proportion
	• die Perspektive, -n	• la perspective
	• der Fluchtpunkt, -e	• le point de fuite
	• die Diagonale, -n	• la diagonale
	• der Vordergrund, ¨-e	• le premier plan
	• der Hintergrund, ¨-e	• l'arrière-plan
	• der Stift, -e	• le crayon
das Blei, -e: *le plomb*	• der Bleistift, -e	• le crayon à papier
	• der Farbstift, -e	• le crayon de couleur
	• der Kreidestift, -e	• la craie
	• der Pastellstift, -e	• le pastel
die Kohle, -n: *le charbon*	• die Zeichenkohle, -n	• le fusain
	• die Tusche, -n	• l'encre de Chine
	• der Rötel, -	• la sanguine
	• die Feder, -n	• la plume
	• die Schablone, -n	• le pochoir
	• das Zeichenpapier	• le papier à dessin
	• das Zeichenbrett, -er	• la planche à dessin
die Pause, -n: *le calque*	• das Pauspapier, -e	• le papier calque
	• der Radiergummi, -s	• la gomme

vom Leben gezeichnet sein: *être marqué par l'existence*	• zeichnen	• dessiner
	• ab/zeichnen	• copier
	• schnell zeichnen	• crayonner
	• kritzeln	• griffonner
	• radieren	• gommer
	• entwerfen (a, o, i)	• ébaucher
	• wischen	• estomper
	• schattieren	• ombrer
	• schablonieren	• dessiner au pochoir
	• schraffieren	• hachurer
	• skizzieren	• esquisser, croquer
	• karikieren	• caricaturer
	• illustrieren	• illustrer
	• ab/pausen	• décalquer

Die Gravur — La gravure

• der Stich, -e	• la gravure, l'estampe
• der Stichel, -	• le burin
• der Stecher, -	• le graveur

das Kupfer, -: *le cuivre*	• **der Holzschnitt, -e**	• la gravure sur bois
	• **der Kupferstich, -e**	• la gravure sur cuivre
	• **die Radierung, -en**	• la gravure à l'eau-forte
	• **die Lithographie, -n**	• la lithographie
	• **die Brandmalerei, -en**	• la pyrogravure

- **gravieren; stechen (a, o, i)** — graver
- **radieren** — graver à l'eau-forte
- **ein/beizen** — graver à l'acide

Die Malerei — La peinture

Allgemeines — Généralités

- **der Maler, -** — le peintre
- **der Kunstmaler, -** — l'artiste peintre
- **das Atelier, -s** — l'atelier (de peinture) (aussi : das Studio, -s)
- **die Studie, -n** — l'étude
- **das Ölgemälde, -** — la peinture à l'huile
- **die Ölfarbe, -n** — la peinture à l'huile (matière)
- **die Wasserfarbe, -n** — la peinture à l'eau (matière)
- **die Wasserfarbenmalerei, -en** — la peinture à l'eau
- **das Guaschgemälde, -** — la gouache
- **das Aquarell, -e** — l'aquarelle
- **die Acrylfarbe, -n** — la peinture acrylique
- **der Malkasten, ¨-** — la boîte de peinture
- **das Modell, -e** — le modèle
- **die Farbtube, -n** — le tube (de peinture)
- **der Pinsel, -** — le pinceau (der Pinselstrich, -e: *le coup de pinceau*)
- **die Bürste, -n** — la brosse
- **der Spatel, -** — le couteau
- **die Leinwand, ¨e** — la toile
- **die Staffelei, -en** — le chevalet
- **der Rahmen, -** — le cadre (aus dem Rahmen fallen: *sortir de l'ordinaire*)

Die Farben — Les couleurs

- **die Färbung, -en** — la coloration, le coloris
- **die Fleischtönung, -en** — la carnation
- **der Ton, ¨-e** — le ton
- **der Farbton, ¨-e** — la teinte
- **die Tönung, -en** — la tonalité
- **die Schattierung, -en** — la nuance
- **die Pinselspur, -en** — la touche
- **die Farbpalette, -n** — la palette
- **die Grundfarbe, -n** — la couleur fondamentale
- **die Komplementärfarbe, -n** — la couleur complémentaire
- **das Pigment, -e** — le pigment
- **der Lack, -e** — la laque
- **der Firnis(lack, -e), -se** — le vernis

• **ab/tönen; ab/stufen**	• dégrader
• **mildern**	• atténuer
• **lindern**	• adoucir

	• **rot**	• rouge
	• **gelb**	• jaune
das Berliner Blau: *le bleu de Prusse*	• **blau**	• bleu
	• **himmelblau**	• bleu ciel
anglais : *white*	• **weiß**	• blanc
	• **schwarz**	• noir
	• **orange**	• orange
Blau und Grün beißen sich/harmonieren: *le bleu et le vert se heurtent/s'accordent*	• **grün**	• vert
	• **graugrün**	• glauque
	• **violett**	• violet
	• **lila**	• mauve
anglais : *pink*	• **rosa, pink**	• rose
anglais : *brown*	• **braun**	• brun, marron
	• **warm**	• chaud
	• **hell**	• clair
	• **dunkel**	• foncé
	• **grell**	• criard
	• **knallig**	• vif
	• **matt, trüb**	• terne
	• **verwischt**	• délavé
	• **verblichen**	• passé
	• **helldunkel, halbdunkel**	• clair-obscur
	• **bunt**	• multicolore
	• **buntstreifig**	• panaché
	• **(bunt)schillernd**	• chatoyant
	• **buntfleckig**	• tacheté

Die Gattungen — Les genres

	• **das Fresko, -ken**	• la fresque
	• **die Ikone, -n**	• l'icône
	• **der/das Trompe-l'œil, -s/-**	• le trompe-l'œil
	• **das Wandgemälde, -**	• la peinture murale
	• **das Diptychon, -chen/-cha**	• le diptyque
	• **die Serie, -n**	• la série
	• **die Miniatur, -en**	• la miniature
	• **das Porträt, -e**	• le portrait
	• **der Portraitmaler, -**	• le portraitiste
	• **das Selbstbildnis, -se**	• l'autoportrait
aussi : *l'acte (théâtre)*	• **der Akt, -e**	• le nu
	• **das Stillleben, -**	• la nature morte
	• **das Landschaftsbild, -er**	• le paysage
	• **der Tiermaler, -**	• le peintre animalier
	• **das Seestück, -e**	• la marine
	• **der/das Grafitto, -ti**	• les graffiti

• **malen**	• peindre
• **dar/stellen**	• représenter

• jdn porträtieren	• faire le portrait de qqn
• in Wasserfarben malen	• peindre à l'aquarelle
• in Öl malen	• peindre à l'huile
• in Pastell malen	• peindre au pastel
• mischen	• mélanger
• tünchen	• badigeonner
• aus/malen	• colorier
• auf/tragen (u, a, ä)	• mettre, étendre
• retuschieren	• retoucher
• heraus/stechen (a, o, i)	• se détacher sur
• (einem Maler) sitzen (saß, gesessen)	• poser (pour un peintre)

• bildreich, malerisch	• pittoresque
• symbolisch	• symbolique
• naturgemäß, der Natur nach	• d'après nature
• in ganzer Figur	• en pied
• in Lebensgröße, naturgroß	• grandeur nature
• aus freier Hand	• à main levée
• auf Leinwand	• sur toile
• im Profil	• de profil
• im Halbprofil	• de trois-quarts

3 Bildhauerei und Kunstgewerbe — Sculpture et art décoratif

Die Bildhauerei — La sculpture

• die Plastik, -en; die Skulptur, -en (das Plastik: *le plastique*)	• la sculpture (œuvre)
• der Bildhauer, -	• le sculpteur
• der Meißel, -	• le ciseau, le burin
• der Hammer, -	• le marteau
• der Holzhammer, -	• le maillet
• das Schnitzmesser, -	• le couteau à sculpter
• die Holzschnitzerei, -en	• la sculpture sur bois
• der Guss, ¨-e	• le moulage
• die Gießform, -en	• le moule
• das Holz, ¨-er	• le bois
• die Terrakotta, -en	• la terre cuite
• der Gips	• le plâtre
• das Erz	• le bronze (matière)
• der Stein, -e	• la pierre
• der Marmor	• le marbre
• der Ton ((!) der Ton, ¨-e: *le son*)	• l'argile
• das Silber	• l'argent
• das Gold	• l'or
• das Platin	• le platine
• das Wachs	• la cire
• die Statue, -n	• la statue
• das Reiterstandbild, -er	• la statue équestre

• das Figürchen, -	• la figurine
• der Torso, -s; die Büste, -n	• le torse ; le buste
• die Liegefigur, -en	• le gisant
• das Relief, -s	• le relief
• das Flachrelief, -s	• le bas-relief
• der Fries, -e	• la frise
• der Sockel, -	• le piédestal
• das Denkmal, ¨-er	• le monument
• die Bronze, -n	• le bronze (œuvre)

(!) jdn hauen: *frapper qqn*

(!) (die Blumen) gießen: *arroser*

• meißeln; hauen	• sculpter
• schnitzen	• sculpter le bois
• Stein behauen	• sculpter la pierre
• modellieren; gestalten	• modeler
• gießen (o, o)	• fondre, couler, mouler
• modeln; formen	• façonner
• kneten	• pétrir
• ziselieren	• ciseler
• glatt schleifen (i, i)	• polir

• ausdrucksvoll	• expressif
• ausdruckslos	• inexpressif
• lebensecht	• fidèle au modèle, naturel
• steif	• figé

Das Kunstgewerbe — L'art décoratif

anglais : *goldsmith*

pluriel

• die Goldschmiedekunst	• l'orfèvrerie
• der Goldschmied, -e	• l'orfèvre
• die Juwelierkunst	• la joaillerie
• der Diamantschleifer, -	• le diamantaire
• der Edelstein, -e	• la pierre précieuse
• die Punze, -n	• le poinçon
• die Keramik, -en	• la céramique
• der Keramiker, -	• le céramiste
• das Email, -s	• l'émail
• die Emaillierkunst	• l'émaillerie
• der Emailleur, -e	• l'émailleur
• das Porzellan, -e	• la porcelaine
• das Mosaïk, -en	• la mosaïque
• die Töpferei	• la poterie
• das Kunstglas	• la verrerie d'art
• der Glasbläser, -	• le souffleur de verre
• die Glasmalerei	• l'art du vitrail
• das Schmiedeeisen	• le fer forgé
• die Kunsttischlerei	• l'ébénisterie
• die Intarsien	• la marqueterie
• die Holztäfelung, -en	• la boiserie
• die Bildwirkerei	• la tapisserie

4 Die Baukunst — L'architecture

Die Baustoffe — Les matériaux de construction

	• **der Bau, -ten**	• la construction, le bâtiment
	• **die Baustelle, -n**	• le chantier
pluriel	• **die Grundmauern**	• les fondations
	• **der Architekt, -en, -en**	• l'architecte
	• **das Holz, ¨-er**	• le bois
	• **der Stein, -e**	• la pierre
	• **der Baustein, -e**	• la pierre de taille
	• **der Sandstein**	• le grès
	• **der Sand**	• le sable
	• **der Mauerstein, -e**	• le parpaing
	• **der Kalkstein**	• le calcaire
	• **der Kalk**	• la chaux
	• **der Gips**	• le plâtre
	• **die Gipskartonplatte, -n**	• le placoplâtre
aussi : der Ziegelstein, -e	• **der Backstein, -e**	• la brique
anglais : *marble*	• **der Marmor**	• le marbre
	• **der Lehm**	• l'argile
	• **der Schiefer, -**	• l'ardoise
	• **der Ziegel, -**	• la tuile
	• **der Beton**	• le béton
	• **der Stahlbeton**	• le béton armé
anglais : *steel*	• **der Stahl, ¨-e**	• l'acier
anglais : *iron*	• **das Eisen**	• le fer
	• **das PVC**	• le PVC
der Gus, ¨-se: *l'averse, la saucée ; le glaçage*	• **das Gusseisen**	• la fonte
	• **der Zement, -e**	• le ciment
	• **der Mörtel, -**	• le mortier
anglais : *glass*	• **das Glas, ¨-er**	• le verre
	• **die Glaswolle, -n**	• la laine de verre

auf jdn bauen: *compter sur qqn*	• **bauen (lassen)**	• (faire) construire
	• **(aus)/graben (u, a, ä)**	• creuser
	• **malen; an/streichen (i, i)**	• peindre
	• **decken**	• couvrir (toit)
mauern (fam): *se braquer, s'opposer à qqch*	• **mauern**	• faire de la maçonnerie
	• **verputzen**	• crépir
	• **den Boden legen**	• poser un revêtement de sol
	• **gipsen**	• plâtrer
	• **aus/bessern**	• réparer
	• **ein/ebnen**	• aplanir

	• **(un)bebaubar**	• (non) constructible
	• **außen, draußen**	• dehors, à l'extérieur
	• **innen, drinnen**	• dedans
	• **(un)eben**	• plan, inégal, raboteux
der Rost, -: *la rouille*	• **rostfrei**	• inoxydable

die Maß: *1 litre de bière (Bavière)*

Messungen	Les mesures
• **das Maß, -e**	• la mesure, la dimension
• **der Maßstab, ¨-e**	• l'échelle
• **das Metermaß, -e**	• le mètre
• **der/das Kubikmeter, -**	• le mètre-cube
• **der/das Festmeter, -**	• le stère, le mètre-cube réel
• **die Maßtabelle, -n**	• le métré
• **die Länge, -n**	• la longueur
• **die Höhe, -n**	• la hauteur
• **die Größe, -n**	• la taille, la grandeur
• **die Breite, -n**	• la largeur
• **die Tiefe, -n**	• la profondeur
• **die Stärke, -n; die Dicke, -n**	• l'épaisseur
• **der Umfang, ¨-e**	• la circonférence, le périmètre
• **der Durchmesser, -**	• le diamètre
• **die Fläche, -n**	• la surface
• **der Würfel, -**	• le cube
• **das Prisma, -en**	• le prisme
• **das Quadrat, -e**	• le carré
• **das Rechteck, -e**	• le rectangle
• **das Dreieck, -e**	• le triangle
• **das Viereck, -e**	• le quadrilatère
• **der Kreis, -e**	• le cercle
• **der Kreisbogen, -**	• l'arc
• **die Kugel, -n**	• la sphère

Normen und Stilen	Les normes et les styles
• **der Riss, -e**	• le tracé
• **der Aufriss, -e**	• l'élévation
• **die Aufrissfläche, -n**	• le plan en élévation
• **die Skizze, -n**	• l'esquisse
• **die Symmetrie, -n**	• la symétrie
• **das Ebenmaß, -e**	• l'harmonie
• **die Gerade, -n**	• la droite
• **der Schwerpunkt, ¨-e**	• le centre de gravité
• **der Plan, ¨-e; der Grundriss, -e**	• le plan
• **die Rampe, -n**	• le plan incliné
• **die Gebäudeflucht, ¨-e**	• l'alignement
• **der Durchschnitt, -e**	• la coupe
• **die Vertikalprojektion, -en**	• la coupe verticale
• **die Schnittzeichnung, -en**	• la vue en coupe
• **der Druck, ¨-e**	• la pression
• **die Last, -en**	• la charge
• **das Gewicht, -e**	• le poids
• **die Dichte, -n**	• la densité
• **der Raum, ¨-e**	• le volume
• **die Spannweite, -n**	• la portée
• **die Vermessung, -en**	• le relevé topographique
• **der Vermesser, -**	• le géomètre

• **die Pyramide, -n**	• la pyramide
• **die Säule, -n**	• la colonne
• **die Säulenreihe, -n**	• la colonnade
• **der Pfeiler, -**	• le pilier
• **das Gewölbe, -**	• la voûte
• **die Wölbung, -en**	• la courbe
• **die Kuppel, -n**	• la coupole, le dôme
• **der Bogen, -**	• l'arche, la courbe
• **die romanische Kunst** (= die Romanik)	• l'art roman
• **die gotische Kunst** (= die Gotik)	• l'art gothique
• **die Frühgotik**	• le gothique primitif
• **die Hochgotik**	• le gothique rayonnant
• **die Spätgotik**	• le gothique flamboyant

• **waag(e)recht** (die Wasserwaage, -n: *le niveau (à eau)*)	• horizontal
• **senkrecht**	• vertical
• **asymmetrisch**	• dissymétrique
• **architektonisch**	• architectural
• **ägyptisch**	• égyptien
• **griechisch**	• grec
• **römisch**	• romain
• **byzantinisch**	• byzantin
• **romanisch**	• roman
• **gotisch**	• gothique
• **barock**	• baroque
• **schlicht, einfach**	• sobre, simple, modeste
• **überladen**	• surchargé
• **griechisch-römisch**	• gréco-romain

5 Die Fotografie — La photographie

• **das Foto, -s**	• la prise de vue
• **die Großaufnahme, -n**	• le gros plan
• **das Fotografieren**	• la photographie
• **der Fotograf, -en, -en**	• le photographe
• **die Kamera, -s**	• l'appareil photo
• **das Objektiv, -e**	• l'objectif
• **das Zoomobjektiv, -e**	• le zoom
• **das Teleobjektiv, -e**	• le téléobjectif
• **das Weitwinkelobjektiv, -e**	• le grand angle
• **der Verschluss, ¨-e**	• l'obturateur
• **das/der Filter, -**	• le filtre
• **der Sucher, -**	• le viseur
• **der Flash, -s**	• le flash
• **die Blende, -n**	• le diaphragme
• **der Auslöseknopf, ¨-e**	• le déclencheur
• **der Zeitauslöser, -**	• le déclencheur à retardement
• **das Aufziehen, -**	• l'armement
• **der Film, -e** (aussi : *le film*)	• la pellicule

• **die Linse, -n**	• la lentille
• **das Negativ, -e**	• le négatif
• **der Abzug, ¨-e**	• l'épreuve, le tirage
• **der Farbdruck, ¨-e**	• le tirage couleur
• **das Korn, ¨-er**	• le grain
• **das Stativ, -e**	• le trépied
• **der Projektor, -en**	• le projecteur
• **die Belichtung, -en**	• la pose
• **die Belichtungszeit, -en**	• le temps de pose
• **der Belichtungsmesser, -**	• le posemètre
• **die Schärfe, -n**	• la définition
• **die Schärfentiefe, -n**	• la profondeur de champ
• **die Scharfeinstellung, -en**	• la mise au point
• **die Bildausschnitt, -e**	• le cadrage
• **die Beleuchtung, -en**	• l'éclairage
• **das Gegenlicht, -er**	• le contre-jour
• **die Dunkelkammer, -n**	• la chambre noire
• **das Entwicklerbad, ¨-er**	• le bain de développement
• **das Fixierbad, ¨-er**	• le bain de fixage
• **das Fixiersalz, -e**	• le fixateur
• **die Vergrößerung, -en**	• l'agrandissement
• **das Schwarzweißfoto, -s**	• la photo en noir et blanc
• **das Farbfoto, -s**	• la photo en couleur
anglais : *snapshot* ◄ • **der Schnappschuss, ¨-e**	• l'instantané
• **das Dia(positiv, -e), -s**	• la diapositive
• **das Passbild, -er**	• la photo d'identité
• **das Rundbild, -er**	• la photo panoramique
• **das Luftbild, -er**	• la photo aérienne

aussi : fotografieren ◄ • **(ein Bild) auf/nehmen (a, o, i)**	• prendre (une photo)
• **fest/halten (ie, a, ä)**	• saisir, immortaliser
• **ein/stellen**	• mettre au point
• **ab/knipsen**	• photographier
• **rück/spulen**	• rembobiner
• **entwickeln**	• développer
• **fixieren**	• fixer
zog, gezogen ◄ • **ab/ziehen**	• tirer
• **vergrößern**	• agrandir
• **ein/rahmen**	• encadrer

• **scharf**	• net
• **unscharf, verschwommen**	• flou
• **gut/schlecht getroffen**	• bien/mal pris
• **grobkörnig**	• à gros grain
• **fotogen, photogen**	• photogénique
• **unterbelichtet**	• sous-exposé
• **überbelichtet**	• surexposé

ÜBUNGEN

19 Zusammengesetzte Wörter. Mots composés.

Ordnen Sie die Komposita kunstvoll und sinngemäß ein !

der Kunstexperte - die Kunstfaser - der Kunstfehler - die Kunstfertigkeit - der Kunstflieger - der Kunstführer - der Kunsthändler - der Kunsthonig - der Kunstkenner - die Kunstkritik - das Kunstleder - das Kunstlicht - der Kunstrasen - der Kunstreiter - der Kunstspringer - der Kunststoff - die Kunststudentin - das Kunststück

A. Kunst- = "artistique", relatif aux beaux arts	**B. Kunst-** = "habile", relatif à l'art, l'artisanat ou la technique	**C. Kunst-** = "artificiel"

20 Analogien bilden. Séries analogiques.

Drei Wörter werden vorgegeben. Finden Sie das Wort heraus, das zum dritten in einer ähnlichen Beziehung steht, wie das zweite zum ersten.

Beispiel: Wasser: Fisch = Luft: ?
a. fliegen – **b.** Vogel – **c.** Flugzeug – **d.** Himmel
Antwort: Vogel

1. eine Karikatur: zeichnen = ein Bild: ?
a. ausstellen – **b.** einrahmen – **c.** malen – **d.** versteigern

2. die Kunsttischlerei: Holz = die Töpferei: ?
a. Erz – **b.** Gips – **c.** Stein – **d.** Ton

3. ein Photo: aufnehmen = ein Porträt: ?
a. einrahmen – **b.** einstellen – **c.** entwerfen – **d.** entwickeln

4. ein Landschaftsbild: malerisch = eine Plastik: ?
a. fotogen – **b.** lebensecht – **c.** rostfrei – **d.** verschwommen

5. der Zeichner: das Zeichenbrett = der Maler: ?
a. die Gießform – **b.** die Staffelei – **c.** das Stativ – **d.** der Stichel

21 Finden Sie den Eindringling. Chassez l'intrus.

Ein Wort in der Gruppe will nicht so recht dazupassen. Finden Sie es.

a. antik - feucht - modern - schlicht
b. Luftschloss - Lustschloss - Palast - Residenz
c. Backstein - Grundstein - Zahnstein - Ziegelstein
d. Beton - Gips - Sand - Zement
e. Bauer - Baugewerbe - Bauherr - Baustelle

Corrigés page 468

Landeskunde

Die bildenden Künste
Les beaux-arts

Meilensteine zur modernen Kunst – Jalons de l'art moderne :

- **die Künstlerkolonien:** colonies d'artistes établies à la fin du XIXe siècle à l'écart des grandes villes, notamment en Bretagne ou sur les côtes allemandes (Worpswede, près de Brême, **Ahrenshoop** et **Schwaan** sur la mer Baltique).
- **der Expressionismus:** l'expressionnisme, issu du mouvement "Die Brücke" (1905) autour de Ernst Ludwig Kirchner et de l'exposition "Der Blaue Reiter" (1911) avec Wassily Kandinsky, Franz Marc et August Macke.
- **die Neue Sachlichkeit:** la Nouvelle Objectivité, exposition de 1925 avec Otto Dix et George Grosz.
- **der Dadaismus:** le dadaïsme, courant fondé en 1916 par Hugo Ball.
- **die documenta:** exposition internationale d'art contemporain qui se déroule à Kassel tous les 4 à 5 ans.

Die bedeutendsten Kunstmuseen in Deutschland und Österreich
Les principaux musées d'art en Allemagne et en Autriche

- **die Alte un die Neue Pinakothek (München)**
- **das Wallraf-Richartz-Museum (Köln)**
- **die Neue Nationalgalerie (Berlin)**
- **das Städel (Frankfurt)**
- **die Hamburger Kunsthalle**
- **die Gemäldegalerie (Dresden)**
- **das Folkwang-Museum (Essen)**
- **die Kunsthalle (Wien)**

Architektonische Kunstrichtungen
Tendances architecturales

- **das Fachwerkhaus:** la maison à colombages.
- **das Sgraffitohaus:** maison peinte de la Renaissance allemande.
- **die Neugotik:** le style néo-gothique, courant architectural des XVIIIe et XIXe siècles.
- **der Jugendstil:** l'Art nouveau, courant du début du XXe siècle.
- **der Sezessionsstil:** le courant sécessionniste, dénomination de l'art nouveau en Autriche.
- **das Staatliche Bauhaus:** le Bauhaus, école d'architecture fondée à Weimar en 1919 par Walter Gropius.
- **der Funktionalismus:** le fonctionnalisme, courant inspiré notamment par Le Corbusier.

Bildlich gesprochen

Rund um die Kunst

- **nach allen Regeln der Kunst:** selon les règles de l'art.
- **Es ist kein Kunststück (familier):** ce n'est pas sorcier.
- **am Ende seiner Kunst sein (familier):** être au bout du rouleau.
- **Was macht die Kunst? (familier):** comment ça va ?
- **eine brotlose Kunst:** un art peu lucratif.
- **die Beutekunst:** désigne les œuvres d'art raflées par les nazis pendant la guerre.

Rund um das Malen

- **wie gemalt:** beau comme une image.
- **die Schwarzweißmalerei:** le manichéisme.
- **die Zukunft rosig malen:** voir l'avenir en rose.
- **sich die Fingernägel malen (familier):** se vernir les ongles.
- **Auf/In seinem Gesicht malte sich Betroffenheit ab:** la stupeur se lut sur son visage.
- **Das hatte ich mir so schön ausgemalt:** Je m'en étais fait une si belle idée.

Zum Nachdenken

- **Die Kunst geht nach Brot (Lessing, *Emilia Galotti*):** L'art est en quête de pain.
- **Kunstwerke sind phänomenal, historisch unwirksam, praktisch folgenlos. Das ist ihre Größe (Gottfried Benn):** Les œuvres d'art sont phénoménales, inefficaces dans l'histoire et sans incidence pratique. C'est là leur grandeur.
- **Zeige mir, wie du baust, und ich sage dir, wer du bist (Christian Morgenstern):** Montre moi comment tu bâtis et je te dirai qui tu es.
- **Wer jetzt kein Haus hat, baut sich keines mehr (Rilke, *Herbsttag*):** Celui qui n'a pas sa maison maintenant ne la construira jamais.

6 Die darstellenden Künste
Les arts du spectacle

1 Der Gesang — Le chant

• **der Gesang, ¨-e**	• le chant
• **der Sänger, -**	• le chanteur
• **die Sängerin, -nen**	• la chanteuse
• **das Chanson, -s**	• la chanson
• **die Melodie, -n**	• l'air
• **das Lied, -er**	• le lied
• **die Kantate, -n**	• la cantate
• **der Text, -e**	• les paroles
• **die Strophe, -n; der Vers, -e**	• le couplet
• **der Refrain, -s; der Kehrreim, -e**	• le refrain
• **die Stimme, -n**	• la voix
• **die Stimmlage, -n**	• la tessiture
• **der Solist, -en; die Solistin, -nen**	• le soliste ; la soliste
• **der Sopran, -e**	• le soprano
• **der Alt, -e; die Altstimme, -n**	• l'alto
• **der Tenor, -e**	• le ténor
• **der Bariton, -e**	• le baryton
• **die Diva, -s/-ven**	• la diva
• **der Bass, -e**	• la basse
• **der Chor, ¨-e**	• le chœur, la chorale
• **der Chorist, -en**	• le choriste
• **der Choral, ¨-e**	• le choral, le cantique
• **der Gesangverein, -e**	• la chorale
• **das Gospelsong, -s**	• le gospel

die Stimmgabel: *le diapason*

aussi : *le chœur (architecture)*

• **singen (a, u)**	• chanter
• **richtig/falsch singen**	• chanter juste/faux
• **begleiten**	• accompagner
• **an/stimmen**	• entonner

anglais : *to sing*

• **einstimmig**	• à une voix
• **mehrstimmig**	• à plusieurs voix
• **zart, zierlich (Stimme)**	• gracile
• **kraftvoll**	• puissant

2 Die Musik — La musique

Die Musikarten — Les types de musique

• **die Musik**	• la musique
• **die klassische Musik**	• la musique classique
• **die geistliche Musik**	• la musique sacrée

(fam.) die Katzenmusik: *de la musique cacophonique*
(fam.) die Zukunftsmusik: *des projets en l'air*

• **die Kammermusik**	• la musique de chambre
• **die Militärmusik**	• la musique militaire
• **die Zwölftonmusik**	• la musique dodécaphonique
• **die Volksmusik**	• la musique populaire
• **die Popmusik**	• la musique pop
• **der Rock**	• le rock
• **der Hard Rock**	• le hard rock
• **der Jazz**	• le jazz
• **der Blues**	• le blues
• **der Rap**	• le rap
• **der Reggae**	• le reggae
• **der/das Techno**	• la techno

Die Interpretation — L'interprétation

	• **der Musiker, -**	• le musicien
	• **der Musikliebhaber, -**	• le mélomane
	• **der Komponist, -en, -en**	• le compositeur
	• **der Interpret, -en**	• l'interprète
	• **der Vortrag, ¨-e**	• l'exécution
	• **der Diskjockey/der DJ, -s**	• le disc-jockey
Dur: *majeur* Moll: *mineur* das Kreuz: *le dièse*	• **die Partitur, -en**	• la partition
	• **die Note, -n**	• la note
	• **die Tonleiter, -n**	• la gamme
	• **die Fingerfertigkeit, -en**	• la dextérité, le doigté
	• **der Takt, -e**	• la mesure
	• **das Musikstück, -e**	• le morceau de musique
	• **die Symphonie, -n**	• la symphonie
≠ die Studie: *l'étude (peinture)*	• **die Etüde, -n**	• l'étude
	• **das Konzert, -e**	• le concerto
	• **die Fuge, -n**	• la fugue
	• **der Marsch, ¨-e**	• la marche
	• **die Sonate, -n**	• la sonate
	• **der Satz, ¨-e**	• le mouvement
	• **die Suite, -n**	• la suite
	• **das Requiem, -s**	• le requiem
	• **die Oper, -n**	• l'opéra
	• **die Arie, -n**	• l'aria, l'air d'opéra
	• **die Operette, -n**	• l'opérette
pron. anglaise	• **das Musical, -s**	• la comédie musicale
	• **das Konzert, -e**	• le concert
	• **das Solokonzert, -e**	• le récital
aussi : *la chapelle*	• **die Kapelle, -n**	• l'orchestre
	• **der Dirigent, -en**	• le chef d'orchestre
blasen: *souffler*	• **die Blaskapelle, -n**	• la fanfare
	• **das Orchester, -**	• l'orchestre
(pron. anglaise) ≠ der Band, ¨-e: *le volume* das Band, ¨-er: *le ruban*	• **die Band, -s**	• l'orchestre, le groupe
	• **die Jazzband, -s**	• l'orchestre de jazz
	• **der Stab, ¨-e**	• la baguette
	• **die (Schall)platte, -n**	• le disque

• **das Album, -ben**	• l'album
• **die CD, -s**	• le disque compact
• **das Soloalbum, -ben**	• l'album solo
• **die Single, -s**	• le single
• **die Maxi, -s**	• le maxi
• **die Hülle, -n**	• la jaquette
• **der Schlager, -; der Hit, -s**	• le “tube”
• **die Hitparade, -n**	• le hit-parade

• **komponieren**	• composer
• **vertonen**	• mettre en musique
• **vor/tragen (u, a, ä)**	• exécuter
• **dirigieren**	• diriger
• **mit Musik untermalen**	• donner un fond sonore
• **improvisieren**	• improviser
• **auf/nehmen (a, o, i)**	• enregistrer

pron. anglaise

• **live**	• en direct
• **hinreißend**	• entraînant

Die Musikinstrumente — Les instruments de musique

Die Streichinstrumente — Les instruments à cordes

≠ die Seite: *le côté, la page*
in die Saiten greifen: *jouer avec ardeur*

• **die Saite, -n**	• la corde
• **die Geige, -n; die Violine, -n**	• le violon
• **die Viola, -len**	• la viole
• **der Geiger, -**	• le violoniste
• **das Cello, -s**	• le violoncelle
• **der Cellist, -en, -en**	• le violoncelliste
• **der Kontrabass, -e**	• la contrebasse
• **die Bratsche, -n**	• l'alto

Die Zupfinstrumente — Les instruments à cordes pincées

• **die Gitarre, -n**	• la guitare
• **die Elektrogitarre, -n**	• la guitare électrique
• **die Harfe, -n**	• la harpe
• **die Leier, -n**	• la lyre
• **die Laute, -n**	• le luth

Die Tasteninstrumente — Les instruments à clavier

(!) die Tastatur: *le clavier*
die weiße/schwarze Taste: *la blanche/la noire*
in die Tasten hauen: *jouer avec fougue*

• **das Klavier, -e**	• le piano
• **der Flügel, -**	• le piano à queue
• **der Klavierspieler, -**	• le pianiste
• **die Taste, -n**	• la touche
• **die Orgel, -n**	• l'orgue
• **der Organist, -en, -en**	• l'organiste

	• **das Cembalo, -s**	• le clavecin
	• **der Synthesizer, -**	• le synthétiseur
	• **das Harmonium, -ien**	• l'harmonium
	Die Blasinstrumente	**Les instruments à vent**
anglais : *flute*	• **die Flöte, -n**	• la flûte
	• **die Blockflöte, -n**	• la flûte à bec
anglais : *German flute*	• **die Querflöte, -n**	• la flûte traversière
das Dudeln: *la rengaine*	• **der Dudelsack, ¨-e**	• la cornemuse
	• **die Ziehharmonika, -s/-ken**	• l'accordéon
	• **die Mundharmonika, -s/-ken**	• l'harmonica
	Die Holzblasinstrumente	**Les bois**
anglais : *clarinet*	• **die Klarinette, -n**	• la clarinette
	• **das Fagott, -e**	• le basson
anglais : *oboe*	• **die Oboe, -n**	• le hautbois
	Die Blechblasinstrumente	**Les cuivres**
	• **die Trompete, -n**	• la trompette
jdn mit Pauken und Trompeten empfangen: *dérouler le tapis rouge pour qqn*	• **der Trompeter, -**	• le trompettiste
	• **das Saxophon, -e**	• le saxophone
etwas (her)aus/posaunen (fig.): *claironner qqch*	• **die (Zug)posaune, -n**	• le trombone (à coulisses)
	• **das (Wald)horn, ¨-er**	• le cor
	• **das Signalhorn, ¨-er**	• le clairon
	Die Schlaginstrumente	**Les instruments à percussion**
	• **das Schlagzeug, -e**	• la batterie
	• **die Trommel, -n**	• le tambour
	• **der Trommler, -**	• le tambour
	• **die Pauke, -n**	• la timbale, la grosse caisse
pluriel	• **die Becken; die Zimbeln**	• les cymbales

	• **stimmen**	• accorder (un instrument)
	• **Klavier spielen**	• jouer du piano
	• **üben**	• s'exercer
	• **ein/üben**	• répéter (un morceau)
	• **musizieren**	• faire de la musique
	• **an/setzen**	• attaquer
	• **(die Trompete) blasen (ie, a, ä)**	• jouer (des instruments à vent)
	• **(die Trommel) schlagen (u, a, ä)**	• battre (du tambour)
	• **trommeln**	• tambouriner
aussi : Fingerübungen machen	• **Tonleitern üben**	• faire des gammes
	• **den Takt an/geben (a, e, i)**	• battre la mesure
	• **aus dem Takt kommen (a, o)**	• perdre la mesure

	• **musikalisch**	• musical
	• **wohlklingend, harmonisch**	• harmonieux, harmonique
aussi : *de mauvaise humeur*	• **verstimmt**	• désaccordé, discordant
	• **im Takt**	• en mesure

3 Der Tanz — La danse

der/das Trikot, -s: *le tricot*

• **der Tanz, ¨-e**	• la danse
• **der Tänzer, -**	• le danseur
• **die Choreografie, -n**	• la chorégraphie
• **das Ballett, -e**	• le ballet
• **der Balletttänzer, -**	• le danseur de ballet
• **die Balletttänzerin, -nen**	• la ballerine
• **die Ballettratte, -n**	• le petit rat de l'Opéra
• **das Ballettröckchen, -**	• le tutu
• **der Spitzentanz, ¨-e**	• les pointes
• **das Trikot, -s**	• le collant, le justaucorps
• **der Solotänzer, -**	• le danseur étoile
• **die Primaballerina, -nen**	• la danseuse étoile
• **der klassische Tanz, ¨-e**	• la danse classique
• **der Volkstanz, ¨-e**	• la danse folklorique
• **der Gesellschaftstanz, ¨-e**	• la danse de salon
• **der Bauchtanz, ¨-e**	• la danse du ventre
• **der Tango, -s**	• le tango
• **der Walzer, -**	• la valse
• **der Stepptanz, ¨-e**	• les claquettes
• **der rhythmische Tanz, ¨-e**	• la danse rythmique
• **der Cha-Cha-Cha, -s**	• le cha-cha-cha
• **der Twist, -s**	• le twist
• **der Rock, -s**	• le rock
• **der Tanzpartner, -**	• le cavalier

anglais : *to dance*

• **tanzen**	• danser
• **Walzer tanzen**	• danser la valse

4 Das Theater — Le théâtre

Der Zuschauerraum — La salle de spectacle

• **das Schauspielhaus, ¨-er**	• le théâtre (bâtiment)
• **die Bühne, -n**	• la scène
• **der Vorhang, ¨-e**	• le rideau
• **das Bühnenbild, -er**	• les décors
• **die Kulisse, -n**	• le décor, la coulisse
• **die Bühnenmaschinerie, -n**	• les machines
• **die Bühnenbeleuchtung, -en**	• les éclairages
• **die Rampe, -n**	• la rampe
• **das Rampenlicht, -er**	• les feux de la rampe
• **die Wandelhalle, -n**	• le foyer
• **der Orchestergraben**	• la fosse d'orchestre
• **das Parkett**	• le parterre
• **der Parkettsitz, -e**	• le fauteuil d'orchestre

• der Rang, ¨-e; der Balkon, -e/-s	• le balcon
• die Loge, -n	• la loge
• die Balkonloge, -n	• la corbeille
• die Galerie, -n (der Olymp (fam.))	• le poulailler
• der Sitz, -e	• la place
• der Klappsitz, -e	• le strapontin
• das Opernglas	• les jumelles de spectacle
• der Bühneneingang, ¨-e	• l'entrée des artistes
• die Garderobe, -n	• la loge de l'artiste
• das Programmheft, -e	• le programme

Die Theatervorstellung — La représentation théâtrale

• das Theaterstück, -e	• la pièce de théâtre
• der Dramaturg, -en	• le critique de théâtre
• die Bearbeitung, -en	• l'adaptation
• die Inszenierung, -en	• la mise en scène
• der Regisseur, -e	• le metteur en scène
• der Spielleiter, -	• le régisseur
• der Requisiteur, -e	• l'accessoiriste
• die Rollenbesetzung, -en	• la distribution des rôles
• die Hauptrolle, -n	• le rôle principal
• die Nebenrolle, -n	• le rôle secondaire
• die Probe, -n	• la répétition
• die Generalprobe, -n	• la répétition générale
• die Aufführung, -en	• la représentation
• die Nachmittagsvorstellung, -en	• la matinée
• die Uraufführung, -en	• la première, la création
• die Vorpremiere, -n	• l'avant-première
• die Erstaufführung, -en	• la première
• die Pause, -n	• l'entracte, la relâche
• das Zwischenspiel, -e	• l'interlude
• die Gage, -n; das Honorar, -e	• le cachet

Das Spiel — Le jeu de l'acteur

• der Schauspieler, -	• l'acteur
• die Schauspielerin, -nen	• l'actrice
• der Komödiant, -en, -en	• le comédien
• der jugendliche Liebhaber, -	• le jeune premier
• der Souffleur, -e	• le souffleur
• die zweite Besetzung, -en	• la doublure
• der Statist, -en	• le figurant
• die Truppe, -n	• la troupe
• das Lustspiel, -e	• la comédie
• das Trauerspiel, -e	• la tragédie
• das Schauspiel, -e	• le drame
• die Intrige, -n	• l'intrigue
• die Farce, -n; die Posse, -n	• la farce
• der Aufzug, ¨-e; der Akt, -e	• l'acte

(fig.) jdm einen Auftritt machen: *faire une scène à qqn*

- **die Szene, -n; der Auftritt, -e** • la scène
- **der Einsatz, ¨-e** • la réplique
- **der Monolog, -e** • le monologue
- **die Diktion, -en** • la diction
- **der Auftritt, -e** • l'entrée en scène
- **das Lampenfieber, -** • le trac

ging, gegangen

- **auf/führen** • jouer, donner (pièce), représenter
- **urauf/führen** • monter, donner pour la première fois
- **proben; ein/üben** • répéter
- **ein Stück geben (a, e, i)** • donner une pièce
- **auf/treten (a, e, i)** • entrer en scène
- **ab/gehen** • quitter la scène
- **Lampenfieber haben** • avoir le trac
- **dar/stellen** • interpréter (un personnage)
- **deklamieren** • déclamer
- **aus dem Stegreif spielen** • improviser
- **her/sagen** • débiter (un texte)
- **jdm das Stichwort geben (a, e, i)** • donner la réplique à qqn

Das Publikum — Le public

Zugabe!: *bis ! encore ! une autre !*

- **der Zuschauer, -** • le spectateur
- **der Theaterkritiker, -** • le critique de théâtre
- **der Erfolg, e** • le succès
- **der Applaus** • les applaudissements
- **der Buhruf, -e** • la huée
- **die Claque** • la claque
- **das Fiasko, -s; der Reinfall, ¨-e** • le four
- **das Dakapo, -s** • la reprise
- **die Dakaporufe** • les rappels
- **die Zugabe, -n** • le bis, le rappel

- **das Theater besuchen** • aller au théâtre
- **jdm (Beifall) klatschen** • applaudir
- **aus/pfeifen (-iff, -iffen)** • siffler, huer
- **jdn heraus/rufen (ie, u)** • rappeler qqn
- **sich verbeugen** • s'incliner, saluer
- **da capo rufen (ie, u)** • bisser
- **eine Zugabe geben (a, e, i)** • jouer un bis

- **kostümiert** • costumé
- **hervorragend, ausgezeichnet** • excellent
- **enttäuschend** • décevant
- **mitreißend** • fascinant
- **begeistert** • enthousiaste
- **ausverkauft** • complet
- **voll** • comble
- **leer** • vide
- **ausgebuht** • hué
- **ausgepfiffen** • sifflé

5 Andere Veranstaltungen — Autres spectacles

Der Zirkus — Le cirque

• das Zirkuszelt, -e	• le chapiteau
• der Zirkusdirektor, -en	• le directeur du cirque
• die Zirkusvorstellung, -en	• le spectacle de cirque
• die Reitbahn, -en	• le manège, le carrousel
• die Manege, -n	• la piste
• der Kunstreiter, -	• l'écuyer
• der Seiltänzer, -	• le funambule
• der Akrobat, -en, -en	• l'acrobate
• das Trapez, -e	• le trapèze
• der Trapezkünstler, -	• le trapéziste
• der Balancierkünstler, -	• l'équilibriste
• der Clown, -s	• le clown
• der Feuerschlucker, -	• le cracheur de feu
• der Taschenspielertrick, -s	• le tour de passe-passe
• die Tierschau	• la ménagerie
• der Käfig, -e	• la cage
• der Dresseur, -e	• le dompteur
• die Tierdressur, -en	• le dressage d'animaux
• der Löwenzwinger, -	• la fosse aux lions
• der Bärenzwinger, -	• la fosse aux ours

≠ das Karussell: *le manège (forain)*
Manege frei!: *Libérez la piste !*

pron. anglaise

• bändigen	• dompter
• ab/richten; dressieren	• dresser

≠ einen Kampfhund ab/richten: *dresser un chien d'attaque*

Das Kabarett — Le cabaret

• der Variétéabend, -e	• le spectacle de variétés
• das Variététheater, -	• le music-hall
• die Show, -s	• le show, les variétés
• der Komiker, -	• le comique
• der Alleinunterhalter, -	• l'artiste en solo
• der Kabarettist, -en, -en	• le chansonnier

au sens figuré = *l'homme-orchestre*

• auf Tournee gehen	• partir en tournée
• gastieren	• donner des représentations

Der Stierkampf — La corrida

• der Kampfstier, -e	• le taureau
• die Arena, -en	• l'arène
• der Stierkämpfer, -	• le torero
• der Matador, -e	• le matador
• die Muleta, -s	• la muleta
• der Lanzenreiter, -	• le picador
• die Banderilla, -s	• la banderille

• den Todesstoß versetzen	• porter l'estocade

6 Die Filmkunst — L'art cinématographique

Die Dreharbeiten — Le tournage

	• das Team, -s	• l'équipe de tournage
	• der Filmschauspieler, -	• l'acteur de cinéma
	• der Filmschauspielerin, -nen	• l'actrice de cinéma
	• der Filmstar, -s	• la vedette, la star
	• der Filmheld, -en, -en	• le héros du film
	• die Nebenrolle, -n	• le second rôle
pron. anglaise	• das Double, -s	• la doublure
pron. anglaise	• der Stuntman, -en	• le cascadeur
	• der Statist, -en, -en	• le figurant
	• der Produzent, -en, -en	• le producteur
	• der Regisseur, -e	• le réalisateur, le metteur en scène
	• der Filmemacher, -	• le cinéaste
	• der Chefkameramann, ¨-er	• le directeur de la photographie
	• der Kameramann, ¨-er	• le caméraman
	• die (Film)kamera, -s	• la caméra
	• die Videokamera, -s	• la caméra vidéo
	• der Camcorder, -	• le caméscope
das technische Drehbuch: *le découpage, le storyboard*	• das Drehbuch, ¨-er	• le scénario
	• der Drehbuchautor, -en	• le scénariste
	• das Skriptgirl, -s	• la scripte
	• die Beleuchtung, -en	• l'éclairage
	• der Beleuchter, -	• l'éclairagiste
	• der Maskenbildner, -	• le maquilleur
	• das Schalt- und Regelpult, -e	• la régie
	• das (Film)atelier, -s	• le studio
	• die Bühne, -en	• le plateau
nach der letzten Klappe (jargon): *à l'issue du tournage*	• die Synchronklappe, -n	• le clap
	• das Remake, -s	• le remake
	• die Neuverfilmung, -en	• la nouvelle version

	• (in einem Film) spielen	• jouer (dans un film)
	• die Kamera führen	• tenir la caméra
	• (einen Film) drehen	• tourner (un film)
	• filmen	• filmer
	• verfilmen	• adapter pour le cinéma
pron. anglaise	• doubeln	• doubler
brachte, gebracht	• auf die Leinwand bringen	• porter à l'écran

• in der Originalfassung	• en version originale
• mit französischen Untertiteln	• sous-titré en français
• Originalfassung mit Untertiteln	• V.O. sous-titrée

Die Filmtechniken / Les techniques cinématographiques

	• die Kamerabewegung, -en	• le mouvement de la caméra
	• die Kamerakran, ¨-e	• la grue
	• der Mikrophongalgen, -	• la perche, la girafe
	• der Kamerawagen, -	• le chariot de travelling
	• die (Film)aufnahme, -n	• la prise de vue
	• die Außenaufnahme, -n	• le tournage en extérieur
	• die Innenaufnahme, -n	• le tournage en intérieur
	• die Atelieraufnahme, -n	• le tournage en studio
	• die Zeitlupenaufnahme, -n	• la prise de vue au ralenti
	• die Zeitrafferaufnahme, -n	• la prise de vue en accéléré
	• der Kameraschwenk, -s	• le panoramique
aussi : der Aufnahmewinkel	• der Bildwinkel, -	• l'angle de vue
	• die Gesamtaufnahme, -n	• le plan d'ensemble
	• die Einstellung, -en	• le cadrage
	• die amerikanische Einstellung, -en	• le plan américain
	• die Nahaufnahme, -n	• le plan rapproché
aussi : die Vogelperspektive	• die Draufsicht, -en	• la plongée
der Frosch, ¨-e: *la grenouille*	• die Froschperspektive, -n	• la contre-plongée
	• die Kamerafahrt, -en	• le travelling
	• die Tiefenschärfe, -n	• la profondeur de champ
	• der Schuss-Gegenschuss, ¨-e	• le champ-contrechamp
	• die Überblendung, -en	• le fondu enchaîné
	• die Tonaufnahme, -n	• la prise de son
	• der Tonassistant, -en	• le perchiste

Das Schneiden und Mischen / Montage et mixage

	• der Schnitt, -e	• le montage
	• der Schneidetisch, -e	• la table de montage
	• der Cutter, -	• le monteur
	• das Mischpult, -e	• la console de mixage
	• das Filmband, ¨-er	• la pellicule
	• die Tonspur, -en	• la bande-son
	• der Toneffekt, -e	• le bruitage
pluriel	• die Filmaufnahmen	• les rushes
pluriel	• die Ausschnitte	• les chutes
	• der Spezialeffekt, -e	• l'effet spécial
	• der Untertitel, -	• le sous-titre
	• die Trickaufnahme, -n	• le trucage
	• die Rückblende, -n	• le retour en arrière
	• die Synchronisierung, -en	• la (post)synchro
	• die Nachsynchronisierung, -en	• la doublure
	• die Synchronfassung, -en	• la version doublée
	• die Off-Stimme, -n	• la voix off
	• die Kopie, -n	• la copie
	• die Kolorierung, -en	• la colorisation

Die Filmindustrie / L'industrie cinématographique

Remarque	Die Filmindustrie	L'industrie cinématographique
	die Produktion, -en	la production
	die Produktionsfirma, -en	la maison de production
	die Superproduktion, -en	la superproduction
	der Low-Budgetfilm, -e	le film à petit budget
	das Filmplakat, -e	l'affiche
	der Trailer, -	la bande-annonce
	der Verleih, -e	la distribution
	das Presseheft, -e	le dossier de presse
	die Pressevorführung, -en	l'avant-première
pluriel	die Einnahmen	la recette
pron. anglaise	das/der Filmfestival, -s	le festival du cinéma
	der Oscar, -s	l'oscar
anglais : *the prize*	der Preis, -e	le prix
	der Preisträger, -	le lauréat
der Straßenfeger, - (plais.)	der Publikumsrenner, -	le film à grand succès
	der Kultfilm, -e	le film culte
die Niete (familier)	der Schund; der Schmarren	le navet
	die Klamotte, -n	le vieux navet
familier	die Schnulze	la guimauve
	der Flop, -s; der Reinfall, ¨-e	le bide
	die Videoversion, -en	la version vidéo
	die Zensur, -en	la censure
	die Freigabe, -n	le visa d'exploitation

Remarque	Deutsch	Français
	heraus/kommen (a, o)	sortir dans les salles
	verleihen (ie, ie)	distribuer
brachte, gebracht	ein/bringen	rapporter (de l'argent)
	einen Film prämiieren	primer un film
	aus/zeichnen	récompenser
	nominiert werden	être nominé
	einen Oscar erhalten (ie, a, ä)	remporter un oscar

Der Filmbetrieb / Le cinéma

Die Filme / Les films

Die Filme	Les films
der Film, -e	le film
die Filmkunst, ¨-e	le cinéma (art)
das Filmkunsttheater, -	le cinéma d'art et d'essai
der Autorenfilm, -e	le cinéma d'auteur
der Stummfilm, -e	le film muet
der Tonfilm, -e	le film parlant
der Schwarzweißfilm, -e	le film en noir et blanc
der Farbfilm, -e	le film en couleur
der Kurzfilm, -e	le court métrage
der Spielfilm, -e	le long métrage

	• der Autoren-Film, -e	• le film d'auteur
	• die Komödie, -en	• la comédie
pron. anglaise	• das Musical, -s	• la comédie musicale
	• der Abenteuerfilm, -e	• le film d'aventures
der Krimi, -s	• der Kriminalfilm, -e	• le film policier, le polar, le thriller
	• der Western, -	• le western
	• der Horrorfilm, -e	• le film d'horreur
	• der Thriller, -s	• le film à suspense
	• der Science-fiction-Film, -e	• le film de science-fiction
	• der (Zeichen)trickfilm, -e	• le dessin animé
	• der Kulturfilm, -e	• le documentaire
	• der Heimatfilm, -e	• le film sentimental (du terroir)

Das Kino — Le cinéma

das Autokino, -s: *le drive-in* das Kintopp (plais.): *le ciné, le cinoche*	• das Kino, -s	• le cinéma (salle)
	• der Kinofan, -s	• le cinéphile
	• die Filmvorführung, -en	• la séance de cinéma
	• die Vorführung, -en	• la projection
	• die Platzanweiserin, -en	• l'ouvreuse
	• die Spätvorstellung, -en	• la séance de nuit
	• das Filmarchiv, -e	• la cinémathèque
	• der Breitwandfilm, -e	• le cinémascope
	• die Vorstellung, -en	• la séance
	• der Vorspann, -e	• le générique
	• der Werbefilm, -e	• le film publicitaire
	• die Originalfassung, -en	• la version originale
	• der Untertitel, -	• le sous-titre
	• die Leinwand, ¨-e	• l'écran

ging, gegangen	• ins Kino gehen	• aller au cinéma
	• sich einen Film an/schauen	• regarder un film
stand, gestanden	• Schlange stehen	• faire la queue

• gruselig	• qui donne le frisson
• grausam	• cruel
• packend, spannend	• passionnant, palpitant
• atemberaubend (Spannung)	• à couper le souffle
• herzzerreißend	• à vous déchirer le cœur
• einschläfernd	• ennuyeux, soporifique
• kein Zutritt unter 18 -	• interdit aux moins de 18 ans
• für Jugendliche unter 13 Jahren nicht geeignet	• interdit aux moins de 13 ans

ÜBUNGEN

22 Hier stimmt etwas nicht! Chassez l'intrus !

Welche Wörter passen nicht in die Reihe?

a. Ballettmusik - Blasmusik - Filmmusik - Katzenmusik - Klaviermusik - Militärmusik - Schrammelmusik - Vokalmusik - Zukunftsmusik

b. Bauchtanz - Eiertanz - Gesellschaftstanz - Paartanz - Partnertanz - Schautanz - Totentanz - Veitstanz - Volkstanz

c. Affentheater - Bauerntheater - Freilichttheater - Gartentheater - Kasperletheater - Laientheater - Marionettentheater - Puppentheater

23 Leseecke. Le coin lecture.

Lesen Sie die Kurzerzählung von Franz Kafka und finden Sie die Wörter, die folgenden Definitionen entsprechen:

a. eine Frau, die im Zirkus akrobatische Kunststücke auf dem Pferd vorführt: ...
b. Die Reitbahn im Zirkus: ...
c. Die anwesenden Zuschauer: ...
d. Gruppe aus Instrumentalisten unter der Leitung eines Dirigenten: ...
e. Der Applaus: ...
f. Kurzes Musikstück für Trompeten und Pauken: ...
g. Die gesammelten Zuschauer der Vorstellung: ...
h. Das abschließende Musikstück: ...

"Wenn irgendeine hinfällige, lungensüchtige Kunstreiterin in der Manege auf schwankendem Pferd vor einem unermüdlichen Publikum vom peitschenschwingenden erbarmungslosen Chef monatelang ohne Unterbrechung im Kreise rundum getrieben würde, auf dem Pferde schwirrend, Küsse werfend, in der Taille sich wiegend, und wenn dieses Spiel unter dem nichtaussetzenden Brausen des Orchesters und der Ventilatoren in die immerfort weiter sich öffnende graue Zukunft sich fortsetzte, begleitet vom vergehenden und neu anschwellenden Beifallsklatschen der Hände, die eigentlich Dampfhämmer sind - vielleicht eilte dann ein junger Galeriebesucher die lange Treppe durch alle Ränge hinab, stürzte in die Manege, rief das - Halt! durch die Fanfaren des immer sich anpassenden Orchesters.

Da es aber nicht so ist; eine schöne Dame, weiß und rot, hereinfliegt, zwischen den Vorhängen, welche die stolzen Livrierten vor ihr öffnen; der Direktor, hingebungsvoll ihre Augen suchend, in Tierhaltung ihr entgegenatmet; vorsorglich sie auf den Apfelschimmel hebt, als wäre sie seine über alles geliebte Enkelin, die sich auf gefährliche Fahrt begibt; sich nicht entschließen kann, das Peitschenzeichen zu geben; schließlich in Selbstüberwindung es knallend gibt; neben dem Pferde mit offenem Munde einherläuft; die Sprünge der Reiterin scharfen Blickes verfolgt; ihre Kunstfertigkeit kaum begreifen kann; mit englischen Ausrufen zu warnen versucht; die reifenhaltenden Reitknechte wütend zu peinlichster Achtsamkeit ermahnt; vor dem großen Salto mortale das Orchester mit aufgehobenen Händen beschwört, es möge schweigen; schließlich die Kleine vom zitternden Pferde hebt, auf beide Backen küsst und keine Huldigung des Publikums für genügend erachtet; während sie selbst, von ihm gestützt, hoch auf den Fußspitzen, vom Staub umweht, mit ausgebreiteten Armen, zurückgelehntem Köpfchen ihr Glück mit dem ganzen Zirkus teilen will - da dies so ist, legt der Galeriebesucher das Gesicht auf die Brüstung und, im Schlussmarsch wie in einem schweren Traum versinkend, weint er, ohne es zu wissen."

Franz Kafka, "Auf der Galerie".

▶ **Corrigés page 468** ◀

Landeskunde

Die Musik- und Theaterszene

Le monde de la musique et du théâtre

Musikformen und -bühnen in Deutschland – Les genres musicaux et les scènes en Allemagne :

- **die Hausmusik:** la musique en famille
- **die ernste Musik; E-Musik:** la Grande Musique
- **die Unterhaltungsmusik; U-Musik:** la musique légère.
- **die Neue Musik:** la musique acoustique
- **die Schrammelmusik:** la musique populaire viennoise.
- **die Bremer Stadtmusikanten:** les musiciens de Brême, animaux musiciens ambulants, héros célèbres d'un conte des frères Grimm.
- **das alte deutsche Liedgut:** les chansons rétro sont à la mode. Même les jeunes dansent sur des mélodies très sentimentales appelées par plaisanterie : **die Schnulze** ou **der Schmachtfetzen (ex.: "Marmor, Stein und Eisen bricht, /aber unsere Liebe nicht. /Alles, alles geht vorbei, /doch wir sind uns treu!").**
- **die Kölnarena:** la plus grande et la plus moderne salle de spectacles polyvalente d'Allemagne : ouverte en 1998, accueille jusqu'à 20 000 spectateurs pour des concerts ou des manifestations sportives.

Berühmte Schau- und Festspiele

Spectacles et festivals célèbres

- **die Salzburger Festspiele:** le Festival de Salzbourg, le festival de musique et de théâtre le plus célèbre au monde, a vu le jour en 1920.
- **die Bayreuther Festspiele:** au festival de Bayreuth sont mis en scène depuis 1876 les opéras de Wagner dont le **"Ring der Nibelungen"** (L'Anneau des Nibelungen).
- **Die Dreigroschenoper:** l'Opéra de quat'sous de Bert Brecht (texte) Kurt Weill (musique) de 1928 est l'un des plus grands succès d'opéra du XXe siècle.
- **das Marionettentheater; das Puppenspiel:** le théâtre de marionnettes, très répandu dans le Sud de l'Allemagne **(Augsburger Puppenkiste)** et en Autriche (Salzburg).
- **das Kasperltheater:** le guignol allemand avec la figure comique et attachante de Kasperl.
- **die Freilichtbühnen:** les scènes de théâtre en plein air ; spectacles d'été dans toute l'Allemagne.
- **die Karl-May-Festspiele (Bad Segeberg):** le festival Karl May met en scène dans un cadre de nature des histoires d'Indiens d'après les romans du même auteur.
- **die Berlinade (Berliner Filmfestspiele):** le festival du cinéma de Berlin a vu le jour en 1951. Le prix en est l'Ours d'Or **(der goldene Bär).**
- **"Der blaue Engel",** "l'Ange bleu" (1930), avec Marlene Dietrich, fut le premier film parlant allemand à connaître un succès mondial (réalisateur : Joseph von Sternberg).

Bildlich gesprochen

Rund um die Musik

- **Musik im Blut haben:** avoir la musique dans le sang.
- **Musik in jemandes Ohren sein (fam.):** être agréable à entendre pour quelqu'un, sonner doux aux oreilles de quelqu'un.
- **in etwas ist Musik (fam.):** c'est dingue, c'est géant.
- **in Musik setzen:** mettre en musique.
- **Der Ton macht die Musik:** C'est le ton qui fait la chanson.
- **Dieses Projekt ist noch Zukunftsmusik:** Ce projet relève encore de l'utopie.
- **Das kannst du singen! (fam.):** Tu parles ! tu m'étonnes !
- **von etwas ein Lied(chen) singen können (fam.):** être bien placé pour savoir quelque chose.
- **immer das alte Lied/die alte Leier (fam.):** toujours la même rengaine.
- **andere Saiten auf/ziehen:** changer de ton.
- **gelindere Saiten auf/ziehen:** mettre de l'eau dans son vin.
- **die erste Geige spielen:** jouer le premier rôle.
- **die zweite Geige spielen:** passer au second plan.
- **Er spielt die erste Geige (fam.):** C'est lui qui commande.
- **nach jemandes Geige tanzen (fam.):** obéir à quelqu'un au doigt et à l'œil.
- **Ihr hängt der Himmel voller Geigen:** Elle voit la vie en rose, elle est aux anges.
- **jemandem die Meinung geigen:** dire à quelqu'un de quel bois on se chauffe.
- **in die Trompete stoßen (fam.):** crâner.
- **jemandem die Flötentöne bei/bringen (fam.):** apprendre à quelqu'un les civilités.
- **flötend sprechen:** parler d'une voix flûtée.

Rund um die Platte

- **die alte Platte spielen (fam.):** chanter toujours la même rengaine.
- **eine andere Platte auf/legen (fam.):** changer de disque.
- **die Platte kennen:** connaître la chanson.

Zum Nachdenken

- **Wie die Alten sungen[1], so zwitschern die Jungen:** Les enfants gazouillent comme les parents chantent ou Le moine répond comme l'abbé chante (proverbe signifiant que les défauts des parents se manifestent aussi chez les enfants).
- **Es hat keinen Sinn, den Pianisten zu erschießen, wenn das Piano falsch gestimmt ist (Sprichwort):** Ne tirez pas sur le pianiste si le piano sonne faux.
- **Politisch Lied, garstig Lied:** Chant partisan, chant méchant (variante d'une citation de Faust signifiant que la politique est moralement douteuse).

1. Forme ancienne de "sangen".

7 Die Politik und die Institutionen

La vie politique et les institutions

1 Die bundesdeutschen Institutionen — Les institutions fédérales

Die Staatsform — Le régime politique

> die Bundesrepublik Deutschland: *la République fédérale d'Allemagne*

> (!) die Verfassung (aussi): *la condition physique*
> nicht in der besten Verfassung sein: *ne pas être en forme*

> ≠ der Staatenbund: *la Confédération d'États*

Die Staatsform	Le régime politique
• **die Republik, -en**	• la république
• **der Bürger, -**	• le citoyen
• **der Bundesbürger, -**	• le citoyen de la R.F.A.
• **die Demokratie, -n**	• la démocratie
• **der Demokrat, -en, -en**	• le démocrate
• **die Gewaltentrennung, -en**	• la séparation des pouvoirs
• **die Judikative, -n**	• le pouvoir judiciaire
• **die Exekutive, -n**	• le pouvoir exécutif
• **die Legislative, -n**	• le pouvoir législatif
• **die Gesetzlosigkeit, -en**	• l'absence de lois
• **die Freiheit, -en**	• la liberté
• **die Gleichheit, -en**	• l'égalité
• **die Brüderlichkeit, -en**	• la fraternité
• **die Verfassung, -en**	• la constitution
• **die Legitimität, -**	• la légitimité
• **das Grundgesetz, -e**	• La Loi Fondamentale
• **das Grundrecht, -e**	• le droit fondamental
• **der Ausnahmezustand, ¨-e**	• l'état d'urgence
• **der Staat, -en**	• l'État
• **der Rechtsstaat, -en**	• l'État de droit
• **der Bundesstaat, -en**	• l'État fédéral
• **der Staatsmann, ¨-er**	• l'homme d'État
• **die Staatsführung, -en**	• la conduite de l'État
• **das Staatsoberhaupt, ¨-er**	• le chef de l'État
• **der Präsident, -en, -en**	• le Président
• **der Bundespräsident, -en, -en**	• le Président fédéral
• **die Macht, ¨-e**	• le pouvoir
• **führen**	• diriger, gouverner
• **an der Macht sein**	• être au pouvoir
• **an die Macht kommen (a, o)**	• arriver au pouvoir
• **totalitär**	• totalitaire
• **faschistisch**	• fasciste
• **sozialistisch**	• socialiste
• **demokratisch**	• démocratique
• **verfassungsgetreu**	• constitutionnel
• **verfassungswidrig**	• contraire à la constitution
• **verfassungsfeindlich**	• anticonstitutionnel
• **bundesdeutsch**	• fédéral, de l'Allemagne fédérale

Die gesetzgebende Gewalt — Le pouvoir législatif

	das Parlament	le parlement
	der Bundesrat	le Bundesrat, l'Assemblée des länder
der MdB (Mitglied des Bundestags): *le parlementaire*	der Bundestag	le Bundestag, le Parlement fédéral
	die (Bundestags)fraktion, -en	le groupe parlementaire, la fraction
	der Fraktionschef, -s	le chef du groupe parlementaire
	der Abgeordnete (AS)	le député
	der Parteilose (AS)	le (député) non-inscrit
das Mandat nieder/legen: *renoncer à son mandat*	das Mandat, -e	le mandat
	die Immunität, -en	l'immunité
	die parlamentarische Sitzung, -en	la séance parlementaire
	die Sitzungsperiode, -n	la session
	die Tagesordnung, -en	l'ordre du jour
	die Vertagung, -en	l'ajournement
	das Gesetz, -e	la loi
	der Gesetzgeber, -	le législateur
	die Gesetzgebung, -en	la législation
	der Gesetzentwurf, ¨-e	le projet de loi
	die Gesetzvorlage, -n	la proposition de loi
(!) der Absatz, ¨-e: *le paragraphe*	der Paragraph, -en, -en	l'article
	die Vertrauensfrage, -n	la question de confiance
	die Beratung, -en	la délibération
	die Besprechung, -en	la discussion, l'examen
	die Auflösung, -en	la dissolution
	die Annahme, -n	le vote, l'adoption d'une loi
	das In-Kraft-Treten, -	l'entrée en vigueur
	die Aufhebung, -en	l'abrogation
	der Antrag, ¨-e	la motion
	der Misstrauensantrag, ¨-e	la motion de censure
	der Novellierungsantrag, ¨-e	l'amendement
	das Dekret, -e	le décret
	die Rechtsverordnung, -en	l'ordonnance
	die Anordnung, -en	l'arrêté
	die Vorschrift, -en	la disposition

	tagen	siéger
stand, gestanden	zur Debatte stehen	être à l'ordre du jour
	auf die Tagesordnung setzen	inscrire à l'ordre du jour
	ein/berufen (ie, u)	convoquer
	Gesetze beschließen (o, o)	légiférer
	verkündigen	promulguer
	in Kraft setzen	mettre en vigueur
	außer Kraft setzen	abroger
	ab/ändern, novellieren	amender
	an/nehmen (a, o, i)	adopter
	(miss)billigen	(dés)approuver
	für null und nichtig erklären	déclarer nul et non avenu
	Einspruch ein/legen	mettre son veto
widerstand, widerstanden	(etwas, D) widerstehen	s'opposer (à qqch)

• **gesetzlich**	• légal, législatif
• **gesetzmäßig**	• conforme à la loi
• **gesetzwidrig**	• illégal
• **in erster Lesung**	• en première lecture
• **durch Handheben**	• à main levée
• **laut Gesetz**	• selon la loi
• **geltend**	• en vigueur

Die ausführende Gewalt — Le pouvoir exécutif

Die Regierung und der Staatshaushalt — Le gouvernement et le budget

• **die Exekutive, -n**	• le pouvoir exécutif
• **die Regierung, -en**	• le gouvernement
• **die (Regierungs)koalition, -en**	• la coalition (gouvernementale)
• **der Regierungssprecher, -**	• le porte-parole du gouvernement
• **der Regierungschef, -s**	• le chef du gouvernement
• **das Kabinett, -e**	• le cabinet, le Conseil des ministres
• **die Bundesregierung, -en**	• le gouvernement fédéral
• **der (Bundes)Kanzler, -**	• le chancelier (fédéral)
• **das Bündnis, -se**	• l'alliance
• **der Machtwechsel, -**	• l'alternance politique
• **die Umbildung, -en**	• le remaniement
• **die Kanzlei, -en; das Kanzleramt, ¨-er**	• la Chancellerie
• **der Ministerpräsident, -en, -en**	• le Premier ministre
• **das Ressort, -s**	• le domaine (de compétence)
• **der Minister, -**	• le ministre
• **das Ministerium, -rien**	• le ministère
• **das (Bundes)ministerium, -rien**	• le ministère (fédéral)
• **der Staatssekretär, -e**	• le secrétaire d'État
• **der Plan, ¨-e**	• le plan
• **der Fünfjahresplan, ¨-e**	• le plan quinquennal
• **die öffentlichen Finanzen**	• les finances publiques
• **der Haushalt, -e; der Etat, -s**	• le budget de l'État
• **die Haushaltsdebatte, -n**	• le débat sur le budget
• **der Etatausgleich, -e**	• l'équilibre du budget
• **die Steuer, -n**	• l'impôt
• **die Steuerbefreiung, -en**	• l'exonération
• **der Steuerbetrug, -¨e**	• la fraude fiscale
• **die Besteuerung, -en**	• la fiscalité
• **die Einkommenssteuer, -n**	• l'impôt sur le revenu
• **der Steuerzahler, -**	• le contribuable
• **die Gebühr, -en; die Abgabe, -n**	• la taxe, la redevance
• **die Ausgabe, -n**	• la dépense
• **die Einnahme, -n**	• la recette

das Schattenkabinett: *le cabinet fantôme* anglais : *shadow cabinet*

der Einheitskanzler (Helmut Kohl): *le chancelier de la réunification*

(!) die Feder; der Schwung: *le ressort* der Ressortkollege, -n, -n: *l'homologue*

der amtierende Minister: *le ministre en exercice*

(!) der Staat: *l'État* (!) der Haushalt (aussi): *le foyer, le ménage*

• **regieren**	• gouverner, régner
• **an der Macht sein**	• être au pouvoir
• **ernennen (a, a)**	• nommer

• ein Amt an/treten (a, e, i)	• entrer en fonction	
• zurück/treten (a, e, i)	• démissionner	
• Geld ein/nehmen (a, o, i)	• percevoir de l'argent	
• eine Regierung stürzen	• renverser un gouvernement	
• eine Regierung bilden	• former un gouvernement	
• amtlich, von Amts wegen	• à titre officiel	
• amtierend, im Amt	• en fonction	im Amt bleiben: *rester en fonction*

Der Staatsdienst — La fonction publique

• der Staat, -en	• l'État	(!) die Stadt: *la ville*
• die Behörde, -n	• l'autorité responsable	
• das Amt, ¨-er	• le bureau, l'office ; le poste, la fonction	
• der Amtsinhaber, -	• la personne en fonction	
• der Amtsantritt, -e	• l'entrée en fonction	
• die Amtsübernahme, -n	• la prise de fonction	
• die Amtszeit, -en	• le mandat	
• der Amtsträger, -	• le fonctionnaire, l'agent de l'État	
• das Ehrenamt, ¨-er	• la charge honorifique	
• die Amtsstunden	• les heures de service	pluriel
• der Beamte (AS)	• le fontionnaire	
• der Vorgesetzte (AS)	• le supérieur	
• das Gehalt, ¨-er	• le traitement	der Gehalt, -e: *le contenu*
• das Monatsgehalt, ¨-er	• le traitement mensuel	
• der Dienst, -e	• le service	
• der öffentliche Dienst, -e	• la fonction publique	
• die Bekanntmachung, -en	• l'avis	

Die richterliche Gewalt — Le pouvoir judiciaire

• die Gerechtigkeit, -en	• la justice	
• die Justiz	• la justice (l'institution)	
• das Recht, -e	• le droit	≠ Jura (sans art.): *le droit (science)* Jura studieren: *faire des études de droit*
• das Strafrecht, -e	• le droit pénal	
• das bürgerliche Recht, -e	• le droit civil	
• das öffentliche Recht, -e	• le droit public	
• das Gesetz, -e	• la loi	das Gesetz des Dschungels: *la loi de la jungle*
• die Gesetzesverletzung, -en	• l'infraction à la loi	
• das bürgerliche Gesetzbuch	• le code civil	
• das Strafgesetzbuch	• le code pénal	
• das Gericht, -e	• le tribunal	das Jüngste Gericht: *le Jugement Dernier*
• das Gerichtsgebäude, -	• le palais de justice	
• der Gerichtssaal, -säle	• le prétoire, la salle d'audience	
• das Amtsgericht, -e	• le tribunal d'instance	
• das Landesgericht, -e	• le tribunal de grande instance	
• das Berufungsgericht, -e	• la Cour d'appel	
• das Schwurgericht, -e	• la cour d'assises, les assises	
• das Verwaltungsgericht -e	• le Tribunal administratif	
• der Richter, -	• le juge	
• der Untersuchungsrichter, -	• le juge d'instruction	

	• die Untersuchung, -en	• l'instruction
= die U-Haft	• die Untersuchungschaft, -en	• la détention préventive, provisoire
	• die Strafkammer, -n	• la Chambre d'accusation
	• der Staatsanwalt, ¨-e	• le procureur
	• der Geschworene (AS)	• le juré
	• der Rechtsanwalt, ¨-e	• l'avocat
	• die Rechtsanwältin, -nen	• l'avocate
≠ der Kunde: *le client*	• der Klient, -en, -en	• le client (d'un avocat)
	• die Klientel, -en	• la clientèle

ging, gegangen	• vor Gericht gehen	• aller en justice
	• vor Gericht kommen (a, o)	• passer en justice
	• vor Gericht laden (u, a, ä)	• citer en justice
zog, gezogen	• vor Gericht ziehen	• traîner en justice
stand, gestanden	• wegen Mord vor Gericht stehen	• comparaître pour meurtre

• (un)gerecht	• (in)juste
• unabhängig	• indépendant
• gesetzlich, legal	• légal
• ungesetzlich, gesetzwidrig	• contraire à la loi, illégal
• gerichtlich	• juridique

2 Das politische Leben und die Wahlen / La vie politique et les élections

Die Parteienlandschaft / Le paysage politique

	• der Politiker, -	• l'homme politique
die Partei an der Macht: *le parti au pouvoir*	• die Partei, -en	• le parti
	• die Regierungspartei, -en	• le parti au pouvoir
	• die Oppositionspartei, -en	• le parti d'opposition
	• die Mehrheitspartei, -en	• le parti majoritaire
	• die Randpartei, -en	• le parti marginal
	• die Splitterpartei, -en	• le groupuscule
	• die Parteienspitterung, -en	• le morcellement des partis
	• die Parteibasis, -sen	• la base du parti
	• der Parteitag, -e	• le congrès du parti
	• das (Partei)Mitglied, -er	• le membre (d'un parti), l'adhérent
	• der (Partei)vorstand, ¨-e	• la direction du parti
	• die Parteispitze, -n	• la tête du parti
	• der (Partei)Vorsitzende (AS)	• le président (d'un parti)
	• der (Partei)führer, -	• le chef de file (d'un parti)
der linke Flügel: *l'aile gauche*	• der Parteiflügel, -	• l'aile du parti
(!) der Beamte: *le fonctionnaire*	• der Parteifunktionär, -e	• le permanent
	• die (Partei)finanzierung, -en	• le financement (du parti)
	• die Parteispende, -n	• le don, le versement à un parti

• das Programm, -e	• le programme
• die Ideologie, -n	• l'idéologie
• die Zelle, -n	• la cellule
• die Mitgliedschaft, -en	• l'adhésion au parti
• das Parteibuch, ¨-er	• la carte du parti, le livret de membre
• der Anhänger, -	• le partisan
• der Sympathisant, -en	• le sympathisant
• der Führungswechsel, -	• le changement de direction
• die Abspaltung, -en	• la scission
• der Konsens, -e	• le consensus
• der Beitrag, ¨-e	• la cotisation
• die Bestechung, -en	• la corruption
• die Geldwäsche, -	• le blanchiment d'argent
• das schwarze Konto, -ten	• la caisse noire

• eine Partei gründen	• fonder un parti
• einer Partei bei/treten (a, e, i)	• adhérer à un parti
• einer Partei an/gehören	• appartenir à un parti
• aus einer Partei aus/treten (a, e, i)	• quitter un parti, démissionner
• eine Partei unterstützen	• soutenir un parti
• für jdn Partei ergreifen (ergriff, ergriffen)	• prendre parti pour qqn
• werben (a, o, i)	• recruter

• parteiisch	• partial
• innerparteilich	• à l'intérieur du parti
• parteilos	• sans appartenance
• sozialistisch	• socialiste
• liberal	• libéral
• kommunistisch	• communiste
• nationalistisch	• nationaliste
• rechtsradikal	• d'extrême droite
• linksradikal	• d'extrême gauche

Die politische Meinungsbildung und die Wahlen / Les opinions politiques et les élections

• die Meinungsbildung, -en	• la prise de position
• das politische Lager, ¨-	• le bord (politique)
• die politische Überzeugung, -en	• la conviction politique
• die politische Neigung, -en	• le penchant politique
• die politische Couleur, -s	• la couleur politique
• das politische Erbe, -	• l'héritage politique
• die Rechte (AS)	• la droite
• die Linke (AS)	• la gauche
• die Mitte, -n	• le centre
• die Wahl, -en	• l'élection, le vote
• die Bundestagswahlen	• les élections au Bundestag
• die Kommunalwahlen	• les élections municipales
• die Wahlberechtigung, -en	• le droit de vote

Notes:
- die Meinungsbildung: die Meinung, -n: *l'opinion*
- das politische Lager: das Lager wechseln; zum anderen Lager überwechseln: *changer de camp, virer de bord*
- die Linke: aussi : der/die Linke (AS): *l'homme/la femme de gauche*; die Linken/die Rechten: *les gens de gauche/de droite*
- die Wahl: (!) die Wahl (aussi): *le choix*

• **das allgemeine Wahlrecht**	• le suffrage universel
• **die allgemeine unmittelbare Wahl**	• le suffrage universel direct
• **die freie Wahl, -en**	• le suffrage libre
• **die geheime Wahl, -en**	• le suffrage secret
• **die (Un)Wählbarkeit, -en**	• l'(in)éligibilité
• **der Wahlberechtigte (AS)**	• l'électeur
• **die Wählerschaft, -en**	• l'électorat
• **die Volksabstimmung, -en**	• le référendum
• **das Plebiszit, -e**	• le plébiscite
• **der Kandidat, -en, -en**	• le candidat
• **die Kandidatur, -en**	• la candidature
• **der Spitzenkandidat, -en, -en**	• la tête de liste
• **der Gegenspieler, -**	• le rival
• **der Favorit, -en**	• le favori
• **der Mitstreiter, -**	• l'adversaire
• **die Meinungsumfrage, -n**	• le sondage d'opinion
• **die (Un)Beliebtheit, -en**	• la (l'im)popularité
• **die Beliebtheitsskala, -len**	• la cote de popularité
• **der schlechte Ruf, -e**	• la mauvaise réputation
• **die Debatte, -n**	• le débat
• **die Ansprache, -n**	• la déclaration
• **der Wahlkampf, ¨-e**	• la campagne électorale
• **die Intrige, -n**	• l'intrigue
• **die Verleumdung, -en**	• la calomnie, la diffamation
• **die Schlammschlacht, -en**	• la foire d'empoigne
• **der Wahlspruch, ¨-e das Motto, -s**	• la devise
• **das Schlagwort, ¨-er/-e**	• le slogan
• **die Wahlliste, -n**	• la liste électorale
• **die Verhältniswahl**	• le scrutin proportionnel
• **die Mehrheitswahl**	• le scrutin majoritaire
• **der Wahlkreis, -e**	• la circonscription
• **der Wahlgang, ¨-e**	• le (tour de) scrutin
• **die Listenwahl, -en**	• le scrutin de liste
• **die Stichwahl, -en**	• le second tour, le scrutin de ballottage
• **die Teilwahl**	• l'élection partielle
• **die Stimme, -n**	• la voix
• **der Stimmzettel, -**	• le bulletin de vote
• **die Stimmenthaltung**	• l'abstention
• **die Stimmenauszählung**	• le décompte des voix
• **die geheime Wahl**	• le vote à bulletin secret
• **die Briefwahl**	• le vote par correspondance
• **die Wahl in Vertretung**	• le vote par procuration
• **die Protestwahl**	• le vote de protestation
• **das Wahllokal, -e**	• le bureau de vote
• **die Wahlkabine, -n**	• l'isoloir
• **die Wahlurne, -n**	• l'urne
• **die Wahlbeteiligung**	• la participation électorale
• **der Wahlhelfer, -**	• l'assesseur
• **der Wahlbetrug**	• la fraude électorale
• **die absolute Mehrheit**	• la majorité absolue
• **die relative Mehrheit**	• la majorité relative
• **das Kopf-an-Kopf-Rennen, -**	• la lutte au coude à coude

Margin notes:

- (der Wahlberechtigte) CH = der Stimmbürger, -
- (die Volksabstimmung) die Wechselwähler: *les électeurs indécis*
- (die Kandidatur) die Kandidatur für + A: *la candidature à*
- (die Debatte) die Fernsehdebatte, -n: *le débat télévisé*
- (der Wahlgang) der erste/zweite Wahlgang: *le premier/deuxième tour*

	• **der Wahlsieg, -e**	• la victoire électorale
	• **die Einstimmigkeit**	• l'unanimité
die Wahlschlappe, -n (fam.)	• **die Wahlniederlage, -n**	• la défaite électorale
	• **die Nachfolge, -n**	• la succession
	• **der Nachfolger, -**	• le successeur
	• **der Vorgänger, -**	• le prédécesseur
	• **die Amtsübergabe, -n**	• la passation des pouvoirs

	• **seine Meinung äußern**	• se prononcer sur, donner son avis
(a, o, i)	• **sich (für/gegen + A) aus/sprechen**	• se prononcer (pour/contre qqch)
	• **sich entgegen/setzen + D**	• s'opposer à
	• **widersprechen (a, o, i) + D**	• contredire
	• **an/fechten (o, o, i)**	• contester
	• **befürworten**	• approuver
	• **überein/stimmen (mit + D)**	• être d'accord (avec)
	• **Wahlen an/setzen**	• organiser des élections
	• **einen Kandidaten auf/stellen**	• désigner un candidat
	• **kandidieren**	• se porter candidat
	• **sich zur Wahl stellen**	• poser sa candidature
	• **eine Wahlkampagne führen**	• mener une campagne électorale
	• **ein Massenbad nehmen (a, o, i)**	• prendre un bain de foule
	• **die Liste an/führen**	• conduire la liste, être tête de liste
	• **(für/gegen + A) stimmen**	• voter (pour/contre)
	• **(für + A) ab/stimmen**	• voter (pour)
	• **wählen**	• élire
(a, e, i)	• **jdm die Stimme ab/geben**	• donner sa voix à
(a, e, i)	• **einen leeren Stimmzettel ab/geben**	• voter blanc
-zog, -gezogen	• **jdm seine Stimme entziehen**	• ne pas donner sa voix à
(ie, a, ä)	• **sich der Stimme enthalten**	• s'abstenir
(ie, ie)	• **den Urnen fern/bleiben**	• boycotter des élections
(ie, u)	• **zu den Urnen auf/rufen**	• appeler aux urnes
-itt, -itten	• **zu den Urnen schreiten**	• se rendre aux urnes
-itt, -itten	• **eine Niederlage erleiden**	• essuyer une défaite
(a, o, i)	• **einen Kandidaten aus/stechen**	• évincer, éliminer un candidat
-itt, -itten	• **gut/schlecht ab/schneiden**	• avoir un bon/mauvais résultat
	• **geheim wählen**	• voter à bulletin secret
	• **die Wahl gewinnen (a, o)**	• gagner l'élection
	• **die Wahl verlieren (o, o)**	• perdre l'élection
	• **jdn bestechen (a, o, i)**	• soudoyer, suborner
	• **verfälschen**	• truquer, falsifier
	• **für ungültig erklären**	• invalider
	• **jdm voraus sein**	• devancer qqn
(a, o, i)	• **die Nachfolge von jdm an/treten**	• prendre la succession de qqn
	• **den Sieg davon/tragen (u, a, ä)**	• remporter la victoire
= auf jdn folgen	• **jdm nach/folgen**	• succéder à qqn
(ie, ie)	• **aus einem Amt aus/scheiden**	• renoncer à un mandat
	• **sich (etwas + D) stellen**	• se soumettre (à qqch)
	• **der Meinung schmeicheln**	• flatter l'opinion
	• **Flugblätter verteilen**	• distribuer des tracts
	• **Plakate kleben**	• coller des affiches
	• **hausieren**	• faire du porte à porte

ging, gegangen

• auf Stimmenfang gehen	• aller à la pêche aux voix
• um Wählerstimmen werben (a, o, i)	• briguer les suffrages des électeurs

• wahlberechtigt	• qui a le droit de vote
• im ersten Wahlgang	• au premier tour de scrutin
• wählbar	• éligible

3 Die Länder und die Lokaldemokratie / Les Länder et la vie démocratique locale

(!) das Land (aussi): *le pays*

(!) der Stadtbezirk, -e: *l'arrondissement (d'une grande ville)*

• der Föderalismus, -	• le fédéralisme
• der Bund, ¨-e	• la Fédération
• das (Bundes)land, ¨-er	• le land
• die Landeshauptstadt, ¨-e	• la capitale du land
• die Landesregierung, -en	• le gouvernement du land
• der Ministerpräsident, -en, -en	• le Ministre-Président du land
• der Landtag, -e	• le parlement du land
• der Bezirk, -e	• le district, le département
• der (Land)kreis, -e	• le canton, l'arrondissement
• die Gemeinde, -n	• la commune
• der Gemeinderat, ¨-e	• le Conseil municipal
• der Städteverband, ¨-e	• la communauté urbaine
• der Gemeindeverband, ¨-e	• la communauté de communes
• der Bürgermeister, -	• le maire
• der Oberbürgermeister, -	• le maire (d'une agglomération)
• die Stadtverwaltung, -en	• l'administration communale
• die Städtepartnerschaft, -en	• le jumelage de communes

• bundesstaatlich	• fédéral
• bürgernah	• proche des citoyens

4 Bürgerinitiativen und Protestaktionen / Les formes de protestation et d'expression citoyenne

soziale Unruhen: *des troubles sociaux*

• der Protest, -e	• la protestation
• die Protestbewegung, -en	• le mouvement de protestation
• der Staatsstreich, -e	• le coup d'État
• der Staatsfeind, -e	• l'ennemi de l'État
• der Anschlag, ¨-e	• l'attentat
• die Unruhe, -n	• le désordre, l'agitation

• der Alternative (AS)	• le membre du mouvement alternatif
• die Alternativszene, -n	• la mouvance alternative
• der Aussteiger, -	• le marginal (volontaire)
• die Bürgerinitiative, -n	• le comité d'action
• die Versammlung, -en	• le rassemblement
• die Aktion, -en	• l'action
• der Info-Stand, ¨-er	• le stand
• die Unterschriftensammlung, -en	• la pétition
• das Flugblatt, ¨-er	• le tract
• die Demonstration, -en	• la manifestation
• der Demonstrant, -en, -en	• le manifestant
• die Parole, -n	• le mot d'ordre, le slogan
• das Transparent, -e	• la banderole
• der Protesmarsch, ¨-e	• la marche de protestation
• die Menschenkette, -n	• la chaîne humaine
• die Lichterkette, -n	• la chaîne de lumières
• das Sit-in, -s	• le sit-in
• der Schweigemarsch, ¨-e	• la marche silencieuse
• der Sternmarsch,¨-e (nach + D)	• la manifestation (convergent vers)
• die Sternfahrt, -en	• la concentration
• der Eierwurf, ¨-e	• le jet d'œufs
• die Ausschreitung, -en	• le débordement
• der Straßenkampf, ¨-e	• le combat de rue
• die Vermummung	• le port de cagoules
• die Barrikade, -n	• la barricade
• der Molotowcocktail, -s	• le cocktail Molotov
• der Krawall, -e	• la bagarre
• der Randalierer, -	• le casseur
• das Tränengas, -e	• le gaz lacrymogène
• der Wasserwerfer, -	• le canon à eau
• der Schlagstock, ¨-e	• la matraque
• die Einkesselung, -en	• l'encerclement

die Demo, -s: *la manif*
(!) *la démonstration* : die Vorführung; die Beweisführung

(!) *la parole* : das Wort, -e

(!) *le transparent* : die Folie

Barrikaden errichten: *dresser des barricades*

• sich versammeln	• se rassembler, se réunir
• demonstrieren	• manifester
• veranstalten; organisieren	• organiser
• (an + D) teil/nehmen (a, o, i)	• participer (à)
• (gegen + A) protestieren	• protester (contre qqch)
• sich widersetzen (+ D)	• s'opposer (à)
• sich (gegen + A) auf/lehnen	• s'insurger (contre)
• sich (gegen + A) erheben (o, o)	• se soulever (contre)
• sich an Bäume an/binden (a, u)	• s'enchaîner à des arbres
• sich vermummen	• mettre une cagoule
• ein/kesseln	• cerner, encercler
• nieder/knüppeln	• matraquer
• auseinander/treiben (ie, ie)	• disperser

démontrer : beweisen

• friedlich	• pacifique
• gewaltfrei	• non violent
• aufsässig, aufmüpfig	• contestataire

5 Europa / L'Europe

Die europäischen Institutionen / Les institutions européennes

	• der Europarat	• le Conseil de l'Europe
die EG; die EWG: *la C.E.E*	• die Europäische (Wirtschafts) Gemeinschaft	• la Communauté (économique) européenne
= die EU: l'U.E. der europäische Binnenmarkt: *le Marché unique européen* EU-weit: *au niveau de l'Union européenne* der gemeinsame Markt: *le Marché commun*	• die Europäische Union	• l'Union européenne
	• das EU-Mitglied, -er	• le membre de l'Union
	• das Europäische Parlament, -e	• le Parlement européen
	• die Europawahl, -en	• les élections européennes
	• die EU-Kommission	• la Commission européenne
	• der Mitgliedsstaat, -en	• l'État-membre
	• das Drittland, ¨-er	• le pays tiers
	• der Beitritt, -e (zu + D)	• l'adhésion (à)
	• der Beitrittskandidat, -en, -en	• le candidat à l'adhésion
	• die (Ost)Erweiterung, -en	• l'élargissement (à l'Est)
	• der Ministerrat, ¨-e	• le Conseil des ministres
	• die Einheitswährung, -en	• la monnaie unique
	• die Währungsunion, -en	• l'union monétaire
	• die gemeine Zentralbank, -en	• la banque centrale commune
	• der Euro, -	• l'euro
	• die Freizügigkeit, -en	• la libre circulation
	• der Protektionismus	• le protectionnisme
	• die Grenzkontrolle, -n	• le contrôle des frontières
	• die Angleichung, -en	• l'harmonisation
	• der Maastrichter Vertrag, ¨-e	• le traité de Maastricht
singulier	• das Schengener Abkommen	• les accords de Schengen
	• die Integration, -en	• l'intégration

	• vereinheitlichen	• uniformiser
	• an/gleichen (i, i)	• harmoniser, aligner
er ist beigetreten!	• bei/treten (a, e, i) + D	• adhérer (à)

• europaweit	• au niveau de l'Europe
• gemeinsam	• commun
• gemeinschaftlich	• communautaire
• protektionistisch	• protectionniste

6 Bundesländer und Landeshauptstädte — Les Länder et leurs capitales

die Alt-Bundesrepublik, die alten Bundesländer	Les anciens Länder	Landeshauptstadt Capitale du Land	Regierungschef Chef de l'exécutif
· Schleswig-Holstein	· le Schleswig-Holstein	· Kiel	Ministerpräsident
· Niedersachsen	· la Basse-Saxe	· Hannover (Hanovre)	ou
· Nordrhein-Westfalen	· la Rhénanie-Westphalie	· Düsseldorf	Ministerpräsidentin
· Hessen	· la Hesse	· Wiesbaden	
· Rheinland-Pfalz	· la Rhénanie-Palatinat	· Mainz (Mayence)	
· Baden-Württemberg	· le Bade-Wurtemberg	· Stuttgart	
· das Saarland	· la Sarre	· Saarbrücken (Sarrebruck)	
· Bayern	· la Bavière	· München (Munich)	

die neuen Bundesländer	les cinq nouveaux Länder	Hauptstädte	
· Mecklenburg-Vorpommern	· le Mecklembourg	· Schwerin	
· Brandenburg	· le Brandebourg	· Potsdam	
· Thüringen	· la Thuringe	· Erfurt	
· Sachsen-Anhalt	· la Saxe-Anhalt	· Magdeburg	
· Sachsen	· la Saxe	· Dresden (Dresde)	

die Stadtstaaten	les villes-États		
· Berlin	· Berlin		· Regierender Bürgermeister
· Bremen	· Brême		· Bürgermeister
· Hamburg	· Hambourg		· Erster Bürgermeister

Bundesländer Österreich			
· Burgenland	· Burgenland	· Eisenstadt	Landeshauptmann
· Kärnten	· Carinthie	· Klagenfurt	ou
· Niederösterreich	· Basse-Autriche	· St. Pölten	Landeshauptfrau
· Oberösterreich	· Haute-Autriche	· Linz	
· Salzburg	· Salzbourg	· Salzburg	
· Steiermark	· Styrie	· Graz	
· Tirol	· Tyrol	· Innsbruck	
· Vorarlberg	· Vorarlberg	· Bregenz	
· Wien	· Vienne	· Wien	· Landeshauptmann und Bürgermeister

ÜBUNGEN

24 Ratespiel. Devinette.

Ein Wort kommt mehrmals in diesem Text vor, immer wieder als erster oder zweiter Teil eines zusammengesetzten Wortes bzw. als Redewendung. Finden Sie es!

Die ... landschaft in Deutschland ist wie auch in anderen Ländern sehr abwechslungsreich: Von schwarz, rot, grün bis rosa ist alles vertreten, und die ... an der Macht hat nicht immer unbedingt die schönste Farbe. Die führende Persönlichkeit der ... , das heißt die ... spitze, vertritt das jeweilige Motto der ... und ist sozusagen ihr Zugpferd. Besteht eine gewisse Verwandschaft in der ... doktrin zweier ... , so kann man zwar nicht von einer Bruder-, jedoch sehr wohl von einer Schwester ... sprechen.

Die sogenannte 5% -Klausel der deutschen Verfassung verhindert, das eine ... splitterung entsteht, das bedeutet im Klartext, dass sich nicht zu viele kleine ... mit wenigen Anhängern bilden.

Unterstützt ein Vertreter der Industrie oder der Wirtschaft die ... mit finanziellen Mitteln, so spricht man von einer ... spende, die leider des öfteren unter dem Deckmantel der Verschwiegenheit in die ... konten fließt. Befürwortet man das ... programm, so kann man der ... beitreten, verliert die ... an Beliebtheit und Überzeugung, so kann man aus der ... austreten.

Ein Mensch ohne wahre politische Leitlinien ist ... los oder un ... isch, wohingegen ein Mensch, der jemanden verteidigt, um für ihn oder seine Sache ... zu ergreifen, ... isch ist.

25 Politischer Jargon. Jargon politique.

Wie heißt das passende Wort?
Führungswechsel - Lager - den Nachfolger - Schlammschlacht - der Spitzenkandidat - die Wahlschlappe - der Wahlspruch.

a. Dasjenige Mitglied einer Partei, das die größten Chancen hat und in der Beliebtheitsskala ganz oben steht: ...

b. Die Person, die nach dem Abtritt einer politischen Persönlichkeit beziehungsweise nach Ablauf deren Amtszeit den freigewordenen Platz einnimmt, nennt man: ...

c. Ein Versprechen oder ein Konzept einer Partei, das ein Leitmotiv in ihrem Programm darstellt und zu Wahlkampfzwecken benutzt wird: ...

d. Den Akt, sich unter Politikern meist höherer Ebenen und von großem Einfluss durch gegenseitige Beschimpfungen und Intrigen das Leben schwer zu machen, nennt man eine politische: ...

e. Entzieht ein Politiker seiner politischen Familie das Vertrauen und engagiert sich für eine Partei entgegengesetzter Überzeugung, so wechselt er das: ...

f. Ein schlechtes Ergebnis bei einer Wahl wird so bezeichnet: ...

g. Geht die Position des Spitzenreiters einer Partei an eine andere Person über, so spricht man von einem: ...

Corrigés page 468

Landeskunde

Einige Grundbegriffe der bundesrepublikanischen Politik

Quelques concepts-clés de la vie politique de la R.F.A.

Die Institutionen – Les institutions :

- **der Rechtsstaat:** l'État de droit.
- **das Grundgesetz:** La Loi Fondamentale, constitution de la R.F.A., entrée en vigueur en 1949.
- **die freiheitlich-demokratische Grundordnung:** l'ordre fondamental libéral et démocratique, le credo institutionnel de la République fédérale.
- **Das Bundesverfassungsgericht (BverfG):** la Cour constitutionnelle fédérale. Tout citoyen a le droit de déposer une plainte, un recours constitutionnel auprès de la plus haute instance juridictionnelle allemande **(eine Verfassungsklage/ Verfassungsbeschwerde ein/legen)** pour atteinte aux droits fondamentaux **(die Grundrechte)**.
- **die Länderhoheit:** la souveraineté des länder ; l'organisation fédérale de la R.F.A. octroie aux länder des prérogatives très larges notamment en matière d'éducation, de police ou d'environnement.
- **der Länderfinanzausgleich:** la compensation, péréquation financière entre les länder riches et les länder pauvres.
- **der Bundesadler:** l'aigle fédéral qui a remplacé l'aide impérial **(der Reichsadler)** comme emblème national.

Die Besonderheiten des deutschen Wahlsystems – Les particularités du système électoral allemand :

- **die Bundestagswahlen:** lors des élections législatives, les électeurs disposent de deux voix, mais d'un seul bulletin **(der Stimmzettel)** qu'ils doivent cocher **(an/kreuzen)** deux fois ; **die Erststimme:** la première voix est un vote uninominal à un tour pour un candidat dans une circonscription donnée **(Mehrheitswahl); die Zweitstimme:** la seconde voix correspond au vote pour la liste régionale d'un parti **(Listenwahl)**.
- **die Fünf-Prozent-Klausel:** la clause des cinq pour cent ; seuls les partis qui ont totalisé plus de 5 % des suffrages obtiennent des sièges de députés. Cette disposition est destinée à évincer les minorités extrémistes et à limiter l'émiettement des partis **(die Parteiensplitterung); die Fünf-Prozent-Hürde überspringen:** franchir la barre des 5 %.

Die Protestbewegungen – Les mouvements contestataires :

- **die außerparlamentarische Opposition (APO):** l'opposition extra-parlementaire ; nom de la contestation estudiantine des années 60 ; ces militants ont rejoint dans les années 70 les partis réformistes traditionnels (avec le slogan : **der lange Marsch durch die Institutionen:** la longue marche à travers les institutions), les **K-Gruppen** (= **kommunistische Splitterparteien:** groupuscules communistes) et pour quelques-uns d'entre eux.
- **die Rote Armee Fraktion** ou **die Baader-Meinhof-Gruppe:** la fraction Armée rouge ou la bande à Baader, organisation terroriste d'extrême-gauche responsable d'une série d'enlèvements, d'assassinats et de détournements d'avions ; **der Sympathisant, -en, -en**: le sympathisant de l'extrême gauche (terroriste) allemande.
- **die Spontis; die Chaoten:** les autonomes.
- **das Berufsverbot, -e:** l'interdiction professionnelle appliquée essentiellement dans les années 70 à l'encontre d'enseignants membres du parti communiste ouest-allemand

(DKP). Le terme officiel, depuis le XIXe siècle, est **die Amtsenthebung, -en:** la révocation d'un fonctionnaire.

- **die Bürgerinitiative, -n:** initiative citoyenne locale ; comités de quartier qui organisent des actions parfois spectaculaires pour alerter l'opinion publique et les pouvoirs publics sur des problèmes qui intéressent la collectivité.
- **der Bund der Steuerzahler (BdSt):** la fédération des contribuables allemands, qui fait du lobbying auprès des pouvoirs publics.

Die jüngste deutsche Geschichte – L'histoire allemande récente :

- **der Beitritt der neuen Bundesländer:** l'adhésion des nouveaux länder ; en 1990, les cinq nouveaux länder issus de l'ancienne R.D.A. ont adhéré à la Loi fondamentale de la République fédérale.
- **der Einheitskanzler:** le chancelier de la Réunification, dénomination laudative de l'ex-Chancelier **(der Altbundeskanzler)** Helmut Kohl.
- **die (Partei)Spendenaffäre, -n:** les affaires de financement occulte des partis qui ont surtout touché les Chrétiens-démocrates et ont été parmi les causes du renversement d'Helmut Kohl.
- **der Genosse der Bosse (péj.):** le camarade des patrons ; **der Autokanzler** (plais.) : le chancelier de l'automobile ; surnoms donnés au chancelier Gerhard Schröder, en raison de ses attaches patronales et singulièrement de ses liens avec le groupe Volkswagen, dont le land de Basse-Saxe, qu'il dirigeait précédemment, est le principal actionnaire ; **"Mehr Volks-wagen!"** : slogan à double entente ("oser plus de peuple !"/ "Davantage de Volkswagen !") prêté ironiquement à G. Schröder et pastichant celui qui a porté W. Brandt au pouvoir en 1969 : **"Mehr Demokratie wagen!"** ("oser plus de démocratie").

Trendwörter und Wortneuschöpfungen

Mots à la mode et néologismes

- **die Politische Korrektheit:** le politiquement correct
- **die Staatsverdrossenheit; die Politikverdossenheit:** le ras-le-bol de la politique institutionnelle ou de la politique en général ; **die Katastrophenstimmung:** la sinistrose.
- **die Wahlmüdigkeit:** la propension à bouder les urnes.
- **Die Wählerwanderung:** les fluctuations de l'électorat.
- **das Subsidiaritätsprinzip:** le principe de subsidiarité.
- **der Reformstau:** le blocage des réformes, l'immobilisme social
- **der Sozialabbau:** le démontage social, la perte des acquis sociaux
- **die Reisefreiheit:** la liberté de voyager (en 1989, pour les Allemands de l'Est)
- **das Sparpaket ou das Sparprogramm:** le train de mesures d'austérité, le programme d'austérité
- **die Bürgernähe:** la proximité des citoyens

Bildlich gesprochen

Rund um die Partei

Eine bunte Parteienlandschaft – Un paysage politique coloré :

Das Parteienspektrum – L'éventail des partis :

- **die Sozialdemokratische Partei; die SPD:** le parti social-démocrate ; **der Sozialdemokrat; der Sozi:** le social-démocrate ; **der Jungsozialist; der Juso:** le jeune socialiste ; **die Toskana-Fraktion** (plais.) : la gauche caviar (beaucoup de responsables sociaux-démocrates passent leurs vacances en Toscane) ; **die "Neue Mitte":** le "nouveau centre", mot d'ordre de G. Schröder ; les socialistes étaient jadis taxés de **"vaterlandslose Gesellen"**, de "compagnons sans patrie", le parti de l'étranger.
- **die Christlich-Demokratische Union; die CDU:** l'Union chrétienne-démocrate ; **die Christdemokraten:** les chrétiens-démocrates ; **die Christlich-Soziale Union; die CSU:** l'Union chrétienne-sociale ; **die Unionsparteien:** les partis de l'Union , la CDU et la CSU ; **die Schwesterparteien:** les partis affiliés (les mêmes) ; **die beiden Volksparteien:** les deux grands partis, le SPD et la CDU.
- **die Freie Demokratische Partei; die FDP:** le parti libéral ; **die Pünktchenpartei** (plais.) : id. ; **die Liberalen:** les libéraux.
- **die Grünen:** les Verts ; **die Fundis:** les fondamentalistes, aile radicale et doctrinaire du parti écologiste, opposés aux réalistes, pragmatiques : **die Realos**.
- **die Partei des demokratischen Sozialismus; die PDS:** le parti du socialisme démocratique : **die Nachfolgepartei der SED:** le parti issu du SED, le parti communiste est-allemand ; **die Kommunisten:** les communistes.
- **die Republikaner; die Reps:** les Républicains, parti d'extrême-droite.
- **die FPÖ:** le parti libéral, parti autrichien d'extrême-droite.
- **die Friedrich-Ebert-Stiftung; die Adenauer-Stiftung; die Hanns-Seidel-Stiftung:** fondations politiques de tous bords richement dotées qui n'ont pas d'équivalent en France.
- **der (Partei)bonze, -n, -n:** le bonze (d'un parti) ; **die Bonzokratie** (familier).
- **der Filz ou die Filzokratie (péj.):** le magouillage ; termes dénonçant l'interpénétration en Allemagne du monde politique et de celui des affaires.

Das Farbenspektrum – La palette de couleurs :

- **Die Roten: die SPD; die PDS**
- **Die Schwarzen: die CDU und die CSU; die ÖVP (Österreich)**
- **die Gelben: die FDP**
- **Die Braunen: die Rechtsextremisten**
- **Die Blauen: die FPÖ (Österreich)**

Koalitionen und Farbkombinationen – Coalitions politiques et combinaisons de couleurs :

- **schwarz / rot / grün wählen:** voter "noir", "rouge", "vert".
- **die rot-grüne Koalition; das Öko-Sozi-Bündnis; die Rot-Grünen:** la coalition gouvernementale rouge-verte
- **die Schwarz-Gelben:** la coalition libérale-conservatrice
- **die Ampelkoalition (= Rot-Gelb-Grün):** la coalition tricolore, **SPD + FDP + Grüne.**
- **die dunkelrote Koalition – die rot-rote Koalition:** l'alliance rouge vif

8 Staatsbürgerschaft und Einwanderung

Citoyenneté et immigration

1 Staat und Bürger — L'État et le citoyen

Die Staatsangehörigkeit — La citoyenneté

anglais : *state*	• der Staat, -en	• l'État
	• der Nationalstaat, -en	• l'État national, l'État-nation
(!) der Staatenbund: *la confédération étatique*	• der Bundesstaat, -en	• l'État fédéral
	• die Staatengemeinschaft, -en	• la communauté d'États
	• der Vielvölkerstaat, -en	• l'État plurinational
	• das Staatsgebiet, -e	• le territoire national
= die UNO: *l'ONU*	• die Vereinten Nationen (plur.)	• les Nations Unies
	• die Bevölkerung, -en	• la population
	• der Einwohner, -	• l'habitant
	• der Landsmann, -leute	• le compatriote
= die EU die Festung Europa: *la forteresse européenne* die europäische Familie: *la famille européenne*	• die Europäische Union	• l'Union européenne
	• das Bürgerrecht, -e	• le droit civique
	• der Bürgerrechtler, -	• le défenseur des droits civiques
(!) der Bürger (aussi): *le bourgeois*; das Bürgertum: *la bourgeoisie*	• der (Staats)bürger, -	• le citoyen
	• die Staatsbürgerschaft, -en	• la citoyenneté
	• der Mitbürger, -	• le concitoyen
	• der EU-Bürger, -	• le citoyen européen
	• der Weltbürger, -	• le citoyen du monde
	• das Weltbürgertum	• le cosmopolitisme
	• der Welte[n]bummler, -	• le globe-trotter
	• die Staatsangehörigkeit, -en	• la nationalité, la citoyenneté
	• das Staatsangehörigkeitsrecht, -e	• le code de la nationalité
	• der Staatsangehörige (AS)	• le ressortissant
	• die Grenze, -n	• la frontière
	• der Grenzübergang, ¨-e	• le poste frontière
	• die Grenzkontrolle, -n	• le contrôle à la frontière
(!) der Zoll, -: *le pouce*	• der Zoll	• la douane
	• das Volk, ¨-er	• le peuple
	• die Freizügigkeit, -en	• la libre circulation des personnes
	• die Völkerverständigung, -en	• l'entente entre les peuples
	• die Sprache, -n	• la langue
	• die Muttersprache, -n	• la langue maternelle
	• die Landessprache, -n	• la langue officielle
	• der Ausweis, -e	• la carte d'identité
	• der (Reise)Pass, ¨-e	• le passeport

• (einen Pass) erhalten (ie, a, ä)	• recevoir (un passeport)
• (einen Pass) besitzen (a, e)	• posséder (un passeport)

(!) stattlich: *imposant, majestueux*	• **staatlich**	• étatique, gouvernemental, public
	• **sprachlich**	• linguistique
	• **europäisch**	• européen
	• **angrenzend**	• limitrophe
	• **weltmännisch**	• d'homme du monde
	• **weltoffen**	• cosmopolite
	• **tolerant**	• tolérant

Die Staatsangehörigkeit und die Einwanderung — La nationalité et l'immigration

	• **das Land, ¨-er**	• le pays
	• **das Ausland**	• le pays étranger
in die Fremde ziehen: *quitter le pays* (!) der Fremde; der Unbekannte (AS): *l'étranger, l'inconnu*	• **die Fremde**	• l'étranger (lieu)
	• **das Vaterland, ¨-er**	• la patrie
die zweite Heimat; die Wahlheimat: *le pays d'adoption*	• **die Heimat, -en**	• le pays natal
	• **das Einwanderungsland, ¨-er**	• le pays d'immigration
aussi : das Bodenrecht	• **das Territorialprinzip, -ien**	• le droit du sol
aussi : das Blutrecht	• **das Abstammungsrecht, -e**	• le droit du sang
	• **der Ausländer, -**	• le ressortissant étranger
	• **der Fremde, -n**	• l'étranger (personne)
aussi : der Emigrant, -en	• **der Auswanderer, -**	• l'émigrant
aussi : der Immigrant, -en	• **der Einwanderer, -**	• l'immigrant, l'immigré
aussi : *les grandes invasions (sens historique)*	• **die Völkerwanderung, -en**	• la migration des peuples
	• **der Neuankömmling, -e**	• le nouvel arrivant
	• **der Einheimische, -n**	• l'autochtone
	• **der Siedler, -**	• le colon
	• **der Pionier, -e**	• le pionnier
	• **das Einwanderungsgebiet, -e**	• la zone d'immigration
	• **die Aufenthaltserlaubnis, -se**	• le permis de séjour
	• **die Aufenthaltsberechtigung, -en**	• la carte de séjour
pluriel	• **die ethnischen Minderheiten**	• les minorités ethniques
der Tiegel: *le creuset*	• **der Schmelztiegel, -**	• le melting-pot
	• **das Herkunftsland, ¨-er**	• le pays d'origine
	• **die Ausreise, -n**	• la sortie du territoire
	• **die Einreise (in + A/nach + D)**	• l'entrée (dans un pays)
	• **das Einwanderungsgesetz, -e**	• la loi sur l'immigration
	• **die Einbürgerung, -en**	• la naturalisation
	• **die Assimilation, -en**	• l'assimilation
	• **die Ansiedlung, -en**	• l'implantation
	• **die Absonderung, -en**	• l'isolement
	• **die Integration, -en**	• l'intégration
	• **die Eingliederung, -en**	• l'insertion
	• **die Anpassung, -en**	• l'adaptation
	• **das Gefühl der Zugehörigkeit**	• le sentiment d'appartenance
	• **die Ächtung, -en**	• le bannissement
	• **die doppelte Staatsbürgerschaft**	• la double nationalité
	• **der Doppelpass, ¨-e**	• le double passeport
	• **das Visum, -sa**	• le visa
	• **das Einreisevisum, -sa**	• le visa d'entrée

ein/reisen	entrer dans un pays
aus/reisen	sortir d'un pays
stammen (aus + D)	être originaire (de)
aus/wandern; emigrieren	émigrer
ein/wandern; immigrieren	immigrer
geboren sein (in + D)	être né (à)
über/siedeln	s'installer dans un pays
ein/bürgern	naturaliser
sich einbürgern lassen (in + A/D)	se faire naturaliser
sich (in + A) integrieren	s'intégrer (dans)
wohnen	habiter
sich (an + A) an/passen	s'adapter (à)
die Staatsbürgerschaft besitzen	posséder la nationalité
die Staatsbürgerschaft erwerben	acquérir la nationalité
die Staatsbürgerschaft ab/geben	abandonner la nationalité
sich (von + D) aus/schließen (o, o)	se mettre à l'écart, s'exclure (de)
sich als Fremder fühlen	se sentir étranger
sich ab/sondern	s'isoler, se mettre à part

Notes :
- stammen : deutscher Abstammung: *d'origine allemande*
- geboren sein : ein geborener/gebürtiger Deutscher: *un Allemand de naissance* ; von Geburt Deutscher: *Allemand de naissance*
- sich integrieren : sich in einem fremden Land ein/leben: *s'intégrer dans un pays étranger*
- besitzen : (a, e)
- erwerben : (a, o, i)
- ab/geben : (a, e, i)

heimatlich	natal
ausländisch	étranger
einheimisch	autochtone
ansässig (in + D)	domicilié (à/en), résident
gebürtig (aus + D)	natif (de)
ausgebürgert	expatrié, déchu de sa nationalité
eingebürgert	naturalisé
deutschsprachig	germanophone
nomadisch	migratoire
befristet	temporaire
unbefristet	permanent
beschränkt	limité

Rassismus und Nationalismus / Racisme et nationalisme

die Rasse, -n	la race
die Rassenproblematik, -	la question raciale
der Rassenkonflikt, -e	le conflit ethnique
die Entwurzelung, -en	le déracinement
die Rassentrennung, -en	la ségrégation raciale
die Ausländerfeindlichkeit, -en	la xénophobie
der Rassismus, -	le racisme
die Diskriminierung, -en	la discrimination
die Apartheid	l'Apartheid
der Antisemitismus, -	l'antisémitisme
die Fahne, -n; die Flagge, -n	le drapeau (national)
die Trikolore, -n	le drapeau tricolore
das Sternenbanner, -	la bannière étoilée
die Nationalhymne, -n	l'hymne national
der Patriotismus, -	le patriotisme
die Heimatverbundenheit, -en	l'amour de son pays natal

Notes :
- die Ausländerfeindlichkeit : die Ausländerfreundlichkeit: *la sympathie à l'égard des étrangers, la xénophilie*
- die Nationalhymne : das Deutschlandlied an/stimmen: *entonner l'hymne national allemand*

• **der Chauvinismus, -**	• le chauvinisme
• **der Chauvinist, -en, -en**	• le chauvin
• **das Nationalgefühl, -e**	• le sentiment national
• **die Mentalität, -en**	• la mentalité
• **der Sündenbock, ¨-e**	• le bouc émissaire
• **die Zugehörigkeit, -en (zu + D)**	• l'appartenance (à)

	• **jdn diskriminieren**	• discriminer qqn
-itt, -itten	• **Diskrimination erleiden**	• subir une discrimination
	• **benachteiligen**	• défavoriser
-oss, -ossen	• **jdn aus/schließen**	• exclure qqn
	• **sich (gegen + A) ab/schotten**	• s'isoler (de), protéger le pays (contre)
	• **die Grenzen dicht/machen**	• fermer les frontières
	• **ab/schirmen (gegen + A)**	• protéger (de/contre)

• **schwarzrotgold**	• noir-rouge-or
• **deutschfreundlich**	• germanophile
• **deutschfeindlich**	• germanophobe
• **patriotisch**	• patriote
• **nationalistisch**	• nationaliste
• **ausländerfeindlich**	• xénophobe
• **rassistisch**	• raciste
• **engstirnig**	• borné

2 Die Ausländerpolitik La politique d'immigration

Die Gastarbeiter Les travailleurs immigrés

der Einwanderer aus der ersten Generation: *l'immigré de première génération*	• **der Einwanderer, -**	• l'immigré(e)
	• **die Einwanderin, -nen**	• l'immigrante
	• **die Einwanderungswelle, -n**	• la vague d'immigration
	• **der Einwanderungsstopp, -s**	• l'arrêt de l'immigration
	• **die Einwanderungsquote, -n**	• le quota d'immigrés
das Gastarbeiterkind, -er: *l'enfant d'immigré*	• **der Gastarbeiter, -**	• le travailleur immigré
	• **der ausländische Arbeiter, -**	• le travailleur étranger
das Gelobte Land: *la Terre Promise*	• **der Arbeitsmigrant, -en**	• le travailleur migrant
	• **die Arbeitserlaubnis, -se**	• le permis de travail
	• **der Anwerbestopp, -s**	• l'arrêt de l'embauche
≠ der Nachzug: *le train supplémentaire*	• **der Familiennachzug, ¨-e**	• le rapprochement familial
	• **die Rückkehr, -**	• le retour
	• **die Rückkehrhilfe, -n**	• l'aide au retour
	• **der Rückwanderer, -**	• l'étranger retournant dans son pays
	• **das Immigrantenghetto, -s**	• le ghetto immigré

• **Geld beiseite legen**	• mettre de l'argent de côté
• **zurück/kehren (in + A)**	• retourner (dans)

Die Asylbewerber	Les demandeurs d'asile
• **der Flüchtling, -e**	• le réfugié
• **der Flüchtlingsstrom, ¨-e**	• l'afflux de réfugiés
• **das Flüchtlingslager, -**	• le camp de réfugiés
• **der Kriegsflüchtling, -e**	• le réfugié de guerre
• **der Bürgerkriegsflüchtling, -e**	• le réfugié de guerre civile
• **der Wirtschaftsflüchtling, -e**	• le réfugié économique
• **der Flüchtige (AS)**	• le fugitif
• **der Verfolgte (AS)**	• la personne persécutée
• **der Dissident, -en, -en**	• le dissident
• **der Gegner, -**	• l'opposant
• **der illegale Einwanderer, -**	• l'immigré clandestin
• **der Heimatlose (AS)**	• l'apatride
• **das Asyl, -e**	• l'asile
• **der Asylbewerber, -**	• le demandeur d'asile, le réfugié
• **das Asylantenheim, -e**	• le foyer pour réfugiés
• **das Asylrecht, -e**	• le droit d'asile
• **die Unterdrückung, -en**	• l'oppression
• **die Verfolgung, -en**	• la persécution
• **der Schleuser, -**	• le passeur
• **das Exil, -e**	• l'exil
• **der Exodus, -**	• l'exode
• **die Verbannung, -en**	• le bannissement
• **das Auffanglager, -**	• le centre d'accueil
• **die Aufnahmestelle, -n**	• le centre d'hébergement
• **die (Zwangs)abschiebung, -en**	• la relégation (forcée)
• **die Ausweisung, -en**	• l'expulsion
• **die Rückführung, -en**	• le rapatriement
• **die Auslieferung, -en**	• l'extradition
• **das Bleiberecht, -e**	• le droit de rester sur le territoire
• **die Menschenrechte (plur.)**	• les droits de l'homme
• **die Menschenrechtsverletzung, -en**	• l'atteinte aux droits de l'homme

jdm Asyl gewähren: *accorder l'asile à qqn*

Asylrecht genießen: *bénéficier du droit d'asile*

die allgemeine Menschenrechtserklärung: *la déclaration universelle des droits de l'homme*

• **flüchten (in + A)**	• émigrer (vers)
• **(vor + D) etwas fliehen (o, o)**	• fuir (qqch)
• **auf dem Landwege kommen (a, o)**	• arriver par voie de terre
• **um Asyl nach/suchen**	• demander l'asile
• **Zuflucht finden (a, u)**	• trouver refuge
• **sich nieder/lassen (ie, a, ä)**	• s'établir
• **sich auf/halten (ie, a, ä)**	• séjourner
• **für etwas ein/treten (a, e, i)**	• militer pour qqch
• **kämpfen (um + A)**	• lutter, se battre (pour)
• **herein/lassen (ie, a, ä)**	• laisser entrer
• **jdn zurück/weisen (ie, ie)**	• refouler qqn
• **jdn des Landes verweisen (ie, ie)**	• expulser qqn
• **aus/liefern**	• extrader
• **(ein)/schleusen**	• faire passer clandestinement
• **untertauchen**	• se cacher, disparaître

anglais : *to flee*

• **falsch**	• faux
• **gefälscht**	• falsifié
• **ungemeldet**	• en situation irrégulière
• **illegal**	• clandestin

Die Aussiedler — Les rapatriés

	• **der Kriegsheimkehrer, -**	• l'ancien prisonnier de guerre
der Spätheimkehrer, - (plais.): *le noceur, le noctambule*	• **der Spätheimkehrer, -**	• le rapatrié de guerre
	• **der (Heimat)vertriebene (AS)**	• le rapatrié, l'expulsé
	• **der Deutschstämmige (AS)**	• la personne de souche allemande
	• **der Rußlandsdeutsche (AS)**	• l'Allemand de Russie
	• **der Wolgadeutsche (AS)**	• l'Allemand de la Volga
	• **der Aussiedler, -**	• l'émigrant de souche allemande
	• **der Spätaussiedler, -**	• l'émigrant récent de souche allemande
[jusqu'en 1990]	• **der Übersiedler, -**	• le réfugié est-allemand
	• **der Vertriebenenverband, ¨-e**	• l'organisation de réfugiés allemands
ex RDA	• **die Zwangsübersiedlung, -en**	• l'émigration forcée
ex RDA	• **die Ausbürgerung, -en**	• la déchéance de la nationalité
ex RDA	• **der Ausreiseantrag, ¨-e**	• la demande de visa de sortie

• **ausgebürgert werden**	• être déchu de sa nationalité

• **heimatlos**	• apatride
• **heimatvertrieben**	• expulsé de son pays
• **einwanderungswillig**	• candidat à l'immigration
• **durchlässig (Grenze)**	• perméable (frontière)
• **deutschstämmig**	• de souche allemande

3 Länder- und Einwohnernamen — Noms de pays et d'habitants

Das Land Le pays	**Der Einwohner** L'habitant	Adjectifs
• **Deutschland** • l'Allemagne	• **der Deutsche (AS)** • l'Allemand	• **deutsch** • allemand
• **Österreich** • l'Autriche	• **der Österreicher, -** • l'Autrichien	• **österreichisch** • autrichien
• **die Schweiz** • la Suisse	• **der Schweizer, -** • le Suisse	• **schweizerisch** • suisse
• **Frankreich** • la France	• **der Franzose, -n, -n** • le Français	• **französisch** • français
• **Italien** • l'Italie	• **der Italiener, -** • l'Italien	• **italienisch** • italien
• **Spanien** • l'Espagne	• **der Spanier, -** • l'Espagnol	• **spanisch** • espagnol

• **Portugal** • le Portugal	• **der Portugiese, -n, -n** • le Portugais	• **portugiesisch** • portugais
• **Belgien** • la Belgique	• **der Belgier, -** • le Belge	• **belgisch** • belge
• **Holland** • la Hollande	• **der Holländer, -** • le Hollandais	• **holländisch** • hollandais
• **Dänemark** • le Danemark	• **der Däne, -n, -n** • le Danois	• **dänisch** • danois
• **Schweden** • la Suède	• **der Schwede, -n, -n** • le Suédois	• **schwedisch** • suédois
• **Finnland** • la Finlande	• **der Finne, -n, -n** • le Finlandais	• **finnisch** • finlandais-finnois
• **Norwegen** • la Norvège	• **der Norweger, -** • le Norvégien	• **norwegisch** • norvégien
• **Griechenland** • la Grèce	• **der Grieche, -n, -n** • le Grec	• **griechisch** • grec
• **die Türkei** • la Turquie	• **der Türke, -n, -n** • le Turc	• **türkisch** • turc
• **Polen** • la Pologne	• **der Pole, -n, -n** • le Polonais	• **polnisch** • polonais
• **Europa** • l'Europe	• **der Europäer, -** • l'Européen	• **europäisch** • européen
• **Amerika** • l'Amérique	• **der Amerikaner, -** • l'Américain	• **amerikanisch** • américain
• **Afrika** • l'Afrique	• **der Afrikaner, -** • l'Africain	• **afrikanisch** • africain
• **Asien** • l'Asie	• **der Asiat, -en, -en** • l'Asiatique	• **asiatisch** • asiatique
• **Australien** • l'Australie	• **der Australier, -** • l'Australien	• **australisch** • australien

ÜBUNGEN

26 Ist das richtig oder falsch? Vrai ou faux ?

a. Deutschland wird oft als das typische **Einwanderungsland** bezeichnet. = Die Deutschen sind ständig mit Hut, Stock, Rucksack und festen Wanderschuhen unterwegs.
b. **Ausländerfeindlichkeit** zeugt von engstirnigem Denken. = Wer keine Ausländer mag, dem mangelt es an Toleranz und Solidaritätsfähigkeit.
c. Hassan gehört zur ersten Generation der **Gastarbeiter**. = Er war zwar eingeladen, musste aber doch beim Abwaschen und Einkaufen helfen.
d. Wer glaubt, ständig sein Hab und Gut zu sichern und verteidigen zu müssen, der hat noch etwas von der alten **Flüchtlingsmentalität** bewahrt. = Der hat Angst, dass er von einer Minute auf die andere die Zelte abbrechen muss.
e. In all den Jahren, in denen er auf Achse war, hat er sich das Image eines **Weltenbummlers** erworben. = Er ist kaufsüchtig geworden und geht ständig shoppen.

27 Wortauswahl. Le mot juste.

Was passt?

a. Das Feiern des 1. Mais gehört zu den **ansässigen/einheimischen/vertriebenen** Bräuchen.
b. Das Internet mit seinen noch unausgeschöpften Möglichkeiten kann zur **Rassenmischung/Völkerverständigung/Zwangsabschiebung** einen großen Teil beitragen.
c. Im 19. Jahrhundert spielte die Klasse des **Bürgertums/Eigentums/Reichtums** eine herausragende Rolle.
d. Am **Grenzübergang/Lehrgang/Notausgang** sind längere Wartezeiten aufgrund einer Drogenkontrolle möglich.
e. Beim Ablauf der Aufenthaltsberechtigung droht die **Auslieferung/Ausweisung/Einweisung**.
f. Der Begriff **Asylantenheim/Ausländerghetto/Subkultur** bezeichnet eine Gruppe von Personen, die sich innerhalb der wert- und normenbestimmten Gesellschaft ihre eigenen Traditionen, Werte und Normen geschaffen haben, durch die sie sich von ihr absetzen.

28 Was passt zusammen? Qu'est-ce qui va ensemble ?

Ordnen Sie den Wörtern der 1. Liste einen passenden Ausdruck (Synonym, Antonym oder Assoziation) der 2. Liste zu!

a. Fahne - **b.** Sündenbock - **c.** Nationalgefühl - **d.** Einreise - **e.** Gastarbeiter - **f.** Subkultur - **g.** ansässig - **h.** Vertriebene

1. Aufenthaltsberechtigung - **2.** Ausreise - **3.** einheimisch - **4.** Flüchtlinge - **5.** Globetrotter - **6.** der ewige Jude - **7.** Trikolore - **8.** Türkenviertel

► Corrigés page 468 ◄

Landeskunde

Deutschland – ein Aufnahmeland

L'Allemagne, terre d'accueil

- **der Auswanderer, -; der Wanderarbeiter:** termes utilisés au XIXe siècle pour désigner les (travailleurs) migrants.
- **die Vertriebenen:** les populations expulsées des anciens territoires du IIIe Reich dans les années qui ont suivi la capitulation allemande de 1945.
- **die Aussiedler:** les émigrants de souche allemande **(Deutschstämmige)** installés en Pologne ou en Russie **(Russlandsdeutsche; Wolgadeutsche)** qui ont émigré en Allemagne de l'Ouest jusqu'en 1990 et étaient considérés *de jure* comme citoyens allemands en vertu du droit du sang.
- **die Spätaussiedler:** c'est ainsi que l'on désigne les émigrants de souche allemande entrés en Allemagne depuis les années 90.
- **die Gastarbeiter:** les travailleurs immigrés, (rebaptisés **ausländische Mitbürger**) recrutés massivement dans les années 60 et provenant principalement de Turquie, de Grèce et d'Italie. Prononcé officiellement en 1973, l'arrêt de l'embauche des étrangers **(der Ausländeranwerbestopp)** n'a pas empêché l'afflux de nouveaux étrangers **(der Ausländerzuzug)**, notamment en raison de la politique de :
- **der Familiennachzug:** le regroupement familial ; **die Familiennachzügler:** les ayants droit qui rejoignent leur père ou leur mari en Allemagne ; **das Nachzugsverbot:** l'interdiction du regroupement familial.
- **die doppelte Staatsbürgerschaft:** depuis le 1er janvier 2000, la double nationalité est autorisée en Allemagne sous certaines conditions ; **der Doppelpass:** le double passeport.
- **die Übersiedler:** les transfuges de l'ex-RDA, appelés dans le jargon est-allemand **die Republikflüchtigen**.
- **die Asylbewerber** ou **Asylanten:** les demandeurs d'asile venus massivement en Allemagne en vertu d'une application très libérale du droit d'asile **(das Asylrecht)** garanti par la constitution **(das Grundgesetz)**.
- **die illegale Einwanderung:** l'immigration clandestine ; **der Illegale (AS):** le clandestin.
- **das Schengener Abkommen (sing.):** les accords de Schengen garantissent la libre circulation des individus à l'intérieur des pays signataires moyennant un renforcement des contrôles aux frontières à l'égard des pays tiers **(die Drittstaaten)**.
- **die Green-Card-Initiative:** mesure du chancelier Schröder visant à attirer en Allemagne des experts en informatique et nouvelles technologies formés dans les pays de l'Est et de l'Extrême-Orient (Inde).
- **der Bildungsausländer:** désigne l'étudiant étranger en formation dans une université allemande.

Die diskriminierenden Unworte

Les mots malheureux et discriminatoires

- **der Spaghettifresser:** le rital
- **der Kümmeltürke: (der Kümmel:** le cumin**)** désigne péjorativement les immigrés turcs ; **wie ein Kümmeltürke arbeiten:** travailler comme un nègre.
- **Klein-Istanbul:** le petit Istanbul ; désigne le quartier turc **(das Türkenviertel)** de Berlin, **Kreuzberg.**
- **die Überfremdung:** l'envahissement par les étrangers.

- **die Belastungsgrenze:** le seuil de tolérance.
- **der Scheinasylant:** le pseudo-demandeur d'asile ; **der Wirtschaftsflüchling:** le réfugié économique ; termes péjoratifs utilisés à l'encontre de nombreux immigrés récents.
- **die ethnische Säuberung:** le nettoyage ethnique.
- **die national befreite Zone:** la zone libérée pour les nationaux ; **ausländerfrei:** exempt d'étrangers ; expressions forgées par l'extrême-droite allemande qui se livre à des ratonades pour chasser les étrangers de certaines zones **(die Gegend ausländerfrei halten)** ; fait écho au slogan raciste : **Ausländer raus!:** les étrangers dehors !).
- **die Leitkultur:** la culture directrice ou culture de référence ; mot forgé par les démocrates chrétiens pour imposer aux étrangers vivant sur le territoire allemand l'adoption de valeurs et de normes culturelles allemandes.
- **Kinder statt Inder:** des enfants et non des Indiens ; slogan nataliste contre l'embauche de techniciens et d'ingénieurs indiens.

Trendwörter

Vocables à la mode

- **die Zivilcourage:** le courage de ses opinions (pour contrecarrer notamment le racisme ambiant).
- **der ausländische Mitbürger:** le concitoyen d'origine étrangère (remplace le désuet **Gastarbeiter**).
- **die Multikultur; die multikulturelle Gesellschaft:** la société multiculturelle.
- **der Doppelstaater:** le ressortissant de deux États.
- **das postnationale Deutschland:** l'Allemagne postnationale.

Bildlich gesprochen

Rund um den Staat

- **Vater Staat:** l'État providence.
- **eine Staatsaktion aus etwas machen:** faire une affaire d'État de quelque chose.
- **auf Staatskosten:** aux frais de la princesse.
- **mit etwas Staat machen:** parader avec quelque chose.
- **großen Staat machen:** mener grand train.
- **zum Staat:** pour la parade.
- **sich in Staat werfen:** se mettre sur son trente-et-un.

Zum Nachdenken

- **Von Humanität durch Nationalität zur Bestialität (Grillparzer):** les nationalismes conduisent de l'humanité à la bestialité.
- **Eine Ideologie ist keine Wissenschaft (Friedrich Dürrenmatt):** une idéologie n'est pas une science.
- **Wer Ideologien zerstört, zerstört Rechtfertigungen von Gewalt (Friedrich Dürrenmatt):** quiconque s'attaque aux idéologies s'attaque aux justifications de la violence.

9 Krieg und Frieden
Guerre et paix

1 Streitkräfte und Wehrdienst — Armées et service militaire

Das Heer — L'armée de terre

	• das Heer, -e	• l'armée de terre
pluriel	• die Landstreitkräfte	• les forces terrestres
	• die Armee, -n	• l'armée
	• das Armeekorps, -	• le corps d'armée
	• die Truppe, -n	• la troupe
	• die Division, -en	• la division
	• die Brigade, -n	• la brigade
	• das Regiment, -er	• le régiment
	• das Bataillon, -e	• le bataillon
	• der Verband, ¨-e	• l'unité
	• die Kompanie, -n	• la compagnie
	• die Abteilung, -en	• le peloton
	• die Schwadron, -en	• l'escadron
	• der Soldat, -en, -en	• le soldat
	• die Infanterie	• l'infanterie
	• der Grenadier, -e	• le fantassin
	• der Gebirgsjäger, -	• le chasseur alpin
	• die Artillerie(truppe)	• l'artillerie
	• der Artillerist, -en, -en	• l'artilleur
	• die Kavalerie	• la cavalerie
	• die Panzertruppe, -n	• les blindés
der Panzer, -: *le blindé*	• die Panzerdivision, -en	• la division blindée
	• der Pionier, -e	• le soldat du génie
	• die Pioniertruppe, -n	• le génie
	• die Fernmeldetruppe, -n	• les transmissions
	• die Führungstruppe, -n	• l'unité de commandement
	• die Versorgungstruppe, -n	• l'unité de ravitaillement
	• der Generalstab, ¨-e	• l'état-major
	• das Stabsquartier, -e	• le quartier général, le QG
der Rang, -¨e	• der Dienstgrad, -e	• le grade
	• die Rangordnung, -en	• la hiérarchie
≠ das Militär: *l'armée, les militaires*	• der Militär, -s	• le militaire (gradé)
	• der Vorgesetzte (AS)	• le supérieur hiérarchique
	• der Untergebene (AS)	• le subordonné
	• der Gemeine (AS)	• le soldat
	• der Gefreite (AS)	• le caporal
	• der Obergefreite (AS)	• le caporal-chef
	• der Feldwebel, -	• l'adjudant
	• der Oberfeldwebel, -	• l'adjudant-chef
	• der Unterfeldwebel, -	• le sergent-chef
	• der Offizier, -e	• l'officier
	• der Stabsoffizier, -e	• l'officier d'état-major
	• der Unteroffizier, -e	• le sous-officier, le sergent

	• der Offiziersanwärter, -	• l'aspirant
	• der Leutnant, -s/-e	• le sous-lieutenant
	• der Oberleutnant, -s/-e	• le lieutenant
	• der Hauptmann, -leute	• le capitaine
	• der Major, -e	• le commandant
	• der Oberst, -en, -en/-e	• le colonel
	• der Oberstleutnant, -s/-e	• le lieutenant-colonel
	• der Brigadegeneral, ¨-e/-e	• le général de brigade
	• der Generaloberst, -en	• le général d'armée
	• der Generalmajor, -e	• le général de division
	• der Generalleutnant, -s/-e	• le général de corps d'armée
	• der (General)(feld)marschall, -e	• le maréchal
	• das Oberkommando, -s	• le commandement en chef
	• der Oberbefehlshaber, -	• le commandant en chef
	• die Ausrüstung, -en	• l'équipement
	• das Gepäck, -	• le paquetage
	• die Uniform, -en	• l'uniforme
	• der Kampfanzug, ¨-e	• la tenue de combat
	• der Tarnanzug, ¨-e	• la tenue léopard
	• der Drillich, -e	• le treillis
	• der (Stahl)helm, -e	• le casque (lourd)
	• die Schirmmütze, -n	• le képi
	• der Mützenschirm, -e	• la visière
	• das Barett, -e	• le bérêt
	• die Gasmaske, -n	• le masque à gaz
	• die Schutzkleidung	• le vêtement de protection
(!) die Koppel: *le pré*	• das Koppel, -	• le ceinturon
pluriel	• die Marschstiefel	• les rangers
pluriel	• die Gamaschen	• les guêtres
	• die Tresse, -n	• le galon
	• der Orden, -	• la décoration

Die Luftwaffe und die Bundesmarine — L'armée de l'air et la marine

	• die Luftwaffe, -n	• l'armée de l'air
pluriel	• die Luftstreitkräfte	• les forces aériennes
	• der Luftkampf, ¨-e	• le combat aérien
	• der Tiefflug, ¨-e	• le vol à basse altitude
	• das Geschwader, -	• l'escadre
	• die Staffel, -	• l'escadrille
	• das Kampfflugzeug, -e	• l'avion de combat
	• das Aufklärungsflugzeug, -e	• l'avion de reconnaissance
	• das Transportflugzeug, -e	• l'avion-cargo
	• der Flugzeugträger, -	• le porte-avions
	• das Tankflugzeug, -e	• l'avion-ravitailleur
	• das Jagdflugzeug, -e	• le chasseur (avion)
	• der Flieger, -	• l'aviateur, le pilote
	• der Pilot, -en, -en	• le pilote

	• der Fallschirmjäger, -	• le parachutiste
	• die Marine, -n	• la marine
	• die Marineinfanterie	• les troupes de marine
	• der Marineinfanterist, -en	• le fusilier marin, le marsouin (fam.)
	• die Bundesmarine	• la marine fédérale
pluriel	• die Seestreitkräfte	• les forces navales
	• die Flotte, -n	• la flotte
	• das Kriegsschiff, -e	• le navire de guerre
	• der Kreuzer, -	• le croiseur
zerstören: *détruire*	• der Zerstörer, -	• le destroyer
	• die Fregatte, -n	• la frégate
	• das U-Boot, -e	• le sous-marin
das Torpedoboot, e: *le torpilleur*	• der Torpedo, -s	• la torpille
	• der Seekrieg, -e	• la guerre navale
	• die Seeherrschaft, -en	• la maîtrise des mers
	• die Besatzung, -en	• l'équipage
	• der Matrose, -n, -n	• le marin
	• der Kapitänleutnant, -e	• le lieutenant de vaisseau
	• der Kapitän zur See	• le capitaine de vaisseau
	• der Korvettenkapitän, -s/-e	• le capitaine de corvette
	• der Admiral, -e	• l'amiral
	• der Flotillenadmiral, -e	• l'amiral d'escadre

Wehrdienst und Berufsarmee — Le service militaire et l'armée de métier

	• der Wehrdienst	• le service militaire
	• die allgemeine Wehrpflicht	• le service militaire obligatoire
	• der Zivildienst, -e	• le service civil
	• der Wehr(dienst)pflichtige (AS)	• l'appelé (du contingent), le conscrit
= der Zivi, -s	• der Zivildienstleistende (AS)	• l'objecteur de conscience
	• die Wehrdienstverweigerung	• l'objection de conscience
	• das Wehrdienstgericht, -e	• le tribunal militaire
Jahrgang 1980: *classe 2000*	• der Jahrgang, ¨-e	• le contingent
	• die Erfassung, -en	• le recensement
	• die Verpflichtung, -en	• l'engagement
	• die Einberufung, -en	• l'appel
	• die Einstellung, -en	• l'incorporation
	• die Zuweisung, -en	• l'affectation
	• die Musterung, -en	• le conseil de révision
	• der Antimilitarismus	• l'antimilitarisme
aussi : der Fahnenflüchtiger (AS): *celui qui déserte le drapeau*	• der Deserteur, -e	• le déserteur
	• das Militärgericht, -e	• la cour martiale
	• der Spion, -e	• l'espion
	• die Spionage	• l'espionnage
	• der Befehlsverweiger, -	• l'insoumis
	• der Verrat, ¨-e	• la trahison
	• der Verräter, -	• le traître

	• **der Meuterer, -**	• le mutin
	• **die Meuterei, -en**	• la mutinerie
	• **die Kaserne, -n**	• la caserne
	• **die Garnison, -en**	• la garnison
	• **der Rekrut, -en, -en**	• la recrue
	• **der Urlaub, -e**	• la permission
	• **der Sold, -e**	• la solde
	• **die Ausbildung, -en**	• l'instruction
	• **die Hindernisbahn, -en**	• le parcours du combattant
	• **die Übung, -en**	• l'exercice, la manœuvre
	• **das Exerzieren**	• l'exercice
	• **das Arbeitskommando, -s**	• la corvée
	• **der Drill, -**	• l'entraînement
	• **der Zivilist, -en**	• le civil
	• **der Freiwillige (AS)**	• l'engagé volontaire
	• **der Berufssoldat, -en, -en**	• le militaire de carrière
	• **das Berufsheer, -e**	• l'armée de métier
	• **die Professionalisierung, -en**	• la professionnalisation
	• **die Fremdenlegion, -en**	• la légion étrangère
	• **der Legionär, -e**	• le légionnaire
	• **der Söldner, -**	• le mercenaire
	• **der Reservist, -en, -en**	• le réserviste
	• **der Reserveoffizier, -e**	• l'officier de réserve
	• **die Reserve, -n**	• l'armée de réserve

	• **ein/berufen (ie, u)**	• appeler sous les drapeaux
	• **seinen Wehrdienst leisten**	• faire son service militaire
	• **zum Wehrdienst erfasst werden**	• se faire recenser
	• **rekrutieren (unter)**	• recruter (parmi)
	• **entlassen (ie, a, ä)**	• libérer
	• **sich verpflichten**	• s'engager
	• **in das Heer eintreten (a, e, i)**	• s'engager dans l'armée
	• **(im Heer) dienen**	• servir (dans l'armée)
	• **seinem Land dienen**	• servir son pays
	• **fahnenflüchtig werden**	• déserter
	• **weg/treten (a, e, i)**	• rompre les rangs
ging, gegangen	• **auf Urlaub gehen**	• être en permission
zog, gezogen	• **auf Wache ziehen**	• monter la garde
	• **zum Arbeitskommando abgestellt sein**	• être de corvée
stand, gestanden	• **Wache stehen; Wache haben**	• être de garde
	• **in Habtachtstellung sein**	• être au garde-à-vous
	• **die Waffen präsentieren**	• présenter les armes

	• **militärisch**	• militaire, martial
	• **antimilitaristisch**	• antimilitariste
	• **(wehr)tauglich**	• apte
	• **(wehrdienst)untauglich**	• inapte
das Muster, -: *le modèle*	• **ausgemustert**	• réformé
	• **befreit**	• exempté

2 Der Krieg — La guerre

Die Krise — La crise

• die Krise, -n	• la crise
• der Krisenherd, -e	• le point chaud, le foyer de crise
• das Krisengebiet, -e	• la zone névralgique
• die Kriegsgefahr, -en	• la menace de guerre
pluriel • die Kriegsvorbereitungen	• les préparatifs de guerre
• die Mobilmachung, -en	• la mobilisation
• der Streitfall, ¨-e	• le différend
• der Zwischenfall, ¨-e	• l'incident
• das Ultimatum, -s/-ten	• l'ultimatum
• die Sackgasse, -n	• l'impasse
• der Konflikt, -e	• le conflit
• der Grenzkonflikt, -e	• le conflit frontalier
• das Embargo, -s	• l'embargo
• die Blockade, -n	• le blocus
• die Kraftprobe, -n	• l'épreuve de force
• das Kräfteverhältnis, -se	• le rapport de forces
• die Eskalation, -e	• l'escalade
• die Intensivierung, -en	• l'intensification
• die Verstärkung, -en	• le renfort

• aus/lösen	• déclencher
• auf/flammen	• s'embraser
• auf seiner Haltung beharren	• camper sur ses positions
• schlichten	• régler (un conflit)
• ein/greifen (i, i)	• intervenir
• sich (in + A) ein/mischen	• s'immiscer, s'ingérer (dans)

Der konventionelle Krieg — La guerre conventionnelle

Die Strategie — La stratégie

• der Krieg, -e	• la guerre
• die Kriegserklärung, -en	• la déclaration de guerre
• der Kriegszustand, ¨-e	• l'état de guerre
• der Kriegsschauplatz, ¨-e	• le théâtre des opérations
• der Kriegsverlauf, ¨-e	• le déroulement des opérations
pluriel • die Feindseligkeiten	• les hostilités
• der Feldzug, ¨-e	• la campagne, l'expédition
• die Front, -en	• le front
pluriel • die Streitkräfte	• les forces armées
• der Feind, -e	• l'ennemi
pluriel • die feindlichen Linien	• les lignes ennemies
• der Kampf, ¨-e	• le combat
• der Nahkampf, ¨-e	• le corps à corps, le combat rapproché
pluriel • die Kampfhandlungen	• les combats

die Kampfbereitschaft	la combativité
der Einsatzort, -e	le théâtre d'opération
die Überlegenheit, -en	la supériorité
das Gefecht, -e	l'engagement
der Gefechtsstand, ¨-e	le poste de commandement, le PC
der Angriff, -e	l'attaque
der Gegenangriff, -e	la contre-attaque
der Luftangriff, -e	le raid aérien
der Eindringling, -e	l'envahisseur, l'intrus
die Landung, -en (aussi : *l'atterrissage*)	le débarquement
der Überfall, ¨-e	l'attaque (par surprise)
der (An)Sturm, ¨-e	l'assaut
der Durchbruch, ¨-e	la percée
die Erstürmung, -en	la prise d'assaut
die Offensive, -n	l'offensive
der Hinterhalt, -e	l'embuscade
das Scharmützel, -	l'escarmouche
der Einmarsch, ¨-e (in + A)	l'invasion (de)
die Schlacht, -en	la bataille
das Schlachtfeld, -er	le champ de bataille
die Festung, -en	la forteresse
die Belagerung, -en	le siège
die Besetzung, -en	l'occupation
die Annektierung, -en	l'annexion
die Einnahme, -n	la prise
die Eroberung, -en	la conquête
die Vergeltung, -en	la vengeance, la représaille
die massive Vergeltung, -en	la réplique, riposte massive
die Repressalien (pluriel)	les représailles

(den Krieg) erklären	déclarer (la guerre)
aus/brechen (a, o, i)	éclater (guerre)
kämpfen, streiten (-itt, -itten)	combattre, se battre
an/greifen (i, i)	attaquer
ein/dringen (a, u)	envahir
sich (etwas, G) bemächtigen	s'emparer (de)
ein/nehmen (a, o, i)	prendre (d'assaut)
erobern	conquérir
verteidigen	défendre
widerstehen (D) (-stand, gestanden)	résister (à)
befestigen	fortifier
sich verschanzen	se retrancher
sich ein/graben (u, a, ä)	s'enterrer
belagern	assiéger
besetzen	occuper

Die Waffen — Les armes

die Waffe, -n (die Waffen strecken: *baisser pavillon*)	l'arme
die Rüstung, -en	l'armement
die Schusswaffe, -n	l'arme à feu
die chemische Waffe, -n	l'arme chimique

das Gewehrfeuer, -: *la fusillade*

die Bombe platzen lassen: *faire éclater la nouvelle comme une bombe*

• **die Munition, -en**	• les munitions
• **die Kugel, -n**	• la balle ; le boulet
• **die Patrone, -n**	• la cartouche
• **der Schuss, ¨-e**	• le coup (de feu)
• **das Gewehr, -e**	• le fusil
• **das Maschinengewehr, -e**	• la mitrailleuse, le fusil-mitrailleur
• **die Maschinenpistole, -n**	• le pistolet-mitrailleur
• **die Pistole, -n**	• le pistolet (automatique), le PA
• **der Revolver, -**	• le revolver
• **die Granate, -n**	• l'obus
• **die Handgranate, -n**	• la grenade
• **der Mörser, -**	• le mortier
• **die Kanone, -n**	• le canon
• **der Panzer, -**	• le char, le blindé
• **die Kette, -n**	• la chenille
• **die Kanonenkugel, -n**	• le boulet de canon
• **das Geschoss, -e**	• le projectile, l'obus
• **die Reichweite, -n**	• la portée
• **die Sprengkraft, ¨-e**	• la puissance explosive
• **die Mine, -n**	• la mine
• **die Suchmine, -n**	• la mine à tête chercheuse
• **die Landmine, -n**	• la mine antipersonnelle
• **der Sprengstoff, -e**	• l'explosif, le plastic
• **der Giftgaskrieg, -e**	• la guerre chimique
• **der Kampfstoff, -e**	• le gaz de combat
• **das Senfgas, -e**	• le gaz moutarde
• **das Nervengas, -e**	• le gaz paralysant
• **das Tränengas, -e**	• le gaz lacrymogène
• **die Bombe, -n**	• la bombe
• **die Splitterbombe, -n**	• la bombe à fragmentation
• **die Zeitbombe, -n**	• la bombe à retardement
• **die Brandbombe, -n**	• la bombe incendiaire
• **die Napalmbombe, -n**	• la bombe au napalm
• **der Bomber, -**	• le bombardier
• **der Jagdbomber, -**	• le chasseur bombardier
• **der Abwurf, ¨-e**	• le largage

• **zerstören**	• détruire
• **sprengen**	• faire sauter
• **feuern**	• faire feu, tirer
• **das Feuer eröffnen (auf + A)**	• ouvrir le feu (sur)
• **bombardieren**	• bombarder
• **schießen (o, o)**	• tirer
• **beschießen (o, o)**	• pilonner
• **ab/schießen (o, o)**	• abattre (avion)
• **nieder/schießen (o, o)**	• abattre
• **zurück/schießen (o, o)**	• riposter
• **(ein Schiff) versenken**	• couler (un navire)
• **sinken (a, u)**	• sombrer (bâteau)
• **zielen (auf + A)**	• viser (vers)
• **richten (auf + A)**	• diriger (sur)
• **torpedieren**	• torpiller

	• entsichern	• dégoupiller
brachte, gebracht	• zur Explosion bringen	• désamorcer, faire exploser
	• vergasen	• gazer
	• verminen	• miner
	• entminen	• déminer
es ist explodiert	• explodieren	• exploser
	• erobern	• conquérir
	• säubern	• nettoyer
	• vernichten	• anéantir
	• räumen	• évacuer
-zog, gezogen	• sich zurück/ziehen	• se retirer
	• den Rückzug an/treten (a, e, i)	• battre en retraite
	• sich ergeben (a, e, i)	• se rendre
	• kapitulieren	• capituler
	• gefangen/nehmen (a, o, i)	• faire prisonnier
	• landen	• débarquer
	• (Truppen) ab/setzen	• débarquer (des troupes)
	• auf/marschieren (Truppen)	• se déployer
	• auf/stellen (Truppen)	• aligner, déployer

• kampfbereit	• prêt au combat
• einsatzbereit	• opérationnel
• bewaffnet	• armé
• kriegerisch	• guerrier, belliqueux
• konventionell	• conventionnel
• chemisch	• chimique
• biologisch	• biologique
• scharf	• offensif
• nur für Dienstgebrauch (NfD)	• diffusion restreinte
• vertraulich	• confidentiel défense

Der Atomkrieg — La guerre nucléaire

die ABC-Waffen: *les armes NBC*	• die Atomwaffe, -n	• l'arme nucléaire
	• der Atomkrieg, -e	• la guerre atomique
	• der Atombombenversuch, -e	• l'essai nucléaire
	• der Atomversuchsstopp, -s	• l'arrêt des essais nucléaires
	• die Atom(streit)macht, ¨-e	• la puissance nucléaire
	• das Kernwaffenpotential, -e	• le potentiel nucléaire
	• der Atomschlag, ¨-e	• la frappe, l'attaque nucléaire
	• der Präzisionsschlag, ¨e	• la frappe chirurgicale
	• die Force de frappe	• la Force de frappe
	• die Strategie der flexiblen Antwort	• la stratégie de la réponse flexible
	• die Abschreckung, -en	• la dissuasion
	• die Abschreckungswaffe, -n	• l'arme de dissuasion
	• die Abschreckungspolitik	• la politique de dissuasion
	• das Wettrüsten	• la course aux armements
	• der Sternenkrieg, -e	• la guerre des étoiles
	• das Atom-U-Boot, -e	• le sous-marin nucléaire
	• das Atomwaffenarsenal, -e	• l'arsenal nucléaire
	• die Atombombe, -n	• la bombe atomique

• die Neutronenbombe, -n	• la bombe à neutrons
• der Atomsprengkopf, ¨-e	• l'ogive, la tête nucléaire
• die Abschussrampe, -n	• la rampe de lancement
• die Rakete, -n	• le missile
• die Mittelstreckenrakete, -n	• le missile à moyenne portée
• die Interkontinentalrakete, -n	• le missile intercontinental
• der Raketenwerfer, -	• le lance-missiles
• die Raketenabwehrrakete, -n	• le missile anti-missile
• der Flugkörper, -	• la fusée
• der strategische Bomber, -	• le bombardier stratégique
• der Marschflugkörper, -	• le missile de croisière
• die Druckwelle, -n	• l'onde de choc
• die Strahlung, -en	• la radiation
• die Seuche, -n	• l'épidémie
• die radioaktive Verseuchung, -en	• la contamination radioactive
• die Radioaktivität	• la radioactivité

• stationieren	• stationner
• dekontaminieren	• décontaminer
• verseuchen; verstrahlen	• contaminer

• nuklear, atomar	• nucléaire, atomique
• bakteriologisch	• bactériologique
• radioaktiv	• radioactif
• strategisch	• stratégique
• taktisch	• tactique
• bombensicher (aussi : *absolument certain*)	• à l'épreuve des bombes
• atom(waffen)frei	• dénucléarisé
• abschreckend	• dissuasif
• blendend	• aveuglant
• verstrahlt	• irradié
• einschüchternd	• intimidant

Die moderne Kriegsführung — La guerre moderne

• das Waffensystem, -e	• le système d'armes
• der Lufteinsatz, ¨-e	• l'opération aérienne
• die Luftaufklärung, -en	• la reconnaissance aérienne
• die Luftherrschaft, -e	• la maîtrise aérienne
• die Luftüberlegenheit, -en	• la suprématie aérienne
• der Luftraum, ¨-e	• l'espace aérien
• der/das Radar, -e	• le radar
• die Zielerfassung, -en	• l'acquisition d'objectifs
• die Treffgenauigkeit, -en	• la précision de tir
• der Bombenangriff, -e	• le bombardement, le raid aérien
• die Bombenabwurfzone, -	• la zone de bombardement
• die Luft-Boden-Rakete, -n	• la fusée air-sol
• die Luftabwehrrakete, -n	• la fusée antiaérienne
• die elektronische Kampfführung	• la guerre électronique

• die Fernspähtruppe, -n	• l'unité de reconnaissance dans la profondeur
• die Nachrichtengewinnung, -en	• l'acquisition du renseignement
• der Aufklärungssatellit, -en, -en	• le satellite espion
• das Satellitenbild, -er	• l'image satellite
• der Killersatellit, -en	• le satellite destructeur de satellites
• das Spionageflugzeug, -e	• l'avion espion
• das elektronische Lauschgerät, -e	• l'installation d'espionnage électronique
• die psychologische Verteidigung	• l'action psychologique
• die Propaganda	• la propagande
• die Befreiungsarmee, -n	• l'armée de libération
• die Spezialeinheit, -en	• l'unité spéciale
• die schnelle Eingreiftruppe, -n	• la force d'intervention rapide
• die Interoperabilität	• l'interopérabilité
• der Luftschlag, ¨-e	• la frappe aérienne
• der Heckenschütze, -n, -n	• le franc-tireur, le sniper, le tireur isolé
• der Scharfschütze, -n, -n	• le tireur d'élite
• der Laserstrahl, -en	• le rayon laser
• der Teilchenstrahl, -en	• le rayon à particules

• ab/werfen (a, o, i)	• jeter, larguer (bombes)
• überfliegen (o, o)	• survoler
• ein/sickern (in + A)	• s'infiltrer (dans)
• entwaffnen	• désarmer
• ab/fangen (i, a, ä)	• intercepter

• lasergeleitet	• guidé par laser
• bemannt	• sans pilote
• unbemannt	• avec pilote
• verlegbar (Einheiten)	• projetable (forces)

Kriegssorten — Les types de guerres

• der Weltkrieg, -e	• la guerre mondiale
• der kalte Krieg, -e	• la guerre froide
• der Bürgerkrieg, -e	• la guerre civile
• der konventionnelle Krieg, -e	• la guerre conventionnelle
• der Blitzkrieg, -e	• la guerre éclair
• der Nervenkrieg, -e	• la guerre des nerfs
• der Atomkrieg, -e	• la guerre atomique
• der Grabenkrieg, -e	• la guerre de tranchées
• der Stellungskrieg, -e	• la guerre de position
• der biologische Krieg, -e	• la guerre biologique
• der chemische Krieg, -e	• la guerre chimique
• die Guerilla, -s	• la guérilla
• der Unabhängigkeitskrieg, -e	• la guerre d'indépendance
• der Abnutzungskrieg, -e	• la guerre d'usure
• der Heilige Krieg, -e	• la guerre sainte
• der psychologische Krieg, -e	• la guerre psychologique
• der Bewegungskrieg, -e	• la guerre de mouvement

anglais : *the blitz*

Die kriegerischen Taten / Les actes guerriers

Die kriegerischen Taten	Les actes guerriers
• der Völkermord, -e	• le génocide
• der Holocaust	• l'holocauste
• der/das Pogrom, -e (gegen + A)	• le pogrom[e] (contre)
• die ethnische Reinigung, -en	• la purification ethnique
• die Gewalt	• la violence
• die Greueltat, -en	• l'atrocité
• die Diktatur, -en	• la dictature
• die Massenverhaftung, -en	• la rafle
• die Repression, -en	• la répression
• der bewaffnete Aufstand, ¨-e	• la révolte armée
• der Terrorismus	• le terrorisme
• der Terrorist, -en	• le terroriste
• das Bombenattentat, -e	• l'attentat à la bombe
• das Selbstmordattentat, -e	• l'attentat suicide
• der Kamikaze, -	• le kamikaze
• die Komplizenschaft, -en	• la complicité
• die Bedrohung, -en	• la menace
• das Kommando, -s	• le commando
• der Luftpirat, -en, -en	• le pirate de l'air
• Terror verbreiten	• inspirer la terreur
• terroristisch	• terroriste
• verbrecherisch	• criminel

Die Kriegsgreuel / Les horreurs de la guerre

Die Kriegsgreuel	Les horreurs de la guerre
• die Verletzung der Menschenrechte	• la violation des droits de l'homme
• die Menschenverluste (pluriel)	• les pertes humaines
• das Kriegsverbrechen, -	• le crime de guerre
• das Verbrechen gegen die Menschheit	• le crime contre l'humanité
• die Greueltat, -en	• l'exaction
• die Misshandlung, -en	• le sévice
• der Massenmord, -e	• la tuerie
• die Ausrottung, -en	• l'extermination
• die Hinrichtung, -en	• l'exécution
• das Massaker, -	• le massacre
• das Gemetzel, -	• le carnage
• das Blutbad, ¨-er	• le bain de sang
• das Kriegsopfer, -	• la victime de guerre
• der Verwundete (AS)	• le blessé
• die Verstümmelung, -en	• la mutilation
• die Folter, -n	• la torture
• die Qual, -en	• le supplice
• die Kriegswitwe, -n	• la veuve de guerre
• der Kriegsversehrte, -n	• l'infirme de guerre

• der Krüppel, -	• l'invalide
• der Kriegsgefangene (AS)	• le prisonnier de guerre
• das Gefangenenlager, -	• le camp de prisonniers
• die Gefangenschaft, -en	• la captivité
• die Geisel, -n	• l'otage
• die Geiselnahme, -n	• la prise d'otages
• der Tote (AS)	• le mort
• der Gefallene (AS)	• le soldat mort au combat
• der Vermisste (AS)	• le disparu
• der (Bürger)(kriegs)flüchtling, -e	• le réfugié
• die Vertreibung, -en	• la déportation
• die Hungersnot, ¨-e	• la famine
• als vermisst gemeldet sein	• être porté disparu
• versehrt sein	• être infirme
• im Kampf fallen (ie, a, ä)	• mourir au combat

≠ der Flüchtende (AS): *le fuyard*

3 Die Friedenspolitik — La politique de la paix

Die internationalen Beziehungen — Les relations internationales

• die internationale Gemeinschaft	• la communauté internationale
• die internationale Szene, -n	• la scène internationale
• die Außenpolitik	• la politique étrangère
• die Auswärtigen Angelegenheiten	• les affaires étrangères
• das Auswärtige Amt	• le ministère des Affaires étrangères
• die Diplomatie	• la diplomatie
• der Diplomat, -en, -en	• le diplomate
• die Botschaft, -en	• l'ambassade
• der Botschafter, -	• l'ambassadeur
• der Konsul, -e	• le consul
• das Konsulat, -e	• le consulat
• der Beauftragte (AS)	• l'émissaire, l'envoyé
• die Mission, -en	• la mission
• der Sprecher, -	• le porte-parole
• die Delegation, -en	• la délégation
• die Großmacht, ¨-e	• la grande puissance
• der Zwergenstaat, -en	• l'État croupion
• der Pufferstaat	• l'État tampon
• der Polizeistaat	• l'État policier
• die Zusammenarbeit, -en	• la coopération
• der Eingriff, -e	• l'intervention
• die Einmischung, -en	• l'ingérence, l'immixtion
• die Nichteinmischung, -en	• la non-ingérence
• die Besprechungen	• les pourparlers
• die Verhandlung, -en	• la négociation
• die Vorkehrung, -en	• la disposition
• der Kompromiss, -e	• le compromis

pluriel (die Auswärtigen Angelegenheiten)

(!) die Botschaft: *le message*

anglais : *the spokesman*

pluriel (die Besprechungen)

• **der Konsens, -e**	• le consensus
• **die Aussöhnung, -en**	• la conciliation
• **die Versöhnung, -en**	• la réconciliation
• **der Beschluss, ¨-e**	• la résolution
• **das Manöver, -**	• la manœuvre
• **das Übereinkommen, -**	• l'accord
• **der Vertrag, ¨-e**	• le traité
• **der Pakt, -e**	• le pacte
• **die Charta, -s**	• la charte
• **die Unterzeichnung, -en**	• la signature

Die Allianzen / Les alliances

• **die Großmacht, ¨-e**	• la grande puissance
• **die Neutralität**	• la neutralité
• **die Staatshoheit, -en**	• la souveraineté (nationale)
• **die Gebietshoheit, -en**	• la souveraineté territoriale
• **die Selbstbestimmung, -en**	• l'autodétermination
• **die Anerkennung, -en**	• la reconnaissance
• **der Militarismus**	• le militarisme
• **die Vereinten Nationen** (die UNO: *l'O.N.U.*)	• les Nations Unies
• **der UN-Sicherheitsrat** (die OECD: *l'O.C.D.E.*)	• le Conseil de sécurité des Nations Unies
• **die Völkerverständigung**	• l'amitié entre les peuples
• **die Völkerfreundschaft**	• l'amitié entre les peuples
• **die Völkergemeinschaft**	• la communauté des peuples
• **das Abkommen, -**	• le traité
• **die Zusammenarbeit**	• la coopération
• **die Sicherheit**	• la sécurité
• **die friedliche Lösung, -en**	• la solution pacifique
• **der Pakt, -e**	• le pacte
• **der Nichtangriffspakt, -e**	• le pacte de non-agression
• **das Bündnis, -se** (aussi : die Allianz, -en)	• l'alliance
• **der Verbündete (AS)** (aussi : der Alliierte (AS))	• l'allié
• **die NATO**	• l'O.T.A.N.
• **der Natostaat, -en**	• l'État membre de l'O.T.A.N.

• **souverän**	• souverain
• **unabhängig**	• indépendant
• **unverletzlich**	• inviolable
• **international**	• international
• **wechselseitig**	• mutuel
• **gemeinsam**	• commun
• **deutschfreundlich**	• germanophile
• **deutschfeindlich**	• germanophobe
• **franzosenfreundlich**	• francophile
• **franzosenfeindlich**	• francophobe
• **blockfrei**	• non aligné

Der Ausgang des Konflikts und die Friedenssicherung — L'issue du conflit et le maintien de la paix

die Friedensbemühungen (plur.): *les efforts en faveur de la paix*
der Internationale Gerichtshof: *la Cour internationale de justice*
das Internationale Tribunal in Den Haag: *le Tribunal International de La Haye*

• **der Frieden, -**	• la paix
• **die Friedensgesprächen (plur.)**	• les pourparlers
• **die Friedensverhandlungen (plur.)**	• les négociations de paix
• **die Friedenskonferenz, -en**	• la conférence de la paix
• **das Friedensangebot, -e**	• l'offre de paix
• **der Sonderfrieden, -**	• la paix séparée
• **der Friedensvertrag, ¨-e**	• le traité de paix
• **die Befriedung, -en**	• la pacification
• **der Sieg, -e**	• la victoire
• **der Sieger, -**	• le vainqueur
• **die Niederlage, -n**	• la défaite
• **der Zusammenbruch, ¨-e**	• la débâcle, la déroute
• **das Debakel, -**	• la débandade
• **die Befreiung, -en**	• la libération
• **die Kapitulation, -en**	• la capitulation
• **die Waffenruhe, -n**	• la trêve
• **die Feuerpause, -n**	• le cessez-le-feu
• **der Waffenstillstand, ¨-e**	• l'armistice
• **die Kriegsreparationen** (pluriel)	• les réparations de guerre
• **die Entwaffnung, -en**	• le désarmement (des troupes)
• **das Rüstungsgleichgewicht, -e**	• l'équilibre des forces
• **das Militärgleichgewicht, -e**	• l'équilibre militaire
• **die Aufrüstung, -en**	• l'armement
• **die Wiederaufrüstung, -en**	• le réarmement
• **die Nachrüstung, -en**	• le renforcement militaire
• **die Abrüstung, -en**	• le désarmement (international)
• **die Abrüstungsverhandlungen** (pluriel)	• les négociations sur le désarmement
• **die Friedenstruppe, -n**	• la force de maintien de la paix
• **die UNO-Friedenstruppe, -n** (der Blauhelm, -e: *le casque bleu*)	• les casques bleus
• **die Friedensbewegung, -en**	• le mouvement de la paix
• **der Friedensmarsch, ¨-e**	• la marche pour la paix
• **der Pazifismus**	• le pacifisme
• **der Pazifist, -en, -en** (aussi : der Kriegsgegner, -s)	• le pacifiste
• **der Truppenabbau, -**	• la réduction des forces
• **der Raketenabzug, ¨-e**	• le retrait des fusées
• **das Gewaltverzichtsabkommen, -**	• le traité de non-recours à la violence
• **der Atomwaffensperrvertrag, ¨-e**	• le traité sur la non-prolifération des armes atomiques
• **die Entmilitarisierung, -en**	• la démilitarisation
• **die Eindämmungspolitik, -en**	• la politique d'endiguement
• **die Beschwichtigungspolitik, -en**	• la politique d'apaisement

• **Frieden schließen (o, o)**	• faire la paix
• **entwaffnen**	• désarmer (des troupes)
• **ab/rüsten**	• désarmer (des forces)

• **friedlich**	• pacifique, paisible
• **friedliebend**	• paisible
• **pazifistisch**	• pacifiste
• **neutral**	• neutre

ÜBUNGEN

29 Was gehört zusammen? Appariement.

Finden Sie die Kollokationen:

a. den Krieg	**1.** abschießen
b. ein Flugzeug	**2.** absetzen
c. ein Schiff	**3.** abtransportieren
d. Bomben	**4.** abwerfen
e. eine Brücke	**5.** einnehmen
f. Minen	**6.** erklären
g. Panzergrenadiere	**7.** eröffnen
h. die Gewehre	**8.** erringen
i. das Feuer	**9.** laden
j. eine Stadt	**10.** legen
k. den Feind	**11.** schließen
l. die Verwundeten	**12.** sprengen
m. den Sieg	**13.** vernichten
n. den Frieden	**14.** versenken

30 Während der Grundausbildung. Pendant les classes.

Wie heißen die Exerzierbefehle auf Deutsch?

a. Rassemblement !	**1.** Abteilung halt!
b. Serrez les rangs !	**2.** Achtung! Augen geradeaus!
c. A droite alignement !	**3.** Angetreten!
d. A vos rangs - fixe !	**4.** Aufschließen! / Nachrücken!
e. En avant - marche !	**5.** Rechtsum kehrt!
f. A droite - droite !	**6.** Gewehr ab!
g. Demi-tour à droite !	**7.** Im Gleichschritt marsch!
h. Section - halte !	**8.** Präsentiert das Gewehr!
i. Présentez arme !	**9.** Rechts um!
j. Reposez arme !	**10.** Richt' euch!
k. Garde à vous !	**11.** Rührt euch!
l. Repos !	**12.** Stillgestanden!
m. Rompez les rangs !	**13.** Weggetreten!

31 Übersetzung. Traduction.

Gebrauchen Sie im Französischen entsprechende idiomatische Redewendungen!

a. Der Wehrpflichtige ist auf Urlaub: …
b. Wann hast du deinen Militärdienst abgeleistet?: …
c. Ich habe den Wehrdienst aus Gewissensgründen verweigert: …
d. In Frankreich ist die Wehrpflicht gerade abgeschafft worden: …
e. Er hat sich freiwillig zur Fremdenlegion gemeldet: …
f. Der General hat die Zivilbevölkerung beschießen lassen: …

32 Welche Nomina passen nicht?

Chassez les intrus :

die Neutronenbombe - die Atombombe - die Eisbombe - die Sprengbombe - die Leuchtbombe - die Napalmbombe - die Sexbombe - die Brandbombe - die Stinkbombe

33 Achtung im Schulranzen! Qu'est-ce qu'il y a dans le cartable ?

Finden Sie den fehlenden Teil des Wortes:

Sein Plan war … astisch : mit einer vorgetäuschten … drohung würde er dafür sorgen, dass die gefürchtete Mathematikprüfung einer Notevakuierung der Schule weichen würde. Nachdem er seinem Mathelehrer schon lange den Krieg erklärt hatte, würde er nun mit diesem Streich das Feuer eröffnen. Ein anonymer Telefonanruf sollte dafür sorgen, das Lehrerkollegium in Angst und Schrecken zu versetzen und den … alarm auszulösen. Diese Taktik würde sich als … sicher erweisen und ihm noch dazu ein … geschäft bescheren, da er als Belohnung für seine geniale Kriegsführung und die Zurückschlagung des Feindes (die drohenden Algebra- und Geometrietruppen) von den Klassenkameraden eine kleine finanzielle Taschengelderhöhung erhoffte. Dem … erfolg seiner genialen Idee stand nichts mehr im Wege. Bald würde er die … platzen lassen !

► Corrigés page 468 ◄

Landeskunde

Armee in Ost und West
L'armée à l'est et à l'ouest

- **die Bundeswehr:** l'armée fédérale.
- **die innere Führung:** doctrine de commandement de la **Bundeswehr** qui met l'accent sur la responsabilité individuelle et la motivation des troupes, en rupture avec l'obéissance aveugle **(der Kadavergehorsam)** des soldats de la **Wehrmacht**.
- **die N.V.A. (Nationale Volksarmee):** l'armée de l'ex-R.D.A.
- **G.S.T. (Gesellschaft für Sport und Technik):** cette organisation avait dans l'ex-R.D.A. pour mission de familiariser dès leur plus jeune âge les enfants et adolescents avec l'armée. Dès l'âge de 14 ans, garçons et filles recevaient un entraînement et une préformation militaires les initiant au service militaire. Cette éducation militaire et sportive était intégrée à l'enseignement scolaire.
- **Checkpoint Charlie in Berlin:** ancien point de passage situé à la frontière séparant Berlin-Est et Berlin-Ouest.
- **die deutsch-französische Brigade:** la brigade franco-allemande, créée en 1988.
- **das Eurokorps:** l'eurocorps.
- **die schnelle Eingreiftruppe:** la force d'intervention rapide.
- **die Auslandseinsätze der Bundeswehr:** les interventions extérieures de la **Bundeswehr**, rendues possibles par l'accession de l'Allemagne à la souveraineté au lendemain de la réunification. Les premières interventions eurent lieu au printemps 1991 dans le cadre de la Guerre du Golfe **(der Golfkrieg)**.

Kriegsgegner
Pacifistes

- **der Kriegsdienstverweigerer** ou **der Wehrdienstverweigerer:** l'objecteur de conscience. L'objection de conscience est un droit fondamental **(Grundrecht)** inscrit dans la Constitution allemande.
- **die Friedensbewegten:** mouvance pacifique de la jeunesse allemande depuis les années 60 (dans le cadre d'une "semaine d'action" de ce mouvement pacifique **(die Friedensbewegung)**, environ 220 000 personnes avaient formé le 24 octobre 1983 contre le stationnement de nouvelles fusées américaines à moyenne portée une chaîne de 108 km entre Neu-Ulm et Stuttgart).
- **"Frieden schaffen ohne Waffen":** slogan des Verts et des pacifistes (il s'agit originairement d'une formule du pasteur Rainer Eppelmann lors de son Appel de Berlin **(Berliner Appel)** en 1982 dirigé contre la politique de militarisation de l'ex-R.D.A.). Autre slogan s'inscrivant dans la même tendance : **"Frieden pflanzen"**.
- **"Lieber rot als tot":** plutôt rouge que mort ; slogan de certains pacifistes ouest-allemands.

Bildlich gesprochen

Rund um den Frieden

- **die Friedenstaube:** la colombe de la paix.
- **die Friedenspfeife:** le calumet de la paix.

- **Frieden stiften:** faire régner la paix.
- **den Frieden stören:** troubler la paix.
- **der Friedensstörer:** l'agitateur (politique).
- **seinen Frieden mit jemandem/etwas machen:** faire la paix avec quelqu'un/quelque chose ; se réconcilier.
- **jemandem in Frieden lassen:** ficher la paix à quelqu'un, laisser quelqu'un en paix.
- **dem Frieden nicht trauen:** expression signifiant la suspiscion quant à la durabilité d'une situation de calme.
- **Friede, Freude, Eierkuchen (fam.):** expression familière désignant une situation de tranquillité et d'harmonie douteuses.
- **um des lieben Friedens willen:** pour avoir la paix.
- **der bewaffnete Frieden:** la paix armée.
- **die friedliche Koexistenz:** la coexistence pacifique.

Rund um den Krieg

- **das Kriegsbeil aus/graben:** déterrer la hache de guerre.
- **das Kriegsbeil begraben:** enterrer la hache de guerre.
- **mit jemandem auf dem Kriegsfuß stehen/leben:** vivre/être sur le pied de guerre avec quelqu'un.
- **mit etwas auf dem Kriegsfuß stehen (familier):** être brouillé avec quelque chose, ne pas être habile à quelque chose.
- **in den Kriegszustand versetzen:** mettre sur le pied de guerre.
- **sich im Kriegszustand befinden:** être en guerre.
- **jemandem den Krieg erklären:** déclarer la guerre à quelqu'un.
- **der Eintritt in den Krieg:** l'entrée en guerre.
- **in den Krieg ziehen:** partir en guerre.
- **im Krieg bleiben:** mourir à la guerre.
- **Krieg ist Krieg!:** à la guerre comme à la guerre !
- **der Kalte Krieg:** la Guerre Froide.
- **der Krieg der Sterne:** la guerre des étoiles.

Zum Nachdenken

- **Friede ernährt, Unfriede verzehrt (Sprichwort):** la paix amasse, la guerre dissipe.
- **Ein reiches Land ohne Heer ist wie ein Garten ohne Zaun:** un pays riche sans armée est comme un jardin sans clôture.
- **Der Krieg ist die Fortsetzung der Politik mit anderen Mitteln.** La guerre est la continuation de la politique par d'autres moyens (sentence célèbre du théoricien militaire prussien Carl von Clausewitz).
- **Der Krieg ernährt den Krieg (Schiller, *Wallenstein*):** la guerre nourrit la guerre (on emploie aujourd'hui cette citation pour signifier que certains tirent toujours profit de la guerre et du malheur d'autrui).
- **Manches Herrliche in der Welt**
  Ist in Krieg und Streit zerronnen (Goethe): bien des grandes choses de ce monde se sont évanouies dans la guerre et le conflit.

10 Recht und Justiz

Droit et Justice

1 Die Ordnungswidrigkeiten — Les infractions à l'ordre

Die Gesellschaftsordnung anfechten — La contestation de l'ordre

anglais : *demonstration*	• **die Demonstration, -en**	• la manifestation
	• **der Demonstrant, -en, -en**	• le manifestant
	• **der Teilnehmer, -**	• le participant
	• **der Umzug, ¨-e**	• le défilé
	• **die Menge, -n**	• la foule
	• **die Unruhe, -n**	• l'agitation
	• **der Dissident, -en**	• le dissident
	• **der Unmut**	• le mécontentement
	• **der Protest, -e**	• la protestation
	• **die Forderung, -en**	• la revendication
	• **das Transparent, -e**	• la banderole
das Wort, -e: *la parole*	• **die Parole, -n**	• le mot d'ordre
	• **der Slogan, -s**	• le slogan
der Schild, -e: *le bouclier*	• **das Schild, -er**	• la pancarte
anglais : *to demonstrate*	• **demonstrieren (für/gegen + A)**	• manifester (pour/contre)
	• **fordern**	• revendiquer
	• **heben (o, o)**	• brandir
	• **die Ordnung stören**	• troubler l'ordre
	• **Unruhe stiften**	• semer le trouble
	• **(zu + D) auf/rufen (ie, u)**	• appeler (à)

Die Kollektivgewalt — La violence collective

	• **die Ausschreitung, -en**	• l'exaction
	• **die Gewaltwelle, -n**	• la vague de violence
	• **der Anstieg der Gewalt**	• l'escalade de la violence
	• **der Überfall, ¨-e**	• l'agression
	• **der Vandalismus**	• le vandalisme
	• **der Aufruhr, -e; die Erhebung, -en**	• l'insurrection
	• **der Aufrührer, -**	• l'agitateur
	• **der Aufstand, ¨-e**	• le soulèvement
	• **der Aufständische (AS)**	• l'insurgé
pluriel	• **die Randalierer; die Chaoten**	• les casseurs
	• **der Schläger, -**	• le casseur
	• **die Schlägerei, -en**	• la bagarre
	• **das Lynchen**	• le lynchage
	• **die Plünderung, -en**	• le pillage
	• **der Krawall, -e**	• l'émeute
	• **die Grabschändung**	• la profanation de sépulture

• **die Volksverhetzung, -en**	• l'incitation à la haine
• **der Brandstifter, -**	• l'incendiaire

• **plündern**	• saccager, mettre à sac
• **randalieren**	• casser
• **in Brand setzen**	• mettre le feu
• **Autos um/stürzen**	• renverser des voitures
• **Schaufenster ein/schlagen (u, a, ä)**	• briser des vitrines
• **Barrikaden errichten**	• ériger des barricades
• **verschwören**	• conspirer
• **sabotieren**	• saboter

2 Delikte und Verbrechen — Crimes et délits

Der Diebstahl — Le vol

anglais : *the thief*	• **der Dieb, -e**	• le voleur
	• **der Taschendieb, -e**	• le pickpocket
	• **der Diebstahl, ¨-e**	• le vol
	• **der Einbruchsdiebstahl, ¨-e**	• le cambriolage
	• **der Ladendiebstahl, ¨-e**	• le vol à l'étalage
	• **der Einbrecher, -**	• le cambrioleur
	• **der Einbruch, ¨-e**	• le cambriolage, l'effraction
	• **die Beute, -n**	• le butin
	• **das Versteck, -e**	• la cachette, la planque (fam.)
	• **der Hehler, -**	• le receleur
	• **die Hehlerei, -en**	• le recel
der versuchte Raub: *la tentative de vol*	• **der Raub, -e**	• le vol à main armée
	• **der Banküberfall, ¨-e**	• le braquage, le hold-up
	• **der Bankräuber, -**	• le braqueur de banque
	• **die (Geld)unterschlagung, -en**	• le détournement (de fonds)
	• **die Steueroase, -n**	• le paradis fiscal
	• **die Steuerflucht**	• l'évasion fiscale
	• **die Bestechung**	• la corruption
	• **das Schmiergeld, -er**	• le pot-de-vin, le dessous-de-table
singulier	• **der Betrug**	• la duperie, l'escroquerie
	• **der Betrüger, -**	• l'escroc
	• **die Betrügerei, -en**	• l'escroquerie
das Falschgeld: *la fausse monnaie*	• **der Fälscher, -**	• le faussaire
	• **der Falschmünzer, -**	• le faux-monnayeur
anglais : *smuggled goods*	• **die Schmuggelware, -n**	• la marchandise de contrebande

• **bestechen (a, o, i)**	• corrompre
• **ein/brechen (a, o, i) (in + A)**	• pénétrer par effraction (dans)
• **bei jdm ein/brechen (a, o, i)**	• cambrioler qqn
• **auf/brechen (a, o, i)**	• fracturer, casser
• **jdm etwas stehlen (a, o, ie)**	• voler qqch à qqn

	• **jdn bestehlen (a, o, ie)**	• voler qqn
	• **unterschlagen (u, a, ä)**	• détourner (argent)
	• **entwenden**	• dérober
	• **aus/plündern**	• dévaliser, piller
anglais : *smuggle*	• **schmuggeln**	• faire de la contrebande

	• **rechtswidrig**	• illégal, illicite
	• **strafbar**	• répréhensible
	• **untersagt, verboten**	• interdit, défendu
	• **(un)bestechlich**	• (in)corruptible
	• **käuflich**	• vénal

Die Kriminalität — La délinquance

	• **der Straffällige (AS)**	• le délinquant
die organisierte Kriminalität: *le grand banditisme*	• **die Jugendkriminalität**	• la délinquance juvénile
	• **die Wirtschaftskriminalität**	• la criminalité économique
	• **die Kriminalitätsrate, -n**	• le taux de criminalité
	• **die Dunkelziffer**	• le nombre de délits inconnus
	• **die Gewalt**	• la violence
	• **die Gewalttat, -en**	• l'acte de violence
	• **die Gewalttätigkeit, -en**	• la violence
vorsätzliche Körperverletzung (sing.): *coups et blessures volontaires*	• **die Körperverletzung, -en**	• la blessure corporelle
	• **die Notwehr**	• la légitime défense
	• **der Täter, -**	• l'auteur du délit
	• **der Missetäter, -**	• le malfaiteur
	• **der Straftäter, -**	• le coupable
	• **der Mittäter, -**	• le complice
	• **die Straftat, -en**	• le délit
	• **das Kavaliersdelikt, -e**	• le délit mineur, la petite infraction
	• **das Schwarzfahren, -**	• le fait de voyager sans billet
	• **die Beschaffungskriminalität; die Beschaffungsprostitution**	• la criminalité/la prostitution pour se procurer de la drogue
	• **der Dealer, -**	• le dealer
	• **die Rauschtat, -en**	• le délit commis en état d'ivresse
	• **das Sittlichkeitsverbrechen, -**	• l'attentat à la pudeur
	• **das Sexualverbrechen, -**	• le délit sexuel
	• **der Exhibitionismus**	• l'exhibitionnisme
	• **der Menschenhandel**	• la traite des êtres humains
	• **der Zuhälter, -**	• le proxénète, le souteneur
	• **die Zuhälterei**	• le proxénétisme
	• **die Vergewaltigung, -en**	• le viol
	• **der Menschenraub, -en**	• le kidnapping, le rapt
die räuberische Erpressung: *l'extorsion de fonds*	• **die Erpressung, -en**	• le chantage
	• **der Drohbrief, -e**	• la lettre de menaces
≠ der Meistersinger (von Nürnberg): *le maître-chanteur (de Nuremberg)*	• **der Erpresser, -**	• le maître-chanteur
	• **die Unterwelt**	• la pègre
	• **die Abrechnung, -en**	• le règlement de comptes
pron. anglaise	• **der Gangster, -**	• le gangster
	• **der Ganove, -n, -n**	• la crapule, le bandit

die Gaunersprache: *l'argot du milieu*

er Selbstmordattentäter: *le terroriste kamikaze*

- **der Gauner, -** • le filou, l'escroc
- **die Bande, -n** • la bande
- **der Terrorismus** • le terrorisme
- **der Terrorist, -en, -en** • le terroriste
- **das Attentat, -e (auf + A)** • l'attentat (contre)
- **der Bombenanschlag, ¨-e** • l'attentat à la bombe
- **der Bombenleger, -** • le poseur de bombe
- **die Entführung, -en** • l'enlèvement, le détournement
- **der Entführer, -** • le ravisseur
- **die Freiheitsberaubung, -en** • la séquestration
- **der Luftpirat, -en, -en** • le pirate de l'air
- **die Geisel, -n** • l'otage
- **die Geiselnahme, -n** • la prise d'otage
- **das Lösegeld, -er** • la rançon
- **der Vermittler, -** • le médiateur
- **die Freilassung, -en** • la libération

- **(das Gesetz) übertreten (a, e, i)** • transgresser (la loi)
- **straffällig werden** • commettre un délit
- **Wände beschmieren** • faire des graffiti sur les murs
- **überfallen (ie, a, ä)** • attaquer, agresser
- **eine Bombe legen** • poser une bombe
- **in Brand stecken** • incendier
- **misshandeln** • maltraiter
- **vergewaltigen** • violer
- **in/aus Notwehr handeln** • agir en état de légitime défense
- **eine Straftat begehen** • commettre un délit (-ging, gegangen)
- **erpressen** • faire chanter
- **betrügen (o, o)** • tromper, escroquer
- **entführen, kidnappen** • enlever, kidnapper
- **Gewalt an/wenden** • user de violence

- **gewalttätig** • violent
- **geringfügig (Delikt)** • mineur (délit)
- **schwer** • grave

Die Verbrechen — Les crimes

- **das Verbrechen, -** • le crime, le délit
- **der Verbrecher, -** • le criminel
- **der Mord, -e (an + D)** • le meurtre (de qqn)
- **der Mörder, -** • le meurtrier, l'assassin (anglais : *the murderer*)
- **der Vatermord, -e** • le parricide
- **der Vatermörder, -** • le (fils) parricide
- **der Kindesmord, -e** • l'infanticide
- **die Kindesmörderin, -nen** • la mère infanticide
- **der Lustmord, -e** • le meurtre avec viol
- **der Raubmord, -e** • le crime crapuleux
- **der Serientäter, -** • le tueur en série
- **der Amokläufer,-** • le tueur fou
- **der Tatort, -e** • le lieu du crime

die Zuhausegewalt: *la violence domestique*	**die Tatwaffe, -n**	l'arme du crime
	die Ermordung, -en	l'assassinat
	die eheliche Gewalt, -en	la violence conjugale
	die Belästigung, -en	le harcèlement
	die Misshandlung, -en	le mauvais traitement
aussi : die Blutschande	**der Inzest, -e**	l'inceste
	die Pädophilie	la pédophilie
die fahrlässige Tötung: *l'homicide par imprudence*	**die Tötung, -en**	l'homicide
	die vorsätzliche Tötung, -en	l'homicide volontaire
	der Gerichtsarzt, ¨-e	le médecin légiste
	das Leichenschauhaus, ¨-er	la morgue

	ermorden	assassiner
	um/bringen (brachte, gebracht)	tuer
	jdn erschießen (o, o)	abattre qqn
-ging, gegangen	**einen Mord begehen**	commetttre un meurtre
	jdn ermordern lassen (ie, a, ä)	faire exécuter qqn
	jdn misshandeln	maltraiter qqn
	brutal behandeln	brutaliser
	schlagen (u, a, ä)	frapper
	missbrauchen	abuser
	jdn ein Trauma versetzen	traumatiser
	ein Flugzeug entführen	détourner un avion

verbrecherisch, kriminell	criminel
vorsätzlich	volontaire
unfreiwillig, fahrlässig	involontaire
misshandelt	battu, maltraité
mit Vorbedacht	avec préméditation
mutmaßlich	présumé (assassin)

3 Die Verbrechensbekämpfung — La lutte contre la criminalité

Die Polizei — La police

die berittene Polizei: *la police montée* die weißen Mäuse: *les motards*	**die Ordnungskräfte (plur.)**	les forces de l'ordre
	das Polizeipräsidium, -dien	la préfecture de police
	das Polizeirevier, -e	le commissariat de police
	der Polizeispitzel, -	le mouchard, l'indic (fam.)
	der Polizeihund, -e	le chien policier
	der Spürhund, -e	le limier
	der Polizeieinsatz, -¨e	l'intervention de police
die Kripo (fam.): *la P.J.*	**die Kriminalpolizei, -en**	la police judiciaire

der Bulle, -n, -n (fam.); der Polyp, -en, -en: *le flic, le poulet*
die Polente: *les flics*

bei der Sitte arbeiten argon): *être à la mondaine*

ine Streife machen: *faire une ronde, patrouiller*

der Peterwagen (fam.): *voiture-radio de la police*
die grüne Minna (fam.): *le panier à salade*

• **der Polizist, -en, -en**	• le policier
• **der Polizeibeamte (AS)**	• le fonctionnaire de police
• **der Kripo-Beamte (AS)**	• l'agent de police judiciaire
• **der Kommissar, -e**	• le commissaire
• **der Polizeiinspektor, -en**	• l'inspecteur de police
• **die Mordkommission, -en**	• la brigade criminelle
• **die Sittenpolizei, -en**	• la brigade mondaine, des mœurs
• **die Rauschgiftabteilung, -en**	• la brigade des stupéfiants
• **die Antikrawallenabteilung, -en**	• la brigade anti-émeute
• **die (Polizei)Streife, -n**	• la patrouille
• **der Streifenwagen, -**	• la voiture de police
• **die Zivilstreifenwagen, -**	• la voiture banalisée
• **die Polizeisperre, -n**	• le barrage de police
• **die Sirene, -n**	• la sirène
• **das Blaulicht, -er**	• le gyrophare

• **in Zivilkleidung sein**	• être en civil

Die polizeiliche Ermittlung — L'enquête de police

die Fahndungsliste der Polizei: *le fichier central de la police*

mangels Beweises: *faute de preuves*

pluriel

der Schatten, -: *l'ombre*

= die Wanze, -n (fam.): *la punaise*

• **die Ermittlung, -en**	• l'enquête
• **das Ermittlungsverfahren, -**	• la procédure d'enquête
• **der Fall, ¨-e**	• l'affaire
• **die Fahndung, -en (nach + D)**	• les recherches (de)
• **das Strafregister, -**	• le casier judiciaire
• **die Anzeige, -n**	• la dénonciation
• **die (Straf)anzeige, -n**	• la plainte, la déclaration
• **die Personenbeschreibung, -en**	• le signalement
• **das Phantombild, -er**	• le portrait-robot
• **der Steckbrief, -e**	• l'avis de recherche
• **die Belohnung, -en**	• la récompense
• **der Beweis, -e**	• la preuve
• **das Beweismaterial, -ien**	• les preuves
• **das Beweisstück, -e**	• la pièce à conviction
• **die Fingerabdrücke**	• les empreintes digitales
• **der Verdacht, -e (auf + A)**	• le soupçon (de qqch)
• **der Verdächtige (AS)**	• le suspect
• **der Kronzeuge, -n, -n**	• le témoin numéro un
• **die Leibesvisitation, -en**	• la fouille corporelle
• **das Beschatten, -**	• la filature
• **die Hausdurchsuchung, -en**	• la perquisition
• **der Haussuchungsbefehl, -e**	• le mandat de perquisition
• **die Nacht-und-Nebel-Aktion, -en**	• l'opération coup de poing
• **die Razzia, -ien**	• la rafle
• **der Gewahrsam, -**	• la garde à vue
• **das Abhörgerät, -e**	• le micro clandestin
• **der Lügendetektor, -en**	• le détecteur de mensonges
• **das Verhör, -e**	• l'interrogatoire
• **das Alibi, -s**	• l'alibi
• **das Geständnis, -se**	• l'aveu
• **das Indiz, -ien**	• l'indice

	• **das Protokoll, -e**	• le procès-verbal
	• **die Verhaftung, -en**	• l'arrestation
	• **der Haftbefehl, -e**	• le mandat d'arrêt
	• **die Handschellen (plur.)**	• les menottes
die vorläufige Freilassung: *la mise en liberté provisoire*	• **die Freilassung, -en**	• la mise en liberté
	• **der Amtsmissbrauch, ¨-e**	• l'abus de pouvoir
	• **die Panne, -n**	• la bavure

	• **beschützen**	• protéger
	• **bewachen**	• garder
	• **überwachen**	• surveiller
	• **(die Personalien) überprüfen**	• contrôler (l'identité de qqn)
	• **ermitteln**	• enquêter
	• **Ermittlungen ein/leiten**	• commencer l'enquête
	• **fahnden (nach + D)**	• rechercher
an/zapfen (fam.): *mettre sur écoute*	• **ab/hören**	• interroger, mettre sur écoute
	• **jdn ins Verhör nehmen (a, o, i)**	• procéder à l'interrogatoire de qqn
	• **belohnen**	• récompenser
-griff, gegriffen	• **ein/greifen**	• intervenir
	• **durch/suchen**	• fouiller
bei jdm: *chez qqn*	• **eine Hausdurchsuchung vor/nehmen (a, o, i)**	• perquisitionner
	• **sicher/stellen**	• saisir (drogue)
	• **auf frischer Tat ertappen**	• prendre en flagrant délit
	• **jdn überwältigen**	• maîtriser qqn
	• **fest/nehmen (a, o, i)**	• arrêter
	• **einen Haftbefehl gegen jdn erlassen (ie, a, ä)**	• placer qqn sous mandat d'arrêt
	• **jdm Handschellen an/legen**	• passer les menottes à qqn
(a, o, i)	• **jdn vorläufig fest/nehmen**	• placer qqn en garde à vue
familier	• **vertobaken**	• passer à tabac
	• **eine Strafanzeige erstatten**	• porter plainte
	• **ein Phantombild an/fertigen**	• établir un portrait-robot
(a, o, i)	• **jdm Fingerabdrücke ab/nehmen**	• prendre les empreintes digitales de q
	• **vernehmen**	• interroger
gestand, gestanden	• **(ein)/gestehen**	• avouer
	• **ein Geständnis ab/legen**	• faire un aveu
(a, e, i)	• **etwas zu Protokoll geben**	• faire sa déposition
(a, o, i)	• **ein Protokoll auf/nehmen**	• établir un procès-verbal
	• **frei/lassen (ie, a, ä)**	• remettre en liberté
	• **nicht vorbestraft sein**	• avoir un casier judiciaire vierge
	• **vorbestraft sein**	• avoir un casier judiciaire
(a, o, i)	• **als schuldig gelten**	• être présumé coupable
	• **für schuldig gesprochen werden**	• être déclaré coupable
	• **sich (un)schuldig bekennen**	• plaider (non) coupable

ein ungeklärter Fall: *une affaire non élucidée*	• **ungeklärt**	• non élucidé
	• **mutmaßlich**	• présumé
	• **schuldig**	• coupable
	• **unschuldig**	• innocent

4 Die richterliche Gewalt — Le pouvoir judiciaire

Remarque	Die Justiz	La justice
	• **die Gerechtigkeit**	• la justice
	• **die Justiz**	• la justice (l'institution)
das Jüngste Gericht: *le Jugement Dernier*	• **das Gericht, -e**	• le tribunal
	• **das Gerichtsgebäude, -**	• le palais de justice
	• **der Gerichtssaal, -säle**	• le prétoire, la salle d'audience
	• **der Gerichtsbeamte (AS)**	• le magistrat
	• **die Gerichtsbarkeit, -en**	• la juridiction
	• **das Amtsgericht, -e**	• le tribunal d'instance
	• **das Landesgericht, -e**	• le tribunal de grande instance
	• **das Berufungsgericht, -e**	• la Cour d'appel
	• **das Schwurgericht, -e**	• la cour d'assises, les assises
	• **das Verwaltungsgericht, -e**	• le Tribunal administratif
	• **der Richter, -**	• le juge
	• **der Untersuchungsrichter, -**	• le juge d'instruction
≠ Jura (sans art.): *le droit (science)*	• **das Recht, -e**	• le droit
	• **das Strafrecht, -e**	• le droit pénal
	• **das bürgerliche Recht, -e**	• le droit civil
	• **das öffentliche Recht, -e**	• le droit public
	• **der Rechtsanwalt, ¨-e**	• l'avocat
	• **die Rechtsanwältin, -nen**	• l'avocate
as Gesetz des Dschungels: *la loi de la jungle*	• **das Gesetz, -e**	• la loi
	• **das bürgerliche Gesetzbuch**	• le code civil
	• **das Strafgesetzbuch**	• le code pénal
	• **die Gesetzesverletzung, -en**	• l'infraction à la loi
	• **die Untersuchung, -en**	• l'instruction
	• **die Strafkammer, -n**	• la Chambre d'accusation
	• **der Staatsanwalt, ¨-e**	• le procureur
≠ der Kunde: *le client*	• **der Klient, -en, -en**	• le client (d'un avocat)
	• **die Klientel, -en**	• la clientèle

-ging, gegangen	• **vor Gericht gehen**	• aller en justice
	• **vor Gericht kommen (a, o)**	• passer en justice
	• **vor Gericht laden (u, a, ä)**	• citer en justice
zog, gezogen	• **vor Gericht ziehen**	• traîner en justice
stand, gestanden	• **wegen Mord vor Gericht stehen**	• comparaître pour meurtre

• **(un)gerecht**	• (in)juste
• **unabhängig**	• indépendant
• **gesetzlich, legal**	• légal
• **ungesetzlich, gesetzwidrig**	• contraire à la loi, illégal
• **gerichtlich**	• juridique

ein Prozess wegen übler Nachrede: *un procès pour diffamation*
mit jdm kurzen Prozess machen (fam.): *ne pas y aller par quatre chemins avec qqn*

unter Ausschluss der Öffentlichkeit: *à huis-clos*

Augenzeugen zufolge: *selon des témoins oculaires*

nach Zeugenaussagen: *selon les déclarations de témoins*

der Meineid: le *faux serment, le parjure*

die Geschworenen: *le jury*

Das Verfahren	La procédure
• **der Prozess, -e**	• le procès
• **der Zivilprozess, -e**	• le procès civil
• **das Zivilverfahren, -**	• la procédure civile
• **der Strafprozess, -e**	• le procès pénal
• **das Strafverfahren, -**	• la procédure pénale
• **die Akte, -n**	• le dossier
• **die Untersuchung, -en**	• l'examen
• **die Anzeige, -n**	• la plainte
• **die (An)klage, -n**	• l'accusation, la plainte, l'inculpatio
• **die Anklageschrift, -en**	• l'acte d'accusation
• **die öffentliche Anklage, -n**	• l'accusation (partie du procès)
• **der Kläger, -**	• le plaignant
• **der Angeklagte (AS)**	• l'accusé, l'inculpé
• **die Ladungsschrift, -en**	• l'assignation
• **die gerichtliche (Vor)Ladung, -en**	• la citation à comparaître
• **das Erscheinen, -**	• la comparution
• **die Verhandlung, -en**	• l'audience
• **die Gerichtsverhandlung, -en**	• les débats (judiciaires)
• **der Ankläger, -**	• l'accusateur
• **der Verteidiger, -**	• le défenseur
• **der Anwalt, ¨-e**	• l'avocat de la défense
• **die Verteidigung, -en**	• la défense
• **das Plädoyer, -s**	• le plaidoyer
• **der Sachvortrag, ¨-e**	• la plaidoierie
• **der Zeuge, -n, -n**	• le témoin
• **die Zeugenaussage, -n**	• le témoignage
• **der Augenzeuge, -n, -n**	• le témoin oculaire
• **der Belastungszeuge, -n**	• le témoin à charge
• **die Zeugenvernehmung, -en**	• l'audition des témoins
• **der Zeugenstand, ¨-e**	• la barre des témoins
• **die Zeugenbestechung, -en**	• la subornation de témoins
• **die Aussage, -n**	• la déposition
• **der Eid, -e**	• le serment
• **die Erklärung, -en**	• la déclaration
• **das Verhör, -e**	• l'interrogatoire, l'audition
• **das Kreuzverhör, -e**	• le contre-interrogatoire
• **die Schweigepflicht, -en**	• le devoir de réserve
• **das Schweigerecht, -en**	• le droit de réserve
• **der Geschworene (AS)**	• le juré
• **die Beratung, -en**	• la délibération, le délibéré
• **die Gerichtsentscheidung, -en**	• la décision du tribunal
• **die Schuld, -en**	• la culpabilité
• **die Unschuld, -en**	• l'innocence
• **die Unschuldvermutung, -en**	• la présomption d'innocence
• **die Berufung, -en**	• l'objection
• **der Einspruch, ¨-e**	• l'appel
• **das Rechtsmittel, -**	• le recours
• **die Revision, -en**	• la révision
• **die Begnadigung, -en**	• la grâce

	• **der Begnadigte (AS)**	• l'amnistié
	• **das Begnadigungsgesuch, -e**	• le recours en grâce
	• **der Justizirrtum, -¨er**	• l'erreur judiciaire
	• **die Verjährung, -en**	• la prescription
	• **die Rechtsprechung**	• la jurisprudence
	• **der Verfahrensmangel, ¨-**	• le vice de procédure

	• **jdn an/zeigen**	• dénoncer ; porter plainte contre qqn
gegen Unbekannt: *contre X*	• **Anzeige erstatten**	• porter plainte
gegen jdn: *contre qqn*	• **Anklage erheben (o, o)**	• porter plainte
	• **jdn vor Gericht laden (u, a, ä)**	• assigner qqn en justice
	• **vorgeladen werden**	• être cité à comparaître
(ie, ie)	• **gerichtlich persönlich erscheinen**	• comparaître en personne
saß, gesessen	• **auf der Anklagebank sitzen**	• être assis sur le banc des accusés
gegen jdn: *contre qqn*	• **ein Verfahren ein/leiten**	• engager une procédure judiciaire
	• **an/klagen (+ G)**	• accuser (de)
	• **verteidigen**	• défendre
	• **leugnen**	• nier
bestritt, bestritten	• **bestreiten**	• contester
	• **aus/sagen**	• déposer
	• **zeugen**	• témoigner
	• **die Zeugen vernehmen (a, o, i)**	• entendre les témoins
	• **als Zeugen laden (u, a, ä)**	• appeler comme témoin
brachte, gebracht	• **zur Beratung bringen**	• mettre en délibéré
	• **etwas bezeugen**	• témoigner de qqch
	• **einen Eid/Meineid leisten**	• jurer/se parjurer
	• **schwören (o, o)**	• jurer, prêter serment
	• **plädieren**	• plaider
	• **ein Prozess gewinnen (a, o)**	• gagner un procès
	• **einen Präzedenzfall dar/stellen**	• faire jurisprudence
-ging, gegangen	• **auf Berufung gehen**	• faire appel
	• **Einspruch erheben (o, o)**	• faire opposition à, faire appel
	• **die Gnade erweisen (ie, ie)**	• accorder la grâce

• **klagefreudig**	• procédurier
• **schuldig**	• coupable
• **unschuldig**	• innocent
• **unter Eid, eidesstattlich**	• sous serment
• **belastend**	• compromettant

5 Strafen und Strafvollzug / Les sanctions et l'exécution de la peine

Das Urteil und die Strafen / Le jugement et les peines

	• **das Urteil, -e**	• le jugement, la sentence
	• **die Verurteilung, -en**	• la condamnation
	• **der Verurteilte (AS)**	• le condamné
der Rechtsstreit ist abgeschlossen: *l'affaire est close*	• **der Beschluss, ¨-e**	• le verdict

	der Freispruch, ¨-e	l'acquittement
	die Strafe, -n	la peine
	die Geldstrafe, -n	l'amende
	die Ersatzstrafe, -n	la peine de substitution
	die Gefängnisstrafe, -n	la peine d'emprisonnement
	die lebenslange Freiheitsstrafe, -n	la réclusion à perpétuité
	der Schadenersatz	les dommages et intérêts
	der Freiheitsentzug (sing.)	la réclusion, l'emprisonnement
= die U-Haft	**die Untersuchungshaft**	la détention préventive, provisoire
	das Aufenthaltsverbot, -e	l'interdiction de séjour
	die Abschiebung, -en	l'expulsion
	die Ausweisung, -en	la relégation
	die Auslieferung, -en	l'extradition
	die Verbannung	le bannissement
	das Zuchthaus, ¨-er	le pénitencier
	das Bagno, -s/-gni	le bagne
singulier	**die Zwangsarbeit**	les travaux forcés
	die Rehabilitierung	la réhabilitation
	der mildernde Umstand, ¨e	la circonstance atténuante

---

	verdächtigen (+ G)	suspecter (de)
	beschuldigen (+ G)	inculper, accuser (de)
	verklagen	accuser (tribunal)
	verhören	interroger
	urteilen, richten	juger
	ein Urteil fällen/verkünden	prononcer un jugement
(a, o, i)	**ein gütliches Abkommen treffen**	régler à l'amiable
	ein Urteil auf/heben (o, o)	casser un jugement
	das Urteil vollstrecken	exécuter la sentence
	frei/sprechen (a, o, i)	acquitter
	jdn schuldig sprechen (a, o, i)	déclarer qqn coupable
	eine Strafe über jdn verhängen	infliger une peine à qqn
	ab/schieben (o, o)	expulser
	bestrafen	punir, châtier
	ahnden	réprimer
	verurteilen (zu + D)	condamner (à)

---

verdächtig	suspect
gerichtlich; richterlich	judiciaire
(un)gerecht	(in)juste
mildernd	atténuant
mild (Strafe)	léger (peine)
schwer (Strafe)	lourd (peine)
erschwerend	aggravant
exemplarisch	exemplaire
lebenslänglich	à perpétuité
gütlich	à l'amiable
mit Bewährung	avec sursis

6 Die Gefängniswelt — L'univers carcéral

der Strafvollzug	le système pénitentiaire
das Gefängnis, -se (der Knast (fam.): *la taule*)	la prison
die Haftanstalt, -en	l'établissement pénitentiaire
die Besserungsanstalt, -en	la maison de redressement
die Strafkolonie, -n	le pénitencier
der Gefängniswärter, -	le gardien de prison
der Gefangene (AS)	le prisonnier
der Strafgefangene (AS)	le prisonnier de droit commun
der Mitgefangene (AS)	le codétenu
die Gefangenschaft, -en	la détention
die Inhaftierung, -en	l'incarcération
der Häftling, -e; der Sträfling, -e	le détenu
der Hochsicherheitstrakt, -e	le quartier de haute sécurité (QHS)
die Zelle, -n	la cellule
das Besuchszimmer, -	le parloir
die Isolation, -en	l'isolement
die Flucht, -en	l'évasion
der Fluchtversuch, -e	la tentative d'évasion
der Hungerstreik, -s	la grève de la faim
die Meuterei, -en	la mutinerie
der Straferlass, -e	la remise de peine
die Strafaussetzung zur Bewährung	la liberté surveillée
die bedingte Strafaussetzung, -en	la liberté conditionnelle
die Freilassung, -en	la libération
der Rückfall, ¨-e	la récidive
der Wiederholungstäter, -	le récidiviste
die Amnestie, -n	l'amnistie
der (Haft)Entlassene (AS)	le détenu libéré
die Resozialisierung	la réinsertion (sociale)
der Strafentlassene (AS)	l'ancien détenu
der mehrfach Vorbestrafte (AS)	le repris de justice
der Vorbestrafte (AS)	personne qui a un casier judiciaire

---

ins Gefängnis gehen (ging, gegangen)	aller en prison
(im Gefängnis) sitzen (saß, gesessen)	être en prison
drei Jahre brummen müssen (familier)	passer trois ans en cabane
eine Strafe verbüßen	purger une peine
eine (Gefängnis)strafe ab/sitzen (saß, gesessen) (seine Zeit ab/sitzen: *faire son temps*)	purger une peine (de prison)
in den Hungerstreik treten (a, e, i)	entamer une grève de la faim
eine Strafe mildern	réduire une peine
eine Strafe erlassen (ie, a, ä)	remettre une peine
entlassen (ie, a, ä)	libérer
inhaftieren; ein/sperren	emprisonner, écrouer, incarcérer
die Flucht ergreifen (ergriff, ergriffen)	prendre la fuite
aus/brechen (a, o, i) (aus dem Gefängnis: *de prison*)	s'évader, être en cavale
amnestieren	amnistier
(in + A) wiederein/gliedern	réinsérer (dans la société)

• **rehabilitieren**	• réhabiliter
• **rückfällig werden**	• récidiver
• **in Abwesenheit verurteilen**	• condamner par contumace
• **auf Ehrenwort**	• sur parole
• **gegen Kaution**	• sous caution
• **wegen guter Führung**	• pour bonne conduite

7 Die Todesstrafe — La peine de mort

zum Henker!: *bon sang !*

der Galgenvogel: *le gibier de potence*
der Galgenhumor: *l'humour macabre*

Kopf ab! Rübe runter! (fam.): *couic !*

• **die Todesstrafe, -n**	• la peine capitale
• **der zum Tode Verurteilte (AS)**	• le condamné à mort
• **die Abschaffung, -en**	• l'abolition
• **die Wiedereinführung, -en**	• le rétablissement
• **der Henker, -**	• le bourreau
• **die Hinrichtung, -en**	• l'exécution
• **das Schaffot, -e**	• l'échafaud
• **der Galgen, -**	• la potence
• **der Tod durch den Strang, ¨-e**	• la pendaison
• **die Enthauptung, -en**	• la décapitation
• **die Guillotine, -n**	• la guillotine, la veuve
• **der elektrische Stuhl, ¨-e**	• la chaise électrique
• **die Giftspritze, -n**	• l'injection de poison
• **die Begnadigung, -en**	• la grâce
• **jdn zum Tode verurteilen**	• condamner qqn à mort
• **hin/richten**	• exécuter (qqn)
• **(er)hängen**	• pendre
• **erschießen (-oss, -ossen)**	• fusiller
• **enthaupten**	• décapiter
• **ein Gnadengesuch ein/reichen**	• déposer une demande de grâce
• **begnadigen**	• gracier

ÜBUNGEN

34 Mitgegangen, mitgefangen, mitgehangen. Achtung vor Paronyma!
Vous n'allez pas vous en tirer comme ça !

Welches Wort ist das Richtige?

a. Der Kläger hat gegen das schwere Urteil des Landesgerichtes … erhoben.
Beinbruch - Einbruch - Einspruch - Freispruch

b. Als sich der Nachbar zum wiederholten Male an Familie Müllers Kirschbäumen vergriff, sahen die Müllers keine andere Möglichkeit, als ihn vor Gericht …
anzuklagen - zu beklagen - zu beschlagen - zu verklagen

c. Nach stundenlangen Verhandlungen hinter geschlossenen Türen konnte der Richter schließlich das Urteil ...
aufheben - fällen - freisprechen - vollstrecken
d. Dieser Politiker gilt als der ... in dem Prozess.
Augenzeuge - Erzeuger - Kronerbe - Kronzeuge
e. Nach einigem Zögern erklärte sich der bekannte Staranwalt dazu bereit, die ... des Mafiabosses zu übernehmen.
Verjährung - Vernehmung - Verschönerung - Verteidigung
f. Erst als keiner der Anwesenden im Gerichtssaal es mehr erwartete, ließ sich der Angeklagte zu einem ... herab.
Geständnis - Kavaliersdelikt - Meineid - Verständnis
g. Nach ihrer ... wollte das geschändete Mädchen lange Zeit nichts mehr von Männern wissen.
Belohnung - Ermordung - Erpressung - Vergewaltigung
h. Der ... setzte sich aus einzelnen Wörtern, die allesamt aus Zeitungen ausgeschnitten worden waren, zusammen.
Drohbrief - Fahrzeugbrief - Liebesbrief - Steckbrief
i. Trotz langwieriger Entwicklungen ist der Mord an Heinz P. bis jetzt noch ...
unerhört - unfreiwillig - ungeklärt - mutmaßlich
j. Der ... Täter befindet sich noch immer auf der Flucht.
mutmaßliche - unfreiwillige - ungeklärte - unvermutete
k. Sein ... war wirklich hieb-und stichfest. Er konnte jeden seiner Schritte im gefragten Zeitraum durch Zeugen belegen.
Alibi - Delikt - Geständnis - Klient
l. Lucio Mafioso wurde auf frischer Tat ..., als er sein Opfer mit einer Spaghettizange bedrohte.
erhängt - ertappt - verhaftet - verhört
m. Mangels ... musste das Gericht den mutmaßlichen Brandstifter leider wieder in die Freiheit entlassen.
Ausweise - Beweise - Nachweise - Verweise

35 Ordnen Sie die Verbrechen nach ihrer Schwere. Classez les crimes par ordre de gravité.

a. Diebstahl - b. Kavaliersdelikt - c. Mord - d. Raubüberfall - e. fahrlässige Tötung.

36 Was passt nicht zusammen? Chassez l'intrus !

a. Drohbrief - Erpressung - Lösegeld - Schmiergeld
b. Drohbrief - Personenbeschreibung - Phantombild - Steckbrief
c. Anklagebank - Geständnis - Haftbefehl - Verhör
d. Angeklagter - Geschworene - Polizeispitzel - Rechtsanwalt
e. Gefängnis - Haftanstalt - Untersuchungshaft - Zuchthaus
f. Galgenvogel - Gauner - Schurke - Verbrecher

Corrigés page 468

Landeskunde

Richterliche und polizeiliche Instanzen

Les instances juridiques et policières

- **der Bundesgerichtshof (BGH):** la Cour fédérale de cassation, sise à Karlsruhe.
- **das Bundeskriminalamt (BKA):** l'Office fédéral de la police criminelle, dont le siège est à Wiesbaden.
- **der Bundesgrenzschutz (BGS):** la police fédérale des frontières.
- **die Grenzschutzgruppe 9 (GSG-9):** le groupe d'intervention de la police des frontières, l'équivalent allemand du G.I.G.N. ; unité spéciale **(die Sondereinheit; der Spezialverband)** créée après la prise d'otages sanglante **(das Geiseldrama)** lors des Jeux Olympiques de Munich en 1972.
- **Europol:** Europol, acronyme de **das Europäische Polizeiamt,** l'office européen de police installé à La Haye **(Den Haag)** et opérationnel depuis 1999.
- **die Polizeiliche Kriminalstatistik:** les statistiques de la police criminelle.

Die neuen Ermittlungsverfahren, Straftaten und Strafformen

Nouvelles procédures d'enquête, nouvelle criminalité et nouvelles peines

- **der Lauschangriff, -e:** l'opération d'écoute ; la surveillance acoustique des lieux privés est autorisée dans la lutte contre la grande criminalité **(die Schwerstkriminalität)** et le terrorisme.
- **die Schleierfahndung:** le coup de filet ; opération d'envergure menée par la police fédérale des frontières et destinée à vérifier l'identité des personnes et les biens transportés.
- **der genetische Fingerabdruck:** l'empreinte génétique ; **die DNA-Analyse:** l'analyse d'ADN.
- **die Null-Toleranz:** la tolérance zéro.
- **die Straftaten gegen die Umwelt:** les délits contre l'environnement, introduits en 1980 dans le code pénal allemand.
- **die Markenpiraterie** ou **die Produktpiraterie:** la contrefaçon
- **die Wirtschaftsspionage:** l'espionnage économique
- **die Mitarbeiterkriminalität:** la criminalité sur le lieu de travail, la délinquance des employés
- **der elektronisch überwachte Hausarrest:** le placement sous surveillance électronique (PSE)
- **der elektronische Fußfessel:** le bracelet électronique.

Bildlich gesprochen

Rund um das Blut

- **die Bluttat:** le meurtre.
- **die Blutrache:** la vendetta.
- **Er ist ein Bluthund:** C'est un monstre sanguinaire.
- **ein bluttriefender Film:** un film qui regorge d'hémoglobine.
- **jemanden bis aufs Blut peinigen:** ulcérer quelqu'un à l'extrême.
- **Dafür wird er bluten müssen:** Il va devoir casquer pour cela.
- **ein Blutbad an/richten:** provoquer un carnage.
- **einen hohen Blutzoll fordern:** payer un lourd tribut en vie humaines.
- **unschuldiges Blut vergießen:** verser du sang innocent.

- **eine Schande mit Blut ab/waschen:** laver la honte par le sang.
- **ein Blutbad:** un bain de sang.
- **An seinen Händen klebt Blut:** Il a du sang sur les mains.

Rund um den Mord

- **Mord und Brand schreien:** appeler à l'aide.
- **Es wird Mord und Totschlag geben:** il y aura des morts.
- **Das ist ja der reinste Mord! (fam.):** c'est du délire !
- **ein versuchter Mord:** une tentative d'assassinat.
- **aus seinem Herzen keine Mördergrube machen:** parler à cœur ouvert.
- **unter Mordverdacht stehen:** être soupçonné de meurtre.
- **unter Mordanklage stehen:** être accusé de meurtre.
- **von Mörderhand sterben:** être assassiné.
- **eine Mordswut im Bauch haben (fam.):** être hors de soi.

Rund um die Tat

Zur Tatzeit: au moment des faits

- **auf frischer Tat ertappt werden:** être pris sur le fait, en flagrant délit.
- **zur Tat schreiten:** passer à l'acte.
- **jemanden mit Rat und Tat bei/stehen:** prendre fait et cause pour quelqu'un.
- **jemanden vor die vollendete Tatsache stellen:** mettre quelqu'un devant le fait accompli.
- **vor vollendeten Tatsachen stehen:** se trouver devant le fait accompli.
- **Vorspiegelung falscher Tatsachen:** des propos mensongers.
- **Die Tatsachen sprechen deutlich genug:** les faits parlent d'eux-mêmes.
- **Das ist der Fluch der bösen Tat:** c'est la conséquence d'un méfait (cette expression provient de la pièce de Schiller, *Wallenstein*, dans laquelle il est dit : **"Das eben ist der Fluch der bösen Tat, dass sie, fortzeugend, immer Böses muss gebären":** "Et voilà justement où gît la malédiction attachée à une mauvaise action, c'est que sans cesse elle multiplie et engendre le mal."

Zum Nachdenken

- **Achtung, Gefahr im Anzug!:** Vingt-deux, voilà les flics !
- **Haltet den Dieb!:** Au voleur !
- **Vor Taschendieben wird gewarnt:** Attention aux pickpockets.
- **Gelegenheit macht Diebe:** L'occasion fait le larron.
- **Die kleinen Diebe hängt man, die großen lässt man laufen:** Les petits voleurs on pend, on laisse courir les grands.
- **Hände hoch, oder ich schieße!:** Haut les mains ou je tire !
- **Wo kein Kläger ist, ist auch kein Richter:** Point de juge sans plaignant.
- **Strafe muss sein!:** Il faut bien que justice se fasse !
- **Schere dich zum Henker!:** Va-t'en au diable !
- **Mitgegangen, mitgefangen, mitgehangen:** Vous n'allez pas vous tirer comme ça.

11 Die Religion
La religion

1 Das religiöse Gefühl — Le sentiment religieux

Der Glaube	La foi
• der Glaube (an + A)	• la foi, la croyance (en)
• die Spiritualität	• la spiritualité
• die Offenbarung, -en	• la révélation
• die Meditation, -en	• la méditation
• die kontemplative Versenkung, -en	• la contemplation
• die Inbrunst	• la ferveur
• die Seligkeit, -	• la béatitude
• die Verehrung, -en	• la vénération
• die Religion, -en	• la religion
• das Bekenntnis, -se	• la confession (appartenance à une religion)
• das Glaubensbekenntnis, -se	• la profession de foi, le credo
• der Frömmler, -	• le bigot
• die Frömmigkeit	• la dévotion, la piété
• die Frömmelei	• la fausse dévotion, la bigoterie
• die Pietät	• la piété
• der Gott, ¨-er	• le dieu
• der Gläubige (AS)	• le croyant
• die Gläubigen	• les fidèles
• der Fanatiker, -	• le fanatique
• der Fanatismus	• le fanatisme
• der Mystiker, -	• le mystique
• der Fundamentalismus	• l'intégrisme
• der Glaubensbruder, ¨-	• le coreligionnaire
• die Glaubensgemeinschaft, -en	• la communauté religieuse
• die Ewigkeit	• l'éternité
• die Unsterblichkeit	• l'immortalité
• die Seele, -n	• l'âme
• das (Seelen)heil	• le salut (de l'âme)
• das Diesseits	• l'ici-bas
• das Jenseits	• l'au-delà
• der Himmel	• le ciel

≠ der Gläubiger, -: *le créancier* (→ der Gläubige)

• glauben (an + A)	• croire (en)
• sich bekennen (zu + D)	• déclarer appartenir (à)
• an/beten	• adorer
• jdn vergöttern	• idolâtrer
• jdn preisen (i, i)	• faire la louange de
• (sich) bekehren	• (se) convertir
• über/treten (zu + D)	• se convertir (à)
• nach/denken	• se recueillir

≠ bitten (a, e): *prier, demander*
bieten (o, o): *offrir*
(sich) betten: *(se) coucher* (→ an/beten)

(a, e, i) (→ über/treten)

-dachte, gedacht (→ nach/denken)

(!) gutgläubig: *naïf, ingénu*

• **fromm, gottesfürchtig**	• pieux, dévot
• **gläubig**	• croyant
• **religiös**	• religieux
• **offenbar**	• révélé
• **mystisch**	• mystique
• **inbrünstig**	• fervent
• **heilig**	• sacré
• **göttlich**	• divin
• **allmächtig**	• tout-puissant
• **allgegenwärtig**	• omniprésent
• **ewig**	• éternel
• **unsterblich**	• immortel
• **vergänglich**	• éphémère
• **selig**	• bienheureux
• **bekehrt**	• converti
• **asketisch**	• ascétique
• **fanatisch**	• fanatique
• **kirchlich**	• religieux
• **monotheistisch**	• monothéiste

Der Unglaube — L'incroyance

≠ die Heide: *la lande*

• **der Heide, -n, -n**	• le païen
• **das Heidentum**	• le paganisme
• **der Ungläubige (AS)**	• l'incroyant, le mécréant, l'infidèle
• **die Ungläubigkeit, -en**	• l'incrédulité
• **der Nichtgläubige (AS)**	• le non-croyant
• **die Skepsis, -**	• le scepticisme
• **der Atheist, -en, -en**	• l'athée, l'impie
• **die Gottlosigkeit, -en**	• l'impiété
• **der Agnostiker, -**	• l'agnostique
• **der Agnostizismus**	• l'agnosticisme
• **der Bilderstürmer, -**	• l'iconoclaste
• **der Bildersturm**	• l'iconoclasme
• **der Freidenker, -**	• le libre penseur
• **das Freidenkertum**	• la libre pensée
• **der Freimaurer, -**	• le franc-maçon
• **der Abtrünnige (AS)**	• le renégat
• **die Gotteslästerung, -en**	• le blasphème, le sacrilège
• **der Frevel, -**	• le sacrilège (acte)
• **der Frevler, -**	• le sacrilège (personne)
• **die Ketzerei, -en**	• l'hérésie
• **der Heretiker, -**	• l'hérétique
• **die Exkommunikation, -en**	• l'excommunication
• **der Bann, -e**	• l'anathème, le bannissement
• **der Glaubensstreit, -e**	• la querelle confessionnelle
• **die Bekehrung, -en**	• la conversion
• **das Weltliche; das Profane**	• le profane (par opposition au sacré)
• **die Schändung, -en**	• la profanation

seinem Glauben ab/schwören: *abjurer sa foi*

ab/schwören (o, o)	abjurer
Gott lästern	blasphémer
entweihen, schänden	profaner
jdn mit dem Bann belegen	frapper qqn d'anathème

gottlos, atheistisch	impie, athée
frevelhaft	sacrilège, impie
areligiös	irréligieux
abtrünnig, abgefallen	dissident
andersgläubig	de confession différente
weltlich	séculier
laizistisch	laïc
profan	profane
ketzerisch	hérétique
heidnisch	païen
gotteslästerlich	blasphématoire

Die Mythologie — La mythologie

das Titan: *le titane*

der Drachen: *le cerf-volant/la mégère*

anglais : *unicorn*

der Mythos, -then	le mythe
die Sage, -n	la légende
der Olymp	l'Olympe
die Unterwelt	les Enfers
das Heidentum	le paganisme
die Vielgötterei	le polythéisme
der Abgott, ¨-er; der Götze, -n, -n	l'idole
die Gottheit, -en	la divinité
der Götzenglaube	l'idolâtrie
die Pythia	la pythonisse, la Pythie
der Titan, -en, -en	le titan
der Zyklop, -en, -en	le cyclope
der Satyr, -n	le satyre
die Sirene, -n	la sirène
der Drache, -n	le dragon
der Werwolf, ¨-e	le loup-garou
das Einhorn, ¨-er	la licorne
das Orakel, -	l'oracle
das Opfer, -	le sacrifice
die Walküre, -n	la walkyrie
die Walhalla	le walhalla (paradis)

jdn abgöttisch lieben	idolâtrer qqn

heidnisch	païen

Aberglaube und Astrologie — Superstition et astrologie

• **der Aberglaube, -n**	• la superstition
• **die Zauberei; die Magie**	• la magie
• **der Zauberer, -**	• le magicien
• **die Zauberkünste** (pluriel)	• les sortilèges
• **die Zauberformel, -n**	• la formule magique, l'incantation
• **der Heilpraktiker, -**	• le guérisseur
• **die Schwarzkunst, ¨-e**	• la magie noire
• **die schwarze Messe, -n**	• la messe noire
• **der Wodu**	• le vaudou
• **der Schamane, -n**	• le chamane
• **der Fetisch, -e**	• le fétiche
• **das Amulett, -e**	• l'amulette, le gri-gri
• **der Talisman, -e**	• le talisman, le gri-gri
• **das Totem, -s**	• le totem
• **die Hexe, -n**	• la sorcière
• **die Hexerei**	• la sorcellerie
• **die Hexenjagd**	• la chasse aux sorcières
• **die Hexenverbrennung**	• le supplice du feu (sorcières)
• **der Zauber, -**	• le sortilège, le charme
• **die Behexung, -en**	• l'envoûtement
• **die Verhexung, -en**	• le maléfice
• **der Fluch, ¨-e**	• la malédiction
• **der Teufel, -**	• le diable
• **der Dämon, -en**	• le démon
• **der Satanismus**	• le satanisme
• **der Scheiterhaufen, -**	• le bûcher
• **die Wahrsagerin, -nen**	• la diseuse de bonne aventure
• **der Hellseher, -**	• le voyant
• **das Hellsehen**	• la voyance, la divination
• **der Wahrsager, -**	• le devin
• **die Weissagung, -en**	• la prédiction
• **das Medium, -ien**	• le médium
• **die Kristallkugel, -n**	• la boule de cristal
• **das Kartenlegen**	• la cartomancie
• **die Kartenlegerin, -nen**	• la cartomancienne
• **die Handlesekunst**	• la chiromancie
• **die Geheimwissenschaft, -en**	• l'occultisme, la science occulte
• **die Esoterik**	• l'ésotérisme
• **der Geist, -er**	• l'esprit
• **der Poltergeist, -er**	• l'esprit frappeur
• **das Gespenst, -er**	• le fantôme, le spectre
• **der Spiritismus**	• le spiritisme
• **die spiritistische Sitzung, -en**	• la séance de spiritisme
• **die Alchimie**	• l'alchimie
• **der Vampir, -e**	• le vampire
• **die Gruft, ¨-e** (der Grufti: *le gothique, le croulant (péj.)*)	• le caveau
• **das Spukschloss, ¨-er**	• le château hanté
• **der Exorzist, -en, -en**	• l'exorciste
• **die Sterndeutung**	• l'astrologie

aussi : der Sterndeuter	• der Astrologe, -n	• l'astrologue
	• das Horoskop, -e	• l'horoscope

	• weissagen	• prédire
(a, e, ie)	• die Zukunft vorher/sehen	• prévoir l'avenir
(a, e, ie)	• aus dem Kaffeesatz lesen	• lire dans le marc de café
	• hexen	• user de sorcellerie, pratiquer la magie
	• (jdn) behexen	• jeter un sort (à qqn)
	• (von etwas, D) besessen sein	• être possédé (par qqch)

• abergläubig	• superstitieux
• übernatürlich	• surnaturel
• behext; verhext	• envoûté
• unheimlich	• lugubre, inquiétant
• verflucht	• maudit
• geheim, okkult	• occulte
• esoterisch	• ésotérique
• unheilvoll	• maléfique
• teuflisch	• diabolique, démoniaque

2 Das Christentum — Le christianisme

Der christliche Glaube — La foi chrétienne

	• der Christ, -en, -en	• le chrétien
	• die Christenheit	• la chrétienté
	• das Christentum	• le christianisme
	• Christus, -i	• le Christ
	• die Geburt Christi	• la Nativité
	• der Schöpfer, -	• le Créateur
	• der Erlöser	• le Rédempteur
génitif : Jesu	• Jesus	• Jésus
	• der Messias	• le Messie
	• der Heiland	• le Sauveur
	• die Dreifaltigkeit	• la Trinité
	• der Heilige Geist	• le Saint Esprit
	• das Leiden (Christi)	• la Passion
	• das Kreuz, -e	• la croix
	• der Kreuzweg, -e	• le chemin de croix
	• die Kreuzigung	• la Crucifixion
	• die Auferstehung	• la Résurrection
	• das Wunder, -	• le miracle
	• das Geheimnis, -se	• le mystère
	• das Abendmahl	• la Cène
	• die heilige Jungfrau	• la Vierge Marie
	• die Schöpfung	• la création (= le monde)

	• die Erschaffung	• la création (acte)
Moses: *Moïse*	• der Prophet, -en, -en	• le prophète
	• der Apostel, -	• l'apôtre
	• der Jünger, -	• le disciple
	• der Märtyrer, -	• le martyr
	• der Märtyrertod	• le martyre
	• der Heilige (AS)	• le saint
	• die Heilige Schrift	• l'Écriture Sainte
	• das Dogma, -men	• le dogme
	• die (Glaubens)Lehre, -n	• la doctrine
	• das Alte/Neue Testament	• l'Ancien/le Nouveau Testament
	• der Psalm, -en	• le psaume
	• das Evangelium, -ien	• l'Évangile
	• das Gebot, -e	• le commandement
	• die zehn Gebote	• les dix commandements, le décalogue
	• der Himmel	• le ciel
	• das Paradies	• le paradis
	• der Garten Eden	• l'éden
	• Adam und Eva	• Adam et Ève
der Erzengel: *l'archange*	• der Engel, -	• l'ange
	• der Teufel, -	• le diable
	• das Fegefeuer	• le purgatoire
	• das Jüngste Gericht	• le Jugement Dernier
die Höllenqual, -en: *les tourments de l'enfer*	• die Hölle, -n	• l'enfer
	• die Sünde, -n	• le péché
	• die Erbsünde	• le péché originel
	• die sieben Todsünden	• les sept péchés capitaux
	• der Sündenfall	• la chute
	• die Versuchung, -en	• la tentation
	• die Gnade, -n	• la miséricorde, la grâce

	• kreuzigen	• crucifier
	• leiden (-itt, -itten)	• souffrir
erstand, erstanden	• auf/erstehen	• ressusciter
	• erlösen	• délivrer, racheter
	• sündigen	• pécher

• christlich	• chrétien
• theologisch	• théologique
• himmlisch	• céleste
• gnädig, barmherzig	• miséricordieux, clément
• teuflisch	• diabolique
• sündhaft, sündig	• coupable, impie
• bußfertig	• repentant
• reuig	• repentant
• unbefleckt	• immaculé
• rein	• pur
• biblisch	• biblique
• bibelfest (sein)	• (être) versé dans la bible

Die christlichen Religionen — Les religions chrétiennes

• **der Katholizismus**	• le catholicisme
• **der Katholik, -en, -en**	• le catholique
• **der Orthodoxe (AS)**	• l'orthodoxe
• **der Pope, -n, -n**	• le pope
• **der Patriarch, -en, -en**	• le patriarche
• **der Kopte, -n, -n**	• le copte
• **der Protestantismus**	• le protestantisme
• **die Reformation**	• la Réforme
• **der Protestant, -en, -en**	• le protestant
• **der Lutheraner, -**	• le luthérien
• **der Kalvinismus**	• le calvinisme
• **der Pietist, -en, -en**	• le piétiste
• **der Baptist, -en, -en**	• le baptiste
• **der Anglikanismus**	• l'anglicanisme
• **der Anglikaner, -**	• l'anglican
• **der Methodist, -en, -en**	• le méthodiste
• **der Puritanismus**	• le puritanisme
• **der Ökumenismus**	• l'œcuménisme

der Thesenanschlag: *l'affichage des thèses de Luther (1517)*

• **katholisch**	• catholique
• **protestantisch; evangelisch**	• protestant
• **lutherisch**	• luthérien
• **ökumenisch**	• œcuménique

3 Kirche und Gesellschaft — Les Églises et la société

Allgemeines — Généralités

• **die Religionszugehörigkeit**	• l'appartenance religieuse
• **die Staatsreligion, -en**	• la religion d'État
• **der Glaubenskrieg, -e**	• la guerre confessionnelle
• **der Kreuzzug, ¨-e**	• la croisade
• **die Glaubensfreiheit**	• la liberté religieuse
• **die Gewissensfreiheit**	• la liberté de conscience
• **die Kultusfreiheit**	• la liberté du culte
• **die Kirchenhoheit**	• la souveraineté religieuse
• **die Religionsgemeinschaft, -en**	• la communauté religieuse
• **die Pfarrgemeinde, -n**	• la paroisse
• **die Kirchweih**	• la kermesse
• **der Wohlfahrtsverband, ¨-e**	• l'œuvre de bienfaisance
• **der Laizismus**	• la laïcité
• **die Toleranz**	• la tolérance
• **der Laie, -n, -n**	• le laïc

die Pfarrkinder; die Schäfchen (fam.): *les ouailles*

aussi : *le profane, l'amateur*

aus/treten (a, e, i)	quitter officiellement (l'Église)
sich (in der Kirche) engagieren	s'engager (dans l'Église)

weltlich	laïc, non religieux
(in)tolerant	(in)tolérant
wohltätig, karitativ	caritatif
antiklerikal, kirchenfeindlich	anticlérical
laizistisch	laïque

Kultorte und -feier — Cultes et rituels

Kultorte — Lieux de culte

der Kult, -e; der Kultus	le culte	
die Kirche, -n	l'église	
der Dom, -e; das Münster, -	la cathédrale	die Kathedrale, -n: *France ou Grande-Bretagne*
die Kapelle, -n	la chapelle	aussi : *l'orchestre*
die Abtei, -en	l'abbaye	
das Kloster, ¨-	le cloître, le couvent	
der Tempel, -	le temple	(!) die (evangelische) Kirche: *le temple (protestant)*
der Beichtstuhl, ¨-e	le confessionnal	
die Kanzel, -n	la chaire	
der Altar, ¨-e	l'autel	
das Taufbecken, -	les fonts baptismaux	
die (Weih)kerze, -n	le cierge	
der Weihkessel, -	le bénitier	
der Weihrauch	l'encens	jdm Weihrauch streuen: *encenser qqn*
das Weihwasser	l'eau bénite	
das Kruzifix, -e	le crucifix	
der Heilige (AS)	le saint	
das Gebetbuch, ¨-er	le livre de prières	
die Andacht, -en	le recueillement/le salut (office)	
die Orgel, -n	l'orgue	
das Kirchenfenster, -	le vitrail	
das Schiff, -e	la nef	aussi : *le bateau*
der Wasserspeier, -	la gargouille	

in die Kirche gehen	aller à l'église	ging, gegangen
sich versammeln	se rassembler	
Weihrauch streuen/schwenken	donner des coups d'encensoir	

andächtig	recueilli
romanisch	roman
gotisch	gothique

Religiöse Feste und Kultfeier — Fêtes et rituels religieux

der Gottesdienst, -e	l'office religieux, la messe	
die Liturgie, -n	la liturgie	
die Messe, -n	la messe	aussi : *la foire exposition*; die Messe lesen: *dire la messe*; die Messe halten, zelebrieren: *célébrer la messe*
das Messbuch, ¨-er	le missel	

	• der Messdiener, -	• le servant
	• das Hochamt	• la grand-messe
	• das Gebet, -e	• la prière
regelmäßig: *régulier*	• der Kirchgänger, -	• le pratiquant
	• das Kirchenlied, -er	• le cantique
	• das Vaterunser, -	• le Notre-Père, le pater
	• die Kanzel, -n	• la chaire
	• die Predigt, -en	• le sermon
	• der Lobgesang, ¨-e	• l'hymne
der Klingelbeutel, -: *le panier pour la quête*	• die Kollekte, -n	• la quête
	• der Chorknabe, -n, -n	• l'enfant de chœur
	• die Kommunion	• la communion
aussi : *la victime* das Opferlamm: *l'agneau de Dieu ; la victime innocente*	• das Opfer, -	• le sacrifice
	• die Opfergabe, -n	• l'offrande
	• die Hostie, -n	• l'hostie
	• das Abendmahl, -e/¨-er	• l'eucharistie
	• die Beichte, -n	• la confession
	• der Beichtvater, ¨-er	• le confesseur
	• das Sakrament, -e	• le sacrement
	• der Segen, -	• la bénédiction
	• der Kniefall, ¨-e	• la génuflexion
	• die Absolution	• l'absolution
	• die Vergebung	• le pardon, la rémission
	• die Verdammnis	• la damnation
	• die Reue	• la contrition, le repentir
	• die Kasteiung, -en	• la mortification
	• die Buße	• la pénitence
	• die Erlösung	• la rédemption
	• die Taufe, -n	• le baptême
	• das Fasten	• le jeûne
	• die Konfirmation	• la confirmation (protestants)
	• die (Erst)kommunion	• la (première) communion
	• die Firmung	• la confirmation (catholiques)
	• der Katechismus	• le catéchisme
	• die Letzte Ölung	• l'extrême-onction
	• die Trauer	• le deuil
aussi : die Bestattung, -en	• die Beerdigung, -en	• les funérailles, les obsèques
	• der Trauergottesdienst, -e	• la messe de funérailles
jdm das letzte Geleit geben: *accompagner qqn à sa dernière demeure*	• der Trauerzug, ¨-e	• le cortège funèbre
	• der Pilger, -	• le pèlerin
	• die Wallfahrt, -en	• le pèlerinage
	• die Fastenzeit	• le carême
	• die Fastnacht	• le mardi gras
	• der Grüne Donnerstag	• le Jeudi Saint
	• der Karfreitag	• le Vendredi Saint
	• Ostern	• Pâques
	• Pfingsten	• la Pentecôte
	• Christi Himmelfahrt	• l'Ascension
	• Mariä Himmelfahrt	• l'Assomption
	• Allerheiligen	• la Toussaint
	• der Abend vor Allerheiligen	• la veille de la Toussaint/Halloween
	• Allerseelen	• le jour des morts

• **das Dreikönigsfest**	• l'Épiphanie
• **Weihnachten**	• Noël

• **beten (zu + D)**	• prier
• **nieder/knien**	• s'agenouiller
• **die Messe besuchen**	• aller à la messe
• **ministrieren**	• servir la messe
• **die Hände falten**	• joindre les mains
• **sich bekreuzigen**	• se signer
• **ein Gebet sprechen (a, o, i)**	• dire une prière
• **predigen, verkünden**	• prêcher
• **rezitieren**	• réciter
• **taufen**	• baptiser
• **segnen**	• bénir
• **trauen**	• marier
• **fasten**	• jeûner
• **beichten**	• (se) confesser
• **die Beichte ab/nehmen**	• confesser qqn
• **gestehen**	• avouer
• **bereuen**	• se repentir, regretter
• **büßen; Buße tun (tat, getan)**	• faire pénitence
• **ab/büßen**	• expier
• **vergeben (a, e, i)**	• pardonner
• **sühnen**	• expier, réparer
• **widerstehen (etwas, D)**	• résister (à)
• **sich kasteien**	• se mortifier
• **jdn los/sprechen (von + D)**	• absoudre qqn (de)
• **jdm die Absolution erteilen**	• donner l'absolution à qqn
• **das Abendmahl ein/nehmen**	• communier (protestants)
• **trauern**	• être en deuil

Notes in margin: die Beichte ab/nehmen: (a, o, i) — gestehen: -stand, -standen — widerstehen: -stand, -standen — jdn los/sprechen: (a, o, i) — das Abendmahl ein/nehmen: (a, o, i)

Der Klerus — Le clergé

• **der Geistliche (AS)**	• l'ecclésiastique
• **der Priester, -**	• le prêtre
• **der Pfarrer, -**	• le curé, le pasteur
• **das Pfarrhaus, ¨-er**	• le presbytère
• **der/das Zölibat**	• le célibat
• **der Kaplan, ¨-e**	• l'aumônier
• **der Vikar, -e**	• le vicaire
• **das Kirchenoberhaupt**	• le chef de l'Église
• **der Papst, ¨-e**	• le pape
• **das Papsttum**	• la papauté
• **der Vatikan**	• le Vatican
• **der/das Episkopat, -e**	• l'épiscopat
• **der Kardinal, ¨-e**	• le cardinal
• **der Bischof, ¨-e**	• l'évêque
• **der Erzbischof, ¨-e**	• l'archevêque
• **das Bistum, ¨-er**	• l'évêché
• **der Einsiedler, -**	• l'ermite
• **der Missionar, -e**	• le missionnaire
• **der Orden, -**	• l'ordre religieux

Notes in margin: der Priester — die Priesterwürde: *la prêtrise* — der Vatikan — der Heilige Stuhl: *le Saint-Siège* — der Kardinal — das Kardinalskollegium: *le Sacré Collège* — der Orden — der Deutsche Orden: *l'Ordre des chevaliers teutoniques*

• **der Frauenorden, -**	• l'ordre pour femmes
• **der Jesuit, -en, -en**	• le jésuite
• **der Jesuitenorden, -**	• l'ordre des Jésuites
• **der Benediktiner, -**	• le bénédictin
• **der Dominikaner, -**	• le dominicain
• **der Mönch, -e**	• le moine
• **der Abt, ¨-e**	• l'abbé
• **die Äbtissin, -nen**	• l'abbesse
• **die (Ordens)schwester, -n**	• la sœur, la religieuse
• **die Nonne, -n**	• la nonne
• **die Zelle, -n**	• la cellule
• **das Gelübde, -**	• le vœu
• **die Weihe, -n**	• l'ordination
• **die Berufung, -en (zu + D)**	• la vocation (de)
• **das Keuschheitsgelübde**	• le vœu de chasteté
• **die Tonsur, -en**	• la tonsure
• **der Schleier, -**	• le voile
• **die Kutte, -n**	• le froc
• **die Synode, -n**	• le synode
• **das Konzil, -e**	• le concile
• **das Schisma, -men**	• le schisme
• **die (päpstliche) Bulle, -n**	• la bulle (papale)
• **der Rosenkranz, ¨-e**	• le chapelet

ein Gelübde tun: *faire un vœu*
die ewigen Gelübde ab/legen: *prononcer ses vœux, prendre le voile*

≠ der Bulle, -n, -n: *le taureau/le flic*

den Rosenkranz beten: *dire son chapelet*

• **exkommunizieren**	• excommunier
• **missionieren**	• évangéliser
• **jdn heilig/sprechen (a, o, i)**	• canoniser
• **etwas ab/legen**	• faire vœu de qqch
• **in einen Orden ein/treten (a, e, i)**	• entrer dans un ordre
• **zum Priester geweiht werden**	• être ordonné prêtre
• **die Kutte ab/legen**	• défroquer
• **das Gelübde brechen (a, o, i)**	• rompre ses vœux
• **an Exerzitien teil/nehmen (a, o, i)**	• faire une retraite

• **geistlich**	• ecclésiastique
• **abstinent**	• continent
• **päpstlich**	• papal, pontifical
• **unfehlbar**	• infaillible
• **keusch**	• chaste

≠ geistig: *spirituel, intellectuel*

4 Andere Religionen — Les autres religions

Das Judentum — Le judaïsme

• **Jahve**	• Jéhovah
• **der Jude, -n, -n**	• le juif
• **der Israelit, -en, -en**	• l'israélite
• **der Rabbi, -nen**	• le rabbin
• **der Zionist, -en**	• le sioniste

• **das gelobte Land**	• la terre promise
• **die Synagoge, -n**	• la synagogue
• **der Sabbat**	• le sabbat
• **das Pogrom, -e**	• le pogrome
• **die Thora**	• la Thora
• **der Talmud**	• le Talmud
• **die Gesetzestafel, -n**	• la table de la Loi
• **die Bundeslade**	• l'arche d'alliance
• **die Klagemauer, -n**	• le mur des lamentations
• **die Diaspora**	• la diaspora
• **die Kippa**	• la kippa
• **die Beschneidung, -en**	• la circoncision
pluriel ◂ • **die Speisevorschriften**	• les prescriptions alimentaires
• **das Passah**	• la Pâque juive

• **jüdisch**	• juif
• **koscher**	• kascher
• **ungesäuert**	• non levé
• **ungesäuertes Brot**	• pain azyme

Der Islam — L'Islam

• **Allah**	• Allah
die Moslime, -n: *la musulmane* ◂ • **der Moslem, -s**	• le musulman
• **die Moschee, -n**	• la mosquée
génitif : des Koran ◂ • **der Koran**	• le Coran
• **die Mondsichel, -n**	• le croissant
• **der Prophet, -en, -en**	• le prophète
• **Mohammed**	• Mahomet
• **die Hedschra**	• l'hégire
• **Mekka**	• La Mecque
• **die Pilgelfahrt, -en (nach + D)**	• le pèlerinage (à)
• **der Fundamentalismus**	• le fondamentalisme, l'intégrisme
• **der Fundamentalist, -en, -en**	• le fondamentaliste, l'intégriste
• **der Islamismus**	• l'islamisme
• **der Ajatollah, -s**	• l'ayatollah
• **der Mullah, -s**	• le mollah
• **der Imam, -e**	• l'imam
• **das Speiseverbot, -e**	• l'interdit alimentaire
• **der Ramadan**	• le Ramadan
• **der Schador, -s; der Tschador, -s**	• le voile islamique
• **der Gebetsteppich, -e**	• le tapis de prière
• **der Gebetsruf, -e**	• l'appel à la prière
• **der Schiite, -n, -n**	• le chiite
• **der Sunnit, -en, -en**	• le sunnite
• **das Minarett, -e**	• le minaret

• **pilgern (nach + D)**	• aller en pèlerinage (à)
• **sich verschleiern**	• se voiler
• **islamisieren**	• islamiser

moslemisch	• **islamisch**	• islamique
	• **mohammedanisch**	• musulman
	• **strenggläubig**	• orthodoxe
	• **radikal**	• radical
	• **schwarz verschleiert**	• voilé de noir

Andere — Autres

- **der Mormone, -n, -n** — le mormon
- **der Buddhismus** — le bouddhisme
- **der Brahmanismus** — le brahmanisme
- **der Hindu, -s** — l'hindou
- **der Hinduismus** — l'hindouisme
- **der Wodu** — le vaudou (en sorcellerie)
- **der Taoismus** — le taoïsme
- **der Konfuzianismus** — le confucianisme
- **der Schintoismus** — le shintoïsme
- **der Animismus** — l'animisme
- **die Seelenwanderung** — la métempsycose
- **die Wiederverkörperung** — la réincarnation

- **meditieren** — méditer
- **wiedergeboren werden** — renaître, être réincarné
- **sich in Trance versetzen** — entrer en transe

- **buddhistisch** — bouddhiste
- **orthodoxisch** — orthodoxe

5 Die Sekten — Les sectes

- **die Sekte, -n** — la secte
- **der Prediger, -** — le prédicateur
- **die Prophezeiung, -en** — la prophétie
- **der Guru, -s** — le gourou
- **der Schaumschläger, -** — le charlatan
- **der Anhänger, -** — l'adepte
- **der Ketzer, -** — l'hérétique
- **die Zeugen Jehovas** — les Témoins de Jéhova
- **die Mun-Sekte** — la secte Moon
- **Scientology** — l'Église de scientologie
- **der Scientologe, -n, -n** — le scientologue
- **die Gehirnwäsche** — le lavage de cerveau
- **der Personenkult** — le culte de la personnalité
- **die Unterwanderung** — l'infiltration, le noyautage

-itt, -itten	• **bei/treten (+ D)**	• adhérer, entrer (dans)
	• **an/werben (a, o, i)**	• recruter

• **hörig sein (+ D)**	• être esclave (de)
• **gehuldigt werden**	• être adulé
• **manipuliert**	• manipulé
• **indoktriniert**	• endoctriné
• **leichtgläubig**	• crédule
• **charismatisch**	• charismatique

ÜBUNGEN

37 Ähnlich lautende Wörter. Paronymes.

Complétez les phrases à l'aide d'un des verbes paronymes suivants: beten, an/beten, bitten (ou die Bitte), bieten, betten

a. Wie man sich …, so liegt man. – **b.** Er konnte ihr alle Reichtümer der Welt … – **c.** Wir … dich, lieber Gott, verzeih uns unsere Sünden. – **d.** Das Angebot geht an den Meist … den. – **e.** Ich … dich …, oh Herr und Gebieter. – **f.** Ich hätte eine große … an dich. – **g.** Er ist so verliebt in sie, dass er sie richtig …

38 Redensarten. Idiotismes.

Welcher Ausdruck ist passend für welche Situation?
Ach du lieber Gott - armer Teufel - Bei Gott - fiel er aus allen Wolken - Gott sei dank - Grüss Gott - höllisch gut - im siebten Himmel - In Gottes Namen - Um Gottes willen - sündhaft - Vergelt's Gott - Wer's glaubt, wird selig.

a. Ich habe heute drei Millionen im Lotto gewonnen: …
b. Als sie ihm von ihrer unerwarteten Schwangerschaft erzählte, …
c. Seit sie so frisch verliebt ist, schwebt sie …
d. Kommentar nach einer Spende für die Caritas: …!
e. Hast du daran gedacht, der Tante zum Geburtstag zu gratulieren? …, das habe ich ja total vergessen.
f. … hatte er seine Vorbereitungen getroffen und seine Aktien vor dem grossen Börsenkrach verkauft.
g. Wir haben uns letzten Samstag auf der Party … amüsiert.
h. Kauf dir dieses Kleid nicht, das ist ja … teuer.
i. Du bist schon ein …, erst rennt dir die Frau weg, und jetzt haben sie dich auch noch gefeuert.
j. Quengelndes kleines Kind: Ach, Mama, so kauf' mir doch noch ein Eis! Antwort: …, da hast du das Geld, geh' und kauf's dir selber!
k. In der Fahrstunde: was passiert, wenn ich diesen Hebel betätige? Fahrlehrer: …, lassen Sie das lieber sein, das ist die Selbstlösefunktion für den Airbag!
l. Begrüssungsformel in Bayern: …, Frau Obermeier!
m. Angeklagter: …, ich schwöre, ich habe die Juwelen nicht angerührt!

Corrigés page 468

Landeskunde

Die Kirche in Deutschland

L'Église allemande

Die kirchlichen Organisationen – Les organisations ecclésiastiques

- **die EKD (Evangelische Kirche in Deutschland):** l'Église évangélique d'Allemagne.
- **der Deutsche Evangelische Kirchentag:** le Congrès synodal de l'Église Évangélique allemande.
- **der C.V. J. M. (Christlicher Verein Junger Menschen):** l'Union Chrétienne des Jeunes.
- **der Katholikentag:** le Congrès de l'Église catholique allemande.

VELKD: Verein der Evangelisch-lutherischen Kirchen in Deutschland + EKU: Evangelische Kirche der Union = EKD: Evangelische Kirsche in Deutschland

- **der ZRD: Zentralrat der Juden in Deutschland:** le Conseil central des Juifs en Allemagne.

Die Kirche und der Staat – L'Église et l'État

- **der Religionsunterricht:** le cours de religion ; l'instruction religieuse est obligatoire dans les programmes scolaires allemands jusqu'à l'Abitur.
- **die Kirchensteuer:** l'impôt d'Église n'a rien à voir avec le denier du culte en France. Il est obligatoire et représente 8 % de l'impôt sur le revenu.
- **der (Kirchen)Austritt:** désigne la renonciation officielle à une religion ; le retrait de l'Église est la condition pour ne plus être astreint à verser l'impôt d'Église.
- **das Wort zum Sonntag:** "la parole du dimanche" ; les Églises reconnues disposent d'un temps d'antenne sur les chaînes de télévision allemandes.
- **das Kirchenasyl:** les Églises offrent un lieu d'asile.

Religiöse Bräuche – Pratiques religieuses

- **das Krippenspiel:** la crèche vivante ; mise en scène pour la Noël de l'histoire de la naissance du Christ et dans la plupart des cas interprétée par des enfants.
- **die Jugendschar:** groupe de jeunes croyants qui se rassemblent régulièrement pour parler de la Bible, discuter des choses les plus variées, regarder des films et s'amuser.
- **die Bibelstunde:** lecture conjointe de la Bible chez les protestants.
- **der Kindergottesdienst:** une messe célébrée pour les enfants, qui sont très souvent impliqués dans l'organisation de la messe.

Die Wohlfahrtsverbände oder Hilfswerke

Les œuvres caritatives religieuses en Allemagne

- **der Deutsche Caritasverband:** organisme charitable de l'Église catholique.
- **das Diakonische Werk:** œuvre d'assistance de l'Église évangélique.
- **die Zentralwohlfahrtsstelle:** œuvres de bienfaisance de la communauté juive.
- **die Heilsarmee:** l'Armée du Salut (Église évangélique)
- **Brot für die Welt:** collecte de l'Église évangélique pour le tiers-monde.

Bildlich gesprochen

Rund um die Kirche

- **arm wie eine Kirchenmaus sein:** être pauvre comme Job.
- **Das ist so sicher wie das Amen in der Kirche:** c'est aussi sûr que deux et deux font quatre.
- **kein Kirchenlicht sein:** ne pas avoir inventé le fil à couper le beurre.
- **Ein Kirchenlicht ist mir aufgegangen:** avoir un éclair de génie.
- **in den Kirchenbann tun:** excommunier.
- **sich kirchlich trauen lassen:** se marier à l'église.
- **eine kirchliche Trauung:** un mariage religieux.
- **kirchentreu:** bien-pensant.

Rund um Gott

- **der liebe Gott:** le bon Dieu.
- **Das weiß Gott!/Das wissen die Götter (familier):** Dieu seul le sait.
- **Gott sei dank!:** Dieu merci !
- **Gott bewahre!:** Dieu m'en garde !
- **So Gott will:** Si Dieu le veut.
- **Gott hab ihn selig:** Dieu ait son âme.
- **Vergelt's Gott:** Dieu te le rendra.
- **Jeder für sich und Gott für alle:** Chacun pour soi et Dieu pour tous.
- **Gott steh uns bei!:** Que Dieu nous vienne en aide !
- **Gott mit uns!:** Que Dieu soit avec nous !
- **An Gottes Segen ist alles gelegen:** À qui Dieu n'aide, rien ne réussit.
- **Er kennt Gott und die Welt:** Il connaît tout le monde.
- **von Gott verlassen sein (familier):** ne pas avoir toute sa tête.
- **Dein Wort in Gottes Ohr!:** Que Dieu t'entende !
- **wie jemanden Gott geschaffen hat:** en tenue d'Adam/d'Ève.
- **leben wie Gott in Frankreich:** être comme un coq en pâte.
- **zum Gotterbarmen:** pitoyable.
- **dem lieben Gott die Zeit stehlen:** perdre son temps.

Zum Nachdenken

- **Wer anderen eine Grube gräbt, fällt selbst hinein:** Tel est pris qui croyait prendre. (Salomon, Proverbes, 26,27)
- **Wer anderen keine Grube gräbt, fällt selbst hinein (Karl Kraus):** Tel est pris qui ne croyait pas prendre.
- **Der Mensch denkt, Gott lenkt:** L'homme propose, Dieu dispose.
- **Der Mensch denkt, der Nebenmensch lenkt (Karl Kraus):** L'homme propose, son voisin dispose.

12 Medizin und Gesundheit
Médecine et santé

1 Der menschliche Körper — Le corps humain

	• der Rumpf	• le tronc
	• das Glied, -er	• le membre
	• der Körper, -; der Leib, -er	• le corps
	• der Kopf, ¨-e; das Haupt, ¨-er	• la tête
	• die Größe, der Wuchs	• la grandeur, la taille
	• die Statur; der Knochenbau	• la silhouette, la corpulence
anglais : *the flesh*	• das Fleisch	• la chair
	• die Haut, ¨-e	• la peau
	• das Skelett, -e; das Gerippe, -	• le squelette
	• die Wirbelsäule, -n	• la colonne vertébrale
	• der Schädel, -	• le crâne
	• der Brustkorb	• la cage thoracique
	• der Knochen, -	• l'os
	• der Muskel, -n	• le muscle
	• der Nerv, -en	• le nerf
	• das Rückenmark	• la moelle épinière
	• das Gelenk, -e	• l'articulation
anglais : *the blood*	• das Blut	• le sang
	• die Ader, -n	• l'artère
	• die Vene, -n	• la veine
	• das Organ, -e	• l'organe
	• die Geschlechtsorgane	• les organes génitaux
	• die Stirn, -en	• le front
	• das Auge, -n	• l'œil
anglais : *the ear*	• das Ohr, -en	• l'oreille
anglais : *the nose*	• die Nase, -n	• le nez
anglais : *the mouth*	• der Mund, ¨-er	• la bouche
	• das Kinn, -e	• le menton
	• der Hals, ¨-e	• le cou
	• der Rücken, -	• le dos
	• der Bauch, ¨-e	• le ventre
anglais : *breast*	• die Brust, ¨-e	• la poitrine
anglais : *arm*	• der Arm, -e	• le bras
	• der Ellbogen, -	• le coude
	• der Unterarm, -e	• l'avant-bras
anglais : *the shoulder*	• die Schulter, -n; die Achsel, -n	• l'épaule
anglais : *hand*	• die Hand, ¨-e	• la main
	• die Handfläche, -n	• la paume
	• das Handgelenk, -e	• le poignet
anglais : *finger*	• der Finger, -	• le doigt
	• die Hüfte, -n	• la hanche
	• der (Ober)schenkel, -	• la cuisse
	• das Bein, -e	• la jambe
anglais : *the knee*	• das Knie, -	• le genou
	• die Wade, -n	• le mollet
	• das Schienbein, -e	• le tibia

anglais : *the foot*	• der Fuß, ¨-e	• le pied
anglais : *the heart*	• das Herz, -en	• le cœur
	• das Gehirn, -e	• le cerveau
	• der Magen, ¨-	• l'estomac
anglais : *the lungs*	• die Lunge, -n	• le poumon
	• das Zwerchfell	• le diaphragme
anglais : *the liver*	• die Leber, -	• le foie
	• die Niere, -n	• le rein
	• die Speiseröhre, -n	• l'œsophage
	• die Bauchspeicheldrüse, -n	• le pancréas
	• der Darm, ¨-e	• l'intestin
	• der Mastdarm, ¨-e	• le rectum
	• die Harnblase, -n	• la vessie

2 Die Gesundheit — La santé

Die körperlichen Gebrechen — Les troubles de santé

Harmlose Krankheiten — Les maladies bénignes

	• die Krankheit, -en	• la maladie
	• der Kranke (AS)	• le malade
das Lampenfieber: *le trac*	• das Fieber, -	• la fièvre
kalter Schweiß: *sueur froide* ; schweißgebadet sein: *être en nage*	• der Schweiß	• la sueur
	• die Beschwerden (plur.)	• les maux
	• die Störungen (plur.)	• les troubles
	• das Gebrechen, -	• la déficience
der Keuchhusten: *la oqueluche* (keuchen: *haleter*)	• der Husten	• la toux
	• der Hustenanfall, ¨-e	• la quinte de toux
(!) der Frost: *le gel*	• der Frost	• le frisson
	• der Schüttelfrost	• les frissons
die Wehen: *les douleurs de l'accouchement*	• der Schmerz, -en; das Weh, -en	• la douleur
	• das Bauchweh, -en	• le mal de ventre
mir dröhnt der Kopf: *'ai la tête qui bourdonne*	• das Kopfweh, -en	• le mal de tête
	• die Migräne, -n	• la migraine
	• das Zahnweh, -en	• le mal de dent
	• der Halsschmerz, -en	• le mal de gorge
	• die Entzündung, -en	• l'inflammation
	• die Ohrenentzündung	• l'otite
	• die Mandelentzündung	• l'inflammation des amygdales
	• die Blinddarmentzündung	• l'appendicite
	• die Blasenentzündung	• la cystite
	• der Durchfall	• la diarrhée
	• die Verstopfung	• la constipation
	• das Unwohlsein	• l'indisposition
	• die Müdigkeit	• la fatigue
	• die Überanstrengung, -en	• le surmenage
	• der Stress	• le stress

> mir schwindelt: *j'ai le vertige*
> der Schwindel *(aussi)*: *l'escroquerie*
> so ein Schwindel! *Ce sont des histoires !*

• **der Schwindel**	• le vertige
• **das Unbehagen**	• le malaise

> -zog, -gezogen

• **leiden (litt, gelitten)**	• souffrir
• **kränkeln**	• être maladif
• **krank werden**	• tomber malade
• **sich eine Krankheit zu/ziehen**	• attraper une maladie
• **frieren (o, o)**	• avoir froid
• **schwitzen**	• transpirer
• **frösteln**	• frissonner
• **husten**	• tousser
• **niesen**	• éternuer
• **sich schneuzen**	• se moucher
• **ersticken**	• étouffer, suffoquer
• **sich erbrechen (a, o, i)**	• vomir
• **ohnmächtig werden**	• perdre connaissance
• **sich verschlimmern**	• empirer
• **im Bett liegen (a, e)**	• être au lit
• **das Bett hüten**	• garder le lit
• **sich erkälten**	• prendre froid
• **einen Schnupfen haben**	• avoir un rhume
• **die Grippe haben**	• être grippé
• **sich eine Grippe holen**	• attraper la grippe

• **kränklich, anfällig**	• maladif, de santé fragile
• **fieberhaft, fiebrig**	• fiévreux
• **verschnupft**	• enrhumé
• **harmlos, gutartig**	• bénin
• **heilbar**	• curable

Die ansteckenden Krankheiten — Les maladies infectieuses

> die Ansteckung, -en: *la contagion*
>
> anglais : *measles (pluriel)*

• **der Keim, -e**	• le microbe
• **die Bakterie, -n**	• la bactérie
• **das Virus, -ren**	• le virus
• **die Virusinfektion, -en**	• l'infection virale
• **die Infektionskrankheit, -en**	• la maladie infectieuse
• **die Seuche, -n**	• l'épidémie
• **die Ansteckungsgefahr, -en**	• le risque de contagion
• **der Schnupfen, -**	• le rhume
• **die Erkältung**	• le refroidissement
• **die Grippe**	• la grippe
• **die Bronchitis**	• la bronchite
• **die Angina**	• l'angine
• **die Blutvergiftung**	• la septicémie
• **die Kinderkrankheit, -en**	• la maladie infantile
• **die Kinderlähmung**	• la poliomyélite
• **die Masern (plur.)**	• la rougeole

anglais : *German measles*	• **die Röteln (plur.)**	• la rubéole
anglais : *mumps*	• **der Mumps**	• les oreillons
	• **die Gelbsucht**	• la jaunisse
	• **die Cholera**	• le choléra
	• **die Hepatitis, -tiden**	• l'hépatite
der Gürtel, -: *ceinture*	• **die Gürtelrose**	• le zona
	• **die Geschlechtskrankheit, -en**	• la maladie vénérienne, la MST
	• **das Aids**	• le sida
	• **das HIV-Virus, -ren**	• le virus du sida
	• **der Aids-Test, -s**	• le test du sida
die erworbene Immunität: *l'immunité acquise*	• **die Immunschwäche, -n**	• la déficience immunitaire
	• **das Immunsystem, -e**	• le système immunitaire
	• **das Abwehrsystem, -e**	• le système de défense
	• **die Abwehrkraft, ¨-e**	• la résistance, la défense
	• **die Risikogruppe, -n**	• le groupe à risques

-zog, -gezogen	• **sich etwas zu/ziehen**	• contracter qqch
	• **infizieren**	• infecter, contaminer
	• **ein Virus übertragen (u, a, ä)**	• transmettre un virus
	• **sich verbreiten**	• se propager
	• **aus/brechen (a, o, i)**	• se déclarer
	• **ein/dämmen**	• contenir
	• **gegen etwas immun sein**	• être immunisé contre qqch
	• **für etwas anfällig sein**	• être sujet à qqch
	• **schwächen**	• affaiblir
	• **an/greifen (-iff, -iffen)**	• attaquer
	• **zerstören**	• détruire
	• **lahm/legen**	• paralyser
	• **eine Kettenreaktion aus/lösen**	• provoquer une réaction en chaîne
	• **verlangsamen, bremsen**	• ralentir, enrayer
	• **unheilbar krank sein**	• être condamné

• **schwach**	• faible
• **schlapp, niedergeschlagen**	• las, abattu
• **erschöpft, ermattet**	• épuisé
• **bettlägerig**	• alité, grabataire
• **ansteckend**	• contagieux
• **verseucht**	• contaminé
• **akut**	• aigu
• **tödlich**	• mortel
• **bösartig**	• malin
• **krankheitserregend**	• pathogène
• **Virus-**	• viral
• **mikrobiell**	• microbien
• **bakteriell**	• bactérien
• **Infektions-, ansteckend**	• infectieux
• **angeboren**	• congénital
• **übertragbar**	• transmissible
• **sexuell übertragbar**	• sexuellement transmissible
• **HIV-infiziert**	• séro-positif

	Die genetischen und organischen Krankheiten	Les maladies génétiques et organiques
	• der Schlaganfall, ¨-e	• l'attaque (d'apoplexie)
der Herzschrittmacher, -: *le stimulateur cardiaque*	• der Herzschlag, ¨-e	• la crise cardiaque
	• der Herzinfarkt, -e	• l'infarctus
pluriel	• die Herz- und Kreislauferkrankungen	• les maladies cardio-vasculaires
	• der Nierenstein, -e	• le calcul rénal
	• das Magengeschwür, -e	• l'ulcère à l'estomac
	• die Geschwulst, ¨-e	• la tumeur
	• das Geschwür, -e	• l'abcès, la tumeur
	• der Knoten, -	• le nodule
	• der Lymphknoten, -	• le ganglion
der Krebs, -e: *le crustacé*	• der Krebs, -e	• le cancer
	• die Leukämie; der Blutkrebs	• la leucémie
	• die Erbkrankheit, -en	• la maladie héréditaire
	• die genetische Krankheit, -en	• la maladie génétique
	• der genetische Code	• le code génétique
	• die genetisch bedingte Anomalie, -n	• l'anomalie génétique
	• die Arterienverkalkung, -en	• l'artériosclérose
	• die multiple Sklerose	• la sclérose en plaques
	• die Alzheimer-Krankheit	• la maladie d'Alzheimer
	• die Parkinsonsche Krankheit	• la maladie de Parkinson
	• das Asthma	• l'asthme
	• der Muskelschwund	• la myopathie
	• die Zuckerkrankheit	• le diabète
	• der Diabetiker, -	• le diabétique
	• der Bluter, -	• l'hémophile
	• die Trisomie	• la trisomie
	• der Mongoloide, -n, -n	• le mongolien

litt, gelitten	• leiden (an + D)	• souffrir (de)
(ie, a, ä)	• einen Test machen lassen	• faire faire un test
	• befallen (ie, a, ä)	• atteindre, toucher
	• erben; weiter/geben (a, e, i)	• transmettre
	• jdm etwas vererben	• transmettre qqch à qqn

	• schwer krank	• gravement malade
	• herzkrank	• cardiaque
	• zuckerkrank	• diabétique
	• mongoloid	• mongolien, trisomique
1. *anémique :* arm an Blut 2. *très pauvre :* sehr arm	• blutarm	• anémique
	• gutartig, harmlos	• bénin
	• bösartig	• malin, maligne
	• heilbar, unheilbar	• curable ; incurable
	• krebserregend	• cancérigène
	• altersbedingt	• lié à l'âge
	• erblich	• héréditaire

• genetisch	• génétique
• genetischen Ursprungs	• d'origine génétique
• angeboren	• congénital

pron. anglaise

Handicaps — Les handicaps

Die körperlichen Behinderungen — Les handicaps physiques

• der Behinderte (AS)	• le handicapé
• der Krüppel, -; der Invalide, -n, -n	• l'infirme, l'invalide
• die Missbildung, -en	• la malformation
• die Hasenscharte, -n	• le bec-de-lièvre
• der Zwerg, -e	• le nain
• der Zwergwuchs	• le nanisme
• der Bucklige (AS)	• le bossu
• der Körperbehinderte (AS)	• le handicapé physique
• der Spastiker, -	• le handicapé moteur
• die Lähmung, -en	• la paralysie
• der Gelähmte (AS)	• le paralytique
• der Querschnittsgelähmte (AS)	• le paraplégique
• der Rollstuhl, ¨-e	• le fauteuil roulant

die einseitige Lähmung: *l'hémiplégie*

• hinken, humpeln	• boiter
• behindert sein	• être handicapé

• behindert	• handicapé
• missgestaltet, missgebildet	• malformé, difforme
• gehbehindert, spastisch	• handicapé moteur
• verstümmelt	• estropié

Die sensorischen Behinderungen — Les handicaps sensoriels

• die Blindheit	• la cécité
• der Blinde (AS)	• l'aveugle, le non-voyant
• der Sehbehinderte (AS)	• le malvoyant
• die Kurzsichtigkeit	• la myopie
• die Weitsichtigkeit	• la presbytie
• die Kontaktlinse, -n	• la lentille de contact
• die Stummheit	• le mutisme
• die Taubheit	• la surdité
• der Taubstumme (AS)	• le sourd-muet
• der Schwerhörige (AS)	• le malentendant
• die Stotterei, -en	• le bégaiement
• der Stotterer, -	• le bègue
• der Sprechfehler, -	• le défaut d'élocution
• die Legasthenie, -n	• la dyslexie

• schielen	• loucher
• stottern	• bégayer

(fam.) einen Silberblick haben: *loucher légèrement*

	• lispeln	• zozoter
aussi : rotgründblind: *littéralement : aveugle au rouge et au vert*	• farbenblind sein	• être daltonien
anglais : *blind*	• blind	• aveugle
	• blindgeboren	• aveugle de naissance
	• einäugig	• borgne
	• stumm	• muet
	• taubstumm	• sourd-muet
	• schwerhörig	• malentendant

Die Unfälle / Les accidents corporels

	• der Unfall, ¨-e	• l'accident
	• der Verletzte (AS)	• le blessé
	• die Wunde, -n	• la blessure
	• die Schnittwunde, -n	• la coupure
	• die Verbrennung, -en	• la brûlure
	• die Prellung, -en	• la contusion
	• die Beule, -n	• la bosse
	• der Muskelriss, -e	• la déchirure musculaire
	• die Verstauchung, -en	• l'entorse
	• die (Ver)blutung, -en	• l'hémorragie
	• die Narbe, -n	• la cicatrice
	• der (Knochen)bruch, ¨-e	• la fracture
	• der Verband, ¨-e	• le pansement
	• der Gipsverband, ¨-e	• le plâtre
	• die Binde, -n	• l'écharpe
	• die Schiene, -n	• l'attelle
	• die Krücke, -n	• la béquille
	• die Halskrause, -n	• la minerve
	• das Trauma, -men	• le traumatisme
	• die Schädelverletzung, -en	• le traumatisme crânien
das Gift: *le poison*	• die Vergiftung, -en	• l'intoxication
	• eine Verbrennung ersten/Grades	• une brûlure du premier degré
	• der Verletzte (AS) mit schweren Verbrennungen	• le grand brûlé
	• die Bewusstlosigkeit	• la perte de connaissance
	• das Koma, -s/-ta	• le coma
	• der Gehirntod	• le coma dépassé
	• die Unfallstation	• le service de traumatologie
	• der Unfalltod	• la mort accidentelle
	• der tödliche Unfall	• l'accident mortel

	• sich verletzen	• se blesser
	• bluten	• saigner
	• Nasenbluten haben	• saigner du nez
	• stolpern	• trébucher
	• sich stoßen (ie, o, ö)	• se cogner
	• sich den Fuß verstauchen	• se fouler le pied, se faire une entors
	• brechen (a, o, i)	• casser, fracturer
der Gips: *le plâtre*	• in Gips legen	• mettre dans le plâtre
die Schiene, -n: *le rail*	• schienen	• mettre une attelle

• **eine Wunde verbinden (a, u)**	• panser une blessure
• **eine Narbe zurück/lassen (ie, a, ä)**	• laisser une cicatrice
• **vernarben**	• cicatriser
• **einen Verband an/legen**	• mettre un pansement
• **das Bewusstsein verlieren (o, o)**	• perdre connaissance
• **im Koma liegen (a, e)**	• être dans le coma
• **ins Koma fallen (ie, a, ä)**	• tomber dans le coma
• **in einem Schockzustand sein**	• être commotionné

der Eiter: *le pus*

• **eitrig, vereitert**	• purulent
• **eiternd**	• qui suppure
• **blutüberströmt**	• ensanglanté
• **bewusstlos**	• évanoui
• **abgetrennt**	• arraché
• **zerquetscht**	• écrasé
• **zerfetzt**	• déchiqueté
• **entstellt**	• défiguré
• **bis zur Unkenntlichkeit entstellt**	• défiguré au point d'être méconnaissable

Die Drogen — Les drogues

Die Droge — La drogue

weiche Drogen: *drogues douces*
harte Drogen: *drogues dures*

der Fixer, -: *le drogué*

er Stoff (jargon): *la came*
las Gras (jargon): *l'herbe*

der goldene Schuss: *le dernier shoot*

auf einen Trip gehen: *prendre une drogue halucinogène*
uf einem Trip sein: *planer*

• **das Rauschgift, -e**	• la drogue
• **die Drogensucht**	• la toxicomanie
• **der Drogenkonsum**	• la consommation de drogue
• **der Drogenabhängige (AS)**	• le drogué
• **das Heroin**	• l'héroïne
• **der Heroinsüchtige (AS)**	• l'héroïnomane
• **der/das Haschisch**	• le haschisch
• **das Marihuana**	• la marijuana
• **das LSD**	• le LSD
• **das Ecstasy**	• l'ecstasy
• **der Schuss, ¨-e**	• le shoot (d'héroïne)
• **der Trip, -s (jarg.)**	• le trip, la défonce
• **die Abhängigkeit**	• la dépendance
• **die Gewöhnung, -en (an)**	• l'accoutumance (à)
• **die Einwegspritze, -n**	• la seringue jetable
• **der Entzug**	• le manque
• **die Entzugserscheinung, -en**	• l'état de manque
• **der Rausch**	• l'ivresse (hallucinatoire)
• **die Überdosis, -dosen**	• l'overdose
• **der Drogentote (AS)**	• la victime d'une overdose
• **die Ersatzdroge, -n**	• la drogue de substitution
• **das Methadon**	• la méthadone

• **drogensüchtig sein**	• se droguer
• **fixen, sich spritzen**	• se piquer, se shooter
• **sich einen Schuss drücken/setzen**	• se shooter
• **sich entwöhnen**	• se désintoxiquer

• entgiften	• désintoxiquer
• Entzugserscheinungen haben	• être en état de manque

• drogenabhängig	• toxicomane
• clean, sauber (jarg.)	• désintoxiqué

Die Trunksucht — L'alcoolisme

• der Alkohol	• l'alcool
• der Alkoholmissbrauch	• l'abus d'alcool
• die Alkoholvergiftung, -en	• l'intoxication par l'alcool
• der Alkoholiker, -	• l'alcoolique
• der Alkoholismus	• l'alcoolisme
• die Zirrhose	• la cirrhose

• trinken (a, u)	• boire
• dem Alkohol zusagen	• s'adonner à la boisson
• dem Alkohol verfallen (ie, a, ä)	• sombrer dans la boisson

• trunksüchtig	• alcoolique
• angeheitert	• un peu ivre
• betrunken	• ivre

anglais : *drunk*

Die Nikotinsucht — Le tabagisme

• der Raucher, -	• le fumeur
• der Kettenraucher, -	• le grand fumeur
• der Gesellschaftsraucher, -	• le fumeur occasionnel
• der Tabakgenuss	• le tabagisme
• das Passivrauchen	• le tabagisme passif
• die Zigarre, -n	• le cigare
• die Zigarette, -n	• la cigarette
• das Nikotin	• la nicotine
• der Nikotingehalt	• la teneur en nocotine
• der Teer, -e	• le goudron

• rauchen	• fumer
• eine Zigarette an/stecken	• allumer une cigarette
• wie ein Schlot rauchen	• fumer comme un pompier
• einen Zug nehmen (a, o, i)	• tirer une bouffée

aussi : paffen

Die psychischen Krankheiten — Les maladies psychiques

• die seelische Störung, -en	• le trouble psychologique
• der Geisteskranke (AS)	• le malade mental
• der geistig Behinderte (AS)	• le handicapé mental
• das Unbehagen	• le malaise

• der seelische Schock, -s	• le traumatisme
• die Angst, ¨-e	• l'angoisse, l'anxiété
• die Stimmungsschwankung, -en	• le trouble de l'humeur
• die Zwangsvorstellung, -en (vor)	• l'obsession (de)
• die Phobie, -n	• la phobie
• die Neurose, -n	• la névrose
• der Neurotiker, -	• le névrosé
• die Psychose, -n	• la psychose
• der Psychotiker, -	• le psychotique
• die Depression, -en	• la dépression
• der Nervenzusammenbruch, ¨-e	• la dépression nerveuse
• der Hypochondriker, -	• l'hypochondriaque
• die Hysterie	• l'hystérie
• der Hysteriker, -	• l'hystérique (homme)
• die Hysterikerin, -nen	• l'hystérique (femme)
• die Schizophrenie	• la schizophrénie
• der Autismus	• l'autisme
• der Autist, -en, -en	• l'autiste
• der Selbstmordversuch, -e	• la tentative de suicide
• der Wahnsinn	• la folie
• der Irre, -n, -n	• le fou
• die Demenz, -en; das Irresein	• la démence
• der Wahn	• le délire
• der Verfolgungswahn (verfolgen: *persécuter*)	• la paranoïa
• die Magersucht	• l'anorexie
• die psychogene Magersucht	• l'anorexie mentale
• die Phantasie, -n	• le fantasme
• der Trieb, -e	• la pulsion

• zusammen/brechen (a, o, i)	• craquer, s'effondrer
• in Depressionen verfallen	• être sujet à des dépressions
• einen Nervenzusammenbruch erleiden (-itt, -itten)	• faire une dépression nerveuse
• Selbstmord begehen (beging, begangen)	• se suicider

• geschockt	• traumatisé
• seelisch gestört	• déséquilibré
• deprimiert	• déprimé
• depressiv	• dépressif
• manisch-depressiv	• maniacodépressif
• schwermütig, trübsinnig	• mélancolique
• hysterisch	• hystérique
• labil (≠ stabil)	• instable
• traumatisch	• traumatique
• psychisch, seelisch	• psychique
• geistig	• mental
• nervlich	• nerveux
• belastbar (die seelische, nervliche Belastbarkeit: *la capacité de résistance psychique, nerveuse*)	• résistant
• wahnsinnig; verrückt	• fou ; aliéné
• geisteskrank	• aliéné
• (nicht)zurechnungsfähig	• (non) responsable de ses actes
• verdrängt	• refoulé

3 Pflege und Heilung — Traitement et guérison

Die Ärzte — Les médecins

	der Arzt, -¨e; der Doktor, -en	le médecin, le docteur
	der Hausarzt, ¨-e	le médecin de famille
	der Notarzt, ¨-e	le médecin de garde
	der praktische Arzt, ¨-e	le généraliste
≠ l'interne (des hôpitaux): der Assistenzarzt, ¨-e	der Internist, -en, -en	le spécialiste de médecine général
	der Facharzt, ¨-e	le spécialiste
	der Kardiologe, -n, -n	le cardiologue
	der Hautarzt, ¨-e	le dermatologue
= der HNO: *l'O.R.L.*	der Hals-Nasen-Ohrenarzt, ¨-e	l'oto-rhino(-laryngologiste)
	der Kinderarzt, ¨-e	le pédiatre
	der Frauenarzt, ¨-e	le gynécologue
	der Geburtshelfer, -	l'obstétricien
	die Hebamme, -n	la sage-femme
	der Onkologe, -n, -n	le cancérologue
	der Chirurg, -en	le chirurgien
	der Narkosefacharzt, ¨-e	l'anesthésiste
	der Radiologe, -n	le radiologue
	der Psychiater, -	le psychiatre
	der Nervenarzt, ¨-e	le neurologue
	der Augenarzt, ¨-e	l'ophtalmologue
	der Zahnarzt, ¨-e	le dentiste
	der Kieferchirurg, -en	le chirurgien dentiste
	der Kieferorthopäde, -n, -n	l'orthodentiste
	die Krankenschwester, -n	l'infirmière
	der Chefarzt, ¨-e; der Oberarzt, ¨-e	le médecin chef
	der Krankenpfleger, -	l'infirmier
	der Ersthelfer, -	le secouriste
	der Krankenwagenfahrer, -	l'ambulancier
(SÜDD) *acronyme de :* Sanitätskrankenwagen	der Sanka, -s	l'ambulance
	der ärztliche Notdienst	le SAMU
	der Apotheker, -	le pharmacien
	die Sprechstunde, -n	la consultation
auf Termin: *sur rendez-vous*	der Termin, -e	le rendez-vous
	die Praxis	le cabinet médical
	die Alternativmedizin, -en	la médecine parallèle
	der Homöopath, -en, -en	l'homéopathe
	die Akupunktur, -en	l'acupuncture

den Arzt rufen (ie, u)	appeler le médecin
den Arzt holen	faire venir le médecin
einen Arzt auf/suchen	aller chez le médecin

Die ärztliche Untersuchung — L'examen médical

das Krankheitszeichen, -	le symptôme

die Diagnose, -n	le diagnostic
die Vorsorgeuntersuchung, -en	l'examen de dépistage
die Früherkennung, -en	le diagnostic précoce
die Generaluntersuchung, -en	le bilan de santé
der Check-up, -s	le check-up
das Abhorchen, -	l'auscultation
der Puls, -e	le pouls
der Blutdruck	la tension
die Blutprobe, -n	la prise de sang
die Blutuntersuchung, -en	l'analyse sanguine
die Spritze, -n	l'injection, la piqûre
die Transfusion, -en	la transfusion
der Tropf, -e	le goutte-à-goutte
der Abstrich, -e	le frottis, le prélèvement
die Punktion, -en	la ponction
das Tomographie-Gerät, -e	le scanner
das Röntgen	la radiographie (technique)
die Ultraschalluntersuchung, -en	l'échographie
das Rezept, -e	l'ordonnance

anglais : *pulse* (der Puls)

ie Röntgenaufnahme, -n: *la radio* (das Röntgen)

sich einen Termin geben lassen (ie, a, ä)	prendre rendez-vous
untersuchen	examiner
sich untersuchen lassen (ie, a, ä)	se faire examiner
sich durch/checken lassen	se faire faire un bilan de santé
jdn ab/horchen	ausculter qqn
jdn röntgen	faire passer une radio à qqn
ab/tasten	palper
pflegen	soigner
impfen	vacciner
jdm den Puls fühlen	prendre le pouls de qqn
den Blutdruck messen (a, e, i)	prendre la tension
eine Blutprobe nehmen (a, o, i)	faire une prise de sang
jdm eine Spritze geben (a, e, i)	faire une piqûre à qqn
eine Diagnose stellen	établir un diagnostic
ein Rezept aus/schreiben (ie, ie)	délivrer une ordonnance

gründlich	approfondi
oberflächlich	superficiel
rezeptpflichtig	délivré seulement sur ordonnance
auf Rezept	sur ordonnance

= verschreibungspflichtig (rezeptpflichtig)

Arzneì und Heilung — Médicaments et guérison

Die klassische medikamentöse Behandlung — La médication classique

die Medizin, -en; das Heilmittel, -	le remède
die Arznei, -en	le médicament
das Placebo, -s	le placebo

die Medizin (aussi): *la médecine*
as Allheilmittel: *le remède universel, la panacée*
das Wundermittel: *le remède miracle*

	die Dosierung, -en	la posologie
	die Dosis, -sen	la dose
	die Nebenwirkung, -en	l'effet secondaire
	die Gegenanzeige, -n	la contre-indication
das Tablett: *le plateau*	die Tablette, -n	le comprimé, le cachet
	die Kapsel, -n	la gélule
die bittere Pille schlucken: *avaler la pilule*	die Pille, -n	la pilule
	das Zäpfchen, -	le suppositoire
	der Sirup, -e; der Saft, ¨-e	le sirop
	das Aspirin	l'aspirine
	das Schmerzmittel, -	l'antalgique
	die Schlaftablette, -n	le somnifère, le barbiturique
	das Beruhigungsmittel, -	le calmant, le tranquilisant
salben: *oindre* salbungsvoll: *mielleux*	die Salbe, -n	la pommade
das (Kopfstein)pflaster: *le pavé*	das Pflaster, -	le pansement
	das Heftpflaster, -	le sparadrap
	die Spritze, -n	la piqûre, la seringue
	das Penicillin	la pénicilline
	das Antibiotikum, -ka	l'antibiotique

Die schweren Operationen — Les opérations lourdes

	die Operation, -nen	l'opération
	die Chirurgie, -n	la chirurgie
unter Narkose: *sous anesthésie*	die Narkose, -n	l'anesthésie
	die Vollnarkose, -n	l'anesthésie générale
	die örtliche Betäubung, -en	l'anesthésie locale
	die Epiduralanästhesie	la péridurale
	die Strahlentherapie	la radiothérapie
	die Chemotherapie	la chimiothérapie
die Bewegungstherapie, -	die Kinesiotherapie, -	la kinésithérapie
	die Physiotherapie	la physiothérapie
	die Laseroperation, -en	l'intervention au laser
	die Transfusion, -en	la transfusion
aussi : *la goutte (d'eau)*	der Tropf, -e	le goutte-à-goutte
(!) *l'infusion*: der (Kräuter)tee	die Infusion, -en	la perfusion
	die Bluttransfusion, -en	la transfusion sanguine
= die Transplantation, -en	die Verpflanzung, -en	la greffe d'organe
	das Implantat, -e	l'implant
	das Transplantat, -e	le greffon
	die Entfernung, -en	l'ablation
	die Blutspende, -n	le don du sang
	die Organspende, -n	le don d'organe
	der Organspender, -	le donneur d'organe
	der Empfänger, -	le receveur

	sich einer Therapie unterziehen (-zog, -gezogen)	suivre un traitement
	ein Medikament verabreichen	administrer un médicament
	eine Arznei verschreiben (ie, ie)	prescrire un médicament
	die Arznei ein/nehmen (a, o, i)	prendre le médicament
	operieren	opérer
-zog, -gezogen	sich einer Operation unterziehen	subir une opération

aussi : zueinander passen

• pflegen	• soigner
• jdn heilen	• guérir qqn
• genesen (a, e)	• guérir
• lindern, stillen	• soulager, apaiser
• ein/spritzen	• injecter
• röntgen	• radiographier
• am Tropf hängen	• être sous perfusion
• verpflanzen, transplantieren	• greffer
• kompatibel sein	• être compatible
• ab/stoßen (ie, o, ö)	• rejeter (une greffe)
• amputieren	• amputer

• ärztlich	• médical
• wirksam	• efficace
• vorbeugend	• préventif
• heilend	• curatif
• erholsam	• réparateur
• fiebersenkend	• antipyrétique, fébrifuge
• beruhigend	• calmant
• schmerzlindernd	• sédatif, analgésique
• entspannend, entkrampfend	• décontractant
• krampflösend, krampfstillend	• antispasmodique
• einschläfernd	• qui provoque des somnolences
• schwindelerregend	• qui provoque des vertiges
• passend	• compatible
• am offenen Herzen	• à cœur ouvert

Der Seelenarzt / Le médecin de l'âme

die rote Couch; das rote Sofa: *le divan*

• der Psychiater, -	• le psychiatre
• die Psychotherapie	• la psychothérapie
• der Psychoanalytiker, -	• le psychanalyste
• die Psychoanalyse, -n	• la psychanalyse
• die Sitzung, -en	• la séance
• das Erholungsheim, -e	• la maison de repos
• die Schlafkur, -en	• la cure de sommeil
• die Selbsthilfegruppe, -n	• le groupe d'entraide
• die Gruppentherapie, -n	• la thérapie de groupe

• ein/weisen (ie, ie)	• interner
• beaufsichtigen	• surveiller

• psychisch	• psychiatrique

Die Entwöhnung / La désintoxication

• Entziehungskur, -en	• la cure de désintoxication

• sich einer Entziehungskur unterziehen (-zog, -gezogen)	• se soumettre à une cure de désintoxication
• auf Entzug sein	• faire une cure de désintoxication

	Der Krankheitsverlauf	L'évolution de la maladie
	• der Schmerz, -en	• la douleur
	• der Gliederschmerz, -en	• la courbature
	• das Leiden, -	• la souffrance
	• das Zwicken, -	• le pincement
	• das Brennen, -	• la brûlure
	• das Kribbeln, -	• le fourmillement
	• die Besserung, -en	• l'amélioration
	• die Genesung, -en	• la guérison
	• das Nachlassen, -	• la rémission
	• die Ruhe	• le repos
	• die Rekonvaleszenz	• la convalescence
	• die Kur, -en	• la cure
	• die Heilgymnastik	• la kinésithérapie
	• die Massage, -n	• le massage
	• die Rehabilitation, -en	• la rééducation
	• der Rückfall, ¨-e	• la rechute
	• die Wiederkehr	• la réapparition
	• die Verschlechterung, -en	• l'aggravation
	• die Verschlimmerung, -en	• la complication
	• der anaphylaktische Schock, -s	• le choc opératoire
	• die Nachbehandlung, -en	• le traitement postopératoire
	• der Todeskampf, ¨-e	• l'agonie
	• das Leichenschauhaus, ¨-er	• la morgue

litt, gelitten	• leiden (an + D)	• souffrir (de)
das Wehweh: *le bobo*	• weh tun (tat, getan)	• faire mal
	• jucken	• démanger
	• stechen (a, o, i)	• piquer
	• sich vor Schmerzen krümmen	• se tordre de douleur
-stand, gestanden	• Todesqualen durch/stehen	• souffrir le martyre
	• gesund werden; heilen	• guérir
	• sich erholen (von)	• se remettre (de)
	• genesen (a, e) (von + D)	• se remettre (de)
	• davon/kommen (a, o); es schaffen	• s'en sortir
	• wieder zu Kräften kommen (a, o)	• reprendre des forces
	• wieder obenauf sein	• reprendre le dessus
	• wiederauf/richten	• remettre sur pied
	• (wieder) auf den Beinen sein	• être sur pied, être remis
	• dem Tod entrinnen (a, o)	• échapper à la mort
	• mit dem Tod ringen (a, u)	• lutter contre la mort, agoniser
	• einen Rückfall haben	• rechuter
	• dahin/siechen	• dépérir
	• sterbenskrank sein	• être condamné

• schmerzhaft	• douloureux
• wund	• endolori
• eingeschlafen	• engourdi
• pochend, stechend	• lancinant, aigu
• hartnäckig	• persistant
• heftig	• violent

• **dumpf**	• sourd
• **brennend**	• cuisant
• **ausstrahlend**	• irradiant
• **nagend**	• qui tenaille
• **wiederkehrend**	• récurrent
• **postoperativ**	• post-opératoire
• **komatös**	• comateux
• **unheilbar**	• incurable
• **im Endstadium**	• en phase terminale
• **tödlich**	• fatal, mortel

Die stationäre Behandlung — L'hospitalisation

(CH, AU): das Spital, ¨-er

(!) der Krankenwagen, -: *l'ambulance*

die Weißkittel (fam.): *les blouses blanches* die Halbgötter in Weiß (humor.): *les grands patrons des hôpitaux*

≠ der Hausbesuch, -e: *la visite à domicile*

• **das Krankenhaus, ¨-er**	• l'hôpital
• **die Klinik, -en**	• la clinique
• **die Uni-Klinik, -en**	• le C.H.U.
• **die Ambulanz, -en**	• les consultations externes
• **die Abteilung, -en**	• le service
• **die Intensivstation, -en**	• le service de réanimation
• **die Notaufnahme, -n**	• le service des urgences
• **die Wiederbelebung, -en**	• la réanimation
• **die Akutversorgung, -en**	• les soins intensifs
• **die Sterbebegleitung, -en**	• les soins palliatifs
• **die erste Hilfe**	• les premiers secours
• **die Mund-zu-Mund-Beatmung**	• le bouche-à-bouche
• **das Krankenbett, -en**	• le lit d'hôpital
• **die Visite, -n**	• la visite
• **die Kinderkrippe, -n**	• la pouponnière
• **die Operation, -en**	• l'opération
• **der OP-Raum, ¨-e**	• la salle d'opération
• **die Operationstrakt, -e**	• le bloc opératoire
• **das Labor, -s/-e**	• le laboratoire
• **die Organspendebank, -en**	• la banque d'organes
• **die Nervenheilanstalt, -en**	• l'hôpital psychiatrique
• **die Irrenanstalt, -en**	• l'asile d'aliénés, l'hôpital psychiatrique

• **(ins Krankenhaus) in/liefern**	• hospitaliser

Die medizinische Forschung — La recherche médicale

die Bioethik: *la bioéthique*

das Vorsorgeprinzip: *le principe de précaution*

• **das Experiment, -e**	• l'expérience
• **die Entdeckung, -en**	• la découverte
• **der Durchbruch, ¨-e**	• la percée
• **der Fortschritt, -e**	• le progrès
• **der Verhaltenskodex**	• l'éthique
• **die Ethikkommission, -en**	• la commission d'éthique
• **das Berufsethos**	• la déontologie
• **das Dilemma, -s/-ta**	• le dilemme
• **das Prinzip, -ien**	• le principe
• **die Achtung, -en (vor + D)**	• le respect (de)
• **die Grenze, -n**	• la limite
• **die Gesetzeslücke, -n**	• le vide juridique
• **die Leitlinie, -n**	• la directive

• **der Gewissenskonflikt, -e**	• le problème de conscience
• **die Kontroverse, -n**	• la controverse
• **die Fortpflanzungstechnik, -en**	• la technique de reproduction
• **die künstliche Befruchtung, -en**	• l'insémination artificielle
• **die In-Vitro-Fertilisation**	• la fécondation in vitro
• **das Retortenbaby, -s**	• le bébé éprouvette
• **die Leihmutterschaft**	• la location d'utérus
• **der Embryo-Transfer, -s**	• le transfert d'embryon
• **das Klonen, -**	• le clonage
• **die Genforschung**	• la recherche génétique
• **die Genetik**	• la génétique
• **die Gentechnik**	• le génie génétique
• **der Gentest, -s**	• le test génétique
• **das Erbgut**	• le patrimoine génétique
• **das Genom, -e**	• le génome
• **die DNS** (= die Desoxyribonukleinsäure)	• l'ADN
• **die Genmanipulation, -en**	• la manipulation génétique
• **das Versuchskaninchen, -**	• le cobaye
• **der Alterungsprozess, -e**	• le processus de vieillissement
• **die Eugenik**	• l'eugénisme
• **die Sterbehilfe, -n**	• l'euthanasie
• **die künstliche Lebensverlängerung, -en**	• l'acharnement thérapeutique
• **das Sterberecht, -e**	• le droit à la mort

• **ein Experiment machen**	• faire une expérience
• **einen Versuch durch/führen** (mit/an: *sur*)	• se livrer à une expérience
• **aus/rotten**	• éradiquer
• **klonieren**	• cloner
• **manipulieren**	• manipuler
• **jdm am Leben erhalten (ie, a, ä)**	• maintenir qqn en vie
• **das Leben verlängern**	• prolonger la vie
• **Sterbehilfe leisten**	• pratiquer l'euthanasie
• **verkürzen**	• abréger
• **verbieten (o, o)**	• interdire
• **brechen (a, o, i)**	• bafouer
• **Gesetze erlassen (ie, a, ä)**	• légiférer
• **legalisieren**	• légaliser

• **geglückt**	• réussi
• **vielversprechend**	• prometteur
• **entscheidend**	• décisif
• **schlüssig**	• concluant
• **immens wichtig**	• de la plus haute importance
• **kontrovers; umstritten**	• controversé
• **legal, rechtmässig**	• légal
• **moralisch unzulässig**	• moralement inacceptable
• **lebensverlängernd**	• qui prolonge la vie
• **in Würde**	• dans la dignité
• **in Frieden**	• en paix
• **klinisch tot**	• mort cliniquement
• **vegetativ**	• végétatif

ÜBUNGEN

39 Was passt? Appariement.

Ordnen Sie den umgangsprachlichen Ausdrücken ihre Synonyma zu!

a. Käsfüße - **b.** Zipperlein - **c.** Einen Silberblick haben - **d.** kotzen - **e.** Stoff - **f.** Fixer - **g.** Glimmstengel - **h.** rauchen

1. Gicht - **2.** Heroinsüchtiger - **3.** qualmen - **4.** Heroin, Rauschgift - **5.** schielen - **6.** Schweißfüße - **7.** sich übergeben - **8.** Zigarette

40 Beim Arzt. Chez le médecin.

Wie heißt das passende Wort?

a. So, Frau Meier, würden Sie jetzt bitte ihren Oberarm frei machen, damit ich Ihnen den Puls fühlen kann und wir feststellen können, ob **Ihr Blutdruck/Ihr Cholesterinspiegel/ Ihre Leberwerte** in Ordnung sind.

b. Sag "aaaa", damit dir der Onkel Zahnarzt tief in den Rachen schauen kann. Ja, was haben wir denn da? Das sieht mir ja ganz nach Karies aus. Ich glaube, da müssen wir **bohren/putzen/operieren**.

c. Na, Herr Schmidt, hatten Sie denn heute Stuhlgang oder leiden Sie immer noch unter **Verstopfung/Durchfall/Magenbeschwerden**?

d. Lesen Sie mir bitte die erste der Buchstabenreihen vor. Wenn Sie bei dieser Distanz schon Schwierigkeiten beim Lesen haben, sind Sie eindeutig **weitsichtig/kurzsichtig/blind**.

e. Herr Doktor, wenn Sie mich krankschreiben, muss ich aber meinem Chef **ein Rezept/ ein Attest/ eine Gebrauchsanweisung** vorlegen.

41 Was passt nicht dazu? Chassez l'intrus.

a. Spenderniere/Organspende/Spendenskandal – **b.** Lampenfieber/Schüttelfrost/ Reizhusten – **c.** Krank/leidend/elend/schachmatt – **d.** Genesen/heilen/gesunden/ genießen – **e.** Abtasten/abhören/durchchecken/befummeln – **f.** Verschreibungspflichtig/ rezeptfrei/Rezeptbuch – **g.** Ziehen/bohren/plombieren/mauern – **h.** Brücke/Prothese/ Plombe/Treppe – **i.** Beruhigend/lindernd/entspannend/schwindelerregend

42 Haben Sie wirklich verstanden? Avez-vous vraiment compris ?

Ordnen Sie den unten stehenden Begriffen die jeweilige passende Definition zu.

a. Sterbehilfe gewähren
b. Entzugserscheinungen
c. Nebenwirkungen
d. Die ärztliche Schweigepflicht
e. Die Vorsorgeuntersuchung
f. Auf einen Trip gehen

1. das Verbot, über die Krankheiten eines Patienten zu sprechen
2. Drogen konsumieren
3. Eine Untersuchung, um rechtzeitig eventuelle Krankheiten festzustellen
4. Euthanasie leisten
5. Symptome bei Drogenentgiftung
6. unerwünschte Effekte eines Arzneimittels

Corrigés page 469

Landeskunde

Erfolgreiche Naturheilkunde

Le succès des médecines naturelles

- **der Heilpraktiker:** le naturopathe, profession officiellement reconnue en Allemagne.
- **der Wunderheiler; der Wunderdoktor:** guérisseur, comme le légendaire Doktor Eisenbart du XVIIe siècle, originaire du Palatinat.
- **der Naturheilkundige:** personne férue de médecines naturelles, comme S. Kneipp (1821-1897), l'inventeur de la **Kneipp-Kur:** traitement très prisé à base de jets d'eau et de bains de boue.
- **der Gesundheitsapostel:** "apôtre" ou prédicateur de santé, qui propage des règles strictes d'hygiène de vie, notamment alimentaires.
- **die Heilfastenkur:** cure de jeûne thérapeutique, de diète végétale ou absolue, pratiquée notamment par l'ex-chancelier Kohl.
- **der Luftkurort:** la station climatique de montagne ou de bord de mer qui concurrence les traditionnelles stations thermales **(das Heilbad; das Thermalbad)**.
- **der Kurlaub:** vacances combinées avec une cure (mot-valise **"die Kur"** + **"der Urlaub"**).
- **der Kurschatten (iron.):** désigne la personne avec laquelle on a une liaison le temps d'une cure.

Trendwörter und Neubildungen

Mots "tendance" et néologismes

- **die Designer-Drogen:** drogues prisées des "créatifs" (Ecstasy, amphétamines)
- **die Fixerstuben:** désignent familièrement des salles aménagées pour les drogués dans plusieurs municipalités social-démocrates où ceux-ci peuvent se procurer de la méthadone, voire s'injecter de l'héroïne dans de meilleures conditions d'hygiène
- **die Conterganskinder:** les enfants victimes de la thalidomide.
- **Die Generika:** les médicaments génériques.
- **die aktive Sterbehilfe** ou **das sozialverträgliche Frühableben:** périphrases euphémiques pour "euthanasie".
- **Wahnsinn!** C'est dingue ! C'est l'exclamation la plus entendue lors de la chute du mur de Berlin, au soir du 9 novembre 1989. Ce terme entre dans la composition de nombreuses expressions familières de la langue des jeunes : **Wahnsinns-** + substantif (… dingue) : **eine Wahnsinnsmusik, eine Wahnsinnsshow, eine Wahnsinnsarbeit, eine Wahnsinnshitze**.

Bildlich gesprochen

Rund um die Hände

- **Linkshänder sein:** être gaucher
- **weder Hand noch Fuß haben:** avoir ni queue ni tête
- **sich die Hand schütteln:** se serrer la main
- **etwas aus dem Handgelenk schütteln:** faire quelque chose avec facilité
- **jemanden den Daumen drücken:** croiser les doigts (souhaiter bonne chance)

Rund um das Blut

Au sens propre :

- **ein blutunterlaufenes Auge:** un œil injecté de sang.
- **ein blutstillendes Mittel:** un médicament hémostatique.
- **Ich habe die Blutgruppe O positiv:** mon groupe sanguin est O rhésus positif.
- **die verseuchten Blutkonserven:** les flacons de sang contaminé.
- **Blutegel an/setzen:** appliquer des sangsues.
- **Blut spenden:** donner son sang.

Dans le registre de la parenté :

- **die Blutsverwandschaft:** la consanguinité.
- **das Blutrecht:** le droit du sang.
- **die Blutsbrüder:** les frères de sang.
- **die Blutschande:** l'inceste.
- **die Bande des Blutes:** les liens du sang.
- **von edlem Blut:** de sang noble.
- **das Vollblut(pferd):** le pur-sang ; **ein Halbblut:** un cheval demi-sang ; **ein Kaltblut:** un cheval de trait

... ou de la cuisine :

- **die Blutorange:** une orange sanguine.
- **die Blutwurst:** le boudin noir.

Dans des emplois figurés :

- **kaltblütig:** avec sang-froid.
- **nur immer ruhig Blut!:** Du calme !
- **die Musik geht ins Blut:** La musique est entraînante.
- **Blut und Wasser schwitzen:** suer sang et eau.
- **ein junges Blut:** une jeune fille ; **ein blutjunges Mädchen:** une toute jeune fille.
- **ein blutiger Anfänger:** un novice, un bleu.
- **Es ist blutiger Ernst:** C'est tout ce qu'il y a de plus sérieux.
- **schön wie Milch und Blut:** belle comme le jour.
- **Blut geleckt haben:** avoir trouvé du goût.
- **böses Blut machen:** provoquer le mécontentement.
- **ein lustiges Blut:** un joyeux luron.

Zum Nachdenken

Aussprüche

- **Operation gelungen, Patient tot (iron.):** L'opération est réussie, le patient est mort.
- **Ich huste auf deine Geschenke (fam.):** Je me passe de tes cadeaux

Zitate und Sprichwörter

- **Allzuviel ist ungesund:** Trop d'abondance nuit.
- **Geteiltes Leid ist halbes Leid:** Douleur partagée, douleur allégée.
- **Vorbeugen ist besser als Heilen:** Mieux vaut prévenir que guérir.

13 Die Ernährung
L'alimentation

1 Die Kost und die Mahlzeiten — La nourriture et les repas

Die Grundnahrungsmittel — Les aliments de base

	• **die Nahrung, die Kost**	• la nourriture
	• **die Nahrungsmittel**	• les aliments
	• **die Lebensmittel**	• les denrées alimentaires
	• **der Vorrat, ¨-e**	• la provision
	• **die Speise, -n**	• le mets, le plat
≠ das Gericht: *le tribunal*	• **das Gericht, -e**	• le plat
	• **die Frucht, ¨-e**	• le fruit
	• **das Obst**	• le fruit de table
Frühgemüse: *les primeurs* frisches Gemüse: *le légume vert* das Mischgemüse: *la macédoine de légumes*	• **das Gemüse**	• le légume
	• **das Fleisch**	• la viande
	• **weißes Fleisch**	• de la viande blanche
	• **rotes Fleisch**	• de la viande rouge
anglais : *fish*	• **der Fisch, -e**	• le poisson
anglais : *milk*	• **die Milch**	• le lait
	• **die Milchprodukte**	• les produits laitiers
	• **die Butter**	• le beurre
	• **die Margarine**	• la margarine
die Crème fraîche: *la crème fraîche*	• **die Sahne; der Rahm**	• la crème fraîche
	• **der Käse, -**	• le fromage
	• **der Quark**	• le fromage blanc
	• **der Jogurt, -s**	• le yaourt
anglais : *fat*	• **das Fett, -e**	• le gras
	• **das Schmalz, -e**	• le saindoux
der Ölbaum, ¨-e: *l'olivier*	• **das Öl, -e**	• l'huile
	• **das Sonnenblumenöl**	• l'huile de tournesol
	• **das Erdnussöl**	• l'huile d'arachide
	• **der Essig, -e**	• le vinaigre
die Gurke, -n: *le concombre*	• **die Essiggurken**	• les cornichons
	• **die Kaper, -n**	• la câpre
der Rettich: *le radis*	• **der Meerrettich**	• le raifort
	• **das (Salat)dressing**	• la vinaigrette
anglais : *pepper*	• **der Pfeffer**	• le poivre
anglais : *salt*	• **das Salz**	• le sel
	• **der Senf, -e**	• la moutarde
	• **die Kräuter (plur.)**	• les fines herbes
	• **das Kräutersträußchen, -**	• le bouquet garni
	• **das Gewürz, -e; das Würzmittel**	• l'épice ; le condiment
	• **die Gewürzkräuter (plur.)**	• les plantes aromatiques
anglais : *dill*	• **der Dill**	• l'aneth
	• **der (Kreuz)kümmel**	• le cumin
anglais : *parsley*	• **die Petersilie**	• le persil
	• **der Ampfer**	• l'oseille
	• **der Zimt**	• la cannelle

	• die Nelke, -n	• le clou de girofle
	• die Muskatnuss, ¨-e	• la noix de muscade
	• der Ingwer	• le gingembre
der Lauch, -e: *le poireau*	• der Knoblauch, -e	• l'ail
die Knoblauchzwiebel: *la tête d'ail*	• die Zwiebel, -n	• l'oignon
	• das Mehl	• la farine
	• das Brot, -e	• le pain
der Rohzucker: *le sucre roux* der Rohrzucker: *le sucre de canne* die Zuckerwatte: *la barbe à papa* (die Watte, *le coton*)	• der Zucker	• le sucre

Die Getränke — Les boissons

	• das Getränk, -e	• la boisson
anglais : *coffee*	• der Kaffee, -s	• le café
	• der Pulverkaffee, -s	• le café soluble
die Schokolade, -n: *le chocolat*	• der Kakao, -s	• le cacao
anglais : *tea*	• der Tee, -s	• le thé
	• der Kräutertee, -s	• l'infusion
	• der (Frucht)saft, ¨-e	• le jus de fruit
	• das Leitungswasser, -	• l'eau du robinet
	• das Mineralwasser, -	• l'eau minérale
stilles Wasser: *de l'eau plate*	• das Sprudelwasser, -	• l'eau gazeuse
	• die Limonade, -n	• la limonade
	• die Brause, -n	• le soda
anglais : *thirst*	• der Durst	• la soif
	• der Eiswürfel, -	• le glaçon

anglais : *to be thirsty*	• durstig sein	• être assoiffé
	• ziehen lassen (ie, a, ä)	• laisser infuser

anglais : *drinkable*	• trinkbar	• potable
	• ungenießbar	• non potable
	• löslich	• soluble
	• gemahlen	• moulu (café)
	• koffeinfrei, coffeinfrei	• décaféiné

Die Zubereitung des Essens — La préparation du repas

anglais : *cooking*	• das Kochen, -	• la cuisine/la cuisson
	• die Küche, -n	• la cuisine (pièce)
	• die Kochkunst	• la cuisine, l'art culinaire
	• das Kochbuch, ¨-er	• le livre de cuisine
anglais : *recipe*	• das Rezept, -e	• la recette
	• die Zutat, -en	• l'ingrédient
	• die Menge, -n	• les proportions, la quantité
	• die Prise, -n	• la pincée, la pointe
anglais : *baking*	• das Backen	• la cuisson au four
der Braten, -: *le rôti*	• das Braten	• la cuisson à la poêle
	• das Garen	• la cuisson à feu doux
	• die Kochzeit, -en	• le temps de cuisson
	• der Sud, -e	• le court-bouillon

anglais : *to cook*	• **kochen**	• cuisiner, faire la cuisine
	• **kochen**	• bouillir
	• **zu/bereiten**	• préparer
	• **waschen (u, a, ä); putzen**	• laver, nettoyer
	• **schälen**	• peler, éplucher, décortiquer
	• **aus/höhlen**	• évider
	• **bridieren; zu/nähen**	• brider
	• **ein/weichen (i, i)**	• faire tremper
	• **aus/wässern**	• faire dégorger
schnitt, geschnitten	• **schneiden**	• couper
	• **sauber zu/schneiden (itt, itten)**	• parer
	• **zerschneiden (itt, itten); zerlegen**	• découper
	• **halbieren**	• couper en deux
	• **vierteln**	• en quartiers
	• **hacken**	• hacher
	• **reiben (ie, ie)**	• râper
	• **zerdrücken**	• écraser
anglais : *to mix*	• **mischen, vermischen**	• mélanger, malaxer, mixer
	• **verrühren, verdünnen**	• délayer
anglais : *to knead*	• **kneten**	• pétrir
	• **schütteln**	• secouer
	• **schlagen (u, a, ä)**	• battre, fouetter
anglais : *to stuff*	• **stopfen; füllen**	• remplir, farcir
	• **leeren**	• vider
	• **marinieren**	• (faire) mariner
	• **ein/fetten; ein/ölen**	• graisser ; huiler
anglais : *to warm*	• **wärmen**	• chauffer
	• **warm/halten (ie, a, ä)**	• maintenir chaud, tenir au chaud
anglais : *to warm up*	• **auf/wärmen**	• réchauffer
	• **grillen**	• griller (viande, poisson)
anglais : *to roast*	• **rösten**	• faire griller (pain), faire rissoler
	• **zu/decken**	• couvrir
	• **vor/heizen**	• préchauffer (four)
er backte, er hat gebacken	• **backen**	• cuire (au four)
	• **überbacken**	• (faire) gratiner
	• **braten (ie, a, ä)**	• (faire) rôtir
	• **fritieren**	• (faire) frire
	• **panieren**	• paner
	• **räuchern**	• fumer
	• **ab/brühen, blanchieren**	• blanchir
	• **dämpfen, dünsten**	• cuire à l'étuvée/à la vapeur
	• **schmoren, braisieren**	• cuire à l'étouffée, braiser (viande)
	• **garen; köcheln**	• cuire à feu doux, mijoter
	• **kochen, erhitzen**	• faire chauffer
	• **etwas glasig werden lassen (ie, a, ä)**	• faire blondir qqch
	• **bräunen/goldbraun braten (ie, a, ä)**	• faire roussir
aussi : *pratiquer la magie*	• **zaubern**	• mitonner
er sott, er hat gesotten	• **sieden**	• (faire) bouillir
	• **ziehen lassen (ie, a, ä)**	• laisser infuser
salzte, hat gesalzen	• **salzen**	• saler
	• **pfeffern**	• poivrer
	• **würzen, an/machen, ab/schmecken**	• assaisonner

süssen; zuckern	sucrer
bestreuen mit	saupoudrer de
ab/schmecken	goûter (pour vérifier)

roh	cru
gar	cuit
nicht gar	pas cuit
zerkocht	trop cuit
blutig, englisch	saignant
sehr blutig/kurz angebraten	bleu
gut durch	bien cuit
medium, halbdurch, halb gar	à point
paniert	pané
geräuchert	fumé
sättigend, stopfend	bourratif
mager	maigre
fett (anglais : *fat*)	gras
ranzig	rance
pampig	bourratif
bissfest	al dente
knackig	croquant
saftig	juteux
gesalzen	salé
gepfeffert	poivré
gewürzt	épicé

Das Geschirr und die Küchengeräte / La vaisselle et les ustensiles de cuisine

das Küchengerät, -e	l'ustensile de cuisine
der Topf, ¨-e	la casserole
der Deckel, -	le couvercle
das Sieb, -e	la passoire
der Schnellkochtopf, ¨-e	la Cocotte-Minute
die Pfanne, -n	la poêle
die Kuchenform, -en	le moule à gâteaux
der Mixer, -	le mixer
der Fleischwolf, ¨-e (der Wolf: *le loup*)	le hâchoir à viande
die Küchenmaschine, -	le robot ménager
der Entsafter, -	le presse-agrumes
der (Küchen)herd, -e	la cuisinière, le fourneau
der Ofen, ¨- (anglais : *oven*)	le four
der Gasherd, -e	la cuisinière à gaz
der Kühlschrank, ¨-e	le réfrigérateur
die Tiefkühltruhe, -n	le congélateur
das Mikrowellengerät, -e	le (four à)micro-ondes
die Spülmaschine, -n	le lave-vaisselle
das Tischtuch, ¨-er	la nappe
das Mundtuch, ¨-er (aussi : die Serviette, -n)	la serviette

	• **das Geschirr, -e**	• la vaisselle
aussi : das Service (pron. française) ; *le service clientèle* (pron. anglaise)	• **das Tafelgeschirr, -e**	• le service de table
	• **der Teller, -**	• l'assiette
	• **der Unterteller, -**	• le dessous d'assiette
	• **die Schüssel, -n**	• le plat ; le saladier
	• **das Besteck, -e**	• le couvert
	• **die Gabel, -n**	• la fourchette
	• **der Löffel, -**	• la cuillère
	• **der Kaffeelöffel, -**	• la cuillère à café
	• **der Suppenlöffel, -**	• la cuillère à soupe
	• **das Messer, -**	• le couteau
	• **die Kaffekanne, -n**	• la cafetière
	• **die Teekanne, -n**	• la théière
	• **die Wasserflasche, -n**	• la carafe
anglais : *the glass*	• **das Glas, ¨-er**	• le verre
	• **die Tasse, -n**	• la tasse
die Schale, -n: *la coquille, la pelure*	• **die Schale, -n**	• la coupe, le bol
die fliegende Untertasse, das UFO: *la soucoupe volante, l'OVNI*	• **die Untertasse, -n**	• la soucoupe
	• **die Flasche, -n**	• la bouteille

Die Essgewohnheiten — Les habitudes alimentaires

	• **das Mahl, -e; die Mahlzeit, -en**	• le repas
	• **die Hauptmahlzeit, -en**	• le repas principal
	• **der Imbiss, -e**	• la collation, l'en-cas
die Schüssel: *le plat (récipient)*	• **das Gericht, -e; der Gang, ¨-e**	• le plat
	• **der Appetit**	• l'appétit
	• **die Verdauung**	• la digestion
	• **die Magenverstimmung**	• l'indigestion
anglais : *hunger*	• **der Hunger**	• la faim
anglais : *thirst*	• **der Durst**	• la soif
	• **die Reste (plur.)**	• les restes

	• **Appetit haben**	• avoir de l'appétit
	• **Hunger haben**	• avoir faim
aß, gegessen, isst	• **essen**	• se mettre à table
	• **vom Tisch auf/stehen (a, a)**	• se lever de table
anglais : *to chew*	• **kauen**	• mâcher
	• **lutschen**	• sucer
	• **schlucken**	• avaler
	• **Durst haben**	• avoir soif
anglais : *to drink*	• **trinken**	• boire
	• **verdauen**	• digérer
	• **reichen**	• passer le plat
	• **decken**	• mettre (le couvert)
	• **servieren**	• servir
	• **ab/räumen**	• débarrasser, desservir
	• **spülen**	• laver (la vaisselle)
	• **ab/trocknen**	• essuyer

Das Frühstück — Le petit déjeuner

Das Frühstück	Le petit déjeuner
• **das Brot, -e**	• le pain
• **der Kaffee**	• le café
• **der schwarze Kaffee**	• le café noir
• **der Milchkaffee**	• le café au lait
• **der Tee**	• le thé
• **der Teebeutel, -**	• le thé en sachet
• **das Getreide**	• les céréales
• **die Getreideflocken (plur.)**	• les flocons de céréales
• **das Müsli**	• le muesli
• **der Quark**	• le fromage blanc
• **das Brötchen, -; die Semmel, -n**	• le petit pain
• **der Toast, -e**	• le pain grillé, le toast
• **der Zwieback, -e**	• la biscotte
• **das Hörnchen, -; das Croissant, -s**	• le croissant
• **der Honig**	• le miel
• **die Marmelade, -n**	• la confiture
• **das Ei, -er**	• l'œuf
• **das weichgekochte Ei, -er**	• l'œuf à la coque
• **das Spiegelei, -er**	• l'œuf au plat
• **das Rührei, -er**	• les œufs brouillés
• **das verlorene Ei, -er**	• l'œuf poché
• **das hartgekochte Ei, -er**	• l'œuf dur
• **das Brunch, -s**	• le brunch
• **frühstücken**	• prendre le petit déjeuner

anglais : *bread* (das Brot)

anglais : *honey* (der Honig)

anglais : *egg* (das Ei)

Eier in der Schale: *des œufs à la coque*

Das Pausenbrot — Le casse-croûte

Das Pausenbrot	Le casse-croûte
• **das Butterbrot, -e**	• le sandwich
• **der Müsliriegel, -**	• la barre de céréales
• **die Trinkmilch**	• le lait
• **die Buttermilch**	• le babeurre
• **der Kakaotrunk, ¨-e**	• la boisson chocolatée
• **der Fruchtsaft, ¨-e**	• le jus de fruit
• **der Keks, -e**	• le biscuit

Die Hauptmahlzeit — Le repas principal

Die Hauptmahlzeit	Le repas principal
• **das warme Essen, -**	• le repas chaud
• **das Mittagessen, -**	• le déjeuner, le repas de midi
• **der erste Gang, ¨-e, das Vorgericht, -e**	• l'entrée
• **das Hauptgericht, -e**	• le plat de résistance
• **die Nachspeise, -n; der Nachtisch, -e**	• le dessert
• **die Suppe, -n**	• la soupe, le potage
• **die Brühe, -n**	• le bouillon
• **die Vorspeise, -n**	• le hors-d'œuvre
• **die Rohkost (plur.)**	• les crudités
• **das Fleisch**	• la viande

	• das Rindfleisch; das Ochsenfleisch	• le bœuf
	• der Rinderbraten, -	• le rôti de bœuf
	• das Beefsteak, -s	• le bifteck
die Koteletten : *les favoris*	• das Kotelett, -s	• la côtelette
	• das Schweinefleisch	• le porc
aussi : *le gros livre/ le vieux tableau/le péplum*	• der Schinken, -	• le jambon
	• das Schweineschnitzel, -	• l'escalope de porc
	• das Hammelfleisch	• le mouton
	• das Kalbfleisch	• le veau
	• die Kalbsroulade, -n	• la paupiette de veau
	• das Geflügel	• la volaille
	• das Huhn, ¨-er	• le poulet
	• das Brathähnchen, -	• le poulet rôti
	• das Wild	• le gibier
	• das Kaninchen, -	• le lapin
anglais : *hare*	• der Hase, -n	• le lièvre
	• das Ragoût, -s	• le ragoût
der Semmelknödel: *boulette à base de pain*	• der Knödel, -; der Kloß, ¨-sse	• la quenelle, la boulette
	• das Pökelfleisch	• la viande salée, saumurée
	• die Soße, -n; die Sauce, -n	• la sauce
	• der Fisch, -e	• le poisson
anglais : *salmon*	• der Lachs, -e; der Salm, -e	• le saumon
	• die Sardine, -n	• la sardine
anglais : *sardelle*	• die Sardelle, -n	• l'anchois
anglais : *tuna*	• der Thunfisch, -e	• le thon
	• die Forelle, -n	• la truite
	• das Muscheltier, -e	• le coquillage
die Schale, -n: *la coquille* ein Stück Zitronenschale: *un zeste de citron*	• das Schalentier, -e	• le crustacé
	• die Meeresfrüchte (plur.)	• les fruits de mer
	• die Garnele, -n; die Krabbe, -n	• la crevette
	• Die Krabbe, -n; der Krebs, -e	• le crabe
	• der Hummer, -	• le homard
	• die Jakobs/Pilgermuschel, -n	• la coquille Saint-Jacques
	• die Teppichmuschel, -n	• la palourde
anglais : *oyster*	• die Auster, -n	• l'huître
	• die Beilage, -n	• la garniture, l'accompagnement
	• das Gemüse	• le légume
	• das Gratin, -s	• le gratin
	• der Salat, -e	• la salade
der Kartoffelschäler: *l'épluche-légumes*	• die Kartoffel, -n	• la pomme de terre
	• die Salzkartoffeln	• les pommes de terre à l'anglaise
die Pommes frites: *les frites*	• die Bratkartoffeln	• les pommes sautées, rôties
	• das Püree, -s; der Kartoffelbrei, -e	• la purée
	• der Kartoffelsalat, -e	• la salade de pommes de terre
die Kohle: *le charbon*	• der Kohl, -e; das Kraut	• le chou
	• der Weißkohl, -e	• le chou blanc
	• der Rotkohl, -e	• le chou rouge
	• der Rosenkohl, -e	• le chou de Bruxelles
anglais : *cauliflower*	• der Blumenkohl, -e	• le chou-fleur
	• der Kohlrabi, -s	• le chou rave
anglais : *sauerkraut*	• das Sauerkraut	• la choucroute
	• die Karotte, -n; die Möhre, -n	• la carotte

ie gelbe Rübe: *la carotte* die weiße Rübe: *le navet* ie rote Rübe: *la betterave*	• **die Rübe, -n**	• la rave
	• **die Erbsen (plur.)**	• les petits pois
	• **der Lauch, -e; der Porree, -s**	• le poireau
anglais : *egg-plant*	• **die Aubergine, -n; die Eierfrucht, ¨-e**	• l'aubergine
	• **die Bohne, -n**	• le haricot
	• **der Paprika, -/s**	• le poivron, le paprika
	• **die Tomate, -n**	• la tomate
das Mark: *la moelle*	• **das Tomatenmark**	• le concentré de tomates
	• **der Pilz, -e**	• le champignon
	• **der Steinpilz, -e**	• le cèpe
anglais : *rice*	• **der Reis**	• le riz
der Teig, -e: *la pâte (à pain, à tarte)*	• **das Getreide**	• les céréales
	• **die Nudel, -n; die Teigware, -n**	• les pâtes, les nouilles
anglais : *grits*	• **der Grieß, -e**	• la semoule
	• **der Kuskus, -**	• le couscous
anglais : *maize*	• **der Mais, -e**	• le maïs
	• **das Obst**	• les fruits
anglais : *apple*	• **der Apfel, ¨-**	• la pomme
	• **die Pflaume, -n**	• la prune
die Zitrusfrüchte: *les agrumes*	• **die Apfelsine, -n; die Orange, -n**	• l'orange
	• **die Birne, -n**	• la poire
	• **die Kirsche, -n**	• la cerise
aussi : die Grapefruit, -s (pron. anglaise)	• **die Pampelmuse, -n**	• le pamplemousse
das Bananenbüschel: *le régime de bananes*	• **die Banane, -n**	• la banane
	• **die Traube, -n**	• le raisin
	• **die Erdbeere, -n**	• la fraise
	• **die Himbeere, -n**	• la framboise
	• **das Mus, -e**	• la compote
	• **die Kaltschale, -n**	• la soupe de fruits
die Süßwaren: *a confiserie, les sucreries*	• **die Süß(Mehl)speise, -n**	• l'entremets
	• **der Pudding, -e**	• le flan
anglais : *pancakes*	• **der Pfannkuchen, -**	• la crêpe
	• **der Krapfen, -; der Berliner, -**	• le beignet
	• **die Torte, -n**	• la tarte
	• **der Kuchen, -**	• le gâteau
	• **die Schlagsahne, -**	• la crème fouettée, la chantilly
die Eisdiele: *le glacier*	• **das (Milch)speiseeis**	• la glace
	• **das Fruchteis**	• le sorbet
	• **das Baiser, -s**	• la meringue
aß, gegessen, isst	• **zu Mittag essen**	• déjeuner

= das Vesperbrot (SÜDD)	**Das Butterbrot**	**Le goûter**
für zwischendurch: *comme en-cas*	• **der Imbiss, -e**	• la collation, le casse-croûte, l'en-cas
	• **die Bockwurst, ¨-e**	• le hot dog
	• **die Bratwurst, ¨-e**	• la saucisse grillée
	• **die Currywurst, ¨-e**	• la saucisse grillée au curry
pluriel	• **die Wurstwaren**	• la charcuterie
	• **der (Wurst)aufschnitt, -e**	• l'assortiment de charcuterie
	• **die Blutwurst, ¨-e**	• le boudin

	• die Mettwurst, ¨-e	• la saucisse à tartiner
	• die (Kalbs)leberwurst, ¨-e	• le pâté de foie
	• die Brezel, -n	• le bretzel
der Dönerladen: *la rôtisserie orientale*	• der Dönerkebab, -s	• le chiche-kebab
	• vespern	• (prendre le) goûter

Das Abendbrot — Le repas du soir

	• das Abendbrot, -e	• le repas (froid) du soir
	• das Abendessen, -	• le dîner
≠ das Abendmahl: *la Cène*	• die Abendmahlzeit, -en	• le dîner
	• das Weißbrot, -e	• le pain blanc
	• das Stangen(weiß)brot, -e	• la baguette
	• der Brotlaib, -e	• la miche de pain
	• das Mischbrot, -e; das Graubrot, -e	• le pain bis
	• das Roggenbrot, -e	• le pain de seigle
	• das Vollkornbrot, -e	• le pain complet
	• das Schwarzbrot, -e	• le pain noir
	• der Toast, -e	• le pain de mie
	• die Pastete, -n	• la terrine (pâté), la tourte
	• das Schmalzbrot, -e	• la tartine de saindoux
	• die kalte Platte, -n	• l'assiette anglaise
	• die Käseplatte, -n	• le plateau de fromage
	• der Käseaufschnitt, -e	• le fromage pré-tranché
aß, gegessen, isst	• zu Abend essen	• dîner

Das Festmahl — Le repas de fête

	• der Schmaus, -¨-e; das Bankett, -e	• le repas de fête, le banquet, le festi
	• das Souper, -s	• le souper
	• die Cocktailparty, -ies	• le cocktail
	• die Appetithäppchen (plur.)	• les amuse-gueule
	• die Appetitschnittchen (plur.)	• les canapés
	• das Kanapee, -s	• le canapé
	• das Gebäck, -e	• la pâtisserie
	• das Feingebäck, -e	• le petit four
	• das Büffet, -s	• le buffet
	• die Grillparty, -s; der Grillabend, -e	• la soirée barbecue
	• das Hochzeitsessen, -	• le repas de noces
	• das Weihnachtsessen, -	• le repas de Noël
	• der Gänsebraten, -	• l'oie rôtie
	• der Weihnachtsstollen, -	• la bûche de Noël aux raisins secs
	• der Baumkuchen, -	• la bûche de Noël
	• das Weihnachtsplätzchen, -	• le biscuit de Noël
	• der Honigkuchen, -; der Lebkuchen, -	• le pain d'épices
aussi : der Napfkuchen	• der Gugelhupf	• le kouglof
	• das Marzipan, -e	• le massepain, la pâte d'amande

• schmausen, schlemmen	• festoyer
• einfach	• frugal
• reichlich	• copieux
• festlich	• festif

2 Gastronomie und Esskultur — Restauration et gastronomie

Ess- und Trinklokale — Cafés et restaurants

Das Trinklokal	Le café
• die Wirtschaft, -en	• le café, le restaurant
• das Café, -s	• le salon de thé, le café
• die Bar, -s	• le bar
• die Theke, -n	• le comptoir
• das Pub, -s	• le pub
• die Bierstube, -n, das Bierlokal, -e	• la brasserie
• der Stammtisch, -e	• la table des habitués
• das Stammlokal, -e	• le restaurant où l'on a ses habitudes
• der Kellner, -	• le serveur
• die Bedienung, -en	• le service
• das Trinkgeld, -er	• le pourboire
• an/bieten (o, o)	• offrir
• öffnen	• ouvrir, décapsuler
• entkorken	• déboucher (bouteille)
• ein/schenken	• verser à boire
• an/stoßen (ie, o, ö)	• trinquer
• ein Stehbier trinken (a, u)	• boire une bière au comptoir
• inklusive Bedienung	• service compris

die Kneipe, -n: *le bistrot*

Die Esslokale	Les lieux où se restaurer
• die Gastronomie	• la restauration
• das Restaurant, -s	• le restaurant
• die Gaststätte, -n; der Gasthof, ¨-e	• l'auberge
• das Schlemmerlokal, -e	• le restaurant gastronomique
• der Wirt, -e	• l'aubergiste, le restaurateur
• der Koch, ¨-e; die Köchin, -nen	• le cuisinier ; la cuisinière
• der Küchenchef, -s; der Küchenmeister, -	• le chef cuisinier
• der Meisterkoch, ¨-e	• le grand chef, le cordon-bleu
• die Speisekarte, -n; das Menü, -s	• le menu
• die Hausmannskost	• la cuisine maison
• die frühere/spätere Tischzeit	• le premier/second service
• das Tagesgericht, -e	• le plat du jour
• die Rechnung, -en	• l'addition

die Kochkunst : *la gastronomie, l'art culinaire*

der Gastronom, -en: *le restaurateur*
der Gourmet, -s; der Feinschmecker, -: *le gastronome*

à la Carte essen: *manger à la carte*

	das Selbsbedienungslokal, -e	le self(-service)
	das Fastfood	le fast food
	der Hamburger, -	le hamburger
	das Schnellgericht, -e	le plat prêt-à-manger, rapide
	die Fertiggerichte (plur.)	les plat cuisinés, tout prêts
	das Pizza-Taxi	"allo-pizza"
	die Pizza, -s	la pizza
	die Raststätte, -n; der Rasthof, ¨-e	le restoroute
das Stehcafé: *café (où l'on consomme debout)*	**die Imbisshalle, -n**	le snack-bar, la buvette
	die Würstchenbude, -n	le stand de saucisses
	die Kantine, -n	la cantine
	die Werkskantine, -n	le restaurant d'entreprise
	die Cafeteria, -s/-ien	la cafétéria
	die Mensa, -sen	le restaurant universitaire
die Tablette: *la pilule (médicament)*	**das Tablett, -s**	le plateau

ging, gegangen	**ins Restaurant gehen**	aller au restaurant
aß, gegessen, isst	**im Restaurant essen**	manger au restaurant
	jdn zum Essen aus/führen	inviter qqn à dîner
	(einen Tisch) reservieren	réserver (une table)
	bestellen	commander
	bedienen	servir (un client)
	auf/tragen (u, a, ä)	servir (des plats)
	ab/tragen (u, a, ä)	desservir
(ie, a, ä)	**sich eine Pizza kommen lassen**	se faire livrer une pizza à domicil

knapp	chiche, congru
reichlich	copieux
gutbürgerliche Küche	cuisine bourgeoise
nach Belieben	à volonté
umsonst	gratuit
zum Mitnehmen	à emporter

Der Geschmackssinn — Le goût

	der Geschmack	le goût, la saveur
	der Nachgeschmack	l'arrière-goût
das Leckermaul, ¨-er: *la fine gueule* (der Lecker: *le gourmet*; das Maul: *le bec*)	**der Feinschmecker, -**	le gourmet, le gastronome
	der Gaumen, -	le palais

Es schmeckt! *C'est bon !* nach mehr schmecken: *avoir un goût de revenez-y (fam.)*	**schmecken**	avoir du goût, goûter (un plat)
	nach nichts schmecken	être insipide
der Genuss, ¨-e: *la délectation*	**mit Genuss essen**	savourer
	genießen (o, o)	déguster
(ie, au, äu)	**das Wasser läuft mir im Munde zusammen**	j'en ai l'eau à la bouche

schmackhaft	savoureux
geschmacklich	gustatif
wohlschmeckend	goûteux, agréable au goût

	• **herzhaft**	• qui a du goût, bien épicé
	• **appetitlich, appetitanregend**	• appétissant
	• **verlockend, anlockend**	• affriolant, séduisant
	• **süß**	• doux, sucré
anglais : *mild*	• **mild**	• doux
anglais : *sweet and sour*	• **süß-sauer**	• aigre-doux
	• **würzig; aromatisch**	• aromatique
säuerlich: *acidulé*	• **sauer**	• acide
anglais : *bitter*	• **bitter**	• amer
	• **herb**	• âpre
	• **fade, schal**	• fade, insipide
	• **gewürzt, würzig, scharf, pikant**	• relevé, épicé
	• **köstlich**	• délicieux, exquis
	• **hervorragend, ausgezeichnet**	• excellent
	• **saftig**	• juteux
	• **widerlich süß**	• écœurant, trop sucré
	• **widerlich fett**	• écœurant, trop gras
	• **ekelhaft**	• dégoûtant
	• **versalzen**	• trop salé
	• **zerkocht**	• trop cuit
	• **angebrannt**	• brûlé, attaché
	• **ranzig**	• rance
	• **altbacken**	• rassis
	• **ungenießbar**	• immangeable
	• **nahrhaft**	• nourrissant
	• **erfrischend, erquickend**	• rafraîchissant
	• **zart**	• tendre
	• **zäh**	• dur, coriace
anglais : *fat*	• **fett**	• gras
	• **mager**	• maigre
	• **beliebt**	• recherché
	• **wählerisch**	• délicat, difficile
	• **naschhaft**	• gourmand, friand

3 Die Weinkunde — L'œnologie

anglais : *wine*	• **der Wein, -e**	• le vin
anglais : *portwine*	• **der Portwein, -e**	• le porto
	• **der Xereswein, -e**	• le xérès
	• **der Burgunder, -**	• le bourgogne
	• **der Bordeauxwein, -e**	• le bordeaux
	• **der Elsäßerwein, -e**	• le vin d'Alsace
	• **der Rheinwein, -e**	• le vin du Rhin
	• **der Moselwein, -e**	• le vin de Moselle
	• **der Frankenwein, -e**	• le vin de Franconie
	• **der Eiswein, -e**	• le vin de glace
≠ die Sekte, -n: *la secte*	• **der Sekt, -e; der Schaumwein, -e**	• le vin mousseux (champagnisé)
	• **der Champagner, -**	• le champagne
	• **der Apfelwein, -e**	• le cidre
	• **der Weinbrand, ¨-e; der Schnaps**	• l'eau-de-vie

	• der Glühwein, -e	• le vin chaud
	• der Weinkenner, -	• l'amateur de vin
pluriel : die Weinfachleute	**• der Weinfachmann**	• l'œnologue
	• der Verkoster, -	• le dégustateur
	• die Weinprobe, -n	• la dégustation (de vin)
	• die Weinstube, -n; der Weinkeller, -	• le débit de vin, la taverne
	• das Weinlokal, -e	• le bar à vin
	• der Weinkellner, -	• le sommelier, le caviste
	• der Tafelwein, -e	• le vin de table
	• der Landwein, -e	• le vin de pays
	• der Qualitätswein bestimmter Anbaugebiete (QbA)	• le vin délimité de qualité supérieure (VDQS)
	• der Prädikatswein, -e	• le vin d'appelation d'origine contrôlée (AOC)
das Kabinett: *le ministère*	**• der Kabinett, -e**	• vin sélectionné
	• die Auslese, -n	• le premier cru
	• das Gewächs, -e	• le cru
ein großer Jahrgang: *un grand millésime*	**• der Jahrgang, ¨-e**	• le millésime
	• die Spätlese, -n	• la vendange tardive
	• der Korken, -	• le bouchon
	• der Korkenzieher, -	• le tire-bouchon
	• der Flaschenöffner, -	• l'ouvre-bouteille
	• die Abfüllung, -en	• la mise en bouteilles
schlucken: *avaler*	**• der Schluck, -e**	• la gorgée
	• der Duft, ¨-e; das Aroma, -en	• l'arôme
	• das Bukett, -e; die Blume, -n	• le bouquet
	• der Geruch, ¨-e	• l'odeur
	• der Geschmack, ¨-e	• la saveur
	• die Süße, -n	• la douceur
	• die Säure, -n	• l'acidité
	• der Körper, -	• le corps
	• die Farbe, -n	• la couleur
	• das Kleid, -er	• la robe
	• das Tannin, -e	• le tanin
	• der Nachgeschmack, ¨-e	• l'arrière-goût
	• der Abgang, ¨-e	• la longueur en bouche

jdm reinen Wein ein-schenken: *parler franc à qqn*	**• ab/füllen**	• mettre en bouteille
	• verkosten	• goûter, déguster
	• an/bieten (o, o)	• offrir
	• öffnen	• ouvrir, décapsuler
	• entkorken	• déboucher (bouteille)
	• an/stoßen (ie, o, ö)	• trinquer
	• auf jdn anstoßen (ie, o, o)	• porter un toast à qqn
	• einen trinken (a, u)	• prendre un verre
	• schal schmecken	• être éventé
	• Bukett haben	• avoir du bouquet
	• nach Korken schmecken	• avoir un goût de bouchon
	• temperieren	• tempérer
	• chambrieren	• chambrer

der Perlwein: *le vin pétillant*

leicht moussierend	crémant
schäumend	mousseux, pétillant
lieblich, süß	doux
halbtrocken	demi-sec
herb	sec
trocken	extra-sec
rau, kratzig, ruppig	râpeux, rugueux
gekühlt	frappé
eisgekühlt	glacé
kräftig	fort
kraftvoll	puissant
körperreich	corsé, charnu
plump	épais
fleischig	pulpeux
vollmundig, mild	moelleux
lieblich	liquoreux
ölig	onctueux
glatt, süffig	gouleyant
lang im Mund	long en bouche
schwer	capiteux
berauschend	grisant, enivrant
animalisch	animal
holzartig	boisé
fruchtig	fruité
blumig	fleuri
wässerig	aqueux
gepanscht	frelaté
verdünnt	coupé, dilué
auf dem Weingut abgefüllt	mis en bouteille à la propriété

4 Die Bierkunde — La brasserie

anglais : *beer*

ierernst sein: *être sérieux comme un pape*

das Fass: *le tonneau*

das Maß: *la mesure*

das Bier, -e	la bière
das helle Bier, -e	la bière blonde
das dunkle Bier, -e	la bière brune
Bier vom Fass	la bière à la pression
der Schaum, ¨-e	la mousse
die Brauerei, -en	la brasserie
der Bierbrauer, -	le brasseur
die Hefe, -n	la levure
die Gärung, -en	la fermentation
das Malz, -	le malt
die Gerste, -n	l'orge
der Hopfen, -	le houblon
das Reinheitsgebot, -e	la loi sur la pureté de la bière
der Bierkrug, ¨- e; das Seidel, -	la chope
die Maß, -	le litre de bière
ein kleines Bier	un bock (1/4 l)
der Bierdeckel, -	le dessous-de-verre

	• schäumen	• mousser
	• perlen	• pétiller
familier	• eine Bierleiche sein	• être ivre mort
	• abgestanden	• éventé (bière)
	• alkoholfrei	• sans alcool
	• obergärig	• à fermentation haute

Die geistigen Getränke — Les spiritueux

• der Gin, -s	• le gin
• der Whisky, -s	• le whisky
• der Cocktail, -s	• le cocktail
• der Kognak, -s	• le cognac
• der Rum, -s	• le rhum
• der Likör, -e	• la liqueur
• die Bowle, -n	• le punch
• der Aperitif, -s	• l'apéritif
• das Verdauungsschnäpschen, -	• le digestif

5 Ernährung und Gesundheit — Alimentation et santé

Moderne Ernährung und Nahrungsmittelindustrie — Alimentation moderne et industrie agro-alimentaire

	• die Nahrungsmittelindustrie, -n	• l'industrie agro-alimentaire
	• das Fertiggericht, -e	• le plat préparé
	• das Convenience-Produkt, -e	• le plat cuisiné
anglais : *convenience food* (sing.)	• das Convenience Food	• les plats préparés
	• die Tiefkühlkost (plur.)	• les (produits) surgelés
	• das Eingemachte (AS)	• la conserve
	• das Einmachglas, ¨-er	• le bocal à conserves
	• die Dose, -n; die Büchse, -n	• la boîte (de conserve)
	• die Konservendose, -n	• la boîte de conserve
	• die Beutelsuppe, -n	• la soupe en sachet
	• die H-Milch	• le lait UHT
	• die Magermilch	• le lait écrémé
	• die Trockenmilch	• le lait en poudre
	• das Trockengemüse	• les légumes déshydratés
	• die Konservierung, -en	• la conservation
	• der Konservierungsstoff, -e	• le conservateur
	• der Zusatzstoff, -e; das Additiv, -e	• l'additif
	• der Farbstoff, -e	• le colorant
	• der Emulgator, -en	• l'émulsifiant
	• der Geschmacksverstärker, -	• l'exhausteur de goût

• **der Süßstoff, -e**	• l'édulcorant
• **das Frischhaltedatum, -ten**	• la date limite de conservation
• **das Haltbarkeitsdatum, -ten**	• la date limite de consommation
• **die Haltbarkeitsdauer**	• la durée de conservation
• **die Kühlkette, -n**	• la chaîne du froid
• **das Ernährungsrisiko, -ken**	• le risque alimentaire
• **der Lebensmittelskandal, -e**	• le scandale alimentaire
• **die Lebensmittelvergiftung, -en**	• l'empoisonnement des aliments
• **die Nebenwirkung, -en**	• l'effet secondaire
• **die Langzeitfolgen (plur.)**	• les effets à long terme
• **die Bestrahlung, -en**	• l'irradiation
• **die Salmonellen (plur.)**	• les salmonelles
• **die gentechnisch veränderten Nahrungsmittel (plur.)**	• les aliments transgéniques, génétiquement modifiés
• **die Genfrucht, ¨-e**	• le fruit génétiquement modifié

• **tief/kühlen**	• congeler
• **ein/frieren (o, o)**	• surgeler
• **auftauen lassen (ie, a, ä)**	• décongeler
• **ein/machen; ein/wecken; ein/legen**	• mettre en conserve
• **pasteurisieren**	• pasteuriser
• **bestrahlen**	• irradier

• **luftgetrocknet**	• séché à l'air
• **gedörrt**	• séché au four
• **gefriergetrocknet**	• lyophilisé
• **tiefgefroren**	• congelé
• **kochfertig**	• prêt à cuire
• **ultrahocherhitzt**	• stérilisé (procédé UHT)
• **vakuumverpackt**	• emballé sous vide
• **löslich**	• soluble
• **chemisch behandelt**	• traité (chimiquement)
• **gespritzt**	• traité (fruits)
• **ungespritzt**	• non traité
• **strahlenbelastet**	• irradié, ionisé
• **radioaktiv verseucht**	• contaminé
• **genetisch verändert**	• génétiquement modifié
• **genmanipuliert**	• transgénique
• **gentechnikfrei**	• non transgénique
• **keimfrei**	• stérilisé
• **keimbelastet**	• pollué par des germes
• **geschmacksneutral**	• sans arrière-goût
• **künstlich**	• artificiel ; (aliment) de synthèse
• **verfälscht, unecht**	• frelaté
• **verdorben**	• avarié, gâté
• **gesundheitsgefährend**	• dangereux pour la santé
• **gesundheitsschädlich**	• nocif
• **toxisch, giftig**	• toxique
• **antibiotikaresistent**	• résistant aux antibiotiques
• **nicht zum Verzehr geeignet**	• impropre à la consommation
• **mindestens haltbar bis …**	• à consommer avant …

Gesunde Ernährung und Vollwertkost / Alimentation saine et complète

• **das Naturprodukt, -e**	• le produit naturel
• **die Biokost (plur.)**	• les produits naturels, biologiques
• **die Vollwertkost (plur.)**	• les aliments complets
• **der Naturkostladen, ¨-**	• le magasin de produits naturels
• **das Reformhaus, ¨-er**	• le magasin de produits diététique
• **die Vegan-Kost**	• le végétalisme
• **der Vegetarismus**	• le végétarisme
• **der Vegetarier, -**	• le végétarien
• **die Heilfastenkur, -en**	• le jeûne diététique

• **kaltgepresst (Öl)**	• de première pression à froid (hui
• **hochwertig**	• de première qualité
• **gesättigt (Fettsäure)**	• saturé (acide gras)
• **ungesättigt**	• non saturé
• **gesund**	• sain
• **ungesund, schädlich**	• malsain, dommageable
• **fleischlos, vegetarisch**	• végétarien
• **vegan**	• végétalien
• **makrobiotisch**	• macrobiotique
• **biologisch**	• biologique
• **diätetisch**	• diététique, de régime
• **gesundheitsbewusst**	• attentif à sa santé
• **ohne Zusatz**	• sans additif
• **ohne Farbstoffe**	• sans colorant

Übermäßiges Essen und Trinken / Excès de table et de boisson

Fressgier / Excès

• **der Schlemmer, -**	• le bon vivant
• **die Schlemmerei**	• la bombance, la ripaille (débauch
• **der Vielfraß, -e**	• le goinfre
• **das Übergewicht, -e**	• la surcharge pondérale
• **das Hungergefühl, -e**	• la sensation de faim
• **die Esslust, ¨-e**	• la gourmandise
• **die Gefräßigkeit**	• la boulimie
• **das Cholesterin**	• le cholestérol
• **die Zuckerkrankheit**	• le diabète

einen Bärenhunger haben: *avoir une faim de loup (d'ours)*

• **verschlingen (a, u)**	• dévorer
• **sich überessen**	• trop manger
• **sich krank essen**	• manger à s'en rendre malade
• **zu/nehmen (a, o, i)**	• grossir
• **knabbern**	• grignoter

überaß, übergessen, überisst

aß, gegessen, isst

• **einen Heißhunger auf etwas bekommen (a, o)**	• être pris d'une fringale de qqch
• **wiegen (o, o)**	• peser

• **unersättlich**	• insatiable
• **gierig, gefräßig**	• vorace, glouton
• **übergewichtig**	• obèse
• **heißhungrig, esssüchtig**	• boulimique
• **unmäßig**	• immodéré, intempérant
• **übermäßig**	• excessif, surabondant
• **satt**	• rassasié, repu
• **dick**	• gros

Die Ernährungsmängel — Les carences alimentaires

• **das Untergewicht, -e**	• l'insuffisance pondérale
• **die Appetitlosigkeit**	• le manque d'appétit
• **die Anorexie**	• l'anorexie
• **der Appetitanreger, -**	• le stimulant de l'appétit
• **die Hungersnot, ¨-e**	• la famine
• **die Unterernährung, -en**	• la sous-alimentation, la malnutrition
• **die Rachitis**	• le rachitisme
• **der Vitaminmangel, ¨-**	• la carence en vitamines

• **an etwas (D) mangeln**	• manquer (de qqch)
• **hungern**	• souffrir de la faim
• **verhungern**	• mourir de faim

• **mager**	• maigre
• **schwach**	• faible
• **hager, ausgezehrt**	• décharné, squelettique, osseux
• **unterernährt**	• sous-alimenté

anglais : *the diet*

Die Diät — Le régime

• **die Hungerkur, -en**	• la diète absolue
• **die Abmagerungskur, -en**	• le régime amaigrissant
• **der Appetitzügler, -**	• le coupe-faim
• **die Figur**	• la silhouette, la ligne
• **die schlanke Linie**	• la taille fine
• **die Schonkost (plur.)**	• les produits de régime
• **die Reformkost, -**	• le produit diététique
• **das Diätmittel, -**	• le produit diététique
• **die Nulldiät**	• le jeûne
• **die Mäßigkeit**	• la sobriété, la modération
• **die Schlankheitskur, -en**	• la cure d'amaigrissement
• **die Ernährungswissenschaft**	• la diététique
• **die Ernährungsweise, -n**	• l'hygiène alimentaire
• **der Nährstoff, -e**	• l'élément nutritif
• **der Nährwert, -e**	• la valeur nutritive
• **der Energiebedarf (plur.)**	• les besoins énergétiques
• **der tägliche Bedarf (plur.)**	• l'apport journalier
• **der Energieverbrauch, -**	• la dépense énergétique

• **das Eiweiß, -e**	• la protéine
• **das Kohlenhydrat, -e**	• le glucide
• **das Fett, -e**	• le lipide
• **die Fettsäure, -n**	• l'acide gras
• **die Kalorie, -n**	• la calorie
• **der Kaloriengehalt, -e**	• la teneur en calories
• **das Joule, -**	• le joule
• **das Vitamin, -e**	• la vitamine
• **der Mineralstoff, -e**	• le sel minéral
• **das Spurenelement, -e**	• l'oligo-élément
• **der Ballaststoff, -e**	• la fibre alimentaire
• **der Süßstoff, -e**	• l'édulcorant de synthèse

• **sich ernähren**	• se nourrir
• **fasten**	• jeûner
• **auf Diät gehen** (ging, gegangen)	• se mettre au régime
• **(eine Mahlzeit) überspringen (a, u)**	• sauter (un repas)
• **ab/nehmen (a, o, i)**	• maigrir
• **Pfunde verlieren (o, o)**	• perdre des kilos
• **schlank bleiben (ie, ie)**	• rester mince

• **stärkend**	• tonique, fortifiant
• **allergisch**	• allergique
• **verdaulich**	• digeste
• **unverdaulich**	• indigeste
• **schwerverdaulich**	• lourd (à digérer)
• **fettarm**	• allégé
• **entrahmt**	• écrémé
• **teilentrahmt**	• demi-écrémé
• **natriumarm**	• sans sel, hyposodé
• **nährstoffreich**	• riche
• **nährstoffarm**	• pauvre
• **kalorienarm**	• hypocalorique
• **kalorienreich, hyperkalorisch**	• hypercalorique
• **vitaminhaltig**	• contenant de la vitamine
• **vitaminreich**	• riche en vitamines
• **vitaminarm**	• pauvre en vitamines
• **ballastreich**	• riche en fibres
• **angereichert**	• complémenté, enrichi
• **abwechslungsreich**	• varié
• **einseitig**	• peu varié
• **ausgewogen**	• équilibré
• **unausgewogen**	• déséquilibré
• **nüchtern**	• à jeun, sobre
• **mäßig**	• modéré, modérément
• **ernährungsbedingt**	• nutritionnel, lié/dû à l'alimentatio

Trunksucht und Abstinenz — L'abus d'alcool et l'abstinenc

• **die Trunkenheit**	• l'ivresse
• **die Trunksucht**	• l'alcoolisme
• **der Trinker, -** (anglais : *drinker*)	• le buveur

• **der Säufer, -**	• l'ivrogne
• **die Abhängigkeit**	• la dépendance
• **der Alkohol, -e**	• l'alcool
• **der Antialkoholiker, -**	• l'antialcoolique
• **der Alkoholtest, -s**	• l'alcotest
• **die (Alkohol)fahne, -n**	• le relent d'alcool
• **der Abstinenzler, -**	• l'abstinent
• **die Entziehungskur, -en**	• la cure de désintoxication
• **die Gewöhnung**	• l'accoutumance
• **die Entwöhnung**	• le sevrage
• **die Begierde, -n (nach + D)**	• le besoin (en)
• **der Entzug**	• le manque

• **trinken (a, u)**	• boire
• **sich betrinken mit (a, u)**	• s'enivrer de
• **auf Entzug sein**	• être au régime sec
• **seine Trinkgewohnheiten mäßigen**	• modérer ses habitudes de boisson
• **Entzugserscheinungen haben**	• être en état de manque
• **eine Fahne haben**	• empester l'alcool
• **einen Kater haben**	• avoir la gueule de bois

• **alkoholisch**	• alcoolisé
• **alkoholarm**	• faiblement alcoolisé
• **alkoholfrei**	• non alcoolisé
• **beschwipst**	• éméché
• **betrunken**	• ivre
• **völlig betrunken**	• ivre mort
• **alkoholsüchtig, trunksüchtig**	• alcoolique
• **abstinent**	• abstinent
• **nüchtern, trocken**	• sobre
• **im trunkenen Zustand**	• en état d'ivresse

ÜBUNGEN

43 Essen Sie vegetarisch? Êtes-vous végétarien ?

Ordnen Sie die Nahrungsmittel aus der folgenden Liste in die Kategorien "tierisch" bzw. "pflanzlich" ein:

Teigwaren - Birne - Braten - Hähnchen - Schinken - Gewürz - Muschel - Bier - Fleischbrühe - Gemüsesuppe - Spiegelei - Schweizerkäse - Sauerkraut - Wiener Schnitzel - Kirschen

a. tierisch: ...
b. pflanzlich: ...

44 Rätselspiel. Devinettes.

a. Was wird geröstet, gemahlen und gekocht und getrunken?
b. Was wäscht man, lässt man abtropfen und richtet mit Dressing an?
c. Was wird geleert, sauber zugeschnitten, bridiert, mit Öl bestrichen, angemacht und im Ofen bei 200 Grad Celsius gebraten?
d. Was wird zerlegt, gewürzt und gegrillt?
e. Was knetet man, lässt man aufgehen und schiebt man in den Ofen?
f. Was wird gerührt, ausgerollt, in eine Form gesetzt und gebacken?

45 Wenn Sie gern kochen... Si vous aimez cuisiner...

Vervollständigen Sie das Rezept des Weinachtsgänsebratens mit Hilfe der nachstehenden Wörterliste:

abtrocknen - auftauen- Beilage - braten - Bratkartoffeln - Burgunder - einölen - füllen - knusprig - salzen - schmoren - Servieren - tiefgefroren - Trinken - vorheizen - waschen - Zubereitung - zudecken - zunähen

Falls die Gans ... ist, am Tag vor der ... ...
Am besten bereitet man sie schon am Vorabend vor. Dann wird die Gans unter fließendem kalten Wasser gründlich ... und mit einem frischen, sauberen Tuch ... und innen und außen ... Über Nacht kalt stellen. Am nächsten Tag wird die Bauchhöhle mit Äpfeln, Zwiebel und Kräutern ... und ... Dann stellt man die ... Gans ins ... Ofenrohr, wo sie ... zunächst 1/2 bis 3/4 Stunde bei 250 Grad ... muss. Dann schaltet man die Hitze auf 200 Grad herunter und ... den "Vogel" innerhalb 3 bis 4 Stunden gar und ...
1/2 Stunde vor dem ... bepinselt man die Gans mit Bier und erhöht die Hitze wieder auf 250 Grad. So wird die Gans schön braun von allen Seiten.
Als ... eignen sich ... Zum ... nimmt man einen roten ...

46 Wie heißt das auf Französisch? Comment dit-on en français ?

Finden Sie zu den folgenden Komposita bzw. Kollokationen den passenden französischen Ausdruck.

a. die Suppenschüssel - **b.** die Salatschüssel - **c.** der Weinkellner - **d.** die Gentomate - **e.** die weiße Rübe - **f.** die gelbe Rübe - **g.** die rote Rübe - **h.** das Tatarbeefsteak - **i.** die Knoblauchbutter

47 Wortauswahl. **Le mot juste.**

Und was ist, wenn wir vom Urlaub nach Hause kommen und uns die vergessenen Lebensmittel erwarten?

abgelaufen - abgestanden - altbacken und schimmlig - sauer und ranzig - schimmlig - schlecht - verfault - verdorben

a. Milch ist ...
b. Käse und Joghurt sind ...
c. Fleisch ist ...
d. Bier ist ....
e. Gemüse und Obst sind ...
f. Brot ist ...
g. Eier sind ...
h. Kurz und gut, alles ist ...

▶ Corrigés page 469 ◀

Landeskunde

Es geht um die Wurst

C'est une question vitale (trad. littérale : il s'agit de la saucisse)

Die Wurstwaren – Saucisses et charcuterie :

- **die Brühwurst** ou **Kochwurst:** saucisses à bouillir, notamment de Francfort (**Knackwurst** ou **Bockwurst**).
- **die (Rost)Bratwurst, Grillwurst, Wiener oder Frankfurter Würstchen:** différentes variétés de saucisses à griller.
- **die Dauerwurst:** saucisson sec.
- **die Sülzwust, Zervelatwurst, Bierwurst, Jagdwurst:** saucisson cuit.
- **die Rotwurst** ou **Blutwurst** et **Weißwurst:** boudin noir ou blanc
- **die Leberwurst** (pâté de foie)**, Streichwurst, Mettwurst** et **Teewurst** (pâtés fumés): différentes variétés de pâtés entourés d'un boyau.
- **der Aufschnitt:** assortiment de charcuterie et viande froide en tranches qui est indispensable pour la **"Brotzeit"** (casse-croûte) du soir ou dans les **"Biergärten"**.
- **die Würstchenbude:** le stand de saucisses, lieu priviligié pour déguster les saucisses, dont l'équivalent français est peut-être la friterie. Dans les rues piétonnes, la vente à emporter ou à consommer sur place des saucisses grillées ou à bouillir fonctionne toute la journée, du casse-crôute de la matinée **(zweites Frühstück)** au goûter **(Imbiss)** en passant par le déjeuner sur le pouce **(Stehcafé)**.

Redewendungen – Idiomatismes :

- **Es ist mir Wurst/Wurscht:** je m'en fiche, cela m'est égal.
- **mit der Wurst nach dem Schinken werfen:** donner un œuf pour avoir un bœuf.
- **Wurst wider Wurst:** donnant, donnant.
- **Er ist wurstig:** Il est indifférent, insoucieux. (**die Wurstigkeit:** l'indifférence)
- **Er will immer eine Extrawurst gebraten haben:** il veut absolument se distinguer.

Kleines Bierlexikon

Petit a b c de la bière

Deutscher Biergenuss – La consommation de bière en Allemagne :

- **das deutsche Reinheitsgebot (1516):** la loi de pureté de la bière en Allemagne. La législation allemande fait obligation aussi bien aux brasseurs allemands qu'aux importateurs de respecter des normes très strictes de fabrication.
- **der Biergarten:** café en terrasse et souvent des parcs entiers pourvus de bancs où l'on consomme de la bière et un casse-croûte (en Allemagne du Sud).
- **das (Münchner) Hofbräuhaus:** grande brasserie de Munich, une des principales attractions touristiques de la ville.
- **das Oktoberfest:** la fête de la bière à Munich, la plus importante d'Allemagne ; elle se tient sous d'immenses chapiteaux **(Bierzelt)** sur l'esplanade de la Theresienwiese, ou l'on boit la bière dans des chopes d'un litre **(die Maß/der Maßkrug)**.
- **ein kleines Bier, eine Halbe, eine Maß:** un verre de bière (25 cl), un demi, un litre (en Bavière seulement).
- **der Gerstensaft:** littéralement, "le jus d'orge", appellation plaisante de la bière.

Die Biersorten – Les différentes sortes de bière :

Märzenbier (la bière de mars), **Altbier** (bière brune amère), **Starkbier** ou **Bockbier** (bière forte), **Malzbier** (bière de malt), **Rauchbier** (bière fumée), **Weißbier** ou **Weizenbier** (bière blanche, bière de froment), **das Kölsch** (la bière blanche de Cologne), **die Berliner Weiße mit Schuss** (cocktail berlinois à la bière blanche et au sirop d'aspérule ou de framboise) ; **der Radler (die Radlermaß)** et **das Alsterwasser** (panaché en Bavière et à Hambourg) ; **alkoholfreies Bier** (bière sans alcool).

Redensarten und Sprüche – Expressions et dictons :

- **der Bierbauch:** la bedaine.
- **Biersprüche:** des promesses verbales.
- **Das ist nicht mein Bier:** Ce ne sont pas mes oignons.
- **Bier ist flüssige Nahrung:** La bière est un aliment liquide.
- **fluchen wie ein Bierkutscher:** jurer comme un charretier.

Bildlich gesprochen

Rund ums Essen und um die Essenszubereitung

- **jemandem etwas aufs Butterbrot schmieren:** faire des reproches à quelqu'un.
- **den Braten riechen:** flairer le coup.
- **in den sauren Apfel beißen:** avaler la pilule.
- **jemanden wie ein rohes Ei behandeln:** prendre des gants avec quelqu'un.
- **Es ist alles in Butter:** tout baigne (dans l'huile !).
- **mit jemandem ein Hühnchen zu rupfen haben:** avoir maille à partir avec quelqu'un.
- **ins Fettnäpfchen treten:** mettre le pied dans le plat.
- **seinen Senf dazugeben:** mettre son grain de sel.
- **jemandem durch den Kakao ziehen:** mettre quelqu'un en boîte.
- **jemanden in die Pfanne haun:** enguirlander quelqu'un.
- **Kohldampf haben:** avoir l'estomac dans les talons.
- **jemanden die Suppe versalzen:** contrecarrer les projets de quelqu'un.
- **die Suppe auslöffeln müssen:** payer les pots cassés.
- **auch nur mit Wasser kochen:** ne rien faire d'extraordinaire.
- **jemandem klaren Wein einschenken:** dire ses 4 vérités à quelqu'un.
- **jemandem Honig ums Maul schmieren:** cirer les bottes de quelqu'un.
- **Vitamin B (B wie "Beziehungen") haben:** avoir du piston.
- **mit jemandem ist nicht gut Kirschen essen:** quelqu'un de peu fréquentable.

Zum Nachdenken

- **Wer nichts wird, wird Wirt:** Celui qui ne réussit dans rien finit par être aubergiste.
- **Der Appetit kommt beim Essen:** L'appétit vient en mangeant.
- **Hunger ist der beste Koch:** Quand on a faim, on mange de tout.
- **Mit Speck fängt man Mäuse:** On n'attrape pas les mouches avec du vinaigre.
- **Jeder Topf findet seinen Deckel:** Chacun trouve chaussure à son pied.

14 Kleidung und Mode
L'habillement et la mode

1 Die Textilien — Les textiles

Die Stoffe — Les tissus

	• **der Stoff, -e**	• le tissu
das Tuch: abréviation pour das Kopftuch, das Halstuch etc. betucht sein: *être aisé*	• **das Tuch, ¨-er**	• le tissu, le drap
	• **das Leder, -**	• le cuir
	• **das Kunstleder, -**	• le simili cuir, le skaï
	• **das Wildleder, -**	• le daim
	• **die Naturfaser, -n**	• la fibre naturelle
	• **die Mikrofaser, -n**	• la micro-fibre
	• **die Kunstfaser, -n**	• la fibre synthétique
	• **die Acrylfaser, -n**	• l'acrylique
anglais : *wool*	• **die Wolle, -n**	• la laine
	• **die Baumwolle, -n**	• le coton
	• **die Schurwolle, -n**	• la pure laine vierge
	• **die Zellwolle, -n**	• la viscose
jdn mit Samthandschuhen anfassen: *prendre qqn avec des gants*	• **der Samt, -e**	• le velours
	• **der Cordsamt, -e**	• le velours côtelé
	• **der Tweed, -s/-e**	• le tweed
	• **das Leinen, -**	• le lin
	• **die Seide, -n**	• la soie
	• **der Pelz, -e**	• la fourrure
	• **das Frottiergewebe, -e**	• le tissu éponge
der Gummi: *la gomme*	• **das Gummi**	• le caoutchouc
	• **der Lack**	• la laque
pron. anglaise	• **das Nylon, -s**	• le nylon
	• **der Kaschmir**	• le cachemire
die Spitze: *la pointe*	• **die Spitze, -en**	• la dentelle
	• **der Atlas, -se**	• le satin
	• **der Tüll, -e**	• le tulle
aussi : *la combine, la marotte* der hat die Masche raus: *il a la bonne combine* die Laufmasche: *la maille filée*	• **die Masche, -n**	• la maille
	• **der Taft, -e**	• le taffetas
	• **der Kunststoff, -e**	• la matière synthétique
	• **der Polyester, -**	• le polyester
	• **der Crêpe de Chine**	• le crêpe de Chine
aussi : *la peluche d'un tapis*	• **der Flor, -e**	• le crêpe, le voile
aussi : *le chapeau de feutre*	• **der Filz, -e**	• le feutre

	• **schimmern**	• scintiller
	• **glänzen**	• briller
	• **glitzern**	• étinceler
	• **reflektieren**	• refléter
das Feuer knistert: *le feu pétille*	• **knistern (Seide)**	• froufrouter (soie)
	• **kratzen**	• gratter
	• **knautschen; knittern**	• froisser

• **echt**	• véritable
• **rein**	• pur
• **fein**	• fin
• **grob**	• grossier
• **steif**	• raide
• **rau**	• rêche
• **weich**	• souple, moelleux
• **flauschig**	• moelleux
• **glatt**	• lisse
• **gefüttert**	• rembourré, doublé
• **wasserabweisend**	• déperlant
• **wasserdicht**	• imperméable
• **wetterfest**	• résistant aux intempéries, imperméable
• **seiden**	• en soie
• **seidig**	• satiné, soyeux
• **wollen**	• en laine
• **baumwollen**	• en coton
• **leinen**	• en toile
• **ledern**	• en cuir
• **samten**	• en velours
• **kordsamten**	• en velours côtelé
• **fusselig**	• pelucheux
• **samtig**	• velouté
• **synthetisch**	• synthétique

as Futter, -: *la doublure/ la nourriture (fourrage)*

die/der Fussel, n/-: *la peluche, le mouton (poussière)*

Die Stoffmuster — Les types de motifs

• **das Muster, -**	• le motif
• **das Fischgrätenmuster, -**	• le chevron
• **das Hahnentrittmuster, -**	• le pied-de-poule
• **der/das Pepita, -s**	• le pied-de-poule (petit motif)
• **der Glencheck, -s**	• le prince-de-Galles

die Fischgräte: *l'arête de poisson*

• **einfarbig**	• uni
• **bunt**	• multicolore, bariolé
• **farbig**	• en couleur
• **gestreift**	• rayé, à rayures
• **kariert**	• à carreaux
• **kleinkariert**	• à petits carreaux
• **meliert**	• chiné
• **schottisch**	• écossais
• **gemustert**	• à motifs, imprimé
• **gepunktet, getupft**	• à pois
• **geblümt**	• à fleurs
• **durchsichtig**	• transparent
• **glanzlos**	• mat, terne
• **grell**	• voyant, criard
• **unauffällig**	• discret

kunterbunt: *bariolé*

kleinkariert sein: *être mesquin*

Die Behandlung der Stoffe — Le traitement du tissu

- die Strapazierfähigkeit — la solidité
- die Isolierung — l'isolation *(die Isolierung: l'isolement)*
- die Bequemlichkeit — le confort
- die Qualität, -en — la qualité
- die Zweckmäßigkeit, -en — l'aspect pratique, la fonctionnalité
- die Reinigung, -en — le nettoyage
- die Trockenreinigung, -en — le nettoyage à sec
- die Handwäsche, -en — le lavage à la main
- der Fleckentferner, - — le détachant

- färben — teindre
- ab/färben; aus/bleichen (i, i) — déteindre
- imprägnieren — imperméabiliser
- ein/gehen — rétrécir *(ging, gegangen)*
- reinigen lassen (ie, a, ä) — faire nettoyer
- von Hand waschen (u, a, ä) — laver à la main
- warm halten (ie, a, ä) — tenir chaud

- warm — chaud *(anglais : warm)*
- leicht — léger *(anglais : light)*
- waschbar, waschecht — lavable *(ein waschechter Berliner: un Berlinois cent pour cent)*
- kochfest — lavable à 95°
- farbecht — grand teint
- empfindlich — fragile, délicat *(empfindlich: susceptible)*
- pflegeleicht — facile à entretenir
- strapazierfähig — solide, résistant
- knitterfrei — infroissable
- einlauffest — irrétrécissable
- bügelfrei — sans repassage *(der Bügel: le cintre; das Bügeleisen: le fer à repasser)*
- wasserdicht — imperméable
- feuerfest — incombustible, ininflammable
- luftdurchlässig — respirant
- zweckmäßig, praktisch — fonctionnel, pratique
- saugfähig — absorbant

Das Schneidern — La couture

- der Schneider, - — le tailleur *(aus dem Schneider sein (jeu de cartes): avoir plus de 30 points; être sorti de l'auberge)*
- die Näherin, -nen — la couturière
- die Naht, ¨-e — la couture (point) *(aus dem Nähkästchen plaudern: parler des secrets du métier)*
- die Stoffmenge, -n — le métrage
- das Maß, -e — la mesure
- der Schnitt, -e — la coupe
- das Schnittmuster, - — le patron, le modèle de couture
- der Schnittmusterbogen, - — le planche-patron
- der Stich, -e — le point (de couture)
- das Muster, - — le point (de tricot, crochet)
- die Nähmaschine, -n — la machine à coudre

	• **der Faden, ¨-; das Garn, -e**	• le fil
	• **der Zwirn, -e**	• le fil fort
	• **die Nadel, -n**	• l'aiguille, l'épingle
	• **das Nähkästchen, -**	• la corbeille à ouvrage
	• **der Fingerhut, ¨-e**	• le dé à coudre
	• **der/das Wollknäuel, -**	• la pelote de laine
	• **die Schere, -n**	• les ciseaux
das Knopfloch, ¨-er: *la boutonnière*	• **der Knopf, ¨-e**	• le bouton
	• **das Loch, ¨-er**	• le trou
	• **der Flicken, -**	• la pièce
	• **die Änderung, -en**	• la retouche
	• **der Riss, -e**	• l'accroc, la déchirure
	• **die Größe**	• la taille
der Ärmelkanal: *la Manche*	• **der Ärmel, -**	• la manche
	• **das Hosenbein, -e**	• la jambe de pantalon
Kopf und Kragen riskieren: *risquer sa vie*	• **der Kragen, -**	• le col
	• **der Stehkragen, -**	• le col montant
	• **der Aufschlag, ¨-e**	• le revers
	• **das Futter, -**	• la doublure
das Polster, -: *le coussin*	• **das Schulterpolster, -**	• l'épaulette
der Saum: *la lisière* säumig: *retardataire* versäumen: *rater*	• **der Saum, ¨-e**	• l'ourlet
	• **der Reißverschluss, ¨-e**	• la fermeture éclair ; le zip
	• **der Klettverschluss, ¨e**	• le velcro
	• **der Haken, -**	• l'agrafe
	• **der Druckknopf, ¨-e**	• le bouton pression
der Band, ¨-e: *le volume, le tome*; die Band, -s: *l'orchestre de bal*	• **das Band, ¨-er**	• le ruban
	• **die Bügelfalte, -n**	• le pli de pantalon
	• **der Einnäher, -**	• la pince
	• **die Tasche, -n**	• la poche
	• **der Hosenschlitz, -e**	• la braguette
die Falte: *la ride*	• **die Falte, -n**	• le pli

handgenäht: *cousu main*	• **nähen; an/nähen**	• coudre
	• **auf/trennen**	• découdre
jdn schneiden: *éviter, ignorer qqn* (einen Autofahrer) schneiden: *faire une queue de poisson à qqn*	• **schneiden (-itt, -itten)**	• couper, tailler
	• **bei jdm die Maße nehmen (a, o)**	• prendre les mesures de qqn
	• **aus/schneiden (-itt, -itten)**	• découper
	• **heften**	• faufiler
	• **säumen**	• ourler
	• **sticken**	• broder
selbst/handgestrickt: *tricoté main*	• **stricken**	• tricoter
	• **häkeln**	• faire du crochet
spinnen (fam.): *être cinglé*	• **spinnen (a, o)**	• filer
handgewebt: *tissé à la main*	• **weben (o, o)**	• tisser
	• **bügeln**	• repasser
	• **falten**	• plier
	• **zerreißen (-iss, -issen)**	• déchirer
	• **flicken; aus/bessern**	• raccommoder
der Steppmantel, ¨-: *le manteau matelassé*	• **steppen**	• (sur)piquer
	• **stopfen**	• repriser
	• **kürzer machen; verkürzen (um)**	• raccourcir (de)
	• **länger machen; verlängern (um)**	• rallonger (de)

	• enger machen; verengen (um)	• rétrécir (de)
≠ weiter machen: *continuer*	• weiter machen; verweitern	• élargir
	• ändern	• retoucher

	• zerrissen	• déchiré
≠ füttern: *donner à manger, donner la becquée*	• gefüttert	• doublé

2 Die Kleidung — L'habillement

Die Garderobe — La garde-robe

anglais : *wardrobe*

	Allgemeines	Généralités
	• die Kleidung, -en	• la tenue
	• die (Be)kleidung, -en	• l'habillement
	• die Verkleidung, -en	• le déguisement
	• das Kleidungsstück, -e	• le vêtement
(!) das Kleid, er: *la robe*	• die Kleider (plur.)	• les vêtements, les habits
	• die Klamotten; das Outfit, -s	• les fringues
	• der Anzug, ¨-e	• le costume
	• die Uniform, -en	• l'uniforme
	• das Kostüm, -e	• l'ensemble, le tailleur
das ist mir Jacke wie Hose: *ça m'est égal*	• die Hose, -n	• le pantalon
	• der Rock, ¨-e	• la jupe
	• der Faltenrock, ¨-e	• la jupe plissée
wickeln: *enrouler*	• der Wickelrock, ¨-e	• la jupe-portefeuille
	• der Minirock, ¨-e	• la mini-jupe
	• das Hemd, -en	• la chemise
	• die (Hemd)bluse, -n	• le chemisier
	• das Polohemd, -en	• le polo
	• der Pullover, -; der Pulli, -s	• le pullover ; le pull
der Rollkragen: *le col roulé*	• der Rolli/Rollkragenpullover, -	• le pull à col roulé
	• der Pullunder, -	• le débardeur
	• die Weste, -n; die Unterjacke, -n	• le gilet
	• die Jacke, -n	• la veste
	• der Sakko, -s	• le veston

-zog, gezogen (!) jdn an/ziehen: *attirer qqn*	• an/ziehen; an/legen	• mettre (un vêtement)
	• sich an/ziehen	• s'habiller
	• aus/ziehen; ab/legen	• enlever, ôter
	• sich aus/ziehen	• se déshabiller
(!) um/ziehen: *déménager*	• sich um/ziehen	• se changer
	• an/haben; tragen (u, a, ä)	• porter
	• an/probieren	• essayer

der Schlüpfer, -: *la culotte*

zugeknöpft sein: *être très réservé*

• **(in etwas, A) schlüpfen**	• enfiler (qqch)
• **sich (als etwas) verkleiden**	• se déguiser (en qqch)
• **zu/knöpfen**	• boutonner
• **auf/knöpfen**	• déboutonner
• **die Ärmel hoch/krempeln**	• retrousser les manches

• **nackt**	• nu
• **angezogen**	• habillé
• **in Uniform**	• en uniforme
• **zum Wechseln**	• de rechange
• **kurzärmelig**	• à manches courtes
• **langärmelig**	• à manches longues
• **ärmellos**	• sans manches
• **spitz, mit V-Ausschnitt**	• en V (col)
• **rund**	• arrondi
• **mit rundem Ausschnitt**	• ras du cou
• **ausgeschnitten**	• échancré, décolleté
• **bundfalten**	• à pinces
• **mit Schlag**	• à pattes d'éléphant

Festliche und traditionelle Kleidung / Vêtements des grandes occasions et tenues folkloriques

die Schwalbe, -n: *l'hirondelle*
der Schwanz: *la queue*

die Klubjacke: *le blazer (veste de club)*

die Fliege: *la mouche*

• **der Smoking, -s**	• le smoking
• **der Frack, ¨-e**	• l'habit ; la tenue de soirée
• **der Schwalbenschwanz, ¨-e**	• la queue-de-pie
• **der Blazer, -**	• le blazer
• **der Einreiher, -**	• le veston droit
• **der Zweireiher, -**	• le veston croisé
• **die Flanellhose, -n**	• le pantalon de flanelle
• **der Manschettenknopf, ¨-er**	• le bouton de manchettes
• **der Querbinder, -; die Fliege, -n**	• le nœud-papillon
• **das Cocktailkleid, -er**	• la robe de cocktail, de soirée
• **das Abendkleid, -er**	• la robe de soirée
• **der Zylinder, -**	• le haut-de-forme
• **die (Feder)boa, -s**	• le boa
• **das Etuikleid, -er**	• la robe fourreau
• **der Ausschnitt, -e**	• le décolleté
• **das Dekolletee, -e**	• le décolleté profond
• **der Nerzmantel, ¨-**	• le manteau de vison
• **das Frackhemd, -en**	• la chemise de cérémonie
• **das Party-Hemd, -en**	• la chemise habillée
• **das Hochzeitskleid, -er**	• la robe de mariée
• **das Umstandskleid, -er**	• la robe de grossesse
• **die Tracht, -en**	• le costume/l'habit régional
• **das Dirndl(kleid), -er**	• la robe paysanne (Bavière)
• **die Trachtenhaube, -n**	• la coiffe (régionale)
• **die Lederhose, -n**	• le pantalon, la culotte de cuir
• **die Trauerkleidung**	• les vêtements de deuil

Babykleidung	**Vêtements de bébé**
• die Babywäsche, -n	• la layette
• die Windel, -n	• la couche
• das Jäckchen, -	• la brassière
• die Strampelhose, -n	• la grenouillère
• der Strampelsack, ¨-e	• la gigoteuse
• die Spielhose, -n	• la barboteuse
• das Lätzchen, -	• le bavoir
• das Söckchen, -	• le chausson
• die Mütze, -n	• le bonnet

das Windelhöschen: *la couche-culotte*

strampeln: *gigoter*

Unter- und Nachtwäsche	**Sous-vêtements et vêtements de nuit**
• die Unterwäsche, -en	• les sous-vêtements, la lingerie
• der/das Oberteil, -e	• le haut
• der/das Unterteil, -e	• le bas
• das Unterhemd, -en	• le tricot de corps
• der Body, -s	• le body
• das Mieder, -	• le corsage
• das Unterkleid, -er	• la combinaison
• der Büstenhalter, -	• le soutien-gorge
• die Unterhose, -n	• la culotte, le caleçon
• der Unterrock, ¨-e	• le jupon
• der Slip, -s	• le slip
• der Schlüpfer, -; das Höschen, -	• la culotte
• der (Nylon/Seiden)strumpf, ¨-e	• le bas
• die Strumpfhose, -n	• le collant
• die Socke, -n	• la chaussette
• das Söckchen, -	• la socquette
• der Kniestrumpf, ¨ -e	• le mi-bas
• der Strumpfhalter, -	• la jarretelle
• der Hüfthalter, -	• la gaine
• die Spitzen (plur.)	• la dentelle
• der Schlafanzug, ¨-e	• le pyjama
• das Nachthemd, -en	• la chemise de nuit
• das Negligee, -s	• le déshabillé
• der Morgenrock, ¨-e	• la robe de chambre
• der Bademantel, ¨-	• le peignoir

die Damenunterwäsche: *les dessous; la lingerie*

= der BH, -s

der Netzstrumpf, ¨-e: *le bas résille*

der Strumpfhaltergürtel, -: *le porte-jarretelles*

• oben ohne	• seins nus
• mit nacktem Oberkörper	• torse nu
• barfuß	• pieds nus

Sonstige Kleidung und Accessoires — Vêtements d'extérieur et accessoires

Mäntel, Sport- und Freizeitbekleidung	**Vêtements d'extérieur, de sport et de détente**
• der Mantel, ¨-	• le manteau
• der Herrenmantel, ¨-	• le pardessus

der Regenmantel, ¨-: *l'imperméable*

• das Ölzeug, -e	• le ciré	
• der Pelzmantel, ¨-	• le manteau de fourrure	
• die Jacke, -n	• la veste	
• die lammgefütterte Jacke, -n	• la canadienne	das Lamm, ¨-er: *l'agneau*
• der Anorak, -s	• l'anorak	
• der Blouson, -s	• le blouson	
• die Windjacke, -n	• le coupe-vent	
• die Skihose, -n	• le pantalon de ski	der Skianzug: *la combinaison de ski* die Schneestiefel (plur.): *les après-ski*
• die Sportkleidung	• les vêtements de sport	
• der Jogginganzug, ¨-e	• le jogging	
• der Trainingsanzug, ¨-e	• le survêtement	
• das Stirnband, ¨-er	• le bandeau	
• die Freizeitkleidung	• les vêtements de détente	
• die Jeans (plur.); die Jeanshose, -n	• le jean	
• die Latzhose, -n	• la salopette	
• die Shorts (plur.)	• le short	
• das T-Shirt, -s	• le tee-shirt	
• das Sweatshirt, -s	• le sweat-shirt	
• die Badehose, -n	• le slip de bain, le maillot de bain	
• der Badeanzug, ¨-e	• le maillot de bain (une pièce)	zweiteilig: *deux-pièces*
• der Bikini, -s	• le bikini	

Die Arbeitskleidung — Les vêtements de travail

(singulier)

• der Blaumann, ¨-er	• le bleu de travail	
• der Overall, -s	• la combinaison de travail	
• der Kittel, -	• la blouse	
• die Schürze, -n	• le tablier	der Schürzenjäger: *le coureur du jupon*

Modisches Beiwerk — Accessoires

• der Schuh, -e	• la chaussure	anglais : *the shoe*
• das Paar, -e	• la paire	
• der Schnürsenkel, -	• le lacet	
• die Sohle, -n	• la semelle	anglais : *the sole* (!) die Fußsohle: *la plante du pied*
• die Einlage, -n	• la semelle intérieure	
• der Absatz, ¨-e	• le talon	der Absatz: *le paragraphe/la vente* ≠ die Ferse, -n: *le talon (du pied)*
• der Pfennigabsatz, ¨-e	• le talon aiguille	
• der Keilabsatz, ¨-e	• la semelle compensée	
• der Schuster, -	• le cordonnier	
• die Schuhgröße, -n; die Schuhnummer, -n	• la pointure	die richtige Größe: *la bonne pointure*
• die Sandalen (plur.)	• les sandales	
• die Halbschuhe (plur.)	• les chaussures basses	
• der Stiefel, -	• la botte	
• der Schnürstiefel, -	• la chaussure montante (à lacets)	
• die Gummistiefel, -	• les bottes en caoutchouc	
• die Hausschuhe (plur.)	• les pantoufles	*variantes dialectales les plus courantes pour die Hausschuhe:* die Pantoffeln, die Schlappen, die Latschen, die Puschen...
• die Turnschuhe (plur.)	• les baskets	
• die Stöckelschuhe (plur.)	• les chaussures à talon	
• die Pömps (plur.)	• les escarpins	
• die Gamasche, -n	• la guêtre	
• die Lackschuhe (plur.)	• les vernis	
• der Slipper, -; der Mokassin, -s	• le mocassin	

• **die Pantoletten (plur.)**	• les nu-pieds
• **der Handschuh, -e**	• le gant
• **der Fausthandschuh, -e**	• la moufle
• **der Halbfingerhandschuh, -e**	• la mitaine
• **der Gürtel, -**	• la ceinture
• **der Hosenträger, -**	• la bretelle
• **die Krawatte, -n; der Schlips, -e**	• la cravate
• **der Querbinder, -; die Fliege, -n**	• le nœud-papillon
• **das Ziertaschentuch, ¨-er**	• la pochette
• **das Taschentuch, ¨-er**	• le mouchoir
• **das Halstuch, ¨-er**	• l'écharpe
• **das Kopftuch, ¨-er**	• le foulard
• **der Schal, -e/-s** (anglais : *the shawl*)	• le châle, l'écharpe
• **der Wollschal, -e/-s**	• le cache-nez
• **die Stola, -en**	• l'étole
• **die Kopfbedeckung, -en**	• le couvre-chef, la coiffure
• **der Hut, ¨-e** (anglais : *hat*)	• le chapeau
• **die Mütze, -n**	• le bonnet
• **die (Schirm)mütze, -n** (die Schlafmütze: *l'endormi*)	• la casquette (à visière)
• **die Pudelmütze, -n**	• le bonnet tricoté
• **die Bommelmütze, -n**	• le bonnet tricoté au pompon
• **die Kapuzenmütze, -n** (die Kapuze, -n: *la capuche*)	• la cagoule
• **die Kappe, -n**	• le chaperon
• **das Käppi, -s**	• le képi
• **der (Regen)schirm, -e**	• le parapluie
• **der Knirps, -e** (der (kleine) Knirps: *le marmot, le gosse*)	• le parapluie pliant
• **der Stock, ¨-e**	• la canne
• **die Handtasche, -n** (die Umhängetasche, -n: *le sac à bandoulière*)	• le sac à main
• **die Brieftasche, -n**	• le portefeuille
• **das Portmonee, -s**	• le porte-monnaie
• **der Fächer, -**	• l'éventail

• **auf/setzen**	• mettre (chapeau)
• **ab/nehmen (a, o, i)**	• ôter (chapeau)
• **(um/)binden (a, u)**	• attacher, nouer
• **auf/machen**	• ouvrir, défaire
• **zu/machen**	• fermer
• **schnüren; zu/schnüren**	• lacer
• **auf/schnüren**	• délacer
• **besohlen lassen (ie, a, ä)**	• (faire) ressemeler
• **(die Schuhe) putzen**	• cirer
• **sich schön machen**	• se faire beau/belle
• **die Krawatte binden**	• nouer la cravate
• **sich Luft zu/fächeln**	• s'éventer

• **barfuß**	• nu-pieds
• **mit bloßem Kopf**	• nu-tête
• **ein-, zwei-, dreiteilig**	• à une, deux, trois pièces
• **geschlossen/offen (Schuhe)**	• ouvertes/fermées
• **ausgetreten, schief getreten (Schuhe)** (ausgelatscht (fam.))	• éculé, usé (chaussures)

3 Die Mode — La mode

Modische Eleganz — Style et élégance

ein steiler Zahn sein: *se dit pour une femme très sexy, qui "en jette" (expression des années 50)*

• **das Aussehen, -**	• l'allure, l'apparence
• **die Eleganz, -**	• l'élégance
• **der Stil, -e**	• le style
• **die Klasse, -n**	• la classe
• **der Dernier Cri**	• le dernier cri
• **der Lumpen, -**	• le haillon
• **die Laufmasche, -n**	• la maille qui file

• **sich kleiden**	• s'habiller
• **sich anständig kleiden**	• s'habiller bien
• **sich modisch kleiden**	• s'habiller à la mode
• **sich stadtfein machen**	• s'habiller bien pour aller en ville
• **nach nichts aus/sehen (a, e, ie)**	• ne pas avoir d'allure
• **sich auf/takeln**	• s'attifer

• **in vollem Staat**	• en grande tenue
• **im Sonntagsstaat**	• endimanché
• **wie aus dem Ei gepellt**	• sur son trente-et-un
• **geschniegelt und gebügelt**	• tiré à quatre épingles
• **einfach, schlicht**	• simple, sans artifice
• **ordinär**	• sans classe
• **üblich**	• standard
• **diskret**	• discret
• **dezent**	• correct
• **auffällig**	• voyant, tape-à-l'œil
• **vulgär**	• vulgaire
• **ausgefallen, extravagant**	• extravagant
• **aufgedonnert (fam.), aufgestylt**	• habillé tapageusement
• **provokatorisch**	• provocateur
• **gewagt**	• osé
• **apart**	• recherché, qui a de la classe
• **elegant**	• élégant
• **vornehm**	• distingué
• **schick/chic, flott, fein**	• élégant, chic
• **festlich**	• habillé
• **snobistisch**	• snob
• **geschmackvoll/-los**	• de bon/mauvais goût
• **sorgfältig gekleidet**	• habillé avec soin
• **gut/schlecht angezogen**	• bien/mal habillé
• **nachlässig**	• négligé
• **provokant, sexy**	• provocant, sexy
• **schlampig**	• négligé, débraillé
• **modern,(neu)modisch**	• à la mode, moderne
• **altmodisch, unmodern**	• démodé, ringard
• **zeitlos**	• classique, ne se démodant jamais

• **sportlich**	• sport, sportif
• **salopp, lässig, cool**	• décontracté
• **alternativ, Öko-**	• alternatif, écolo
• **ausgewaschen**	• délavé
• **abgetragen, gebraucht**	• usé
• **ausgeleiert, ausgebeult**	• qui a perdu sa forme à force d'être porté
• **zerrissen**	• déchiré
• **schmutzig**	• sale
• **kleidsam**	• seyant
• **hautnah, hauteng**	• moulant, collant
• **figurbetont**	• accentuant la silhouette
• **bequem**	• confortable
• **zweckmäßig**	• approprié
• **weit**	• large, ample
• **eng anliegend**	• serré, ajusté
• **tailliert**	• cintré
• **bauschig**	• bouffant
• **plissiert**	• plissé
• **mottenzerfressen**	• mité
• **zerlumpt, zerfetzt**	• en lambeaux
• **fleckig**	• taché
• **zerknittert**	• froissé
• **fadenscheinig**	• élimé, usé jusqu'à la corde
• **abgescheuert**	• lustré

Frisur und Schminke — Coiffure et maquillage

der Coiffeur: le *coiffeur (élégant ou branché)*

≠ der Föhn: *le foehn (vent chaud)* der Fön: *le sèche-cheveux* (Fön *est un nom propre*)

das Pony: *le poney*

• **der Frisör, -e**	• le coiffeur
• **die Frisörin, -nen**	• la coiffeuse
• **die Frisur, -en**	• la coiffure
• **die Fönfrisur, -en**	• le brushing
• **der Haarschnitt, -e**	• la coupe de cheveux
• **der Topfschnitt, -e**	• la coupe au bol
• **der Bürstenschnitt, -e**	• la coupe en brosse
• **der Pagenkopf, ¨-e**	• la coiffure à la Jeanne d'Arc (au carré)
• **der Bubikopf, ¨-e**	• la coupe à la garçonne
• **der Scheitel, -**	• la raie
• **die Strähne, -n**	• la mèche
• **das Haarteil, -; das Toupet, -s**	• le toupet, la touffe de cheveux
• **die Locke, -n**	• la boucle
• **der Knoten, -**	• le chignon
• **der Pfederschwanz, ¨-e**	• la queue de cheval
• **der Zopf, ¨-e**	• la natte
• **der Pony, -s**	• la frange
• **die Dauerwelle, -n**	• la permanente
• **die Färbung, -en**	• la coloration
• **die Tönung, -en**	• la teinture
• **die Perücke, -n**	• la perruque
• **die Schminke, -n**	• le (produit de) maquillage
• **der Schönheitssalon, -s**	• l'institut de beauté

	• die Kosmetikerin, -nen	• l'esthéticienne
	• die Gesichtspflege (plur.)	• les soins du visage
pron. anglaise	• das Make-up, -s	• le fond de teint
	• der Lippenstift, -e	• le rouge à lèvres
	• der/das (Gesichts)Puder, -	• la poudre
	• die Wimperntusche, -n	• le mascara
	• die (Tages/Nacht) Creme, -s	• la crème (de jour/de nuit)
	• die Handpflege, -	• la manucure
	• der Nagellack, -e	• le vernis à ongles
	• der Nagellackentferner, -	• le dissolvant
	• die Nagelfeile, -n	• la lime à ongles
	• die Nagelschere, -n	• les ciseaux à ongles

	• (sich) schminken	• (se) maquiller, mettre du fard
	• sich pflegen	• se soigner, s'entretenir
(fam.) sich etwas ab/schminken: *faire son deuil de qqch*	• sich ab/schminken	• se démaquiller
péjoratif	• sich an/malen	• se maquiller avec excès
	• sich die Lippen schminken	• mettre du rouge à lèvres
	• schneiden (-itt, -itten)	• couper
(!) ein frisiertes Motorrad: *une moto trafiquée*	• frisieren	• coiffer
	• kämmen	• peigner
	• färben; tönen	• teindre
	• sich (die Beine) enthaaren	• s'épiler (les jambes)
anglais : *to powder*	• pudern	• poudrer
	• lackieren	• vernir

Die Schmucksachen — Les bijoux

	• der Schmuck	• les bijoux ; l'ornement
	• der Modeschmuck	• le bijou à la mode
	• das Schmuckstück, -e	• le bijou
	• die Schmuckgarnitur, -en	• la parure
	• die Einhänger (plur.)	• les breloques
	• die Kette, -n	• la chaîne
	• das Halsband, ¨-er	• le collier
	• die Perlenkette, -n	• le collier de perles
	• das Armband, ¨-er; der Armreif, -e	• le bracelet
	• die Armbanduhr, -en	• la montre-bracelet
der Ehering, -e: *l'alliance* der Siegelring, -e: *la chevalière* anglais : *the ring*	• der Ring, -e	• la bague, l'anneau
	• der Anhänger, -	• le pendentif (cou)
	• der Ohrring, -e	• la boucle d'oreille
	• der Ohrenklips, -e	• le clip
	• die Brosche, -n	• la broche
	• die Krawattennadel, -n	• l'épingle de cravate
das Juwel, -e: *le bijou (sens figuré)*	• der/das Juwel, -en	• le bijou, le joyau (sens propre)
	• der Juwelier, -e	• le bijoutier, le joaillier
	• das Juweliergeschäft, -e	• la bijouterie
anglais : *gold*	• das Gold	• l'or
anglais : *silver*	• das Silber	• l'argent
	• die Perle, -n	• la perle
	• der Edelstein, -e	• la pierre précieuse

	• der Diamant, -en	• le diamant
	• der Rubin, -e	• le rubis
	• der Smaragd, -e	• l'émeraude
	• der Amethyst, -e	• l'améthyste
	• der Brillant, -en	• le brillant
pron. anglaise	• der Button, -s	• le badge
	• das Abzeichen, -	• l'insigne

	• einen Ring an/stecken	• mettre une bague
zog, gezogen	• einen Ring ab/ziehen	• retirer une bague

anglais : *golden*	• golden	• en or
anglais : *silver*	• silbern	• en argent
	• geschliffen	• taillé
	• diamantenbesetzt	• serti de diamants
	• mit Brillanten besetzt	• garni de brillants
	• vergoldet, versilbert	• doré, argenté
	• 9-karätig	• de neuf carats
	• eingelegt mit + D	• inscrusté de
	• kostbar, wertvoll	• précieux
	• unecht	• en toc
	• kitschig	• de mauvais goût

Die Modebranche — L'industrie de la mode

Die Haute Couture — La haute couture

	• die Mode, -n	• la mode
	• der (Mode)trend, -s	• la tendance
	• die Haute Couture	• la haute couture
das Haus Dior: *la maison Dior*	• das Modehaus, ¨-er	• la maison de couture
	• die Werkstatt, ¨-e	• l'atelier
	• der Couturier, -	• le couturier
	• der Modeschöpfer, -; der Stylist, -en, -en	• le grand couturier
pron. anglaise	• der Modedesigner, -	• le styliste
	• der Modehersteller, -	• le créateur
	• die Mode(n)schau, -en	• la présentation/le défilé de mode
	• das Podium, -en	• le podium
	• die Kollektion, -en	• la collection, la ligne de vêtements
	• die Linie, -n	• la silhouette
	• das Mannequin, -s	• le mannequin
	• das Model, -s	• le top-model
	• das Modell, -e; das Modellkleid, -er	• le modèle (vêtement), le mannequin
	• das Unikat, -e	• la pièce unique
	• der Prototyp, -en	• le prototype
	• die Kopie, -n	• la copie
	• die Imitation, -en	• l'imitation
	• das Nachmachen, -	• la contrefaçon
	• die Markenpiraterie, -n	• la copie de marque
	• das Markenzeichen, -	• la marque, la griffe

• **die Modellzeichnung, -en**	• la gravure de mode
• **die Weiblichkeit, -en**	• la féminité
• **die Maßkleidung**	• les vêtements sur mesure
• **der Verkaufsrenner, -**	• le succès commercial
• **der Glanz, -**	• le strass
• **der/das Glamour, -**	• le glamour

• **den Ton an/geben (a, e, i)**	• lancer la mode
• **sich nach der Mode kleiden**	• suivre la mode
• **Mode sein**	• être à la mode
• **wieder Mode werden**	• revenir à la mode
• **mit der Mode gehen** (ging, gegangen)	• être au goût du jour
• **(nicht) aus der Mode kommen (a, o)**	• (ne pas) passer de mode
• **dem Geschmack folgen**	• suivre le goût

• **auf Maß, nach Maß**	• sur mesure
• **maßgeschneidert**	• (fait) sur mesure
• **einzig**	• unique, exclusif
• **hochgewachsen**	• tout en longueur, élancé
• **einflussreich**	• influent
• **Luxus-**	• de luxe
• **untragbar**	• importable

Die Stangenware — Le prêt-à-porter

• **die Bekleidungsindustrie, -**	• l'industrie de la mode
• **die Konfektion, -en**	• la confection
• **die Fertigkleidung, -en**	• le prêt-à-porter
• **der Secondhandladen, ¨-** (pron. anglaise)	• le magasin de fripes
• **die Anfertigung, -en**	• la confection
• **die Wäscheabteilung, -en**	• le rayon lingerie
• **die (Umkleide)kabine, -n**	• la cabine d'essayage
• **die Kleidergröße**	• la taille

• **an/fertigen**	• confectionner
• **her/stellen**	• fabriquer, produire

• **ohne Markenzeichen**	• dégriffé

ÜBUNGEN

48 Räumen Sie die Wäsche in die richtigen Schubladen ein. Mettez les vêtements dans le bon tiroir.

Anzug - Häubchen - Hemd - Hemdbluse - Hemdchen - Höschen - kurze Hose - Kostüm - Pelzmantel - Rock - Sakko - Söckchen - Socken - Mütze - Strümpfe - Überzieher - Unterhose - Windelhöschen - Zylinder

	Unterwäsche	Überkleider	Sonstige Kleider	Kopfbedeckung
Damenkleidung				
Herrenkleidung				
Baby- und Kinderkleidung				

49 Übersetzung. Traduction.

Übersetzen Sie die folgenden Komposita ins Französische.

a. der Holzschuh – **b.** der Sonnenschirm – **c.** das Knopfloch – **d.** der Fingerhut – **e.** die Baskenmütze, -n – **f.** das Wollkleid – **g.** der Hosenrock – **h.** die Perlenkette – **i.** ein Paar Seidenstrümpfe – **j.** die Lederjacke – **k.** die Strickjacke – **l.** die Tennishose – **m.** die Damenunterwäsche – **n.** die Bürstenfrisur – **o.** die Schuhcreme – **p.** der Schuhlöffel – **q.** die Gürteltasche – **r.** die Schneestiefel – **s.** die Schlafmütze.

50 Intelligent einkaufen: was würden Sie wählen? Acheter intelligemment : que choisiriez-vous ?

Wählen Sie das passende Wort.

a. Herr Hübsch muss sich allein um seine Wäsche kümmern. Um Zeit zu gewinnen, kauft er **grelle/bügelfreie/wasserdichte** Hemden.

b. Bei uns regnet es ständig. Darum haben wir uns **luftdurchlässige/strapazierfähige/wasserdichte** Mäntel angeschafft.

c. Er arbeitet jetzt bei einer Bank. Deshalb musste er sich wohl oder übel ein paar **Ziertaschentücher/Krawatten/Lätzchen** besorgen.

d. Für ihr Vorstellungsgespräch hat sie sich für ein **ausgefallenes/nachlässiges/schlichtes** Kostüm entschieden, um kein Risiko einzugehen.

e. Wir schenken ihm einen **Ohrring/eine Armbanduhr/Modeschmuck**, damit er endlich mal pünktlich kommt.

51 Was passt zusammen? Qu'est-ce qui va ensemble ?

a. den Gürtel enger schnallen – **b.** die Hosen anhaben – **c.** Jacke wie Hose sein – **d.** aus den Latschen kippen – **e.** von den Socken sein – **f.** Schürzenjäger sein

1. aufs Gleiche rauskommen – **2.** bestimmen, was gemacht wird – **3.** in Ohnmacht fallen – **4.** den Frauen nachrennen – **5.** weniger Geld ausgeben – **6.** völlig überrascht sein

Corrigés page 469

Landeskunde

Tradition und modische Trends
Traditions et tendances

- **die Schlafmütze des deutschen Michel:** le “Michel” est la représentation caricaturale traditionnelle de l'Allemand indolent, affublé d'un bonnet de nuit **(Nachtmütze)**.
- **die Trachtenmode:** la mode des costumes folkloriques bavarois ou autrichiens : jupe plissée et corselet **(das Dirndl)** pour les femmes, culotte de cuir **(die Krachlederne)** et chapeau tyrolien orné d'une touffe de poils de chamois **(Jägerhut mit Gamsbart)** pour les hommes.
- **die Öko-Mode:** la mode écolo qui affectionne les vêtements amples **(das Schlabberhosen-Image)**, les pullovers et chaussettes à grosses mailles **(grobgestrickte Wollsocken)**, les sandales en bois **(Öko-Holzsandalen)** légendaires de la marque Birkenstock **(die Birkenstocksandalen; der Birkenstockler** (plais.) : celui qui porte des sandales Birkenstock), a son salon professionnel : **die Fachmesse Ökotex**.
- **die Saubere Mode:** articles textiles qui ont été fabriqués dans des conditions socialement correctes (salaire, âge minimum des employé(e)s…) ; il existe une campagne du même nom.

In puncto Outfit
À propos de fringues

- **das Outfit:** l'accoutrement
- **sich auf/stylen** (prononciation anglaise): soigner son look
- **aufgetakelt:** drôlement attifé
- **der Flickenlook:** le look rapiécé
- **der Knitterlook:** le look froissé
- **der Etepetismus-Stil:** le look snob
- **die Zottelhaare:** les cheveux ébouriffés
- **die Bomberjacke:** le blouson d'aviateur
- **abgewetzte Jeans:** des jeans élimés
- **adrette/fesche Kleidung:** tenue soignée, BCBG

Bildlich gesprochen

Rund um die Kleidung

- **das Lumpenproletariat:** le sous-prolétariat, le lumpen[-prolétariat].
- **eine Schlappe erleiden:** subir un échec.
- **jemandem auf den Schlips treten:** blesser, froisser quelqu'un.
- **sein Mäntelchen nach dem Wind hängen:** changer d'avis facilement.
- **jdn mit Samthandschuhen/Glacéhandschuhen anfassen:** mettre des gants avec qqn.
- **zugeknöpft sein:** être très timide et réservé.
- **Bienen am Hemd haben:** avoir la bougeotte, avoir besoin d'être toujours actif.
- **die Meinung wechseln wie das Hemd:** changer d'avis comme de chemise.
- **die Hosen anhaben:** porter la culotte.
- **die Hosen voll haben:** avoir la trouille, la frousse, être lâche.
- **hier ist tote Hose:** il n'y a rien qui se passe ici.
- **Ist Jacke wie Hose:** C'est blanc bonnet et bonnet blanc.
- **eine weiße (reine) Weste haben:** être irréprochable.

- **im Adams/Evaskostüm sein:** être tout nu.
- **hinter jedem Rock/jeder Schürze her sein:** courir le cotillon.
- **am Rockzipfel hängen:** être toujours dans les jupons de sa mère.
- **das Hemd ist ihm näher als der Rock:** il s'occupe de ses affaires d'abord.
- **sich auf die Socken machen:** filer
- **eine lahme Socke sein:** être ennuyeux et sans initiative
- **total von den Socken sein:** être ébahi.
- **etwas aus dem Ärmel schütteln:** fournir, faire quelque chose en un tour de main.
- **ein Mädchen unter die Haube bringen:** caser/marier une jeune fille.
- **etwas auf seine Kappe nehmen:** assumer (la responsabilité de) quelque chose.
- **ihm platzt der Kragen:** il éclate.
- **es geht ihm an den Kragen:** ça va (aller) mal pour lui.

Rund um das Schuhwerk

- **unter dem Pantoffel stehen:** être sous la férule de sa femme.
- **der Pantoffelheld:** qui est sous la férule de sa femme.
- **aus den Latschen kippen:** tomber dans les pommes, ou: être ébloui.
- **jemandem etwas in die Schuhe schieben:** faire porter le chapeau à quelqu'un.
- **Mit Siebenmeilenstiefeln gehen:** marcher avec des bottes de sept lieues.
- **auf leisen Sohlen gehen:** marcher à pas de loup.
- **noch in den Kinderschuhen stecken:** être encore à ses débuts.
- **Das ist mir eine Nummer zu groß:** Cela dépasse mes aptitudes.

Rund um die Haut

- **nass bis auf die Haut:** trempé jusqu'aux os
- **nur Haut und Knochen sein:** n'avoir que la peau et les os
- **mit heiler Haut davonkommen:** s'en tirer sain et sauf
- **unter die Haut gehen:** être touché
- **aus der Haut fahren:** être en colère
- **mit Haut und Haar:** entièrement
- **sich nicht wohl in seiner Haut fühlen:** se sentir mal dans sa peau
- **auf der faulen Haut liegen:** paresser

Zum Nachdenken

- **"Kleider machen Leute"** (titre d'un récit de G. Keller) : La belle plume fait le bel oiseau.
- **Vor schönen Kleidern zieht man den Hut ab (deutsches Sprichwort):** Une belle apparence inspire le respect.
- **Feiertagskleider werden bald Alltagshosen (deutsches Sprichwort):** Tout s'use.
- **Herein, wenn's kein Schneider ist!:** Entrez – si vous n'êtez pas un créancier qui demande satisfaction.

15 Die Schule

L'école

1 Das Schulsystem — Le système scolaire

Der Schulbesuch — La scolarisation

anglais : *the school year*	• das Schuljahr, -e	• l'année scolaire
	• die Einschulung	• la scolarisation
	• die Schulzeit, -en	• la scolarité
	• der Schulanfang, ¨-e	• la rentrée scolaire
	• die Schulferien (plur.)	• les vacances scolaires
	• der Unterricht, -e	• l'enseignement (action)
	• die Bildung; das Wissen	• le savoir
	• die Kenntnisse (plur.)	• l'instruction (connaissances acquises)
	• die Lehre, -n	• l'enseignement (leçon)
	• die Erziehung	• l'éducation (pédagogie)
	• die Bildung	• la culture acquise
	• die Ausbildung, -en	• la formation (action de former)
	• die Pädagogik, -	• la pédagogie

	• ein/schulen	• scolariser
	• die Schule besuchen	• fréquenter l'école
ging, gegangen	• in die/zur Schule gehen	• aller à l'école
	• Schule machen	• faire école
	• Schule/Unterricht haben	• avoir classe
ging, gegangen	• (mit jdm) in eine Klasse gehen	• être dans la même classe (que qqn)
	• (jdn) lehren; (jdm) unterrichten	• enseigner (à qqn)
brachte, gebracht	• (jdm) etwas bei/bringen	• enseigner qqch (à qqn)

Die Schultypen — Les types d'établissement

anglais : *the school*	• die Schule, -n	• l'école
	• die Schulpflicht	• la scolarité obligatoire
	• die Schulgeldfreiheit	• la gratuité de l'enseignement
	• die öffentliche Schule, -n	• l'école publique
	• die staatliche Schule, -n	• l'école laïque
	• die Privatschule, -n	• l'école privée
	• die Bekenntnisschule, -n	• l'école confessionnelle
	• die Vorschule, -n	• l'école maternelle
	• der Grundschulunterricht, -e	• l'enseignement primaire
die erste Klasse: *le CP* die zweite Klasse: *le CE1* in die 3. Klasse kommen: *entrer au cours moyen* die 13. Klasse, die letzte Klasse, die Abiturklasse: *la terminale*	• die Volksschule, -n; die Grundschule, -n	• l'école primaire 4 années en Allemagne : CP-CM1
	• die Sekundarstufe, -n	• l'enseignement secondaire
	• die Hauptschule, -n	• l'école secondaire élémentaire
	• die Mittelschule, -n; die Realschule, -n	• le collège 6 années en Allemagne : CM2-2nde
	• die Sekundarstufe 1	• le premier cycle (CM2-2nde)

• **die Sekundarstufe 2; die Oberstufe, -n**	• le second cycle (1re-1 an après la terminale)
• **die Gesamtschule, -n**	• le lycée-collège unique
• **das Gymnasium, -ien**	• le lycée, l'école secondaire 9 années à partir du CM2
• **der Gymnasiast, -en, -en**	• le lycéen
• **die Ganztagsschule, -n**	• l'école qui accueille les élèves toute la journée
• **die Zwergschule, -n**	• l'école à classe unique
• **das Kurssystem, -e**	• le regroupement des élèves par matière
• **das Internat, -e**	• l'internat
• **das Schülerheim, -e**	• le pensionnat

der Kollegiat: *le lycéen du privé*

• **bilden, aus/bilden**	• former
• **sich schulen**	• se former
• **jdn an/melden**	• inscrire qqn
• **(eine Klasse) überspringen (a, u)**	• sauter une classe
• **(von der Schule) ab/gehen (i, a)**	• quitter (l'école)

der Schulschwänzer, -: *celui qui fait l'école buissonnière*
der Schulabgänger, -: *le jeune qui quitte l'école*

• **ehrgeizig**	• ambitieux
• **konfessionell**	• libre, confessionnel
• **konfessionslos, bekenntnisfrei**	• laïque
• **unentgeltlich, kostenlos**	• gratuit
• **gebührenpflichtig**	• payant
• **schulpflichtig**	• en âge d'aller à l'école
• **geschult**	• formé

Die Berufsausbildung — L'enseignement professionne

• **die Berufsschule, -n**	• l'école professionnelle
• **die Fachschule, -n**	• l'école de perfectionnement professionnel
• **die Berufsfachschule, -n**	• le collège d'enseignement techniqu
• **die Fachoberschule, -n**	• le lycée technique professionnel
• **die Berufsausbildung, -en**	• la formation professionnelle
• **der Auszubildende (AS)**	• le jeune en formation
• **der Lehrling, -e**	• l'apprenti
• **der Ausbildungsplatz, ¨-e**	• la place d'apprenti
• **die Ausbildung am Arbeitsplatz, ¨-e**	• la formation sur le tas
• **die Teilzeitberufsausbildung, -en**	• la formation en alternance
• **der Lehrvertrag, ¨-e**	• le contrat d'apprentissage
• **der Praktikant, -en, -en**	• le stagiaire
• **das Praktikum, -ka**	• le stage
• **die Vergütung, -en**	• l'indemnité
• **der Meister, -**	• le maître-artisan
• **der Geselle, -n, -n**	• le compagnon
• **der Gesellenbrief, -e**	• le CAP (artisanal)
• **der Gehilfenbrief, -e**	• le CAP (commercial)

= der Azubi, -s

aussi : die duale Ausbildung

• **die Meisterprüfung, -en**	• l'examen de maître-artisan
• **der Meisterbrief, -e**	• le diplôme de maître-artisan
• **die Berufswahl, ¨-e**	• le choix d'un métier
• **die Berufsmöglichkeit, -en**	• le débouché
• **die Zukunftsperspektive, -n**	• la perspective d'avenir
• **in die Lehre treten (a, e, i)**	• entrer en apprentissage
• **eine Lehrstelle bekommen (a, o)**	• obtenir une place d'apprenti
• **seinen Gesellenbrief bekommen (a, o)**	• obtenir son CAP
• **ein Praktikum absolvieren**	• effectuer un stage
• **seinen Meister machen**	• passer son examen de maître-artisan
• **gelernt**	• titulaire du C.A.P.
• **berufsbildend**	• formant à un métier
• **qualifiziert**	• qualifié

Die Erwachsenenbildung — La formation pour adultes

• **der zweite Bildungsweg**	• l'enseignement de la seconde chance
• **die Weiter/Fortbildung**	• la formation continue
• **der Bildungsurlaub**	• le congé formation
• **der Ausbildungslehrgang, ¨-e**	• le stage de formation
• **die berufliche Umschulung, -en**	• la reconversion professionnelle
• **der Fernunterricht, -e**	• l'enseignement à distance
• **der Fernkurs, -e**	• le cours par correspondance
• **die Wiedereingliederung, -en**	• la réinsertion
• **der Abendunterricht**	• les cours du soir
• **das Kolleg, -s**	• le lycée pour adultes
• **zur Volkshochschule gehen**	• suivre les cours du soir
• **sich umschulen lassen (ie, a, ä)**	• se reconvertir, se recycler
• **verbessern**	• améliorer
• **wett/machen**	• pallier
• **autodidaktisch**	• autodidacte

das Kolleg: *le cours d'université*

ging, gegangen

2 Die Schulgemeinde — La communauté scolaire

Die Schüler — Les élèves

• **der Schüler, -**	• l'élève
• **das Schulkind, -er**	• l'écolier
• **der Grundschüler, -**	• l'écolier de primaire
• **der Zögling, -e**	• l'élève pensionnaire en primaire
• **der ABC-Schütze, -n, -n**	• l'élève de C.P.
• **der Gymnasiast, -en, -en**	• le lycéen

mein Ehemaliger: *mon ex*

• **der Lerner, -**	• l'apprenant
• **die Schülerzahl, -en**	• l'effectif
• **die Klasse, -n**	• la classe
• **der Mitschüler, -**	• le condisciple, le camarade de clas
• **der Klassensprecher, -**	• le délégué de classe
• **der/die Ehemalige, (AS)**	• l'ancien/ne élève
• **der Schulbus, -se**	• le bus de ramassage scolaire
• **der Schulweg, -e**	• le chemin de l'école
• **die Turnhalle, -n**	• la salle de gymnastique
• **die Aula, -len**	• la salle de réunion, le foyer
• **die Bücherei, -en**	• la bibliothèque, le C.D.I.
• **der Medienraum, ¨-e**	• la médiathèque
• **die Pause, -n**	• la récréation
• **der (Schul)gong, -s**	• la cloche
• **der Schulhof, ¨-e**	• la cour de récréation

Das Lehrpersonal / Le personnel éducatif et la mission pédagogiqu

• **der Lehrkörper, -**	• le corps enseignant
• **die Lehrkräfte (plur.)**	• le personnel enseignant
• **der Lehrer, -**	• le maître ; le professeur
• **der (Grund)schullehrer, -**	• l'instituteur, le professeur des éco
• **die Lehrkraft, ¨-e**	• l'enseignant
• **der Lehrberuf, -e**	• le professorat
• **das Lehrerzimmer, -**	• la salle des professeurs
• **die pädagogische Hochschule, -n**	• l'IUFM
• **das Lehrerseminar, -e**	• l'IUFM
• **das Studienseminar, -e**	• l'IUFM
• **das Staatsexamen, -**	• le certificat d'aptitude à l'enseigneme (le concours)
• **das Kollegium, -ien**	• les professeurs de l'établissemen
• **die Schulleitung, -en**	• la direction de l'établissement
• **der Schulleiter, -**	• le principal
• **der Rektor, -en**	• le directeur
• **der Konrektor, -en**	• le directeur-adjoint
• **der Direktor, -en**	• le proviseur
• **die Schulverwaltung, -en**	• l'administration
• **der Oberstudiendirektor, -en**	• le proviseur
• **der Referendar, -en**	• le professeur stagiaire
• **die Lehramtsprüfung, -en**	• la qualification professionnelle au professorat
• **der Mentor, -en**	• le tuteur
• **der Studienrat, ¨-e**	• le professeur de lycée ou de collè
• **die Anstellung, -en**	• la titularisation
• **der Studienrat auf Lebenszeit (a. L.)**	• le professeur titulaire
• **der Fremdsprachenassistent, -en**	• l'assistant (de langue)
• **der Schulrat, ¨-e**	• l'inspecteur
• **die erzieherische Kompetenz, -en**	• la compétence pédagogique
• **die Fachkenntnis, -se**	• la compétence, l'expertise

ging, gegangen	• **in den Schuldienst gehen**	• entrer dans l'enseignement
	• **Interesse hervor/rufen (ie, u)**	• susciter l'intérêt
	• **vermitteln**	• transmettre
	• **schulen, aus/bilden**	• former
	• **entwickeln**	• développer
	• **jdm etwas verständlich machen**	• faire comprendre qqch à qqn
	• **ermutigen**	• encourager

	• **streng**	• sévère
	• **nachsichtig**	• indulgent
	• **gerecht**	• juste
	• **fachkundig**	• compétent
schulmeistern (fig.): *donner des leçons*	• **schulmeisterlich**	• pédant
	• **schwerverständlich**	• difficile à comprendre
	• **verworren, konfus**	• embrouillé, confus
	• **verknöchert**	• encroûté
	• **verstaubt**	• vieillot, suranné
	• **fahrlässig**	• négligent
	• **befasst mit**	• investi de
	• **engagiert**	• qui s'investit
	• **gewissenhaft**	• consciencieux

Das Klassenzimmer und die Schulsachen / La salle de classe et le matériel scolaire

	• **der Klassenraum, ¨-e**	• la salle de classe
ie Schultischkritzelei, -en: *inscriptions sur les tables*	• **der (Schul)tisch, -e**	• la table
	• **die (Schul)mappe, -n**	• le cartable
	• **das Mäppchen, -**	• la trousse (d'écolier)
) der Ranzen: *le ventre, la bedaine*	• **der Ranzen, -**	• le sac d'école
	• **der Schulbedarf (sing.)**	• les fournitures scolaires
	• **die Schulsachen (plur.)**	• les affaires scolaires
	• **das Buch, ¨-er**	• le livre
	• **das Lehrbuch, ¨-er**	• le manuel
die Bank, -en: la banque die Schulbank drücken: *ser ses pantalons sur les bancs de l'école*	• **die Bank, ¨-e**	• le banc
	• **das (Lehrer)pult, -e**	• le pupitre, la chaire
eine Tafel Schokolade: *ne tablette de chocolat*	• **die Tafel, -n**	• le tableau
	• **das Tafelbild, -er**	• les traces écrites au tableau
	• **der Tafeldienst, -e**	• le travail du préposé au tableau
aus/wischen: *effacer*	• **der Wischlappen, -**	• le chiffon
	• **der Overheadprojektor, -en**	• le rétroprojecteur
	• **das Heft, -e**	• le cahier
aussi : das Ringbuch (der Ring, -e: *l'anneau*)	• **der Schnellhefter, -**	• le classeur
	• **die Lehrmittelfreiheit, -en**	• la gratuité des fournitures scolaires
	• **das Blatt, ¨-er; der Bogen, ¨-**	• la feuille de papier
	• **der Bleistift, -e**	• le crayon
	• **der Farbstift, -e**	• le crayon de couleur
g.) Er steht in der Kreide: *il est endetté* jdm etwas an/kreiden: *reprocher qqch à qqn*	• **die Kreide, -n**	• la craie
	• **der Füller, -**	• le stylo (-plume)
fig.) in der Tinte sitzen: *être dans le pétrin*	• **die Tintenpatrone, -n**	• la cartouche
	• **der Tintenkiller, -**	• l'effaceur d'encre

	• der Kugelschreiber, -	• le stylo à bille
	• der Textmarker, -	• le marqueur, le surligneur
(fig.) Schwamm darüber! *Oublions cela ! (Passons l'éponge !)*	• der Schwamm, ¨-e	• l'éponge
	• das Lineal, -e	• la règle
aus/radieren: *gommer*	• der (Radier)gummi, -s	• la gomme
	• der Spitzer, -	• le taille-crayon
	• der Taschenrechner, -	• la calculatrice

3 Der Unterricht — L'enseignement

Die Fächer und der Lehrplan — Les matières et le programme

	• der Lehrplan, ¨-e	• le programme d'enseignement
	• der Erziehungsplan, ¨-e	• le projet éducatif
	• das Fach, ¨-er	• la matière
	• das Pflichtfach, ¨-er	• la matière obligatoire
	• das Wahlfach, ¨-er	• l'option
	• das Wahlpflichtfach, ¨-er	• l'option obligatoire
	• der Kurs, -e	• la discipline
	• der Grundkurs, -e	• la discipline de base
	• der Leistungskurs, -e	• l'option renforcée
pluriel	• die Grundkenntnisse (in)	• les rudiments (en)
	• das Lesen	• la lecture
	• das Lesebuch, ¨-er	• le livre de lecture
	• die Ganzwortmethode	• la méthode globale
	• das Schreiben	• l'écriture
	• das Rechnen	• le calcul
sein Einmaleins nicht können: *manquer de bases* etwas wie das Einmaleins beherrschen: *connaître qqch sur le bout des doigts*	• das Einmaleins	• la table de multiplication
	• der Sprachunterricht, -e	• l'enseignement des langues
	• die Neusprachen (plur.)	• les langues vivantes
	• die Altsprachen (plur.)	• les langues anciennes/mortes
	• das Sprachlabor, -s	• le laboratoire de langues
= GL	• die Gesellschaftslehre	• l'histoire-géographie et l'éducation civique
	• die Sozialkunde	• l'instruction civique
	• die Gemeinschaftskunde	• l'éducation civique
	• der Sportunterricht	• l'éducation physique et sportive
	• das Turnen	• la gymnastique
	• der Stundenplan, ¨-e	• l'emploi du temps
	• die Freistunde, -n	• l'heure de libre
	• die Stunde, -n	• l'heure de cours
einen Kurs besuchen: *suivre un cours*	• der Unterricht, -e; der Kurs, -e	• le cours
	• die Lektion, -en	• la leçon
	• der Aufsichtsraum, ¨-e	• la permanence (lieu)
	• die Übung, -en	• l'exercice
	• der Aufsatz, ¨-e	• la rédaction
	• die Hausaufgabe, -n	• le devoir à la maison
= die AG, -s	• die Arbeitsgemeinschaft, -en	• l'atelier, le groupe de travail

• **die Ferien (plur.)**	• les vacances
• **der Ferienkurs, -e**	• le cours de vacances
• **die Klassenfahrt, -en**	• le voyage de classe
• **der Wandertag, -e**	• la journée d'excursion
• **das Landschulheim, -e**	• le foyer d'accueil pour les classes vertes
• **das Skilager, -**	• la classe de neige
• **die Schulpartnerschaft, -en**	• l'appariement scolaire
• **die Partnerschule, -n**	• l'établissement partenaire
• **der Schüleraustausch, -e**	• l'échange d'élèves
• **der Austauschpartner, -**	• le partenaire
• **der Brieffreund, -e**	• le correspondant

• **wählen**	• choisir
• **ab/wählen**	• abandonner (une matière)
• **aus/fallen (ie, a, ä)**	• ne pas avoir lieu (cours)
• **im Lehrplan liegen (a, e)**	• être au programme
• **den Lehrplan ein/halten (ie, a, ä)**	• suivre le programme
• **sich (auf + A) spezialisieren**	• se spécialiser (en qqch)
• **ins Schullandheim fahren (u, a, ä)**	• partir en classe verte
• **Ferien haben**	• être en vacances
• **(schul)frei haben**	• ne pas avoir classe
• **hitzefrei haben**	• avoir congé pour cause de chaleur

• **schülerorientiert**	• centré sur l'élève
• **audiovisuell**	• audiovisuel
• **computergestützt**	• assisté par ordinateur
• **fächerübergreifend**	• interdisciplinaire

Die Schülerarbeit und die Disziplin — Le travail scolaire et la discipline

Disziplin und Autorität — Discipline et autorité

aussi : *l'élevage*

• **die Zucht**	• la discipline
• **die Stille**	• le silence
• **die Haltung**	• la tenue
• **das Betragen, -**	• la conduite
• **der Fleiß**	• l'application
• **der Gehorsam**	• l'obéissance
• **die Pünktlichkeit**	• la ponctualité
• **die Entschuldigung, -en**	• l'excuse
• **der Streber, -**	• le fayot, le bûcheur
• **der Lieblingsschüler, -**	• le chouchou
• **die Paukerei; die Streberei**	• le bachotage
• **der Fortschritt, -e**	• le progrès
• **der Wetteifer**	• l'émulation

• **bilden, ausbilden**	• former
• **lernen**	• apprendre
• **sich melden**	• lever le doigt
• **die Namen auf/rufen (ie, u)**	• faire l'appel
• **zu/hören; auf/passen**	• écouter, être attentif
• **her/sagen; auf/sagen**	• réciter
• **ab/fragen**	• interroger
• **jdn Vokabeln ab/fragen**	• faire réciter le vocabulaire à qn
• **loben**	• féliciter
• **ein Machtwort sprechen (a, o, i)**	• faire preuve d'autorité
• **Regeln auf/stellen**	• établir des règles
• **Grenzen setzen**	• fixer des limites

• **aufmerksam**	• attentif
• **gehorsam**	• obéissant
• **gefügig**	• docile
• **respektvoll (vor)**	• respectueux (de)
• **gewissenhaft**	• consciencieux
• **anwesend**	• présent
• **arbeitsam, fleißig**	• travailleur, appliqué
• **schweigsam**	• silencieux

Disziplinlosigkeit und Sanktionen / Indiscipline et sanctions

• **der (Klassen)clown, -s**	• le pitre
• **der Streich, -e**	• le tour (joué à qqn)
• **die (Un)ordnung**	• le (dés)ordre
• **der Radau**	• le chahut
• **die Zerstörungswut**	• le vandalisme
• **die Verhaltensstörung, -en**	• le trouble du comportement
• **der Störenfried, -e**	• le perturbateur
• **die Faulheit**	• la paresse
• **der Ungehorsam**	• la désobéissance
• **die Strafe, -n**	• la punition
• **die Prügelstrafe, -n**	• le châtiment corporel
• **die Strafarbeit, -en**	• la punition (devoir supplémentai
• **die Ohrfeige, -n**	• la gifle
• **die Kindesmisshandlung, -en**	• la maltraitance (infantile)
• **das Schwänzen, -**	• l'absentéisme
• **der Verweis(zettel), -**	• l'avertissement
• **der Ausschluss**	• l'exclusion
• **die Rüge, -n**	• le blâme, la réprimande
• **die Schulkonferenz, -en**	• le conseil de discipline
• **der blaue Brief**	• la lettre aux parents

• **die Schule schwänzen**	• faire l'école buissonnière
• **zu spät kommen (a, o)**	• être en retard
• **pöbeln**	• dire des grossièretés
• **versäumen**	• manquer
• **plaudern, schwatzen, schwätzen**	• bavarder
• **Radau machen**	• chahuter
• **jdm freche Antworten geben** (a, e, i)	• répondre avec insolence à qqn

• erlauben	• permettre
• verbieten (o, o)	• interdire
• tadeln	• réprimander
• jdm eine Strafpredigt halten ◄ (ie, a, ä)	• sermonner qqn
• jdm den Kopf waschen ◄ familier	• passer un savon à qqn
• nach/sitzen ◄ saß, gesessen	• être collé, avoir une retenue
• zwei Stunden nach/sitzen	• avoir deux heures de colle
• (be)strafen	• punir
• Strenge walten lassen	• faire preuve de sévérité
• in der Ecke stehen müssen	• aller au coin
• verweisen (ie, ie)	• renvoyer
• von jdm ab/schreiben (ie, ie)	• copier sur qqn
• mogeln; pfuschen; schummeln	• tricher
• spicken ◄ der Spickzettel, -: *l'antisèche, la pompe*	• copier, pomper (familier)
• vor/sagen, ein/sagen	• souffler

• abwesend	• absent
• zappelig	• remuant
• geschwätzig, schwatzhaft	• bavard
• ungehorsam	• désobéissant
• undiszipliniert, ungebärdig	• indiscipliné
• unruhig, wild, ausgelassen	• turbulent
• vorlaut	• impertinent
• respektlos (vor)	• irrespectueux (de)
• nachlässig	• négligent
• unverbesserlich	• incorrigible
• unordentlich	• peu soigné
• frech ◄ (f)rech wie Oskar: *effronté comme un moineau*	• insolent
• aufsässig, aufmüpfig	• rebelle, récalcitrant
• aggressiv	• agressif
• verhaltensgestört, schwererziehbar	• caractériel

4 Leistung und Lernschwierigkeiten — Performance et difficultés d'apprentissage

Noten und Prüfungen — Notes et examens

• die Bildung	• la culture
• die Allgemeinbildung	• la culture générale
• das Bildungsniveau	• le niveau de formation
• der Bildungsnotstand	• la crise de l'enseignement
• die Schulreform	• la réforme scolaire
• die Klassenstärke (plur.)	• l(es) effectif(s)
• das Wissen, -	• le savoir
• die Kenntnisse (plur.)	• les connaissances
• der Kenntnisstand	• le niveau des connaissances
• der Intelligenzquotient (IQ)	• le quotient intellectuel
• die Auslese	• la sélection
• die Anforderung, -en	• l'exigence

	• die Leistung, -en	• le résultat, performance
	• der Leistungsdruck	• l'obligation d'obtenir de bons résult
	• der Leistungsstand, ¨-e	• le niveau
	• der Schulstress	• le stress scolaire
	• die Nivellierung	• le nivellement
	• das Schulversagen, -	• l'échec scolaire
	• die Hausarbeit, -en	• le devoir à la maison
	• die Klassenarbeit, -en	• le devoir surveillé
	• der Test, -s; die Schulaufgabe, -n	• le test, l'interrogation écrite
	• das Extemporale, -lien	• le contrôle-surprise
(!) der Begriff: *le concept*	• das Konzept, -e	• le plan, le brouillon
	• die Notengebung; die Zensierung	• la notation, l'évaluation
	• die Note, -n; die Zensur, -en	• la note
	• der Fehler, -	• la faute
	• der Flüchtigkeitsfehler, -	• la faute d'inattention
	• die Schluderarbeit, -en	• le travail bâclé
	• das Ergebnis, -se	• le résultat
	• der Notenspiegel, -	• la répartition des notes
	• der Klassendurchschnitt, -e	• la moyenne de la classe
	• das Zeugnis, -se	• le bulletin scolaire
	• die Beurteilung, -en	• l'appréciation
	• die Klassenkonferenz, -en	• le conseil de classe
	• der Klassenlehrer, -	• le professeur principal
	• der Klassensprecher, -	• le délégué des élèves
	• der Elternsprecher, -	• le délégué des parents
	• der Elternbeirat, ¨-e	• l'association de parents d'élèves
	• der Elternabend, -e	• la rencontre parents-professeurs
	• die Prüfung, -en; das Examen, -	• l'épreuve, l'examen
	• der Prüfer, -	• l'examinateur
	• die Prüfungsangst	• le trac avant l'examen
	• das Abschlusszeugnis, -se	• le diplôme terminal
	• die mittlere Reife	• le certificat de fin d'études
	• der Schulabschluss, ¨-e	• le diplôme de fin d'études
das Abi: *le bac* (CH, AU): die Matura	• das Abitur; das Reifezeugnis, -se	• le baccalauréat
	• der Abiturient, -en	• le bachelier
	• die Bescheinigung, -en	• le certificat
	• die Zeugnisübergabe, -n	• la délivrance du diplôme

	• benoten, zensieren	• noter
	• einen Test schreiben (ie, ie)	• faire une interrogation écrite
	• ausgefragt werden	• être interrogé
	• sich verschreiben (ie, ie)	• faire une faute d'orthographe
	• sich verrechnen	• faire une faute de calcul
	• ein leeres Blatt ab/geben (a, e, i)	• rendre copie blanche
	• das Abitur machen	• passer le baccalauréat
	• durch das Abi fallen (ie, a, ä)	• rater son bac
AU	• mit Vorzug maturieren	• avoir son bac avec mention
	• ein Diplom erlangen	• obtenir un diplôme
	• jdn durchfallen lassen (ie, a, ä)	• recaler qqn
	• einen Schüler überfordern	• trop exiger d'un élève
	• streng/großzügig zensieren	• noter sévèrement/généreusement

• ein leichter Fehler	• une légère faute
• fehlerfrei	• sans faute
• die mündliche/schriftliche Note	• la note d'oral/d'écrit

Der schulige Erfolg — La réussite scolaire

• die Fähigkeit, -en	• la capacité, l'aptitude
• die Überlegungsfähigkeit, -en	• l'aptitude au raisonnement
• das Wunderkind, -er	• l'enfant prodige
• der Primus, -i/-se; der Klassenbeste (AS)	• le premier de la classe
• der Hochbegabte (AS)	• le surdoué
• die Auffassungsgabe, -n	• l'intelligence (vivacité d'esprit)

• schulbegabt	• doué pour l'école
• begabt, talentiert	• doué
• eifrig	• assidu
• klug, intelligent	• intelligent
• fähig	• capable
• frühreif	• précoce

	• Schularbeiten machen	• faire ses devoirs
	• er kann seine Aufgabe	• il sait sa leçon
	• etwas aus dem Effeff können	• savoir qqch sur le bout du doigt
familier	• pauken; büffeln	• bûcher
	• auswendig lernen	• apprendre par cœur
	• auswendig können	• savoir par cœur
	• gut mit/kommen (a, o)	• bien suivre en classe
-schnitt, geschnitten	• gut ab/schneiden	• avoir de bons résultats
	• in eine Klasse versetzt werden	• passer dans une classe
	• glänzen	• briller
	• sich aus/zeichnen	• se distinguer
	• Ehre machen (D)	• faire honneur (à)
bestand, bestanden	• eine Prüfung bestehen	• réussir à un examen

Das Schulversagen — L'échec scolaire

• der schulische Misserfolg, -e	• l'échec scolaire
• die Wissenslücke, -n	• la lacune
• die Sonderschule, -n	• l'école d'éducation spécialisée
• die Nachhilfestunde, -n	• le cours particulier de soutien
• das Paukseminar, -e	• la boîte à bac
• der Legastheniker, -	• le dyslexique
• das Problemkind, -er	• l'enfant difficile
• das Störkind, -er	• l'enfant à problèmes
• die Verhaltensstörung, -en	• le trouble du comportement
• der Verhaltensgestörte (AS)	• le caractériel
• der Lernbehinderte (AS)	• l'enfant inadapté
• der Dummkopf, ¨-e	• l'idiot
• der Analphabet, -en	• l'analphabète
• der Faulenzer, -	• le paresseux

- **der Faulpelz, -e** • le cancre
- **das Schlusslicht, -er der Klasse** • le dernier de la classe
- **der Abbrecher, -** • l'élève qui a abandonné les étude

- **nicht mit/kommen (a, o)** • ne pas suivre en classe
- **von der Schule ab/gehen** • quitter le système scolaire — ging, gegangen
- **korrigieren; verbessern** • corriger, rectifier
- **Nachhilfestunden bekommen (a, o)** • prendre des cours particuliers
- **nach/holen** • rattraper
- **in einer Prüfung durch/fallen** • échouer à un examen — (ie, a, ä)
- **seine Arbeit hin/schleudern** • bâcler son travail
- **eine Lernschwäche haben** • avoir du mal à apprendre
- **wiederholen; sitzen/bleiben (ie, ie)** • redoubler — (!) wiederholen: *réviser* der Wiederholer, -: *le redoublant* eine Ehrenrunde drehen (iron.): *redoubler*

- **dumm** • sot, bête — anglais : *dumb, dull*
- **leistungsschwach** • faible
- **begriffsstutzig** • lent, obtus
- **lernschwach** • qui ne comprend pas vite
- **unreif** • immature
- **mittelmäßig** • moyen
- **faul, träge** • paresseux
- **unaufmerksam** • inattentif
- **zerstreut, unkonzentriert** • dispersé, distrait
- **unfähig** • incapable
- **gestresst** • stressé
- **anstrengend, stressig (fam.)** • stressant
- **reformbedürftig** • qui a besoin d'être réformé
- **überholt** • dépassé
- **überfordert** • débordé
- **überlastet** • surmené
- **anspruchsvoll** • exigeant
- **lasch (Erziehung)** • laxiste (éducation) — anglais : *lax*
- **überlegt** • surchargé (effectif)

5 Universität und Studium / L'université et les études

Das Studium / Les études

- **die Universität, -en** • l'université
- **die Fakultät, -en** • la faculté
- **der Hochschulunterricht, -e** • l'enseignement supérieur universitai
- **die Fachhochschule, -n** • l'I.U.T.
- **die Handelshochschule, -n** • l'école supérieure de commerce
- **die Kunstakademie, -n** • l'école des Beaux-Arts
- **die Elitehochschule, -n** • la grande école — aussi : die Kaderhochschule der Kader, -: *le cadre*
- **der Sommerkurs, -e** • l'université d'été
- **der Student, -en, -en** • l'étudiant — das Studentenfutter: *le mélange de fruits secs*
- **die Studentin, -nen** • l'étudiante

(iron.) ein höheres Semester: *une personne d'un certain âge* das WS: *le semestre d'hiver* sie steht im 3. Semester: *elle est en deuxième année de fac*	• **der berufstätige Student**	• l'étudiant salarié
	• **der Mediziner, -**	• l'étudiant en médecine
	• **der Studienanfänger, -**	• le nouvel étudiant
	• **der Erstsemest(l)er, -**	• l'étudiant de 1re année
	• **der Gasthörer, -**	• l'auditeur libre
	• **der Kommilitone, -n, -n**	• le condisciple
	• **die Kommilitonin, -nen**	• la condisciple
	• **der Studiengang, ¨-e**	• la filière universitaire
	• **das Programm, -e**	• le cursus
	• **die Fachrichtung, -en**	• la spécialité
	• **das Fachstudium, -ien**	• la spécialisation
	• **das Studienfach, ¨-er**	• la matière étudiée
	• **der Fachbereich, -e**	• l'unité de formation et de recherche
	• **die Abteilung, -en**	• le département, la section
	• **die Berufsmöglichkeit, -en**	• le débouché
	• **die brotlose Branche, -n**	• la branche peu lucrative
	• **die Verdienstchance, -n**	• la perspective de salaire
	• **die Sackgasse, -n**	• l'impasse
	• **die Geisteswissenschaften (plur.)**	• les lettres et sciences humaines
Jura studieren: *faire des études de droit*	• **die Rechtswissenschaft**	• le droit
	• **die Naturwissenschaften (plur.)**	• les sciences de la nature
	• **die Auslese**	• la sélection
	• **das Auswahlkriterium, -ien**	• le critère de sélection
	• **die Abbruchquote, -n**	• le taux d'étudiants quittant la faculté sans diplôme
	• **die Abbrecherquote, -n**	• le taux d'abandon
	• **die Auswahlprüfung, -en**	• le concours
	• **die Zulassungsvoraussetzung, -en**	• la condition d'admission
	• **die Eingangsprüfung, -en**	• l'examen d'entrée
	• **der Eintrittswettbewerb, -e**	• le concours d'entrée
	• **die Aufnahmeprüfung, -en (zu)**	• le concours d'admission (à)
der Hochschulabsolvent, -en, -en	• **der Akademiker, -**	• le diplômé du supérieur
	• **die Immatrikulation, -en**	• l'inscription (administrative)
	• **die Einschreibung, -en**	• l'inscription (pédagogique)
	• **die Immatrikulationsbescheinigung, -en**	• le certificat d'inscription
	• **die Rückmeldung, -en**	• la réinscription
	• **das Urlaubsemester, -**	• le semestre sabbatique
	• **das Auslandsemester, -**	• le semestre à l'étranger

ging, gegangen	• **an die Uni gehen**	• aller à l'université
	• **an der Uni sein**	• faire des études universitaires
	• **studieren**	• étudier
	• **zum Studium zugelassen werden**	• être admis à l'université
aussi : sich ein/schreiben (ie, ie)	• **sich (an + D) immatrikulieren lassen**	• s'inscrire (à, en, dans)
	• **sich für eine Prüfung an/melden**	• s'inscrire à un concours
stand, gestanden	• **auf einer Rangliste stehen**	• être sur liste d'attente
	• **(das Studium) auf/nehmen (a, o, i)**	• commencer ses études
	• **das Studium ab/brechen (a, o, i)**	• interrompre ses études
	• **nicht über das erste Jahr hinaus/kommen (a, o)**	• ne pas dépasser la première année
	• **ab/schließen (o, o)**	• terminer

• **akademisch**	• universitaire
• **praxisnah**	• axé sur la pratique
• **theoretisch**	• théorique
• **profitorientiert**	• axé sur un avenir lucratif

Das Studentenleben — La vie universitaire

	• **das Universitätsgelände, -**	• le campus
	• **das Studentenwerk, -e**	• les œuvres universitaires
	• **das Studentenwohnheim, -e**	• la cité universitaire
	• **die Gemeinschaftsküche, -n**	• la cuisine commune
	• **der Barabend, -e**	• la soirée au café
	• **die Unifete, -n**	• la fête étudiante
	• **das Aufnahmeritual, -e**	• le bizutage
	• **der Neuling, -e**	• le bizut
	• **die Mensa, -sen**	• le restaurant universitaire
	• **die Mensakarte, -n**	• la carte de RU
	• **die Essensmarke, -n**	• le ticket de RU
	• **das Schwarze Brett, -er**	• le panneau d'affichage
	• **das Studentenparlament, -e**	• les élus étudiants
familier	• **die Studentenbude, -n**	• la chambre d'étudiant
	• **die Zimmersuche**	• la recherche d'une chambre
	• **der Studentenausweis, -e**	• la carte d'étudiant
	• **die Studiengebühr, -en**	• les droits d'inscription
	• **die Zusatzversicherung, -en**	• la mutuelle
ein Stipendium erhalten: *recevoir une bourse*	• **das Stipendium, -ien**	• la bourse
	• **der Stipendiat, -en, -en**	• le boursier
	• **das zinslose Darlehen, -**	• le prêt sans intérêt
	• **das Studentengehalt, ¨-er**	• le présalaire étudiant

Die Lehre — L'enseignement

Die Hochschullehrer — Les universitaires

anglais : *the rector*	• **der Rektor, -en**	• le président d'université
	• **der Dekan, -e**	• le doyen
	• **der Professor, -en**	• le professeur d'université
	• **der Dozent, -en, -en**	• le maître de conférences
	• **der Doktor, -en**	• le docteur
	• **der wissenschatliche Mitarbeiter, -**	• l'allocataire de recherches
	• **der Lehrbeauftragte (AS)**	• le chargé de cours
	• **der (Hochschul)assistent, -en, -en**	• l'assistant
	• **der Lektor, -en**	• le lecteur
	• **die Berufung, -en**	• la nomination
	• **die Beförderung, -en**	• la promotion, l'avancement
	• **der Lehrstuhl, ¨-e; die Professur, -en**	• la chaire
	• **das Sabbatjahr, -e**	• l'année sabbatique
	• **die Forschung, -en**	• la recherche
	• **die Veröffentlichung, -en**	• la publication

• eine Professur erhalten (ie, a, ä)	• obtenir une chaire
• forschen	• faire des recherches

Die Lehrveranstaltungen — Les cours

• das Vorlesungsverzeichnis, -se	• le programme des cours
• die Vorlesung, -en; das Kolleg, -s	• le cours magistral
• die Antrittsvorlesung, -en	• le cours inaugural
• die Ringvorlesung, -en	• le cours magistral interdisciplinaire
• die Übung, -en	• les travaux dirigés
• das Praktikum, -a	• les travaux pratiques
• das Seminar, -e	• le cours de T.D.
• das Proseminar, -e	• le T.D. de 1re année
• das Hauptseminar, -e	• le T.D. de licence
• die Sitzung, -en	• la séance
• die Anwesenheitsliste, -n	• la liste de présence
• das Thesenpapier, -e	• le support d'exposé
• das Referat, -e	• l'exposé
• das Protokoll, -e	• le compte rendu de séance
• der Protokollant, -en, -en	• le rédacteur, le rapporteur
• die schriftliche Hausarbeit, -en	• le mémoire
• die Arbeitsgemeinschaft, -en	• le groupe de travail
• das Grundstudium	• le premier cycle universitaire
• das Hauptstudium	• le deuxième cycle universitaire
• das Audimax	• le grand amphi
• der Hörsaal, -säle	• l'amphithéâtre
• der Hörer, -	• l'auditeur
• die Sprechstunde, -n	• l'heure de réception des étudiants

≠ der Kollege, -n, -n: *le collègue*

rotokoll führen: *rédiger compte rendu du cours*

= die AG, -s

abrév. de : *auditorium maximum*

• sich (+ D) Notizen machen	• prendre des notes

Prüfungen und Diplôme — Examens et diplômes

• die Prüfung, -en; das Examen, -mina	• l'examen
• die Zwischenprüfung, -en	• le D.E.U.G.
• die Magisterprüfung, -en	• la maîtrise
• der Prüfer, -	• l'examinateur
• der Prüfungsauschuss, ¨-e	• le jury d'examen
• der Prüfling, -e	• le candidat
• die Klausur, -en	• le devoir surveillé, le partiel
• die Periode, -n	• la session
• das Schriftliche (AS)	• l'écrit
• das Mündliche (AS)	• l'oral
• die Examensangst	• le trac
• das Ergebnis, -se	• le résultat
• die Durchfallnote, -n	• la note éliminatoire
• das Prädikat, -e	• la mention
• die Äquivalenz, -en	• l'équivalence
• die Durchfallquote, -n	• le taux d'échec
• der Schein, -e	• le certificat, l'unité de valeur
• das Staatsexamen, -mina	• l'examen de fin d'études
• das Diplom, -e	• le diplôme

einen Schein machen: *passer une U.V.*

	die Examensarbeit, -en	le mémoire de fin d'études
eine Dissertation verfassen und verteidigen: *rédiger et soutenir une thèse*	**die Doktorarbeit, -en**	la thèse de doctorat
	die Disputation, -en	la soutenance
	die Doktorwürde, -n	le doctorat (grade)
	der Doktorand, -en, -en	le thésard
	der Doktorhut	la toque de docteur
	der Doktorvater, ¨-	le patron de thèse
	der Grad, -e	le grade
	der Titel, -	le titre

	eine Prüfung machen	passer un examen
	eine Prüfung ab/legen	se présenter à un examen
	zur mündlichen Prüfung zugelassen werden	être admissible
bestand, bestanden	**das Examen bestehen; schaffen**	réussir à un examen
(ie, a, ä)	**beim Examen durch/fallen**	échouer à l'examen
	eine Vorlesung halten (ie, a, ä)	donner un cours
	prüfen; ab/fragen	examiner, interroger
	promovieren	soutenir sa thèse, être reçu docte
	sich habilitieren; habilitiert werden	obtenir l'habilitation à diriger des recherches
als international: *à l'étranger*	**kompatibel gelten (a, o, i)**	être compatible
	ein Diplom an/erkennen	reconnaître un diplôme

	studiert	qui a fait des études
	graduiert	diplômé de 3e cycle
	examiniert	diplomé d'État
	promoviert	titulaire d'un doctorat
	international anerkannt	reconnu
	schriftlich	écrit
	mündlich	oral

ÜBUNGEN

52 Der Kindergeburtstag

Welches ist die passende Definition von den folgenden Kinderspielen?

1. Beruferaten - **2.** Blindekuh - **3.** Flaschendrehen - **4.** Montagsmaler - **5.** die Reise nach Jerusalem - **6.** Seilziehen - **7.** Topfschlagen.

a. Ein Kind mit verbundenen Augen muss einen Kochtopf mit einem Löffel finden.
b. Ein Kind, dem die Augen verbunden werden, muss die Mitspieler fangen.
c. Zwei Parteien ziehen an einem Seil, wer das Seil über die Markierung bringt, hat gewonnen.
d. Man sitzt im Kreis und einer dreht die Flasche, derjenige, auf den die Flasche zeigt, muss irgend etwas machen.
e. Man stellt eine Reihe von Stühlen zusammen, einer weniger als Kinder vorhanden sind, die Kinder bewegen sich im Gänsemarsch um die Stühle herum, wobei Musik gespielt wird. Stoppt einer die Musik, müssen sich alle hinsetzen. Derjenige, der keinen Platz findet, scheidet aus, woraufhin ein weiterer Stuhl weggenommen wird und das Spiel weitergeht.
f. Ein Spieler stellt einen Beruf pantomimisch dar, der von den anderen erraten werden muss.
g. Es gab mal eine Fernsehsendung, die so hieß: zwei Gruppen, zwei Maler, eine Malwand: Begriffe müssen durch die Zeichnung erraten werden, und das mit Zeitlimit.

53 Der Lehreralltag. Setzen Sie die richtigen Wörter ein.

aushecken - Disziplin - Einsagen - fleißigste - Hausaufgaben - Klassenbester - Lehrerpult - mündliches Ausfragen - Nachsitzen - Nerven - Quasselstrippen - Schulaufgaben - Schulbänke - Schulbücher - Schulbus - Schwätzen - Spickzettel - Stoff - Störenfriede - Streber - Streich - Tafeldienst

Lehrer Müller lässt den Blick über die ... streifen:
Ganz vorne links, schräg gegenüber dem ... sitzt Hans Eifrig, der ... Schüler der Klasse und immer ... (Seine Mitschüler nennen ihn einen ...).
Sein Finger schnellt schon in die Höhe, bevor Lehrer Müller seine Fragen zu Ende formuliert hat.
Zwei Reihen hinter ihm sitzen über ihre ... gebeugt die zwei ... der Klasse, Max Tunichtgut und Klaus Kannstmichmal: Was die wohl schon wieder ...? Letzte Woche haben sie ihn einen ganzen Tag lang mit einem am Rücken angeklebten Schild mit der Aufschrift "Ich kann nichts dafür, ich bin so geboren" herumlaufen lassen. Belohnung für diesen ...: zwei Stunden ... und drei Wochen hintereinander ...
In den hinteren Bänken tummeln sich die ...: Immer am Kichern, ... und ohne jegliche ... tanzen sie auf Müllers schwachen ... herum. Für den ..., den Müller vorzutragen hat, interessiert sich eh keiner, nach ... sammelt er erst mal sämtliche ... ein, die aus den Ritzen der Bänke spitzen, ... geht nur mit ... vom Nachbarn und ... sind etwas, das man für lange morgendliche Fahrten im ... erfunden hat ...

Corrigés page 469

Landeskunde

Die Notengebung
La notation

Les élèves allemands sont notés de “un” à “six” en valeur décroissante.

- **die Eins (sehr gut):** très bien
- **die Zwei (gut):** bien
- **die Drei (befriedigend):** satisfaisant
- **die Vier (ausreichend):** passable
- **die Fünf (mangelhaft):** médiocre
- **die Sechs (ungenügend):** insuffisant
- **eine Eins schreiben, ie, ie:** obtenir un 20
- **ein Einser-Schüler, -:** un excellent élève

Der Schul- und Uni-Alltag
Le quotidien scolaire et universitaire

Die Schule – L'école :

- **die Schultüte:** appartient au rituel de l'entrée à l'école primaire **(die Einschulung)** ; il s'agit d'un grand cornet de friandises, sorte de pochette surprise, que l'on offre aux enfants pour leur premier jour de classe.
- **das Pausenbrot:** le casse-croûte de la récré
- **der Schülerlotse:** élève chargé de “piloter” la circulation devant l'école pour permettre à ses condisciples de traverser la rue.
- **das Übergangszeugnis (von der Grundschule aufs Gymnasium):** le certificat de passage de l'école primaire au collège.
- **die Aula, -len:** la salle de réunion, le foyer, la salle des fêtes au cœur de l'établissement.
- **die SMV = die Schülermitverwaltung:** conseil des délégués d'élèves
- **die Projektwoche, -n:** une semaine banalisée pendant l'année scolaire pour réaliser des projets éducatifs interdisciplinaires
- **das Fingerschnalzen:** le claquement de doigts. Les jeunes Allemands se manifestent parfois en classe en faisant claquer leurs doigts.
- **die Waldorfschule, -n:** écoles privées très cotées s'inspirant de la doctrine anthroposophique de Rudolf Steiner, dans lesquelles les disciplines d'éveil à la sensibilité (musique, arts plastiques, théâtre) et la communion avec la nature (potager biodynamique, etc.) occupent une place centrale.
- **das Schlüsselkind, -er:** désigne familièrement l'enfant dont les parents travaillent et qui, après la classe (c'est-à-dire en début d'après-midi), se retrouve seul avec la clé de sa maison.
- **der Abischerz:** le tour joué à quelqu'un ou bien une escapade pour fêter l'obtention du bac ; **der Abiball**: le bal du bac.

Die Universität – L'université :

- **der AStA (=Allgemeiner Studentenausschuss):** le conseil des étudiants : organisme qui représente les étudiants au sein de l'université.
- **die Bildungshoheit der Länder:** la souveraineté des länder allemands en matière d'éducation.
- **das akademische Viertel:** le quart d'heure universitaire ; le cours est réputé commencer à l'heure exacte ou au quart.
- **die Burschenschaft, -en; die Studentenverbindung, -en:** la corporation d'étudiants. Ces associations perpétuent une tradition

conservatrice et nationaliste et certains rites comme le duel **(Schlagende Burschenschaften)**.

- **der Numerus Clausus; die Zentralstelle für die Vergabe von Studienplätzen (in Dortmund):** le numerus clausus ; l'Office central chargé de la répartition des places dans les universités.
- **das Bafög ou BAföG (das Bundesausbildungsförderungsgesetz):** l'acronyme désigne la loi qui aide les jeunes gens aux revenus modestes à financer leurs études et, par extension, la bourse d'études ou le prêt-études.
- **die Wohngemeinschaft, -en ou WG, -s:** la communauté. Le coût des loyers et l'héritage des années 60 **(die Kommune)** font que beaucoup d'étudiants allemands partagent un appartement.
- **Der Post-Doc-Job:** l'emploi post-doctoral.

Neudeutsch: Trendwörter

Néologismes

- **der EQ: der emotionale Quotient:** l'intelligence émotionnelle, pendant du quotient intellectuel
- **die Soft Skills:** les compétences sociales (communication, esprit d'équipe)
- **das Parkstudium:** la filière dépotoir, la voie de garage, l'université-parking

Bildlich gesprochen

Rund um die Lehre und den Meister

- **Lehrgeld bezahlen:** apprendre à ses dépens.
- **Das soll dir eine Lehre sein:** ça t'apprendra !
- **aus etwas eine Lehre ziehen:** tirer une leçon de quelque chose.
- **Die Folge wird es lehren:** qui vivra verra.
- **seinen Meister finden:** trouver son maître.

Zum Nachdenken

- **Ohne Fleiß kein Preis:** On n'a rien sans peine.
- **Beim Lehren lernt man:** On apprend en enseignant
- **Man lernt nie aus:** On apprend à tout âge.
- **Lerne was, so kannst du was!:** Apprends, et tu sauras !
- **"Eine Schule ohne Zucht ist eine Mühle ohne Wasser" (Comenius):** Une école sans discipline est comme un moulin sans eau.
- **"Nicht um alles in der Welt möchte ich akademischer Lehrer sein. Das Beste von dem, was man weiß, darf man doch nicht sagen, und das Beste von dem, was man sagt, wird nicht verstanden." (Ludwig Börne):** Pour rien au monde je ne voudrais être professeur. Le meilleur de ce que l'on sait, on ne peut pas le dire, et le meilleur de ce que l'on dit n'est pas compris.

16 Geistes-, Gemüts- und Sozialleben

La vie intellectuelle, affective et sociale

1 Das Geistesleben — La vie intellectuelle

Das Denken und die geistigen Fähigkeiten — La pensée et les facultés intellectuell[e]s

• **die Weisheit**	• la sagesse
• **das Denken**	• la pensée (abstraite)
• **der Denker, -**	• le penseur
• **die Denkfähigkeit, -en**	• la faculté de pensée
• **der Verstand**	• l'entendement, la raison, le bon se[ns]
• **die Vernunft**	• la raison, le bon sens
• **die Intelligenz**	• l'intelligence
• **das Genie, -s**	• le génie
• **die Fähigkeit, -en**	• la faculté
• **die Aufnahmefähigkeit, -en**	• la réceptivité
• **die Veranlagung, -en**	• la disposition
• **der Geist, -er**	• l'esprit
• **das Bewusstsein**	• la conscience
• **die Überlegung, -en**	• la réflexion
• **das Urteilsvermögen, -**	• le jugement (faculté)
• **der Scharfsinn, -e**	• la perspicacité
• **die Schläue; die List, -en**	• la ruse
• **der Gedanke, -n, -n**	• la pensée, l'idée
• **der Begriff, -e**	• l'idée, le concept
• **der Beweis, -e**	• la preuve
• **die Beweisführung, -en**	• le raisonnement
• **der Schluss, ¨-e**	• la conclusion
• **das Einfühlungsvermögen, -**	• l'intuition
• **das Taktgefühl, -e**	• le tact, la délicatesse
• **der Zweifel, -**	• le doute
• **das Bedenken, -; der Skrupel, -**	• le scrupule
• **der Irrtum, ¨-er**	• l'erreur
• **die Erfahrenheit**	• l'expérience (qualité)
• **die Dummheit, -en**	• la bêtise
• **der Stumpfsinn**	• la stupidité
• **die Unwissenheit**	• l'ignorance
• **das Gedächtnis, -se**	• la mémoire
• **die Erinnerung, -en (an + A)**	• le souvenir (de)
• **die Vergesslichkeit**	• l'oubli
• **die Zerstreutheit**	• la distraction

• **denken (dachte, gedacht)**	• penser
• **nach/denken (über + A)**	• réfléchir (à)

> die Binsenweisheit: *la vérité de La Palice*
> die Weisheit mit Löffeln gegessen haben (iron.): *avoir la science infuse*

> der gesunde Menschenverstand: *le bon sens, le sens commun*

> (!) der Geist, -er: *l'esprit ; le fantôme*
> (!) der Witz; der Esprit: *l'esprit, l'humour*

> kein Taktgefühl haben: *manquer de tact*

> sich irren: *se tromper, faire erreur*

> ≠ das Experiment: *l'expérience (scientifique)*
> das Erlebnis, die Erfahrung: *l'expérience vécue*

	gedenken (an + A)	se souvenir (de)
	ein/fallen (ie, a, ä) + D	venir à l'esprit
	überlegen	réfléchir
verstand, verstanden	**verstehen; begreifen (i, i)**	comprendre
	beweisen (ie, ie)	prouver
	(sich) erinnern (an + A)	(se) rappeler
m Gedächtnis behalten: *garder en mémoire*	**behalten (ie, a, ä)**	retenir
1 Vergessenheit geraten: *tomber dans l'oubli*	**vergessen (a, e, i)**	oublier
	verdrängen	refouler
	schlussfolgern; schließen (o, o)	conclure

: die Weise: *la manière/ la mélodie* anglais : *wise*	**weise**	sage
	klug, gescheit	intelligent, sage
	begabt	doué
ler Schlauberger (fam.): *le finaud*	**schlau, listig, gerissen**	rusé
	heimtückisch	sournois
	skrupellos	sans scrupule
	berechnend	calculateur
	arglos, unbedarft	candide
	abgestumpft	insensible
	scharfsinnig	perspicace
	besonnen	réfléchi
	unbedacht, unbesonnen	irréfléchi
verständlich: *intelligible*	**verständig**	plein de bon sens
mit allen Wassern ewaschen sein: *connaître toutes les ficelles*	**erfahren**	expérimenté
	neugierig, wissbegierig	curieux
	fähig	capable
	aufnahmefähig	réceptif
	taktvoll, taktlos	délicat, qui manque de tact
	einfühlsam	compréhensif
	mitfühlend	compatissant
'oreilig urteilen: *être trop 'ompt dans ses jugements* kopflos handeln: *gir de manière irréfléchie*	**vorschnell, voreilig, kopflos**	précipité, hâtif
	dumm	sot
	albern	niais
	einfältig	simplet
	beschränkt	borné
	schwerfällig	lourdaud
	geistlos	stupide

Der Wille und die Tat — La volonté et l'action

uten Willen zeigen: *faire 'reuve de bonne volonté*	**der Wille**	la volonté
	die Willensfreiheit	le libre arbitre
	die Bemühung, -en	l'effort
	die Bestrebung, -en	la tentative
	die Absicht, -en	l'intention
:r Zweck heiligt die Mittel: *la fin justifie les moyens*	**der Zweck, -e**	le but, le dessein
	das Ziel, -e	le but, le terme, l'objectif
	das Mittel, -	le moyen
eine Wahl treffen: *faire un choix*	**die Wahl, -en**	le choix

da ist guter Rat teuer: *la situation semble sans issue*

Zukunftspläne schmieden: *faire des projets d'avenir*

die Eigeninitiative, -n: *l'initiative personnelle*

• **der Rat, die Ratschläge (plur.)**	• le conseil
• **die Ratlosigkeit**	• la perplexité
• **der Vorschlag, ¨-e**	• la proposition
• **das Verlangen, -**	• la demande, le désir
• **die Forderung, -en**	• l'exigence
• **der Plan, ¨-e**	• le plan
• **das Projekt, -e**	• le projet
• **der Unternehmungsgeist**	• l'esprit d'initiative
• **die Motivation, -en**	• la motivation
• **die Initiative, -n**	• l'initiative
• **die Entscheidung, -en**	• la décision, la résolution
• **der Vorsatz, ¨-e**	• la résolution
• **die Tätigkeit, -en**	• l'activité
• **die Tatkraft, ¨-e; die Energie, -n**	• l'énergie
• **der Tatendrang**	• le besoin d'agir
• **die Entschlossenheit**	• la détermination, la résolution
• **die Handlung, -en**	• l'action
• **die Handlungsweise**	• la manière d'agir
• **die Beharrlichkeit**	• la persévérance
• **die Anwandlung, -en**	• la velléité
• **der Wagemut**	• l'audace
• **der Wankelmut**	• la versatilité

• **wollen**	• vouloir
• **beabsichtigen; vor/haben**	• projeter, avoir l'intention de
• **streben (nach + D)**	• aspirer (à)
• **beharren (auf + D)**	• s'entêter (dans)
• **(an + D) fest/halten (ie, a, ä)**	• tenir (à)
• **vor/schlagen (u, a, ä)**	• proposer
• **sich entschließen (o, o) (zu + D)**	• se décider (à)
• **sich entscheiden (ie, ie) (für + A)**	• se décider (pour)
• **handeln**	• agir
• **unternehmen (a, o, i)**	• entreprendre
• **wagen**	• oser
• **zögern; zaudern**	• hésiter
• **aus/führen**	• exécuter
• **vollenden**	• achever
• **beenden**	• finir, terminer
• **sich durch/ringen (a, u) (zu + D)**	• se battre (pour)

• **tätig, aktiv**	• actif
• **tatkräftig, energisch**	• dynamique, énergique
• **tatendurstig**	• avide d'action
• **absichtlich**	• intentionnel
• **zwecklos**	• vain, inutile
• **willensstark**	• volontaire
• **hartnäckig, beharrlich**	• opiniâtre, tenace
• **entschlossen, bestimmt**	• résolu
• **unentschlossen**	• irrésolu
• **beherzt**	• intrépide
• **starrsinnig**	• opiniâtre, entêté

ein unverbesserlicher Trinker: *un buveur impénitent*	**unbelehrbar, unverbesserlich**	incorrigible
	eigenwillig	volontaire, entêté
	zielstrebig	déterminé
	unbeirrbar	inébranlable
	wankelmütig	versatile
	unschlüssig	hésitant
	mutlos	découragé
	motivationslos	sans motivation
	demotiviert	démotivé

2 Das Sittenleben — La vie morale et sociale

Anstand und Höflichkeit — Politesse et moralité

der Benimm (fam.): *les (bonnes) manières*	**das Verhalten**	le comportement
	das Benehmen	le comportement (en société)
der Anstandswauwau (plais.): *le chaperon*	**der Anstand**	la bienséance, le savoir-vivre
pluriel	**die Umgangsformen**	les bonnes manières, les convenances
	die Anstandsregel, -n	(la règle de) savoir-vivre
	das Protokoll	le protocole
	der Umgang; der Verkehr	les relations, la fréquentation
	das Betragen	la conduite
	das Vorbild, -er	l'exemple, le modèle
die guten Sitten: *les bonnes mœurs*	**die Sitte, -n**	la coutume, l'usage
	die Sittlichkeit; die Sittenlehre	la moralité
	die Artigkeit, -en	la politesse
	die Liebenswürdigkeit, -en	l'amabilité
	die Nettigkeit, -en	la gentillesse
	das Fingerspitzengefühl, -e	le doigté, le tact
	die Herzlichkeit	la cordialité
	die Dankbarkeit	la reconnaissance, la gratitude
jdm Respekt ein/flößen: *inspirer du respect à qqn*	**der Respekt (vor + D)**	le respect (pour)
	die Rücksichtnahme	les égards, la considération
Rücksicht nehmen auf + A: *tenir compte de*	**die Rücksicht, -en**	l'égard
	die Höflichkeit, -en	la courtoisie
	die Ehre, -n	l'honneur
	die Würde, -n	la dignité
der Ritter, -: *le chevalier*	**die Ritterlichkeit, -en**	la galanterie
pluriel	**die Unsitten**	les mauvaises mœurs
	die Unsittlichkeit	l'immoralité
	die Grobheit	la grossièreté
	die Unhöflickeit	l'impolitesse
die Frechheit besitzen, (etwas zu tun): *avoir l'audace (de faire qqch)* So eine Frechheit!: *quel culot !*	**die Frechheit, -en**	l'insolence
	die Schamlosigkeit, -en	l'impudeur, l'impudence
	der Flegel, -; der Grobian, -e	le mufle, le goujat

- **sich benehmen (a, o, i)** — se conduire
- **mit jdm verkehren** — fréquenter qqn

• **anständig**	• correct, comme il faut, décent
• **höflich**	• poli
• **leutselig**	• affable
• **entgegenkommend, hilfsbereit**	• obligeant, serviable
• **taktvoll**	• plein de tact
• **wohlerzogen**	• bien élevé
• **vornehm**	• distingué
• **tadellos**	• irréprochable
• **taktlos**	• indélicat
• **sittsam**	• pudique
• **lästig**	• importun
• **rücksichtslos**	• sans égard
• **ungezogen**	• mal élevé
• **frech, unverschämt**	• insolent, effronté
• **grob, ausfällig**	• grossier
• **unflätig**	• ordurier

Die Tugenden — Les vertus

• **das Gewissen**	• la conscience morale
• **die Tugend, -en**	• la vertu
• **die Güte**	• la bonté
• **die Wohltat, -en**	• le bienfait
• **das Mitleid; das Mitgefühl**	• la compassion, la pitié
• **die Teilnahme, -en**	• la sympathie
• **die Barmherzigkeit**	• la miséricorde
• **die Nächstenliebe**	• la charité, l'altruisme
• **die Menschenliebe**	• la philanthropie
• **die Menschlichkeit**	• l'humanité (attitude)
• **der Edelmut**	• la noblesse d'âme
• **die Hilfe, -n**	• l'aide
• **der Beistand**	• l'assistance
• **die Hingebung; die Hingabe**	• le dévouement
• **die Selbstverleugnung**	• l'abnégation
• **die Schamhaftigkeit**	• la pudeur
• **die Keuschheit**	• la chasteté
• **die Unschuld**	• l'innocence
• **das Verdienst, -e**	• le mérite
• **der Skrupel, -**	• le scrupule
• **das Bedauern**	• le regret
• **der Gewissensbiss, -e**	• le remords
• **die Reue**	• le repentir
• **die Entschuldigung, -en**	• l'excuse
• **die Verzeihung**	• le pardon
• **die Versöhnung**	• la réconciliation
• **die Einfachheit**	• la simplicité
• **die Mäßigung**	• la modération
• **die Freigebigkeit**	• la libéralité
• **die Großzügigkeit; die Großmut**	• la générosité, la magnanimité
• **die Selbstlosigkeit**	• le désintéressement
• **die Verschwendung, -en**	• la prodigalité

≠ das Bewusstsein: *la conscience psychologique*

aus der Not eine Tugend machen: *faire de nécessité vertu*

≠ die Menschheit: *l'humanité, le genre humain*

seine Hände in Unschuld waschen: *s'en laver les mains*

(!) der Verdienst, -e: *le revenu*

stand, gestanden	• **bei/stehen (+ D)**	• assister qqn
	• **sich opfern; sich auf/opfern (für + A)**	• se sacrifier (pour)
	• **sich erbarmen (+ G)**	• avoir pitié (de)
	• **bedauern; bereuen**	• regretter
	• **ein reines Gewissen haben**	• avoir la conscience tranquille

	• **gewissenhaft**	• consciencieux
	• **anständig**	• décent, convenable, honnête
...r fehlt noch die sittliche Reife (plais.): *tu es trop jeune*	• **sittlich, moralisch**	• moral
	• **sittenstreng**	• puritain
	• **tugendhaft**	• vertueux
	• **keusch**	• chaste
	• **unschuldig**	• innocent
	• **artig**	• aimable, poli
	• **liebenswürdig**	• aimable
	• **ergeben**	• dévoué
	• **gefällig**	• complaisant
	• **verdienstvoll**	• méritant
	• **ehrfurchtsvoll, respektvoll**	• respectueux
	• **ehrwürdig**	• respectable, vénérable
	• **würdig (+ G)**	• digne (de)
	• **dankbar**	• reconnaissant
	• **reumütig**	• repentant
	• **demütig**	• humble
	• **bescheiden**	• modeste
	• **mitleidig**	• compatissant
	• **mäßig, gemäßigt**	• modéré
	• **wohltätig**	• bienfaisant, charitable
...r barmherzige Samariter: *le bon Samaritain*	• **barmherzig**	• miséricordieux, charitable
	• **dienstfertig**	• serviable
	• **hilfreich**	• secourable
	• **selbstlos, uneigennützig**	• désintéressé
	• **großzügig**	• généreux
anglais : *noble*	• **nobel**	• généreux, grand seigneur
	• **verschwenderisch**	• prodigue

Die Laster — Les vices

• **das Laster, -**	• le vice
• **die Härte, -n; die Herzlosigkeit**	• la dureté
• **die Bosheit, -en**	• la méchanceté
• **die Schadenfreude, -n**	• la joie maligne
• **die Roheit, -en**	• la brutalité
• **die Grausamkeit, -en**	• la cruauté
• **die Missetat, -en**	• le méfait
• **der Schurke, -n, -n**	• le vaurien
• **der Undank; die Undankbarkeit**	• l'ingratitude
• **der Menschenhass**	• la misanthropie
• **die Selbstsucht; der Egoismus**	• l'égoïsme
• **die Habsucht**	• la cupidité

≠ der Geist: *l'esprit*

• **der Geiz**	• l'avarice
• **der Neid**	• l'envie

• **schaden (+ D)**	• faire tort (à)
• **sich rächen (an + D)**	• se venger (de qqn)
• **entehren**	• déshonorer

der Sittenstrolch: *le satyre*

verdorben (aussi) : *gâté, avarié*

• **lasterhaft**	• vicieux
• **unsittlich; unmoralisch**	• immoral
• **unanständig**	• inconvenant, malhonnête
• **verdorben**	• corrompu, dépravé
• **schändlich**	• honteux, infâme
• **undankbar**	• ingrat
• **unwürdig**	• indigne
• **neidisch**	• envieux, jaloux
• **geizig**	• avare, ladre, pingre
• **egoistisch; selbstsüchtig**	• égoïste
• **selbstbezogen**	• égocentrique

Pflicht und Ordnung — L'ordre et le devoir

seine Pflicht tun/erfüllen: *faire son devoir*

dem süßen Nichtstun frönen: *s'adonner au farniente*

die Schlampigkeit; die Schlamperei: *la pagaille*

Gewalt gebrauchen: *employer la force*

• **die Pflicht, -en**	• le devoir
• **das Pflichtgefühl, -e**	• le sens du devoir
• **die Verpflichtung, -en**	• l'obligation
• **die Verantwortung, -en**	• la responsabilité
• **die Rechtschaffenheit**	• la probité
• **die Pünktlichkeit**	• la ponctualité
• **die Emsigkeit**	• l'assiduité
• **die Ordnung, -en**	• l'ordre
• **die Sorgfalt**	• le soin
• **der Fleiß**	• l'application
• **der Eifer**	• le zèle
• **die Verlässlichkeit**	• la fiabilité
• **der Perfektionismus**	• le perfectionnisme
• **die Duldsamkeit; die Toleranz, -en**	• la tolérance
• **der Müßiggang; das Nichtstun**	• l'oisiveté
• **die Nachlässigkeit, -en**	• la négligence
• **die Unordentlichkeit**	• le désordre
• **der Leichtsinn, -e**	• l'inconscience
• **die Leichtfertigkeit, -en**	• la légèreté
• **die Faulheit**	• la paresse
• **die Trägheit**	• l'indolence
• **der Faulenzer, -**	• le paresseux
• **die Feigheit**	• la lâcheté
• **die Willkür**	• l'arbitraire
• **die Gewalt, -en**	• la force, la violence
• **die Macht, ¨-e**	• la force, la puissance

• **dulden**	• tolérer

• **faulenzen**	• paresser
• **sich verlassen (auf + A)**	• se reposer (sur)

• **rechtschaffen**	• intègre
• **eifrig**	• zélé
• **sorgfältig**	• soigneux
• **umsichtig**	• circonspect
• **ordentlich, ordnungsliebend**	• ordonné, rangé
• **gründlich**	• qui fait les choses à fond
• **akkurat**	• méticuleux
• **penibel**	• pointilleux
• **reinlich**	• propre
• **gewissenhaft**	• consciencieux
• **gewissenlos**	• sans scrupule
• **vernünftig**	• raisonnable
• **leichtsinnig**	• insouciant
• **leichtfertig**	• irréfléchi
• **unordentlich**	• désordonné
• **vergesslich**	• oublieux, distrait
• **unbesonnen**	• étourdi
• **lässig**	• nonchalant
• **faul, träge**	• paresseux
• **nachlässig**	• négligent
• **zuverlässig**	• fiable
• **gehorsam**	• obéissant
• **trotzköpfig**	• indocile, entêté
• **aufsässig**	• rebelle
• **müßig**	• oisif
• **willkürlich**	• arbitraire
• **tolerant**	• tolérant

stinkfaul (fam.): *flemmard, cossard*
auf der faulen Haut liegen: *se la couler douce*

3 Die zwischenmenschlichen Beziehungen / Les relations interpersonnelles

Der gesellschaftliche Umgang / Les relations sociales

• **die Gesellschaft, -en**	• la société
• **der Bekannte (AS)**	• la relation
• **der Bekanntenkreis, -e**	• le cercle de relations
• **die Bekanntschaft, -en**	• la connaissance
• **der Kontakt, -e**	• le contact
• **die Einladung, -en**	• l'invitation
• **der Besuch, -e**	• la visite
• **die Beziehung, -en**	• la relation
• **der Gast, ¨-e**	• l'invité, l'hôte
• **der Besucher, -**	• le visiteur
• **der Gastgeber, -**	• l'hôte
• **die Gastgeberin, -nen**	• l'hôtesse
• **der Empfang, ¨-e**	• la réception

die bessere Gesellschaft; die besseren Kreise: *la haute société*

eine flüchtige Bekanntschaft: *une vague connaissance*

mit jdm Kontakt auf/nehmen: *entrer en contact avec qqn*

Beziehungen unterhalten: *entretenir des relations*

	• **die Vorstellung, -en**	• la présentation
	• **der Gruß, ¨-e**	• le salut, la salutation
	• **die Verbeugung, -en**	• la révérence
jdn mit Handschlag begrüßen: *serrer la main à qqn*	• **der Handschlag, ¨-e**	• la poignée de main
etwas mit Handkuss annehmen (plais.): *ne pas se faire prier pour accepter qqch*	• **der Handkuss, ¨-e**	• le baise-main
	• **die Verabredung, -e**	• le rendez-vous
	• **der Termin, -e**	• le rendez-vous (date, heure)
	• **der Treffpunkt, -e**	• le rendez-vous (lieu)
	• **die Begegnung, -en**	• la rencontre
das Gipfeltreffen: *la rencontre au sommet*	• **das Treffen**	• la rencontre officielle
	• **der Abschied, -e**	• l'adieu

nur flüchtig kennen: *connaître superficiellement*	• **(sich) kennen (kannte, gekannt)**	• (se) connaître
	• **(sich) treffen (a, o, i)**	• (se) rencontrer
	• **jdn kontaktieren**	• contacter qqn
	• **sich verabreden**	• se donner rendez-vous
pron. anglaise	• **ein Date haben**	• avoir un rencard
	• **einen Termin fest/legen**	• fixer un(e heure de) rendez-vous
	• **einen Treffpunkt ab/machen**	• convenir d'un point de rendez-vous
	• **etwas mit jdm aus/machen**	• convenir de qqch avec qqn
	• **ein/laden (u, a, ä)**	• inviter
	• **empfangen (i, a, ä); auf/nehmen (a, o, i)**	• recevoir, accueillir
	• **besuchen**	• rendre visite
	• **begegnen**	• rencontrer
	• **treffen (a, o, i)**	• rencontrer
	• **begleiten**	• accompagner
	• **grüßen; begrüßen**	• saluer
	• **jdn umarmen**	• prendre dans ses bras
	• **küssen**	• embrasser
	• **jdm auf die Schulter klopfen**	• donner à qqn une tape sur l'épaule
	• **jdn willkommen heißen (ie, ei)**	• souhaiter la bienvenue à qqn
	• **jdm die Hand geben (a, e, i)**	• tendre la main à qqn
	• **jdm die Hand drücken**	• serrer la main à qqn
	• **jdn vor/stellen**	• présenter qqn
	• **näherbekannt werden**	• faire plus ample connaissance
stand, gestanden	• **mit jdm auf gutem Fuß stehen**	• être en bons termes avec qqn
	• **mit jdm auf Du und Du sein**	• être à tu et à toi avec qqn
	• **sich verabschieden (von jdm)**	• prendre congé (de qqn)

• **bekannt**	• connu, familier
• **unbekannt, fremd**	• inconnu
• **berühmt**	• célèbre
• **gastfreundlich**	• accueillant, hospitalier
• **gesellig**	• sociable
• **kontaktfreudig**	• ouvert, liant
• **kontaktarm**	• renfermé
• **menschenscheu**	• misanthrope

4 Das Gefühlsleben — La vie sentimentale

Die Liebe und die Freundschaft — L'amour et l'amitié

	• **die Empfindung, -en**	• le sentiment, la sensation
	• **die Erregung, -en**	• l'excitation
	• **die Rührung**	• l'émotion
	• **das Entzücken**	• le ravissement
	• **das Interesse, -n (an + D/für + A)**	• l'intérêt (pour)
e Anteilnahme erwecken: *éveiller la sympathie*	• **die Anteilnahme**	• la sympathie
	• **die Achtung (vor + D)**	• l'estime, la considération (pour)
ie Respektsperson, -en: *a personne qui inspire le respect*	• **der Respekt**	• le respect
	• **die Bewunderung**	• l'admiration
	• **die Verehrung (jds für jdn)**	• la vénération (de qqn pour qqn)
	• **die Anbetung**	• l'adoration
	• **die Ergebenheit**	• le dévouement
aus Neigung: *par goût* ne Neigung haben zu + D: *voir un penchant pour*	• **die Neigung, -en**	• l'inclination
	• **die Zuneigung, -en**	• l'affection, le penchant
	• **die Anhänglichkeit (an + A)**	• l'affection (pour), l'attachement (à)
ebe auf den ersten Blick: *le coup de foudre* die platonische Liebe: *l'amour platonique*	• **die Liebe**	• l'amour
	• **die Mutterliebe**	• l'amour maternel
	• **die Geschwisterliebe**	• l'amour fraternel
	• **die Kinderliebe**	• l'amour pour les enfants
	• **die Verliebtheit**	• l'état amoureux
	• **die Nächstenliebe**	• l'altruisme, l'amour du prochain
	• **der Liebeskummer**	• le chagrin d'amour
	• **die Sehnsucht, ¨-e**	• le désir ardent, la nostalgie
	• **die Hoffnung, -en**	• l'espoir
	• **die Zuversicht**	• la confiance, l'espoir
as Vertrauen erwecken: *inspirer la confiance*	• **das Vertrauen**	• la confiance
	• **die Vertrautheit, -en**	• l'intimité
	• **das Verständnis**	• la compréhension
	• **das Einverständnis**	• la complicité, la connivence
	• **die Vertrauensseligkeit**	• la crédulité
	• **der Glaube**	• la foi
	• **die Treue**	• la fidélité
	• **die Verführung**	• la séduction
	• **die Leidenschaft, -en**	• la passion
e Beziehungskiste (fam.): *complexité des relations amoureuses*	• **die Beziehung, -en**	• la relation
	• **die Liebesbeziehung, -en**	• la relation amoureuse
	• **das Liebeserlebnis, -se**	• l'expérience amoureuse
	• **die Affäre, -n**	• l'aventure
pron. anglaise	• **der One-Night-Stand**	• la passade
	• **die Liebkosung, -en**	• la caresse
au pluriel : *les caresses*	• **die Zärtlichkeit, -en**	• la tendresse
	• **die Lust, ¨-e**	• le plaisir
	• **der Trieb, -e**	• la pulsion
≠ die Freundlichkeit: *l'amabilité*	• **die Freundschaft, -en**	• l'amitié
	• **der Freund, -e**	• l'ami

	• **die Freundin, -nen**	• l'amie
	• **die verwandte Seele**	• l'âme sœur
pluriel	• **die Freundschaftsbande**	• les liens de l'amitié
	• **die Seelenverwandschaft, -en**	• les affinités (entre deux êtres)
	• **die Echtheit, -en**	• la sincérité
	• **das Einvernehmen**	• l'entente
	• **der Jugendfreund, -e**	• l'ami d'enfance
	• **der Schulfreund, -e**	• le camarade d'école
	• **der Freundeskreis, -e**	• les amis, le cercle d'amis
	• **die Clique, -n**	• la bande
	• **der Bekannte (AS)**	• l'ami, la connaissance
	• **die Kameradschaft, -en**	• la camaraderie
	• **der Klassenkamerad, -en, -en**	• le camarade de classe
der Kumpan, -e (familier)	• **der Kumpel, -/-s**	• le copain, le pote
	• **der Kollege, -n, -n**	• le collègue
	• **der Genosse, -n, -n**	• le camarade (syndicat, parti)

	• **gefallen (ie, a, ä) + D**	• plaire à
	• **neigen (zu + D)**	• pencher (vers), incliner (à)
	• **mögen; gern haben**	• aimer bien
	• **gut leiden können**	• trouver sympathique
	• **jdn nicht ausstehen können**	• ne pas pouvoir supporter qqn
	• **von Luft und Liebe leben**	• vivre d'amour et d'eau fraîche
familier	• **wie eine Klette sein**	• être un pot de colle
zog, gezogen	• **vor/ziehen; lieber haben**	• préférer
	• **lieben**	• aimer
jdn ins Herz schließen (o, o): *se prendre d'affection pour qqn*	• **lieb/gewinnen (a, o)**	• prendre en affection
	• **sich verlieben**	• tomber amoureux
	• **eine Vorliebe haben (für + A)**	• avoir une préférence (pour)
	• **ein Faible haben (für + A)**	• avoir un faible (pour)
	• **bei jdm einen Stein im Brett haben**	• être dans les petits papiers de qqn
	• **jdn an/beten; verehren**	• adorer qqn
	• **verführen**	• séduire
	• **sich sehnen (nach + D)**	• aspirer (à), désirer ardemment
	• **schwärmen (für + A)**	• s'enthousiasmer (pour)
	• **entzücken**	• ravir, enchanter
	• **sich jdm nahe fühlen**	• se sentir proche de qqn
	• **jdm ergeben sein**	• être profondément attaché à qqn
	• **hängen (i, a) (an + D)**	• être attaché (à)
	• **jdn ein/engen; jdn vereinnahmen**	• accaparer qqn
	• **jdn an sich fesseln**	• s'accrocher à qqn
	• **sich (in jdn) vernarren**	• s'amouracher (de qqn)

• **liebevoll**	• aimant, attentionné, affectueux
• **umsorgend**	• dévoué, attentionné
• **zärtlich**	• tendre, affectueux
• **verführerisch, aufreizend**	• séduisant, attirant
• **gefühlvoll**	• sensible, sentimental

	• **romantisch**	• romantique
	• **sensibel, empfindlich**	• sensible, susceptible
	• **leidenschaftlich, stürmisch**	• passionné
	• **gewogen (+ D)**	• bien disposé (à)
	• **angezogen (von + D)**	• attiré (par)
	• **anziehend**	• attirant, attractif
	• **komplizenhaft**	• complice, de connivence
	• **angetan (von + D)**	• conquis, charmé (par)
	• **anhänglich; verbunden (+ D)**	• attaché, fidèle (à)
	• **verrückt (nach + D)**	• fou (de)
	• **vereinnahmend**	• possessif
	• **eifersüchtig**	• jaloux
≠ freundlich: *aimable*	• **freundschaftlich**	• amical
herzensgut: *qui a un cœur d'or*	• **herzlich**	• cordial
	• **vertraut**	• intime
	• **kess, keck**	• aguichant
	• **beliebt**	• populaire
	• **unbeliebt**	• peu apprécié
	• **falsch**	• faux, de mauvaise foi
	• **hinterhältig**	• sournois
	• **verschlossen**	• renfermé, secret

Die Sexualität — La sexualité

	• **die Verabredung, -en**	• le rendez-vous
	• **der Kuss, ¨-e**	• le baiser
	• **die Umarmung, -en**	• l'étreinte
	• **die Liebkosung, -en**	• la caresse
familier	• **das Händchenhalten**	• le fait d'être la main dans la main
	• **die Hofierung**	• le fait de courtiser qqn
familier	• **die Anmache**	• la drague, les avances
pron. anglaise	• **der Flirt, -s**	• le flirt
	• **der Verehrer, -; der Kavalier, -e**	• le cavalier
	• **eine Romanze, -n**	• l'idylle
Liebling, Schatz: *mon amour, mon trésor*	• **die Liebschaft, -en**	• l'aventure, l'amourette
	• **der/die Geliebte (AS)**	• l'amant, la maîtresse
	• **das Liebesverhältnis, -se**	• la liaison
das erste Mal: *la première fois*	• **der Geschlechtsverkehr**	• le rapport sexuel
	• **die Jungfrau, -en**	• la vierge
	• **die Unberührtheit**	• la virginité
	• **die Erotik**	• l'érotisme
	• **die Erregung**	• l'excitation
	• **das Verlangen, -**	• le désir
	• **die Begierde, -n**	• la convoitise
	• **die (sexuelle) Befriedigung**	• le plaisir, la satisfaction (sexuelle)
	• **der Trieb, -e; der sexuelle Drang, ¨-e**	• la pulsion sexuelle
	• **die Anziehungskraft, ¨-e**	• l'attraction
	• **die Selbstbefriedigung**	• la masturbation
	• **die Wollust**	• la volupté
	• **die Empfindsamkeit**	• la sensibilité

• **die Sinnlichkeit**	• la sensualité
• **der Höhepunkt; der Orgasmus, -men**	• l'orgasme
• **die Ejakulation, -en**	• l'éjaculation
• **die Gefühlskälte; die Frigidität**	• la frigidité
• **die Impotenz** (die Potenzpille: *le viagra*)	• l'impuissance
• **der Partner, -** (der Briefpartner: *le correspondant (par courrier)*)	• le partenaire
• **der Frauenheld, -e**	• l'homme à femmes
• **der Schürzenjäger, -**	• le coureur de jupon
• **der Lüstling, -e**	• un vicieux, un satyre
• **die Lüsternheit**	• la concupiscence, la lubricité

• **flirten**	• flirter
• **sich (in + A) verlieben**	• tomber amoureux (de)
• **(in + A) verliebt sein**	• être amoureux (de)
• **mit jdm (aus)gehen** (ging, gegangen)	• sortir avec
• **jdn an/machen**	• draguer qqn
• **jdn den Hof machen**	• courtiser qqn
• **jdn ab/schleppen** (familier)	• embarquer qqn
• **jdn auf/reißen (ie, ie)** (familier)	• draguer qqn (avec succès)
• **einen Korb bekommen** (der Korb, ¨-e: *le panier, la rebuffade*)	• se faire éconduire
• **sich küssen**	• s'embrasser
• **knutschen**	• bécoter
• **liebkosen; streicheln**	• caresser
• **mit jdm schlafen**	• faire l'amour avec qqn
• **mit jdm Verkehr haben**	• avoir des rapports sexuels avec qqn
• **befriedigen**	• satisfaire

• **begehrenswert**	• désirable
• **männlich**	• viril
• **sexuell**	• sexuel
• **offen**	• ouvert
• **freizügig**	• audacieux, osé
• **prüde**	• prude
• **verklemmt**	• coincé
• **erregt**	• excité
• **impotent**	• impuissant
• **frigid**	• frigide

Die Spielarten der Sexualität / Les formes de sexualité

• **der Bisexuelle (AS)**	• le bisexuel
• **der Gruppensex**	• la sexualité de groupe
• **die Sexorgie, -n**	• l'orgie
• **der Partnertausch**	• l'échangisme
• **die Sodomie**	• la sodomie
• **der Sodomist, -en, -en**	• le sodomite
• **der Fetischismus**	• le fétichisme

• **ein Fetischist, -en, -en**	• le fétichiste
• **die Nymphomanie**	• la nymphomanie
• **die Nymphomanin, -nen**	• la nymphomane
• **die Pornographie**	• la pornographie

• **jdn aus/nutzen**	• abuser de qqn

• **sexbesessen**	• obsédé sexuel
• **schwanzgesteuert**	• dominé par l'obsession sexuelle

Die Aufklärung — L'éducation sexuelle

(!) aussi :
le siècle des Lumières

• **die Empfängnisverhütung, -en**	• la contraception
• **das Verhütungsmittel, -**	• le contraceptif
• **die (Anti-Baby-)Pille, -n**	• la pilule contraceptive
• **der Schwangerschaftsabbruch**	• l'I.V.G.
• **der Schwangerschaftstest, -s/-e**	• le test de grossesse
• **die Abtreibung, -en**	• l'avortement
• **das Kondom, -e**	• le préservatif
• **die Spirale, -n**	• le stérilet
• **der AIDS-Test, -s/-e**	• le test de dépistage du sida
• **die Pille, -n**	• la pilule
• **die Vorsorge, -n**	• la prévention

as Kondom überziehen:
mettre un préservatif

die Pille nehmen:
prendre la pilule
die Pille danach:
a pilule du lendemain

• **verhüten**	• éviter la grossesse
• **jdn schwängern**	• mettre qqn enceinte, engrosser
• **ab/treiben (ie, ie)**	• avorter

Die Ehe und das Zusammenleben — Le mariage et la vie de couple

• **die Beziehung, -en**	• la relation
• **die Partnerschaft, -en**	• la vie de couple
• **das Paar, -e**	• le couple
• **der Lebenspartner, -**	• le compagnon
• **die Lebenspartnerin, -nen**	• la compagne
• **der Familienstand**	• l'état civil, la situation de famille
• **der Single, -s**	• le/la (femme) célibataire
• **die Eheschließung, -en**	• le mariage (acte)
• **die kirchliche Heirat, -en**	• un mariage à l'église
• **die standesamtliche Heirat, -en**	• un mariage civil
• **die Liebesheirat, -en**	• un mariage d'amour
• **die Zweckheirat, -en**	• un mariage de convenance

die alte Jungfer:
la vieille fille

in den Hafen der Ehe einlaufen: *convoler en justes noces* in wilder Ehe leben: *vivre en concubinage, en union libre*	• **die Ehe, -n**	• le mariage (l'institution)
	• **die Heiratsvermittlung, -en**	• l'agence matrimoniale
	• **der Kuppler, -**	• l'entremetteur
	• **die Kupplerin, -nen**	• l'entremetteuse
	• **der Ehevertrag, ¨-e**	• le contrat de mariage
	• **der Heiratsantrag, ¨-e**	• la demande en mariage
	• **der/die Verlobte (AS)**	• le/la fiancé(e)
	• **die Verlobung, -en**	• les fiançailles
	• **die Entlobung, -en**	• la rupture de fiançailles
anglais : *bridegroom*	• **der Bräutigam, -e**	• le marié
anglais : *bride*	• **die Braut, ¨-e**	• la mariée
	• **das Brautpaar, -e**	• les mariés
	• **die Brautjungfer, -n**	• la demoiselle d'honneur
	• **die Trauung, -en**	• le mariage (cérémonie)
	• **die standesamtliche Trauung, -en**	• le mariage civil
	• **die kirchliche Trauung, -en**	• le mariage religieux
	• **der Standesbeamte (AS)**	• l'officier d'état-civil
	• **der Trauzeuge, -n, -n**	• le témoin
die Ringe tauschen: *échanger les alliances*	• **der Trauring, -e**	• l'alliance
	• **der Trauschein, -e**	• le certificat de mariage
	• **das Stammbuch, ¨-er**	• le livret de famille
	• **der Ehevertrag, ¨-e**	• le contrat de mariage
	• **die Hochzeit, -en**	• le mariage (fête)
	• **die Hochzeitsnacht, ¨-e**	• la nuit de noces
	• **die Hochzeitsreise, -n**	• le voyage de noces
pluriel	• **die Flitterwochen**	• la lune de miel
	• **die Jungvermählten (AS)**	• les jeunes mariés
	• **das Ehepaar, -e**	• le couple (marié)
	• **der Gatte, -n, -n**	• l'époux
	• **die Gattin, -nen, -nen**	• l'épouse
	• **der Mann, ¨-er**	• le mari
	• **die Frau, -en**	• la femme
	• **der/die Geliebte (AS)**	• l'amant(e)

	• **sich verloben**	• se fiancer
	• **um jds Hand an/halten (ie, a, ä)**	• demander en mariage
aus Torschlusspanik heiraten: *se marier par peur de ne plus trouver de mari/de femme*	• **jdn heiraten**	• épouser qqn, se marier
	• **sich verheiraten (mit jdm)**	• se marier (avec qqn)
	• **aus Liebe heiraten**	• faire un mariage d'amour
(a, o, i)	• **jdn zur Frau/zum Mann nehmen**	• prendre pour épouse/époux
	• **jdn mit jdm verkuppeln**	• arranger un mariage
(!) sich trauen: *avoir le courage de faire qqch*	• **(ein Brautpaar) trauen**	• marier, unir
zog, gezogen	• **die Ehe vollziehen**	• consommer le mariage
ging, gegangen	• **eine Beziehung ein/gehen mit jdm**	• se mettre en ménage avec qqn

• **ledig, alleinstehend**	• célibataire, seul
• **verliebt**	• amoureux
• **verlobt**	• fiancé
• **verheiratet**	• marié
• **ehelich**	• conjugal, légitime
• **unehelich**	• illégitime (hors mariage)

	• **vorehelich**	• préconjugal
	• **außerehelich**	• extraconjugal
	• **verwitwet**	• veuf/veuve

Die Trennung — La séparation

péjoratif	• **die Mätresse, -n**	• la maîtresse
	• **die Untreue**	• l'infidélité
	• **der Seitensprung, ¨-e**	• l'infidélité, l'aventure amoureuse
pron. anglaise	• **die Midlife Crisis**	• le démon de midi
	• **das Lügen, -**	• le mensonge
	• **die Betrügerei, -en**	• l'action malhonnête
pron. anglaise	• **die Unfairness**	• la déloyauté
	• **die Unechtheit, -en**	• la fausseté
	• **die Unehrlichkeit, -en**	• la malhonnêteté
	• **der falsche Schein**	• le faux-semblant
	• **die Tücke**	• la perfidie
	• **der Verrat**	• la traîtrise, la trahison
	• **die Dreiecksbeziehung**	• le ménage à trois
	• **der Ehebruch, ¨-e**	• l'adultère
	• **der Ehekrach, ¨-e**	• la scène de ménage
	• **die Ehekrise, -n**	• la crise conjugale
	• **die Eheberatung, -en**	• la consultation conjugale
	• **die Trennung, -en**	• la séparation
	• **die Scheidung, -en**	• le divorce
	• **die Gütertrennung, -en**	• la séparation des biens
pluriel	• **die Alimente**	• la pension alimentaire
	• **das Sorgerecht, -e**	• le droit de garde
	• **die Wiederverheiratung, -en**	• le remariage

	• **jdn betrügen (o, o)**	• tromper qqn
	• **jdn verraten (ie, a, ä)**	• trahir qqn
	• **sich trennen**	• se séparer
	• **mit jdm brechen (a, o, i)**	• rompre avec qqn
	• **die Scheidung ein/reichen**	• demander le divorce
	• **die Scheidung ein/leiten**	• engager une procédure de divorce
	• **sich scheiden lassen (ie, a, ä)**	• divorcer
	• **das Sorgerecht zugeteilt bekommen (a, o)**	• obtenir le droit de garde
(i, a, ä)	• **(mit jdm) ein neues Leben an/fangen**	• refaire sa vie (avec quelqu'un)

	• **getrennt**	• séparé
	• **geschieden**	• divorcé

Die Abneigung und der Hass — L'aversion et la haine

	• **die Gefühllosigkeit**	• la froideur, l'insensibilité
	• **die Gleichgültigkeit**	• l'indifférence
	• **das Misstrauen**	• la méfiance

aussi : *la tromperie*	**die Täuschung, -en**	l'illusion
	die Selbsttäuschung, -en	l'automystification
	die Enttäuschung, -en	la déception
	der Verdruss, -e	le dépit
	der/die Abscheu	l'horreur, l'aversion, la répulsion
	der Ekel	le dégoût
	der Widerwille	la répugnance
	die Abneigung	l'antipathie
die Weiberfeindschaft; die Frauenfeindlichkeit: *la misogynie*	**die Feindschaft, -en**	l'inimitié, l'hostilité, la rivalité
	die Beleidigung, -en	l'insulte, l'injure
	die Feindseligkeit, -en	la malveillance
	der Hass; das Hassgefühl, -e	la haine
	die Eifersucht	la jalousie
	der Groll	la rancune
der Racheengel: *l'ange vengeur*	**die Rache**	la vengeance
pluriel	**die Repressalien**	les représailles
	das Rachegelüst, -e	le désir de vengeance
	die Begierde, -	la convoitise

	missfallen (ie, a, ä) + D	déplaire à
	verabscheuen	abhorrer, exécrer
≠ sich irren: *se tromper, faire erreur*; sich in jdn täuschen: *se tromper au sujet de qqn*	**sich täuschen**	se tromper, se faire des illusions
	sich mit jdm überwerfen (a, o, i)	se brouiller avec qqn
-itt, -itten	**sich mit jdm (zer)streiten**	se disputer avec qqn
familier	**mit jdm fertig sein**	ne plus vouloir entendre parler de qq
stand, gestanden	**mit jdm auf Kriegsfuß stehen**	être en froid avec qqn
	hassen	haïr
	Groll gegen jdn hegen	garder rancune à qqn
	jdm nach/tragen (u, a, ä)	en vouloir à qqn
	Rache schwören (o, o)	jurer de se venger
	auf Rache sinnen (a, o)	méditer une vengeance
	Rache üben	se venger

unempfindlich (gegen + A)	insensible (à)
gleichgültig (gegen + A)	indifférent (à)
kalt, gefühlskalt	froid, insensible
teilnahmslos	apathique
eifersüchtig	jaloux
treulos	infidèle
feindlich, feindselig	hostile
gehässig	haineux
hasserfüllt	empli de haine
hassenswert, verhasst	haïssable, odieux
misogyn, frauenfeindlich	misogyne
nachtragend	rancunier
rachgierig, rachsüchtig	vindicatif

5 Die Affekte — Les passions

Die Gemütsart — Le tempérament

r hat einen Charakterkopf/ eine Charakternase: *il a une tête/un profil intéressant(e)*

aus dem Affekt heraus ıandeln: *agir sous le coup de l'émotion*

eine Engelsgeduld: *une patience d'ange*

• **der Charakter, -e**	• le caractère
• **die Charakterschwäche**	• la faiblesse de caractère
• **das Temperament, -e**	• le tempérament
• **das Gemüt, -er**	• l'âme, le cœur
• **das Wesen, -; die Natur, -en**	• la nature
• **das Charisma, -men/-mata**	• le charisme
• **die Ausstrahlung**	• le rayonnement
• **der Affekt, -e**	• l'affect, la passion
• **die (Selbst)beherrschung**	• la maîtrise (de soi)
• **die Mäßigung**	• la mesure
• **die Zurückhaltung**	• la réserve
• **die Leidenschaft, -en**	• la passion
• **die Eigenschaft, -en**	• la propriété, la faculté, la qualité
• **der Fehler, -**	• le défaut
• **die Milde; die Sanfmut**	• la douceur
• **das Wohlwollen**	• la bienveillance, l'indulgence
• **die Geduld**	• la patience
• **die Vorsicht**	• la prudence
• **die Neugier**	• la curiosité
• **die Aufmerksamkeit, -en**	• l'attention
• **die Beständigkeit**	• la constance
• **der Wankelmut**	• la versatilité
• **die Schüchternheit**	• la timidité
• **die Zerstreutheit**	• la distraction
• **die Kopflosigkeit**	• l'étourderie
• **der Zorn**	• la colère
• **die Wut**	• la fureur, la rage

familier

ging, gegangen

• **sich beherrschen**	• se maîtriser
• **sich mäßigen**	• se modérer
• **jdm gegenüber wohlwollend gesinnt sein**	• être indulgent envers qqn
• **die Beherrschung behalten (ie, a, ä)**	• garder son sang-froid
• **die Beherrschung verlieren (o, o)**	• perdre son sang-froid
• **durch/drehen**	• perdre la boule
• **sich zurück/halten (ie, a, ä)**	• se retenir, se contenir
• **sich verschließen (o, o)**	• se replier sur soi-même
• **(schnell) in die Luft gehen**	• être soupe au lait

• **vorsichtig**	• prudent
• **geduldig**	• patient
• **wohlwollend**	• indulgent, bienveillant
• **ungeduldig**	• impatient
• **beständig**	• constant
• **stoisch**	• stoïque

• **wankelmütig**	• versatile
• **launenhaft, launisch**	• fantasque
• **unberechenbar**	• imprévisible
• **schüchtern**	• timide
• **verstockt**	• entêté, buté
• **reizbar**	• irritable
• **zornig**	• en colère, courroucé
• **jähzornig**	• coléreux
• **wütend, grimmig**	• furieux

Die Angst und die Gelassenheit — La peur et le sang-froid

der Angsthase: *le froussard*
die Platzangst: *la claustrophobie ; l'agoraphobie*

die Furcht erwecken: *inspirer la crainte*

der Draufgänger, -: *le casse-cou*

• **die Angst, ¨-e**	• la peur
• **das Angstgefühl, -e**	• le sentiment de peur
• **die Ängstlichkeit**	• l'anxiété
• **die Befürchtung, -en**	• la crainte, l'appréhension
• **die Vorahnung, -en**	• le pressentiment
• **der Schrecken, -**	• la peur, l'effroi
• **die Furcht**	• la crainte
• **das Gruseln**	• l'épouvante, l'effroi
• **die Feigheit**	• la lâcheté
• **der Feigling, -e**	• le lâche
• **die Gelassenheit**	• le sang-froid
• **die Selbstbeherrschung**	• la maîtrise de soi
• **die Gemütsruhe**	• la tranquillité d'esprit
• **der Mut**	• le courage
• **die Tapferkeit**	• la vaillance, la bravoure
• **der Schneid**	• le cran
• **die Verwegenheit**	• la témérité
• **die Unerschrockenheit**	• l'intrépidité

jdm einen Schrecken ein/jagen: *faire peur à qqn*

es wird einem angst und bange: *prendre peur*

• **fürchten; befürchten**	• craindre
• **erschrecken**	• faire peur
• **erschrecken (a, o, i)**	• avoir peur
• **hoch/schrecken (a, o, i)**	• avoir un haut-le-cœur
• **erröten**	• rougir
• **erbleichen (i, i)**	• pâlir
• **sich schämen (+ G)**	• avoir honte (de)
• **verzagen**	• perdre courage
• **jdm bange sein**	• avoir peur
• **jdn ein/schüchtern**	• intimider qqn

• **ängstlich, scheu**	• anxieux, peureux, craintif
• **kleinmütig, zaghaft**	• pusillanime
• **unruhig**	• inquiet, agité
• **unsicher**	• manquant d'assurance
• **erregbar**	• émotif
• **verzagt**	• sans courage
• **beängstigend, beunruhigend**	• inquiétant

• **furchterregend**	• effrayant
• **schrecklich, erschreckend**	• effroyable, terrifiant
• **schüchtern**	• timide
• **eingeschüchtert, verschüchtert**	• intimidé
• **verschlossen**	• renfermé
• **befangen**	• intimidé, embarrassé
• **gehemmt**	• complexé, inhibé
• **verklemmt**	• coincé
• **feige**	• lâche
• **sanftmütig**	• placide
• **gleichmütig**	• impassible
• **selbstsicher, selbstbewusst**	• sûr de soi
• **kaltblütig**	• qui garde son sang-froid
• **unerschütterlich**	• inébranlable
• **mutig**	• courageux
• **tapfer**	• brave, courageux
• **kühn**	• hardi, téméraire
• **furchtlos, unerschrocken**	• intrépide
• **waghalsig**	• casse-cou
• **ungestüm**	• impétueux
• **eigensinnig**	• obstiné

Hochmut und Bescheidenheit — Orgueil et modestie

• **der Hochmut**	• l'orgueil
• **der Dünkel**	• la suffisance
• **die Arroganz**	• l'arrogance
• **die Angeberei, -en**	• la vantardise
• **der Angeber, -**	• le fanfaron
• **die Eitelkeit, -en**	• la vanité
• **die Überheblichkeit**	• la présomption
• **der Größenwahnsinn**	• la mégalomanie
• **die Verachtung**	• le mépris
• **die Geringschätzung**	• le dédain
• **die Schmeichelei, -en**	• la flatterie
• **die Liebedienerei**	• la flagornerie
• **der Spott**	• la moquerie, la raillerie
• **der Sarkasmus, -men**	• le sarcasme
• **die Selbstverliebtheit**	• le narcissisme
• **die Eigenliebe**	• l'amour-propre
• **die Gefallsucht**	• la coquetterie
• **der Ehrgeiz**	• l'ambition
• **der Ruhm**	• la gloire
• **die Anmaßung, -en**	• la prétention
• **der Stolz**	• la fierté
• **die Bescheidenheit**	• la modestie
• **die Demut**	• l'humilité
• **die Scham**	• la pudeur, la honte
• **die Zurückhaltung**	• la réserve, la retenue
• **die Einfachheit**	• la simplicité
• **die Selbstlosigkeit**	• le désintéressement, l'altruisme
• **die Aufopferung**	• le sacrifice, le dévouement

falsche Bescheidenheit: *la fausse modestie*

die Schande: *la honte, l'opprobre*
vor Scham erröten: *rougir de honte*

• **an/geben (a, e, i)**	• se vanter
• **(auf etwas + A) stolz sein**	• s'enorgueillir (de qqch)
• **auf jdn herab/sehen (a, e, ie)**	• regarder qqn de haut en bas
• **jdn verachten**	• mépriser
• **jdn von oben herab behandeln**	• snober
• **sich schämen**	• avoir honte
• **jdn/sich selbst erniedrigen**	• avilir qqn/s'avilir
• **sich herab/lassen etwas zu tun** (ie, a, ä)	• daigner faire qqch
• **umschmeicheln**	• flatter
• **spotten**	• railler
• **prahlen**	• fanfaronner

• **bescheiden**	• modeste
• **zurückhaltend**	• réservé
• **demütig**	• humble
• **stolz** (stolz wie ein Römer; stolz wie Oskar (fam.): *fier comme Artaban*)	• fier
• **hochmütig, hochnäsig**	• orgueilleux, hautain, arrogant
• **eitel**	• vaniteux
• **selbstgefällig**	• suffisant
• **selbstverliebt**	• narcissique
• **eingebildet**	• imbu de soi-même
• **überheblich, süffisant**	• prétentieux, suffisant
• **anmaßend**	• outrecuidant
• **herablassend**	• dédaigneux, condescendant
• **schleimig** (péjoratif)	• doucereux, mielleux

ÜBUNGEN

54 Kollokationen. Collocations.

Ordnen Sie zu:

a. einen Vorschlag – **b.** eine Forderung – **c.** das Verlangen – **d.** eine Wahl – **e.** die Absicht – **f.** das Ziel – **g.** eine Initiative – **h.** einen Entschluss

1. machen – **2.** ergreifen – **3.** fassen – **4.** hegen – **5.** stellen – **6.** treffen – **7.** verfolgen – **8.** verspüren

55 Synonyme. Synonymes.

Einige dieser Wörter haben ähnliche Bedeutungen: Gruppieren Sie sie:
aufnehmen - beharrlich - entschlossen - hartnäckig - unbeirrbar - unentschlossen - unschlüssig - unverbesserlich - zögern

Ex: **unsittlich**	**= unmoralisch**	**= sittenwidrig**
a. zielstrebig	=	=
b. unerschütterlich	=	
c. zaudern	=	
d. unbelehrbar	=	

e. wankelmütig = =
f. bestimmt =
g. empfangen =

56 Charaktereigenschaften. Traits de caractère.

Wie bezeichnet man einen Menschen, der ...?

eigenwillig - hartnäckig - kopflos - wankelmütig - tatkräftig - zielstrebig

a. fehlende Entschlussfreudigkeit zeigt: ...
b. genau weiß, was seine Ziele sind und diese auch dementsprechend verfolgt: ...
c. auf etwas besteht und sich davon nicht abbringen lässt: ...
d. mit viel Energie und Entschiedenheit an eine Sache herangeht: ...
e. seinen eigenen Kopf und seine eigenen Meinungen - die oft von der Norm abweichen - hat: ...
f. unüberlegt und voreilig handelt: ...

57 Definitionen. Définitions.

Wer sind folgende Individuen?

a. ein Anstandswauwau
b. ein Siebengescheiter; ein Obergescheiter; ein Neunmalkluger; ein Besserwisser; ein Schlauberger
c. ein Drückeberger
d. ein Geizhals
e. ein Hosenschisser; ein Duckmäuser
f. ein Intelligenzbolzen; eine Intelligenzbestie

1. ein Feigling
2. eine Person, die aufpasst, dass sich eine ihr anvertraute andere Person moralisch einwandfrei benimmt
3. ein überaus gescheiter Mensch
4. einer, der immer alles besser zu wissen meint
5. jemand, der mit Ausflüchten einer unangenehmen Aufgabe entgehen will
6. ein knauseriger Mensch

58 Grußformeln. Formules de salutation.

Welcher Gruß passt in welchem Kontext?

a. Bergmannsgruß	**1.** Feierabend!
b. Firmengrüße	**2.** Glück ab!
c. Fliegergruß	**3.** Glück auf!
d. Grüße der Jäger	**4.** Mahlzeit!
e. Schifahrergruß	**5.** Petri Heil!
f. Seemannssprache	**6.** Ski heil!
	7. Weidmannsdank!
	8. Weidmannsheil!

Corrigés page 470

Landeskunde

Schlüsselbegriffe zu deutschen Verhaltensmustern

Mots-clés du comportement culturel allemand

- **die (deutsche) Innerlichkeit:** l'intériorité ; **die Gefühlskultur:** la culture de l'affectivité.
- **die Beziehungskiste:** les relations amoureuses compliquées.
- **die Streicheleinheiten** (plur. ; plais.): la dose d'affection, dont chacun a besoin.
- **der Gefühlsstau:** le blocage sentimental.
- **die Gefühlsstarre:** la froideur des sentiments.
- **der Freiraum:** l'espace de liberté.
- **der Partnerlook:** l'harmonisation vestimentaire (dans le couple) ; **im Partnerlook gehen:** sortir avec des vêtements assortis.
- **der Freundschaftskult:** le culte de l'amitié ; **der Busenfreund:** l'ami intime ; **der Duzfreund:** l'ami que l'on tutoie.
- **Brüderschaft trinken:** trinquer pour sceller une nouvelle amitié en prenant la décision solennelle de se tutoyer.
- **der (gute) Bekannte:** l'ami, la connaissance.
- **die Männerfreundschaft:** la camaraderie, l'amitié entre hommes.
- **die Clique:** la bande.
- **der Knigge:** un manuel de savoir-vivre, d'après le recueil d'un auteur allemand du XVIIIe siècle, le baron von Knigge.
- **das (deutsche) Pflichtbewusstsein:** la conscience du devoir ; **der Pflichteifer:** le zèle ; **die Pflichterfüllung:** l'accomplissement de son devoir.

Die gesellschaftlichen Beziehungen

Les relations humaines

Höflichkeitsfloskeln und *small talk* - Formules de politesse et menus propos :

- **Wie geht's?:** Comment ça va ?
- **Schönes Wetter heute!:** Beau temps, aujourd'hui !
- **Verzeihung! Entschuldigung! Verzeihen Sie! Entschuldigen Sie, bitte!:** Pardon ! Excusez-moi !
- **Aber ich bitte Sie!:** Je vous en prie !
- **Nichts zu danken! Gern geschehen!:** Il n'y a pas de quoi ! Avec plaisir !
- **Darf ich Sie bitten?:** Vous permettez ?
- **Darf ich bitte durch?:** Pardon ! Puis-je passer ?
- **Bitte?:** Pardon ?
- **Wie bitte?:** Vous dites ?
- **Nicht wahr?:** N'est-ce-pas ?
- **Wir wollen erst gar nicht darüber denken!:** N'en parlons plus
- **Alles Gute! Hals-und Beinbruch! (plais.) Ich drück' dir die Daumen:** Bonne chance !
- **Toi, toi, toi!:** Je touche du bois ! Bonne chance !
- **Herzlichen Glückwunsch!:** Tous mes vœux !
- **Kommt doch herein und legt ab!:** Entrez donc et débarrassez-vous !
- **Machen Sie sich's bequem! Machen Sie es sich bequem!:** Mettez-vous à l'aise !
- **Setzen Sie sich bitte! Nehmen Sie bitte Platz!:** Asseyez-vous, s'il vous plaît !
- **Tu dir keinen Zwang an! Machen sie sich keine Umstände!:** Fais comme chez toi ! Faites comme chez vous !
- **Aufrichtigen/Herzlichen Dank!:** Merci de tout cœur !
- **Das wäre aber nicht nötig gewesen!:** Il ne fallait pas !
- **Darf ich bekannt machen? Darf ich vorstellen?:** Puis-je faire les présentations ?

- **Es freut mich, Sie kennenzulernen:** Enchanté de faire votre connaissance.
- **Sehr erfreut! Sehr angenehm!:** Enchanté !
- **Wann sehen wir uns wieder?:** Quand est-ce qu'on se revoit ?
- **Gute Heimfahrt!:** Bon retour !

Ganz besondere Grußformeln - Formules de salutation très spécifiques :

- **Glück auf!:** Bonne chance ! (salut des mineurs)
- **Glück ab!:** Bonne chance ! (salut des aviateurs)
- **Ski heil!:** Bonne journée de ski !
- **Petri Heil!:** Bonne pêche !
- **Weidmannsheil! Weidmannsdank!:** Bonne chasse !

Abschiedsfloskeln - Formules d'adieu

- **Auf Wiedersehen!:** Au revoir !
- **Tschüs[s]! Ciao!:** Salut !
- **Lebe wohl! Adieu! Ade!:** Adieu !
- **Bis bald!:** À bientôt !
- **Bis morgen!:** À demain !
- **Schönen Sonntag!:** Bon dimanche !

Bildlich gesprochen

Rund ums Herz

- **das Herz auf dem rechten Fleck haben:** avoir du caractère
- **ein Herz und eine Seele sein:** ne faire qu'un, être comme les deux doigts de la main
- **jemanden an sein Herz drücken:** serrer quelqu'un contre son cœur
- **schweren Herzens; herzensschwer:** le cœur gros
- **jemanden ins Herz schließen:** s'attacher à quelqu'un
- **jemanden in sein Herz geschlossen haben:** porter quelqu'un dans son cœur
- **jemandem ans Herz gewachsen sein:** tenir au cœur à quelqu'un

Zum Nachdenken

- **Eine güldne, gute Tugend: Lüge nie! (Palindrom):** Une bonne règle d'or : ne mens jamais !
- **Der Zweck heiligt die Mittel:** La fin justifie les moyens.
- **Wer will, der kann. Wo ein Wille ist, ist auch ein Weg:** Vouloir, c'est pouvoir.
- **Gleich und Gleich gesellt sich gern:** Qui se ressemble s'assemble.
- **Was sich liebt, das neckt sich:** Qui s'aime se chamaille.
- **Der Mensch hofft, solang er lebt:** Tant qu'il y a de la vie, il y a de l'espoir.
- **Dem Mutigen gehört die Welt:** La fortune sourit aux audacieux.
- **Tue recht und scheue niemand!:** Fais ce que dois, advienne que pourra.
- **Jeder ist sich selbst der Nächste:** Charité bien ordonnée commence par soi-même.
- **Vorsicht ist die Mutter der Weisheit:** Prudence est mère de sûreté.
- **Müßiggang ist aller Laster Anfang:** L'oisiveté est mère de tous les vices.
- **Undank ist der Welten Lohn:** L'ingratitude est le salaire humain.
- **Armut ist keine Schande:** Pauvreté n'est pas vice.
- **Vertrauen ist gut, Kontrolle ist besser:** La confiance, c'est bien mais c'est toujours mieux de contrôler.

17 Natur und umwelt

Nature et environnement

1 Die physische Geographie — La géographie physique

Das Weltall — L'univers

im siebenten Himmel: *au septième ciel* unter freiem Himmel: *à la belle étoile*	• der Himmel	• le ciel
	• das Himmelsgewölbe, -	• la voûte céleste
das Zelt, -e: *la tente*	• das Himmelszelt	• le firmament
	• die Himmelskarte, -n	• la carte du ciel
	• die Sternkunde	• l'astronomie
	• der Astronom, -en, -en	• l'astronome
	• der Planet, -en, -en	• la planète
jdm die Sterne vom Himmel holen: *aller décrocher la lune pour qqn* der Kleine/Große Bär; der Kleine/Große Wagen: *la Petite/Grande Ourse*	• der Stern, -e	• l'étoile
	• die Sternwarte, -n	• l'observatoire
	• der Polarstern, -e	• l'étoile polaire
aussi : der Abendstern	• der Morgenstern, -e	• l'étoile du berger
	• der Fixstern, -e	• l'étoile fixe (polaire)
	• das Sternbild, -er	• la constellation
	• die Sternschnuppe, -n	• l'étoile filante
	• der Sternschnuppenschwarm, ¨-e	• la pluie d'étoiles filantes
autre pluriel : die Meteorite	• der Meteorit, -en, -en	• la météorite
	• der Asteroid, -en, -en	• l'astéroïde
	• der Tierkreis, -e	• le zodiaque
	• das Sternzeichen, -	• le signe du zodiaque
	• das Gestirn, -e	• l'astre
	• das Fernrohr, -e; das Teleskop, -e	• le télescope
der Halleysche Komet, -en, -en: *la comète de Halley*	• der Komet, -en, -en	• la comète
	• das Weltall; das Universum	• l'univers
aussi : der Kosmos	• das All	• le cosmos
	• der Weltraum	• l'espace
	• die Weltraumleere	• le vide spatial
	• das Unendliche	• l'infini
	• die Leere	• le vide
der Knall, -e: *la détonation* einen Knall haben: *avoir un grain*	• der Urknall	• le big bang
	• die Galaxie, -n	• la galaxie
	• die Milchstraße, -n	• la Voie lactée
	• die Nova, -ä	• la nova
	• die Supernova, -ä	• la supernova
	• der Quasar, -e	• le quasar
aussi : *le brouillard*	• der Nebel, -	• la nébuleuse
	• das schwarze Loch, ¨-er	• le trou noir
das Licht, -er: *la lumière*	• das Lichtjahr, -e	• l'année-lumière
	• die Bläue (des Himmels)	• l'azur
	• der luftleere Raum, ¨-e	• le vide
(!) die Schwerkraft: *la pesanteur, la gravité*	• die Schwerelosigkeit	• l'apesanteur
	• die Gravitation	• la gravitation
	• die Anziehungskraft der Erde	• l'attraction terrestre
	• der Außerirdische (AS)	• l'extraterrestre

n Stern prangt/steht am Himmel: *une étoile brille dans le ciel*

- **erforschen** – explorer
- **funkeln; schimmern** – scintiller, briller
- **prangen** – resplendir

eine sternklare Nacht: *une nuit étoilée*

- **unendlich** – infini
- **unermesslich** – incommensurable
- **kosmisch** – cosmique
- **(inter)siderisch** – (inter)sidéral
- **(inter)planetarisch** – (inter)planétaire
- **galaktisch** – galactique
- **außerirdisch** – extraterrestre
- **gestirnt** – étoilé
- **himmlisch** – céleste
- **schwerelos** – en apesanteur
- **expandierend** – en expansion

Das Sonnensystem / Le système solaire

in Mondgesicht haben: *voir un visage tout rond*
mondsüchtig: *somnambule*

ie Sichel, -n: *la faucille*

das Morgenrot, ¨-e; das Morgengrauen, -: *l'aurore, l'aube*

twas in Umlauf bringen: *faire courir (un bruit), mettre qqch en circulation*

die Bahn (aussi): *chaussée ; le chemin de fer*

!) der Trabant: *marque e voiture est-allemande*

- **die Sonne** – le soleil
- **der Sonnenstrahl, -en** – le rayon de soleil
- **der Sonnenaufgang** – le lever du soleil
- **der Sonnenuntergang** – le coucher du soleil
- **der Sonnenschein** – la lumière du soleil
- **die Sonnenfinsternis, -se** – l'éclipse de soleil
- **die Sonnenwende, -n** – le solstice
- **der Planet, -en, -en** – la planète
- **der Mond, -e** – la lune
- **der Neumond, -e** – la nouvelle lune
- **der Vollmond, -e** – la pleine lune
- **der Halbmond, -e** – la demi-lune
- **das Mondviertel, -** – le quartier
- **die Mondscheibe, -n** – le disque lunaire
- **die Mondfinsternis, -se** – l'éclipse de lune
- **die Mondsichel, -n** – le croissant de lune
- **der Mondschein** – le clair de lune
- **das Nordlicht, -er** – l'aurore boréale
- **das Südlicht, -er** – l'aurore australe
- **das Polarlicht, -er** – l'aurore polaire
- **der Umlauf, ¨-e** – la révolution
- **die Umdrehung, -en** – la rotation
- **die (Umlauf)bahn, -en** – l'orbite
- **die Tagundnachtgleiche, -n** – l'équinoxe
- **der Zenit** – le zénith
- **die Erdferne, -n** – l'apogée
- **die Erdnähe** – le périgée
- **der Trabant, -en, -en** – le satellite

	• **scheinen (ie, ie)**	• briller
	• **strahlen; glänzen**	• rayonner
	• **beleuchten**	• éclairer
ging, gegangen	• **auf/gehen**	• se lever
ging, gegangen	• **unter/gehen**	• se coucher
	• **kreisen**	• tourner
	• **zu/nehmen; ab/nehmen (a, o, i)**	• croître ; décroître
stand, gestanden	• **im Zenit stehen**	• être au zénith

	• **mondhell**	• éclairé par la lune
	• **orbital**	• orbital
	• **in Umlaufbahn**	• en orbite

Der blaue Planet — La planète Terre

anglais : *earth*	• **die Erde**	• la terre
	• **der Erdteil, -e; der Kontinent, -e**	• le continent
aussi : der Globus, -se	• **die Erdkugel, -n**	• le globe terrestre
	• **die Atmosphäre, -n**	• l'atmosphère
	• **die Halbkugel, -n**	• l'hémisphère
	• **die Kontinentaldrift, -en**	• la dérive des continents
in alle vier Himmelsrichtungen verstreut sein: *être dispersé aux quatre coins du monde*	• **die Himmelsrichtung, -en**	• le point cardinal
	• **der Norden**	• le nord
	• **der Süden**	• le sud
	• **der Osten**	• l'est
	• **der Westen**	• l'ouest
	• **der Kompass, -e**	• la boussole
	• **der Pol, -e**	• le pôle
	• **der Nordpol**	• le pôle nord
	• **der Südpol**	• le pôle sud
	• **der Polarkreis, -e**	• le cercle polaire
	• **die Polkappe, -n**	• la calotte polaire
	• **der Äquator**	• l'équateur
également : *la largeur ;* 52 Grad nördlicher Breite: *52° latitude Nord* in unseren Breiten: *sous nos latitudes*	• **die Breite, -n**	• la latitude
	• **der Horizont, -e**	• l'horizon
	• **das Festland, ¨-er**	• la terre ferme
également : *la longueur ;* 2 Grad östlicher Länge: *2° longitude Est*	• **die Länge, -n**	• la longitude
	• **die Kruste, -n**	• la croûte
	• **das Element, -e**	• l'élément
	• **die Luft, ¨-e**	• l'air
anglais : *water*	• **das Wasser, -**	• l'eau
anglais : *fire*	• **das Feuer, -**	• le feu
	• **der Boden, ¨**	• le sol
die Saharawüste, -n; die Sahara: *le Sahara*	• **die Wüste, -n**	• le désert
	• **die Oase, -n**	• l'oasis
	• **der Dschungel, -**	• la jungle
	• **der Urwald, ¨-er**	• la forêt vierge
	• **die Savanne, -n**	• la savane
	• **die Steppe, -n**	• la steppe
(!) der Heide, die Heidin: *le païen, la païenne*	• **die Heide, -n**	• la lande, la bruyère

	das Brachland, ¨-er	la friche, la jachère
im Sumpf der Großstadt: *dans les bas-fonds de la ville*	der Sumpf, ¨-e	le marais
die Moorleiche: *le cadavre momifié (dans les marais)*	das Moor, -e	le marécage
	das Moorland, ¨-er	la région des marécages
	der Torf, -e	la tourbe
	der Schlamm, -e/¨-e	la bourbe

(fig.) : *tomber dans la déchéance*	versumpfen	se transformer en marais

	irdisch	terrestre
	nördlich	au nord, septentrional
	südlich	au sud, méridional
	westlich	occidental
	östlich	à l'est, oriental
	öde	désert
aussi : *chauve*	kahl	sans végétation, nu, désertique
	sumpfig; moorig	marécageux
	schlammig	bourbeux

Das Gebirge — La montagne

aussi : das Gebirge (sing.)	der Berg, -e	la montagne
	die Gebirgskette, -n	la chaîne de montagne
	der Gipfel, -; die Spitze, -n	le sommet
	der Abhang, ¨-e	le flanc, le versant, la pente
	die Böschung, -en	le talus, la pente
	das Relief, -s/-e	le relief
der Kamm: *le peigne*	der (Gebirgs)kamm, ¨-e	la crête (de la montagne)
	der (Gebirgs)pass, ¨-e	le col
einen Engpass erleben: *avoir des difficultés (financières)*	der Engpass, ¨-e	le défilé
	der Kessel, -	le cirque
	die Schlucht, -en	la gorge, le ravin
	das Steingeröll, -e	l'éboulis
abgrundtief hassen: *haïr profondément, exécrer*	der Abgrund, ¨-e	le précipice
felsenfest an etwas glauben: *croire à qqch dur comme fer*	der Fels, -; der Felsen, -	le rocher
	die Felsenwand, ¨-e	la falaise
	der Felsvorsprung, ¨-e	le promontoire rocheux
	die Kluft, ¨-e	le gouffre
	die Höhle, -n	la grotte, la caverne
	der Gebirgsausläufer, -	le contrefort
	der Gletscher, -	le glacier
die Spalte, -n: *la faille/la ride*	die Gletscherspalte, -n	la crevasse
	die Alm, -en; die Senne, -n	l'alpage
	die Höhe, -n; die Anhöhe, -n	la hauteur
der Idiotenhügel (plais.): *la montagne à vaches*	der Hügel, -	la colline
	das Flachland, ¨-er	le pays plat
anglais : *dale*	das Tal, ¨-er	la vallée
	die Ebene, -n; die Tiefebene, -n	la plaine
	die Hochebene, -n	le plateau

• **sich erheben (o, o)**	• se dresser
• **steil/sanft ab/fallen (ie, a, ä)**	• descendre à pic/en pente douce
• **steil/sanft an/steigen (ie, ie)**	• monter en flèche/doucement

anglais : *flat*	• **eben, flach**	• plat
	• **uneben**	• accidenté
	• **bergig**	• montagneux
	• **hügelig**	• vallonné
	• **felsig**	• rocheux
anglais : *stony*	• **steinig**	• rocailleux, caillouteux
	• **steil, schroff**	• raide, escarpé, abrupt
	• **senkrecht, abschüssig**	• à pic
	• **sanft bergauf**	• en pente douce
	• **zerklüftet**	• fissuré, crevassé
	• **alpin**	• alpestre
	• **tief eingeschnitten**	• encaissé

Meer und Gewässer — La mer et les cours d'eau

anglais : *water*	• **das Wasser**	• l'eau
	• **der Ozean, -e**	• l'océan
(!) der See, -n: *le lac* auf offener See: *en haute mer* anglais : *sea*	• **das Meer, -e; die See, -n**	• la mer
	• **der Meeresspiegel, -**	• le niveau de la mer
	• **die Meeresoberfläche, -n**	• la surface de la mer
	• **der Meeresarm, -e**	• le bras de mer
	• **die Meerenge, -n**	• le détroit
	• **der Meeresgrund, ¨-e**	• le fond marin
wie ein Fels in der Brandung stehen: *ne pas se laisser impressionner*	• **die Brandung, -en**	• le déferlement des vagues
	• **die Welle, -n**	• la vague
der Wellenschlag, ¨-e: *le ressac*	• **die Schlagwelle, -n; die Woge, -n**	• la lame
	• **die Sturzwelle, -n; der Brecher, -**	• la déferlante
	• **der Schaum, ¨-e**	• l'écume
pluriel	• **die Schaumkronen**	• les moutons
	• **der Gischt, -e; die Gischt, -en**	• l'embrun
	• **das Kräuseln, -**	• l'ondulation
im Geldbeutel ist Ebbe (fam.): *c'est la dèche* Ebbe und Flut: *le flux et le reflux*	• **die Ebbe, -n**	• la marée descendante
	• **die Flut, -en**	• le flot, la marée montante
anglais : *tide*	• **die Gezeiten; die Tiden (plur.)**	• les marées
	• **der Archipel, -e**	• l'archipel
	• **die Küste, -n**	• la côte, le rivage
	• **das Küstengebiet, -e**	• le litoral
	• **der Uferstreifen, -**	• le bord de mer
	• **das Ufer, -**	• la rive
	• **der Strand, ¨-e**	• la plage
das Gut, ¨-er: *les marchandises*	• **das Strandgut**	• les épaves
	• **das Riff, -e**	• le récif
die Klippen umschiffen: *contourner les écueils*	• **die Klippe, -n**	• l'écueil
die kleine Bucht: *la crique*	• **die Bucht, -en**	• la baie
	• **der Eisberg, -e**	• l'iceberg
die Dünung, -en: *la houle*	• **die Düne, -n**	• la dune
anglais : *sand*	• **der Sand, -e**	• le sable

Remarque	Allemand	Français
	die Sandbank, ¨-e	le banc de sable
der Kies, -e: *le gravier*	der Kieselstein, -e	le galet
anglais : *dam*	der Damm, ¨-e; der Deich, -e	la digue
	die Landenge, -n; der Isthmus, -men	l'isthme
	die Lagune, -n	le lagon, la lagune
	der Golf, -e	le golfe
die einsame Insel: *l'île déserte*	die Insel, -n	l'île
	die Halbinsel, -n; die Landzunge, -n	la presqu'île, la péninsule
	das Kap, -s	le cap
	die Alge, -n	l'algue
	das Seegras, ¨-er	le varech
	der Salzgarten, ¨-	le marais salant
	das Moor, -e	le marais
	der Fluss, ¨-e	la rivière, le fleuve
	der Nebenfluss, ¨-e	l'affluent
	der Zusammenfluss, ¨-e	le confluent
	das Flussbett, -en	le lit
également : *le flux, le courant (électrique)*	der Strom, ¨-e	le fleuve
gegen die Strömung: *à contre-courant*	die Strömung, -en	le courant
	die Stromschnelle, -n	le rapide
	das Süßwasser, -	l'eau douce
(!) *nom d'un gâteau*	der Strudel, -	le tourbillon
	der Lauf, ¨-e	le cours
	der Wasserlauf, ¨-e	le cours d'eau
	das Wasserloch, ¨-er	la mare
anglais : *waterfall*	der Wasserfall, ¨-e	la chute d'eau
	das Hochwasser	la crue
	die Quelle, -n	la source
der Wildbach, ¨-e: *le torrent*	der Bach, ¨-e	le ruisseau
	der Sturzbach, ¨-e	le torrent
	der Weiher, -; der Teich, -e	l'étang
	die Kaskade, -n	la cascade
	die Windung, -en	le méandre
	die Furt, -en	le gué
	die (Ufer)böschung, -en	la berge
	die Mündung, -en	l'embouchure
der Trichter, -: *l'entonnoir*	die Trichtermündung, -en	l'estuaire
die Rinne, -n: *la rigole*	die Fahrrinne, -n	le chenal
	der Kanal, ¨-e	le canal
anglais : *sluice*	die Schleuse, -n	l'écluse
≠ die See: *la mer*	der See, -n	le lac
	der Gebirgssee, -n	le lac de montagne
	das Wadi, -s	l'oued

ebben; ab/sinken (a, u)	descendre (marée)
an/steigen (ie, ie)	monter
quellen (o, o, i)	sourdre, jaillir
entspringen (a, u)	prendre sa source
versickern; sickern (in + A)	s'infiltrer (dans)
sickern (aus + D)	suinter (de)
rieseln	ruisseler
fließen (o, o) (in + A)	couler (dans)

	• **münden (in + A)**	• se jeter (dans)
	• **durchwaten**	• passer à gué
	• **branden**	• déferler
	• **ein/dämmen**	• endiguer
	• **stranden; auf/laufen (ie, au, äu)**	• (s')échouer
	• **kentern**	• chavirer
	• **tosen**	• mugir, faire rage, déferler
	• **brausen**	• déferler, être démonté
	• **rauschen**	• bruire
	• **plätschern**	• clapoter

	• **maritim**	• maritime
anglais : *sandy*	• **sandig**	• sablonneux
	• **ruhig**	• calme
	• **glatt**	• plat
	• **bewegt**	• agité
anglais : *sturmy*	• **stürmisch**	• démonté
anglais : *deep*	• **tief**	• profond
	• **breit**	• large
	• **auf offener See**	• au large
	• **schmal**	• étroit
der Schlamm, -e/¨-e: *la vase, la boue*	• **schlammig**	• limoneux
	• **eingeschlossen**	• enclavé
	• **bei steigender Flut**	• à marée montante
	• **bei Hochwasser**	• à marée haute
	• **bei Niedrigwasser**	• à marée basse
	• **gewunden**	• sinueux

2 Klima und Wetter — Les phénomènes climatiques

Das Klima — Le climat

wettern (fig.): *tempêter, fulminer*	• **das Wetter, -**	• le temps (qu'il fait)
	• **das Klima, -s/-te**	• le climat
	• **das Mikroklima, -s**	• le microclimat
die Verdunstung, -en: *l'évaporation*	• **der Dunst, ¨-e**	• la brume, la vapeur
(!) das Tau, -e: *le câble*	• **der Tau**	• la rosée
	• **der Frost, ¨-e**	• le gel, la gelée
der Frostnebel, -: *le brouillard givrant*	• **der Nebel, -**	• le brouillard
	• **der Reif**	• la gelée blanche
	• **der Raureif**	• le givre
aus allen Wolken fallen: *tomber des nues* auf Wolken schweben: *être dans les nuages*	• **die Wolke, -n**	• le nuage
	• **der Wolkenbruch, ¨-e**	• la pluie diluvienne
	• **die Sintflut**	• le déluge
vom Regen in die Traufe kommen: *aller de Charybde en Scylla*	• **der Regen, -**	• la pluie
	• **der Sprühregen, -**	• le crachin
	• **der Nieselregen, -**	• la bruine
	• **der Platzregen, -**	• la pluie battante

	• der (Regen)tropfen, ¨-	• la goutte (de pluie)
	• der Niederschlag, ¨-e	• la précipitation
der Schauer (aussi): *le frisson* der Aprilschauer, -: *la giboulée (de mars)*	• der (Regen)schauer, -	• l'averse
die Bö(e), -n: *la rafale*	• die Regenbö, -en	• le grain
	• die Graupel, -n	• le grésil
anglais : *hail*	• der Hagel	• la grêle
	• der Hagelkorn, ¨-er	• le grêlon
	• der Regenbogen, ¨-	• l'arc-en-ciel
	• die Pfütze, -n	• la flaque
der ewige Schnee: *la neige éternelle*	• der Schnee	• la neige
	• der Pulverschnee	• la poudreuse
	• die Schneeflocke, -n	• le flocon de neige
	• die Schneewehe, -n	• la congère
der Matsch, -: *la soupe, la gadoue*	• der Schneematsch, -	• la neige fondue
	• die Schneeverhältnisse (plur.)	• l'enneigement
anglais : *ice*	• das Eis	• la glace
	• das Glatteis	• le verglas
	• der Eisaufbruch, ¨-e; der Eisgang, ¨-e	• la débâcle
	• das Tauwetter, -	• le dégel
	• die Brise, -n	• la brise
	• der Monsun, -e	• la mousson
in den Wind reden: *prêcher dans le désert*	• der Wind, -e	• le vent
	• der Seewind, -e	• le vent du large
	• die Windstille	• le calme plat
anglais : *storm*	• der Sturm, ¨-e	• la tempête
	• der Passat, -e	• l'alizé
	• die Wetterfahne, -n	• la girouette
	• das Gewitter, -	• l'orage
der Blitzableiter, -: *le paratonnerre*	• der Blitz, -e	• l'éclair, la foudre
Donnerwetter!: *ça, alors !*	• der Donner, -	• le tonnerre
	• der Donnerschlag, ¨-e	• le coup de tonnerre
leuchten: *éclairer*	• das Wetterleuchten, -	• l'éclair de chaleur
	• die Jahreszeit, -en	• la saison
	• die Regenzeit, -en	• la saison des pluies
	• der Frühling, -e	• le printemps
anglais : *summer*	• der Sommer, -	• l'été
	• der Herbst, -e	• l'automne
anglais : *winter*	• der Winter, -	• l'hiver

	• aus/brechen (a, o, i)	• éclater (orage)
anglais : *to thunder*	• donnern	• tonner
	• blitzen	• faire des éclairs
anglais : *to hail*	• hageln	• grêler
	• vereisen	• se couvrir de glace
anglais : *to snow*	• schneien	• neiger
	• sausen	• siffler (vent)
anglais : *to blow*	• blasen (ie, a, ä); wehen	• souffler
	• frieren (o, o)	• geler
	• zu/frieren	• geler (durcir)
	• schmelzen (o, o, i)	• fondre
	• tauen	• fondre, dégeler
	• regnen	• pleuvoir

	• **nieseln**	• bruiner
	• **sich lichten; sich auf/lösen**	• se dissiper (brouillard)
	• **sich legen; ab/flauen**	• tomber (vent)

	• **klimatisch**	• climatique
anglais : *mild*	• **mild**	• doux (température)
	• **wintermild**	• doux en hiver
	• **sanft**	• doux (vent)
	• **gemäßigt**	• tempéré
	• **feucht**	• humide, moite
	• **feuchtgemäßigt**	• tempéré humide
	• **kontinental**	• continental
	• **mittelmeer**	• méditerranéen
	• **ozeanisch**	• océanique
	• **polar**	• polaire
	• **tropisch**	• tropical
	• **äquatorial**	• équatorial
	• **rau, streng**	• rude, rigoureux
	• **schneebedeckt, verschneit**	• enneigé
anglais : *snowy*	• **schneeig**	• neigeux
	• **verregnet**	• pluvieux
	• **dunstig, diesig**	• brumeux
	• **durchwachsen (Wetter) (fam.)**	• changeant
	• **sintflutartig**	• diluvien
	• **böig**	• à rafales (pour un vent)
	• **schneidend**	• cinglant
	• **in Strömen**	• à verse (pluie)

Die Wetterkunde — La météorologie

	• **das Thermometer, -**	• le thermomètre
	• **die Temperatur, -en**	• la température
	• **die Höchsttemperatur, -en**	• le maximum
	• **die Mindesttemperatur, -en**	• le minimum
	• **die Durchschnittstemperatur, -en**	• la température moyenne
	• **das Barometer, -**	• le baromètre
	• **der Grad, -e**	• le degré
	• **der Luftdruck, ¨-e**	• la pression atmosphérique
	• **die Feuchtigkeit**	• l'humidité
	• **die Luftfeuchtigkeit**	• l'hygrométrie
	• **die Kälte**	• le froid
	• **die Wärme**	• la chaleur
die Hundstagshitze: *la chaleur caniculaire (canis, latin : chien)*	• **die Hundstage (plur.)**	• la canicule
	• **die Hitze, -n**	• la grande chaleur
	• **die Trockenheit, -en; die Dürre, -n**	• la sécheresse
	• **die Aufheiterung, -en**	• l'éclaircie
	• **die Abkühlung, -en**	• le rafraîchissement
	• **die Störung, -en**	• la perturbation
	• **die Schwankung, -en**	• la variation
	• **der Niederschlag, ¨-e**	• la précipitation
	• **der Niederschlagsmesser, -**	• le pluviomètre

der Wetterfrosch, ¨-e: *la grenouille servant de baromètre ; (iron.) le météorologue*	• der Windmesser, -	• l'anémomètre
	• das Unwetter, -	• le mauvais temps, la tempête
	• der Wetterdienst, -e	• le service météo
	• die Wetterverhältnisse (plur.)	• les conditions météorologiques
der Wetterhahn: *la girouette (en forme de coq)*	• die Wettervoraussage, -n	• la prévision météorologique
	• der Wetterbericht, -e	• le bulletin météo
	• der Wettersatellit, -en, -en	• le satellite météo
= das Hoch, -s	• das Hochdruckgebiet, -e	• l'anticyclone
= das Tief, -s	• das Tiefdruckgebiet, -e	• le cyclone, la dépression

	• voraus/sagen	• prédire
	• sich eintrüben (Himmel)	• se couvrir

anglais : *warm*	• warm	• chaud
	• heiß	• très chaud
anglais : *cold*	• kalt	• (très) froid
	• nasskalt	• froid humide
anglais : *icy cold*	• eiskalt	• glacial
	• eisig	• glacé
	• sibirisch	• sibérien
anglais : *fresh*	• kühl, frisch	• frais
	• sommerkühl	• frais en été
	• schwül, stickig	• lourd, étouffant
	• glühend	• torride
	• feucht	• humide
	• trocken	• sec
	• sonnig	• ensoleillé
ein heiterer Himmel: *un ciel pur*	• heiter	• clair
	• drückend	• accablant
	• wechselhaft, veränderlich	• variable
	• unbeständig	• instable
	• bedeckt	• couvert
	• wolkig, bewölkt, bedeckt	• nuageux, couvert
	• regnerisch	• pluvieux
	• stürmisch	• orageux
	• wolkenlos	• sans nuages, dégagé
anglais : *windy*	• windig	• venté
	• windstill	• calme, sans vent
	• unter/über dem Gefrierpunkt	• au-dessous/au-dessus de zéro
	• 10 Grad Kälte	• − 10° Celsius

Die Naturkatastrophen — Les catastrophes naturelles

	• die Naturkatastrophe, -n	• le cataclysme
anglais : *storm*	• der Sturm, ¨-e	• la tempête
	• der Wirbelsturm, ¨-e; der Zyklon, -e	• le cyclone
	• der Schneesturm, ¨-e	• la tempête de neige
	• die Schneeverwehung, -en	• la congère
die Lawinengefahr, -en: *la menace d'avalanches*	• die Lawine, -n	• l'avalanche
	• der Hagelschlag, ¨-e	• la chute de grêle
	• die Sturmflut, -en	• le raz-de-marée

	• **die Grundwelle, -n**	• la lame de fond
	• **das Hochwasser, -**	• la crue
	• **der Erdrutsch, -e**	• le glissement de terrain
	• **die Überschwemmung, -en**	• l'inondation
	• **der Orkan, -e**	• l'ouragan
	• **der Tornado, -s**	• la tornade
	• **der Taifun, -e**	• le typhon
	• **der Monsunregen, -**	• la mousson
die Waldbrandgefahr: *le risque d'incendie*	• **der Waldbrand, ¨-e**	• l'incendie de forêt
	• **die Heuschreckenplage, -n**	• l'invasion de sauterelles
die Richterskala: *l'échelle de Richter*	• **der Erdstoß, ¨-e**	• la secousse tellurique
	• **das Beben, -**	• le tremblement, le séisme
	• **das Erdbeben, -**	• le tremblement de terre
	• **die Stärke, -n**	• la magnitude
	• **das Ausmaß, -e**	• l'amplitude
	• **die Schockwelle, -n**	• l'onde de choc
	• **der Vulkan, -e**	• le volcan
	• **die Glut, -en**	• la braise
	• **der Krater, -**	• le cratère
	• **der Ausbruch, ¨-e**	• l'éruption
	• **die Lava, -ven**	• la lave
anglais : *ash*	• **die Asche, -n**	• la cendre
	• **der Rauch**	• la fumée
	• **der Qualm**	• la fumée épaisse
	• **sich erwärmen**	• se réchauffer
	• **verursachen**	• causer
	• **aus/lösen**	• déclencher
trat, getreten, er tritt	• **über/treten**	• sortir de son lit
	• **überschwemmen**	• inonder
anglais : *to overflow*	• **überfluten**	• submerger
	• **weg/spülen; mit sich reißen (i, i)**	• emporter
	• **ab/reißen (i, i)**	• abattre, démolir
	• **beben; zittern**	• trembler
	• **aus/brechen (a, o, i)**	• entrer en éruption
	• **gießen (o, o)**	• pleuvoir fort
	• **spucken (Lava, Feuer)**	• cracher
	• **brennen (brannte, gebrannt)**	• brûler
	• **wüten**	• faire rage
	• **verwüsten, verheeren**	• dévaster
anglais : *to whirl*	• **wirbeln**	• tourbillonner
	• **zerstören**	• détruire
	• **vernichten**	• anéantir
	• **verschütten**	• ensevelir
	• **retten; bergen (a, o, i)**	• sauver
	• **löschen**	• éteindre
aussi : *pratiquer la contraception*	• **verhüten**	• prévenir, éviter
(a, o, i)	• **Vorbeugungsmaßnahmen treffen**	• prendre des mesures préventives
	• **gefährlich**	• dangereux
	• **drohend**	• menaçant

• seismisch	• sismique
• tätig	• en activité
• erloschen	• éteint
• verschollen; vermisst	• disparu
• verheerend; katastrophal	• dévastateur, terrible
• eingeschneit	• bloqué par la neige

3 Die Raumfahrt — L'astronautique

Die Weltraumära — L'ère spatiale

	• der [Welt]raumfahrer, -	• le spationaute
Russie	• der Kosmonaut, -en, -en	• le cosmonaute
États-Unis	• der Astronaut, -en	• l'astronaute
	• das Raumfahrtszentrum, -en	• la base spatiale
	• die Besatzung, -en	• l'équipage
	• der Flugsimulator, -en	• le simulateur de vol
	• das Raumschiff, -e	• le vaisseau spatial
	• die Kleidung, -en	• la combinaison spatiale
	• die Anti-G-Kleidung, -en	• la combinaison spatiale antigravité
	• der Raketentreibstoff, -e	• le propergol
	• die Rakete, -n	• la fusée
	• die Stufenrakete, -n	• la fusée à étages
	• die Bremsrakete, -n	• la rétrofusée
	• die Kapsel, -n	• la capsule
	• der Antreiber, -	• le propulseur
	• der Antrieb, -e	• la propulsion
	• der Raketennebenantrieb, -e	• le booster
	• die Trägerrakete, -n	• le lanceur
	• die Raumfähre, -n	• la navette spatiale
	• das Mondfahrzeug, -e	• le véhicule lunaire

	• erforschen	• explorer
	• an (D) einer Mission teil/ nehmen (a, o, i)	• faire partie d'une mission
brachte, gebracht	• in eine Umlaufbahn bringen	• placer en orbite
	• in eine Umlaufbahn schießen (o, o)	• mettre en orbite
	• die Erde umkreisen	• faire le tour de la terre
	• bergen (a, o, i)	• récupérer
	• wieder in die Atmosphäre ein/tauchen	• rentrer dans l'atmosphère terrestre

Die Weltraumeroberung — La conquête de l'espace

• das Weltraumabenteuer, -	• l'aventure spatiale
• der Start, -e	• le lancement
• die Trägerrakete, -n	• le lanceur
• die Abschussrampe, -	• la rampe de lancement

• das Startgebiet, -e	• le site de lancement
• der Raketenstartstützpunkt, -e	• la base de lancement
• der/das Countdown, -s	• le compte à rebours
• die Zündung, -en	• la mise à feu
• die Fehlzündung, -en	• la mise à feu ratée
• das Abheben	• le décollage
• die Raumfahrt, -en (aussi : der Raumflug, ¨-e)	• le vol spatial
• der Versuchsflug, ¨-e	• le vol d'essai
• die Schwerelosigkeit	• l'apesanteur
• die Druckregulierung, -en	• la pressurisation
• die Anziehungskraft, ¨-e	• la force d'attraction
• die Beschleunigungskraft, ¨-e	• la force d'accélération
• die Umlaufbahn, -en	• l'orbite
• die Flugbahn, -en	• la trajectoire de vol
• die Andockung, -en ; die Anlegung, -en	• l'arrimage
• der Aufenthalt, -e im All	• le séjour dans l'espace
• die Mondlandung, -en	• l'alunissage
• der Ausflug, ¨-e	• la sortie
• die Landung, -en	• l'atterrissage
• die Wasserlandung, -en	• l'amerrissage
• die Bergung, -en	• la récupération
• die Bremskraft, ¨-e	• la rétropulsion
• die Panne, -n	• la panne
• die Station, -en	• la station

• ins All schießen (o, o)	• lancer dans l'espace
• gezündet werden	• être mis à feu
• ab/heben (o, o)	• décoller
• an/treiben (ie, ie)	• propulser
• an etwas andocken ; an/legen	• s'arrimer (à)
• landen (auf+D)	• atterrir (sur)
• auf dem Wasser nieder/gehen (ging, gegangen)	• amerrir
• verschieben (o, o)	• reporter
• vertagen	• ajourner

• planetar	• planétaire
• interplanetar	• interplanétaire
• orbital	• orbital
• havariert	• avarié
• bemannt	• habité

Die Weltraumerforschung — L'exploration spatiale

• die (Welt)raumsonde, -n	• la sonde spatiale
• das Observatorium, -ien	• l'observatoire
• das Erdobservatorium, -ien	• l'observatoire terrestre
• das Weltallobservatorium, -ien	• l'observatoire spatial
• das Weltraumlabor, -e	• le laboratoire spatial
• die Weltraumsiedlung, -en	• la colonie spatiale
• die Satellitenbeobachtung, -en	• l'observation par satellite

	• der Satellit, -en, -en	• le satellite
	• der hilflos treibende Satellit, -en, -en	• le satellite hors contrôle
	• der Nutzsatellit, -en, -en	• le satellite utilitaire
	• der Nachrichtensatellit, -en, -en	• le satellite de télécommunications
	• der Wettersatellit, -en, -en	• le satellite météorologique
	• die Satellitenübertragung, -en	• la transmission par satellite
aussi : der Spähsatellit, -en, -en	• der Spionagesatellit, -en, -en	• le satellite espion
	• das Satellitenbild, -er	• l'image satellite
aussi : der Bergungsversuch, -e	• der Rettungsversuch, -e	• la tentative de sauvetage

• das Weltall sondieren	• sonder l'espace
• eine Bodenprobe entnehmen	• prélever des échantillons
• die Karte der Meeresströmung auf/stellen	• dresser la carte météo (des courants océaniques)
• eine Gesamtansicht liefern	• fournir une vue d'ensemble
• Drall haben	• tourner sur soi-même

• geostationär	• géostationnaire

4 Bodenschätze und Energie — Les richesses du sous-sol et les énergies

Die Bodenschätze — Les ressources minières

	• das Mineral, -ien	• le minéral
anglais : *stone*	• der Stein, -e	• la pierre
	• der Steinbruch, ¨-e	• la carrière
	• der Sand, -e	• le sable
die Grube: *la mine*	• die Sandgrube, -n	• la sablière
anglais : *sandstone*	• der Sandstein	• le grès
	• der Kalk(stein)	• la craie, la pierre calcaire
anglais : *salt*	• das Salz, -e	• le sel
	• das Salzwerk, -e	• la saline
	• der Kies, -e	• le gravier
der Ton, ¨-e: *le son*	• der Ton, -e; der Lehm, -e	• l'argile, la terre glaise
Marmor brechen: *extraire du marbre*	• der Marmor, -e	• le marbre
(bei jdm) auf Granit beißen: *se heurter à une opposition totale (de la part de qqn)*	• der Granit, -e	• le granit
	• der Diamant, -en, -en	• le diamant
	• der Quarz, -e	• le quartz
	• der Edelstein, -e	• la pierre précieuse
	• der Halbedelstein, -e	• la pierre semi-précieuse
(Erz, Kohle) gewinnen; fördern: *extraire (du minerai, du charbon)*	• das Erz, -e	• le minerai
	• das Metall, -e	• le métal
	• das Edelmetall, -e	• le métal précieux
	• das Eisen, -	• le fer
anglais : *ironore*	• das Eisenerz, -e	• le minerai de fer
	• der Stahl, -e/¨-e	• l'acier
die Goldader: *le filon d'or*	• das Gold	• l'or
	• das Silber	• l'argent

anglais : *quicksilver*	**das Quecksilber**	le mercure
	das Platin	le platine
anglais : *copper*	**das Kupfer**	le cuivre
	das Nickel	le nickel
anglais : *tin*	**das Zinn**	l'étain
	das Zink	le zinc

	schürfen	extraire, prospecter
	schmelzen (o, o, i)	(faire) fondre
	brennen (brannte, gebrannt)	cuire
	schleifen (i, i)	tailler

	marmorn	de marbre
	golden	d'or
	silbern	d'argent
ein eiserner Wille: *une volonté de fer*	**eisern**	de fer
	eisenhaltig	ferrugineux
etwas von jdm ab/kupfern: *plagier qqn*	**kupfern**	de cuivre
	rein	pur

Die Energiequellen — Les ressources énergétiques

die weiße Kohle: *la houille blanche*	**die Kohle, -n**	le charbon
	die Steinkohle, -n	la houille
anglais : *brown coal*	**die Braunkohle, -n**	le lignite
	das Bergwerk, -e	la mine
	der Bergbau, -ten	l'exploitation minière
	das Vorkommen, -	le gisement
	der Bergmann, -leute	le mineur
aussi : *la consommation (dans un restaurant)*	**die Zeche, -n**	la mine
	die Grube, -n	la fosse, la mine
	die Ader, -n	le filon
die Grube : *l'antre*	**das Grubengas, -e**	le grisou
der (Weihnachts/Christ) stollen (aussi) : *gâteau de Noël*	**der Stollen, -**	la galerie
	die Lüftung, -en	la ventilation
	die Schlagwetterexplosion, -en	le coup de grisou
das schwarze Gold: *l'or noir*	**das Erdöl, -e**	le pétrole
	die Erdölschicht, -en	la nappe de pétrole
	das Rohöl, -e	le pétrole brut
pron. anglaise	**die Erdölpipeline, -s**	l'oléoduc
	das Ölfeld, -er	le champ pétrolifère
	die Bohrung, -en	le forage
	das Bohrloch, ¨-er	le puits de forage
	der Bohrturm, ¨-e	le derrick
	die Bohrinsel, -n	la plate-forme de forage
	die Raffinerie, -n	la raffinerie
= das E-Werk	**das Elektrizitätswerk, -e**	la centrale électrique
	die Wasserkraft	l'énergie hydraulique
	das Wasserkraftwerk, -e	la centrale hydro-électrique
	die Turbine, -n	la turbine
	die Talsperre, -n; der Staudamm, ¨-e	le barrage

• der Stausee, -n	• le lac de retenue
• das Meerwasserkraftwerk, -e	• la centrale marémotrice
• die Windenergie, -n	• l'énergie éolienne
• das Windrad, ¨-er	• l'éolienne
• die Sonnenenergie, -n	• l'énergie solaire
• das Erdgas, -e	• le gaz naturel
• das Biogas, -e	• le biogaz
• die Ferngasleitung, -en	• le gazoduc
• die Erdwärme	• la géothermie
• der Brennstoff, -e	• le combustible
• der Kraftstoff, -e	• le carburant
• der Strommerzeuger, -	• le générateur

• bohren	• forer
• graben (u, a, ä)	• creuser
• pumpen	• pomper
• raffinieren	• raffiner
• mit Energie versorgen	• approvisionner en énergie

• fossil	• fossile
• erneuerbar	• renouvelable
• alternativ	• alternative
• sauber, umweltfreundlich (Energie)	• propre
• erdölhaltig	• pétrolifère

Das Atom — L'énergie nucléaire

der Atomkraftanhänger, -: *le partisan du nucléaire*
der Atomkraftgegner, -: *l'adversaire du nucléaire*

der Castor-Transport, -e: *le transport ferroviaire des déchets nucléaires retraités*

= der GAU
der Super-GAU: *la catastrophe nucléaire*

der Atompilz: *le champignon atomique*
die radioaktive Wolke: *le nuage radioactif*

• die Kernkraft, ¨-e; die Atomkraft, ¨-e	• l'énergie nucléaire
• der Atom-/Kernbrennstoff, -e	• le combustible nucléaire
• das Atom-/Kernkraftwerk, -e	• la centrale nucléaire
• das Uran	• l'uranium
• die (Un)wirtschaftlichkeit, -en	• la (non-)rentabilité
• der Kernreaktor, -en	• le réacteur nucléaire
• der Atommüll (sing.)	• les déchets nucléaires
• die Atomrückstände (plur.)	• les résidus nucléaires
• die Entsorgung, -en	• l'élimination des déchets
• die Wiederaufbereitung, -en	• le retraitement
• die Wiederaufbereitungsanlage, -n	• l'usine de retraitement
• das Kühlwasser, ¨-/der Kühlturm, ¨-e	• l'eau/la tour de refroidissement
• die Lagerung, -en	• le stockage
• die Endlagerung, -en	• le stockage définitif
• die unterirdische Lagerstätte, -n	• le lieu de stockage souterrain
• der Umweltschaden, ¨-	• le dégât causé à l'environnement
• die Bodenverseuchung, -en	• la contamination du sol
• der Störfall, ¨-e	• l'incident nucléaire
• das Leck, -s	• la fuite
• der größte anzunehmende Unfall	• le risque atomique majeur
• der (radioaktive) Niederschlag, ¨-e	• la retombée (radioactive)
• die (radioaktive) Strahlung, -en	• le rayonnement (radioactif)
• die Bestrahlung, -en	• l'irradiation
• die Verstrahlung, -en	• la contamination (radioactive)

• **die Schädigung, -en**	• la lésion
• **die Radioaktivität, -en**	• la radioactivité
• **die angeborene Missbildung, -en**	• la malformation congénitale
• **die Sicherheitsvorkehrung, -en**	• la mesure de sécurité
• **der Strahlenschutz**	• la protection contre les radiations

• **spalten**	• fissionner
• **verschmelzen**	• fusionner
• **aus/strahlen; be/strahlen**	• irradier
• **lagern**	• stocker
• **end/lagern**	• stocker définitivement
• **aus/stoßen (ie, o, ö)**	• rejeter
• **sickern**	• s'infiltrer
• **wiederauf/bereiten**	• retraiter
• **entsorgen**	• éliminer
• **kühlen**	• refroidir

• **atomar**	• atomique
• **radioaktiv**	• radioactif
• **strahlensicher**	• à l'abri des radiations
• **strahlenverseucht**	• irradié

5 Die Fauna — La faune

Die bedrohten Tierarten — Les espèces menacées

• **die Tierart, -en**	• l'espèce animale
• **der Bestand, ¨-e**	• la population
• **das Tierreservat, -e**	• la réserve animale
• **die wilden Tiere (plur.)**	• les animaux sauvages
• **das Säugetier, -e**	• le mammifère
• **das Wild**	• le gibier
• **das Hochwild**	• le gros gibier
• **die Wildvögel**	• le gibier à plumes
• **die Wasservögel**	• le gibier d'eau
• **der Tiger, -**	• le tigre
• **der Löwe, -n, -n**	• le lion
• **der Affe, -n, -n**	• le singe
• **der Menschenaffe, -n**	• le grand singe
• **der Gorilla, -s**	• le gorille
• **das Raubtier, -e**	• le fauve
• **der Elefant, -en, -en**	• l'éléphant
• **der Stoßzahn, ¨-e**	• la défense
• **das Elfenbein, -e**	• l'ivoire

pluriel (die Wildvögel)

pluriel (die Wasservögel)

der Seelöwe, -n: *le lion de mer*

das Horn, ¨-er: *la corne*	**das Nashorn, ¨-er**	le rhinocéros
	die Meeressäugetiere (plur.)	les mammifères marins
der Schwertwal, -e: *l'orque* das Schwert, -er: *l'épée, le sabre*	**der Wal, -e**	la baleine
	der Delphin, -e	le dauphin
die Ohrenrobbe, -n: *l'otarie*	**die Robbe, -n**	le phoque
	der Hai, -e	le requin
anglais : *fish*	**der Fisch, -e**	le poisson
	der Seevogel, ¨-	l'oiseau de mer
	die Fischerei; der Fischfang, ¨-e	la pêche
	der Fischer, -	le pêcheur
	der Walfang, ¨-e	la pêche à la baleine
anglais : *angling*	**das Angeln, -**	la pêche à la ligne
	das Fangboot, -e	la baleinière
anglais : *net*	**das Netz, -e**	le filet
	die Harpune, -n	le harpon
	die Jagd, -en	la chasse
	die Robbenjagd, -en	la chasse aux bébés phoques
	die Großwildjagd, -en	la chasse aux grands fauves
	die Bärenjagd, -en	la chasse à l'ours
	die Falle, -n	le piège
	die Beute, -n	la proie
	die Flinte, -n	le fusil
	der Wilderer, -	le braconnier
	die Wilddieberei, -en	le braconnage
	die Safari, -s	le safari
	der Handel, -	le trafic
	der Elfenbeinhandel, -	le trafic d'ivoire
anglais : *smuggling*	**der Schmuggel, -**	la contrebande
	das Aussterben, -	la disparition, l'extinction

	aus/rotten	exterminer
	dezimieren	massacrer
	vermindern	réduire
	aus/sterben (a, o, i)	être en voie de disparition
	am Aussterben sein	être en voie de disparition
anglais : *to slaughter*	**schlachten**	abattre
	überfischen	surexploiter les ressources de la mer
anglais : *to smuggle*	**schmuggeln**	faire de la contrebande
	jagen	chasser
anglais : *to shot*	**schießen (o, o)**	tirer
	wildern	braconner

	bedroht	menacé
	gefährdet	en danger
	schädlich	nuisible
	verklebt (Gefieder)	englué (plumage)
	in Gefangenschaft	en captivité
	gefangen	captif
	schutzlos	sans défense

6 Die Flora — La flore

Bäume und Wälder — Arbres et forêts

der Urwald, ¨-er: *la forêt vierge*
der Tropenwald, ¨-er: *la forêt tropicale*

anglais : *mahogany wood*

das Laub, -: *le feuillage*

• **der Wald, ¨-er**	• la forêt, le bois
• **das Holz, ¨-er**	• le bois
• **das Edelholz, ¨-er**	• le bois précieux
• **das Teakholz, ¨-er**	• le teck
• **das Ebenholz, ¨-er**	• l'ébène
• **das Mahagoniholz, ¨-er**	• l'acajou
• **das Feuerholz, ¨-er**	• le bois de chauffage
• **das Ökosystem, -e**	• l'écosystème
• **die Entwaldung, -en**	• la déforestation
• **die Entlaubung, -en**	• la défoliation
• **das Holzfällen, -**	• l'abattage
• **das Sägewerk, -e**	• la scierie
• **die Abholzung, -en**	• le déboisement
• **die Rodung, -en**	• le défrichement
• **die Brandrodung, -en**	• le défrichement par le feu
• **der Waldbrand, ¨-e**	• l'incendie de forêt
• **das Waldsterben, -**	• le dépérissement des forêts
• **der Raubbau**	• l'exploitation de la forêt

• **aus/nutzen**	• exploiter
• **aus/beuten**	• surexploiter
• **ab/sterben (a, o, i)**	• dépérir
• **ab/holzen**	• déboiser
• **aus/roden**	• défricher, détruire (la forêt)
• **fällen**	• abattre
• **erodieren**	• éroder
• **aus/trocknen**	• assécher
• **erschöpfen**	• épuiser
• **schwinden (a, u)**	• amenuiser
• **verwelken**	• se flétrir

• **urwüchsig**	• naturel, primitif
• **anfällig**	• vulnérable
• **geschützt**	• protégé
• **von etwas (D) geplagt sein**	• être frappé par
• **unfruchtbar**	• stérile, inculte
• **öde**	• sinistre
• **versengt, verbrannt**	• brûlé
• **baumlos**	• sans arbre
• **ausgedorrt**	• desséché
• **spärlich (Vegetation)**	• peu abondant

7 Umwelt und Umweltschutz — L'environnement et sa protection

Die Bedrohung des Ökosystems — Les menaces sur l'écosystème

die Klimaveränderung, -en	le changement climatique
die Erderwärmung	le réchauffement de la terre
der Treibhauseffekt	l'effet de serre
die Wärmebelastung, -en	la pollution thermique
der saure Regen, -	les pluies acides
die Wüstenbildung, -en	la désertification
die Dürre, -n	l'aridité
die Trockenheit, -en	la sécheresse
das Grundwasser (anglais : *ground water*)	la nappe phréatique
das Nitrat, -e	le nitrate
das Phosphat, -e	le phosphate
das Pestizid, -e	le pesticide
das Fungizid, -e	le fongicide
das Insektizid, -e	l'insecticide
das Unkrautvertilgungsmittel, - (das Unkraut, -: *la mauvaise herbe*)	le désherbant
der Grundwasserspiegel, -	le niveau de la nappe phréatique
die Erosion, -en	l'érosion
die Bodenabtragung, -en	l'érosion du sol
der/das Biotop, -e	le biotope
das natürliche Gleichgewicht, -e	l'équilibre naturel

vertilgen	exterminer, détruire

Luftverpestung — La pollution atmosphérique

der Umweltsünder, -	le pollueur
die Belästigung, -en	la nuisance
die Abgase (pluriel)	les gaz d'échappement
der Katalysator, -en (das Kat-Auto, -s: *la voiture équipée d'un pot catalytique*)	le pot catalytique
der Ausstoß, ¨-e; die Emission, -en	l'émission
das Kohlendioxyd	le dioxyde de carbone
die Ozonschicht	la couche d'ozone
das Ozonloch, ¨-er	le trou dans la couche d'ozone
der Asbest, - (anglais : *asbestos*)	l'amiante
das Blei, -e	le plomb
die Vergiftung, -en	l'intoxication
die Bleivergiftung, -en	le saturnisme
die Allergie, -en	l'allergie
das Asthma	l'asthme
das Treibgas, -e	le gaz propulseur
der/das Spray, -s; die Spraydose, -n	(la bombe) aérosol
die FCKW (plur.) (FCKW-frei: *sans C.F.C.*)	les C.F.C.
die Dunstglocke, -n	la cloche de pollution

• **die Lärmbelästigung, -en**	• la nuisance sonore
• **der Lärmpegel, -**	• le niveau sonore
• **der Lärmschutz, -**	• la protection contre le bruit
• **die Lärmschutzwand, ¨-e**	• le mur anti-bruit
• **der Elektrosmog, -s**	• la pollution électrique
• **aus/stoßen (ie, o, ö)**	• émettre, dégager
• **vergiften**	• intoxiquer, empoisonner
• **umweltverschmutzend**	• polluant
• **bleifrei**	• sans plomb
• **verbleit**	• avec plomb

Die Wasserverseuchung — La pollution des eaux

	• **die Verklappung, -en**	• le dégazage en mer
der Ölteppich: *la nappe de mazout*	• **das Altöl**	• les huiles usées
	• **die Ölpest, -; die Ölflut, -en**	• la marée noire
pluriel	• **die Chemikalien**	• les produits chimiques
pluriel	• **die Detergentien**	• les détergents
der Algenteppich, -e: *la nappe d'algues*	• **die Algenpest, -**	• le développement des algues ver
	• **die Massenentfaltung der Algen**	• la prolifération des algues
pluriel	• **die Abwässer**	• les eaux usées
	• **ab/lassen (ie, a, ä)**	• laisser échapper
anglais : *drinkable*	• **trinkbar**	• potable
	• **verseucht**	• contaminé

Die Abfallbeseitigung — L'élimination des déchets

der Müllberg (iron.): *la montagne de détritus*	• **der Müll (sing.); der Abfall, ¨-e**	• les déchets, les ordures
	• **der Hausmüll**	• les ordures ménagères
	• **der Verpackungsmüll**	• les déchets dus aux emballages
die Entrümpelung (von Sperrmüll): *le ramassage (des encombrants ménagers)*	• **der Sperrmüll**	• les encombrants ménagers
	• **der Industriemüll**	• les déchets industriels
	• **der Sondermüll; der Giftmüll**	• les déchets dangereux, toxiques
der Mülltourismus (iron.): *l'exportation des déchets*	• **die Müllabfuhr, -en**	• l'enlèvement des ordures
	• **der Müllmann, ¨-er**	• l'éboueur
	• **die Abfallbeseitigung**	• l'élimination des ordure
	• **das Müllauto, -s; der Müllwagen, -**	• la benne à ordures
	• **die Mülldeponie, -n**	• la décharge
	• **die Müllverbrennungsanlage, -n**	• l'usine d'incinération des ordures
	• **der Giftstoff, -e**	• le produit toxique
der Altglascontainer, -: *le conteneur pour verre perdu*	• **das Altpapier, -e**	• les vieux papiers
	• **das Altglas (sing.); das Altmetall, -e**	• le verre usagé ; le métal usagé
	• **der Eisenschrott (sing.)**	• la ferraille
	• **der Mülleimer, -; die Mülltonne, -n**	• la poubelle
	• **der (Sammel)container, -**	• le conteneur

	• **der Kompost, -e**	• le compost
	• **die Verbrennung, -en**	• l'incinération
	• **die Zerkleinerung, -en**	• le broyage
pron. anglaise	• **das Recycling, -s**	• le recyclage des déchets
	• **die Wiederverwendung, -en**	• la récupération, la réutilisation
	• **die (Vor)Sortierung, -en**	• le tri
	• **die Einwegverpackung, -en**	• l'emballage jetable
	• **die Mehrwegverpackung, -en**	• l'emballage réutilisable
	• **die Einwegflasche, -n**	• la bouteille non consignée
Auf der Flasche ist (kein) Pfand drauf: *la bouteille (n') est (pas) consignée*	• **die Pfandflasche, -n**	• la bouteille consignée
	• **die Altkleidersammlung, -en**	• la collecte des vêtements usagés

	• **weg/werfen (a, o, i)**	• jeter
	• **sammeln**	• collecter
	• **(vor)sortieren; trennen (Müll)**	• trier
	• **beseitigen; entsorgen**	• éliminer
	• **entrümpeln**	• déblayer
	• **wieder/verwerten**	• recycler
der Schrottplatz: *la casse*	• **verschrotten**	• mettre à la ferraille

• **giftig**	• toxique
• **umwelfreundlich**	• non polluant, écologique
• **biologisch abbaubbar**	• biodégradable
• **wiederverwendbar**	• réutilisable

Die Umweltpolitik / La politique de l'environnement

• **die Umwelt**	• l'environnement
• **der Umweltschutz**	• la protection de l'environnement
• **der Naturschutz**	• la protection de la nature
• **der Naturschutzverein, -e**	• l'association de protection de la nature
• **das Naturschutzgebiet, -e**	• la réserve naturelle
• **der Artenschutz**	• la protection des espèces
• **die Artenvielfalt, -en**	• la biodiversité
• **die Nachhaltigkeit**	• le développement durable
• **das Tierreservat, -e**	• la réserve animale
• **der Tierschutz**	• la protection des animaux
• **der Jagdaufseher, -**	• le garde-chasse
• **die Ökologie**	• l'écologie
• **das Ökosystem, -e**	• l'écosystème
• **der Umweltschützer, -**	• le défenseur de l'environnement
• **die Umweltbewegung, -en**	• le mouvement écologiste
• **der Grüne (AS)**	• le Vert, l'écologiste
• **das biologische Gleichgewicht, -e**	• l'équilibre biologique
• **die Nahrungskette, -n**	• la chaîne alimentaire
• **das Umweltschutzgesetz, -e**	• la loi sur la protection de l'environnement
• **die Umweltauflage, -n**	• la réglementation pour la protection de l'environnement

• **die Strafe, -n**	• la sanction
• **die Umweltkriminalität**	• les infractions contre l'environnement
• **das Umweltdelikt, -e**	• le délit contre l'environnement
• **das Verursacherprinzip, -ien**	• le principe "pollueur-payeur"
• **die Trinkwasserversorgung, -en**	• l'alimentation en eau potable
• **die Kläranlage, -n**	• la station d'épuration
• **der Lärmschutz**	• la protection contre le bruit
• **die Lärmschutzwand, ¨-e**	• le mur anti-bruit
• **klären**	• épurer, traiter
• **entsorgen; entgiften**	• dépolluer
• **schützen; retten**	• sauvegarder, préserver
• **auf/forsten**	• reboiser
• **wieder ein/führen**	• repeupler
• **untersagen**	• interdire
• **Strafen (gegen + A) verhängen**	• prendre des sanctions (contre)
• **schalldicht**	• insonorisé
• **unter Naturschutz stehen** (stand, gestanden)	• être classé site naturel

ÜBUNGEN

59 Wie sagt man auf Französisch? Traduction.

Finden Sie für folgende Aussprüche und Sprichwörter ein Äquivalent.

a. Eine Schwalbe macht noch keinen Sommer.
b. Ein Spatz in der Hand ist besser als eine Taube auf dem Dach.
c. Zwei Fliegen mit einer Klappe schlagen
d. Er hat einen Frosch im Hals.
e. Er ist bekannt wie ein bunter Hund.
f. Er schläft wie ein Murmeltier.
g. Er ist wie ein Elefant im Porzellanladen.

60 Was gehört zusammen? Appariement.

Bei den unten stehenden Redensarten weicht der deutsche vom französischen Gebrauch ab.

1. unter freiem *Himmel* schlafen – **2.** Das ist *sonnen*klar – **3.** Geh mir aus dem *Licht* – **4.** jdm das *Blaue vom Himmel* versprechen – **5.** von *Luft* und Liebe leben – **6.** Es ist dicke *Luft* – **7.** der *April*schauer – **8.** jdm den *Wind* aus den Segeln nehmen – **9.** in den *Wind* reden – **10.** sich in der Sonne *aalen*

a. couper *l'herbe* sous les pieds de quelqu'un – **b.** Ôte-toi de mon *soleil* – **c.** la giboulée de *mars* – **d.** dormir à la belle *étoile* – **e.** il y a de l'*orage* dans l'air – **f.** c'est clair comme de l'*eau* de roche – **g.** vivre d'amour et d'*eau* fraîche – **h.** prêcher dans le *désert* – **i.** promettre la *lune/monts et merveilles* à quelqu'un – **j.** *lézarder* au soleil

51 Eisige Zeiten. Des temps difficiles.

Setzen Sie ein.

begossener - Donnerwetter - eisiges - Gewitter - Luft - Regen - schmelzen - Sonne - Traufe - weht - wettert - Wind - Wolke

Seitdem er heimkam und nach einem anderen Parfüm roch, herrscht zwischen ihnen … Schweigen. Es liegt förmlich in der …: Ein … braut sich zusammen. Von nun an … ein anderer …, vorbei sind die alten Zeiten, in denen man noch auf … sieben schwebte. Schon hagelt es Vorwürfe und Anschuldigungen, bis sie schließlich ein großes … loslässt. Ergebnis: Er steht da wie ein … Pudel. Während sie noch über ihn …, lässt sein trauriger Anblick ihren Widerstand schon wieder … Wie sollte es auch anders sein: Am nächsten Tag scheint schon wieder die …– man will ja auch nicht alles schlimmer machen und vom … in die … kommen!

Corrigés page 470

Landeskunde

Geographische Bezeichnungen

Quelques termes géographiques

- **die Nordsee:** la mer du Nord
- **die Ostsee:** la mer Baltique
- **die Norddeutsche Tiefebene:** la plaine d'Allemagne du Nord
- **der Bodensee:** le lac de Constance
- **der Vierwaldstätter See:** le lac des Quatre-Cantons
- **der Rhein:** le Rhin
- **die Mosel:** la Moselle
- **die Donau:** le Danube
- **der Schwarzwald:** la Forêt-Noire
- **das Erzgebirge:** les Monts Métallifères
- **das Matterhorn:** le Cervin
- **der Genfer See:** le lac Léman
- **Graubünden** (Schweiz)**:** les Grisons (Suisse)
- **Aachen:** Aix-la-Chapelle
- **Braunschweig:** Brunswick
- **Frankfurt am Main:** Francfort sur le Main
- **Nürnberg:** Nuremberg
- **Regensburg:** Ratisbonne
- **Saarbrücken:** Sarrebruck

Die Abfallflut

L'invasion des déchets

Die Abfallsortierung und -verwertung - Le tri et la valorisation des déchets :

- **die getrennte Sammlung:** le tri des ordures ménagères **(der Hausmüll)**.
- **das Duale System Deutschland (DSD):** système privatisé d'enlèvement d'une partie des ordures ménagères financé par le "point vert" **(der Grüne Punkt)**.
- **die gelbe Tonne; der gelbe Sack:** la poubelle jaune, le sac poubelle jaune, destinés à recueillir les emballages recyclables estampillés du point vert.
- **die grüne/schwarze Tonne ou die Biotonne:** la poubelle "verte" ou "noire" pour les déchets organiques (animaux et végétaux) biodégradables **(der Bioabfall** ou **der Biomüll)**.
- **die blaue Tonne:** la poubelle bleue destinée à la collecte des papiers et des vieux journaux **(die Altpapiersammlung)**.
- **die Altkleidersammlung:** la collecte des vêtements usagés.
- **das Bringsystem:** le dépôt des ordures par les particuliers dans des conteneurs **(der Recyclingcontainer)** ou les déchetteries municipales **(der Recyclinghof, ¨-e)**.
- **das Altglas:** le verre usagé, souvent recueilli dans des conteneurs distincts selon sa couleur : **Weißglas** ou **Buntglas (Braunglas, Grünglas)**.
- **die Batterieentsorgung:** la collecte des piles usagées.

Die Abfallvermeidung - La limitation des déchets :

- **Die Verpackungsverordnung:** la loi sur les emballages entrée en vigueur en 1991 fait obligation aux distributeurs (et aux fabricants) de reprendre les conditionnements des produits vendus aux consommateurs **(die Rücknahmepflicht:** l'obligation de reprise).
- **die Stählerne Kuh** (littéralement: "la vache d'acier") : la tireuse à lait ; système de distribution en self-service introduit dans certains supermarchés où les clients apportent leur propres bouteilles.

Bildlich gesprochen

Rund um den Vogel

- **einen Vogel haben** (fam.) : avoir un petit vélo dans la tête.
- **ein lockerer Vogel sein:** avoir une cervelle de moineau.
- **Das hat mir ein Vogelchen gesungen:** c'est mon petit doigt qui me l'a dit.
- **wie eine Vogelscheuche gekleidet sein:** être habillé comme l'as de pique.
- **Friss, Vogel, oder stirb!:** Marche ou crève !

Rund um das Fell

- **jemandem das Fell gerben:** tanner le cuir à quelqu'un
- **ein dickes Fell haben** (fam.) : avoir la peau dure.
- **sein Fell zu Markte tragen** (fam.) : prendre des risques, mouiller sa chemise.
- **jemandem das Fell über die Ohren ziehen** (fam.) : rouler quelqu'un
- **sich das Fell über die Ohren ziehen lassen** (fam.) : se laisser manger la laine sur le dos.
- **sich die Sonne übers Fell brennen lassen** (fam.) : paresser, fainéanter.
- **Dich/Dir juckt wohl das Fell?** (fam.) : tu veux une volée ?

Zum Nachdenken

- **Quäl nie ein Tier zum Scherz, denn es fühlt wie du den Schmerz:** Ne t'amuse pas à faire souffrir un animal, car il ressent la douleur comme toi.
- **Stille Wasser sind/gründen tief:** Il n'est pire eau que l'eau qui dort.
- **Träume sind Schäume:** Songes, mensonges.
- **Es ist nicht alles Gold, was glänzt:** Tout ce qui brille n'est pas d'or.
- **Es ist, um auf die Bäume zu klettern; Es ist zum Auf-die-Bäume-klettern:** C'est à désespérer.
- **Wo gehobelt wird, fallen Späne:** Pas d'omelette sans casser d'œufs.
- **Einen alten Baum soll man nicht verpflanzen:** Il ne faut pas changer les habitudes des personnes âgées.
- **Wie man in den Wald hineinruft, so schallt es heraus:** Telle demande, telle réponse.
- **Mit den Wölfen muss man heulen:** Il faut hurler avec les loups.
- **In der Not frisst der Teufel Fliegen:** Faute de grives on mange des merles.
- **Spinne am Morgen bringt Kummer und Sorgen:** Araignée du matin, chagrin.
- **Spinne am Abend, erquickend und labend:** Araignée du soir, espoir.
- **Besser ein Spatz in der Hand als eine Taube auf dem Dach:** Un tiens vaut mieux que deux tu l'auras.
- **Eine Krähe hackt der andern die Augen nicht aus:** Les loups ne se mangent pas entre eux.
- **Eine Schwalbe macht noch keinen Sommer:** Une hirondelle ne fait pas le printemps.
- **Man kennt den Pfan an seinen Federn/die Federn machen den Vogel:** On reconnaît l'oiseau à son plumage.

18 Das Wohnen und der Städtebau
L'habitat et l'urbanisme

1 Das Wohnen — L'habitat

Die Art der Wohnung — Le mode de logement

	die Wohnung, -en	le logement, l'habitation
	die Altbauwohnung, -en	l'appartement ancien
	die Neubauwohnung, -en	l'appartement récent
	die Sozialwohnung, -en	le logement H.L.M.
	die Sozialbauten (plur.)	les H.L.M.
	die Dienstwohnung, -en	le logement de fonction
die Dreizimmerwohnung: *l'appartement F3, le trois-pièces*	**die Wohnung, -en**	l'appartement
	die Luxuswohnung, -en	l'appartement de grand standing
	die Parterrewohnung, -en	l'appartement en rez-de-chaussé
	die Maisonnettewohnung, -en	le duplex
	die Terrassenwohnung, -en	l'appartement avec terrasse
	die Wohngemeinschaft, -en	l'appartement partagé
der zweite Wohnsitz; der Zweitwohnsitz: *la résidence secondaire*	**der Wohnsitz, -e; der Wohnort, ¨-e**	la résidence, le domicile
	die Wohnanlage, -n	la résidence (groupement)
	die Unterkunft, ¨-e	le logis
	die Bleibe, -n	le gîte
anglais : *home*	**das Heim, -e**	le chez-soi, le foyer
anglais : *house*	**das Haus, ¨-er**	la maison
	das Hochhaus, ¨-er	le building
	das Turmhaus; der Wohnturm, ¨-e	la tour
	das Einfamilienhaus, ¨-er	la maison individuelle
	das Doppelhaus, ¨-er	la maison jumelée
	das Reihenhaus, ¨-er	la maison mitoyenne, accolée
	das Fertighaus, ¨-er	la maison préfabriquée
	das Gartenhaus, ¨-er	le pavillon
	das Wochenendhaus, ¨-er	la maison de week-end
	das Landhaus, ¨-er	la maison de campagne
	das Jagdhaus, ¨-er	le pavillon de chasse
	das Ferienhaus, ¨-er	la maison de vacances
	die Berghütte, -n	le chalet
	das Gebäude, -	le bâtiment
anglais : *block*	**der (Wohn)block, ¨-e**	l'immeuble
	der Wolkenkratzer, -	le gratte-ciel
der lange Kasten, ¨-e: *la barre HLM*	**der Großbaukomplex, -e**	le grand ensemble
	die Siedlung, -en	le lotissement, la cité
	das Stadtviertel, -	le quartier
	die Villa, -llen	la villa
pron. française	**das Appartement, -s**	le studio
	der Loft, -s	le loft
	die (Studenten)bude, -n	la chambre d'étudiant

	• wohnen	• habiter, être logé
	• etwas bewohnen	• habiter qqch
familier	• hausen	• habiter, vivre
	• zusammen wohnen	• cohabiter

	• wohnhaft	• demeurant, domicilié
	• bewohnt	• habité
	• leerstehend	• inoccupé, vide
	• möbliert	• meublé
	• zweistöckig	• à deux étages
	• ebenerdig	• de plain pied

Das Mietverhältnis und der Besitz / La location et la propriété

	• die Miete, -n	• le loyer
	• der (Miet)vertrag, ¨-e	• le contrat (de location), le bail
	• der Mieter, -; die Mieterin, -innen	• le/la locataire
	• der Untermieter, -	• le sous-locataire
	• der Vermieter, -	• le loueur, le bailleur
	• der Mieterschutz	• la défense des droits des locataires
	• der Miteigentümer, -	• le copropriétaire
(!) der Hausbesetzer: *le squatteur*	• der (Haus)besitzer, -	• le propriétaire
pluriel	• die Immobilien	• les biens immobiliers
	• der (Wohnungs)makler, -	• l'agent immobilier
	• die Wohnfläche, -n	• la surface habitable
pluriel	• die Nebenkosten	• les charges
	• der Hausmeister, -	• le gardien d'immeuble
	• der Hausverwalter, -	• le gérant (de l'immeuble), le syndic
	• die warme Miete, -n	• le loyer chauffage compris
	• die kalte Miete, -n	• le loyer chauffage non compris
	• die Aussicht; der Ausblick, -e	• la vue
	• die Lage, -n	• l'emplacement
	• die Wohnlage, -n	• l'exposition
	• die Südlage, -n	• l'exposition sud
	• die Garantie, -n; die Caution, -en	• la caution
	• der Garant, -en, -en; der Bürge, -n, -n	• le garant

	• mieten	• louer (locataire)
	• vermieten	• louer (loueur)
(o, o)	• einen Mietvertrag ab/schließen	• signer un bail
	• beengt wohnen	• habiter à l'étroit
	• kündigen	• donner congé
‹sich› um/ziehen: *également se changer*	• um/ziehen (o, o)	• déménager (changer de logement)
	• ein/ziehen (o, o)	• emménager
(sich) aus/ziehen: *aussi : (se) déshabiller*	• aus/ziehen (o, o)	• déménager (quitter un logement)
	• die Schlüssel aus/händigen	• remettre les clés
	• sich verbürgen	• se porter caution
	• sich an/melden	• faire une déclaration de domicile
	• sich ab/melden	• faire une déclaration de départ

• **sich um/melden**	• faire une déclaration de changement de domicile
• **enteignen**	• exproprier

• **teuer, kostspielig**	• cher
• **billig**	• bon marché
• **(Heizung) inbegriffen**	• (chauffage) compris
• **zusätzlich, extra**	• en sus
• **unbewohnt, leerstehend**	• libre, inoccupé
• **möbliert**	• meublé
• **schön gelegen**	• bien situé
• **unverbaubar**	• avec une vue imprenable
• **abgelegen**	• à l'écart, retiré, isolé
• **geräuschvoll, lärmend**	• bruyant
• **nach Bauplan**	• sur plan

2 Die Inneneinrichtung — L'aménagement intérieur

Die Räume — Les pièces

Remarque	Die Räume	Les pièces
	• **der Eingang, ¨-e**	• l'entrée
die Flur: *la campagne*	• **der Flur, -e; der Gang, ¨-e**	• le couloir
	• **die Treppe, -n**	• l'escalier
der Zimmerer: *le charpentier*	• **das Zimmer, -; der Raum, ¨-e**	• la pièce
	• **das Wohnzimmer, -**	• le séjour
	• **das Esszimmer, -**	• la salle à manger
	• **das Arbeitszimmer, -**	• le bureau
	• **das Ankleidezimmer, -**	• le dressing
die Einbauküche: *la cuisine intégrée, aménagée* die Waschküche, -n: *la buanderie*	• **die Küche, -n**	• la cuisine
	• **die Kochgelegenheit, -en**	• la kitchenette
	• **die Kochnische, -n**	• le coin cuisine
	• **das Bad, ¨-er; das Badezimmer, -**	• la salle de bains
	• **die Dusche, -n**	• la douche
aussi : das WC; das Klo, -s; der Abort, -e	• **die Toilette, -n**	• les WC, les cabinets
	• **die Sauna, -s**	• le sauna
	• **die Garderobe, -n**	• le vestiaire, la penderie
	• **der Abstellraum, ¨-e**	• le débarras
	• **die Veranda, -en**	• la véranda
	• **die Terrasse, -n**	• la terrasse
der Hobbykeller/-raum: *pièce pour le bricolage*	• **der Keller, -**	• la cave
	• **der Heizraum, ¨-e**	• la chaufferie
aussi : *der Speicher*	• **der (Dach)boden, ¨-**	• le grenier
	• **die Dachkammer, -n**	• la mansarde
	• **die Freitreppe, -n**	• le perron
	• **der Balkon, -s/-e**	• le balcon
	• **der Hof, ¨-e**	• la cour
anglais : *garden*	• **der Garten, ¨-**	• le jardin
	• **der Schuppen, -**	• la remise, le hangar

• der Anbau, -ten	• l'appentis
• der Zaun, ¨-e	• la clôture
• die Garage, -n	• le garage

Die Möbel und das Dekorieren / Le mobilier et la décoration

• die Möbel	• les meubles
• die Möbeleinrichtung, -en	• l'ameublement
• das Möbel, -; das Möbelstück, -e	• le meuble
• der Tisch, -e	• la table
• der Schreibtisch, -e	• le bureau
• der Nachttisch, -e	• la table de nuit
• der Sitz, -e	• le siège
• der Stuhl, ¨-e	• la chaise
• der Hocker, -; der Schemel, -	• le tabouret
• der Sessel, -	• le fauteuil
• die Couch, -s; das Sofa, -s	• le canapé
• die Sofagarnitur, -en	• le salon (meubles)
• die Eckbank; die Sitzecke	• la banquette d'angle
• der Schrank, ¨-e	• l'armoire
• der Bücherschrank, ¨-e	• la bibliothèque
• das Regal, -e	• l'étagère
• die Kommode, -n	• la commode
• der Glasschrank, ¨-e	• la vitrine
• die Konsole, -n	• la console
• die Schublade, -n	• le tiroir
• das Bett, -en	• le lit
• die Matratze, -n	• le matelas, le sommier
• der Teppich, -e	• le tapis
• die Tapete, -n	• le papier peint
• der Fußbodenbelag, ¨-e	• le revêtement de sol
• der Vorhang, ¨-e	• le rideau
• die Gardine, -n, der Vorhang, ¨-e	• le rideau (voilage)
• die (Roll)jalousie, -n; das Rollo, -s	• le store
• der Kamin, -e; der Schornstein, -e	• la cheminée
• der Kachelofen, ¨-	• le poêle
• der Spiegel, -	• le miroir, la glace
• die Wanduhr, -en	• la pendule
• die Standuhr, -en	• l'horloge
• die Lampe, -n	• la lampe

Margin notes:
- die Möbel: pluriel
- die Couch: die Schlafcouch, das [L]iegesofa: *le convertible*
- das Regal: das Bücherregal, -e: [l]e *rayon de bibliothèque*
- das Bett: anglais : *bed*
- der Teppich: der Teppichboden, ¨-: *la moquette*
- der Kamin: [a]m Kamin: *au coin du feu*
- die Lampe: der Lampenschirm, -e: *l'abat-jour*

• ein/richten	• aménager
• möblieren	• meubler
• auf/hängen	• accrocher
• an/bringen (brachte, gebracht)	• fixer (au mur)
• (ein Zimmer) tapezieren	• tapisser (une pièce)

Margin note:
- auf/hängen: sich auf/hängen: *se suicider*

• **rustikal, bäuerlich**	• rustique
• **bieder**	• bourgeois
• **antik**	• ancien
• **als Fertigbausatz, in Fertigteilen**	• en kit
• **ausziehbar**	• à rallonges
• **zusammenklappbar**	• pliant

Die technische Ausstattung — L'équipement ménager

	• **der Komfort**	• le confort
fließendes Wasser: *l'eau courante*	• **das Wasser**	• l'eau
	• **der (Wasser)hahn, ¨-e**	• le robinet
	• **die Wasserverteilung, -en**	• l'alimentation en eau
	• **die Wasserleitung, -en**	• la conduite d'eau
	• **die Kanalisation, -en**	• l'égout, le tout-à-l'égout
	• **die Lüftung, -en**	• la ventilation
	• **die Klimatisierung, -en**	• la climatisation
	• **die Isolierung, -en**	• l'isolation
der Schall, -e/¨-e: *le bruit*	• **die Schalldämmung, -en**	• l'insonorisation
	• **das Doppelfenster, -**	• le double vitrage
	• **der (Fenster)laden, ¨-**	• le volet
	• **der Rollladen, ¨-**	• le store, le volet roulant
	• **die Heizung, -en**	• le chauffage
	• **die Zentralheizung, -en**	• le chauffage central
	• **der Heizkörper, -**	• le radiateur
	• **der (Heiz)ofen, ¨-**	• le poêle
aussi : der Strom: *le fleuve*	• **der Strom, ¨-e**	• l'électricité
	• **das (Erd)gas, -e**	• le gaz (naturel)
	• **das (Heiz)öl, -e; das Rohöl, -e**	• le mazout, le fuel
der Kohl: *le chou*	• **die Kohle, -n**	• le charbon
	• **das Holz, ¨-er**	• le bois
	• **das (Haushalts)gerät, -e**	• l'appareil électroménager,
anglais : *washing-machine*	• **die Waschmaschine, -n**	• le lave-linge
	• **die Spülmaschine, -n**	• le lave-vaisselle
	• **der Kühlschrank, ¨-e**	• le réfrigérateur
	• **die Tiefkühltruhe, -n**	• le congélateur
	• **die Beleuchtung, -en**	• l'éclairage
aussi : der Knopf, ¨-e: *le bouton*	• **der (Licht)schalter, -**	• l'interrupteur
	• **die (Glüh)birne, -n**	• l'ampoule (électrique)
	• **der Stecker, -**	• la fiche (électrique), la prise mâle
	• **die Steckdose, -n**	• la prise de courant (femelle)
	• **die Sicherung, -en**	• le fusible
	• **der Stromschlag, ¨-e**	• la décharge électrique
	• **das Stromnetz, -e**	• le réseau électrique
	• **die Sprechanlage, -n**	• l'interphone
	• **der Fahrstuhl, ¨-e; der Lift, -s**	• l'ascenseur
der Panzer, -: *le char/la carapace/ le blindage/la cuirasse*	• **die Panzertür, -en**	• la porte blindée
	• **die Alarmanlage, -n**	• le système d'alarme

• **heizen**	• chauffer
• **beleuchten**	• éclairer
• **an/machen**	• mettre en route/allumer
• **aus/machen**	• éteindre
• **ein/schalten**	• allumer (par interrupteur)
• **an/drehen**	• allumer (par un robinet)
• **(den Stecker) ein/stecken**	• brancher
• **aus/statten**	• équiper
• **verkabeln; an/schließen (o, o)**	• connecter

• **verkabelt**	• câblé
• **modern**	• moderne
• **höchst modern, ultramodern**	• ultramoderne
• **bestens ausgestattet**	• (équipé) tout confort
• **geräumig**	• spacieux
• **prachtvoll, prunkvoll**	• luxueux
• **praktisch**	• pratique
• **ruhig**	• calme
• **isoliert**	• isolé
• **schallisoliert, schalldicht**	• insonorisé
• **bequem**	• confortable
• **gemütlich**	• agréable
• **behaglich**	• douillet
• **zweckmäßig, funktionell**	• fonctionnel
• **benutzerfreundlich**	• convivial
• **sparsam**	• économique
• **ergonomisch**	• ergonomique

anglais : *user-friendly*

3 Stadt und Städtebau — La ville et l'urbanisme

Die städtische Umgebung — L'environnement urbain

• **die Stadt, ¨-e**	• la ville
• **der Stadtbewohner, -**	• le citadin
• **die Großstadt, ¨-e**	• la grande ville
• **die Hauptstadt, ¨-e**	• la capitale
• **die Provinzstadt, ¨-e**	• la ville de province
• **die Weltstadt, ¨-e; die Metropole, -n**	• la métropole
• **die Megalopole, -n**	• la mégalopole
• **die Menge, -n**	• la foule
• **das Gedränge (sing.)**	• la cohue
• **der Asphaltdschungel, -**	• la jungle de béton
• **die Städteballung, -en**	• la conurbation
• **der Großraum, ¨-e**	• l'agglomération
• **das Ballungsgebiet, -e**	• la région à forte concentration urbaine
• **der Stadtrand, ¨-er**	• la périphérie
• **der Marktflecken, -**	• le bourg
• **der Vorort, -e; die Vorstadt, ¨-e**	• la banlieue, le faubourg

die Platzangst: *l'agoraphobie*

die Ballung, -en: *la concentration*

	• der Vorortbewohner, -	• le banlieusard
singulier	• das Umland; die Umgebung	• les environs
	• der (Außen)ring, -e	• le boulevard extérieur/périphériqu
	• der Stadtbezirk, -e	• l'arrondissement
	• der Stadtteil, -e	• le quartier
	• das Wohngebiet, -e	• le quartier d'habitation
	• das Villenviertel, -	• le quartier résidentiel
	• das Geschäftsviertel, -	• le quartier des affaires
	• das Verwaltungsviertel, -	• la cité administrative
	• das Armenviertel, -	• le quartier défavorisé
	• der Außenbezirk, -e	• le quartier périphérique
	• der Häuserblock, ¨-e	• le pâté de maisons
	• die Siedlung, -en	• la cité
	• das Siedlungsgebiet, -e	• le lotissement
	• die Arbeitersiedlung, -en	• la cité ouvrière
	• die Schlafstadt, ¨-e	• la cité-dortoir
	• die Trabantenstadt, ¨-e	• la ville satellite
	• das Industriegebiet, -e	• la zone industrielle (Z.I.)
	• das Gewerbegebiet, -e	• la zone d'activités artisanales et commerciales (Z.A.C.)
	• die Stadtmitte, -n; die Innenstadt, ¨-e	• le centre ville
	• die Altstadt, ¨-e	• la vieille ville
	• der Stadtplan, ¨-e	• le plan de la ville
	• die Straße, -n	• la rue
	• die Hauptstraße, -n	• la rue principale
	• die Querstraße, -n	• la rue transversale
anglais : *one-way street*	• die Einbahnstraße, -n	• la rue à sens unique
	• die Ecke, -n	• le coin de la rue, l'angle de rue
	• die Gasse, -n	• la ruelle
	• die Sackgasse, -n	• l'impasse
	• der Boulevard, -s	• le boulevard
	• die Allee, -n	• l'avenue, l'allée
	• die Grünanlage, -n	• l'espace vert
	• der Grünplatz, ¨-e	• le square, le jardin public
	• der (Kinder)spielplatz, ¨-e	• l'aire de jeu
	• das unbebaute Gelände	• le terrain vague

• städtisch, urban	• urbain, citadin
• stadtkundig	• qui connaît bien la ville
• belebt	• animé
• ruhig	• calme, tranquille
• wohnlich	• agréable à vivre
• verwahrlost	• à l'abandon
• (un)gepflegt	• (mal) entretenu

Der Stadtverkehr — La circulation urbaine

	• der (Straßen)verkehr	• la circulation automobile, le trafic
	• die Stoßzeit, -en	• l'heure de pointe
singulier	• die Verkehrsstockung	• le bouchon

• **die Autoschlange, -n**	• la file (de voitures)
• **die Lärmschutzwand, ¨-e**	• le mur antibruit
• **der Autofahrer, -**	• l'automobiliste
• **der Mopedfahrer, -**	• le cyclomotoriste
• **der Motorradfahrer, -**	• le motocycliste
• **die Kreuzung, -en**	• le carrefour
• **die (Verkehrs)ampel, -n**	• le feu de circulation
• **das Verkehrsschild, -er**	• le panneau de signalisation
• **das Stoppschild, -er**	• le stop
• **die Vorfahrt**	• la priorité
• **der Fußgänger, -**	• le piéton
• **die Fußgängerzone, -n**	• la zone piétonne
• **die Fußgängerstraße, -n**	• la rue piétonne
• **der Bürgersteig, -e**	• le trottoir
• **der Fahrdamm, ¨-e**	• la chaussée
• **die Asphaltschwelle, -n**	• le gendarme couché, le dos d'âne
• **der Zebrastreifen, -**	• le passage pour piétons
• **die Unterführung, -en**	• le passage souterrain
• **das Rad, ¨-er**	• le vélo
• **der Radfahrer, -**	• le cycliste
• **der Radweg, -e**	• la piste cyclable
• **das Parken, -**	• le stationnement
• **der Parkplatz, ¨-e**	• la place de stationnement
• **die Parkuhr, -en**	• le parcmètre
• **der Park(schein)automat, -en**	• l'horodateur
• **das Parkhaus, ¨-er**	• le parking aérien, le parking couvert
• **das Halteverbot, -e**	• l'interdiction de stationner
• **die Tiefgarage, -n**	• le parking souterrain

• **stocken**	• s'arrêter, bouchonner
• **parken**	• stationner
• **Vorfahrt haben**	• avoir la priorité
• **pendeln**	• faire la navette (banlieue-ville)
• **einen Stopp überfahren (u, a, ä)**	• brûler un stop
• **überqueren**	• traverser

• **rege**	• intense (circulation)
• **lärmend**	• bruyant
• **autofrei**	• sans voiture
• **verkehrsfrei**	• interdit à la circulation
• **gebührenpflichtig**	• payant
• **gebührenfrei**	• gratuit
• **in zweiter Reihe**	• en double file

Die Stadtplanung — L'aménagement urbain

• **der Städtebau**	• l'urbanisme
• **das Baugewerbe, -**	• l'industrie du bâtiment
• **der Hoch- und Tiefbau**	• les bâtiments et travaux publics
• **das Bauunternehmen, -**	• l'entreprise du bâtiment
• **der Bauherr, -en**	• le maître d'œuvre

	• **die Baustelle, -n**	• le chantier
	• **der Bauträger, -**	• le promoteur immobilier
	• **die Baubehörde, -n**	• le service de l'urbanisme
	• **die Baugenehmigung, -en**	• le permis de construire
	• **das Bauland**	• la zone constructible
	• **die Baulücke, -n**	• le terrain non bâti
	• **die städtische Landschaft, -en**	• le paysage urbain
	• **die Verstädterung, -en**	• l'urbanisation
	• **der Architekt, -en, -en**	• l'architecte
	• **der Stadtplaner, -**	• l'urbaniste
aussi : der/das Kataster, -	• **das Flurbuch, ¨-er;**	• le cadastre
	• **der Bebauungsplan, ¨-e**	• le plan d'occupation des sols (P.O.S
	• **die Sanierung, -en**	• la rénovation
	• **die Bewahrung, -en**	• la préservation
	• **das Abreißen, -**	• la démolition
	• **das Reinigen, -; das Säubern, -**	• le ravalement
	• **die Altstadtsanierung, -en**	• la réhabilitation des vieux quartier
	• **der soziale Wohnungsbau, -ten**	• la construction de logements sociaux
	• **die Sozialwohnung, -en**	• le logement H.L.M.
pluriel	• **die Sozialbauten**	• les H.L.M.
	• **das Wohngeld, -er**	• l'allocation logement
	• **das Ödland, ¨-er**	• le terrain vague
	• **die Mülldeponie, -n**	• la décharge

	• **verstädtern; urbanisieren**	• urbaniser
	• **planen**	• planifier
	• **errichten**	• ériger
	• **ab/reißen (-iss, -issen)**	• arracher, démolir
	• **dem Erdboden gleich/machen**	• raser
	• **renovieren lassen (ie, a, ä)**	• faire rénover
anglais : *to sanitate*	• **renovieren; sanieren**	• rénover, moderniser
	• **aus/dehnen**	• étendre, agrandir
	• **veredeln**	• ennoblir

	• **verfallen, heruntergekommen**	• en ruines
	• **baufällig**	• délabré, insalubre, vétuste
	• **sauber**	• propre
	• **schmutzig, dreckig**	• sale
	• **(un)bewohnbar**	• (in)habitable
	• **verwahrlost**	• sordide
	• **benachteiligt**	• défavorisé
	• **unheimlich, unglückselig**	• sinistre
	• **finster, trostlos**	• lugubre
	• **steuerbefreit**	• franche (zone)

Die Notunterkunft — Le logement d'urgence

pluriel	• **die Benachteiligten**	• les défavorisés
	• **die Randgruppe, -n**	• le groupe marginal

anglais : *outsider*	• **der Außenseiter, -**	• le marginal
	• **der Asoziale (AS)**	• l'asocial
	• **der Härtefall, ¨-e**	• le cas social grave
	• **der Aussteiger, -**	• le marginal
	• **der Obdachlose (AS)**	• le sans-abri, le S.D.F.
	• **der Hausbesetzer, -**	• le squatteur
	• **der Stadtstreicher, -**	• le clochard
	• **der Bettler, -**	• le mendiant
	• **die Hausräumung, -en**	• l'éviction
	• **die Zwangsräumung, -en**	• l'expulsion
	• **das Wohnheim, -e**	• le centre d'accueil
	• **die Unterkunft, ¨-e; das Asyl, -e**	• l'asile, le foyer
	• **das Obdachlosenheim, -e**	• le foyer pour sans-abri
	• **die Heilsarmee**	• l'Armée du salut

	• **betteln**	• mendier, faire la manche
	• **aus/steigen (ie, ie)**	• se mettre en marge de la société
	• **aus/schließen (o, o)**	• exclure
	• **auf die Straße setzen**	• mettre à la rue
	• **erfrieren**	• mourir de froid
	• **unter den Brücken schlafen (ie, a, ä)**	• dormir sous les ponts
	• **vor die Tür setzen**	• expulser
	• **räumen lassen (ie, a, ä)**	• faire expulser
-brachte, -gebracht	• **wieder unter/bringen**	• reloger

	• **obdachlos**	• sans abri, SDF
	• **besetzt**	• squatté
	• **vorübergehend, kurzfristig**	• temporairement

Unbehagen in der Stadt — Les maux de la ville

	• **die Landflucht, ¨-e**	• l'exode rural
	• **der Ansturm, ¨-e**	• l'affluence
	• **die Belästigung, -en**	• la nuisance
	• **die Verschlechterung, -en**	• la dégradation
	• **die Luftverschmutzung, -en**	• la pollution atmosphérique
pluriel	• **die Autoabgase**	• les gaz d'échappement
	• **der Lärm, -e; das Geräusch, -e**	• le bruit
	• **die Lärmbelästigung, -en**	• la pollution sonore
	• **der Geräuschpegel, -**	• le niveau sonore
	• **die Kriminalität, -en**	• la délinquance
	• **der Einbruch, ¨-e**	• le cambriolage
	• **der Angriff, -e**	• l'agression
	• **die Gewalt, -en**	• la violence
	• **die Vereinzelung, -en**	• l'isolement
	• **die Unsicherheit, -en**	• l'insécurité
	• **der Pendelverkehr**	• les allers-retours
	• **der Stau, -s**	• le bouchon (circulation)
	• **die Ausbreitung, -en**	• l'extension (de la ville)
	• **die Überbevölkerung, -en**	• le surpeuplement
	• **die Wohnungspolitik, -en**	• la politique du logement

der Schlüssel, -: *la clé*

- **der Wohnungsmangel, ¨-** • la pénurie de logements
- **die Wohnungsnot, ¨-e** • la crise du logement
- **die Wuchermiete, -n** • le loyer exorbitant
- **das Ghetto, -s** • le ghetto
- **das Elendsviertel, -; der Slum, -s** • le bidonville
- **die Baracke, -n** • le baraquement
- **das Schlüsselkind, -er** • l'enfant livré à lui-même
- **der Ruf der Natur** • l'appel de la nature

- **zu/strömen** • affluer
- **die Menschen verdrängen (in)** • repousser les gens (vers)
- **dezentralisieren** • décentraliser
- **die Stadt verlassen (ie, a, ä)** • quitter la ville
- **vor der Stadt fliehen (o, o)** • fuir la ville

- **(un)verschmutzt** • (non) pollué
- **entmenscht** • déshumanisé
- **heiß** • chaud (où règne l'insécurité)
- **anonym** • anonyme
- **überbevölkert** • surpeuplé
- **(un)erschwinglich** • (in)abordable
- **wiederbelebend** • vivifiant
- **billig** • bon marché

ÜBUNGEN

62 Haben Sie diese Begriffe gut verstanden? Entscheiden Sie: Richtig oder falsch?

	Richtig	Falsch
a. Bei der Kündigung schließen Mieter und Vermieter einen Mietvertrag.		
b. Nebenkosten zahlt man für Wasser, Heizung, Strom...		
c. Kaltmiete schließt die Heizungskosten im Mietpreis ein.		
d. Untermieter wohnen im Ergeschoss		
e. In einer Wohngemeinschaft teilen mehrere Leute sich eine Wohnung.		
f. Der Mietvertrag regelt, wie viel der Mieter für Monatsmiete und Nebenkosten zahlen muss.		
g. Eine Neubauwohnung muss renoviert werden, bevor die Mieter einziehen können.		
h. In einem Reihenhaus hat man keine Nachbarn.		
i. Das Mieterschutzgesetz verleiht dem Mieter wichtige Rechte, die jeder Vermieter respektieren muss.		
j. Der Dachboden besteht aus Dachziegeln oder Dachpappe.		

63 In der Stadt leben – nichts ist einfach. Vie urbaine – Rien n'est simple.

Wählen Sie das treffende Wort!

a. Wenn eine Stadt so klein ist, dass sie keine große Auswahl an abendlichen und nächtlichen Vergnügungen bietet, so sagt man, die … werden abends hochgeklappt.
Bürgersteige - Zebrastreifen - Hemdkrägen - Ampeln

b. Das Fahrradfahren auf den … ist unter Geldstrafe strengstens verboten.
Bürgersteigen - Zebrastreifen - verkehrsberuhigte Zonen - Halteverboten

c. Für Studenten, die kein Auto besitzen, bietet es sich an, … zu bilden.
Fahrgäste - Nahverkehr - Fahrgemeinschaften - Kreisverkehr

d. Am Bahnhof treiben sich immer jede Menge … herum, die die Passanten belästigen.
Polizisten - Schwarzfahrer - Penner - Fußgänger

e. Bei Ferienbeginn gibt es regelmäßig … auf den Autobahnen Richtung Süden.
Stau - Halteverbot - Strafzettel - Abgase

64 Was passt zusammen? Qu'est-ce qui va ensemble ?

a. Stau und … – **b.** Nahverkehr und … – **c.** Stoßzeiten und … – **d.** Elendsviertel und … – **e.** Bürgersteig und … – **f.** Halteverbot und … – **g.** Denkmal und …

1. Abschleppdienst – **2.** Fahrbahn – **3.** Fernstraßen – **4.** fließender Verkehr – **5.** Luxusviertel – **6.** Stadtführung – **7.** verkehrsberuhigte Tageszeiten

65 Auf welche Stadt bezieht sich jede der folgenden Umschreibungen? Quelles villes désignent ces périphrases ?

a. die Ewige Stadt	**1.** Berlin
b. die Heilige Stadt	**2.** Dresden
c. die Goldene Stadt	**3.** Frankfurt
d. die Königin der Meere	**4.** Jerusalem
e. die Königin der Hanse	**5.** Kalbe an der Milde
f. die Domstadt	**6.** Köln
g. die Donaumetropole	**7.** Leipzig
h. Elbflorenz	**8.** London
i. Klein-Paris	**9.** Lübeck
j. die Metropole an der Spree	**10.** München
k. die Mainmetropole	**11.** Prag
l. Die Themse-Metropole	**12.** Rom
m. das Millionendorf	**13.** Venedig
n. die Beamtenstadt	**14.** Wien
o. die Stadt der hundert Brücken	**15.** Wiesbaden

Corrigés page 470

Landeskunde

Wohnen in Deutschland

Habiter en Allemagne

- **die Meldepflicht:** obligation, en Allemagne, de déclarer son domicile.
- **das Einwohnermeldeamt:** bureau de déclaration domiciliaire.
- **die (polizeiliche) Anmeldung:** déclaration de séjour (à la police) ; **die Abmeldung:** déclaration de départ.
- **die Wohngemeinschaft, die WG:** plusieurs personnes partageant un appartement ou une maison, pour plus de convivialité et moins de frais.
- **die Mietskaserne, -n:** la caserne locative, habitat ouvrier berlinois de la fin du XIXe siècle : immeubles de six étages sur trois rangées par rapport à la rue, séparés par des arrière-cours **(der Hinterhof, ¨-e)** et des murs coupe-feu **(die Brandmauer, -n)** qui subsistent notamment dans le quartier turc et alternatif de Kreuzberg.
- **die Plattenbauwohnung, -en:** désigne les logements sociaux préfabriqués de l'ex-RDA, en plaques de béton armé.
- **das Containerhaus, die Containerwohnung:** logements improvisés, souvent pour héberger des demandeurs d'asile **(der Asylant, -en, -en)**.
- **der Hausbesetzer:** le squatter ; **die Hausbesetzung** ou **die Instandbesetzung** (mot valise) : le squat ; l'occupation illégale de logements vides, soutenue par la mouvance alternative, a parfois, comme à Hambourg, donné lieu à des affrontements violents. Slogan hostile au squat : **Instand setzen statt instandbesetzen:** rénover au lieu de squattériser en l'état.
- **die Baubiologie:** la biologie de l'habitat analyse les effets nocifs sur la santé des matériaux de construction modernes.
- **die Gemütlichkeit:** concept d'un art de vivre – confort, bien-être, intimité et convivialité – qui se reflète entre autres dans l'aménagement d'une maison, par exemple avec : **der Kachelofen:** le poêle en faïence.
- **das Bauhaus:** le Bauhaus, école d'architecture et de dessin, fondé par Walter Gropius en 1919 ; exclusivement allemand au départ, mais à l'origine de toute l'architecture moderne et du “design”.

Die Alternativen zum Auto

Les solutions de remplacement à l'automobile

Die neuen Nahverkehrsmittel - Les nouveaux moyens de transport de proximité :

- **der Inline-Skate, -s; der Rollerskate, -s; “der schnelle Schuh”:** le roller ; **der Inliner; der (Inline) Skater, -/-s (ou: Rollerblader):** l'adepte du roller. On envisage sérieusement de soumettre les personnes sur rollers au code de la route.
- **das Elektrofahrrad:** la bicyclette électrique
- **der (Tret)roller, -:** la trottinette, la patinette ; **der Elektroroller:** la patinette électrique

Die Fahrgemeinschaft - Le covoiturage :

- **Das Car-Sharing:** en 1999, 75 entreprises de covoiturage regroupaient environ 25 000 membres. Il existe en Allemagne une volonté de collaboration étroite entre car-sharing et transports publics.
- **die Mitfahrgelegenheit; die Mfg:** l'offre de covoiturage

  Exemples d'annonces sur les panneaux d'affichage des universités : **biete Mfg nach:** offre place pour aller à … ; **suche Mfg nach:** cherche véhicule allant à…

- **die Mitfahrerzentrale, -n:** la centrale de covoiturage.
- **Das Park-and-Ride-System:** parking-relais ou parking de dissuasion incitant les banlieusards qui travaillent au centre ville **(der Berufspendler, -)** à garer leur véhicule sur un parking périphérique gratuit et à prendre le bus ou le métro.

Die Verkehrsregelung

La réglementation de la circulation

- **die Verkehrsampeln:** le fonctionnement des feux tricolores en Allemagne est symétrique : le feu redevient orange avant de passer au vert.
- **die grüne Welle:** "l'onde verte", désigne les feux synchronisés sur les boulevards de ceinture ou les pénétrantes.
- **Das Parkleitsystem:** système de guidage à l'aide de panneaux électroniques indiquant aux automobilistes le taux d'occupation des parkings publics.
- **die Verkehrsberuhigung:** restriction de la vitesse dans la zone résidentielle **(die Wohnstraße)** grâce à des panneaux de limitation à 30 km/h **(Tempo-30-Zone)**, diverses chicanes **(Asphaltschwellen, Blumenrabatten, Schrägparken); die verkehrsberuhigte Zone:** la zone à circulation réduite. La rue est ainsi rendue aux enfants, aux vélos et aux rollers.

Bildlich gesprochen

Rund ums Haus

- **"Na, du altes Haus!":** "Alors, mon vieux !"
- **wie die Wilden hausen:** se comporter en sauvage(s)
- **einen Hausstand gründen:** se mettre en ménage
- **mit der Tür ins Haus fallen:** mettre les pieds dans le plat
- **aus dem Häuschen sein:** être hors de soi

Vom Keller bis zum Dachboden

- **Leichen im Keller haben:** avoir des secrets gênants, un passé douteux
- **zwischen Tür und Angel:** en passant, sans prendre son temps et sans délicatesse
- **lügen, dass sich die Balken biegen:** mentir comme un arracheur de dents
- **auf dem Holzweg sein:** être sur la mauvaise voie, se tromper
- **den Teufel an die Wand malen:** tenter le diable
- **sich nach der Decke strecken:** vivre selon ses moyens
- **unter Dach und Fach bringen:** mettre à l'abri, régler une affaire, la "boucler"
- **etwas in den Schornstein schreiben:** faire son deuil de quelque chose
- **der Schornstein raucht:** les affaires vont bien

Zum Nachdenken

- **Wie man sich bettet, so liegt man:** Comme on fait son lit, on se couche.
- **Eigener Herd ist Goldes wert:** Un foyer à soi vaut toutes les richesses.
- **Trautes Heim, Glück allein:** Rien ne vaut son chez soi.

19 Die Geschichte
L'histoire

1 Von der Antike bis zur Neuzeit — De l'Antiquité aux Temps modernes

Die Vorgeschichte — La préhistoire

Allemand	Français	Remarque
die Geschichte	l'histoire	
der Historiker, -	l'historien	
die Epoche, -n	l'époque	anglais : *epoch*
das Zeitalter, -	l'ère	
die Vorgeschichte	la préhistoire	der Neandertaler: *l'homme de Néanderthal*
die Steinzeit	l'âge de pierre	
der Urmensch, -en, -en	l'homme préhistorique	
die Höhle, -n	la caverne	
der Höhlenbewohner, -	l'homme des cavernes	
die Archäologie	l'archéologie	
der Archäologe, -n, -n	l'archéologue	
die Ausgrabung, -en	les fouilles	
der Fund, -e	la découverte	

- (vor)geschichtlich — (pré)historique

Das Altertum — L'Antiquité

Allemand	Français	Remarque
die Tyrannei	la tyrannie	
der Tyrann, -en, -en	le tyran	
die Autokratie	l'autocratie	
der Diktator, -en	le dictateur	
das Volk ¨-er	le peuple	
der König, -e	le roi	anglais : *king*
die Königin, -nen	la reine	anglais : *queen*
das Königreich, -e	le royaume	
das Königshaus, ¨-er	la dynastie	
die Krone, -n	la couronne	anglais : *crown*
die Krönung	le couronnement	das ist ja die Krönung!: *c'est le comble!*
der Thron, -e	le trône	
der Thronfolger, -	l'héritier du trône	
das Zepter	le sceptre	
die Abdankung	l'abdication	
die Absetzung	la destitution	
der Aufstand, ¨-e	le soulèvement	
der Aufruhr, -e	la révolte	
der Kaiser, -	l'empereur	
das Imperium	l'empire	
das Kaiserreich, -e	l'empire	
der Sklave, -n, -n	l'esclave	
die Sklaverei	l'esclavage	
der Ägypter, -	l'Égyptien	

• der Pharao, -nen	• le pharaon
• die Mumie, -n	• la momie
• der Grieche, -n, -n	• le Grec
• der Römer, -	• le Romain
• der Germane, -n, -n	• le Germain
• der Gallier, -	• le Gaulois
• die Eroberung, -en	• la conquête
• die Größe	• la grandeur
• der Verfall	• la décadence
• der Untergang	• le déclin

• herrschen (über + A)	• régner (sur)
• ein/balsamieren	• embaumer
• unterdrücken	• assujettir
• jdn köpfen	• décapiter qqn
• jdn erhängen (anglais : *to hang*)	• pendre qqn
• jdn krönen	• couronner qqn
• jdn ab/setzen (ab/setzen (aussi): *ôter ; vendre*)	• destituer qqn

• königlich	• royal
• kaiserlich	• impérial
• ägyptisch	• égyptien
• griechisch	• grec
• römisch	• romain
• germanisch	• germain
• slawisch	• slave

Das Mittelalter / Le Moyen Âge

• die Völkerwanderung	• les grandes invasions
• der Feudalismus	• la féodalité
• der Franke, -n, -n	• le Franc
• der Frankenkönig (Karl der Große: *Charlemagne*)	• le roi des Francs
• das Frankenreich ((!) Frankreich: *la France*)	• le royaume des Francs
• der Krieger, -	• le guerrier
• der Ritter, -	• le chevalier
• der deutsche Ritterorden (der Drang nach Osten: *la poussée vers l'est*)	• l'Ordre des Chevaliers teutoniques
• das Rittertum	• la chevalerie
• die Eindeutschung	• la germanisation
• der Kreuzzug, ¨-e (anglais : *crusade*)	• la croisade
• der Kreuzritter, - (≠ das Ritterkreuz: *la croix de chevalier*)	• le croisé
• das Heilige Land	• la Terre Sainte
• die Burg, -en	• le château fort
• die Belagerung, -en	• le siège
• der Adel; die Aristokratie (Adel verpflichtet: *Noblesse oblige*)	• la noblesse, l'aristocratie
• der Adlige (AS) (das Adelsprädikat: *la particule (nobiliaire)*)	• le noble, le gentilhomme
• der Graf, -en, -en	• le comte
• die Gräfin, -nen	• la comtesse
• der Freiherr, -en (aussi : der Baron, -e)	• le baron
• die Baronin, -nen	• la baronne
• der Herzog, ¨-e	• le duc

• **die Herzogin, -nen**	• la duchesse
• **der Fürst, -en, -en**	• le prince (régnant)
• **die Fürstin, -nen**	• la princesse (régnante)
• **der Prinz, -en, -en**	• le prince (non-régnant)
• **die Prinzessin, -nen**	• la princesse (non-régnante)
• **der Kurfürst, -en, -en**	• le prince électeur
• **der Vasall, -en, -en**	• le vassal
• **der Leibeigene (AS)**	• le serf
• **die Leibeigenschaft**	• le servage
• **das Lehen, -**	• le fief
• **der Sultan, -e**	• le sultan
• **der Harem, -s**	• le harem
• **der Emir, -e**	• l'émir
• **der Scheich, -e/s**	• le cheik

• **dienen**	• servir
• **jdn adeln**	• anoblir qqn
• **jdn stürzen**	• renverser qqn

(!) nobel: *noble (fig.), élégant, snob*

• **mittelalterlich**	• médiéval
• **fränkisch**	• franc
• **ad(e)lig, aristokratisch**	• noble
• **ritterlich**	• chevaleresque
• **absolutistisch**	• absolutiste
• **leibeigen**	• en servage
• **unterdrückt**	• assujetti
• **unantastbar**	• intouchable
• **gottgegeben**	• donné par dieu
• **gesetzlos**	• sans foi ni loi

Die Renaissance und der Absolutismus — La Renaissance et l'absolutisme

Karl V. (der Fünfte): *Charles-Quint*

Das Ei des Kolumbus: *l'œuf de Christophe Colomb*

das göttliche Recht: *le droit divin*

der Untertanengeist: *la servilité*

• **der Humanismus**	• l'humanisme
• **der Humanist, -en, -en**	• l'humaniste
• **die Reformation**	• la Réforme
• **das Luthertum**	• le luthéranisme
• **der Ketzer, -**	• l'hérétique
• **der Bauernkrieg, -e**	• la guerre des paysans
• **die Hexenverfolgung**	• la chasse aux sorcières
• **Kolumbus**	• Christophe Colomb
• **der Monarch, -en, -en**	• le monarque
• **der Herrscher, -**	• le souverain
• **die Monarchie, -n**	• la monarchie
• **der Erbe, -n, -n**	• l'héritier
• **das Erbe, -; die Erbschaft, -en**	• l'héritage
• **der Untertan, -en, -en**	• le sujet
• **der Stand, ¨-e**	• la classe sociale
• **der Adel**	• la noblesse
• **das Militär**	• l'armée
• **der Dritte Stand**	• le Tiers État

• der Klerus	• le clergé
• die Gegenreformation	• la Contre-Réforme
• der Jesuitenorden	• la compagnie de Jésus
• die Inquisition	• l'inquisition
• der Hof, ¨-e	• la cour
• der Höfling, -e	• le courtisan
• der Landadel	• la noblesse terrienne
• der Großgrundbesitz, -	• la grande propriété foncière
• der Großgrundbesitzer, -	• le grand propriétaire
• das Privileg, -ien	• le privilège
• die Napoleonischen Kriege	• les guerres napoléoniennes
• der Rheinbund	• la Confédération du Rhin
• die Befreiungskriege	• les guerres de libération
• der Wiener Kongress	• le Congrès de Vienne
• die Heilige Allianz	• la Sainte Alliance
• der Deutsche Bund	• la Confédération germanique

der Hofknicks: *la révérence*

der Junker, -: *le hobereau*

pluriel

pluriel

• die Privilegien ab/schaffen (u, a)	• abolir les privilèges

• absolut	• absolu
• aufgeklärt	• éclairé
• hoffähig	• admis à la Cour

2 Neueste Geschichte — L'histoire contemporaine

Die Gründung des deutschen Kaiserreiches — La fondation de l'Empire allemand

• der Deutsche Zollverein	• l'Union douanière allemande
• die Märzrevolution	• la révolution de mars 1848
• die Reichsgründung	• la fondation du Reich
• der Reichskanzler	• le chancelier du Reich
• der Imperialismus	• l'impérialisme
• der Kolonialismus	• le colonialisme
• die Kolonisierung	• la colonisation
• Namibia	• la Namibie
• der Hottentotte, -n, -n	• le Hottentot
• das Großbürgertum	• la grande bourgeoisie
• der Industriekapitän, -e	• le gros industriel
• das Proletariat	• le prolétariat
• die Arbeiterklasse	• la classe ouvrière
• die Arbeiterbewegung	• le mouvement ouvrier
• der Klassenkampf, ¨-e	• la lutte des classes
• die Donaumonarchie	• la monarchie danubienne

• kolonisieren	• coloniser

• imperialistisch	• impérialiste

Die Weimarer Republik — La République de Weimar

die Novemberrevolution: *la révolution de novembre (1928)*

die Dolchstoßlegende: *la légende du coup de poignard dans le dos*

pluriel

• **die Revolution, -en**	• la révolution
• **der Aufstand, ¨-e**	• l'émeute
• **die Republik, -en**	• la république
• **die Arbeiter- und Soldatenräte (plur.)**	• les conseils d'ouvriers et de soldats
• **der Kommunismus**	• le communisme
• **die Kommunistische Partei Deutschlands; die KPD**	• le Parti communiste allemand
• **der Versailler Vertrag**	• le traité de Versailles
• **die Reparationen**	• les réparations
• **die Ruhrbesetzung**	• l'occupation de la Ruhr
• **der Reichspräsident, -en -en**	• le président du Reich
• **der Völkerbund**	• la Société des Nations (SDN)
• **die Weltwirtschaftskrise, -n**	• la crise économique mondiale
• **der Totalitarismus**	• le totalitarisme
• **der Faschismus**	• le fascisme

• **(die Republik) aus/rufen (ie, u)**	• proclamer

Das Dritte Reich — Le Troisième Reich

der SS-Mann, ¨-er/-Leute: *le S.S.*

der SA-Mann, ¨-er/-Leute: *le S.A.*

der Adlerhorst: *le nid d'aigle*
die Wolfsschanze: *le retranchement de Hitler*

ins Exil gehen: *partir en exil*

in die Emigration gehen: *émigrer*

Arbeit macht frei: *le travail rend libre* (écrit au-dessus de plusieurs camps de concentration)

der Bund der deutschen Mädel; der BDM: *l'Union des jeunes filles allemandes*

• **der Nationalsozialismus**	• le national-socialisme
• **der Nazi, -s**	• le nazi
• **das Nazi-Regime**	• le régime nazi
• **die Nazizeit**	• l'époque nazie
• **die Nationalsozialistische deutsche Arbeiterpartei**	• le N.S.D.A.P. (parti nazi)
• **der Aufstieg, -e**	• la montée, l'ascension
• **die Schutzstaffel, -n; die SS**	• la S.S. (section de protection)
• **die Sturmabteilung, -en; die SA**	• la S.A. (section d'assaut)
• **der Nürnberger Parteitag**	• le congrès de Nuremberg (1935)
• **die Machtergreifung, -en**	• la prise de pouvoir de Hitler (1933
• **die Diktatur**	• la dictature
• **der Führer, -**	• le führer
• **der Führerbunker, -**	• l'abri de Hitler (1945)
• **der Reichstagsbrand**	• l'incendie du Reichstag (1933)
• **die Gleichschaltung**	• la mise au pas (1933)
• **die entartete Kunst**	• l'art dégénéré
• **das Exil**	• l'exil
• **die innere Emigration**	• l'émigration intérieure
• **das Konzentrationslager, -; das KZ**	• le camp de concentration
• **der KZ-Häftling, -e**	• le détenu ; le déporté
• **die Zwangsarbeit**	• les travaux forcés
• **die Geheime Staatspolizei**	• la police secrète d'État
• **die Gestapo**	• la Gestapo
• **die Hitlerjugend; die HJ**	• la Jeunesse hitlérienne
• **der Lebensraum**	• l'espace vital
• **das Münchner Abkommen**	• les accords de Munich
• **der polnische Korridor**	• le couloir de Dantzig
• **der Anschluss**	• l'annexion, l'anschluss

• **die Wehrmacht**	• la Wehrmacht
• **die Rassenlehre**	• la doctrine raciale
• **der Arier, -**	• l'aryen
• **der Antisemitismus**	• l'antisémitisme
• **die Judenverfolgung**	• la persécution des juifs
• **die Nürnberger Gesetze**	• les lois de Nuremberg (1935)
• **die Reichskristallnacht**	• la nuit de cristal (1938)
• **das Getto, -s**	• le ghetto
• **das Warschauer Getto**	• le ghetto de Varsovie (1943)
• **die Ausrottung, -en**	• l'extermination
• **die Ausmerzung, -en**	• l'élimination
• **der Völkermord, -e**	• le génocide
• **das Vernichtungslager, -**	• le camp d'extermination
• **die Gaskammer, -n**	• la chambre à gaz
• **die Widerstandsbewegung, -en**	• le mouvement de résistance
• **der Widerstandskämpfer, -**	• le résistant
• **die bedingungslose Kapitulation**	• la capitulation sans conditions (1945)

die Weiße Rose: *la Rose blanche (mouvement de résistance anti-nazie)*

• **auf/steigen (ie, ie)**	• monter
• **vergasen**	• gazer
• **aus/rotten**	• exterminer

• **arisch**	• aryen

3 Deutschland nach 1945 — L'Allemagne contemporaine

Die Nachkriegszeit — L'après-guerre

• **die Allierten (AS)**	• les Alliés
• **die Siegermacht, ¨-e**	• la puissance victorieuse
• **die vier Großmächte**	• les quatre grandes puissances
• **der Viermächtestatus**	• le statut quadripartite
• **die Jalta-Konferenz**	• la conférence de Yalta (1945)
• **die Potsdamer Konferenz**	• la conférence de Potsdam (1945)
• **das Potsdamer Abkommen**	• les accords de Potsdam
• **die Demontage, -n**	• le démontage
• **die Besatzung, -en**	• l'occupation
• **die Besatzungsmacht, ¨-e**	• la puissance d'occupation
• **die Besatzungszone, -n**	• la zone d'occupation
• **der Sektor, -en**	• le secteur (Berlin)
• **die Zugangsstraße, -n**	• la voie d'accès
• **die Transitstrecke, -n**	• la voie de transit
• **der Luftkorridor, -e**	• le couloir aérien
• **der Nürnberger Prozess, -e**	• le procès de Nuremberg (1945-1949)
• **das Kriegsverbrechen, -**	• le crime de guerre
• **der Kriegsverbrecher, -**	• le criminel de guerre

ie vier Sektoren: *les quatre secteurs (de Berlin)*

der Schreibtischtäter, -: *l'ordonnateur de crimes de guerre*

der Persilschein (plais.): *certificat de dénazification*	**die Entnazifizierung**	la dénazification
	der Heimatvertriebene (AS)	l'expulsé
	der Kriegsheimkehrer, -	l'ancien prisonnier de guerre
	der Spätheimkehrer, -	l'ancien prisonnier de guerre
	die Marshall-Plan-Hilfe	le plan Marshall (1947)
	der Wiederaufbau	la reconstruction
	die Währungsreform	la réforme monétaire (1948)

Die Teilung Deutschlands und die Wiedervereinigung / La division de l'Allemagne et la réunification

	die Bundesrepublik Deutschland	la République fédérale d'Allemagn (RFA)
	das Grundgesetz	la Loi fondamentale (constitution de la RFA)
	das Wirtschaftswunder	le miracle économique
= die Zone (familier)	**die SBZ (sowjetische Besatzungszone)**	la zone d'occupation soviétique
	Mitteldeutschland	l'Allemagne centrale
	die DDR (die Deutsche Demokratische Republik)	la RDA (République démocratique allemande)
	die Volksdemokratie	la démocratie populaire
= der Vopo, -s	**der Volkspolizist, -en, -en**	l'agent de la police populaire
= die Stasi	**die Staatssicherheit**	la sûreté intérieure de l'État (police politique)
der IM (Inoffizielle Mitarbeiter): *l'indic de la Stasi*	**der Stasi-Beamte (AS)**	le fonctionnaire de la Stasi
	der Spitzel, -	l'espion, l'indicateur
	die Spionage	l'espionnage
	der Genosse, -n, -n	le camarade
= die SED	**die Sozialistische Einheitspartei Deutschlands**	le parti socialiste unifié d'Allemagne de l'Est
	die Volkskammer	la Chambre du peuple
= die LPG, -s	**die landwirtschaftliche Produktionsgenossenschaft, -en**	la coopérative de production agrico
	das Kombinat, -e	le combinat
	Die Oder-Neiße-Linie	la ligne Oder-Neisse
pluriel	**die Ostgebiete**	les territoires de l'Est
	der Kalte Krieg	la guerre froide
	der Eiserne Vorhang	le rideau de fer
	die Demarkationslinie, -n	la ligne de démarcation
	die innerdeutsche Grenze	la frontière inter-allemande
	die Grenzpolizei (plur.)	la police des frontières
	die Berlin-Blockade	le blocus de Berlin (1948-1949)
	die Luftbrücke	le pont aérien
die Schandmauer (péj.): *le mur de la honte* der antifaschistische Schutzwall (jarg.): *le mur de protection antifasciste*	**die Berliner Mauer**	le mur de Berlin (1961-1989)
	die Grenzanlagen (plur.)	les installations frontalières
	der Todesstreifen	le corridor de la mort
	der Grenzposten, -	le garde-frontière
	der Heckenschütze, -n	le tireur embusqué, le franc-tireur
	das Minenfeld, -er	le champ de mines
	der Stacheldraht	le fil de fer barbelé
	der Spanische Reiter, -	le cheval de frise

• **die Selbstschussanlage, -n**	• le système de tir automatique
• **die Ostpolitik**	• la politique d'ouverture à l'Est
• **die Entspannungspolitik**	• la politique de détente
• **das Viermächte-Abkommen**	• l'accord quadripartite
• **der Grundlagenvertrag**	• le traité fondamental
• **die Ausreisegenehmigung, -en**	• l'autorisation de sortie
• **der Flüchtling, -e**	• le réfugié
• **der Flüchtlingsstrom, ¨-e**	• le flot des réfugiés
• **der Übersiedler, -**	• le transfuge d'Allemagne de l'Est
• **der Mauerfall**	• la chute du Mur
• **die Wende**	• le tournant, le changement
• **der Einigungsvertrag**	• le Traité d'unification
• **die Währungsunion**	• l'union monétaire
• **die Einigung**	• l'unification
• **die Wiedervereinigung**	• la réunification
• **das alte Bundesland, ¨-er**	• l'ancien land
• **die fünf neuen Bundesländer**	• les cinq nouveaux länder
• **der Ossi, -s (fam.)**	• sobriquet désignant les gens de l'ex RDA
• **der Wessi, -s (fam.)**	• sobriquet désignant les gens de l'Ouest
• **gesamtdeutsch**	• allemand, relatif à toute l'Allemagne

der Schießbefehl: *l'ordre de tirer*

der Tag der deutschen Einheit: *la fête de l'unité allemande (17 juin)*

der Jammerossi, -s (plais.): *l'Ossi geignard et pitoyable*

der Besserwessi, -s (jeu de mots): *le Wessi donneur de leçons*

ÜBUNGEN

66 Zeittafel. Tableau chronologique.

Ordnen Sie folgende geschichtliche Ereignisse den passenden Daten zu!

1. 375-568	**a.** der Blitzkrieg	la guerre éclair
2. 962-1806	**b.** der Deutsch-Französische Krieg	la guerre de 1870
3. 1357-1453	**c.** der Dreißigjährige Krieg	la guerre de Trente Ans
4. 1618-1648	**d.** der Hundertjährige Krieg	la guerre de Cent ans
5. 1756-1763	**e.** der Siebenjährige Krieg	la Guerre de Sept Ans
6. 1848	**f.** die Märzrevolution	la révolution de mars
7. 1867-1918	**g.** die "Nationale Revolution"	la "révolution nationale"
8. 1870-1871	**h.** die Novemberrevolution	la révolution de novembre
9. 1871-1918	**i.** die Oktoberrevolution	la révolution d'octobre
10. 1918	**j.** das Deutsche Reich	l'Empire allemand
11. 1918	**k.** das Deutsche Reich (das Heilige Römische Reich Deutscher Nation)	l'Empire germanique (le Saint Empire Romain Germanique)
12. 1917	**l.** das Dritte Reich	le Troisième Reich
13. 1919-1933	**m.** die Kaiserlich-Königliche Doppelmonarchie	l'Empire austro-hongrois
14. 1920-1946	**n.** die Räterepublik	la République des conseils ouvriers
15. 1939-1940	**o.** der Völkerbund	la Société des Nations
16. 1933	**p.** die Völkerwanderung	les grandes invasions
17. 1933-1945	**q.** die Weimarer Republik	la République de Weimar

► **Corrigé page 470** ◄

Landeskunde

Einige Schlüsselbegriffe zur deutschen Geschichte

Quelques notions-clés de l'histoire allemande

Die mittlere und neuere Geschichte - L'époque médiévale et moderne :

- **der Limes:** le limes, ligne de fortifications construites par les Romains aux confins de l'Empire pour le protéger des incursions étrangères.
- **die Germania:** personnage féminin qui symbolise l'ancien Empire allemand.
- **das Heilige Römische Reich Deutscher Nation (962-1806):** le Saint Empire Romain Germanique ; l'Empereur **(der Kaiser)** est élu par sept, puis neuf grands électeurs, princes de l'Empire **(der Kurfürst)** et princes-évêques **(der Fürstbischof).** Les principales dynasties **(die Häuser)** sont les Francs saliens **(die Salier)**, les Hohenstaufen **(die Hohenstaufen)** et les Habsbourg **(die Habsburger)** auxquels le trône impérial est acquis dès 1438.
- **die Hugenotten:** les Huguenots ; après la révocation de l'Édit de Nantes (1685), des milliers de protestants français trouvèrent refuge en Allemagne et principalement dans le Brandebourg.
- **der Soldatenkönig:** le roi-sergent, surnom du Roi de Prusse, Frédéric-Guillaume Ier **(Friedrich Wilhelm I.,** 1688-1740).
- **der Philosophenkönig:** le roi-philosophe, surnom de Frédéric II de Prusse (1712-1786), dit le Grand **(Friedrich der Große)**, l'ami de Voltaire et fils du précédent.

Die Neueste Geschichte - L'histoire contemporaine :

- **die Paulskirche:** l'Église Saint-Paul où s'est réuni le parlement de Francfort **(das Frankfurter Parlament)** pour donner une constitution à l'Allemagne (1848).
- **die Gründerzeit** ou **die Gründerjahre:** les années d'expansion économique en Allemagne après la fondation du nouvel empire (1871-1890).
- **der Kulturkampf:** le Kulturkampf, ensemble de lois anti-religieuses que Bismarck fait voter dès son accès au pouvoir.
- **die Sozialgesetze:** avec ses lois sociales (de 1883 à 1889), Bismarck invente l'assurance maladie, accidents, vieillesse et invalidité. Ne pas confondre avec sa loi sur les socialistes de 1878 **(das Sozialistengesetz)**, qui supprime la presse du parti.
- **die Wilhelminische Ära:** l'ère wilhelmienne, l'Allemagne sous Guillaume II **(Wilhelm II)** de 1890 à 1914.
- **"Ein Platz an der Sonne":** Guillaume II revendique "une place au soleil" dans la conquête coloniale avec pour instrument une "politique de la flotte" **(die Flottenpolitik)**.
- **die Kaiserlich-Königlichen Doppelmonarchie** ou **die k. und k. Monarchie,** l'Empire austro-hongrois (1867-1918), régime dualiste que l'écrivain autrichien Robert Musil a nommée la Cacanie **("Kakanien")**.
- **die Endlösung der Judenfrage:** la solution finale de la question juive programmée en 1942 à la Conférence de Wannsee **(die Wannsee-Konferenz)**.
- **die Trümmerfrauen ou die Trümmerweiber:** les femmes des décombres travaillant au déblaiement des villes à la fin de la Seconde Guerre mondiale.
- **das Fräuleinwunder:** nouvelle image très positive de la jeune femme allemande qui est apparue au cours des années 60 dans le sillage du miracle économique.

- **die Rosinenbomber:** "les bombardiers de raisins secs", c'est-à-dire les avions de ravitaillement américains qui ont fait pleuvoir, lors du blocus de Berlin **(die Berlin-Blockade)** et du pont aérien **(die Luftbrücke)** de 1948, leurs paquets de denrées sur la population affamée du secteur occidental de la ville.
- **der Alleinvertretungsanspruch** ou **die Hallstein-Doktrin:** l'exigence de représentation diplomatique exclusive ou la doctrine Hallstein ; au temps de la Guerre froide, la R.F.A. entendait parler au nom de tous les Allemands et récusait toutes relations diplomatiques avec des États reconnaissant la R.D.A.
- **der Häftlingsfreikauf aus der DDR:** le rachat de prisonniers politiques par la R.F.A. permettait au régime est-allemand de se procurer de précieuses devises.
- **die Montagsgebete:** les prières du lundi ; la contestation révolutionnaire en Allemagne de l'Est a commencé dans les Églises avant de gagner la rue.
- **die Wende:** le tournant, le changement politique de 1989 en R.D.A.

Neudeutsch: Modewörter und Zeitgeist

Néologismes et mots tendance

- **die Vergangenheitsbewältigung:** la maîtrise ou la prise de conscience du passé.
- **der Historikerstreit:** la querelle des historiens ; l'historien berlinois Nolte déclencha en 1986 une immense polémique en rapprochant les crimes nazis de ceux de Staline ; on lui reprocha de vouloir banaliser l'Holocauste.
- **die Ostalgie:** mot-valise formé à partir de **"Osten"** et de **"Nostalgie"** et désignant la nostalgie de certains Allemands de l'Est à l'égard du régime communiste déchu.
- **der Nachwendefrust:** la frustration qui a suivi le tournant de 1989.
- **die Wendehälse:** (littéralement: "les torcols") ; désignent en politique les girouettes, et singulièrement les profiteurs du régime de la R.D.A. qui ont tourné casaque au moment de la "Wende".

Bildlich gesprochen

Rund um die Geschichte

- **sich im Buch der Geschichte ein/tragen:** entrer dans l'Histoire.
- **der Geschichte an/gehören:** appartenir à l'Histoire.
- **das Rad der Geschichte zurück/drehen:** refaire l'Histoire.
- **Geschichte machen:** faire événement dans l'Histoire.
- **die Geschichtsklitterung:** l'altération de l'Histoire.

Zum Nachdenken

- **Große Ereignisse werfen ihre Schatten voraus:** les grands événements sont toujours prévisibles.
- **In meinem Reich geht die Sonne nie unter:** Dans mon empire, le soleil ne se couche jamais (devise de Charles Quint).
- **AEIOU: Austriae est imperare orbi universo** ou en allemand : **Alles Erdreich ist Österreich untertan:** Il revient à l'Autriche de commander au monde (devise qui figurait en latin sur les armoiries de la maison des Habsbourg).

20 Die Zeit und das Leben

Le temps et la vie

1 Die Zeitmessung und die Uhrzeit — La mesure du temps et l'heure

Die Zeit und die Uhr — Le temps et l'heure

• **die Zeit**	• le temps
• **die Zeitansage**	• l'horloge parlante
• **die Zeitverschiebung**	• le décalage horaire
• **die Zeitzone, -n**	• le fuseau horaire
• **das Glockenspiel, -e; das Geläute**	• le carillon
• **die Kuckucksuhr, -en**	• le coucou (pendule)
• **die Sanduhr, -en**	• le sablier
• **die Sonnenuhr, -en**	• le cadran solaire
• **die Stoppuhr, -en**	• le chronomètre
• **der Wecker, -**	• le réveil
• **das Zifferblatt, ¨-er**	• le cadran
• **der Zeiger, -**	• l'aiguille
• **die Minute, -n**	• la minute
• **der Minutenzeiger, -**	• la grande aiguille
• **der Stundenzeiger, -**	• la petite aiguille
• **der Sekundenzeiger, -**	• la trotteuse
• **die Digitalanzeige, -n**	• l'affichage digital
• **der Aufziehknopf, ¨-e**	• le remontoir
• **das Räderwerk, -e**	• le rouage
• **die Batterie, -n**	• la pile
• **der Piepton, ¨-e**	• le bip
• **das Pendel, -**	• le balancier
• **die Uhr, -en** (die Uhr stellen: *mettre sa montre à l'heure*)	• la montre, l'horloge
• **die Uhrzeit; die Zeit**	• l'heure (qu'il est)
• **die biologische Uhr**	• l'horloge biologique
• **die Sekunde, -n**	• la seconde
• **die Zehntelsekunde, -n**	• le dixième de seconde
• **die Stunde, -n**	• l'heure (durée)
• **die Viertelstunde, -n**	• le quart d'heure
• **die halbe Stunde, -n**	• la demi-heure

• **vergehen** (ging, gegangen)	• s'écouler, passer
• **ticken** (nicht richtig ticken: *avoir un grain*)	• faire tic tac
• **sich verspätet haben**	• avoir pris du retard
• **falsch/richtig gehen (Uhr)** (ging, gegangen)	• (ne pas) être à l'heure (montre)
• **schlagen (u, a, ä); läuten**	• sonner
• **auf/ziehen (o, o)**	• remonter
• **nach der Uhr fragen**	• demander l'heure
• **nach der Uhr sehen**	• regarder l'heure
• **mit der Stoppuhr messen (a, e, i)**	• chronométrer
• **zwei Minuten vor/gehen** (ging, gegangen)	• avancer de 2 minutes
• **nach/gehen** (ging, gegangen)	• retarder

zu spät/zu früh dran sein: *être en retard/en avance*	• **früh**	• tôt
	• **spät**	• tard
	• **genau**	• exact
	• **gehen**	• fonctionner

• **punkt sechs**	• six heures précises
• **sechs vorbei**	• six heures passées
• **gegen sechs**	• vers six heures
• **kurz vor sechs**	• un peu avant six heures
• **nach sechs**	• après six heures

Die Kalenderzeit — Le calendrier

der Abreißkalender: *l'éphéméride*	• **der Kalender, -**	• le calendrier, l'agenda
	• **der Zeitplan, ¨-e**	• l'horaire
pron. anglaise	• **der Organizer, -**	• l'agenda électronique
	• **der Termin, -e**	• la date, le terme, l'échéance
	• **der Terminkalender, -**	• l'emploi du temps
	• **das Programm, -e**	• le programme
	• **der Vorgriff**	• l'anticipation
	• **die Eile**	• la précipitation
	• **die Pünktlichkeit**	• la ponctualité
	• **die Dringlichkeit**	• l'urgence
	• **das Warten**	• l'attente
eines Tages: *un (beau) jour*	• **der Tag, -e**	• le jour
	• **die Woche, -n**	• la semaine
anglais : *the month*	• **der Monat, -e**	• le mois
	• **das Vierteljahr, -e; das Trimester, -**	• le trimestre
	• **das Jahr, -e**	• l'année
das Schaltjahr, -e: *l'année bissextile*	• **das Halbjahr, -e; das Semester, -**	• le semestre
	• **das Gemeinjahr, -e**	• l'année civile
(!) die Wechseljahre: *la ménopause*	• **der Jahreswechsel, -**	• la nouvelle année
	• **die Pause, -n**	• le créneau
	• **die Verspätung, -en**	• le retard
	• **die Spitzenzeit, -en; die Stoßzeit, -en**	• l'heure de pointe
	• **die Hochsaison, -s**	• la haute saison
	• **die Nebensaison, -s**	• la basse saison

	• **voraus/sehen (a, e, ie)**	• prévoir
Es ist programmiert: *c'est joué d'avance*	• **programmieren**	• programmer
	• **vor/greifen (i, i)**	• anticiper
Sie liest die Nächte durch: *elle passe ses nuits à lire*	• **die Zeit verbringen (verbrachte, verbracht)**	• passer le temps
	• **Zeit gewinnen (a, o)**	• gagner du temps
	• **sich (datif) Zeit nehmen (a, o, i)**	• prendre son temps
	• **Zeit verschwenden; vergeuden**	• gaspiller son temps
	• **jdm Zeit stehlen (a, o, ie)**	• faire perdre son temps à qqn
	• **sich verspäten**	• se mettre en retard
	• **verzögern**	• retarder
	• **Zeit auf/holen**	• rattraper le temps perdu
	• **sich die Zeit vertreiben**	• (faire) passer le temps

	• **reichlich Zeit haben**	• avoir tout son temps
	• **die Zeit tot/schlagen (u, a, ä)**	• tuer le temps
ging, gegangen	• **mit der Zeit um/gehen**	• gérer le temps
	• **seine Zeit aus/füllen**	• occuper son temps
	• **noch Zeit übrig haben**	• avoir du temps devant soi
	• **zu Ende sein**	• être fini
	• **Schluss machen (mit + D)**	• en finir (avec)
ging, gegangen	• **vergehen (Zeit)**	• passer (temps)

werktags/wochentags: *les jours ouvrables*	• **tagsüber**	• de jour
	• **täglich**	• quotidien
	• **tagtäglich**	• tous les jours
wochenlang/monatelang/ jahrelang: *des semaines, des mois, des années*	• **wöchentlich**	• hebdomadaire
	• **monatlich**	• mensuel
	• **jährlich**	• annuel
	• **saisonbedingt**	• saisonnier

Die Tages- und Jahreszeiten / Les moments de la journée et les saisons

	• **der Tagesablauf, ¨-e**	• le déroulement de la journée
anglais : *morning*	• **der Morgen, -**	• le matin, la matinée
	• **das Morgengrauen**	• l'aube
	• **die Morgenröte, -**	• l'aurore
	• **der Mittag, -e**	• le midi
	• **der Nachmittag, -e**	• l'après-midi
	• **der Vormittag, -e**	• la matinée
	• **der Abend, -e; die Abendzeit, -en**	• le soir, la soirée
	• **die Abenddämmerung**	• le crépuscule, la tombée de la nuit
anglais : *night*	• **die Nacht, ¨-e**	• la nuit
	• **Mitternacht**	• minuit
	• **die Jahreszeit, -en**	• la saison
	• **der Frühling, -e; das Frühjahr, -e**	• le printemps
die Sommersprossen: *les taches de rousseur*	• **der Sommer, -**	• l'été
	• **der Herbst, -e**	• l'automne
Winterschlaf halten: *hiberner*	• **der Winter, -**	• l'hiver

≠ mir dämmert: *je m'en doute ;* es dämmert ihm: *il commence à comprendre ;* sie dämmert dahin: *elle somnole ;* er dämmert ein: *il s'assoupit*	• **dämmern**	• commencer à faire jour/nuit

• **morgens**	• le matin
• **mittags**	• à midi
• **nachts, bei Nacht**	• la nuit
• **um Mitternacht**	• à minuit
• **früh morgens**	• de bon matin
• **morgendlich**	• matinal
• **morgig**	• de demain
• **gestrig**	• d'hier
• **abendlich**	• vespéral, du soir
• **nächtlich**	• nocturne
• **frühlingshaft**	• printanier

• **sommerlich**	• estival
• **herbstlich**	• automnal
• **winterlich**	• hivernal

2 Die geschichtliche und soziale Zeit — Le temps historique et social

Allgemeines — Généralités

das goldene Zeitalter: *l'âge d'or*

die Jahrhundertwende: *le tournant du siècle*

≠ der Geburtstag: *l'anniversaire (de la naissance)*

• **das Zeitalter, -; die Epoche, -n**	• l'époque, l'ère
• **das Jahrzehnt, -e**	• la décennie
• **das Jahrhundert, -e**	• le siècle
• **das Jahrtausend, -e**	• le millénaire
• **die Jahrtausendwende, -n**	• le nouveau millénaire
• **der Jahrestag, -e**	• l(e jour) anniversaire
• **das Jubiläum, -äen**	• la commémoration
• **der Werktag, -e; der Arbeitsstag, -e**	• le jour ouvré
• **der Wochentag, -e**	• le jour ouvrable
• **das Wochenende, -n**	• le week-end
• **der Ruhetag, -e**	• le jour de repos
• **der Feiertag, -e**	• le jour férié
• **der Urlaubstag, -e**	• le jour de congé

• **verlaufen (ie, au, äu)**	• se dérouler

---

zeitlos: *qui ne suit pas la mode*

• **vergänglich**	• passager, éphémère
• **zukünftig**	• futur, à venir
• **zeitgemäß**	• actuel, moderne
• **zeitgenössisch**	• contemporain

Die Chronologie — La chronologie

anglais : *the beginning*

anglais : *the end*

• **die Chronologie, -n; die Zeitfolge, -n**	• la chronologie
• **das Datum, -en**	• la date
• **der Termin, -e**	• la date retenue (le terme)
• **die Datierung, -en**	• la datation
• **der Anfang, ¨-e; der Beginn**	• le début, le commencement
• **das Ende; der Schluss, ¨-e**	• la fin
• **die Frist, -en**	• le délai, le terme
• **die Dauer**	• la durée
• **der Augenblick, -e**	• l'instant
• **der Moment, -e**	• le moment
• **die Gleichzeitigkeit**	• la simultanéité
• **die Vorzeitigkeit**	• l'antériorité
• **die Zeitspanne, -n**	• le laps de temps
• **die Kürze**	• la brièveté
• **die Länge**	• la longueur
• **die Vergangenheit**	• le passé
• **die Gegenwart**	• le présent

• **die Zukunft**	• l'avenir
• **die Häufigkeit**	• la fréquence
• **die Wiederholung, -en**	• la répétition
• **die Zwischenzeit, -en**	• l'intervalle
• **die Seltenheit**	• la rareté
• **der Rhythmus, -men**	• le rythme
• **die Gewohnheit, -en**	• l'habitude
• **die Erinnerung, -en (an + A)**	• le souvenir (de)

	• **aus sein**	• être fini
	• **fort/setzen**	• continuer
	• **weiter/machen**	• poursuivre
	• **(sich) wiederholen**	• (se) répéter, se reproduire
anglais : *to begin*	• **an/fangen (i, a, ä); beginnen (a, o) mit**	• commencer (par)
anglais : *to end*	• **enden (mit); beenden**	• finir (par), terminer
	• **auf/hören**	• cesser, s'arrêter
ging, gegangen	• **zu Ende gehen**	• toucher à sa fin
	• **dauern**	• durer
ging, gegangen	• **vergehen**	• s'écouler, passer
	• **verlaufen (ie, au, äu)**	• se dérouler, se passer
	• **fort/dauern**	• persister
	• **an/dauern, verlängern**	• prolonger
	• **beschleunigen**	• accélérer
	• **Zeit brauchen**	• exiger du temps

• **lang**	• long
• **endlos**	• sans fin
• **dauerhaft**	• durable
• **ewig**	• éternel
• **ständig, dauernd**	• tout le temps, perpétuel
• **beständig**	• permanent
• **provisorisch**	• provisoire
• **kurz**	• court, bref
• **bevorstehend**	• imminent
• **vergänglich**	• éphémère
• **flüchtig**	• fugitif, fugace
• **vorübergehend**	• temporaire, transitoire
• **gleichzeitig, simultan**	• simultané
• **dringend, eilig**	• urgent
• **rechtzeitig**	• à temps
• **beizeiten**	• en temps voulu
• **den ganzen Tag**	• toute la journée
• **andauernd**	• continuel, persistant
• **vorläufig**	• pour l'instant
• **bis auf weiteres**	• pour le moment
• **auf die Dauer**	• à la longue
• **zu gegebener Zeit**	• en temps opportun
• **schließlich**	• finalement
• **endlich**	• enfin
• **auf immer**	• à tout jamais
• **für immer**	• pour toujours

• **momentan**	• momentanément
• **zeitweise**	• par moments
• **im Nu**	• en un instant, en peu de temps
• **unverzüglich**	• immédiatement, sans tarder
• **baldigst**	• dans les plus brefs délais
• **inzwischen**	• entre-temps
• **immer schon**	• de tout temps
• **damals**	• en ce temps-là
• **während**	• pendant que, tandis que
• **zur gleichen Zeit**	• en même temps
• **den ganzen Tag über**	• du matin au soir
• **bald**	• dans peu de temps
• **sobald**	• dès que
• **früher**	• autrefois, antérieur
• **neu**	• récent
• **sofort, gleich**	• tout de suite, sur-le-champ
• **nun**	• maintenant, sur ce
• **später**	• plus tard
• **spätestens**	• au plus tard
• **schon**	• déjà
• **oft**	• souvent
• **in der Zwischenzeit**	• dans l'intervalle
• **häufig**	• fréquent
• **pünktlich**	• ponctuel
• **regelmäßig**	• régulier, périodique
• **sich wiederholend**	• récurrent
• **täglich**	• quotidien
• **wöchentlich**	• hebdomadaire
• **monatlich**	• mensuel
• **vierteljährlich**	• trimestriel
• **jährlich**	• annuel
• **andauernd**	• chronique
• **chronisch**	• chronique (maladie)
• **andauernd**	• continuel, persistant
• **selten**	• rare
• **gelegentlich**	• occasionnel

anglais : *often*

3 Die Lebensalter — Les âges de la vie

Die Geburt — La naissance

• **die Empfängnis**	• la conception
• **die Schwangerschaft, -en**	• la grossesse
• **die Geburt, -en**	• la naissance
• **die Frühgeburt, -en**	• l'accouchement prématuré
• **die Entbindung, -en**	• l'accouchement
• **der Zwilling, -e**	• le jumeau
• **der Drilling, -e**	• le triplé

!) der Zwilling (astrologie): *le gémeau*

Remarque	Allemand	Français
anglais : *to bear, bore, born*	**gebären (a, o, ie)**	donner naissance à, mettre au mond
	geboren werden	naître
zu etwas geboren sein: *être très doué pour qqch*	**geboren (sein)**	(être) né
	entbinden (a, u)	accoucher
	in den Wehen liegen (a, e)	être en train d'accoucher
	zur Welt kommen (a, o)	venir au monde
	das Licht der Welt erblicken	voir le jour
	Kinder bekommen (a, o)	avoir des enfants
	(ein Kind) zeugen	procréer
anglais : *to live*	**leben**	vivre
	ein Kind erwarten	attendre un enfant
	säugen, stillen	allaiter

	schwanger	enceinte
	kinderreich	qui a beaucoup d'enfants
	gebärfähig	apte à procréer, en âge de procrée

Das Kindesalter — L'enfance

Remarque	Allemand	Français
	das Säuglingsalter	le premier âge
	der Säugling, -e	le nourrisson
	das Neugeborene (AS)	le nouveau-né
	das Baby, -s	le bébé
von Kindesbeinen an: *dès l'enfance*	**das Kindesalter, -**	la petite enfance
	das Kind, -er	l'enfant
	das Kleinkind, -er	le petit enfant, l'enfant en bas âge
	die Kindheit	l'enfance
(!) der Bube (jeux de cartes): *le valet*	**der Bube, -n**	le gamin
	der Dreikäsehoch	un gosse haut comme trois pomme
≠ der Wurm: *le ver*	**das Wurm, ¨-er**	le gosse, le bout de chou
(!) die Göre, -n: *la chipie*	**das Gör, -en**	le môme
	das Wachstum, -	la croissance
	die Kinderheilkunde; die Pädiatrie	la pédiatrie

Das Jugendalter — L'adolescence

Remarque	Allemand	Français
	die Jugend	la jeunesse
	der Jugendliche (AS)	l'adolescent, le jeune
pluriel	**die Jugendlichen; die jungen Leute**	les jeunes (gens)
pluriel	**die Heranwachsenden**	les jeunes
	der Nachwuchs	la génération montante
pluriel	**die Teenies; die Kids**	les pré-adolescents
	das Jugendalter; die Jugendzeit	l'adolescence
	der Teenager, -	l'adolescent
	die jüngere Generation, -en	la jeune génération
	der Minderjährige (AS)	le mineur
	die Volljährigkeit	la majorité
	die Pubertät	la puberté
	die Akne	l'acné
	der Pickel, -	le bouton

Das Erwachsenenalter — L'âge adulte

• **das Erwachsenenalter**	• l'âge adulte
• **das Mannesalter**	• l'âge mûr, la force de l'âge
• **das reife Alter, -**	• l'âge mûr
• **der Bursche, -n**	• le gars
• **der Kerl, -e**	• le gars, le gaillard, le type
• **der/die Erwachsene (AS)**	• l'adulte

Das Greisenalter — La vieillesse

der alte Knacker (fam.): *le vieux barbon*

der Älteste (AS): *le doyen d'âge*

das reife/fortgeschrittene Alter: *l'âge avancé*

• **das Alter**	• l'âge ; la vieillesse
• **das Greisenalter**	• la vieillesse
• **die Senioren**	• les personnes âgées
• **der Siebzigjährige (AS)**	• le septuagénaire
• **der Hunderjährige (AS)**	• le centenaire
• **der dritte Lebensabschnitt**	• le troisième âge
• **die Betagtheit**	• le grand âge
• **der Greis, -e**	• le vieillard
• **die Greisin, -en**	• la vieille femme
• **die Lebenserwartung**	• l'espérance de vie
• **die Lebensdauer**	• la durée de la vie
• **die Langlebigkeit**	• la longévité
• **die Überalterung (der Bevölkerung)**	• le vieillissement (de la population)
• **die Senilität**	• la sénilité
• **die Rüstigkeit**	• la verdeur
• **die Altersheilkunde; die Geriatrie**	• la gériatrie

ging, gegangen

• **wachsen (u, a, ä)**	• grandir
• **einen Schuss machen**	• faire une poussée de croissance
• **altern; alt werden**	• vieillir
• **reif werden**	• mûrir
• **kindisch werden**	• retomber en enfance
• **grau werden**	• grisonner
• **auf die Sechzig zu/gehen**	• approcher de la soixantaine
• **in den Sechzigern sein**	• avoir la soixantaine
• **um die vierzig sein**	• avoir la quarantaine
• **Mitte vierzig sein**	• avoir entre 40 et 50 ans

eine ältere Dame: *une dame d'un certain âge*

• **kindisch**	• puéril
• **kindlich**	• enfantin
• **jung**	• jeune
• **reif**	• mûr
• **unreif**	• immature
• **erwachsen**	• adulte
• **minderjährig**	• mineur
• **volljährig, mündig**	• majeur
• **alt**	• âgé de
• **zwanzig, zwanzigjährig**	• âgé de vingt ans
• **mittleren Alters**	• d'âge mûr

	• **betagt, bejahrt**	• d'un âge avancé, (très) âgé
	• **altersschwach, senil**	• sénile
	• **invalid**	• invalide
(!) impotent: *impuissant*	• **gelähmt**	• impotent
	• **verkalkt, vertrottelt**	• gâteux
	• **ergraut**	• grisonnant
	• **anfällig**	• fragile
	• **geschwächt**	• diminué
	• **bettlägerig**	• grabataire

4 Die Kindererziehung L'éducation des enfant

Kinderspiele — Les jeux d'enfants

	• **der Baukasten, ¨-**	• le jeu de construction
Bauklötze staunen (fam.): *être baba*	• **der Bauklotz, ¨-e**	• le cube
	• **das Plüschtier, -e**	• l'animal en peluche
die Sandkastenliebe: *un amour d'enfance*	• **der Sandkasten, ¨-**	• le bac à sable
	• **der Eimer, -**	• le seau
	• **die Schaufel, -n**	• la pelle
	• **das Förmchen, -**	• le moule
	• **das Puppenhaus, ¨-er**	• la maison de poupée
	• **das Sackhüpfen**	• la course en sac
	• **das Eierlaufen**	• la course aux œufs
	• **das Seilziehen**	• le tir à la corde
	• **das Seilhüpfen**	• le saut à la corde
	• **die Schatzsuche, -n**	• la chasse au trésor
littéralement : *la vache aveugle !*	• **die Blindekuh**	• colin-maillard
	• **das Versteckspiel, -e**	• le jeu de cache-cache
	• **Himmel und Hölle**	• la marelle
	• **das Bilderbuch, ¨-er**	• le livre d'images
	• **das Malbuch, ¨-er**	• le cahier de coloriages
	• **die Wasserpistole, -n**	• le pistolet à eau
	• **die Seifenblasen**	• les bulles de savon
planschen: *barboter*	• **das Planschbecken -**	• le bassin pour enfants

Die Erziehung — L'éducation

eine gute/schlechte Kinderstube haben: *avoir reçu une bonne/ mauvaise éducation*	• **die Erziehung**	• l'éducation
	• **der Erziehungsurlaub, -e**	• le congé parental
	• **der Kinderladen, ¨-**	• la crèche parentale
das Krabbelkind, -er: *l'enfant qui marche à quatre pattes*	• **die Krabbelgruppe, -n**	• la garderie parentale
	• **der (Kinder)hort, -e**	• la halte-garderie
	• **die Kinderkrippe, -n**	• la crèche
	• **die Kindertagesstätte, -n**	• la garderie
anglais : *kinder garten*	• **der Kindergarten, ¨-**	• le jardin d'enfants
	• **die Tagesmutter, ¨-**	• l'assistante maternelle, la nourrice
(ancien) die Amme, -n: *la nourrice (qui nourrit)*	• **das Au-pair-Mädchen, -**	• la jeune fille au pair
	• **die Vorschulerziehung**	• l'éducation préscolaire

	• der Erzieher, -	• l'éducateur
	• die Erzieherin, -nen	• l'éducatrice
singulier	• das Kindergeld	• les allocations familiales
	• das Hätschelkind, -er	• l'enfant chéri, l'enfant gâté
	• die Laxheit	• le laxisme
	• die Autorität, -en	• l'autorité
	• die Strafe, -n	• la punition
	• der Schreihals, ¨-e	• le braillard
	• das Schmollen, -	• la bouderie
	• die Sorglosigkeit	• l'insouciance
	• der Gehorsam	• l'obéissance
	• der Ungehorsam	• la désobéissance
	• die Ohrfeige, -n	• la gifle
	• die Kindesmisshandlung, -en	• la maltraitance
	• das Störkind, -er	• l'enfant à problèmes
	• der Generationskonflikt, -e	• le conflit des générations
	• das Ausreißen, -	• la fugue
	• die Rebellion, -en	• la rébellion

erzog, erzogen	• erziehen	• éduquer
	• verwöhnen; (ver)hätscheln	• gâter
	• an Mamas Rockzipfel hängen (i, a)	• être pendu aux jupes de sa maman
	• vernachlässigen	• négliger
	• Regeln auf/stellen	• établir des règles
	• Grenzen setzen	• fixer des limites
	• jdm eine gute Erziehung angedeihen lassen (ie, a, ä)	• faire bénéficier qqn d'une bonne éducation
erzogen sein: *être gâté*	• jdn verziehen (o, o)	• gâter
	• verzärteln	• choyer
	• liebkosen	• câliner
	• bemuttern	• materner
	• Strenge walten lassen (ie, a, ä)	• faire preuve de sévérité
	• ein Machtwort sprechen (a, o, i)	• faire preuve d'autorité
	• strafen	• punir
	• aus/schimpfen	• gronder
	• disziplinieren	• discipliner
	• mit jdm uneins sein	• être en désaccord avec qqn
	• sich zanken	• se chamailler
stand, gestanden	• mit jdm in Konflikt stehen	• être en conflit avec qqn
	• schmollen	• faire la tête
ech wie Oskar: *effronté comme un moineau*	• frech erwidern	• répondre avec insolence
die Stirn, -en: *le front*	• jdm die Stirn bieten (o, o)	• tenir tête à qqn

• fahrlässig	• négligent
• streng	• sévère
• nachsichtig	• indulgent
• liebevoll	• affectueux
• zärtlich	• tendre
• lasch (Erziehung)	• laxiste (éducation)
• (anti)autoritär	• (anti)autoritaire
• gut, wohl/schlecht erzogen	• bien/mal élevé

le "o" est long

die Laune, -n: *l'humeur*

verdorben	gâté
(un)höflich	(im)poli
grob	grossier
ungezogen	désobéissant
aufsässig, aufmüpfig	rebelle, récalcitrant
vorlaut, frech	impertinent, insolent
empfindlich	susceptible
schwierig	difficile
heimtückisch	sournois
launisch	lunatique
knurrig	grognon
rebellisch	rebelle
fügsam	docile

5 Individuum und Familie — L'individu et la famille

Personalien — L'identité

in meinem Namen: *de ma part*
namenlos: *sans nom ; indicible*

der Kosename: *le surnom affectueux*

der Name, -n, -n	le nom
der Namensvetter, -	l'homonyme
der Nachname; der Zuname	le nom de famille, le patronyme
der Geburtsname	le nom de naissance
der Mädchenname	le nom de jeune fille
der Vorname	le prénom
der Spitzname	le surnom
der Deckname, -n	le pseudonyme
der Namenstag, -e	la fête
das Geburtsdatum, -ten	la date de naissance
der Geburtstag, -e	l'anniversaire
der Geburtsort, -e	le lieu de naissance
heißen (ie, ei)	s'appeler
seinen Geburtstag haben	fêter son anniversaire
einen Namen führen	porter un nom
unter falschem Namen	sous un faux nom

Familie und Angehörige — La famille

eine Familie gründen: *fonder un foyer*
im Kreise der Familie: *en famille*

das Nesthäkchen (fam.): *le petit dernier, la petite dernière*

die Familie, -n	la famille
das Heim, -e	le foyer
der Familienangehörige (AS)	le membre de la famille
die Kleinfamilie, -n	la famille nucléaire
die Großfamilie, -n	la famille élargie
die angeheiratete Familie, -n	la belle-famille
die Geschwister (plur.)	les frères et sœurs
der Jüngere (AS)	le cadet
der Jüngste (AS)	le benjamin
der Ältere/Älteste (AS)	l'aîné

anglais : *brother*	• **der Bruder, ¨-**	• le frère
	• **die Brüderlichkeit, -en**	• la fraternité
anglais : *sister*	• **die Schwester, -n**	• la sœur
	• **das Einzelkind, -er**	• l'enfant unique
pluriel	• **die Zwillinge**	• les jumeaux
	• **die Eltern**	• les parents
	• **der Elternteil**	• l'un des parents
der leibliche Vater: *e père naturel, le géniteur*	• **der Vater, ¨-**	• le père
	• **die Vaterschaft**	• la paternité
die leibliche Mutter: *la mère biologique*	• **die Mutter, ¨-**	• la mère
	• **die Mutterschaft**	• la maternité
	• **die Einelternfamilie, -n**	• la famille monoparentale
	• **der Alleinerzieher, -**	• le parent isolé, célibataire
anglais : *stepfather*	• **der Stiefvater, ¨-**	• le beau-père (second mariage)
	• **die Stiefmutter, ¨-**	• la belle-mère, la marâtre
	• **der Stiefbruder, ¨-**	• le demi-frère
anglais : *son*	• **der Sohn, ¨-e**	• le fils
anglais : *daughter*	• **die Tochter, ¨-**	• la fille
	• **der Vormund, -¨ er**	• le tuteur
(!) die Weise: *la manière*	• **die Waise, -n; das Waisenkind, -er**	• l'orphelin
	• **die Pflegeeltern; die Adoptiveltern**	• les parents adoptifs
	• **das Adoptivkind, -er**	• l'enfant adoptif
	• **die Adoption, -en**	• l'adoption
	• **die Vormundschaft**	• la tutelle
	• **der/die Mündel, -n**	• le/la pupille
	• **der Ahn(e), -n**	• l'aïeul
	• **der Vorfahre, -n, -n**	• l'ancêtre
	• **der (Ur)großvater ¨-**	• l'(arrière-)grand-père
	• **die (Ur)(ur)großmutter, ¨-**	• l'(arrière-)(arrière-)grand-mère
	• **die Enkelkinder**	• les petits-enfants
	• **der Enkel, -; der Enkelsohn, ¨-e**	• le petit-fils
	• **die Enkelin, -nen**	• la petite-fille
	• **der Nachkomme, -n, -n**	• le descendant
	• **die Nachkommenschaft**	• la descendance
in entfernter Verwandter: *un parent éloigné*	• **der Verwandte (AS)**	• le parent (proche)
	• **die Verwandtschaft**	• la parenté, les parents proches
	• **der Verwandschaftsgrad, -e**	• le degré de parenté
	• **die Verschwägerung, -en**	• la parenté par alliance
anglais : *uncle*	• **der Onkel, -**	• l'oncle
	• **die Tante -n**	• la tante
anglais : *nephew*	• **der Neffe, -n, -n**	• le neveu
	• **die Nichte, -n**	• la nièce
der Vetter ersten Grades: *le cousin germain*	• **der Vetter, -n; der Cousin, -s**	• le cousin
	• **die Kusine, -n; die Cousine, -n**	• la cousine
	• **die Schwiegereltern**	• les beaux-parents
	• **der Schwiegervater, ¨**	• le beau-père
	• **der Schwager, ¨-**	• le beau-frère
	• **der Pate, -n**	• le parrain
	• **die Patin, -en**	• la marraine
	• **das Patenkind, -er**	• le/la filleul(e)

• **adoptieren**	• adopter

• **eine kinderreiche Familie**	• une famille nombreuse
• **ein kinderloses Ehepaar**	• un couple sans enfant
• **väterlich**	• paternel
• **mütterlich**	• maternel
• **unehelich (Kind)**	• illégitime, naturel (enfant)
• **verwaist**	• orphelin
• **unverwandt**	• sans lien
• **um drei Ecken verwandt sein**	• être parent au troisième degré
• **angeheiratet**	• par alliance
• **entfernt**	• éloigné

väterlicherseits: *du côté paternel*

mütterlicherseits: *du côté maternel*

6 Der Tod — La mort

• **der Tod**	• la mort
• **der Tote (AS); der Verstorbene (AS)**	• le mort
• **die Leiche, -n**	• le corps
• **der Leichnam, -e**	• le cadavre
• **das Leichentuch, ¨-er**	• le linceul
• **das Leichenschauhaus, ¨-er**	• la morgue (médico-légal)
• **die Leichenkammer, -n**	• la morgue (hôpital)
• **der Trauerfall, ¨-e**	• le décès
• **die Sterbeurkunde, -n**	• l'acte de décès
• **die sterbliche Hülle**	• la dépouille
• **die Bestattung**	• les funérailles
• **die Beisetzung, -en**	• les obsèques
• **die Todesanzeige, -n**	• le faire-part de décès
• **die Trauerfeier, -n**	• la cérémonie funèbre
• **die Leichenrede, -n**	• l'oraison funèbre
• **der Leichenwagen, -**	• le corbillard
• **die Totenwache, -n**	• la veillée funèbre
• **der Leichenzug, ¨-e**	• le cortège funèbre
• **die Bahre, -n**	• la bière
• **die Aufbahrung, -en**	• la mise en bière
• **der Sarg, ¨-e**	• le cercueil
• **der Kranz, ¨-e**	• la couronne mortuaire
• **das Grab, ¨-er**	• la tombe, la sépulture
• **der Grabstein, -e**	• la pierre tombale
• **die Gedenktafel, -n**	• la plaque
• **die Gedenkminute, -n**	• la minute de silence
• **die Gruft, ¨-e**	• le caveau
• **das Begräbnis, -se**	• l'enterrement
• **die Beerdigung, -en**	• l'inhumation
• **das Bestattungsinstitut, -e**	• les pompes funèbres
• **das Krematorium**	• le crématorium
• **die Einäscherung**	• l'incinération, la crémation
• **die Asche**	• les cendres
• **die Urne, -n**	• l'urne

der Sensenmann, ¨-er: *la Faucheuse*

die ewige Ruhe: *le repos éternel*

der letzte Schlaf: *le dernier voyage*

anglais : *ashes*

• der Friedhof, ¨-e	• le cimetière
• der Kirchhof, ¨-e	• le cimetière d'église
• die Trauer	• le deuil
• das Testament, -e	• le testament
• der Erbe, -n, -n; die Erbin, -nen	• l'héritier ; l'héritière
• das Erbe; die Hinterlassenschaft	• l'héritage
• die Erbschaft, -en	• la succession
• die Erbschaftssteuer, -n	• le droit de succession
• der Hinterbliebene (AS)	• le survivant
• der Nachkomme, -n, -n	• le descendant
• die Waise, -n	• l'orphelin
• die Witwe, -n (anglais : *widow*)	• la veuve
• der Witwer, - (anglais : *widower*)	• le veuf

• sterben (a, o, i)	• mourir
• sterben (an + D) (er war auf der Stelle tot: *il est mort sur le coup*)	• mourir (de)
• im Sterben liegen	• être mourant
• aus/hauchen	• expirer
• verscheiden (ie, ie); um/kommen (a, o)	• décéder
• sich das Leben nehmen (a, o, i)	• se suicider
• nicht mehr am Leben sein	• ne plus être en vie
• (um jdn) trauern	• être en deuil (de qqn)
• jdn bestatten; bei/setzen	• inhumer
• begraben (u, a, ä)	• enterrer
• ein/äschern	• incinérer
• sein Beileid aus/drücken (Herzliches Beileid!: *mes condoléances !*)	• exprimer ses condoléances
• sein Testament machen	• faire son testament
• jdm etwas hinterlassen (ie, a, ä)	• léguer qqch à qqn
• jdn beerben	• hériter de qqn
• vom jdm etwas erben	• hériter qqch de qqn

• tot (tot oder lebendig: *mort ou vif*)	• mort
• lebendig (≠ lebhaft: *vif (tempérament)*)	• vif, vivant
• sterblich	• mortel
• unsterblich	• immortel
• in schwarz	• en noir
• verschieden	• décédé
• verstorben, selig	• feu, défunt
• in Trauer versetzt	• endeuillé

ÜBUNGEN

67 Tot oder lebendig...? Mort ou vif ... ?

Was passt zusammen?

a. tot und	lebendig	**g.**	und heute
b. geschieden und		**h.**	und Tod
c. Werktag und		**i.**	und anfangen
d. minderjährig und		**j.**	und Schwestern
e. Oma und		**k.**	und Nacht
f. Ende und		**l.**	und Nichte

68 Was passt zusammen? Qu'est-ce qui va ensemble ?

Ordnen Sie zu!

Lebensalter…

a. Er hat drei Kinder im Alter von 5,6 und 8 Jahren.
b. Es krabbelt, es kann noch nicht laufen.
c. Sie fängt an, sich für Jungens zu interessieren.
d. Seine Frau ist verunglückt.
e. Seine Mutter stillt ihn noch.
f. Anna, Eva und Fritz sind innerhalb von einer Stunde auf die Welt gekommen.
g. Er hat meine Schwester geheiratet.
h. Sie ist beim Frisör. In zwei Stunden wird sie das Jawort geben.
i. Er hat noch einen Bruder aus der ersten Ehe seiner Mutter.
j. Sie hat vor 70 Jahren geheiratet.

A. … Säugling
B. … Schwager
C. … Witwer
D. … Braut
E. … Halbbruder
F. … Kleinkind
G. … Drillinge
H. … Greisin
I. … Jugendliche
J. … Erwachsene

69 Was passt? Qu'est-ce qui est logique ?

a. Meine Freundin ist im 5. Monat **fruchtbar/schwanger/empfänglich.**

b. Schick lieber eine E –Mail. Papierkram ist nicht mehr **zeitgemäß/zukünftig/aus der Mode.**

c. **Heute Abend/Heute Nacht/Heute Morgen** sind wir zur Brotzeit eingeladen.

d. Er hat sein Studium abgebrochen, er arbeitet nicht, und von zu Hause ausziehen will er auch nicht. Er hat Angst davor, **erwachsen/volljährig/unreif** zu werden.

e. Tina und Michael wollen zusammen bleiben. Aber sie wollen noch nicht heiraten. Darum haben sie sich **verlobt/getrennt/betrogen.**

Corrigés page 470

Landeskunde

Zweierbeziehung und Familie

La vie à deux et la famille

- **der Lebensabschnittspartner:** mot très à la mode qui désigne le partenaire avec lequel on passe une partie de son existence et non la vie entière.
- **der Polterabend:** soirée festive organisée la veille des noces et à l'occasion de laquelle on fait beaucoup de bruit (**"poltern"**) en cassant de la vaisselle.
- **§ 218 und § 219 StGB (*Strafgesetzbuch*, code pénal allemand):** législation sur l'interruption de grossesse. Longtemps considérée comme un délit, l'IVG dans les douze premières semaines est autorisée depuis 1992 **(die Fristenregelung)**.
- **die alleinstehende Mutter:** la mère célibataire ; **die alleinerziehende Mutter:** désigne une femme à qui revient seule l'éducation de ses enfants.
- **die Familienförderung:** en rapport avec la baisse de la natalité, politique qui encourage à fonder une famille ; **das Erziehungsgeld:** allocation de congé d'éducation ; **der Erziehungsurlaub:** le congé parental d'éducation.
- **der Kindergarten:** le jardin d'enfants, qui accueille la majorité des enfants à partir de l'âge de 4 ans environ, souvent uniquement à la demi-journée (l'équivalent de l'école maternelle n'existe pas en Allemagne).
- **die Familienkonferenz:** la conférence familiale est une composante-clé de l'éducation anti-autoritaire dans laquelle les problèmes sont débattus devant tous les membres de la famille et les décisions prises collégialement.
- **die Familienzusammenführung:** le regroupement familial ; politique de reconstitution des familles séparées par le mur de Berlin et le rideau de fer (avant 1989).
- **die Patchworkfamilie:** la famille recomposée.
- **die Pflegeversicherung:** assurance dépendance obligatoire, instaurée en 1995 et qui sert à financer la prise en charge des personnes âgées devenues dépendantes.

Grußformeln von früh bis spät

Formules de salut du matin au soir

- **Guten Morgen!** Bonjour (le matin jusqu'à 11 heures).
- **Guten Tag!** Bonjour (à partir de 11 heures du matin).
- **Mahlzeit!** Bonjour ! ou Bon appétit ! (se dit surtout sur le lieu de travail entre 10 et 15 heures)
- **Feierabend!** Bonsoir (uniquement en partant du travail)
- **Guten Abend!** Bonsoir
- **Gute Nacht!** Bonne nuit

Mais aussi (de manière plus décontractée) :

- **Hallo! Grüß' dich!** Salut, Bonjour
- **Tschüs[s]!** Salut, Au revoir

Sans oublier les nombreuses variantes régionales :

- **Grüß Gott!** Bonjour (dans la moitié sud de l'Allemagne et en Autriche)
- **Hi! Servus!** Bonjour et Au revoir (en bavarois familier)
- **Tag!** (prononcer "Tach") Bonjour (dans la moitié Nord de l'Allemagne)
- **Grüezi!** Bonjour et bonsoir ! (en Suisse)

Bildlich gesprochen

Jung und alt

Les "jeunes", vus par les "vieux" :

- **der Bengel/der Flegel:** le garçon mal élevé
- **der Grünschnabel ("grün":** frais, immature) : le jeune inexpérimenté

Et les "vieux", vus par les "jeunes" :

- **meine Alten** (jargon des jeunes, familier pour : mes parents) – **mein Alter** (mon père) – **meine Alte** (ma mère)
- **der Grufti, -s** (jargon des jeunes) : personne âgée, croulant (**die Gruft:** le caveau)

Rund um das Kind

Kinder, Kinder…!

► **mit**	**Kind**	**und Kegel**	avec toute la famille
► **das**	**Kind**	**mit dem Bade ausschütten**	jeter le bébé avec l'eau du bain
► **das**	**Kind**	**beim rechten Namen nennen**	appeler un chat un chat
► **bei jemandem lieb**	**Kind**	**sein**	être le chouchou de quelqu'un
► **Wir werden das**	**Kind**	**schon schaukeln**	On va s'en occuper
► **ein Haufen**	**Kinder**		une tripotée d'enfants
► **Wie sag' ich's meinem**	**Kinde?**		Comment vais-je faire pour le lui dire ?
► **Gebranntes**	**Kind**	**scheut das Feuer**	Chat échaudé craint l'eau froide

Zum Nachdenken

- **Zeit ist Geld:** Le temps, c'est de l'argent.
- **Kommt Zeit, kommt Rat:** Le temps est bon conseiller.
- **Wer nicht kommt zur rechten Zeit, der muss sehn, was übrig bleibt:** Qui va à la chasse perd sa place.
- **Andere Zeiten, andere Sitten:** Autres temps, autres mœurs.
- **Die Zeit heilt alle Wunden:** Le temps cicatrise toutes les blessures.
- **Eile mit Weile:** Hâte-toi lentement
- **Spare in der Zeit, so hast du in der Not:** Il faut garder une poire pour la soif.
- **Die Zeit wird es lehren:** Qui vivra verra.
- **Besser spät als nie:** Mieux vaut tard que jamais
- **Alles zu seiner Zeit:** chaque chose en son temps.
- **Alter schützt vor Torheit nicht (Sprichwort):** l'âge ne préserve pas de la folie.
- **Mach'es wie die Sonnenuhr, zähl' die heitren Stunden nur (Sprichwort):** Carpe diem.
- **Im richtigen Zeitpunkt beginnen ist so wichtig wie das Beginnen selbst (Sprichwort):** Commencer à point nommé est aussi important que le commencement lui-même.
- **Blöde Jugendeselei (Heinrich Heine):** Bêtise de la jeunesse.

21 Die Landwirtschaft, die Zucht und der Fischfang

L'agriculture, l'élevage et la pêche

1 Das Land — La campagne

• der Boden, ¨	• le sol
• das Land, ¨-er	• la terre
• das Grundstück, -e	• la parcelle
• das Stück Land	• le lopin de terre
• der Acker, ¨-	• le champ (labouré)
• das Ackerland, ¨-er	• la terre cultivée
• der lockere Boden, ¨-	• le sol meuble
• das unbebaute Gelände, -	• le terrain vague
• die Landschaft, -en (anglais : *landscape*)	• le paysage, la région
• die Anbaufläche, -n	• la surface agricole
• die Bodenfläche, -n	• la superficie
• das Feld, -er (anglais : *field*)	• le champ
• das Brachfeld, -er	• la friche, la jachère
• der Neubruch, ¨-e	• le terrain défriché
• das unbewirtete Land	• la terre inutilisée
• das Ödland	• le terrain inculte
• der Felsenboden, ¨-	• le terrain rocailleux
• die Wiese, -n	• le pré, la prairie

• das Feld bestellen	• cultiver les champs

• fruchtbar	• fertile
• unfruchtbar	• stérile
• steinig (anglais : *stony*)	• caillouteux
• dürr, trocken	• aride
• bebaut	• cultivé
• anbaufähig	• cultivable
• brach(liegend)	• en friche
• bröckelig, brüchig	• friable
• unterbewirtschaftet	• sous-exploité
• ausgebeutet, raubbebaut	• surexploité
• buschig, verbuscht	• broussailleux

2 Der landwirtschaftliche Betrieb — L'exploitation agricole

• das Landleben, -	• la vie rurale
• die Landbevölkerung, -en	• la population rurale
• der Landwirt, -e	• l'agriculteur
• der Wirtschafter, - (die Wirtschaft: *l'économie*)	• le régisseur
• der Landarbeiter, -	• l'ouvrier agricole

(!) der/das Bauer, -: *la cage*	• **der Bauer, -n, -n**	• le paysan
	• **die Bäuerin, -nen**	• la paysanne
	• **der Großbauer, -n, -n**	• le gros paysan
	• **der Kleinbauer, -n, -n**	• le petit paysan
	• **der Tagelöhner, -**	• le journalier
	• **der Saisonarbeiter, -**	• le saisonnier
	• **der Pächter, -**	• le métayer
	• **der Ackersmann, -leute**	• le laboureur
	• **der Erntearbeiter, -**	• le moissonneur
	• **der Gemüsegärtner, -**	• le maraîcher
	• **der Winzer, -**	• le viticulteur
	• **der Weinleser, -**	• le vendangeur
	• **der Plantagenbesitzer, -**	• le planteur
	• **der Stallbursche, -n**	• le garçon d'écurie
aussi : *le valet* Knecht Ruprecht: *le père Fouettard*	• **der Knecht, -e**	• le garçon de ferme
	• **die Magd, ¨-e**	• la servante
	• **das (Bauern)gut, ¨-er**	• la propriété (rurale)
	• **der Besitz, -e; das Gut, ¨-er**	• le domaine
	• **der Landbesitz, -e**	• la propriété foncière
	• **der Gutsbesitzer, -**	• le propriétaire terrien
	• **der (Bauern)Hof, ¨-e**	• la ferme
	• **der Betrieb, -e**	• l'exploitation
	• **der Pilotbetrieb, -e**	• la ferme expérimentale
	• **der Gemüsebetrieb, -e**	• l'exploitation maraîchère
	• **die Genossenschaft, -en**	• la coopérative
	• **das Nebengebäude, -**	• la dépendance
	• **das Wirtschaftsgebaüde, -**	• les bâtiments agricoles
der Strohmann: *l'homme de paille*	• **das Stroh**	• la paille
	• **der Mist**	• le fumier
	• **der Misthaufen, -**	• le tas de fumier
in einen Silo ein/lagern: *ensiler*	• **der/das Silo, -s; der Speicher, -**	• le silo
	• **die Scheune, -n**	• la grange
(!) die Schuppe, -n: *l'écaille ; la pellicule*	• **der Schuppen, -; die Halle, -n**	• le hangar, la remise
	• **die Kornhalle, -n**	• la halle au blé
	• **der Getreidespeicher, -**	• le grenier à grains
	• **die Kornkammer, -n**	• le grenier à blé
die Nadel im Heuhaufen suchen: *chercher une aiguille dans une botte de foin* der Heuschnupfen: *le rhume des foins*	• **das Heu**	• le foin
	• **der Heuboden, ¨-**	• le grenier à foin
	• **die Mühle, -n**	• le moulin
	• **der Holzstoß, ¨-e**	• le bûcher
	• **der Pfederstall, ¨-e**	• l'écurie
	• **der Schweinestall, ¨-e**	• la porcherie
	• **der Kuhstall, ¨-e**	• l'étable
	• **der Hühnerstall, ¨-e**	• le poulailler
	• **der Kaninchenstall, ¨-e**	• le clapier
	• **der Gemüsegarten, ¨-**	• le (jardin) potager
	• **der Obstgarten, ¨-**	• le verger
	• **die Pfütze, -n**	• la mare
	• **der Teich, -e**	• l'étang
	• **der Brunnen, -**	• le puits
anglais : *dike*	• **der Deich, -e**	• la digue
	• **die Landmaschine, -n**	• la machine agricole

• der Traktor, -en	• le tracteur
• das Werkzeug, -e	• l'outil
• die Sähmaschine, -n	• le semoir
• die Walze, -n	• le rouleau
• die Mähmaschine, -n	• la faucheuse
• der Getreidemäher, -	• la moissonneuse
• der Getreidereiniger, -	• la mondeuse
• der Getreidetrockner, -	• le séchoir
• der Drescher, -	• la batteuse
• der Mähdrescher, -	• la moissonneuse-batteuse
• der Mähbinder, -	• la moissonneuse-lieuse
• die Egge, -n	• la herse
• der Heuwender, -	• la faneuse
• der Sprengwagen, -	• l'arroseuse
• der Pflug, ¨-e	• la charrue
• der Anhänger, -	• la remorque

• ländlich	• campagnard, rural
• bäuerlich	• paysan
• landwirtschaftlich	• agricole

3 Die moderne Landwirtschaft — L'agriculture moderne

Die intensive Bodenbewirtschaftung — L'agriculture intensive

• die Agronomie	• l'agronomie
• der Agraringenieur, -	• l'ingénieur agronome
• die Biotechnologie, -n	• la biotechnologie
• der Lebensmittelsektor, -en	• l'agroalimentaire
• der Massenanbau	• la production massive
• der Raubbau	• l'exploitation massive
• die Produktivität	• la productivité
• der Ertrag, ¨-e	• le rendement
• der Hektarertrag, ¨-e	• le rendement à l'hectare
• die Monokultur, -en	• la monoculture
• die Fruchtbarkeit, -en	• la fertilité
• die Fruchtfolge, -n	• l'assolement
• der Fruchtwechsel, -	• la rotation
• der Nährstoff, ¨-e	• l'élément nutritif
• der Zusatzstoff, ¨-e	• l'additif
• der Dünger, -	• l'engrais, le lisier
• die Dungablage, -n	• le fumier
• der Kompost, -e	• le compost
• das Düngen, -	• la fertilisation, l'amendement
• das Düngemittel, -	• l'engrais chimique
• die Chemikalien	• les produits chimiques
• die Überdüngung, -en	• l'abus d'engrais
• das Nitrat, -e	• le nitrate

Notes (margin):
- der Lebensmittelsektor → die Lebensmittelkulturen: *les cultures vivrières*
- der Dünger → anglais : *dung*
- die Chemikalien → pluriel

- **das Phosphat, -e** • le phosphate
- **das Kali, -s** • la potasse
- **der Stickstoff, -e** • l'azote
- **das Pflanzenschutzmittel, -** • le produit phytosanitaire
- **der Erreger, -** • le germe
- **der Schädling, -e** • le parasite
- **das (Insekten)vernichtungsmittel, -** • l'insecticide
- **das Schädlingsbekämpfungsmittel, -** • le pesticide
- **das Unkrautvernichtungsmittel, -** • l'herbicide, le désherbant
- **das Sterilisieren, -** • la stérilisation
- **die Immunisierung, -en** • l'immunisation
- **die Bewässerung, -en** • l'irrigation
- **das Grundwasser** • la nappe phréatique
- **das Sickerwasser** • l'eau d'infiltration
- **die Trockenlegung, -en** • l'assèchement
- **die Silierung, -en** • l'ensilage

- **her/stellen** • produire
- **erschöpfen** • épuiser (le sol)
- **verbessern** • améliorer
- **brachliegen lassen (ie, a, ä)** • laisser en jachère
- **fruchtwechselnd an/bauen** • cultiver par alternance
- **roden** • défricher
- **düngen** • fertiliser, fumer
- **bewässern** • irriguer
- **entwässern** • drainer
- **mit Wasser versorgen** • approvisionner en eau
- **ein/deichen** • endiguer
- **mit Kalk düngen** • chauler
- **mit Mergel düngen; mergeln** • marner
- **Chemikalien sprühen** • déverser des produits chimiques
- **sterilisieren** • stériliser
- **spritzen** • pulvériser

- **ertragreich** • rentable
- **krankheitsanfällig** • fragile, peu résistant aux maladies
- **organisch** • organique
- **chemisch** • chimique
- **pflanzlich** • végétal
- **keimtötend** • germicide
- **schädlich** • nuisible
- **transgen** • transgénique
- **genmanipuliert** • génétiquement modifié
- **experimentell** • expérimental

Der biologische Landbau — L'agriculture biologique

- **der Öko-(Bauern)hof, ¨-e** • la ferme écologique
- **das Bioprodukt, -e** • le produit biologique
- **die Freilandkultur, -en** • la culture de plein champ

• die Freilandhaltung, -en	• l'élevage de plein air
• das Milchkalb, ¨-er	• le veau élevé sous la mère
• pestizidfrei	• sans pesticide
• biodynamisch	• biodynamique
• von freilaufenden Hühnern	• venant de poules élevées en plein air
• (un)behandelt	• (non) traité

4 Die Agrarpolitik — La politique agricole

• die Landflucht	• l'exode rural
• die Agrarkrise, -n	• la crise agricole
• das landwirtschaftliche Einkommen, -	• le revenu agricole
• der Erzeugerpreis, -e	• le prix à la production
• der Nebenerwerbsbauer, -	• l'agriculteur à temps partiel
• der Nahrungsmittelbedarf	• le besoin en produits alimentaires
• der Überschuss, ¨-e	• le surplus
• der Agrarüberschuss, ¨-e	• l'excédent agricole
• die Überproduktion, -en	• la surproduction
• der Butterberg, -e	• le surplus de beurre
• die Milchflut, -en	• l'excédent de lait
• die Milchquoten (pluriel)	• les quotas laitiers
• die Marktschwemme, -n	• l'engorgement du marché
• der Zuschuss, ¨-e	• la subvention
• der Ausgleichsbetrag, ¨-e	• le montant compensatoire
• der Garantiepreis, -e	• le prix garanti
• die Anbaubeschränkung, -en	• la limitation des cultures
• die Ausmerzungsbeihilfe, -n	• la prime d'arrachage
• die Flächenstillegung, -en	• le gel des terres
• die Umstellung, -en	• la reconversion
• die Flurbereinigung, -en	• le remembrement
• die Verstaatlichung, -en	• la nationalisation
• die Kollektivierung, -en	• la collectivisation
• der Grüne Plan, ¨-e	• le plan vert
• subventionieren	• subventionner
• ein/schränken	• limiter

5 Die Forstwirtschaft — L'économie forestière

• die Forstwirtschaft, -en	• la sylviculture
• der Forst, -e (anglais : *forest*)	• la forêt (exploitée)
• der Förster, -	• le garde-forestier
• das Gehege, -	• l'enclos
• die Baumschule, -n	• la pépinière
• der Borkenkäfer, -	• le bostryche (parasite des forêts)

	der Holzwurm, ¨-er	le ver du bois
	der Ameisenhaufen, -	la fourmilière
	die Holzindustrie, -n	l'industrie du bois
auf dem Holzweg sein: *faire fausse route*	**das Holz, ¨-er**	le bois (matière)
	das Bauholz, ¨-er	le bois de construction
	das Brennholz, ¨-er	le bois de chauffage
	der Holzfäller, -	le bûcheron
	das Holzscheit, -e/-er	la bûche
	der Holzspan, ¨-e	le copeau
	der Baumstumpf, ¨-e	la souche
	der (Holz)schlag, ¨-e	la coupe
anglais : *axe*	**die Axt, ¨-e**	la hache
	die [Motor]kettensäge, -n	la tronçonneuse
	die Sägemühle, -n	la scierie
	das Sägemehl, -e	la sciure
anglais : *splinter*	**der Splitter, -**	l'éclat
	der Köhler, -	le charbonnier
	die Holzkohle, -n	le charbon de bois

	stutzen	tailler (un arbre)
	auf/forsten; bewalden	reboiser
schnitt, geschnitten	**aus/schneiden**	élaguer
	ab/hauen (hieb, gehauen)	couper, abattre
	fällen	abattre
anglais : *to saw*	**sägen**	scier

	bewaldet	boisé
	dicht bewachsen	touffu
	wurmstichig	vermoulu
	morsch, faul	pourri

6 Die Pflanzenproduktion — La culture

Der Ackerbau — Les travaux des champs

(!) der Korn: *l'eau-de-vie*	**das Korn, ¨-er**	le grain
	das Kornfeld, -er	le champ de céréales
	das Getreide	les céréales
	das Heidekorn	le blé noir
das Weizenbier: *la bière blanche (de froment)*	**der Weizen, -**	le blé, le froment
	der Buchweizen, -	le sarrasin
	die Gerste, -n	l'orge
das Roggenbrot: *le pain de seigle*	**der Roggen**	le seigle
die Haferflocken (plur.): *les flocons d'avoine* Ich glaub', den sticht der Hafer!: *il ne se sent plus !*	**der Hafer, -**	l'avoine
	die Hirse, -n	le millet
	der Mais, -e	le maïs
	der Maiskolben, -	l'épi de maïs
	die Ähre, -n	l'épi de blé

Remarque	Allemand	Français
das Reis, -er: *le greffon*	der Reis, -e	le riz
	der Samen, -	la semence, la graine
die junge Saat: *le blé en herbe*	die Saat, -en	le semis
sein Bündel schnüren: *faire ses malles*	das Bündel, -	la botte
	die Garbe, -n	la gerbe
	der Hanf	le chanvre
	die Ölpflanze, -n	l'oléagineux
	der Raps, -e	le colza
Bei ihm ist Hopfen und Malz verloren!: *on ne peut rien en tirer*	der Hopfen, -	le houblon
	die Sonnenblume, -n	le tournesol
	die Baumwollpflanze, -n	le cotonnier
	der Tabak, -e	le tabac
	die Ernte, -n	la récolte
	die Missernte, -n	la mauvaise récolte
	das Erntesegen, -	la récolte exceptionnelle
	die Nachernte, -n	la seconde récolte
	die Heuernte, -n	la fenaison
	die Kornernte, -n	la moisson

Remarque	Allemand	Français
	säen	semer
	drillen	semer en ligne
	pflügen; ackern	labourer
(fig.) : *trimer*	mahlen	moudre
	lockern (Erde)	ameublir
	um/graben (u, a, ä)	retourner
die Furche, -n: *le sillon*	Furchen ziehen (o, o)	tracer des sillons
	eggen	herser
	ernten	moissonner, récolter
brachte, gebracht	die Ernte ein/bringen	rentrer la moisson
aussi : *bêler*	mähen	faucher
	dreschen (o, o, i)	battre

Der Weinbau — La viticulture

Der Weinbau — La viticulture

Remarque	Allemand	Français
	die Winzergenossenschaft, -en	la coopérative viticole
	die (Wein)rebe, -n	la vigne
	die Rebsorte, -n	le cépage
	der Weinstock, ¨-e	le cep
	die Weinranke, -n	le sarment
	die Weinlaube, -n	la treille
	das Weinblatt, ¨-er	la feuille de vigne
	der Weinberg, -e	le vignoble
	die Traube, -n	le raisin
anglais : *berry*	die Beere, -n	le grain de raisin
	das Lesegut, ¨-er	les raisins à maturité
	der Spalier, -e	l'espalier
	die Weinlese, -n	la vendange
	der Weinleser, -	le vendangeur

• die Ernte, -n	• la récolte
• das Winzermesser, -	• la serpette

• lesen (a, e, ie)	• récolter les fruits
• Wein(e) lesen	• vendanger
• die Weinlese halten (ie, a, ä)	• faire la vendange

Die Weinbereitung — La vinification

anglais : *must*

der Heurige (AS): (AU) *le cru de l'année*

der Alte (AS); der Olle (AS): (AU) *le vin d'une année antérieure*

• die Kelter, -n; die Presse, -n	• le pressoir
• der Bottich, -e; die Kufe, -n	• la cuve
• der Most	• le moût
• das Fass, ¨-er	• le fût, le tonneau
• der Wein, -e	• le vin
• der Weinkeller, -	• la cave
• das Weinlager, -	• le chai
• der Federweiße (AS)	• le vin nouveau
• die Flaschenreifung, -en	• le vieillissement en bouteille
• die Gärung, -en	• la fermentation
• der Gärkeller, -	• le cellier
• die Maischegärung, -en	• la macération
• die Flaschenfüllung, -en	• la mise en bouteilles

• (Trauben) stampfen	• fouler (les raisins)
• aus/pressen	• presser, pressurer
• gären	• fermenter
• an/reichern	• chaptaliser
• ab/füllen	• embouteiller
• brennen (brannte, gebrannt)	• brûler
• destillieren	• distiller
• panschen	• trafiquer

• gepanscht	• frelaté
• lagerfähig	• (vin) de garde

Der Gartenbau — L'horticulture

Die Gartenarbeit — Le jardinage

anglais : *gardener*

anglais : *spade*

hacken: *biner*

(!) die Gabel (aussi): *la fourchette*

begießen (-oss, -ossen): *arroser*

• der Gärtner, -	• le jardinier
• die Baumzucht, -en	• l'arboriculture
• die Baumschule, -n	• la pépinière
• das Gartencenter, -	• la jardinerie
• das Gartengerät, -e	• l'outil de jardinage
• der Spaten, -	• la bêche
• die Hacke, -n	• la pioche
• die Schaufel, -n	• la pelle
• die Gabel, -n	• la fourche
• der Rechen, -	• le rateau
• die Gießkanne, -n	• l'arrosoir
• der Eimer, -	• le seau
• der Schubkarren, -	• la brouette

	• **die Baumschere, -n**	• le sécateur
	• **die Vogelscheuche, -n**	• l'épouvantail
anglais : *ladder*	• **die Leiter, -n**	• l'échelle
	• **der Rasen, -**	• le gazon
	• **der Rasenmäher, -**	• la tondeuse à gazon
	• **das Unkraut, ¨-er**	• la mauvaise herbe
(!) das Laub: *le feuillage* Fertig ist die Laube!: *c'est liquidé !*	• **die Laube, -n**	• la tonnelle
	• **das Treibhaus, ¨-er**	• la serre
	• **der (Rasen)sprenger, -**	• l'arroseur automatique

• **um/stechen (a, o, i)**	• bêcher, retourner
• **(Blumenzwiebeln) setzen**	• mettre en terre (des bulbes de fleurs)
• **mähen**	• tondre
• **(Unkraut) rupfen; jäten**	• arracher
• **aus/ästeln**	• élaguer
• **(be)sprengen**	• arroser

• **frisch gemäht**	• fraîchement tondu
• **wild wuchernd**	• qui pousse comme du chiendent

Die Blumenzucht — La floriculture

	• **der Blumengarten, ¨-**	• le jardin d'agrément
zierlich: *mignon, gracieux*	• **die Zierpflanze, -n**	• la plante ornementale
	• **die Grünpflanze, -n**	• la plante verte
	• **die Schnittblume, -n**	• la fleur coupée
	• **die Topfpflanze, -n**	• la plante en pot
(!) der Strauß, -e: *l'autruche* einen Strauß binden (a, u): *faire un bouquet*	• **der Strauß, ¨-e**	• le bouquet
	• **das Beet, -e**	• le parterre
	• **der Flieder, -**	• le lilas
	• **die Lilie, -n**	• le lys
	• **die Tulpe, -n**	• la tulipe
der Rosengarten: *la roseraie*	• **die Rose, -n**	• la rose
(!) die Stockrose, -n: *la rose trémière*	• **der Rosenstock, ¨-e**	• le rosier
	• **das Veilchen, -**	• la violette
	• **die Kaktee, -n**	• le cactus
anglais : *forget-me-not*	• **das Vergissmeinnicht, -e**	• le myosotis
	• **der Ableger, -**	• la bouture

• **treiben (ie, ie)**	• pousser
• **knospen**	• boutonner
• **blühen**	• fleurir
• **gießen (o, o)**	• arroser
• **zupfen**	• sarcler
• **ein/topfen**	• empoter
• **um/topfen**	• dépoter, rempoter
• **schneiden (schnitt, geschnitten)**	• couper

• **duftend**	• odoriférant
• **welk**	• fané
• **stachelig**	• épineux

Der Gemüsebau — La culture maraîchère

• **der Gemüsegarten, ¨-**	• le potager
• **das Gemüsebeet, -e**	• le carré (de légumes)
• **das Frühgemüse, -**	• le primeur
• **die Bohne, -n**	• le haricot
• **die Hülse, -n**	• la cosse
• **das Radieschen, -**	• le radis
• **der Rettich, -e**	• le radis blanc
• **die Kartoffel, -n**	• la pomme de terre
• **der Kartoffelkäfer, -**	• le doryphore
• **der Kürbis, -se**	• la courge

junges Gemüse (fam.): *la jeunesse* (→ der Gemüsegarten)

anglais : *bean* (→ die Bohne)

• **pflanzen**	• planter
• **keimen**	• germer
• **auf/lesen (a, e, ie)**	• ramasser

• **frühreif**	• précoce
• **spätreif**	• tardif
• **aufgeschossen**	• monté
• **holzig**	• filandreux
• **wurmig**	• véreux
• **kümmerlich; verkümmert**	• rabougri

Der Obstbau — La culture fruitière

• **das Obst (sing.); die Frucht, ¨-e**	• le fruit
• **der Kern, -e**	• le pépin, l'amande
• **der Stein, -e; der Kern, -e**	• le noyau
• **das (Kern)gehäuse, -**	• le trognon
• **die Schale, -n**	• la coquille
• **der Obstbaum, ¨-e**	• l'arbre fruitier
• **die Knospe, -n**	• le bourgeon
• **der Apfelbaum, ¨-e**	• le pommier
• **der Birnbaum, ¨-e**	• le poirier
• **der Kirschbaum, ¨-e**	• le cerisier
• **der Pflaumenbaum, ¨-e**	• le prunier
• **der Pfirsischbaum, ¨-e**	• le pêcher
• **der Quittenbaum, ¨-e**	• le cognassier
• **der Feigenbaum, ¨-e**	• le figuier
• **der Olivenbaum, ¨-e**	• l'olivier
• **der Mandelbaum, ¨-e**	• l'amandier
• **der Nussbaum, ¨-e**	• le noyer
• **der Johannisbeerstrauch, ¨-er**	• le groseiller
• **die Erdbeerstaude, -n**	• le fraisier
• **die Bananenstaude, -n**	• le bananier
• **das Bananenbüschel, -**	• le régime de banane
• **der Heidelbeerstrauch, ¨-er**	• la myrtille

das Fallobst: *les fruits tombés* (→ das Obst)

der Stein, -e: *la pierre* (→ der Stein)

schälen: *peler, éplucher* (→ die Schale)

Knospen treiben: *bourgeonner* (→ die Knospe)

das (Gras)büschel, -: *la touffe (d'herbe)* (→ das Bananenbüschel)

• **propfen; veredeln**	• greffer
• **stützen** (≠ stutzen: *raccourcir*)	• étayer
• **spritzen**	• traiter, sulfater
• **Früchte tragen (u, a, ä)**	• porter des fruits
• **blühen**	• fleurir
• **ernten**	• récolter

• **reif**	• mûr
• **unreif**	• vert
• **saftig**	• juteux
• **mehlig**	• farineux
• **knackig**	• croquant

7 Die Tierzucht — L'élevage

Das Großvieh — Le gros bétail

• **das Vieh** (das Viech, -er: *le bestiau, la bestiole*)	• le bétail
• **das Stück Vieh**	• la tête de bétail
• **die Viehzucht, -en**	• l'élevage
• **der Viehzüchter, -**	• l'éleveur
• **der Rinderbestand, ¨-e**	• le cheptel bovin
• **das Rind, -er**	• la bête à corne
• **die Herde, -n** (anglais : *herd*)	• le troupeau
• **der Stier, -e**	• le taureau
• **der Ochse, -n, -n**	• le bœuf
• **die Kuh, ¨-e** (der Kuhfladen: *la bouse de vache*; das Euter, -: *le pis*)	• la vache
• **die Milchkuh, ¨-e**	• la vache à lait
• **die Färse, -n; die Sterke, -n**	• la génisse
• **das Kalb, ¨-er** (anglais : *calf*)	• le veau
• **das Säugekälbchen, -**	• le veau de lait
• **das Pferd, -e**	• le cheval
• **das Vollblutpferd, -e**	• le pur-sang
• **das Kaltblut, ¨-er**	• le cheval de trait
• **der (Zucht)hengst, -e**	• l'étalon
• **die Stute, -n**	• la jument
• **das Fohlen, -; das Füllen, -**	• le poulain
• **der Esel, -**	• l'âne
• **der Tierarzt, ¨-e**	• le vétérinaire
• **das Strohfutter, -** (füttern: *donner à manger*)	• la nourriture, le fourrage
• **der Schäfer, -**	• le berger
• **der Hirt, -en, -en**	• le pâtre
• **die Weide, -n**	• le pâturage
• **die Melkanlage, -n**	• la trayeuse électrique
• **die Molkerei, -en**	• la laiterie
• **die Milchprodukte** (pluriel)	• les produits laitiers

• **hüten**	• garder
• **wieder/käuen** (kauen: *mâcher*; der Widerkäuer, -: *le ruminant*)	• ruminer

	• **saufen (o, o, äu)**	• boire (animaux)
anglais : *to milk*	• **melken (o, o)**	• traire
	• **die Herde zusammen/treiben (ie, ie)**	• conduire le troupeau
das Gras: *l'herbe*	• **ab/weiden; ab/grasen**	• brouter
sich an etwas weiden: *se repaître, se délecter de qqch*	• **grasen; weiden**	• paître
	• **auf die Alm ziehen (o, o)**	• transhumer
	• **kalben**	• vêler
	• **scheren (o, o)**	• tondre
	• **behufen; beschlagen (u, a, ä)**	• ferrer
	• **bespringen (a, u)**	• saillir
	• **pflanzenfressend**	• herbivore
	• **friedlich**	• paisible
trächtig sein: *porter*	• **trächtig**	• pleine, gravide

Das Kleinvieh — Le menu bétail et la basse-cour

Schwein haben (fam.): *avoir du bol*	• **das Schwein, -e**	• le porc, le cochon
	• **die Sau, ¨-e**	• la truie
	• **die Sau, -en**	• la laie
	• **das Ferkel, -**	• le cochon de lait
der Leithammel (fig.): *le meneur*	• **der Hammel, -**	• le mouton
	• **das Schaf, -e**	• le mouton, la brebis
ein Schäferstündchen halten: *avoir un rendez-vous galant*	• **der Schäfer, -**	• le berger
	• **der Schafstall, ¨-e**	• la bergerie
lammfromm: *doux comme un agneau*	• **das Lamm, ¨-er**	• l'agneau
	• **das Sauglamm, ¨-er**	• l'agneau de lait
	• **die Ziege, -n**	• la chèvre
der Sündenbock: *le bouc émissaire*	• **der (Ziegen)bock, ¨-e**	• le bouc
	• **der Schafbock, ¨-e**	• le bélier
	• **die Geiß, -en**	• la chèvre (femelle)
zickig sein (fam.): *être capricieux*	• **das Zicklein, -**	• le chevreau
	• **der Hühnerhof, ¨-e**	• la basse-cour
	• **das Geflügel, -; die Hühner (plur.)**	• la volaille
aussi : *le robinet* = der Gockel (SÜDD)	• **der Hahn, ¨-e**	• le coq
	• **der Truthahn, ¨-e**	• le dindon
die Glucke: *la mère poule*	• **die Henne, -n**	• la poule
	• **die Legehenne, -n**	• la poule pondeuse
	• **das Huhn, ¨-er**	• la poule, le poulet
	• **das Perlhuhn, ¨-er**	• la pintade
(!) das Hähnchen, -: *le poulet (à rôtir)*	• **das Hühnchen, -**	• le poulet
	• **das Küken, -; das Küchlein, -**	• le poussin
eine dumme Gans (fig.): *une gourde, une cruche*	• **die Gans, ¨-e**	• l'oie
	• **der Gänserich, -e**	• le jars
	• **die Ente, -n**	• le canard, la cane
	• **die Pute, -n**	• la dinde
	• **der Pfau, -en**	• le paon
	• **die Taube, -n**	• le pigeon
hier geht's zu wie im Taubenschlag: *c'est un va-et-vient permanent*	• **der Taubenschlag, ¨-e**	• le pigeonnier

• **das Kaninchen, -**	• le lapin
• **die Kaninchenzucht, -en**	• la cuniculiculture
• **die Bienenzucht, -en**	• l'apiculture
• **die Biene, -n**	• l'abeille
• **der Imker, -**	• l'apiculteur
• **der Bienenkorb, ¨-e**	• la ruche
• **das Bienenwachs, -e**	• la cire d'abeille
• **die Wabe, -n**	• le gâteau de cire
• **der Schwarm, ¨-e**	• l'essaim
• **der Blütenstaub, -e/¨-e**	• le pollen
• **der Honig**	• le miel

anglais : *bee*

er ist mein großer Schwarm (fam.): *j'en pince pour lui*

der Staub: *la poussière*
die Blüte, -n: *la fleur*

• **scheren (o, o)**	• tondre
• **flattern**	• voltiger, voleter
• **picken**	• picorer
• **sich suhlen; sich wälzen (Sau)**	• se rouler, se vautrer
• **(in der Erde) scharren**	• gratter (la terre)
• **schnauben**	• s'ébrouer
• **brüten**	• couver
• **überfüttern; stopfen**	• gaver
• **ein Ei legen**	• pondre un œuf
• **aus dem Ei schlüpfen**	• éclore
• **sammeln**	• butiner
• **stechen (a, o, i)**	• piquer

anglais : *to lay an egg*

Die Massentierhaltung — L'élevage intensif

• **die Hormonbehandlung, -en**	• le traitement aux hormones
• **der Rinderwahnsinn (BSE)**	• la maladie de la vache folle (ESB)
• **die Schweinepest**	• la peste porcine
• **die Maul- und Klauenseuche**	• la fièvre aphteuse
• **die Brucellose**	• la brucellose
• **die Schafseuche Scrapie**	• la tremblante du mouton
• **die Notschlachtung, -en**	• l'abattage forcé
• **das Kraftfutter, -**	• les aliments concentrés
• **das Tiermehl, -e**	• la farine animale
• **der Herkunftsnachweis, -e**	• la traçabilité
• **die Hühnerfarm, -en**	• la ferme avicole
• **die Batteriehaltung, -en**	• l'élevage en batterie
• **die Hühnerpest**	• la peste aviaire
• **die Volgelgrippe**	• la grippe aviaire
• **die Massentierhaltung, -en**	• l'élevage intensif
• **die Legebatterie, -n**	• l'élevage en batterie
• **der Tiertransport, -e**	• le transport des animaux
• **die Veterinärkontrolle, -n**	• le contrôle vétérinaire
• **die Fleischbeschau**	• le contrôle sanitaire (viande)
• **das Schlachthaus, ¨-er**	• l'abattoir
• **der Zwitter, -**	• l'animal hybride
• **die Kreuzung der Spezies**	• le croisement des races

• **(Hormone) spritzen**	• injecter (des hormones)

• **mästen**	• engraisser
• **misshandeln**	• maltraiter
• **klonen**	• cloner
• **schlachten**	• abattre
• **not/schlachten**	• abattre d'urgence
• **brandmarken**	• marquer au fer rouge

8 Der Fischfang — La grande pêche

Die Seefischerei — La pêche en mer

• **der Fisch, -e**	• le poisson
• **der Fischer, -**	• le pêcheur (professionnel)
• **die Küstenfischerei, -**	• la pêche côtière
• **die Hochseefischerei, -**	• la pêche hauturière
• **das Netz, -e**	• le filet, le chalut
• **das Fangnetz, -e**	• l'épuisette
• **der Fischdampfer, -**	• le chalutier
• **der Fischschwarm, ¨-e**	• le banc de poissons
• **die Fischgründe**	• les fonds de pêche
• **die Fischfabrik, -en**	• la conserverie de poisson
• **das Fabrikschiff, -e**	• le navire-usine

das Netz aus/werfen (a, o, i)/ein/ziehen (o, o): *jeter / ramener le filet*

pluriel

• **fischen**	• pêcher
• **fangen (i, a, ä)**	• prendre, pêcher
• **aus/nehmen (a, o, i)**	• vider
• **salzen**	• saler
• **räuchern**	• fumer

im Trüben fischen: *pêcher en eau trouble*

• **fischreich**	• poissonneux

Die Fischzucht — La pisciculture

• **die Fischzucht, -en**	• la pisciculture
• **die Aquakultur**	• l'aquaculture
• **der Weiher, -; der Fischteich, -e**	• le vivier
• **die Fischmilch**	• la laitance
• **der Rogen, -**	• les œufs de poisson
• **der Lachs, -e**	• le saumon
• **die Forelle, -n**	• la truite
• **die Auster, -n**	• l'huître
• **die Austernzucht, -en**	• l'ostréiculture

(einen Teich) ab/fischen: *dépeupler (un étang)*

(!) der Roggen: *le seigle*

anglais : *oyster*

ÜBUNGEN

70 **Wie sagt man auf Französisch?** Comment dit-on en français ?

Übersetzen Sie folgende Komposita.

a. die Bienenzucht – **b.** Kaninchenzucht – **c.** Pferdezucht – **d.** Blumenzucht – **e.** Baumzucht – **f.** Hühnerzucht – **g.** Fischzucht – **h.** Geflügelzucht – **i.** Taubenzucht – **j.** Schweinezucht – **k.** Obstzucht – **l.** Rinderzucht – **m.** Schafzucht – **n.** Rosenzucht – **o.** Viehzucht – **p.** Austernzucht – **q.** Saatzucht – **r.** der Zuchtbulle

71 **Wortfamilien.** Familles de mots.

Wie heißen jeweils die kleinen Nachzügler, bzw. den fehlenden männlichen, weiblichen oder Gattungsbegriff? Ergänzen Sie die Tabelle!

Oberbegriff (mot générique, non sexué)	**Das Männchen** masculin	**Das Weibchen** féminin	**Das Junge** (AS) petit animal
das Rind, -er	der Stier/der Ochse/ der Bulle	die Kuh	....
....	der Hengst	die Stute	....
das Huhn	....	die Henne	....
die Ziege	....	die Ziege	....
....	der Eber	die Sau, ¨-e	....
das Wildschwein	....	....	....
der Hund	der Hund; der Rüde	....	....
die Katze	....	die Katze	....
das Schaf	....	das Mutterschaf	....
der Hirsch	der Hirsch(bock)	die Hirschkuh	....
der Reh	der Reh(bock)	die Rehgeiß, die Ricke	....
die Biene	....	....	
....	der Elefantenbulle	....	....
....	....	das Igelweibchen	....

Corrigés page 470

Landeskunde

Meilensteine der deutschen Landwirtschaft

Jalons de l'agriculture allemande

- **der Junker; der Großgrundbesitzer:** le hobereau, le grand propriétaire terrien dans la Prusse du XIXe siècle.
- **die Schrebergärten:** les jardins ouvriers (d'après le nom d'un pédagogue et médecin allemand du XIXe siècle) ; outre leur rôle social, leur intérêt écologique d'oxygénation des villes est reconnu par une loi de 1983 **(das Kleingärten-Gesetz)**.
- **die LPG (= landwirtschaftliche Produktionsgenossenschaft):** nom des coopératives de production agricole issues de la collectivisation forcée **(die Zwangskollektivierung)** des grandes propriétés **(der Großgrundbesitz)** lors de la réforme agraire **(die Bodenreform)** conduite en RDA de 1945 à 1960 ; le mot d'ordre en était : **Junkerland in Bauernhand!** (la terre aux paysans !).
- **die Flurbereininung:** le remembrement en RFA dans les années 70.
- **das Erntedankfest:** la fête de la moisson.
- **der deutsche Gartenzwerg:** le nain de jardin allemand.
- **die Grüne Woche in Berlin:** la foire agricole de Berlin, le salon de l'agriculture et de l'alimentation le plus important en Allemagne.
- **die Landesgartenschau; die Bundesgartenschau:** exposition horticole régionale et nationale.
- **die ökologische Landwirtschaft; der biologische Landbau:** l'agriculture biologique ; **der Ökobauer; der Biobauer:** l'agriculteur bio.

Bildhafte Ausdrücke

Expressions imagées

- **die Milchflut:** les excédents de lait **(= die Milchüberschüsse)**
- **der Butterberg:** les excédents de beurre
- **die Gemüselawine:** la surproduction de légumes
- **der Gerstensaft:** le jus d'orge pour désigner la bière.
- **die Bischofsmütze:** le bonnet de prêtre, nom du pâtisson, une espèce de courge qui ressemble à une mitre épiscopale.

Parodistische Bauernregeln

Dictons populaires parodiques

- **Wenn die Drossel schreit, ist der Lenz nicht weit:** Quand la grive babille, le printemps n'est pas loin.
- **Wer im Sommer tut gammeln, kann im Winter nicht sammeln:** Celui qui prend du bon temps en été n'aura plus rien à glaner en hiver.
- **Grüne Weihnacht - weiße Ostern:** Noël au balcon, Pâques aux tisons.
- **Kräht der Hahn auf dem Mist, ändert sich's das Wetter oder es bleibt, wie's ist:** Quand le coq chante sur le fumier, le temps change ou reste tel qu'il est.
- **Liegt des Bauern Uhr im Mist, weiß er nicht, wie spät es ist:** Si la montre du paysan est dans le fumier, il ne sait pas quelle heure il est.
- **Wenn es Silvester schneit, ist Neujahr nicht weit:** S'il neige à la Saint-Sylvestre, c'est que le Nouvel An approche.

Bildlich gesprochen

Rund um das Pferd

- **das beste Pferd im Stall:** le meilleur (de l'entreprise, de l'équipe…), le meilleur élément.
- **mit dem kann man Pferde stehlen:** Il est toujours de la partie
- **Überlass das Denken den Pferden – die haben einen grösseren Kopf:** Laisse les chevaux réfléchir à ta place – ils ont une plus grosse tête que toi.
- **die Pferde scheu machen:** faire peur aux gens
- **aufs richtige Pferd setzen:** miser sur le bon cheval
- **eine Rosskur:** un remède de cheval
- **eine Rossnatur:** quelqu'un de très robuste
- **sich aufs hohe Ross setzen:** se donner de grands airs

Rund um die Tiere

- **die Rabenmutter:** la mauvaise mère
- **der Pechvogel:** le malchanceux
- **die Schnatterente:** la (pie) bavarde
- **der Gockelhahn:** le barbon
- **die Meckerziege:** la râleuse
- **eine (affektierte) Studentenzicke:** une étudiante bêcheuse
- **eine Eselsbrücke:** un moyen mnémotechnique, un guide-âne
- **eine Ochsentour:** un travail de Romain
- **die Bullenhitze:** la chaleur à mourir
- **ein Pferdefuß:** un pied bot ; un inconvénient (fig.)
- **ein Partyhengst; ein Partylöwe:** un habitué des soirées dansantes
- **der Blödhammel:** le crétin
- **ein Neidhammel:** un envieux
- **der Skihase; das Skihaserl; die Pistensau (fam.):** le/la (jeune) skieur/skieuse
- **die Hundstage:** la canicule
- **die Naschkatze:** le/la gourmand(e)
- **eine graue Maus:** un falot, quelqu'un d'insignifiant
- **die Nachteule:** le couche-tard, le noctambule
- **ein Duckspatz:** un couard
- **der Bücherwurm; die Leseratte:** le rat de bibliothèque

Zum Nachdenken

- **Eine Kuh macht Muh. Viele Kühe machen Mühe:** Une vache fait meuh ! Beaucoup de vaches donnent de la peine.
- **Mach dich zu Honig, dann fressen dich die Fliegen, Mach dich zur Distel, dann fressen dich die Esel (Sprichwort):** chacun trouve son maître.
- **Die dümmsten Bauern haben die größten Kartoffeln:** Aux innocents les mains pleines.
- **Wie die Saat, so die Ernte:** On récolte ce qu'on a semé.
- **Das Ei will klüger sein als die Henne:** C'est Gros-Jean qui en remontre à son curé.

22 Die Arbeitswelt
Le monde du travail

1 Der Arbeitsmarkt — Le marché de l'emploi

Die Beschäftigung	L'emploi	Remarque
• die Arbeitsplatzbeschaffung, -en	• la création d'emplois	
• die Arbeitsbeschaffungsmaßnahme	• la mesure de création d'emploi	die Maßnahme, -n
• die Vollbeschäftigung	• le plein-emploi	
• die Unterbeschäftigung	• le sous-emploi	
• der Beschäftigungsstand, ¨-e	• le niveau de l'emploi	
• die Anstellung, -en	• l'embauche	
• die Anwerbung, -en	• le recrutement	
• die Einstellung, -en	• l'engagement	
• der Personalberater, -	• le conseiller en recrutement	
• der Kopfjäger, -	• le chasseur de têtes	
• der (Arbeits)Platz, ¨-e	• l'emploi, la place	(!) die Arbeitsplätze (plur.): *les emplois*
• das Stellenangebot, -e	• l'offre d'emploi	
• die Anzeige, -n	• l'annonce	
• die Arbeitsplatzbeschreibung, -en	• le profil de poste	
• das Stellengesuch, -e	• la demande d'emploi	
• der Arbeitsuchende (AS)	• le demandeur d'emploi	
• die Stellensuche, -en	• la recherche d'emploi	
• die Vermittlung, -en	• le placement, le recrutement	
• die Stellenvermittlungsagentur, -en	• le cabinet de recrutement	
• die Headhunting-Agentur, -en	• le cabinet de chasseurs de tête	
• das Placement	• le placement	pron. française
• das Placement-Büro, -s	• le cabinet de placement	
• die Bewerbung, -en	• la candidature	
• der Bewerber, -	• le candidat	
• der Bewerbungsbrief, -e	• la lettre de candidature	
• der Nachfassbrief, -e	• la lettre de relance	
• die Empfehlung, -en	• la lettre de recommandation	
• der Lebenslauf, ¨-e	• le curriculum vitæ	
• das Vorstellungsgespräch, -e	• l'entretien d'embauche	
• die Absage, -n	• la réponse négative	
• die Zusage, -n	• la réponse positive	
• der Arbeitsvertrag, ¨-e	• le contrat de travail	ein befristeter/unbefristeter Arbeitsvertrag: *un C.D.D./un C.D.I.*
• der Anstellungsvertrag, ¨-e	• le contrat d'engagement	
• die Probezeit, -en	• la période d'essai	
• die Diskriminierung	• la discrimination	die Diskriminierung bei der Einstellung: *la discrimination à l'embauche*
• der Sexismus	• le sexisme	
• die Graphologie	• la graphologie	
• der Eignungstest, -s	• le test d'aptitude	

• beschäftigen	• employer, occuper
• jdn an/stellen; ein/stellen	• embaucher qqn
• jdn ab/werben (a, o, i) (von)	• débaucher qqn (de)
• an/werben (a, o, i)	• recruter

• **sich bewerben (a, o, i) (um eine Stelle)**	• être candidat (à un emploi), postuler pour un emploi
• **das erforderliche Profil besitzen**	• avoir le profil
• **den Anforderungen entsprechen (a, o, i)**	• correspondre aux exigences
• **auf Stellensuche sein**	• être à la recherche d'un emploi
• **ein Vorstellungsgespräch haben**	• passer un entretien d'embauche
• **einen Posten besetzen**	• pourvoir un poste
• **ab/sagen**	• donner une réponse négative
• **zu/sagen**	• donner une réponse positive
• **(jdn) ab/lehnen**	• refuser (qqn)
• **sich einem Test unterziehen (o, o)**	• passer un test
• **aus/lesen (a, e, ie); sichten**	• sélectionner
• **jdm den Vorrang geben (a, e, i)**	• donner la préférence à qqn

• **(un)erfahren**	• (in)expérimenté
• **tüchtig, kompetent**	• compétent
• **fähig**	• capable
• **(gut) ausgebildet**	• (bien) formé
• **angelernt**	• spécialisé
• **ungelernt**	• non qualifié
• **frei, unbesetzt**	• libre, vacant
• **auf Probe**	• à l'essai
• **auf jds Empfehlung**	• sur la recommandation de qqn

Die Ausübung eines Berufs / L'exercice d'une profession

Was sind Sie von Beruf?: *Quelle est votre profession ?*

die Dauer der Betriebszugehörigkeit: *l'ancienneté*

• **die Arbeit, -en**	• le travail
• **der Job, -s**	• le petit boulot
• **der Beruf, -e**	• le métier, la profession
• **die Stelle, -n; der Posten, -**	• l'emploi, la place, le poste
• **die Aufgabe, -n**	• la tâche
• **die Kompetenz, -en**	• la compétence
• **die Zuständigkeit, -en**	• la responsabilité, la compétence
• **die Verantwortung, -en (für)**	• la responsabilité (de qqch)
• **die Qualifizierung**	• la qualification
• **die Erfahrung, -en (in + D)**	• l'expérience (dans qqch)
• **die Effizienz, -en**	• l'efficacité, la compétence
• **die Eignung, -en**	• l'aptitude
• **die Beförderung, -en**	• la promotion, l'avancement
• **die Beförderung nach Dienstalter**	• la promotion à l'ancienneté
• **die leistungsgebundene Beförderung, -en**	• la promotion au mérite
• **die Karriere, -n; die Laufbahn, -en**	• la carrière
• **der Karrieremacher, -**	• le carriériste
• **die Karrieremacherin, -nen**	• la carriériste
• **das Karriereziel, -e**	• l'objectif de carrière
• **der Karriereplan, ¨-e**	• le plan de carrière
• **die Berufsaussicht, -en**	• la perspective professionnelle
• **die Berufschance, -n**	• la perspective de carrière
• **die Ernennung, -en (zu + D)**	• la nomination (à)

• **die Zuweisung, -en**	• l'affectation
• **die Abordnung, -en**	• le détachement
• **die Rückstufung, -en**	• la rétrogradation

• **arbeiten**	• travailler
• **für jdn arbeiten**	• travailler pour qqn
• **bei jdm arbeiten**	• travailler chez qqn
• **eine Stelle inne/haben**	• occuper un poste
• **für einen Posten ernannt werden**	• être nommé à un poste
• **zu einer Stelle ernennen**	• nommer qqn à un poste
• **jdn einem Posten zu/weisen (ie, ie)**	• affecter qqn à un poste
• **bei der Arbeit sein**	• être au travail
• **einen Beruf ergreifen (i, i)**	• embrasser une profession
• **einen Beruf aus/üben**	• exercer une profession
• **seinem Beruf nach/gehen**	• vaquer à ses affaires
• **die Karriereleiter hinauf/steigen (ie, ie)**	• faire carrière
• **befördern**	• promouvoir
• **zu einer Stelle befördert werden**	• être promu à un poste
• **auf/steigen (ie, ie)**	• être promu
• **beruflich auf/steigen (ie, ie)**	• grimper les échelons
• **in die Hierarchie steigen (ie, ie)**	• monter dans la hiérarchie

nannte, ernannt (→ zu einer Stelle ernennen)

-ging, -gegangen (→ seinem Beruf nach/gehen)

• **zuständig (für + A)**	• responsable (de)
• **verantwortungsvoll**	• à responsabilité
• **beruflich**	• professionnel
• **lohnend, einträglich**	• lucratif, rémunérateur
• **berufstätig, erwerbstätig**	• en activité
• **hochstehend**	• haut placé

Sind Sie berufstätig?: *Exercez-vous une activité professionnelle ?*

Das Personal — Le personnel

• **der Erwerbstätige (AS)**	• l'actif
• **das Personal**	• le personnel
• **der Arbeitgeber, -**	• l'employeur
• **der Arbeitnehmer, -**	• l'employé
• **der Lohnempfänger, -**	• le salarié
• **der Werktätige (AS)**	• le travailleur
• **der Mitarbeiter, -**	• le collaborateur
• **die Arbeitskräfte (plur.)**	• la main-d'œuvre
• **der Arbeiter, -**	• l'ouvrier
• **der Facharbeiter, -**	• l'ouvrier qualifié
• **der Posten, -**	• le poste de travail
• **die Fließbandarbeit, -en**	• le travail à la chaîne
• **der Hilfsarbeiter, -**	• le manœuvre
• **der Angestellte (AS)**	• l'employé
• **der leitende Angestellte (AS)**	• le cadre
• **die Führungskraft, ¨-e**	• le cadre supérieur
• **der Geschäftsführer, -**	• le gérant
• **der Manager, -**	• le dirigeant

singulier (→ das Personal)

der Arbeiter ist nichts als ein Lohnsklave: *l'ouvrier n'est qu'un esclave tributaire de son salaire (Marx)*

mittlere/obere Führungskräfte: *les cadres moyens/supérieurs*

> der Chef, -s: *le patron*

• **der Ingenieur, -e**	• l'ingénieur
• **der Techniker, -**	• le technicien
• **die Chefassistentin, -nen**	• la secrétaire de direction
• **der Betriebsleiter, -**	• le PDG, le directeur de l'entreprise
• **der Personalleiter, -**	• le chef du personnel
• **der Vorgesetzte (AS)**	• le chef, le supérieur hiérarchique
• **der Vorarbeiter, -**	• le contremaître
• **der Werkmeister, -**	• le chef d'atelier
• **der Sachbearbeiter, -**	• l'agent administratif
• **die Schreibkraft, ¨-e**	• le/la dactylo
• **der Arbeitskollege, -n**	• le collègue de travail
• **der freie Beruf, -e**	• la profession libérale
• **der Freiberufler, -**	• le membre d'une profession libérale
• **der Selbständige (AS)**	• l'indépendant
• **die Teamarbeit, -en**	• le travail en équipe
• **die Telearbeit, -en**	• le télé-travail

• **selbständig**	• indépendant, à son compte
• **frei**	• libéral

2 Die Arbeitsbedingungen — Les conditions de travail

Die Arbeitszeit — Le temps de travail

> die Springkräfte (plur. ; fam.): *le personnel remplaçant*

• **die Wochenarbeitszeit, -en**	• le temps de travail hebdomadaire
• **die Vierzigstundenwoche, -n**	• la semaine de quarante heures
• **der Achtstundentag, -e**	• la journée de huit heures
• **der Werktag, -e**	• le jour ouvrable
• **der Feiertag, -e**	• le jour férié
• **die Überstunde, -n**	• l'heure supplémentaire
• **die Vollzeitarbeit**	• le travail à temps plein
• **die Teilzeitarbeit**	• le travail à temps partiel
• **die Halbtagsarbeit**	• le travail à mi-temps
• **die Pauschalarbeit**	• le travail à forfait
• **die Arbeitsteilung**	• le partage du travail
• **die Zeitarbeit**	• le travail temporaire
• **die Leiharbeit**	• l'intérim
• **der Zeitarbeiter, -**	• l'intérimaire
• **der Saisonarbeiter, -**	• le travailleur saisonnier
• **der Tagelöhner, -**	• le journalier
• **die Urlaubszeit, -en**	• les congés
• **der bezahlte Urlaub, -e**	• le congé payé
• **die Stechuhr, -en**	• la pointeuse
• **die Schichtarbeit**	• le travail posté, les trois-huit
• **die Frühschicht, -en**	• l'équipe du matin
• **die Spätschicht, -en**	• l'équipe du soir
• **die Nachtschicht, -en**	• l'équipe de nuit
• **das Arbeitsversäumnis**	• l'absentéisme
• **die Abwesenheitsquote, -n**	• le taux d'absentéisme

• **die Arbeitszeitverkürzung, -en**	• la réduction du temps de travail
• **der Arbeitstag, -e**	• la journée de travail
• **der Arbeitsplan, ¨-e**	• le planning

• **vollzeitbeschäftigt sein**	• travailler à temps plein
• **teilzeitbeschäftigt sein**	• travailler à temps partiel
• **in Schichten arbeiten**	• faire les trois-huit
• **Feierabend machen**	• cesser le travail (le soir)
• **Dienstschluss haben**	• terminer, quitter le travail
• **krankgeschrieben sein**	• être en congé maladie
• **stechen (a, o, i)**	• pointer

• **gleitend**	• indexé, variable, modulable
• **flexibel**	• flexible
• **unbezahlt**	• sans solde

Der Lohn — La rémunération

• **der Lohn, ¨-e**	• le salaire, la paie
• **das Gehalt, ¨-er** (≠ der Gehalt, -e: *le contenu, la teneur*)	• le traitement
• **das Honorar, -e**	• les honoraires
• **der Lohnabhängige (AS)**	• le salarié
• **der Lohnzettel, -**	• le bulletin de salaire
• **das Lohnaufkommen, -**	• la masse salariale
• **die Lohnskala, -s/-en**	• la fourchette des salaires
• **das Einkommen, -** (das verfügbare Einkommen: *le revenu disponible*)	• le revenu
• **das Bruttoeinkommen, -**	• le revenu brut
• **das Nettoeinkommen, -**	• le revenu net
• **der Brotberuf, -e**	• le travail alimentaire
• **das Engelt, -e**	• la rétribution
• **der Gehaltsanspruch, ¨-e**	• la prétention salariale
• **die Gehaltserhöhung, -en**	• l'augmentation de salaire
• **der Lohnstopp, -s**	• le blocage des salaires
• **die Lohnnachzahlung, -en**	• le rappel de salaire
• **die Kaufkraft, ¨-e**	• le pouvoir d'achat
• **der Vorteil, -e**	• l'avantage
• **das Deputat, -e**	• l'avantage en nature
• **die Sachleistung, -en**	• la prestation en nature
• **die Repräsentationsspesen** (pluriel)	• les frais de représentation
• **die Auslösung, -en**	• l'indemnité de déplacement
• **die Spesenvergütung, -en**	• le remboursement des frais
• **der Geschäftswagen, -**	• la voiture de fonction
• **der Ecklohn, ¨-e**	• le salaire de base
• **der Stundenlohn, ¨-e**	• le salaire horaire
• **der Akkordlohn, ¨-e**	• le salaire aux pièces
• **der Stücklohn (sing.)**	• le salaire au rendement
• **der Wochenlohn, ¨-e**	• le salaire hebdomadaire
• **der Monatslohn, ¨-e**	• le salaire mensuel
• **der Bruttolohn, ¨-e**	• le salaire brut
• **der Nettolohn, ¨-e**	• le salaire net

• der Mindestlohn, ¨-e	• le salaire minimum
• der Lohnausfall, ¨-e	• la perte de salaire
• die Prämie, -n	• la prime
• die Risikoprämie, -n	• la prime de risques
• das Schlechtwettergeld, -er	• l'indemnité d'intempéries
• das Urlaubsgeld, -er	• la prime de vacances
• das Weihnachtsgeld, -er	• la prime de fin d'année
• die Umsatzprämie, -n	• la prime sur le chiffre d'affaires
• die leistungsabhängige Prämie, -n	• la prime de rendement
• die pauschal berechnete Prämie, -n	• la prime forfaitaire
• die Schwarzarbeit, -en	• le travail au noir

• (unter)bezahlen	• (sous)-payer
• sein Brot erwerben (a, o, i)	• gagner sa vie
• gut/schlecht verdienen	• bien/mal gagner sa vie
• einen Lohn beziehen (bezog, bezogen)	• toucher un salaire
• die Löhne ein/frieren (a, o)	• geler les salaires
• schwarz arbeiten	• travailler au noir

• ohne Engelt	• sans contrepartie financière
• reizend	• attractif
• an/lockend	• alléchant
• an/ziehend	• attirant
• einmalig	• exceptionnel (prime)
• gleitend	• indexé
• tariflich festgelegt	• contractuel

3 Die Arbeitslosigkeit — Le chômage

Der Verlust des Arbeitsplatzes — La perte de l'emploi

• die Arbeitslosigkeit	• le chômage
• die Jugendarbeitslosigkeit	• le chômage des jeunes
• die Arbeitslosenquote, -n	• le taux de chômage
• der Arbeitslose (AS) (= (fam.) der Joblose (AS))	• le chômeur
• der Langzeitarbeitslose (AS)	• le chômeur de longue durée
• die Kurzarbeit	• le chômage partiel
• die Stilllegung	• le chômage technique
• der Kurzarbeiter, -	• le chômeur partiel
• der Berechtigte (AS)	• l'ayant-droit
• das Arbeitslosengeld, -er	• l'indemnité de chômage
• das Kurzarbeitergeld, -er	• l'indemnité de chômage partiel
• die Kündigung, -en (aussi : *la démission*)	• le congé, le licenciement
• die betriebsbedingte Entlassung, -en	• le licenciement économique
• der Abbau	• le décrutement
• die Umstrukturierung, -en	• la restructuration
• die Personalkürzung, -en	• la réduction de personnel

	• der Stellenabbau	• les suppressions d'emplois
= (fam.) der blaue Brief	• der Kündigungsbrief, -e	• la lettre de licenciement
	• die Abfindung, -en	• l'indemnité de licenciement
	• die Kündigungsfrist, -en	• le préavis
	• der Vorruhestand, ¨-e	• la préretraite
	• die Pensionierung, -en	• la mise à la retraite
unfreiwillig: *forcé*	• das freiwillige Ausscheiden, -	• le départ volontaire
	• die Trennungszulage, -n	• la prime de licenciement
	• die Versetzung, -en	• la mutation

	• (Arbeitsplätze) ab/bauen	• supprimer des emplois
	• den Personalbestand aus/dünnen	• dégraisser les effectifs
	• sich pensionieren lassen (ie, a, ä)	• prendre sa retraite
	• jdn pensionieren	• mettre qqn à la retraite
	• jdn entlassen (ie, a, ä); jdm kündigen	• licencier qqn
	• kündigen	• donner son congé, démissionner
familier	• jdn hinaus/werfen (a, o, i)	• mettre qqn dehors
	• entschädigen	• indemniser
	• heuern und feuern	• embaucher et débaucher
	• arbeitslos sein	• être sans travail
	• Kurzarbeit machen	• être au chômage technique
	• sich arbeitslos melden	• s'inscrire au chômage
	• zu etwas (D) berechtigt sein	• avoir droit à qqch
	• stempeln (gehen)	• pointer au chômage
	• das Stempelgeld beziehen (o, o)	• pointer au chômage
	• versetzen	• muter
	• zwangsversetzen	• muter d'office

	• arbeitslos, erwerbslos	• au chômage
	• unsicher	• précaire
	• aussichtslos	• sans débouché, sombre
	• fristlos	• sans préavis
	• missbräuchlich	• abusif
	• ungerechtfertigt	• injustifié
	• chronisch	• chronique
	• konjunkturell	• conjoncturel
	• vorzeitig	• anticipé

4 Der Sozialstaat — L'État social

Die Sozialversicherung — La sécurité sociale

	• die Versicherung, -en	• l'assurance
	• die Sozialabgaben (plur.)	• les charges sociales
in Krankheitsfall: *en cas de maladie*	• die Lohnfortzahlung	• le maintien du paiement du salair
= die AOK	• die Allgemeine Ortskrankenkasse, -n	• la caisse d'assurance-maladie
	• die Krankenversicherung	• l'assurance maladie

• die Berufskrankheit, -en	• la maladie professionnelle
• der Arbeitsunfall, ¨-e	• l'accident du travail
• der Invalide, -n, -n	• l'invalide
• die Invalidenrente, -n	• la pension d'invalidité
• die Pflegeversicherung, -en	• l'assurance-dépendance
• die (Alters)rente, -n	• la pension (de retraite)
• das Rentenalter, -	• l'âge de la retraite
• der Rentner, -	• le rentier, le retraité
• der Ruhestand, ¨-e; die Pension, -en	• la retraite
• das Arbeitsamt, ¨-er	• l'agence pour l'emploi
• die Arbeitslosenhilfe	• l'allocation-chômage ; l'allocation de fin de droits
• der Mindestlohn	• le S.M.I.C.
• der Bedürfnislohn	• le minimum vital
• die Sozialhilfe, -n	• l'aide sociale, le R.M.I.
• der Sozialhilfeempfänger, -	• l'allocataire du R.M.I.
• der Hilfsbedürftige (AS)	• le nécessiteux, l'indigent
• der Obdachlose (AS)	• le S.D.F.
• der Wohlfahrtsstaat, -en	• l'État providence
• die Wohlstandsgesellschaft, -en	• la société d'abondance
• das Haushaltsdefizit, -e	• le déficit budgétaire
• die (fachliche) Umschulung, -en	• la reconversion, le recyclage

die Bundesanstalt für Arbeit: *l'A.N.P.E.* (→ das Arbeitsamt)

aussi : der Ecklohn (→ der Mindestlohn)

• sich um/schulen	• se recycler

• pensioniert	• à la retraite

i.R.: im Ruhestand
a.D.: außer Dienst

Die Sozialpartner — Les partenaires sociaux

• die Arbeitsgesetzgebung	• la législation du travail
• die Gewerkschaft, -en	• le syndicat
• die Gewerkschaftsbewegung, -en	• le syndicalisme
• der Gewerkschafter, -	• le syndicaliste
• der Organisierte (AS)	• le syndiqué
• die Gewerkschaftsbeitrag, ¨-e	• la cotisation syndicale
• das Mitglied, -er	• le membre, l'adhérent
• der Betriebsrat, ¨-e	• le comité d'entreprise
• die Lohnforderung, -en	• la revendication salariale
• die Lohnerhöhung, -en	• l'augmentation de salaire
• das Nachziehen, -	• le rattrapage
• der Lohnabzug, ¨-e	• la retenue sur salaire
• die Lohndiskrepanz, -en	• l'écart des salaires
• die Angleichung, -en	• l'ajustement
• die Beschäftigungslage, -n	• la situation de l'emploi
• der Tarifpartner, -	• le partenaire social
• die Tarifrunde, -n	• la négociation salariale
• der Tarifvertrag, ¨-e	• la convention collective
• die Rahmenvereinbarung, -en	• l'accord-cadre
• der Wortführer, -	• le porte-parole
• der Delegierte (AS)	• le délégué

singulier	• die Arbeitgeberschaft	• le patronat
	• der Arbeitgeberverband, ¨-e	• la confédération patronale
	• die Mitbestimmung, -en	• la cogestion
	• der Konsens, -e	• le consensus
	• die Forderung, -en	• la revendication
	• einer Gewerkschaft bei/treten (a, e, i)	• se syndiquer, adhérer à un syndica
	• fordern; verlangen	• exiger, revendiquer
	• mit/bestimmen	• cogérer
	• unterstützen	• soutenir
	• paritätisch	• paritaire

Die sozialen Spannungen — Les tensions sociales

	• die Protestaktion, -en	• la forme de protestation
die Beweisführung: *la démonstration*	• die Demonstration, -en	• la manifestation
	• der Demonstrant, -en, -en	• le manifestant
anglais : *strike*	• der Streik, -e/-s	• la grève
	• die Arbeitsniederlegung, -en	• le débrayage, l'arrêt de travail
	• der Warnstreik, -e/-s	• la grève d'avertissement
	• der Bummelstreik, -e/-s	• la grève du zèle
	• der Flackerstreik, -e/-s	• la grève perlée
der wilde Streik: *la grève sauvage*	• der Kreiselstreik, -e/-s	• la grève tournante
	• der Schwerpunktstreik, -e/-s	• la grève bouchon, thrombose
	• der Sitzstreik, -e/-s	• la grève sur le tas, le sit-in
	• der Generalstreik, -e/-s	• la grève générale
	• der Streikende (AS)	• le gréviste
	• das Streikrecht, -e	• le droit de grève
	• der Streitaufruf, -e	• l'appel à la grève
	• der Streikposten, -	• le piquet de grève
anglais : *strike-breaker*	• der Streikbrecher, -	• le briseur de grève
	• die Urabstimmung, -en	• le vote décidant la grève
	• die Schneckenfahrt, -en	• l'action escargot
	• die Sternfahrt, -en	• la concentration
	• die Aussperrung, -en	• le lock-out
	• die Verhandlung, -en	• la négociation
	• die Vorverhandlung, -en	• le pourparler
	• das Angebot, -e	• la proposition
	• das Gegenangebot, -e	• la contre-proposition
	• die Beratung, -en	• la consultation
	• der Schlichter, -	• le médiateur
	• die Schlichtung, -en	• l'arbitrage
	• der Kompromiss, -e	• le compromis
	• die Übereinkunft, -en	• l'accord
	• die Abmachung, -en	• le protocole d'accord
	• die Sackgasse, -n	• l'impasse
	• der Abbruch, ¨-e	• la rupture
	• das Zugeständnis, -se	• la concession

• **die Arbeit ein/stellen**	• cesser le travail, faire grève
• **in Streik treten (a, e, i)**	• se mettre en grève
• **verhandeln**	• négocier
• **eine Verhandlung leiten**	• conduire une négociation
• **eine Verhandlung führen**	• mener une négociation
• **in Verhandlungen treten (a, e, i)**	• entamer des négociations
• **den Verhandlungstisch verlassen (ie, a, ä)**	• quitter la table des négociations
• **Druck aus/üben**	• faire pression
• **erpressen**	• faire du chantage
• **der Erpressung nach/geben (a, e, i)**	• céder au chantage
• **sich den Forderungen beugen**	• se soumettre aux revendications
• **ab/lehnen**	• rejeter
• **bestreiten (-itt, -itten); an/fechten (o, o, i)**	• contester
• **schlichten**	• arbitrer
• **auf Zeit spielen**	• temporiser
• **zu einem Kompromiss kommen (a, o)**	• parvenir à un compromis
• **ein/lenken**	• transiger
• **die Arbeit wiederauf/nehmen (a, o, i)**	• reprendre le travail

ÜBUNGEN

72 Wer bekommt was? Qui perçoit quoi ?

Ordnen Sie zu.

a. ein Asylbewerber; ein Sozialhilfeempfänger	**1.** Arbeitslosengeld
b. der Rechtsanwalt; der Arzt; der Freiberufler	**2.** das BaföG; das Stipendium
c. der Händler	**3.** Einnahmen
d. ein Arbeitsloser	**4.** ein Gehalt
e. ein Student	**5.** Kindergeld
f. ein Betriebspraktikant	**6.** einen Lohn
g. ein Kind	**7.** die Rente; das Ruhegehalt; das Ruhegeld
h. ein Studienrat; ein Beamter; ein Angestellter	**8.** ein (Jahres)Salär, -e; ein Honorar
i. eine Familie	**9.** der Sold
j. ein Soldat	**10.** die Sozialhilfe
k. ein Arbeiter	**11.** Taschengeld
l. der Rentner; der Pensionierte	**12.** eine Vergütung

73 Finden Sie ein Synonym für die folgenden Ausdrücke. Trouvez un synonyme.

a. abfeiern	**1.** Arbeitslosengeld
b. Arbeitsplatz	**2.** Bewerbung
c. berufstätig	**3.** Bewerbungsgespräch
d. freiberuflich	**4.** blau machen
e. krank feiern	**5.** blauer Brief
f. kündigen	**6.** entlassen
g. Kündigungsbrief	**7.** erwerbstätig
h. Obdachloser	**8.** Penner
i. Ruhestand	**9.** Prämie
j. Stellengesuch	**10.** Rente
k. Stempelgeld	**11.** selbständig
l. Vergünstigung	**12.** Stelle
m. Vorstellungsgespräch	**13.** Urlaub dank Überstunden machen

74 Ein Eindringling hat sich in folgende Reihe eingeschlichen. Chassez l'intrus.

a. Vorstellungsgespräch - einstellen - Stellengesuch - bestellen
b. Berufsaussichten - berufstätig - einberufen - freiberuflich
c. Arbeitswut - arbeitsscheu - arbeitsam - Arbeitsmoral
d. Weihnachtsgeld - Urlaubsgeld - Lösegeld - Arbeitslosengeld

Corrigés page 471

Landeskunde

Die Sozialpartnerschaft
Le partenariat social

Der DGB (der Deutsche Gewerkschaftsbund) - La Confédération des syndicats allemands :

- **die Industriegewerkschaft:** le syndicat industriel ; le DGB regroupe 16 branches dont **die IG Metall, IG Farben** (industrie chimique), **IG Bau, Steine, Erden**, etc.

Autres organisations affiliées à la puissante confédération :

- **die Bank für Gemeinwirtschaft (BG, Frankfurt):** Banque de l'économie sociale, quatrième établissement bancaire allemand.
- **Die Neue Heimat:** société immobilière coopérative fondée en 1951.
- **Die Büchergilde Gutenberg:** club du livre créé à l'initiative des syndicats pour permettre la diffusion de livres à bas prix.
- **Die Ruhrfestspiele:** festival organisé à Recklinghausen (ville du bassin industriel de la Ruhr) par le **DGB**.

Die Arbeitgeberverbände - Les organisations patronales :

- **der BDI (Bundesverband der deutschen Industrie):** la Fédération de l'industrie allemande
- **die BDA (Bundesvereinigung der deutschen Arbeitgeberverbände):** la Confédération des unions allemandes d'employeurs
- **die Industrie- und Handelskammer (die IHK):** la Chambre de commerce et d'industrie (la C.C.I.)
- **der Deutsche Industrie- und Handelstag (DIHT):** la Fédération des Chambres de commerce et d'industrie

Von deutschem Fleiß und deutscher Pünktlichkeit
Du zèle et de l'assiduité allemands

- **Schaffe, schaffe, Häusle baue:** travailler, travailler pour construire sa maison. Expression illustrant la légendaire ardeur au travail des Souabes.
- **Am Samstag gehört Papi mir:** Le samedi, mon papa est pour moi : slogan historique des syndicats ouvriers allemands.
- **die Vier-Tage-Woche:** la semaine de quatre jours ; modèle d'organisation du temps de travail adopté par le groupe Volkswagen.
- **Feierabend machen:** avoir fini sa journée
- **blau machen:** ne pas aller travailler
- **der Blaumacher; der Drückeberger:** le tire-au-flanc ; à ne pas confondre avec **der Blaumann** ou **der blaue Anton** qui désignent le bleu de travail ou encore **die blauen Jungs:** les cols bleus.
- **der blaue Montag:** le lundi chômé
- **das Montagsauto:** la voiture du lundi, qui présente des vices de fabrication parce que bâclée.

Kürzel und Neuschöpfungen
Sigles et néologismes

- **nach Schema F** (d'après un modèle de rapport dans l'armée prussienne) : caractérise l'exécution routinière et machinale d'une tâche ; **nach Schema F laufen**.
- **Vitamin B (wie Beziehungen):** désigne le piston.

- **die ABM-Stelle (Arbeitsbeschaffungsmaßnahme):** emploi subventionné par l'État, équivalent du contrat emploi-solidarité.
- **das Mobbing:** le harcèlement moral au travail.
- **das Burn-out-Syndrom:** le syndrome de l'épuisement professionnel anxio-dépressif.
- **der Workaholiker, - (mot-valise et anglicisme):** l'ergomaniaque.
- **die Führungscrew:** l'équipe de direction.
- **der Head-Hunter (der Kopfjäger):** le chasseur de têtes
- **der 630-Mark-Job:** emploi précaire dont la rémunération est plafonnée à 630 Marks et n'est pas de ce fait soumis au versement de cotisations sociales ; **der 630-Mark-Jobber:** le salarié précaire.

Bildlich gesprochen

Rund um die Arbeit

- **Gleiche Arbeit, gleicher Lohn:** À travail égal, salaire égal.
- **jemanden zur Arbeit an/spornen:** pousser quelqu'un au travail.
- **sich vor der Arbeit drücken:** fuir le travail/aimer la besogne toute faite.
- **in seiner Arbeit auf/gehen:** être absorbé par son travail.
- **mitten in der Arbeit stecken:** être en plein travail.
- **eine zwecklose Arbeit verrichten:** perdre son temps.
- **sich zu einer Arbeit zwingen:** se forcer à un travail.
- **der Arbeitszwang:** l'obligation de travailler.
- **die Zwangsarbeit:** les travaux forcés.
- **die Arbeit nieder/stellen:** se mettre en grève.
- **keine Arbeit scheuen:** ne pas reculer devant la besogne.
- **für jemanden fast die ganze Arbeit machen:** mâcher le travail à quelqu'un.
- **wie ein Pferd arbeiten:** travailler comme un forçat.
- **fix arbeiten:** abattre du travail.

Zum Nachdenken

- **Das Betreten der Baustelle ist verboten:** Défense de pénétrer sur le chantier.
- **Helmpflicht:** Port du casque obligatoire.
- **Jeder Arbeiter ist seines Lohnes wert:** Tout travail mérite salaire
- **Undank ist der Welt Lohn:** Le monde paie d'ingratitude.
- **Arbeit schändet nicht:** il n'y a pas de sot métier.

23 Betrieb und Wirtschaft
L'entreprise et l'économie

1 Die Betriebe — Les entreprises

Allgemeine — Généralités

der Betrieb, -e	l'entreprise	
die Firma, -men	la firme	
der Zweigbetrieb, -e	la succursale	
der Zulieferbetrieb, -e	l'entreprise sous-traitante	
der Zulieferer, -	le sous-traitant	
die Fabrik, -en; das Werk, -e	l'usine	
ein mittelständisches Unternehmen	une P.M.E.	das Gewerbe; der Mittelstand: *les P.M.E.*
das Privatunternehmen, -	l'entreprise privée	
das Familienunternehmen, -	l'entreprise familiale	
der Unternehmer, -	l'entrepreneur	
der Industrielle (AS)	l'industriel	
der Fabrikant, -en, -en	le fabricant	
der Teilhaber, -; der Partner, -	l'associé	
die Gesellschaft, -en	la société, la compagnie	
die Muttergesellschaft, -en	la société mère	
das Tochterunternehmen, -	la filiale	
die Holding, -s	le holding	(fam.) der Multi, -s: *la firme multinationale*
die Aktiengesellschaft, -en	la société anonyme	= die AG, -s: *la S.A.*
der Konzern, -e	le consortium, le groupe	
der Mischkonzern, -e	le conglomérat	
der Trust, -s	le trust	
das Kartell, -e	le cartel	
das Gemeinschaftsunternehmen, -	le joint-venture	
der Zusammenschluss, ¨-e	la fusion	= die Firmenehe; die Firmenhochzeit
die vertikale Fusion, -en	la concentration verticale	
die Akquisition, -en	l'acquisition	
die Übernahme, -n	l'absorption	
die GmbH	la S.A.R.L.	= die Gesellschaft mit beschränkter Haftung

- **fusionieren (mit)** — fusionner (avec)
- **auf/lösen** — dissoudre

Die Betriebsorganisation — L'organisation de l'entreprise

- **der Vorstand, -¨e** — le comité directeur
- **der Vorstandsvorsitzende (AS)** — le P.D.G.
- **der kaufmännische Direktor, -en** — le directeur commercial
- **der Führer, -** — le gérant
- **die Unternehmensführung, -en** — la gestion, le management
- **die Führungskräfte** — les cadres

	• **die mittleren Führungskräfte**	• les cadres moyens
	• **die oberen Führungskräfte**	• les cadres supérieurs
	• **der Aktionär, -e**	• l'actionnaire
	• **die Generalversammlung, -en**	• l'assemblée générale
	• **der Aufsichtsrat, ¨-e**	• le conseil d'administration
	• **der Betriebsrat, ¨-e**	• le comité d'entreprise
	• **die Belegschaft, -en**	• le personnel
	• **der Personalleiter, -**	• le directeur des ressources humaines
	• **das Büro, -s**	• le bureau
	• **die Abteilung, -en**	• le service, le département
	• **der Abteilungsleiter, -**	• le chef de service
	• **der Angestellte (AS)**	• l'employé
	• **der Arbeitnehmer, -**	• le salarié
	• **die Verwaltung**	• l'administration
	• **die Buchführung**	• la comptabilité
	• **der Buchhalter, -**	• le comptable
	• **die Sitzung, -en**	• la réunion
	• **die Wirtschaftsprüfung, -en**	• l'audit
	• **der Firmensitz, -e**	• le siège social
	• **die Satzung, -en**	• les statuts
	• **die Unternehmenskultur, -en**	• la culture d'entreprise
	• **der Unternehmensname, -n**	• la raison sociale
pron. anglaise	• **das Image, -s**	• l'image de marque

	• **gründen**	• fonder
stand, gestanden	• **vor/stehen (+ D)**	• présider (à)
	• **führen; leiten**	• diriger, gérer
pron. anglaise	• **managen**	• manager
	• **an/stellen; ein/stellen**	• embaucher, engager
	• **beschäftigen**	• employer
	• **rekrutieren; an/werben (a, o, i)**	• recruter
	• **Stellen streichen (ie, ie)**	• supprimer des emplois

• **eingetragen**	• déposé (marque)
• **Schutzmarke**	• marque déposée
• **gesetzlich geschützt**	• breveté
• **(de)zentral**	• (dé)centralisé

Die Produktion — La production

	• **die Fabrik, -en**	• l'usine, la fabrique
	• **der Industriebetrieb, -e**	• l'entreprise industrielle
	• **der Industriezweig, -e**	• la branche industrielle
	• **die Herstellung, -en**	• la production
	• **die Fertigung, -en**	• la fabrication
	• **die Serienherstellung, -en**	• la fabrication en série
	• **die Massenfertigung, -en**	• la fabrication en masse
	• **die Erzeugung, -en**	• la fabrication, la production
deutsches Erzeugnis; made in Germany: *fabriqué en Allemagne*	• **das Erzeugnis, -se**	• le produit
	• **das Fertigprodukt, -e**	• le produit fini
	• **das Halbfabrikat, -e**	• le produit semi-fini

• **die Ware, -; das Gut, ¨-er**	• le bien, la marchandise
• **die Massengüter (plur.)**	• les marchandises fabriquées en série
• **die Fertigware, -n**	• le produit manufacturé
• **die Investitionsgüter (plur.)**	• les biens d'équipement
• **die Konsumgüter (plur.)**	• les biens de consommation
• **der Erzeuger, -**	• le producteur
• **die Fabrik, -en; das Werk, -e**	• l'usine
• **das Fließband, ¨-er**	• la chaîne de production
• **die Standardisierung**	• la standardisation
• **die Automatisierung**	• l'automatisation, la productique
• **die Mechanisierung**	• la mécanisation
• **der Roboter, -**	• le robot
• **die Robotisierung**	• la robotisation
• **die Robotertechnik**	• la robotique
• **die Informatisierung**	• l'informatisation
• **die Rationalisierung**	• la rationalisation
• **die Modernisierung**	• la modernisation
• **der Arbeitstakt, -e**	• la cadence de travail
• **der Akkord, -e**	• le travail à la tâche
• **der Ausstoß; der Output**	• la production
• **die Produktivität**	• la productivité
• **der Produktivitätsgewinn, -e**	• le gain de productivité
• **die Rentabilität**	• la rentabilité
• **der Ertrag, ¨-e**	• le rendement
• **die Rendite, -n**	• le taux de rendement
• **die Effizienz, -en**	• l'efficacité
• **die Fachlichkeit**	• la technicité
• **die Ergonomie**	• l'ergonomie

• **erzeugen; produzieren**	• produire
• **fertigen**	• fabriquer
• **in Serie fertigen**	• fabriquer en série
• **her/stellen**	• fabriquer, produire
• **ein Produkt entwickeln**	• concevoir un produit
• **fördern**	• extraire
• **am laufenden Band arbeiten**	• travailler à la chaîne
• **zusammen/setzen**	• assembler
• **die Aufgaben teilen**	• diviser les tâches
• **automatisieren**	• automatiser, robotiser
• **innovieren; erneuern**	• innover
• **fördern**	• stimuler
• **verbessern**	• améliorer
• **rentabilisieren**	• rentabiliser

• **industriell**	• industriel
• **leistungsfähig**	• performant, productif
• **zeitraubend**	• chronophage
• **zeitgewinnend**	• qui fait gagner du temps
• **zeitsparend**	• qui économise du temps
• **vollautomatisch**	• robotisé
• **ergonomisch**	• ergonomique

Der Verkauf — La vente

Der Verkauf	La vente
• der Vertrieb, -e	• la distribution
• das Vertriebsnetz, -e	• le réseau de distribution
• der Vertriebsweg, -e	• le circuit de distribution
• das Händlernetz, -e	• le réseau de distributeurs
• die Vertriebsabteilung, -en	• le département ventes
• der Verkaufsleiter, -	• le directeur des ventes
• der Handel, -	• le commerce
• der Händler, -	• le commerçant
• der (Handels)Vertreter, -	• le représentant (de commerce),
• der Reisende (AS)	• le VRP
• der Hausierer, -	• le démarcheur
• die Haustürgeschäfte (plur.)	• le démarchage à domicile
• der Versand	• l'expédition
• der Spediteur, -e	• le transporteur
• die Verpackung, -en	• l'emballage
• der Auftrag, ¨-e	• la commande
• der Bestellschein, -e	• le bon de commande
• das Lager, ¨-; der Bestand, ¨-e	• le stock
• die Preisliste, -n	• le tarif, le prix courant
• die Lieferung, -en	• la livraison
• die Lieferfrist, -en	• le délai de livraison
• der Lieferant, -en, -en	• le livreur
• der Empfang, ¨-e	• la réception
• der Lieferschein, -e	• le bon de livraison
• der Mangel, ¨-; der Fehler, -	• le vice de fabrication

(fam.) der Klinkenputzer, - [→ der Hausierer]

das Auftragsbuch, ¨-er: *le carnet de commandes* [→ der Auftrag]

• einen Vertrag unterschreiben (ie, ie)	• signer un contrat
• bestellen; ordern	• commander
• vermarkten	• commercialiser
• verkaufen; ab/setzen	• vendre
• im Großhandel verkaufen	• vendre en gros
• im Einzelhandel verkaufen	• vendre au détail
• vertreiben (ie, ie)	• distribuer
• verhandeln	• négocier, traiter
• bieten (o, o)	• offrir
• liefern (mit)	• livrer (en)
• beliefern	• approvisionner
• ein/packen	• emballer
• aus/packen	• déballer
• tauschen	• échanger
• sich beschweren	• réclamer
• hausieren	• faire du porte-à-porte
• jdm etwas in Rechnung stellen	• facturer qqch à qqn

• vertraglich	• contractuel
• vertragswidrig	• non conforme au contrat
• tadellos, einwandfrei	• irréprochable

- **mangelhaft** • défectueux
- **zerbrechlich** • fragile
- **beschädigt** • endommagé, avarié
- **verderblich** • périssable
- **zerrissen** • déchiré

Die Marktordnung — L'organisation du marché

- **das Geschäft, -e** • l'affaire
  (aussi : *le magasin*; die Geschäfte gehen gut: *les affaires marchent bien*)
- **die Geschäftswelt** • le monde des affaires
- **der Geschäftspartner, -** • l'associé
- **der Geschäftsmann, -leute** • l'homme d'affaires
- **der Gewinn, -e** • le gain
  (Rekordgewinne ein/fahren: *engranger des bénéfices record*)
- **der Profit, -e** • le bénéfice, le profit
- **die (Gewinn)spanne, -n** • la marge (bénéficiaire)
- **der Überschuss, ¨-e** • l'excédent
- **die Einnahmen** • les recettes (pluriel)
- **die Ausgaben** • les dépenses (pluriel)
- **die Gemeinkosten** • les frais généraux (pluriel)
- **der Ertrag, ¨-e** • le rendement
- **der Umsatz, ¨-e** • le chiffre d'affaires
- **der Verlust, -e** • la perte, le déficit
  (Verluste erleiden: *essuyer des pertes*)
- **das Kapital, -ien** • le capital
- **die Schulden (plur.)** • les dettes
- **die Zahlungserleichterung, -en** • la facilité de paiement
- **der Absatz, ¨-e** • la vente, le débouché
- **der Absatzmarkt, ¨-e** • le marché
  (neue Absatzmärkte erschließen: *pénétrer de nouveaux marchés, s'implanter sur de nouveaux marchés*; Konkurs an/melden: *déposer son bilan*)
- **die Unternehmensgründung, -en** • la création d'entreprise
- **das Monopol, -e** • le monopole
- **der Konkurs, -e; die Pleite, -n** • la faillite
  (in Konkurs geraten; Bankrott machen; Pleite machen (fam.): *faire faillite*)
- **die Industriekonzentration, -en** • la concentration industrielle
- **die Übernahme, -n** • la reprise, le rachat
- **die Ausschreibung, -en** • l'appel d'offre
- **das öffentliche Übernahmeangebot, -e** • l'offre publique d'achat
  (freundliches/feindliches Übernahmeangebot: *l'offre amicale/hostile*)
- **der Unternehmensjäger, -** • le raider, le prédateur
- **der Unternehmensberater, -** • le consultant
- **das Know-how** • le savoir-faire
- **die Industriespionage** • l'espionnage industriel
- **die Preisabsprache, -n** • l'entente sur les prix
  (die Frühstücksabsprache, -n: *l'entente illicite*)

- **auf/kaufen** • racheter
- **übernehmen (a, o, i)** • reprendre
- **sich zusammen/schließen (o, o)** • fusionner
- **um/strukturieren** • restructurer
- **wieder hoch/bringen** • renflouer
  (brachte, gebracht)

- **geschäftlich** • commercial, relatif aux affaires
- **rentabel** • rentable

• marktbeherrschend	• qui domine le marché
• wettbewerbsfähig	• compétitif
• mit Gewinn arbeitend	• bénéficiaire

2 Das Wirtschaftsleben — La vie économique

Die Volkswirtschaft — L'économie nationale

	• die Wirtschaft, -en	• l'économie
	• die Wirtschaftsordnung, -en	• le système économique
	• die Marktwirtschaft, -en	• l'économie de marché
	• die Planwirtschaft, -en	• l'économie planifiée
	• das Bruttoinlandsprodukt	• le produit intérieur brut
= das BSP	• das Bruttosozialprodukt	• le produit national brut
Handelsbeziehungen aufnehmen: *nouer des relations commerciales*	• die Handelsbeziehung, -en	• la relation commerciale
	• der Binnenhandel	• le commerce intérieur
	• der Handelsverkehr	• les échanges commerciaux
	• die Handelsbilanz, -en	• la balance commerciale
	• die Zahlungsbilanz, -en	• la balance des paiements
	• der Preisstopp, -s	• le blocage des prix
	• der Lohnstopp, -s	• le blocage des salaires
	• der Lebensstandard, -s	• le niveau de vie
	• der Pro-Kopf-Verbrauch	• la consommation par habitant
die Wohlstandsgesellschaft: *la société du bien-être* der Warenkorb: *le panier de la ménagère*	• der Wohlstand (sing.)	• la prospérité
	• die Kaufkraft (sing.)	• le pouvoir d'achat
	• die Lebenshaltungskosten (plur.)	• le coût de la vie
	• der primäre/sekundäre/tertiäre Sektor, -en	• le secteur primaire/secondaire/ tertiaire
	• der Dienstleistungsbereich, -e	• le secteur tertiaire
	• die Privatisierung, -en	• la privatisation
den Bedarf decken: *satisfaire aux besoins*	• der Bedarf	• les besoins
	• der (Industrie)Standort, -e	• le site industriel
	• die (Standort)Verlagerung, -en	• la délocalisation
	• der Strukturwandel, -	• la reconversion industrielle
die Talsohle: *le creux de la vague*	• die (Wirtschafts)Krise, -n	• la crise
	• die (Wirtschafts)Flaute, -n	• le marasme (économique)
	• die Stagnation, -en	• la stagnation
	• die Inflation, -en	• l'inflation
	• die Inflationsrate, -n	• le taux d'inflation
	• die Rezession, -en	• la récession
	• die Sparpolitik, -en	• la politique d'austérité
	• die Konjunkturspritze, -n	• la mesure de relance
	• das Wachstum	• la croissance
eine zweistellige Wachstumsrate verzeichnen: *enregistrer un taux de croissance à deux chiffres*	• die Wachstumsrate, -n	• le taux de croissance
	• das Nullwachstum	• la croissance zéro
	• der Aufschwung, ¨-e	• l'essor économique, le boom

- **sich nieder/lassen (ie, a, ä)** • s'implanter
- **sanieren** • assainir
- **privatisieren** • privatiser
- **enteignen** • exproprier
- **verstaatlichen** • nationaliser
- **expandieren** • être en expansion
- **sich um/stellen** • se convertir
- **verlagern** • transférer, délocaliser
- **aus/gleichen (i, i)** • équilibrer
- **an/kurbeln** • relancer

- **wirtschaftlich, ökonomisch** • économique
- **überschüssig, aktiv** • excédentaire
- **passiv** • déficitaire

Der Konkurrenzkampf — La compétition économique

- **das Angebot, -e (an + D)** • l'offre (en)
- **die Nachfrage (nach + D)** • la demande (en)
- **der Markt, ¨-e** • le marché

≠ die Marke: *la marque* ; die Mark: *le mark*

- **die Marktdurchdringung** • la pénétration du marché
- **der Marktanteil, -e** • la part de marché
- **der Weltmarkt, ¨-e** • le marché mondial
- **der Auslandsmarkt, ¨-e** • le marché extérieur
- **der Außenhandel** • le commerce extérieur
- **die Außenhandelsbilanz, -en** • la balance du commerce extérieur
- **die Einfuhr, -en; der Import, -e** • l'importation
- **der Importeur, -e** • l'importateur
- **die Ausfuhr, -en; der Export, -e** • l'exportation
- **die Exportprämie, -n** • la prime à l'exportation
- **die Exportbeschränkung, -en** • la restriction à l'exportation
- **der Exporteur, -e** • l'exportateur
- **die Markverflechtung, -en** • l'interpénétration des marchés
- **der Wettbewerb, -e** • la concurrence
- **der internationale Wettbewerb, -e** • la concurrence internationale
- **der Konkurrenzdruck, ¨-e** • la rivalité entre concurrents
- **der Wettbewerber, -** • le concurrent
- **der Verdrängungswettbewerb, -e** • la concurrence acharnée
- **der Marktführer, -** • le leader sur le marché
- **der Weltmarktführer, -** • le leader mondial
- **die Wettbewerbsfähigkeit, -en** • la compétitivité
- **der Freihandel** • le libre-échange
- **die Freihandelszone, -n** • la zone de libre-échange
- **die Zollunion, -en** • l'union douanière
- **das Handelshemmis, -se** • la barrière commerciale
- **der Protektionismus** • le protectionnisme
- **die Globalisierung** • la mondialisation
- **der Binnenmarkt, ¨-e** • le marché intérieur
- **der europäische Binnenmarkt** • le marché unique européen

	• **der Internationale Währungsfonds (IWF)**	• le Fonds monétaire international (FMI)
	• **der Weltwirtschaftsgipfel**	• le sommet mondial de l'économie
	• **die Weltwirschaftskrise, -n**	• la crise économique mondiale
	• **der Wirtschaftskrieg, -e**	• la guerre économique
	• **das Handelsabkommen, -**	• l'accord commercial
	• **die Quote, -n**	• le quota
	• **das Kontingent, -e**	• le contingent
	• **die Kontingentierung, -en**	• le contingentement
	• **das Dumping**	• le dumping
	• **das Embargo, -s**	• l'embargo
	• **die Blockade, -n**	• le blocus
	• **der Boykott, -s/-e**	• le boycott
	• **die Sanktion, -en**	• la sanction
	• **die schrittweise/teilweise Aufhebung, -en**	• la levée progressive/partielle
der Tigerstaat, -en: *le pays tigre*	• **das Schwellenland, ¨-er**	• le nouveau pays industrialisé (N.P.I.)
	• **das Entwicklungsland, ¨-er**	• le pays en voie de développement

	• **an/bieten (o, o)**	• offrir
	• **mit jdm konkurrieren**	• concurrencer qqn
(a, e, i)	• **mit jdm in Konkurrenz treten**	• entrer en concurrence avec qqn
	• **miteinander konkurrieren**	• être en concurrence
	• **einen Markt beherrschen**	• dominer un marché
brachte, gebracht	• **auf den Markt bringen**	• lancer sur le marché
	• **neue Märkte erschließen (o, o)**	• pénétrer de nouveaux marchés
	• **ausführen, exportieren**	• exporter
	• **importieren**	• imorter
	• **stürmen**	• prendre d'assaut
	• **schützen (vor)**	• protéger (de)
	• **Sanktionen verhängen (gegen)**	• prendre des sanctions (contre)
	• **Sanktionen auf/heben (o, o)**	• lever les sanctions
	• **liberalisieren**	• libéraliser
	• **ein Embargo verhängen**	• frapper d'embargo

	• **konjunkturell**	• conjoncturel
	• **wettbewerbsfähig**	• compétitif
	• **wettbewerbswidrig**	• anticoncurrentiel
	• **unlauter**	• déloyal

3 Das Bankwesen und die Börse / Le secteur bancaire et la bourse

Geld und Währung / L'argent, les monnaies, les devises

die Gelder: *les capitaux*	• **das Geld, -er**	• l'argent
	• **das Bargeld**	• les espèces, l'argent liquide
	• **der Geldmarkt, ¨-e**	• le marché monétaire

• **die Währung, -en**	• la monnaie, la devise
• **die Devisen (plur.)**	• les devises
• **der Devisenmarkt, ¨-e**	• le marché des changes
• **die Devisenbestimmungen (plur.)**	• la réglementation des changes
• **der Wechselkurs, -e**	• le cours de change
• **die Geldsorten (plur.)**	• les monnaies
• **die (Deutsche) Mark, -**	• le mark
• **der Pfennig, -e**	• le pfennig
• **der Euro, -s**	• l'euro
• **der Cent, -s**	• le centime d'euro
• **der Franc, -s**	• le franc
• **der Schweizer Franken, -**	• le franc suisse
• **der Rappen, -**	• le centime suisse
• **der Schilling, -e**	• le schilling
• **der Groschen, -**	• le groschen (le centième du schilling)
• **der Dollar, -**	• le dollar
• **das Pfund, -**	• la livre
• **der Yen, -**	• le yen
• **die Lire, -**	• la lire
• **die Krone, -n**	• la couronne
• **die Konvertibilität**	• la convertibilité
• **der Gläubiger, -**	• le créancier
• **der Schuldner, -**	• le débiteur
• **die Schulden (plur.)**	• les dettes
• **die Überschuldung (sing.)**	• le surendettement
• **die Insolvenz**	• l'insolvabilité
• **die Aufwertung, -en**	• la réévaluation
• **die Abwertung, -en**	• la dévaluation
• **die Entwertung, -en**	• la dépréciation
• **der Goldbarren, -**	• le lingot d'or, l'or en barre

Notes (margin):
- die schnelle Mark: *l'argent facile*; die Mark, -en: *la frontière, la marche*; das Mark, -: *la moelle, la pulpe* (→ die (Deutsche) Mark)
- das Euroland: *la zone euro* (→ der Euro)
- aussi : *une pièce de dix Pfennig* (→ der Groschen)
- die Öldollars: *les pétrodollars* (→ der Dollar)
- die schwarze Liste (fam.): *la liste des débiteurs* (→ der Schuldner)

• **zahlen**	• payer
• **nach/zahlen**	• payer le supplément
• **schulden (+ D)**	• devoir (à)
• **auf/werten (um + A)**	• réévaluer (de)
• **ab/werten**	• dévaluer
• **entwerten**	• déprécier

• **zahlbar**	• payable, échu
• **zahlungs(un)fähig**	• (non) solvable
• **schuldig (+ D)**	• redevable (de)
• **verschuldet**	• endetté
• **überschuldet**	• surendetté

Die Banken — Les banques

• **die Bank, -en**	• la banque
• **die Zweigstelle, -n**	• la succursale
• **der Bankier, -s**	• le banquier
• **der Bankangestellte (AS)**	• l'employé de banque
• **der Schalter, -**	• le guichet

Note (margin): ≠ die Bank, ¨-e: *le banc* (→ die Bank)

	• **der Geldautomat, -en, -en**	• le distributeur de billets
pron. anglaise	• **der/das Safe, -s**	• le coffre
	• **der Tresor, -e**	• la chambre forte
der Sparstrumpf, ¨-e: *le bas de laine*	• **die Sparkasse, -n**	• la caisse d'épargne
	• **die Ausgaben (plur.)**	• les dépenses
	• **die Ersparnisse (plur.)**	• les économies
	• **der Sparer, -**	• l'épargnant
	• **das Sparschwein, -e**	• la tirelire
	• **die (Geld)Anlage, -n**	• le placement
	• **die Einlage, -n**	• le dépôt
	• **die Abhebung, -en**	• le retrait
	• **die Überweisung, -en**	• le virement
	• **die Überziehung, -en**	• le découvert
	• **die Anleihe, -n**	• l'emprunt
	• **der Kredit, -e**	• le crédit
	• **das Darlehen, -**	• le prêt, l'emprunt
	• **die Pfandleihe, -n**	• le prêt sur gage
	• **die Hypothek, -en (auf + A)**	• l'hypothèque (sur)
	• **die Rückzahlung, -en**	• le remboursement
	• **die Investition, -en**	• l'investissement
	• **der Anleger, -**	• l'investisseur
	• **der Anlageberater, -**	• le conseiller financier
	• **das (Bank)Konto, -ten**	• le compte
	• **das Girokonto, -ten**	• le compte courant
	• **das Sparkonto, -ten**	• le compte épargne
	• **der Kontoauszug, ¨-e**	• le relevé de compte
= PschKto	• **das Postscheckkonto, -ten**	• le CCP
	• **der Bankkontonachweis, -e**	• le RIB
	• **das Zahlungsmittel, -**	• l'instrument de paiement
	• **die Banknote, -n**	• le billet de banque
	• **die Münze, -n**	• la pièce de monnaie
	• **das Kleingeld**	• la monnaie
	• **der Scheck, -s**	• le chèque
	• **der Blankoscheck, -s**	• le chèque en blanc
	• **das Scheckheft, -e**	• le chéquier
	• **die Kreditkarte, -n**	• la carte de crédit
	• **die Geheimnummer, -n**	• le code secret
	• **die Prüfziffer, -n**	• le cryptogramme visuel
	• **die Chipkarte, -n**	• la carte à puce

• **sparen**	• économiser
• **hinterlegen; deponieren**	• déposer (de l'argent)
• **ein/zahlen**	• verser de l'argent
• **(Geld) ab/heben (o, o)**	• retirer (de l'argent)
• **überweisen (ie, ie)**	• virer
• **auf/füllen**	• approvisionner, alimenter
• **ein/lösen**	• encaisser (un chèque)
• **einen Scheck schreiben (ie, ie)**	• faire un chèque
• **einen Scheck sperren lassen (ie, a, ä)**	• faire opposition à un chèque
• **mit Scheck zahlen**	• payer par chèque
• **zurück/zahlen**	• rembourser
• **bar zahlen**	• payer comptant

	• horten	• thésauriser
	• an/legen	• placer
	• investieren	• investir
	• leihen (ie, ie)	• prêter
	• um/tauschen (gegen)	• changer (contre)
brachte, gebracht	• Zinsen bringen	• produire un intérêt
	• sich verschulden	• s'endetter
	• in den roten Zahlen sein	• être dans le rouge
	• Kredit machen	• faire crédit
	• einen Kredit gewähren	• accorder un crédit
	• hypothekarisch belasten	• hypothéquer

	• ungedeckt	• en bois (chèque)
	• auf Kredit, auf Raten	• à crédit
	• zinsbringend	• à intérêt

Die Börse — La bourse

das Börsenfieber: *la fièvre boursière* die Blase an der Börse: *la bulle spéculative*	• die Börse, -n	• la bourse
	• der Börsenring, -e; die Corbeille	• la corbeille
	• die Aktie, -n	• l'action
	• der Aktienbesitzer, -	• l'actionnaire
	• der Aktieninhaber, -	• le porteur
	• das Portefeuille, -s	• le portefeuille d'actions
	• der (Börsen)Kurs, -e	• le cours (de la bourse)
	• der Kurssturz, ¨-e	• la chute des cours
	• der Eröffnungskurs, -e	• le cours d'ouverture
	• der Schlusskurs, -e	• le cours de clôture
	• der Kursmakler, -	• l'agent de change
	• der Makler, -; der Broker, -	• le courtier
	• der Agioteur, -e	• le boursicoteur
	• die Notierung, -en	• la cotation
	• die Obligation, -en	• l'obligation
	• das (Wert)papier, -e	• la valeur, le titre
	• der Wertverlust, -e	• la moins-value
	• der Wertgewinn, -e	• la plus-value
	• die Wertpapierbörse, -n	• la bourse des valeurs
	• die Investmentgesellschaft, -en	• la société SICAV
pron. anglaise	• der Investmentfonds	• le fonds d'investissement
	• der Zins, -en	• l'intérêt
	• der Zinssatz, ¨-e	• le taux d'intérêt
	• der Börsenindex, -indices	• l'indice boursier
	• der Börsengewinn, -e	• le gain en bourse
	• die Marktgängigkeit, -en	• la liquidité
	• der Spekulant, -en, -en	• le spéculateur
pron. anglaise	• das Insiderdelikt, -e	• le délit d'initié
	• die Dividende, -n	• le dividende
pron. française	• die Baissiers (plur.)	• les spéculateurs à la baisse
pron. française	• die Haussiers (plur.)	• les spéculateurs à la hausse
	• der Highflyer, -s	• la valeur en hausse
	• der Börsenkrach (sing.)	• le krach boursier

• **steigen (ie, ie)**	• monter
• **sinken (a, u)**	• baisser
• **zusammen/brechen (a, o, i)**	• s'effondrer
• **fallen (ie, a, ä) (um)**	• chuter (de)
• **gewinnen (a, o)**	• gagner
• **verlieren (o, o)**	• perdre
• **spekulieren**	• spéculer
• **investieren**	• investir
• **ein/bringen** (brachte, gebracht)	• rapporter
• **an der Börse notieren**	• coter en bourse
• **kotieren**	• coter
• **an der Börse spekulieren**	• jouer en bourse
• **Aktien zeichnen**	• souscrire des actions

• **börsennotiert**	• coté en bourse
• **hoch riskant**	• à haut risque
• **hoch erträglich**	• à haut rendement
• **festverzinslich**	• à taux fixe
• **steigend**	• en/à la hausse
• **fallend, auf Baisse**	• en/à la baisse
• **mit Verlust**	• à perte
• **einlösbar**	• amortissable

ÜBUNGEN

75 Richtig oder falsch? Vrai ou faux ?

	Richtig	Falsch
a. Ein **Klinkenputzer** ist so etwas wie eine Putzfrau für draussen.		
b. Der **Pro-Kopf-Verbrauch** zeigt an, wie viele Menschen in deutscher Vergangenheit dem Fallbeil zum Opfer gefallen sind.		
c. Wenn man **keine müde Mark** mehr in der Tasche hat, ist man total pleite.		
d. Eine **Muttergesellschaft** ist die Vereinigung mehrerer Mütter im Interesse ihrer Kinder.		
e. Man spricht von einer **Firmenhochzeit**, wenn sich der Stammhalter des einen mit der jüngsten Tochter des anderen Firmenbesitzers vermählt.		
f. Mit **Erzeugung** wird im allgemeinen der Akt der Fortpflanzung zur Artenerhaltung gemeint.		
g. Die **Flaute** zählt zu den Blasinstrumenten.		

76 **Synonyma.** Les synonymes.

Ordnen Sie das jeweilige Fremdwort dem synonymen Wort deutscher Herkunft zu:

a. das Logo	**1.** das Angebot
b. fusionieren	**2.** anlegen
c. der Bankrott	**3.** die Bestellung, der Auftrag
d. die Ökonomie	**4.** die Erzeugung, die Herstellung
e. placieren	**5.** das Firmenzeichen
f. solvent	**6.** auf den Markt bringen
g. die Order	**7.** die Pleite
h. die Produktion	**8.** die Wirtschaftswissenschaft
i. lancieren	**9.** zahlungsfähig
j. die Offerte	**10.** sich zusammenschließen

77 **Wortauswahl.** Choix multiple.

Welches aus den vorgegebenen Wörtern passt im Kontext?

a. In diesem kleinen **Antrieb/Betrieb/Vertrieb** sind ungefähr 300 Arbeiter tätig.

b. Das **Abnehmen/Benehmen/Unternehmen/Vernehmen** zeichnet sich durch eine besonders positive Arbeitsmoral aus.

c. Die erste **Besatzung/Satzung/Sitzung** in diesem Quartal wird sich vornehmlich mit Rationalisierungsmaßnahmen beschäftigen.

d. Frau Meier beschloss, nach Ablauf der **Lieferbedingungen/Lieferung/Lieferfrist** die Ware nicht mehr anzunehmen.

e. Die nagelneue **Ablage/Anlage/Auflage**, die Sie beim Rundgang durch unser Firmengebäude gesehen haben, zählt zu den produktivsten und sichersten im Standort Deutschland.

f. Durch den starken Anstieg des Dollars hat der Euro eine schmerzliche **Abwertung/Aufwertung/Bewertung** erfahren.

78 **Verknüpfen Sie zusammengehörige Konzepte.** Associez les termes qui s'apparentent du point de vue du sens.

a. Firmenhochzeit	**1.** Boom
b. Pleite	**2.** Eisen und Stahl
c. Hochkonjunktur	**3.** Filiale
d. Frei Haus	**4.** Fusion
e. Lebensstandard	**5.** Gläubiger
f. Muttergesellschaft	**6.** Gutschrift
g. Firmensitz	**7.** Handarbeit
h. Schuldner	**8.** Konkurs
i. Überweisung	**9.** Lieferung
j. Gewinn	**10.** Tochterunternehmen
k. Montanunion	**11.** Verlust
l. Massenherstellung	**12.** Verstaatlichung
m. Privatisierung	**13.** Wohlstandsgesellschaft

▶ Corrigés page 471 ◀

Landeskunde

Die deutschen Traditionsfirmen

Les firmes traditionnelles allemandes

- **die alten Montankonzerne:** les vieux groupes sidérurgiques du Rhin et de la Ruhr (Thyssen, Krupp, Hoesch, Mannesmann), aujourd'hui partiellement reconvertis dans la construction mécanique (selon la devise : **"Weg vom Eisen, hin zu Maschinen"** – abandon du fer pour les machines).
- **die "Kruppianer":** les salariés de Krupp. **"Hart wie Kruppstahl, zäh wie Leder, flink wie ein Windhund"** ("dur comme l'acier de Krupp, résistant comme le cuir, agile comme un lévrier").
- **der Maschinenbau** (la construction mécanique)**: Thyssen (Duisburg/Düsseldorf),** le plus grand fabricant mondial d'acier et de machines-outils ; **Mannesmann (Düsseldorf -** surnom : **"die Röhren",** les tuyaux**); Krupp (Essen); Hoesch (Düren); Preussag (Hannover), M.A.N. (München)**.
- **die Autofirmen:** les constructeurs d'automobiles **Mercedes-Benz (Stuttgart),** filiale du groupe DaimlerChrysler, **Volkswagen-Audi (Wolfsburg),** le groupe possède également les marques Seat et Skoda, **BMW (München) =** Bayerische Motorenwerke, **Opel (Rüsselsheim),** filiale de General Motors, **Ford (Köln), Porsche (Stuttgart)**.
- **die Chemie:** la chimie : **Hoechst (Frankfurt)** a fusionné avec Rhône-Poulenc pour former sous le nom d'Aventis le plus grand groupe pharmaceutique **(Pharmakonzern)** mondial, **BASF (Ludwigshafen am Main), Bayer (Leverkusen), Henkel (Düsseldorf), E.ON,** fusion de Veba et de Viag **(Düsseldorf), Degussa (Frankfurt/M)**.
- **die Elektro-Industrie: Siemens (München/Berlin), Bosch (Stuttgart), AEG (Frankfurt,** groupe Daimler-Benz**), Grundig (Nürnberg), Blaupunkt (Hildesheim), Miele (Gütersloh)**.
- **Medien und Dienstleistungen: Bertelsmann (Gütersloh),** numéro un mondial de l'édition, numéro deux européen de l'audiovisuel ; **Allianz (München),** première compagnie d'assurance européenne.

Schlüsselwörter der deutschen Wirtschaftspolitik

Les mots-phares de la politique économique contemporaine

- **die soziale Marktwirtschaft:** l'économie sociale de marché, le système économique de la R.F.A., instaurée par Ludwig Erhard, ministre de l'économie de Konrad Adenauer, puis chancelier fédéral.
- **das deutsche Wirtschaftswunder:** le miracle économique allemand dans les années soixante, dont le père est Ludwig Erhard.
- **das deutsche Modell:** le modèle allemand de développement économique, préservant le consensus social ; on parle aussi du capitalisme rhénan.
- **das magische Viereck:** le carré magique, instauré en 1967 : pas d'inflation, maintien de l'emploi, équilibre des échanges, maintien de la croissance.
- **der Standort Deutschland:** "le site industriel allemand", qu'il s'agit de revaloriser afin d'attirer les investisseurs étrangers, rebutés par des coûts salariaux élevés, la pression fiscale et les nombreuses réglementations.
- **die Treuhand(anstalt):** la treuhand, organisme public chargé après la réunification d'assainir et de privatiser l'économie est-allemande.

Das deutsche Bankwesen

Le secteur bancaire

- **die drei Schwestern:** les trois sœurs, trois grandes banques de Francfort qui contrôlent une bonne partie de l'économie allemande : **die Deutsche Bank,** la deuxième banque mondiale, **die Dresdner Bank** et **die Commerzbank,** respectivement troisième et quatrième banque allemande ; la deuxième place est occupée depuis 1997 par la **Hypo-Vereinsbank** (Munich), produit de la fusion de deux banques bavaroises.
- **die Deutsche Bundesbank (die Buba):** la banque de la République fédérale d'Allemagne.
- **die Europäische Zentralbank (EZB):** la Banque centrale européenne, sise à Francfort.
- **die Frankfurter Börse:** la bourse de Francfort, troisième place boursière au monde.
- **der Dax-Index:** l'indice de la bourse de Francfort.
- **Bankfurt, Mainhattan** ou **Manhattan am Main:** sobriquet donné à Francfort sur le Main, capitale allemande de la finance.

Bildlich gesprochen

Rund um das Geld

- **Er hat Geld wie Heu:** Il a de l'argent à ne savoir qu'en faire.
- **im Geld schwimmen:** rouler sur l'or
- **Geld waschen:** blanchir de l'argent
- **Kopf oder Zahl?:** Pile ou face ?
- **das Plastikgeld (fam.):** les cartes de crédit.
- **der Moneymaker, - (péj.):** le faiseur de fric.
- **das Punctum puncti:** le “point essentiel”, c'est-à-dire l'argent.

L'argot et l'argent

- **das Blech, der Kies, die Knete, die Knöpfe (plur.), die Kohlen (plur.), die Kröten (plur.), die Mäuse (plur.), die Moneten (plur.), das Moos, die Möpse (plur.), die Munition, die Piepen, die Pinke, die Pinkepinke, das Pulver, der Zaster, der Zunder:** le blé, le flouze, le fric, la galette, l'oseille, le pèze, les picaillons, le pognon, les radis, les ronds, les sous

Zum Nachdenken

- **Geschäft ist Geschäft:** Les affaires sont les affaires.
- **Geld regiert die Welt:** L'argent est roi.
- **Geld verloren, nichts verloren:** Plaie d'argent n'est pas mortelle.
- **Geld allein macht nicht glücklich:** L'argent ne fait pas le bonheur.
- **Wer den Pfennig nicht ehrt, ist des Talers nicht wert:** Il n'y a pas de petites économies.
- **Handwerk hat goldenen Boden:** Tout métier nourrit son homme.
- **Schuster, bleib bei deinem Leisten:** À chacun son métier, les vaches seront bien gardées.
- **Armut schändet nicht:** Pauvreté n'est pas vice.
- **Unrecht Gut gedeihet nicht:** Bien mal acquis ne profite jamais.

24 Handel und Werbung

Le commerce et la publicité

1 Der Handel — Le commerce

Der Verkauf	La vente
• der Handel	• le commerce
• der Händler, -	• le marchand
• der Kaufmann, -leute	• le commerçant
• der Verkäufer, -	• le vendeur
• der Wiederverkäufer, -	• le revendeur
• der Vertrieb, -e	• la distribution
• der Vertriebsweg, -e	• le circuit de distribution
• die Verkaufsstätte, -n	• le point de vente
• das Geschäft, -e; der Laden, ¨-	• le magasin
• die Boutique, -n	• la boutique
• der Großhandel	• le commerce de gros
• der Großhändler, -	• le grossiste
• der Zwischenhändler, -	• l'intermédiaire
• der Direktvertrieb, -e	• la vente directe
• der Kleinhändler, -	• le détaillant, le petit commerçant
• der Einzelhandel	• le commerce de détail
• das Einzelhandelgeschäft, -e	• le magasin de détail
• die Handelskette, -n	• la chaîne de magasins
• die Zweigstelle, -n	• la succursale
• die Geschäftsstraße, -n	• la rue commerçante
• das Kleingeschäft, -e	• le petit commerce
• der Nachbarschaftsladen, ¨-	• le magasin de proximité
• das Kleinpreisgeschäft, -e	• le magasin à petits prix
• das Discountgeschäft, -e	• le magasin à mini-marge
• der Selbstbedienungsladen, ¨-	• le libre-service
• das Schild, -er	• l'enseigne
• der Supermarkt, ¨-e	• le supermarché
• das Fachgeschäft, -e	• le magasin spécialisé
• das Warenhaus, -¨er	• le grand magasin
• der Verbrauchermarkt, ¨-e	• la grande surface, l'hypermarché
• das Einkaufszentrum, -ren	• le centre commercial
• der Fabrikladen, ¨-	• le magasin d'usine
• die Einkaufsgenossenschaft, -en	• le groupement d'achat
• die Zentrale, -n	• la centrale d'achats
• das Franchising	• le commerce franchisé
• der Versandhandel (sing.)	• la vente par correspondance
• das Versandhaus, ¨-er	• le magasin de vente par correspondance, le vépéciste
• die Bestellung, -en	• la commande
• der Verkauf über die Straße	• la vente à emporter

• Handel treiben (ie, ie)	• faire du commerce
• handeln	• faire du commerce

Notes en marge :

- das Handelsgesetzbuch (HGB): *le code du commerce* (→ der Handel)
- ein fliegender Händler: *un marchand ambulant* (→ der Händler)
- der Tante-Emma-Laden, ¨-; Onkel Ali: *l'épicerie de quartier, du coin* (→ der Nachbarschaftsladen)
- = der SB-Laden (→ der Selbstbedienungsladen)
- das Ka De We (Kaufhaus des Westens): *le Ka De We (grand magasin berlinois)* (→ das Warenhaus)
- (!) mit Zitronen gehandelt haben: *avoir fait une mauvaise affaire* (→ handeln)

• **feil/bieten (o, o)**	• vendre
• **auf seinen Waren sitzen bleiben (ie, ie)**	• ne pas trouver preneur
• **die Geschäfte ab/klappern**	• faire les magasins
• **etwas beziehen**	• commander qqch

familier (die Geschäfte ab/klappern)

bezog, bezogen (etwas beziehen)

• **blühend**	• florissant
• **stockend**	• stagnant
• **kaufmännisch**	• commercial
• **(un)verkäuflich**	• (in)vendable
• **hochwertig**	• de qualité
• **minderwertig**	• de mauvaise qualité

Die Handelssorten — Les types de commerce

der Kramladen, ¨- (vieilli): *l'épicerie*
der Krämer, -: *le marchand, l'épicier*
der Kolonialwarenhandel (vieilli): *l'épicerie*

hausbacken, hausgemacht, selbstgemacht: *(fait) maison*
hausbacken (fig.) : *popote*

anglais : *juwel[l]er*

anglais : *goldsmith*

• **das Lebensmittelgeschäft, -e**	• l'épicerie
• **das Delikatessengeschäft, -e**	• l'épicerie fine
• **das Trockensortiment, -e**	• l'épicerie sèche
• **das Frischwarensortiment, -e**	• les produits frais
• **der Milchmann**	• le laitier
• **die Milchhandlung, -en**	• la crémerie
• **der Milchhändler, -**	• le laitier, le crémier
• **die Backwaren (plur.)**	• les produits de boulangerie
• **die Bäckerei, -en**	• la boulangerie (commerce)
• **der Feinbäcker, -**	• le pâtissier
• **der Konditor, -en**	• le confiseur
• **die Metzgerei, -en**	• la boucherie
• **der Weinhändler, -**	• le marchand de vin
• **der Geflügelhändler, -**	• le marchand de volailles, le volailler
• **der Obst- und Gemüsehändler, -**	• le marchand des quatre saisons
• **das Fischgeschäft, -e**	• la poissonnerie
• **die Drogerie, -n**	• la droguerie
• **der Tuchhändler, -**	• le drapier
• **die Buchhandlung, -en**	• la librairie
• **der Buchhändler, -**	• le libraire
• **das Schreibwarengeschäft, -e**	• la papeterie
• **das Spielwarengeschäft, -e**	• le magasin de jouets
• **das Sportgeschäft, -e**	• le magasin de sports
• **der Schneiderladen, ¨-**	• la boutique du tailleur
• **das Bekleidungshaus, ¨-er**	• le magasin de confection
• **das Schuhgeschäft, -e**	• le magasin de chaussures
• **der Färber, -**	• le teinturier
• **die Reinigung, -en**	• le pressing
• **die Wäscherei, -en**	• la laverie
• **das Möbelgeschäft, -e**	• le magasin de meubles
• **das Schmuckgeschäft, -e**	• la bijouterie
• **der Juwelier, -e**	• le bijoutier, le joaillier
• **der Goldschmied, -e**	• l'orfèvre
• **der Uhrmacher, -**	• l'horloger
• **das Eisenwarengeschäft, -e**	• la quincaillerie
• **der Eisenwarenhändler, -**	• le quincaillier

	• der Heimwerkerladen, ¨-	• le magasin de bricolage
	• das Lederwarengeschäft, -e	• la maroquinerie
	• die Kurzwarenhandlung, -en	• la mercerie
	• das Tabak(waren)geschäft, -e	• le bureau de tabac
	• die Apotheke, -n	• la pharmacie
	• der Friseurladen, ¨-	• le salon de coiffure
	• der Blumenhändler, -	• le fleuriste
anglais : *flea-market*	• der Flohmarkt, ¨-e	• le marché aux puces
	• der Gebrauchtwarenhändler, -	• le marchand de produits d'occasion
	• das Pfandhaus, ¨-er	• le mont-de-piété

Im Geschäft — À l'intérieur du magasin

einen Artikel führen: *avoir un article*	• der Artikel, -	• l'article
	• der Luxusartikel, -	• l'article de luxe
	• die Ware, -n	• la marchandise
	• die Gebrauchtware, -n	• l'article d'occasion
	• die Auswahl	• le choix
	• das Sortiment, -e	• l'assortiment
	• die Gestaltung, -en	• l'agencement
	• die Auslage, -n	• l'étalage
	• das Schaufenster, -	• la vitrine, la devanture
	• der Ladentisch, -e	• le comptoir
	• das Regal, -e	• le linéaire
	• die Kühlvitrine, -n	• la vitrine réfrigérée
	• die Kühltheke, -n	• le comptoir réfrigéré
	• die Gondel, -n	• la gondole
	• der Verkaufsständer, -	• le présentoir
	• der (Schaufenster)dekorateur, -e	• l'étalagiste
	• die Schaufensterpuppe, -n	• le mannequin
	• der Einkaufskorb, ¨-e	• le panier
der Einkaufschip, -s: *la pièce que l'on met dans le caddie®*	• der Einkaufswagen, -	• le caddie®
	• die Abteilung, -en	• le rayon
	• der Gang, ¨-e	• l'allée
	• der Abteilungschef, -s	• le chef de rayon
	• die Backwarenabteilung, -en	• le rayon boulangerie-pâtisserie
	• die Drehtür, -en	• le tourniquet
	• die Rolltreppe, -n	• l'escalator
	• der Fahrstuhl, ¨-e	• l'ascenseur
(an der Kasse) Schlange stehen: *faire la queue (à la caisse)*	• die (Registrier)kasse, -n	• la caisse
	• die Kassiererin, -nen	• la caissière
	• der (Strich)code, -s	• le code-barres
	• die Absperrkette, -n	• la barrière (chaîne)
die Umwelttasche, -n (aus Leinen): *le sac écolo (en toile de lin)*	• die (Plastik)tüte, -n	• le sachet (plastique), la poche
	• der Karton, -s	• le carton
	• der Stock, -s	• le stock
	• das Lager, ¨	• le stock, la réserve
	• das Lagerhaus, ¨-er	• le dépôt
	• der Vorrat, ¨-e	• la provision
	• die Inventur, -en	• l'inventaire
	• die Fehlmenge, -n	• le manquant

• **der Wareneingang, ¨-e**	• l'arrivage
• **das Los, -e**	• le lot
• **gestalten; ein/richten**	• agencer
• **aus/legen**	• exposer, étaler
• **aus/statten**	• équiper, décorer
• **(aus)/listen**	• (dé)référencer
• **bedienen**	• servir
• **heraus/geben (a, e, i)**	• rendre (monnaie)
• **lagern**	• entreposer, stocker
• **das Lager räumen**	• liquider le stock
• **auf Lager haben**	• avoir en stock
• **nicht auf Lager haben**	• être en rupture de stock
• **beliefern**	• appprovisionner, livrer
• **(nach)/füllen**	• (ré)assortir
• **geräumig**	• spacieux
• **durchgehend geöffnet**	• ouvert sans interruption
• **gut/schlecht sortiert**	• bien/mal assorti
• **gestaltet, eingerichtet**	• agencé
• **mit großer Auswahl**	• bien achalandé

2 Der Konsum — La consommation

Die Einkäufe — Les achats

Kauf gegen Nachnahme: *achat contre remboursement*

die monatliche Rate, -n: *la mensualité*

reduzierte Ware: *marchandise à prix réduit*

• **der Verkauf, ¨-e**	• la vente
• **der (An)Kauf, ¨-e**	• l'achat, l'acquisition
• **der Ratenkauf, ¨-e**	• l'achat à tempérament
• **das Abzahlungsgeschäft, -e**	• la vente à tempérament
• **die Abzahlung, -en**	• le paiement à tempérament
• **das Tele-Shopping**	• le télé achat
• **das Online-Shopping**	• l'achat sur Internet
• **die Barzahlung (sing.)**	• le paiement comptant/en espèces
• **die Ratenzahlung, -en**	• le paiement échelonné
• **die Vorauszahlung, -en**	• le paiement anticipé
• **die Teilzahlung, -en**	• le paiement fractionné
• **das Aufgeld**	• les arrhes
• **die Anzahlung, -en**	• l'acompte
• **der Preis, -e**	• le prix
• **die Preisfestsetzung, -en**	• la fixation du prix
• **der Marktpreis, -e**	• le prix du marché
• **der Ladenpreis, -e**	• le prix de détail
• **der empfohlene Preis, -e**	• le prix conseillé
• **der Selbstkostenpreis, -e**	• le prix coûtant
• **der Preis ab Werk**	• le prix départ usine
• **der Mindestpreis, -e**	• le prix plancher
• **der volle Preis, -e**	• le prix fort, le plein tarif
• **der Höchstpreis, -e**	• le prix plafond

	der Schleuderpreis, -e	le prix sacrifié
	das Preiseinfrieren, -	le gel des prix
	das Preis-Leistungs-Verhältnis, -se	le rapport qualité-prix
	das Sonderangebot, -e	la promotion
	der Sonderpreis, -e	le prix promotionnel
etwas zu einem Spottpreis erstehen: *acheter qqch pour une bouchée de pain*	**der Spottpreis, -e**	le bas prix
	der Köderpreis, -e	le prix d'appel
	der Rabatt, -e	le rabais, la remise
	die Minderung, -en	la réduction
	der Diskont, -e	l'escompte
	der Aufpreis, -e	la majoration
CH, AU: das Etikett, -e/-en/-s die Etikette: *le code social*	**das Preisschild, -er**	l'étiquette
	der (Wert)Gutschein, -e	le bon de réduction
	die Zugabe, -n	la prime
	die Warenprobe, -n	l'échantillon gratuit
eine offene Rechnung: *une facture non réglée* ohne MWSt: *H.T.* inkl. MWSt: *T.T.C.*	**die Rechnung, -en**	la facture
	die Mehrwertsteuer	la T.V.A.
	der Kassenzettel, -	le ticket de caisse
quitt sein: *être quitte*	**die Quittung, -en**	le reçu, la quittance
	die Zahlung, -en	le paiement
	die Sauregurkenzeit, -en	le calme plat, la période creuse
	der Ausverkauf (sing.)	les soldes
= der WSV	**der Winterschlussverkauf, ¨-e**	les soldes d'hiver
	der Räumungsverkauf, ¨-e	la liquidation totale
= der SSV	**der Sommerschlussverkauf, ¨-e**	les soldes d'été
	das Schnäppchen, -	la bonne affaire
	der Wühltisch, -e	le présentoir (pour articles soldés)
ein Kassenschlager sein: *faire recette*	**der Kassenerfolg, -e**	le succès de vente, l'article-vedette
familier	**der Ladenhüter, -**	le rossignol
	das Auslaufmodell, -e	la fin de série
pluriel	**die Restposten**	les invendus
	die Ausschussware	le rebut
bummeln: *flâner*	**der Einkaufsbummel**	le lèche-vitrines

die Katze im Sack kaufen: *acheter les yeux fermés*	**kaufen**	acheter
	aus/geben (a, e, i)	dépenser
	etwas erwerben (a, o, i)	acquérir qqch
	ein/kaufen (gehen)	faire ses courses
	herum/schnüffeln	fureter, fouiner
das Shopping	**shoppen gehen**	faire du shopping
	feilschen	marchander
	verkaufen	vendre
	kosten	coûter
	aus/verkaufen	solder
	einen Rabatt gewähren	accorder une remise
	verschleudern	brader
	zum Verkauf an/bieten (o, o)	mettre en vente
	aus erster Hand kaufen	acheter de première main
	gebraucht kaufen	acheter d'occasion
	an/zahlen	verser un acompte
	ab/zahlen	rembourser (des traites)

• **eine Rechnung begleichen (i, i)**	• régler/acquitter une facture
• **keine müde Mark mehr haben**	• ne plus avoir le moindre sou

• **bar (bezahlen)**	• (payer) comptant
• **gratis, kostenlos**	• gratuit
• **erschwinglich**	• abordable
• **unerschwinglich**	• exorbitant
• **billig**	• bon marché
• **spottbillig**	• sacrifié
• **(preis)günstig, preiswert**	• avantageux
• **teuer**	• cher
• **kostspielig**	• coûteux
• **mäßig**	• modéré, modique
• **fest**	• ferme
• **konkurrenzlos**	• défiant toute concurrence

Der Verbraucher — Le consommateur

• **der Verbrauch (sing.)**	• la consommation
• **der Verbraucher, -**	• le consommateur
• **der Endverbraucher, -**	• le consommateur final
• **der Verbraucherschutz**	• la défense du consommateur
• **der Verbraucherverband, ¨-er**	• l'association de consommateurs
• **die Verbraucherabteilung, -en**	• le service consommateur
• **die Transparenz**	• la transparence
• **die Kundschaft (sing.)**	• la clientèle
• **der Kunde, -n, -n**	• le client
• **der Stammkunde, -n, -n**	• le client fidèle
• **die Kundenbindung**	• la fidélisation de la clientèle
• **der Gelegenheitskunde, -n**	• le client occasionnel
• **der Kundendienst (sing.)**	• le service après-vente
• **die Kundenpflege, -n**	• le suivi clientèle
• **der Kostenvoranschlag, ¨-e**	• le devis
• **der Streitfall, ¨-e**	• le litige
• **die Beschwerde, -n**	• la réclamation
• **der offene/verborgene Sachmangel, ¨-**	• le défaut, le vice apparent/caché
• **der Umtausch, -e**	• l'échange
• **die Rückgabe, -n**	• le retour, la restitution
• **die Erstattung, -en**	• le remboursement
• **der Schadenersatz**	• les dommages et intérêts
• **die Garantie, -n**	• la garantie
• **der Missbrauch, ¨-e**	• l'abus
• **der Boykott, -e/-s**	• le boycottage
• **der Konsumerismus**	• le consumérisme
• **die Kaufkraft**	• le pouvoir d'achat
• **das Kaufverhalten, -**	• le comportement d'achat
• **die Kaufgewohnheiten (plur.)**	• les habitudes d'achat
• **die Kaufentscheidung, -en**	• la décision d'achat
• **der Kaufakt, -e**	• l'acte d'achat
• **die Kaufabsicht, -en**	• l'intention d'achat

Otto Normalverbraucher (fam.): *le consommateur moyen (lambda)*

≠ die Kunde: *la nouvelle*
ein übler Kunde: *un malin*
der Klient: *le client d'un avocat*
der Gast: *le client d'un restaurant*
der Patient: *le client d'un médecin*

vom Umtausch ausgeschlossen sein: *n'être ni repris ni échangé* kein Kaufzwang: *entrée libre*

• **der Kaufzwang, ¨-e**	• l'obligation d'achat
• **der Kaufrausch, ¨-e**	• la frénésie d'achat
• **der Impulskauf, ¨-e**	• l'achat d'impulsion

• **verbrauchen; konsumieren**	• consommer
• **den Kaufakt aus/lösen**	• déclencher l'achat
• **unzufrieden sein**	• être mécontent

• **verbraucherfreundlich**	• dans l'intérêt des consommateurs
• **verbraucherfeindlich**	• contraire à l'intérêt des consommateurs
• **strittig**	• litigieux

3 Das Marketing — La mercatique

Der Markt — Le marché

• **der Zielmarkt, ¨-e**	• le marché cible
• **der Absatzmarkt, ¨-e**	• le débouché
• **das Marktsegment, -e**	• le segment de marché
• **die Marktnische, -n**	• le créneau
• **das Marktvolumen**	• le marché réel
• **das Marktpotential**	• le marché potentiel
• **die Marktgegebenheit, -en**	• la donnée du marché
• **der Markttrend, -s**	• la tendance du marché
• **die Marktstruktur**	• le profil du marché
• **die Marktschwankung, -en**	• la fluctuation du marché
• **das Marktwachstum**	• la croissance du marché
• **die Marktschrumpfung, -en**	• la régression du marché
• **die Marktsättigung**	• la saturation du marché
• **der Marktdurchbruch, ¨-e**	• la percée du marché
• **die Markterschließung, -en**	• la conquête du marché
• **die Marktdurchdringung, -en**	• la pénétration du marché
• **die Vermarktung, -en**	• la commercialisation
• **die Markteinführung, -en**	• la mise en marché
• **die Marktchance, -n**	• l'opportunité
• **die Markteintrittsstrategie, -en**	• la stratégie de lancement
• **die Markttreue**	• la fidélité au marché
• **der Markterfolg, -e**	• le succès commercial
• **die Lebensdauer**	• la durée de vie
• **die Obsoleszenz**	• l'obsolescence
• **das Monopol, -e**	• le monopole
• **das Angebot, -e**	• l'offre
• **die Nachfrage, -n**	• la demande
• **das Bedürfnis, -se**	• le besoin
• **die Erwartung, -en**	• l'attente
• **der Umsatz**	• le chiffre d'affaires
• **das Umsatzziel, -e**	• l'objectif de vente
• **der Absatz**	• les ventes

• **die Nachfrage stimulieren**	• stimuler la demande
• **die Nachfrage decken**	• satisfaire la demande
• **die Nachfrage befriedigen**	• faire face à la demande
• **einen Markt bearbeiten**	• agir sur un marché
• **einen Markt (zurück)erobern**	• (re)conquérir un marché
• **einen Markt durchdringen**	• pénétrer un marché
• **einen Markt erschließen (o, o)**	• s'implanter sur un marché
• **auf einem Markt Fuß fassen**	• s'implanter sur un marché
• **etwas auf dem Markt ein/führen**	• lancer qqch sur le marché
• **marktreif sein**	• être commercialisable
• **etwas vom Markt nehmen (a, o, i)**	• retirer qqch du marché
• **vorweg/nehmen; antizipieren**	• anticiper
• **Bedürfnisse schaffen**	• créer des besoins
• **die Erwartungen füllen**	• répondre aux attentes
• **befriedigen**	• satisfaire
• **beeinflussen**	• influencer
• **auf etwas (A) achten**	• veiller à qqch
• **miteinander konkurrieren**	• être en concurrence
• **sich einander Konkurrenz machen**	• se faire concurrence
• **sich an der Konkurrenz orientieren**	• s'orienter face à la concurrence
• **mit jdm in Konkurrenz treten**	• entrer en concurrence avec qqn
• **etwas nützen**	• profiter de qqch

(a, e, i)

• **homogen**	• homogène
• **heterogen**	• hétérogène
• **wettbewerbsfähig**	• concurrentiel
• **boomend**	• en pleine expansion
• **stagnierend**	• stagnant
• **gesättigt**	• saturé
• **verzerrt**	• biaisé
• **schrumpfend**	• en régression
• **sinkend, rückläufig**	• en baisse
• **aufnahmefähig**	• porteur
• **steigend**	• croissant

Das Produkt — Le produit

• **das Produkt, -e**	• le produit
• **der Artikel, -**	• l'article
• **das Gut, ¨-er**	• le bien, la marchandise
• **die Verbrauchsgüter (plur.)**	• les biens de consommation
• **die Investitionsgüter (plur.)**	• les biens d'équipement
• **die Ware, -n**	• le produit manufacturé
• **die weißen Waren**	• les produits blancs, l'électroménager
• **die braunen Waren**	• les produits bruns, la hi-fi
• **die Nahrungsmittel (plur.)**	• les produits alimentaires
• **das Billigprodukt, -e**	• le produit bas de gamme
• **das Standardprodukt, -e**	• le produit de gamme standard
• **das Premiumprodukt, -e**	• le produit haut de gamme

anglais : *goods*

	• die Spitzenklasse	• le haut-de-gamme
	• die Qualitätsware, -n	• le produit de qualité
familier	• die Ramschware	• la camelote
	• das No-Name-Produkt, -e	• le produit générique
der Lockvogel: *l'appeau, l'appât*	• das Lockvogelangebot, -e	• le produit d'appel
	• das Trading up	• le fait de monter en gamme
	• das Trading down	• le fait de descendre en gamme
die Linie (Kosmetika): *la gamme (cosmétiques)*	• die Produktpalette, -n	• la gamme de produits
	• das Produktsegment, -e	• la ligne de produit
	• die Qualität	• la qualité
	• das Gütesiegel, -	• le label de qualité
	• die Güteklasse, -n	• la norme de qualité
die eingetragene Marke: *la marque déposée*	• die Marke, -n	• la marque
	• das Markenzeichen, -	• la griffe
pron. anglaise	• das (Marken)image, -s	• l'image de marque
	• das Markenlogo, -s	• le logo
	• die Markenfälschung, -en	• la contrefaçon
	• die Bekanntheit	• la notoriété
	• das Design, -s	• le design
	• die Aufmachung, -en	• le conditionnement
	• die Einwegpackung, -en	• l'emballage perdu
	• die Mehrfachpackung, -en	• l'emballage réutilisable
	• die Bonuspackung, -en	• l'avantage produit
	• die Mogelpackung, -en	• l'emballage trompeur
Ist da Pfand drauf?: *La bouteille est-elle consignée ?*	• das Flaschenpfand, ¨-er	• la consigne
	• die Pfandflasche, -n	• la bouteille consignée
(fam.) : die Ex-und-hopp-Flasche	• die Einwegflasche, -n	• la bouteille jetable, non consignée

	• verpacken	• emballer
	• etikettieren	• étiqueter

	• unentbehrlich	• de première nécessité
	• erstklassig	• de première qualité
	• schlechter Qualität	• de mauvaise qualité
	• erste Wahl	• de premier choix
	• zweite Wahl	• de second choix
	• herabgesetzt	• dégriffé
anglais : *second-hand*	• aus zweiter Hand	• de seconde main, d'occasion
	• wiederverwertbar	• recyclable
	• umweltfreundlich	• écologique
	• zuverlässig	• fiable
	• schadhaft, defekt	• défectueux
	• unverkäuflich	• invendable

Das Marketing — La mercatique

die Mafo	• die Marktforschung	• le marketing, la prospection
	• der Marktforscher, -	• le spécialiste en marketing
	• die Marktstudie, -n	• l'étude de marché
	• der Marketing-Mix	• le plan marchéage
	• die Marketingstrategie, -n	• la stratégie commerciale

die mündliche Befragung: *le face à face*
die schriftiche Befragung: *l'enquête par correspondance*
die telefonische Befragung: *l'enquête téléphonique*

• **die Befragung, -en**	• l'enquête
• **die Umfrage, -n**	• le sondage
• **die Teilerhebung, -en**	• l'enquête par sondage
• **die Meinungsumfrage, -n**	• le sondage d'opinion
• **das Telefonmarketing**	• le phoning
• **der Fragebogen, ¨-**	• le questionnaire
• **das Panel, -s**	• le panel
• **die Zielgruppe, -n**	• le groupe-cible
• **dei Zielgruppenbestimmung, -en**	• le ciblage
• **die Kernzielgruppe, -n**	• le cœur de cible
• **die Berufsgruppe, -n**	• la catégorie socioprofessionnelle
• **das Segment, -e**	• le segment
• **die Segmentierung, -en**	• la segmentation
• **das Merkmal, -e**	• le critère
• **die Stichprobe, -n**	• l'échantillon
• **die Auswahl, -en**	• l'échantillonnage
• **die Zufallsauswahl, -en**	• l'échantillonnage aléatoire
• **die Datenbank, -en**	• la banque de données
• **die Marktlücke, -n**	• le créneau, la niche
• **der Prototyp, -en**	• le prototype
• **der Warentest, -s/-e**	• le test de produit
• **der Konzepttest, -s**	• le test d'acceptabilité
• **die Akzeptanz**	• la popularité

aussi : das Sample

• **zielen**	• viser
• **testen**	• tester
• **jdn befragen**	• sonder qqn
• **Akzeptanz schaffen**	• faire adopter

• **qualitativ**	• qualitatif
• **quantitativ**	• quantitatif
• **repräsentativ**	• représentatif
• **verzerrt**	• biaisé
• **gesättigt**	• saturé

4 Die Werbung — La publicité

Allgemeines — Généralités

die 1/1 Anzeige: *l'annonce pleine page*
die doppelseitige Anzeige: *l'annonce sur 2 pages*

• **die Werbung**	• la publicité
• **die Werbeagentur, -en**	• l'agence de publicité
• **der Werbefachmann, -leute**	• le publicitaire
• **die Webekampagne, -n**	• la campagne publicitaire
• **die Reklame, -n**	• la publicité, la réclame
• **die Anzeige, -n**	• l'annonce
• **die Werbeanzeige, -n**	• l'annonce publicitaire
• **die Teaser-Anzeige, -n**	• le teasing
• **die Anzeigenwerbung**	• la publicité écrite
• **die klassische Werbung**	• la publicité média

	• die nicht klassische Werbung	• la publicité hors média
FFF: Film, Funk, Fernsehen	• die FFF-Medienwerbung	• la publicité audiovisuelle
	• die Funkwerbung	• la publicité radiophonique
	• die Fernsehwerbung	• la publicité télévisuelle
	• die Internet-Werbung	• la publicité sur Internet
	• die Online-Werbung	• la publicité en ligne
	• die vergleichende Werbung	• la publicité comparative
	• das Sponsoring	• le sponsoring
	• die Direktwerbung	• la publicité directe
	• die Plakatwerbung	• la publicité par affichage
	• die Verkehrsmittelwerbung	• la publicité sur les moyens de transports
	• die Werbung auf Bussen	• la publicité sur les bus
	• die Luftwerbung	• la publicité aérienne
texten: *rédiger un texte publicitaire*	• der (Werbe)Slogan, -s	• le slogan
	• die (Werbe)Botschaft, -en	• le message publicitaire
aussi : der Eye Catcher (pron. anglaise)	• der Blickfang, ¨-e	• l'accroche
	• der Werbetext, -e	• le texte publicitaire
	• die Werbesprache	• le langage publicitaire
	• das Versprechen, -	• la promesse

• werben (a, o, i) (für + A)	• faire la publicité (de/pour qqch)
• eine Anzeige auf/geben (a, e, i)	• passer une annonce

• verkaufsfördernd	• promotionnel

Die Werbeträger — Les supports publicitaires

(!) der Schild, -e: *le bouclier*	• das Schild, -er	• l'enseigne
	• das Reklameschild, -er	• l'enseigne publicitaire
	• das (Werbe)Plakat, -e	• l'affiche (publicitaire)
	• das Poster, -s	• le poster
	• die Plakatwand, ¨-e	• le panneau d'affichage
	• die Anschlagwand, ¨-e	• le panneau publicitaire
	• die Litfaßsäule, -n	• la colonne Morris
	• die Lichtreklame, -n	• l'enseigne lumineuse
	• das Preisausschreiben, -	• le concours
	• das Rubbel-Los, -e	• la carte de grattage
	• die Verlosung, -en	• le tirage au sort
	• der Antwortschein, -e	• le coupon-réponse
	• der Sammelpunkt, -e	• le point-cadeau
	• das Werbegeschenk, -e	• le cadeau publicitaire
	• das Handels-Gadget, -s	• le gadget
	• das On-pack, -s	• le paquet promotionnel
	• die Postwurfsendung	• le publipostage
	• der Aufkleber, -	• l'autocollant
	• der Prospekt, -e	• le prospectus
	• der Faltprospekt, -e	• le dépliant
	• die Broschüre, -n	• la brochure
	• der Katalog, -e	• le catalogue

• **das Sample, -s; das Muster, -**	• l'échantillon
• **das Sampling**	• la distribution d'échantillons à domicile
• **die Verkaufsdemonstration, -en**	• la démonstration
• **die Werbedame, -n**	• l'hôtesse, l'animatrice
• **der Propagandist, -en**	• le démonstrateur
• **der Bodenständer, -**	• le présentoir
• **das Display-Material**	• le matériel de PLV
• **der Regalstopper, -**	• le stop-rayon
• **der Spender, -**	• le présentoir-distributeur
• **die Attrappe, -n**	• le factice
• **das Kommunikationspult, -e**	• la borne interactive
• **die Messe, -n**	• le salon
• **die Ausstellung, -en**	• la foire-exposition
• **der Werbespot, -s**	• le spot publicitaire
• **der Werbe-Jingle, -s**	• le jingle
• **der Werbeblock, ¨-e**	• la page de pub (télé)
• **der Werbebanner, -**	• le bandeau publicitaire (sur le net)
• **die Banneranzeige, -n**	• la bannière (sur le net)

das Regal, -e: *le linéaire*

• **zeigen**	• exposer, montrer
• **verteilen**	• distribuer
• **an/schlagen (u, a, ä); plakatieren**	• placarder
• **inserieren**	• passer une annonce, annoncer
• **senden; ausstrahlen**	• émettre
• **übermitteln; übertragen (u, a, ä)**	• transmettre, communiquer
• **verbreiten**	• diffuser
• **belegen; schalten**	• insérer

(!) vertreiben: *diffuser (commercialement)*

Die Werbestrategie — La stratégie publicitaire

• **der Werbeplan, ¨-e**	• le plan de campagne
• **der Mediaplan, ¨-e**	• le plan médias
• **die Verkaufsförderung**	• la promotion des ventes
• **die Promotionaktion, -en**	• l'action promotionnelle
• **die Verkaufsshow, -s**	• l'opération événementielle
• **das Werbeziel, -e**	• l'objectif publicitaire
• **die Werbewirkung, -en**	• l'efficacité publicitaire
• **die Werbewirksamkeit, -en**	• l'impact publicitaire
• **die Ausstrahlung, -en**	• la répercussion
• **die Schaltung, -en**	• l'insertion, le passage, l'affichage
• **die Werbefläche, -n**	• l'espace publicitaire
• **der Mediaeinkauf, ¨-e**	• l'achat d'espace (médiatique)
• **die Werbezeit, -en**	• le temps d'antenne
• **die Sendezeit, -en**	• l'heure de diffusion
• **die Hauptsendezeit, -en**	• l'heure de grande écoute
• **die Einschalquote, -n**	• l'audimat
• **die Plazierung, -en**	• l'emplacement
• **die Werbedosierung, -en**	• le rythme de passage
• **die Werbemüdigkeit**	• la saturation publicitaire
• **der Kundenfang**	• le racollage commercial

• **der Werbrummel, -s**	• le matraquage publicitaire
• **die unlautere Werbung**	• la publicité mensongère
• **die Schleichwerbung**	• la publicité clandestine
• **der Visit, -s; der Besuch, -e**	• la visite (sur le net)
• **die Page Views**	• la page vue (sur le net)
• **die Pageimpression, -s**	• le nombre de pages vues (sur le net)

• **werben (a, o, i)**	• racoler
• **die Werbetrommel rühren**	• faire du battage publicitaire
• **an/locken**	• attirer
• **auf/fallen**	• sauter aux yeux
• **messen (a, e, i)**	• mesurer
• **überprüfen**	• contrôler
• **Aufmerksamkeit erregen**	• attirer l'attention
• **Interesse wecken**	• susciter l'intérêt
• **(um)positionieren**	• (re)positionner
• **manipulieren**	• manipuler
• **konditionieren**	• conditionner
• **bombardieren**	• matraquer
• **prägen**	• façonner
• **verdummen**	• abrutir
• **beeinflussen**	• influencer
• **zu etwas (D) führen**	• inciter à qqch
• **etwas an/preisen (ie, ie)**	• vanter les mérites de qqch

• **gezielt**	• ciblé
• **prägnant**	• percutant
• **reiberisch**	• tapageur
• **hart**	• agressif
• **strategisch**	• stratégique
• **operativ**	• tactique
• **verführend**	• incitatif
• **unterschwellig**	• subliminal
• **werbefreundlich**	• publiphile
• **werbefeindlich**	• publiphobe
• **werbewirksam**	• accrocheur
• **trügerisch, falsch**	• trompeur

ÜBUNGEN

79 Frau Müller kauft sich einen neuen Mann. Madame Müller s'achète un nouveau mari.

Setzen Sie die Wörter ein:

Auslaufmodell - Einkaufszentrum - Gebrauchtwarenhändler - Grabbeltischen - Kassenschlager - kaufen - Litfaßsäulen - reduziert - Schleuderpreis - Schlussverkauf - Versandhaus - Werbung

Jedes Jahr pünktlich zum ... fällt es Frau Müller ein, sich einen neuen Mann zu ... Ihr eigener ist schon ein wahres ... und seine Garantie längst abgelaufen. So macht sie sich, mit einem dicken Geldbeutel bewaffnet, auf den Weg zu den ... . Vorbei an großen ..., auf denen leicht bekleidete Männer für ein neues Parfüm ... machen, nähert sie sich zielstrebig dem groben ... . Ob sie da wohl ein Sonderexemplar von Mann zum ... findet?

Brandneu sollte er ja schon sein, da der letzte vom ... aus zweiter Hand erstanden worden war. Diesmal will sie das neueste Modell, das auf dem Markt ist, einen vom Typ Allround-Mann, der als ... weggeht wie warme Semmeln.

Doch ach, was muss sie sehen? Auf dem Schlachtfeld der Grabbeltische ist nur noch ein einziges Mangelexemplar übrig geblieben, das schon dreifach ... wurde und sie verdächtig an ihren vorletzten Mann, Herrn Müller, erinnert.

Frau Müller denkt sich: "Alles Müller, oder was? Lieber bestelle ich mir einen neuen Mann vom ..., denn Neckermann macht's möglich."

80 Analogien bilden. Paires analogiques.

Drei Wörter werden vorgegeben. Finden Sie das Wort heraus, das zum dritten in einer ähnlichen Beziehung steht, wie das zweite zum ersten.

Beispiel: Wagen: Fahrer; Flugzeug: Pilot

a. Außenwerbung: Lichtreklame; Fernsehwerbung: ...?
b. Litfaßsäule: Plakat; Zeitung: ...?
c. Verbraucherverband: Warentest; Marktforschungsinstitut: ...?
d. Fleisch: Metzger; Kuchen: ...?
e. Kleider: Modeboutique; Arzneimittel: ...?

▶ Corrigés page 472 ◀

Landeskunde

Der Einzelhandel in Deutschland

Le commerce de détail en Allemagne

- **die Kaufhäuser:** les chaînes de grands magasins : **Karstadt** (Essen), **Hertie, Kaufhof, Kaufhalle, Horten;** à Berlin **das KaDeWe (Kaufhaus des Westens:** "grand magasin de l'Ouest"**).** Les grands magasins à étages de centre ville sont plus développés en Allemagne que les hypermarchés ou grandes surfaces **(Verbrauchermärkte)**.
- **der Discount-Handel:** le discount alimentaire **(Aldi, Norma, Lidl)** est particulièrement développé et performant en Allemagne. Une gamme restreinte et une présentation sommaire des produits permettent de proposer des prix très bas.
- **die Versandhäuser, der deutsche Versandhandel:** la vente par correspondance. Les Allemands sont les leaders mondiaux du secteur. Les trois grandes maisons de vente par correspondance sont **Ottoversand**, le plus grand vépéciste mondial, **Quelle (Fürth)** et **Neckermann**.
- **das Ladenschlussgesetz:** la législation sur la fermeture des magasins. **die Laden(schluss)zeiten:** les heures d'ouverture des magasins restent encore en Allemagne strictement réglementées, même si la législation a été assouplie ces dernières années. C'est un sujet de polémique permanente entre les tenants du libéralisme et ceux d'une réglementation stricte (syndicats et petits commerçants) ; **der lange Samstag** (ouverture matin et après-midi le premier samedi du mois) ; **der Dienstleistungsabend** (le soir des services), ouverture prolongée du jeudi ; **der verkaufsoffene Sonntag** (dimanche où les magasins restent ouverts toute la journée).

Werbung und Konsum

Publicité et consommation

- **der Verbraucherschutz:** la défense des consommateurs. Le consumérisme allemand est représenté par des associations comme **die Stiftung Warentest**.
- **die deutschen Gütezeichen** ou **Gütesiegel:** les labels de qualité tels que **made in Germany, DIN, TÜV(-geprüft)** ou **ISO** pour les produits manufacturés ou **demeter** et **Bioland** pour les produits "bio" **(Bio-Siegel)**.
- **Die Verpackungsverordnung:** la loi sur les emballages entrée en vigueur en 1991 fait obligation aux distributeurs (et aux fabricants) de reprendre les conditionnements des produits vendus aux consommateurs (**die Rücknahmepflicht:** l'obligation de reprise).
- **die Kaffeefahrt:** l'excursion publicitaire. Des agences de voyage organisent des tours promotionnels "à thème" en bus qui se terminent par un goûter accompagné de café. On y propose des produits locaux à la vente. Parmi les destinations préférées : la Pologne qui offre un grand marché de produits de contrefaçon.

Neudeutsch: Modewörter und Zeitgeist

Mots forgés et mots tendance

- **der Verkaufshit, -s; der Verkaufsschlager; der Verkaufsknüller:** l'article-vedette
- **die Verbraucherfreundlichkeit:** la satisfaction des intérêts du consommateur
- **die Treuepunkte:** les points de fidélité
- **der Mitnahmepreis:** le prix emporté
- **die «Zonen»-Produkte:** les produits de l'ex-RDA
- **das Ethno-Marketing:** le marketing ethnique

Bekannte Werbesprüche
Slogans publicitaires à succès

- **In der ersten Reihe sitzen:** Être assis au premier rang (slogan des chaînes de télévision publiques **ARD** et **ZDF**).
- **Mit fünf Mark sind Sie dabei:** Avec cinq marks vous y êtes **(Deutsche Fernsehlotterie)**
- **Und läuft und läuft und läuft:** et ça roule, roule, roule (publicité pour la coccinelle au début des années 60).
- **Neckermann macht's möglich:** Avec Neckermann, c'est possible (slogan du vépéciste **Neckermann**).
- **Meister Propper putzt so sauber, dass man sich drin spiegeln kann.:** Monsieur Propre nettoie le sol si parfaitement que l'on peut se mirer dedans.
- **Packen wir's an!:** Allons-y ! **(Esso)**
- **Ruf doch mal an!:** Passe donc un coup de fil ! **(Deutsche Telekom)**
- **Alles Müller oder was?:** C'est tout du Müller ou quoi ? (produits laitiers **Müller**)
- **Fakten, Fakten, Fakten:** Des faits, des faits, rien que des faits (slogan des spots télévisés de l'heddomadaire d'information **Focus**)
- **Bitte ein Bit:** une "Bit", s'il vous plaît (publicité pour la bière de Bitburg)

Bildlich gesprochen

Rund um den Markt

- **der freie Markt:** le marché libre.
- **der schwarze Markt:** le marché noir.
- **der graue Markt:** le marché parallèle.
- **seine Haut zu Markte tragen:** payer de sa personne.

Rund um den Preis

- **zum angemessenen Preis:** au juste prix.
- **zum ermäßigten Preis:** à tarif réduit.
- **ein mäßiger Preis:** un prix modique.
- **der Etikettenschwindel:** la valse des étiquettes.
- **ein lächerlich niedriger Preis:** un prix ridicule

Zum Nachdenken

- **Handel ist die Mutter des Reichtums:** Le commerce est source de richesse.
- **Der Kunde ist König:** Le client est roi.
- **Geschäft ist Geschäft:** les affaires sont les affaires.

25 Die Transportmittel
Les moyens de transport

1 Der Autotransport — Le transport par route

Die Fahrzeuge — Les véhicules

Remarque	Die Fahrzeuge	Les véhicules
	• das Verkehrsmittel, -	• le moyen de transport
das Auto, -s; der Wagen, -; der (Personen) Kraftwagen, -; der PKW, -s: *la voiture, l'automobile*	• **das Auto, -s**	• la voiture
	• **der Autofahrer, -**	• l'automobiliste
	• **der Fahrer, -**	• le conducteur
	• **der Beifahrer, -; der Mitfahrer, -**	• le passager
	• **der Anhalter, -**	• l'auto-stoppeur
zweitürig: *à deux portes*	• **der Reisewagen, -**	• la routière
	• **der Mietwagen, -**	• la voiture de location
	• **die Autovermietung, -en**	• la location de voitures
	• **der Gebrauchtwagen, -**	• la voiture d'occasion
	• **der Kombi, -s**	• le break
	• **das Coupé, -s**	• le coupé
= das Kabrio, -s	• **das Kabriolett, -e**	• le cabriolet, la décapotable
	• **die Limousine, -n**	• la berline, la limousine
	• **die Großraumlimousine, -n**	• le (véhicule) monospace
	• **der Geländewagen, -**	• le véhicule tous-terrains
	• **der Viersitzer, -**	• le quatre places
	• **der Klein/Mittel/Ober/klassen Wagen, -**	• la petite/motenne/grosse cylindrée
	• **der (Reise)autobus, -se**	• l'autobus, l'autocar
= der Lkw, -s	• **der Last(kraft)wagen, -**	• le camion, le poids lourd
familier	• **der Brummi, -s**	• le poids lourd
	• **der Lastwagenfahrer, -**	• le chauffeur, le routier
	• **der Sattelschlepper, -**	• le semi-remorque
	• **der Anhänger, -**	• la remorque
das Rad, ¨-er: *la roue* der Allradantrieb: *les 4 roues motrices, le 4×4*	• **das Zweirad, ¨-er**	• le deux-roues
	• **das Fahrrad, ¨-er**	• le vélo
= das Mofa, -s	• **das Motorfahrrad, ¨-er**	• la mobylette
= das Motorveloziped, -s	• **das Moped, -s**	• le vélomoteur
	• **der Motorroller, -**	• le scooter
	• **das Motorrad, ¨-er**	• la moto
	• **der Beiwagen, -**	• le side-car

Das Fahren und die Pannen — La conduite et les pannes

Fahren und Fahrzeugteile	Le véhicule et la conduite
• **der Führerschein, -e**	• le permis de conduire
• **die Fahrschule, -n**	• l'auto-école
• **der Fahrlehrer, -**	• le moniteur d'auto-école
• **die Fahrstunde, -n**	• la leçon de conduite
• **die Fahrprüfung, -en**	• l'examen du permis de conduire

	• die Fahrt, -en	• le trajet
	• die Karosserie	• la carrosserie
	• das Fahrwerk, -e	• le châssis
	• die Fahrgastzelle, -n	• l'habitacle
	• der Kotflügel, -	• l'aile
	• der Spoiler, -	• le spoiler
	• die (Wagen)tür, -en	• la portière
	• die Scheibe, -n	• la vitre
	• der Motor, -en	• le moteur
= das PS, -	• die Pferdestärke, -n	• le cheval vapeur
	• der Anlasser, -	• le démarreur
	• die Kupplung, -en	• l'embrayage
	• das Steuer, -; das Lenkrad, ¨-er	• le volant
	• der Tacho, -s; der Tachometer, -	• le compteur (de vitesse)
	• das Getriebe, -	• la boîte de vitesses
	• der Schalthebel, -	• le levier de vitesse
	• der (erste, zweite) Gang, ¨-e	• la (première, deuxième) vitesse
	• der Rückwärtsgang, ¨-e	• la marche arrière
	• das Gaspedal, -e	• l'accélérateur
	• die Fußbremse, -n	• le frein (pédale)
	• die Handbremse, -n	• le frein à main
	• die Zentralverriegelung, -en	• la fermeture centralisée des portières
	• die Stoßstange, -n	• le pare-chocs
	• die Motorhaube, -n	• le capot
	• der Scheinwerfer, -	• le phare
	• das Rücklicht, -er	• le feu arrière
	• das Nummernschild, -er	• la plaque minéralogique
	• das Nationalitätskennzeichen, -	• la plaque de nationalité
	• die Windschutzscheibe, -n	• le pare-brise
	• der Scheibenwischer, -	• l'essuie-glace
der Spiegel: *le miroir*	• der Außenspiegel, -	• le rétroviseur extérieur
	• der Kofferraum, ¨-e	• le coffre
	• der Vordersitz, -e	• le siège avant
	• der Rücksitz, -e	• le siège arrière
	• das Armaturenbrett, -er	• le tableau de bord
	• die Hupe, -n	• le klaxon
	• die Lichthupe, -n	• l'appel de phare
	• die Heizung	• le chauffage
	• die Klimaanlage, -n	• la climatisation
	• das Ersatzteil, -e	• la pièce détachée

Die Panne — La panne

	• das Ersatzrad, ¨-er	• la roue de secours
	• die Pannenhilfe	• le service de dépannage
	• der Abschleppdienst, -e	• le service de remorquage
	• die Reparatur, -en	• la réparation
	• die Reparaturwerkstatt, ¨-e	• l'atelier de dépannage
	• der Autohändler, -	• le concessionnaire
der Reifen ist geplatzt: *le pneu a crevé*	• der Reifen, -	• le pneu

Die Wartung — L'entretien

	• die Wageninspektion, -en	• la révision

	• **der Treibstoff, -e**	• le carburant
der Super: *le super* der Diesel: *le diesel*	• **das Benzin, -e**	• l'essence
	• **das Autogas; das Flüssiggas**	• le G.P.L. (gaz de pétrole liquéfié)
	• **das Erdgasfahrzeug, -e**	• le véhicule roulant au gaz naturel
	• **der Tank, -e; der Behälter, -**	• le réservoir
	• **der Kanister, -; der Ersatztank, -s**	• le jerrycan
	• **die Tankstelle, -n**	• la station-service
ölen: *huiler*	• **der Ölstand, ¨-e**	• le niveau d'huile
	• **der Ölwechsel, -**	• la vidange
	• **die Zündkerze, -n**	• la bougie
	• **die Zündung, -en**	• l'allumage
	• **das Kühlwasser, -**	• l'eau de refroidissement
	• **der Luftdruck**	• la pression (des pneus)
	• **der Auspufftopf, ¨-e**	• le pot d'échappement
	• **der Katalysator, -en**	• le pot catalytique

	• **sich in den Wagen setzen**	• monter en voiture
	• **aus dem Wagen steigen (ie, ie)**	• descendre de voiture
aussi : trampen	• **per Anhalter fahren (u, a, ä)**	• faire du stop
intransitif	• **an/fahren (u, a, ä)**	• démarrer
	• **den Motor an/lassen (ie, a, ä)**	• mettre le moteur en marche
intransitif	• **an/springen (a, u)**	• démarrer
	• **den Motor ab/stellen**	• couper le moteur
	• **den Motor ab/würgen**	• caler
	• **der Motor läuft**	• le moteur tourne
	• **schalten**	• changer de vitesse
	• **den vierten Gang ein/legen**	• passer en quatrième
	• **Gas geben (a, e, i)**	• accélérer
	• **(ein/)kuppeln**	• embrayer
	• **(ab)/bremsen**	• freiner
	• **rückwärts fahren (u, a, ä)**	• reculer, faire marche arrière
	• **rechts/links (he)ran/fahren (u, a, ä)**	• serrer à droite/à gauche
	• **blinken; den Blinker setzen**	• clignoter
blenden: *aveugler*	• **auf/blenden**	• mettre les phares
	• **ab/blenden**	• mettre en code
	• **hupen**	• klaxonner
	• **an/halten (ie, a, ä)**	• s'arrêter
voll tanken: *faire le plein*	• **tanken**	• prendre de l'essence
	• **(das Öl, den Ölstand) kontrollieren**	• vérifier le niveau d'huile
	• **(den Luftdruck) messen (a, e, i)**	• contrôler la pression des pneus
	• **eine Reifenpanne haben**	• avoir un pneu crevé
	• **einen Platten haben**	• avoir une crevaison
	• **eine Panne haben**	• tomber en panne
die Pumpe: *la pompe*	• **auf/pumpen**	• gonfler
	• **das Auto ab/schleppen**	• remorquer la voiture

• **autokrank**	• qui a le mal des transports
• **schrottreif**	• bon pour la casse
• **flott (Auto)**	• qui a de l'allure
• **aufgemotzt, frisiert**	• gonflé (moteur)
• **platt**	• à plat

• **abgefahren**	• usé
• **glatt, profillos (Reifen)**	• lisse (pneu)
• **bleifrei**	• sans plomb

Der Straßenverkehr — Le trafic routier

• **der Verkehr**	• la circulation, le trafic
• **das Straßennetz, -e**	• le réseau routier
• **die Bundesstraße, -n**	• la route nationale
• **die Bundesfernstraße, -n**	• le grand axe routier
• **die Landstraße, -n**	• la route départementale
• **die Schnellstraße, -n**	• la voie express
• **die Einbahnstraße, -n**	• le sens unique
• **der Gegenverkehr**	• la circulation à double sens
• **der Randstreifen, -**	• le bas-côté
• **der Bahnübergang, ¨-e**	• le passage à niveau
• **die Kreuzung, -en**	• le croisement
• **die Kurve, -n**	• le tournant, le virage
• **die Autobahn, -en**	• l'autoroute
• **das Autobahnkreuz, -e**	• l'échangeur
• **die (Autobahn)gebühr, -en**	• le péage autoroutier
• **die Vignette, -n (CH, AU)**	• la vignette
• **die Einfahrt, -en; die Zufahrt, -en**	• l'accès (à l'autoroute)
• **die Ausfahrt, -en**	• la sortie (d'autoroute)
• **die (Fahr)spur, -en**	• la file, la voie
• **die Überholspur, -en**	• la file de dépassement
• **die Kriechspur, -en**	• la voie pour véhicules lents
• **die Standspur, -en**	• la bande d'arrêt d'urgence
• **der Mittelstreifen, -**	• le terre-plein central
• **die Leitplanke, -n**	• la glissière de sécurité
• **der Rastplatz, ¨-e**	• l'aire de repos
• **die (Autobahn)raststätte, -n**	• le restoroute
• **die Umleitung, -en**	• la déviation
• **die Autoschlange, -n**	• la file de voitures
• **die Verkehrsstockung, -en**	• l'embouteillage
• **der Stau, -s**	• le bouchon
• **der Dauerstau, -s**	• le bouchon permanent
• **der Stop-and-go-Verkehr**	• la circulation pare-chocs contre pare-chocs
• **das Verkehrschaos**	• les embouteillages monstres
• **die Vorfahrt**	• la priorité

≠ die Kfz-Steuer: *la vignette automobile* (→ die Vignette)

die Blechlawine, -n (fam.): *la procession de voitures sur l'autoroute* (→ die Autoschlange)

singulier (→ das Verkehrschaos)

• **aus/scheren**	• déboîter
• **überholen**	• dépasser, doubler
• **kreuzen**	• croiser
• **sich ein/ordnen**	• se rabattre
• **Rechts einordnen**	• prendre la file de droite
• **die Ausfahrt verpassen**	• manquer la sortie
• **Vorfahrt gewähren**	• céder le passage

• **die Spur wechseln**	• changer de voie
• **nach rechts/links ab/biegen (o, o)**	• tourner à droite/à gauche

• **(un)befahrbar**	• (non) carrossable
• **kurvenreich**	• sinueux
• **geradeaus**	• tout droit
• **rutschig**	• glissant
• **spiegelglatt**	• verglacé
• **gebührenpflichtig**	• à péage
• **dreispurig**	• à trois voies
• **gesperrt (Straße)**	• fermé à la circulation (rue)
• **flüssig (Verkehr)**	• fluide (circulation)
• **dicht**	• dense
• **stockend**	• ralenti

Die Verkehrssicherheit und die Unfälle / La sécurité routière et les accidents

• **die Geschwindigkeit, -en**	• la vitesse
• **das Tempolimit, -s/-e**	• la limitation de vitesse
• **die Richtgeschwindigkeit, -en**	• la vitesse recommandée
• **die (Verkehrs)ampel, -n**	• le feu de circulation
• **das Verkehrsschild, -er**	• le panneau de signalisation
• **das Parken**	• le stationnement
• **die Aufplasterung, -en**	• le gendarme couché, le dos d'âne
• **der Zebrastreifen, -**	• le passage protégé
• **die Verkehrsordnung**	• le code de la route
• **der Verkehrssünder, -**	• le chauffard
• **der Geisterfahrer, -**	• celui qui roule à contre-sens
• **der Fahrtschreiber, -**	• le mouchard
• **die Fahrerflucht, -en**	• le délit de fuite
• **die Wagenpapiere (plur.)**	• les papiers de la voiture
• **der Kraftfahrzeugschein, -e**	• la carte grise
• **die (Versicherungs)police, -n**	• la police d'assurance
• **die Straßenwacht**	• l'assistance routière
• **die Verkehrspolizei**	• la police de la route
• **die Notrufsäule, -n**	• la borne d'appel
• **die Radarkontrolle, -n**	• le contrôle-radar
• **die Alkoholprobe, -n**	• l'alcotest
• **der Alkoholspiegel, -**	• l'alcoolémie
• **die Promillegrenze, -n**	• le taux limite d'alcoolémie
• **die Blutprobe, -n**	• la prise de sang
• **der Alkoholsünder, -**	• le conducteur en état d'ivresse
• **der Verstoß, ¨-e**	• l'infraction
• **die Verwarnung, -en**	• la contravention
• **das Bußgeld, -er**	• l'amende
• **der Führerscheinentzug, ¨-e**	• le retrait du permis de conduire
• **die Straßenlage**	• la tenue de route
• **der Sicherheitsgurt, -e**	• la ceinture de sécurité
• **der Airbag, -s**	• l'airbag
• **der Kindersitz, -e**	• le siège enfant

> in vollem Tempo: *à toute vitesse*
> in einem Affenzahn (fam.): *à fond la caisse, plein pot*
> im Schneckentempo: *comme un escargot*
> im Schritttempo: *au pas*
> der Raser (fam.): *le fou du volant*
> die Raserei (fam.): *la vitesse folle*

> = der Kfz-Schein, -e

> (iron.) : der eiserne Schutzmann

> das ABS (Antiblockiersystem): *le système ABS*

der Unfallschwerpunkt, -e: *le point noir*

der Autofriedhof, -: *le cimetière de voitures*

• **das Warnlicht, -er**	• le feu de détresse
• **das Warndreieck, -e**	• le triangle de (pré)signalisation
• **der Erste-Hilfe-Kasten, ¨-**	• la trousse de premiers secours
• **der Verkehrsfunk**	• les informations routières
• **die Verkehrsdurchsage, -n**	• le flash d'informations routières
• **die Sichtbehinderung**	• la visibilité réduite
• **der Sicherheitsabstand**	• la distance de sécurité
• **der Bremsweg, -e**	• la distance de freinage
• **der Kavalierstart, -s**	• le démarrage en trombe
• **der Unfall, ¨-e**	• l'accident
• **der Verkehrsunfall, ¨-e**	• l'accident de la route
• **der Zusammenstoß, ¨-e**	• la collision, l'accrochage
• **der Aufprall, -e**	• le choc, le heurt
• **das Aquaplaning**	• l'aquaplanage
• **der Auffahrunfall, ¨-e**	• le carambolage
• **der Sachschaden, ¨-**	• le dommage matériel
• **der Blechschaden, ¨-**	• la tôle froissée
• **der Schrotthändler, -**	• le ferrailleur
• **das Unfallprotokoll, -e**	• le constat
• **der Verletzte (AS)**	• le blessé
• **das Verkehrsopfer, -**	• la victime de la circulation
• **der Rettungswagen, -**	• l'ambulance
• **die Versicherung, -en**	• l'assurance
• **die Haftpflichtversicherung**	• l'assurance en responsabilité civile
• **die Vollkaskoversicherung**	• l'assurance tous risques

• **beachten**	• respecter
• **sich an/schnallen**	• mettre la ceinture
• **ins Schleudern kommen (a, o)**	• déraper
• **sich überschlagen (u, a, ä)**	• se renverser, faire un tonneau
• **zusammen/stoßen (ie, o, ö)**	• entrer en collision
• **(gegen einen Baum) prallen**	• heurter (un arbre)
• **(ein Auto) zu Schrott fahren (u, a, ä)**	• casser (une voiture)
• **überfahren (u, a, ä)**	• renverser, écraser
• **jdn schneiden (-itt, -itten)**	• faire une queue de poisson à qqn
• **jdn an/fahren (u, a, ä)**	• accrocher qqn
• **auf jdn auf/fahren (u, a, ä)**	• tamponner qqn
• **jdn verwarnen**	• verbaliser qqn
• **ins Röhrchen blasen (ie, a, ä)**	• souffler dans le ballon
• **geblitzt werden**	• se faire prendre par le radar
• **versichern**	• assurer

• **(un)vorsichtig**	• (im)prudent
• **waghalsig**	• casse-cou
• **aggressiv**	• agressif
• **zuverlässig**	• sûr, digne de confiance
• **gefahrlos**	• sans danger
• **erlaubt, gestattet**	• autorisé
• **verboten, untersagt**	• interdit
• **fahrtüchtig**	• en état de conduire

• (un)angeschnallt	• (non) attaché
• unverletzt	• indemne
• (schwer)verletzt	• (gravement) blessé
• tödlich	• mortel

2 Der Bahntransport — Le transport par rail

Das Schienennetz — Le réseau ferroviaire

• **der Zug, ¨-e**	• le train
• **der Güterzug, ¨-e**	• le train de marchandises
• **die Lokomotive, -** (= die Lok, -s)	• la locomotive
• **der Huckepackverkehr**	• le ferroutage
• **die Bahn, -en**	• le chemin de fer
• **das Eisenbahnnetz, -e**	• le réseau de chemin de fer
• **der Bahnhof, ¨-e**	• la gare
• **der Hauptbahnhof, ¨-e**	• la gare (principale)
• **der Kopfbahnhof, ¨-e**	• la gare terminus (de tête de ligne)
• **der Bahnhofsvorsteher, -**	• le chef de gare
• **der Eisenbahner, -**	• le cheminot
• **die Station, -en**	• la station
• **die Schiene, -n**	• le rail
• **die Weiche, -n** (die Weichen stellen: *préparer le terrain*)	• l'aiguillage
• **der/das Viadukt, -e**	• le viaduc
• **der Tunnel, -**	• le tunnel
• **der Bahnübergang, ¨-e**	• le passage à niveau
• **die Verspätung, -en**	• le retard
• **die Notbremse, -n**	• le signal d'alarme
• **das Eisenbahnunglück, -e**	• l'accident ferroviaire
• **die Entgleisung, -en**	• le déraillement
• **die Bahnhofshalle, -n**	• le hall de gare, la salle des pas perdus
• **der Wartesaal, ¨-e**	• la salle d'attente
• **die Bahnhofsgaststätte, -n**	• le buffet de la gare
• **die Gepäckaufgabe, -n**	• l'enregistrement des bagages
• **die Gepäckrückgabe, -n**	• le retrait des bagages
• **die Gepäckaufbewahrung, -en**	• la consigne (manuelle)
• **das Schließfach, ¨-er**	• la consigne automatique
• **der Kofferkuli, -s**	• le chariot à bagages
• **das Fundbüro, -s**	• le bureau des objets trouvés
• **der Bahnsteig, -e**	• le quai
• **das Gleis, -e**	• la voie
• **der Fahrplan, ¨-e**	• l'horaire
• **die Abfahrt, -en**	• le départ
• **die Ankunft, ¨-e**	• l'arrivée
• **der Kursbuch, ¨-er**	• l'indicateur de chemin de fer

Der Zugverkehr — Le transport ferroviaire

• **der Fernverkehr**	• le trafic grandes lignes
• **die Dampflokomotive, -n**	• la locomotive à vapeur

	der Lokführer, -n	le conducteur
	die Garnitur, -en	la rame
bummeln: *flâner*	**der Bummelzug, ¨-e**	l'omnibus, le tortillard
	der Shuttle-Zug, ¨-e	la navette
	der Schnellzug, ¨-e	le rapide
= der IR: *le TER*	**der Interregio**	le train express régional
der ICE: *l'Intercity-Express, le TGV*	**der IC-Zug, ¨-e**	l'intercity, le train de grandes lignes
	der Hochgeschwindigkeitszug, ¨-e	le train à grande vitesse
	der Vorort(s)zug, ¨e	le train de banlieue
	der Pendolino	le train pendulaire
	der Triebwagen, -	l'autorail
	der Schwebezug, ¨-e	l'aérotrain
	der Fahrschein, -e	le billet
einfache Fahrt: *aller simple* einmal Hamburg hin und zurück bitte: *un aller-retour pour Hambourg, s'il vous plaît* eine Fahrkarte erster Klasse: *un billet de première classe*	**die Rückfahrkarte, -n**	l'aller-retour
	der Zuschlag, ¨-e	le supplément
	die Preisermäßigung, -en	la réduction
	der Wagon, -s	le wagon
	der Sitzplatz, ¨-e	la place assise
	der Fensterplatz, ¨-e	la place fenêtre
	der Liegeplatz, ¨-e	la couchette
	der Schlafwagen, -	le wagon-lit
	das Abteil, -e	le compartiment
	das Nichtraucherabteil, -e	le compartiment non-fumeurs
	der Gang, ¨-e	le couloir
	der Speisewagen, -	le wagon-restaurant
	der Anschluss, ¨-e	la correspondance
	der (Zug)schaffner, -	le contrôleur
	die Fahrkartenkontrolle, -n	le contrôle des billets
≠ der Passagier: *avion ou bateau*	**der Fahrgast, ¨-e**	le voyageur
	der Schwarzfahrer, -	le voyageur sans billet, le resquilleur

---

ein/steigen (ie, ie)	monter
aus/steigen (ie, ie)	descendre
ein/laufen (ie, au, ä)	entrer en gare
durch/fahren (u, a, ä)	ne pas s'arrêter
kontrollieren	contrôler
vor/zeigen (Fahrkarte)	présenter (billet)
schwarz fahren (u, a, ä)	resquiller
entgleisen	dérailler
zusammen/stoßen (ie, o, ö)	tamponner
halten (ie, a, ä)	(s') arrêter, stopper
mit der Bahn fahren (u, a, ä)	prendre le train
um/steigen (ie, ie)	changer de train
(den Zug) erreichen	attraper (le train)
(den Zug) verpassen	manquer, rater (le train)
sich erkundigen (nach + D)	se renseigner (au sujet de)
reservieren	réserver
(Gepäck) auf/geben (a, e, i)	enregistrer (des bagages)
entwerten; lochen	poinçonner

	• **ermäßigt**	• réduit
	• **fahrplanmäßig**	• conforme à l'horaire
	• **zuschlagpflichtig**	• à supplément
	• **gültig**	• valable
	• **ungültig**	• périmé

3 Der öffentliche Personennahverkehr — Les transports en commun

= die Untergrundbahn	• **die U-Bahn, -en**	• le métro
	• **die U-Bahn-Station, -en**	• la station de métro
	• **die S-Bahn, -en**	• le R.E.R.
	• **der Vorortzug, ¨-e**	• le train de banlieue
	• **der Nahverkehr**	• le trafic de banlieue
	• **die Straßenbahn, -en**	• le tramway
	• **der Bus, -se; der Omnibus, -se**	• l'autocar
	• **der Obus, -se**	• le trolley
	• **der Elektrobus, -se**	• le bus électrique
	• **die (Bus)haltestelle, -n**	• l'arrêt (d'autobus)
	• **das Wartehäuschen, -**	• l'abribus
	• **die (Bus)linie, -n**	• la ligne de bus
	• **der (Bus)bahnhof, ¨-e**	• la gare (routière)
	• **der Sitzplatz, ¨-e**	• la place assise
	• **der Stehplatz, ¨-e**	• la place debout
	• **der Fahrschein, -e**	• le billet
	• **der Sammelfahrschein, -e**	• le billet collectif
	• **die Streifenkarte, -n**	• le billet pour plusieurs trajets
	• **die Tageskarte, -n**	• le forfait à la journée
	• **die Wochenkarte, -n**	• la carte hebdomadaire
die Verbundkarte, -n: *la carte orange*	• **die Monatskarte, -n**	• la carte mensuelle
	• **die Entwertung**	• le compostage
	• **die Endstation, -en**	• le terminus
	• **das Taxi, -s**	• le taxi
ein Taxi bestellen: *appeler un taxi*	• **das Funktaxi, -s**	• le radio-taxi
	• **der Taxifahrer, -**	• le chauffeur de taxi
	• **der Taxistand, ¨-e**	• la station de taxis

4 Der Schiffstransport — Le transport par bateau

den Hafen erreichen; in den Hafen ein/laufen: *gagner le port*	• **der Hafen, ¨-**	• le port
	• **das Fahrwasser**	• le chenal
aussi : *prénom masculin*	• **der Kai, -e/-s**	• le quai
	• **der Kran, ¨-e**	• la grue
	• **das Dock, -e**	• le dock
	• **der Hafenarbeiter, -**	• le docker
	• **die Landungsbrücke, -n**	• l'embarcadère, la passerelle
	• **die Anlegestelle, -n**	• l'embarcadère
anglais : *pier*	• **der Pier, -e**	• la jetée

	• **die Reede, -n**	• la rade
aussi : *le drapeau* die Billigflagge, -n: *le pavillon de complaisance*	• **die Flagge, -n**	• le pavillon
	• **der Anker, -**	• l'ancre
	• **der Ankerplatz, ¨-e**	• le mouillage
	• **das Anlegen, -**	• l'accostage
Leinen los!: *larguez les amarres !*	• **die (Halte)Leine, -n**	• l'amarre
	• **der Leuchtturm, ¨-e**	• le phare
	• **die Bake, -n**	• la balise
	• **die Laterne, -n**	• le fanal
	• **der Kanal, ¨-e**	• le canal
	• **der Verbindungskanal, ¨-e**	• le canal de jonction
	• **die Schleuse, -n**	• l'écluse
anglais : *ship*	• **das Schiff, -e**	• le bateau
	• **die Schifffahrt**	• la navigation
	• **die Seeschifffahrt**	• la navigation maritime
	• **die Schifffahrtsgesellschaft, -en**	• la compagnie de navigation
	• **die Schiffswerft, -en**	• le chantier naval
	• **die Binnenschifffahrt**	• la navigation fluviale
	• **der Binnenschiffer, -**	• le batelier
	• **die Seereise, -n**	• le voyage en mer
	• **die Kreuzfahrt, -en**	• la croisière
	• **die Zwischenlandung, -en**	• l'escale
	• **die Überfahrt, -en**	• la traversée
	• **der Liner, -**	• le transatlantique
aussi : *le croiseur (marine de guerre)*	• **der Kreuzer, -**	• le yacht
	• **das Handelsschiff, -e**	• le navire marchand
	• **der Tanker, -**	• le pétrolier
	• **der Dampfer, -**	• le paquebot
	• **der Frachter, -**	• le cargo
	• **die Ladung, -en; die Fracht, -en**	• la cargaison
	• **die Fähre, -n**	• le bac
	• **die Autofähre, -n**	• le car-ferry
	• **die Eisenbahnfähre, -n**	• le ferry-boat
	• **das Luftkissenboot, -e**	• l'aéroglisseur, l'hovercraft
	• **der Rheindampfer, -**	• le bateau-mouche
	• **das Segelschiff, -e**	• le bateau à voiles
der Kahn, ¨-e: *le canot, la barque*	• **der Lastkahn, ¨-e**	• la péniche
	• **das Hausboot, -e**	• la péniche servant d'habitation
	• **der Seemann, -leute**	• le marin
	• **der Schiffskapitän, -e**	• le commandant
	• **die Mannschaft, -en**	• l'équipage
	• **der Lotse, -n**	• le pilote
	• **der Matrose, -n**	• le matelot
	• **der Schiffsjunge, -n**	• le mousse
der blinde Passagier, -e: *le passager clandestin*	• **der Passagier, -e**	• le passager
	• **das Deck, -e**	• le pont (du bateau)
aussi : *le nez d'un avion*	• **der Bug, -e**	• la proue
aussi : *la queue d'un avion*	• **das Heck, -e/-s**	• la poupe
	• **die Reling, -e**	• le bastingage
	• **die Kabine, -n**	• la cabine
	• **die Luke, -n; das Bullauge, -n**	• le hublot
	• **der Laderaum, ¨-e**	• la cale

	• die Schiffsschraube, -n	• l'hélice
	• das Ruder, -	• le gouvernail, la barre
	• die Kommandobrücke, -n	• la passerelle de commandement
	• der Rumpf, ¨-e	• la coque
	• der Schiffskörper, -	• la carène
	• der Maschinenraum,¨-e	• la salle des machines
die Rettung, -en: *le sauvetage*	• das Rettungsboot, -e	• le canot de sauvetage
	• die Schwimmweste, -n	• le gilet de sauvetage
	• die Boje, -n	• la bouée
der Ring, -e: *l'anneau*	• der Rettungsring, -e	• la bouée de sauvetage
	• der Seeschaden, ¨-	• l'avarie
	• der Schiffbruch, ¨-e	• le naufrage
	• der Schiffbrüchige (AS)	• le naufragé
anglais : *wreck*	• das Wrack, -e	• l'épave
	• der Seeräuber, -	• le pirate
	• der Seebär, -en, -en	• le loup de mer

	• zur See fahren (u, a, ä)	• naviguer
	• mit dem Schiff fahren (u, a, ä)	• prendre le bateau
	• beladen (u, a, ä)	• charger
	• entladen (u, a, ä)	• décharger
	• auf der Reede liegen (a, e)	• être en rade
ging, gegangen	• an Bord gehen; ein/schiffen	• monter à bord, embarquer
	• an Land gehen; aus/schiffen	• débarquer, descendre à terre
	• vor Anker gehen (ging, gegangen)	• jeter l'ancre
zog, gezogen	• den Anker hoch/ziehen	• lever l'ancre
	• vertauen	• amarrer
	• an/legen	• accoster
	• aus/laufen (ie, au, äu)	• appareiller, prendre la mer
	• ein/laufen (ie, au, äu)	• faire escale à, entrer dans le port
	• steuern	• gouverner
	• stampfen	• tanguer
	• schlingern	• rouler
	• kentern	• chavirer
anglais : *to sink*	• sinken (a, u)	• couler
ging, gegangen	• unter/gehen	• sombrer
	• Schiffbruch erleiden (-itt, -itten)	• faire naufrage
	• etwas rammen	• entrer en collision avec qqch
der Strand: *la plage*	• stranden	• échouer
	• verladen (u, a, ä)	• transborder
	• wieder flott/machen	• renflouer

• seekrank	• qui a le mal de mer
• seefest	• qui a le pied marin
• seebeschädigt	• avarié
• auf dem Schiff, an Deck	• à bord
• backbord, steuerbord	• à bâbord, à tribord
• schiffbar	• navigable

5 Der Lufttransport — Le transport aérien

Der Flughafenbetrieb — Les activités aéroportuaires

	der Flugverkehr	le trafic aérien
	der Luftraum	l'espace aérien
	die Fluggesellschaft, -en	la compagnie aérienne
	das Verkehrsflugzeug, -e	l'avion de transport
	das Frachtflugzeug, -e	l'avion-cargo
	der Hubschrauber, -	l'hélicoptère
	das Flugpersonal	le personnel navigant
	das Bodenpersonal	le personnel au sol
	der Fluglotse, -n	le contrôleur aérien
	der Kontrollturm, ¨-e	la tour de contrôle
	der Flughafen, ¨-	l'aéroport
	das Verwaltungsgebäude, -	l'aérogare
	die Wartehalle, -n	la salle d'attente
	die Abfertigung	l'enregistrement
	die Abflughalle, -n	la salle d'embarquement
	die Bordkarte, -n	la carte d'embarquement
	das Flugticket, -s	le billet d'avion
	die Fluggastbrücke, -n	la passerelle télescopique
	der Zubringerbus, -se	la navette
	die Bahn, -en	la piste
	die Startbahn, -en	la piste d'envol
	die Landebahn, -en	la piste d'atterrissage
pron. anglaise	der/das Terminal, -s	le terminal

(fig.) jdn ab/fertigen: *expédier qqn*	ab/fertigen; ein/checken	accomplir les formalités d'enregistrement
	befördern	transporter

Die Flugreise — Le voyage en avion

die Boeing: *le Boeing* die Concorde: *le Concorde* der Airbus: *l'Airbus*	das Flugzeug, -e	l'avion
	das Überschallflugzeug, -e	le supersonique
	die Schallmauer	le mur du son
	der Jumbo-Jet, -s	le gros-porteur
	das Turbo-Prop-Flugzeug, -e	l'avion à turbopropulseur
	die Maschine, -n	l'appareil
	der Rumpf, ¨-e	le fuselage
aussi : *la coque (d'un navire)*	der Flügel, -	l'aile
	der Cockpit, -s	le cockpit
	das Triebwerk, -e	les moteurs, les réacteurs
	das Fahrwerk, -e	le train d'atterrissage
	der Propeller, -	l'hélice
	das Kerosin, -e	le kérosène
	der Flug, ¨-e	le vol
	der Charterflug, ¨-e	le vol charter

	• der Mittelstreckenflug, ¨-e	• le moyen courrier
	• der Langstreckenflug, ¨-e	• le long courrier
	• der Direktflug, ¨-e	• le vol direct
	• der Inlandsflug, ¨-e	• le vol intérieur
	• der Auslandsflug, ¨-e	• le vol international
	• der Linienflug, ¨-e	• le vol régulier
	• der Pilot, -en, -en	• le pilote
	• der Kopilot, -en, -en	• le copilote
	• der Bordkommandant, -en, -en	• le commandant
	• der Pilotenraum	• le poste de pilotage
	• die vollautomatische Kurssteuerung, -en	• le pilotage automatique
	• die Reisegeschwindigkeit, -en	• la vitesse de croisière
	• die Flughöhe	• l'altitude de vol
	• die Besatzung, -en	• l'équipage
	• der Funker, -	• le radio
	• der Steward, -s	• le steward
	• die Stewardess, -en	• l'hôtesse de l'air
pron. anglaise	• der Bordservice	• le service à bord
	• die Menüplatte, -n	• le plateau-repas
	• der Fluggast, ¨-e	• le passager
	• die Flugangst, ¨-e	• la peur de prendre l'avion
	• der Start, -e; der Abflug, ¨-e	• le départ, le décollage
	• die Höhe, -n	• l'altitude
	• der Druckabfall, ¨-e	• la dépressurisation
	• der Sauerstoffmaske, -n	• le masque à oxygène
	• die Turbulenz, -en	• la turbulence
	• die Sicht	• la visibilité
	• das Luftloch, ¨-er	• le trou d'air
anglais : *landing*	• die Landung, -en	• l'atterrissage
	• der Anflug, ¨-e	• la descente
	• die Zwischenlandung, -en	• l'escale
	• die Notlandung, -en	• l'atterrissage forcé (d'urgence)
	• die Notrutsche, -n	• le toboggan d'évacuation
	• die Wasserlandung, -en	• l'amerissage
	• die Bauchlandung, -en	• l'atterissage sur le ventre
	• die Bruchlandung, -en	• le crash
	• der Defekt, -e	• la panne
	• das Flugzeugunglück, -e	• l'accident d'avion
	• der (Flugzeug)absturz, ¨-e	• la chute
	• die Flugkatastrophe, -n	• la catastrophe aérienne
anglais : *wreck*	• das Wrack, -s	• l'épave
	• der Flugschreiber, -	• l'enregistreur de vol
	• die Blackbox, -es	• la boîte noire
aussi : der Luftpirat, -en	• die Flugzeugentführung, -en	• le détournement d'avion
	• der Flugzeugentführer, -	• le pirate de l'air
	• die Geisel, -n	• l'otage
	• die Zeitverschiebung, -en	• le décalage horaire

	• an Bord gehen (i, a)	• monter à bord
fliegen (nach): *prendre l'avion (pour)*	• fliegen (o, o)	• voler
	• überfliegen (o, o)	• survoler

• (sich) an/schnallen	• boucler sa ceinture
• starten	• décoller, s'envoler
• an Höhe verlieren (o, o)	• perdre de l'altitude
• ab/kippen	• plonger
• ins Trudel kommen (a, o)	• descendre en vrille
• landen	• atterrir
• ab/stürzen	• s'écraser au sol
• explodieren	• exploser
• entführen	• détourner
• viermotorig	• quadrimoteur
• vierstrahlig	• quadriréacteur
• startbereit	• prêt à décoller
• luftkrank	• sujet au mal de l'air

glatt landen: *faire un atterrissage parfait*

anglais : *to explode*

ÜBUNGEN

81 Autofahren. La conduite automobile.

Ergänzen Sie folgenden Text:

abbremsen - Autobahn - eingestiegen - Fahrbahn - Gang - Gas - hält - -laufen - -limousine - Motor - ordnet - rückwärts - schaltet - Stau - Steuer - Tempo.

Herr Schmidt holt seine Luxus- … aus der Garage und setzt sich ans … . Er lässt den … an- …, fährt … und … vor der Haustür an. Nachdem die Kinder … sind, … er den ersten … ein und gibt … . Er fährt durch die Vorstadt und kommt auf die … . Er … sich in die rechte … ein und fährt in vollem … . Plötzlich gerät er in einen … und muss … .

82 Finden Sie die Eindringlinge. Chassez les intrus.

Was hat mit dem Automobil nichts zu tun?

die Autotür - die Autoreparatur - die Autonomie - der Autofriedhof - die Autonummer - die Autowerkstatt - der Automat - die Automarke - die Autofähre - die Autorität - der Automobilklub - der Autoverleih - der Autoreisezug - das Autogramm - der Autoknacker

83 Auf der Straße. Dans la rue.

Was bedeuten die Verkehrsvorschriften?

a. Gute Fahrt!	**1.** Allumez vos phares
b. Alle Richtungen	**2.** Attention ! Danger !
c. Langsamer fahren!	**3.** Bonne route
d. Langsam fahren! Schritt fahren!	**4.** Chaussée glissante
e. Nicht überholen! Überholverbot	**5.** Chaussée humide
f. Licht!	**6.** Circuler au pas !
g. Ausfahrt freihalten	**7.** Défense de doubler

h. Parkverbot!	**8.** Défense de stationner. Sortie de véhicules
i. Halt!	**9.** Déviation
j. Vorsicht! Gefahr!	**10.** Gravillons
k. Umleitung!	**11.** Halte ! Stop !
l. Straße gesperrt!	**12.** Ralentir !
m. Rutschgefahr!	**13.** Route/Rue barrée
n. Rechts einordnen!	**14.** Se rabattre sur la droite !
o. Achtung: nasse Fahrbahn!	**15.** Stationnement interdit
p. Rollsplit	**16.** Toutes directions

84 Wer sind all diese seltsamen Persönlichkeiten? Ordnen Sie zu!

a. Einer, der ein Flugzeug entführt	**1.** ein Bruchpilot
b. Einer, der sehr holprig landet	**2.** ein Geisterfahrer
c. Einer, der einen Papagei auf der Schulter, eine Augenklappe und ein Holzbein hat	**3.** ein Luftpirat
d. Einer, der das Schicksal Robinson Crusoes erlitten hat	**4.** ein Schiffsbrüchiger
e. Einer, der die Autobahn in falscher Richtung befährt	**5.** ein Seeraüber

Corrigés page 472

Landeskunde

Das Auto - “des Deutschen liebstes Kind”

L’automobile, l’enfant chéri des Allemands

- **der ADAC (“Allgemeiner Deutscher AutomobilClub”):** l’Automobile Club d’Allemagne, lobby des automobilistes allemands avec le slogan **“ Freie Fahrt für freie Bürger” (gegen das Tempolimit)** = pas de limitation de vitesse pour des citoyens libres.
- **die Probezeit:** période probatoire pour les automobilistes débutants.
- **das Punktesystem in Flensburg (die Verkehrssünderkartei:** le fichier des contrevenants) : le permis à points. Selon le délit, les contrevenants au code de la route **(die Verkehrssünder)** cumulent des points de pénalité **(die roten Punkte)** qui ont pour conséquence des amendes ou le retrait du permis.
- **die Nachprüfung:** l’examen de contrôle. Les chauffards récidivistes doivent repasser leur permis de conduire.
- **der TÜV = (Technischer Überwachungs-Verein):** le (service du) contrôle technique ; le TÜV appose une vignette de contrôle technique **(die Prüfplakette, -n)** sur la plaque minéralogique **(das Autokennzeichen)** du véhicule contrôlé.
- **die ASU (= Abgassonderuntersuchung, die chemische Auspuffkontrolle):** contrôle obligatoire des gaz d’échappement (contrôle anti-pollution).
- **die Ostseeautobahn (A20):** le plus important des dix-sept projets de transports relatifs à l’unification allemande **(“Verkehrsprojekte Deutsche Einheit”)**.
- **Die Promillegrenze:** taux légal d’alcoolémie au-delà duquel la conduite d’un véhicule est interdite. Ce taux est actuellement de 0,5 gramme. Son dépassement coûte 100 euros d’amende et deux points à Flensburg. Retrait du permis à 0,8 gramme.
- **der Autofahrergruss:** le “salut de l’automobiliste” : se toucher le front pour signifier à l’autre automobiliste qu’il est “cinglé” **(den Vogel zeigen).**
- **die Opel-Manta-Fahrer-Witze:** blagues très populaires sur les conducteurs d’Opel Manta.
- **das Ökoauto; das Ökomobil:** la voiture écologique ; **das Elektroauto:** le véhicule électrique ; **der Wasserstoffmotor:** le moteur à hydrogène ; **der Brennzellenmotor:** le moteur avec une pile à combustible.

Die deutsche Autowelt und die Tier- und Pflanzenwelt

Le monde de l’automobile et le monde animal et végétal

- **der Laubfrosch:** la grenouille verte, surnom d’une biplace du constructeur Opel.
- **der VW-Käfer:** la coccinelle Volkswagen.
- **die Ente:** le canard, surnom de la 2 CV (**eine lahme Ente** = un veau)
- **ein Erlkönig:** désigne un prototype de voiture.

Umgangsprachliche Ausdrücke für das Auto

Expressions familières ou imagées pour désigner la voiture ...

das Blechei, -er; die Benzinkutsche, -n; die Chausseewanze, -n; der Flitzer, -; die Karosse, -n; der Schlitten, -; die (alte) Kiste, -n; der Ofen, ¨-; die Mühle, -n; die Karre, -n; die Schrottkarre; der Karren, -; der Straßenkreuzer, -
…und den Autofahrer - et l'automobiliste: "Homo Blech" (das Blech: la tôle), d'après le titre d'un film satirique.

Bildlich gesprochen

Rund um das Rad

► Der hat wohl ein	**Rad**	ab (= der spinnt)	Il est cinglé
► Das fünfte	**Rad**	am Wagen sein	être la cinquième roue du carrosse
► Unter die	**Räder**	kommen	Se faire écraser/aller à sa perte, être broyé
► Sich wie	**gerädert**	fühlen	être tout moulu
► ein	**Rad**	schlagen	Faire la roue (aussi pour le paon)
► Der	**Rädels-**	führer	Chef d'un complot, meneur
► das	**Rad**	(des Schicksals) wird sich wenden	La roue de la fortune tournera
► Er ist ein	**Radfahrer**	(nach oben buckeln, nach unten treten)	C'est un béni oui-oui qui courbe l'échine et écrase ses subordonnés
► Nur ein	**Rädchen**	im Getriebe sein	N'être qu'un simple rouage de la machine

Rund um den Zug

Die "Schienensprache"

- **Der Zug ist abgefahren:** Il est trop tard
- **Es ist höchste Eisenbahn:** Il est grand temps.
- **Pünktlich wie die Eisenbahn:** ponctuel comme les chemins de fer
- **schnell wie ein D-Zug:** rapide comme un train rapide
- **die Notbremse ziehen:** tirer le signal d'alarme
- **die Deutsche Bundesbahn (DB):** les chemins de fer fédéraux, équivalent de la SNCF. Le monopole des transports ferroviaires est aujourd'hui privatisé : **Die Bahn AG.**
- **der Rheingoldzug, der Fliegende Hamburger, der Blaue Enzian, der Domspatz, der Senator, Clara Schumann, Leonardo da Vinci, Parsifal:** noms d'anciens rapides ouest-allemands ou de trains InterCity.
- **der rasende Roland:** omnibus à destination de l'île de Rügen dans la Mer Baltique.
- **der Thalys:** TGV transeuropéen Paris-Bruxelles-Cologne.
- **die Magnet(schwebe)bahn Transrapid:** le train à sustentation magnétique (350 km/h) dispose d'une ligne test (**die Teststrecke**) de 31 kilomètres dans le Emsland au Nord de l'Allemagne. Ce train doit relier le centre de l'aéroport de Munich en dix minutes.

Durchsagen für die Reisenden – Communiqués pour les voyageurs :

- **Achtung bei der Einfahrt des Zuges!:** Le train va entrer en gare. Éloignez-vous de la bordure du quai, s'il vous plaît !

- **Einsteigen, bitte! Türen schließen! Der Zug fährt (gleich) ab.** En voiture, s.v.p. ! Fermez les portières ! Le train va partir.
- **Türen schließen automatisch ab! Vorsicht bei der Abfahrt!** Fermeture automatique des portières ! Attention au départ !
- **Der Zug fährt durch bis ...:** Ce train est sans arrêt jusqu'à ...
- **Noch jemand ohne Fahrschein? Noch jemand zugestiegen?:** Contrôle des billets, s'il vous plaît !
- **Fahrkarten bitte!:** Vos tickets, s'il vous plaît !

Rum um die Schifffahrt

Redensarten – Phraséologismes :

- **in den Hafen der Ehe einlaufen:** convoler en justes noces
- **im Fahrwasser von jdm sein; in jds Fahrwasser schwimmen:** être dans le sillage de qqn
- **Es herrscht Ebbe in meinem Geldbeutel:** je suis à sec.
- **klar Schiff machen:** nettoyer le bateau/régler l'affaire
- **den Kanal voll haben:** en avoir par-dessus la tête
- **alles über Bord werfen:** tout jeter par-dessus bord, abandonner
- **Ballast über Bord werfen:** jeter du lest
- **im gleichen Boot mit jdm sitzen:** être dans le même bateau
- **reif für die Insel sein:** avoir besoin de recul, de repos

Befehle – Injonctions :

- **Leck an Steuerbord!:** Voie d'eau à tribord !
- **Mann über Bord!:** Un homme à la mer !
- **Schiff ahoi!:** Ohé ! du bateau.
- **Alle Mann an Deck!:** Tout le monde sur le pont !
- **Leinen los!:** Larguez les amarres !
- **Land in Sicht!:** Terre !

Ein Bandwurmwort – Un mot à rallonge :

- **die Donaudampfschifffahrtsgesellschaft:** la compagnie de navigation à vapeur du Danube

Zum Nachdenken

- **Es ist eine Fahrt ins Blaue:** Nous partons à l'aventure.
- **Wer sachte fährt, kommt auch an:** *Chi va sano, va piano*
- **Keine Panik auf der Titanik - alles pretty im Intercity!:** Pas de panique sur le Titanic – Tout est joli dans l'Intercity !
- **Schnell, fern, gut** (slogan des routiers allemands) : Les routiers sont sympas
- **Rasten, nicht rasen** (recommandation sur les autoroutes) : Ne foncez pas, faites des pauses.
- **Wenn der Benz bremst, brennt das Bremslicht (Zungenbrecher):** Quand la Mercedes-Benz freine, les feux de freins s'allument.

26 Die Freizeitgestaltung
L'organisation des loisirs

1 Die Freizeit — Les loisirs

Die Hobbys — Les hobbies

• die Freizeit	• le temps libre, les loisirs
• die Freizeitbeschäftigung, -en	• l'activité loisir, la distraction
• der Zeitvertreib, -e	• le passe-temps
• das Hobby, -s	• le hobby
• das Steckenpferd, -e	• le violon d'Ingres
• die Unterhaltung, -en	• le divertissement
• die Vergnügung, -en	• l'amusement
• der Hobbymaler, -	• le peintre du dimanche
• das Basteln, -	• le bricolage
• der Bastler, -; der Heimwerker, -	• le bricoleur
• der Sammler, -	• le collectionneur
• die Sammlung, -en	• la collection
• der Modellbau	• le modélisme
• der Flugzeugmodellbau	• l'aéromodélisme
• das Modell, -e	• la maquette

die Freizeitgesellschaft: *la société de loisirs*

der Lieblingszeitvertreib: *le passe-temps favori*

≠ das Schaukelpferd: *le cheval à bascule*

aussi : der Tüftler, - (sich) einen Plan aus/tüfteln: *échafauder un plan*

Das Vereinsleben — La vie associative

• der Verein, -e	• l'association, le club
• der Sportverein, -e	• l'association sportive
• der Klub, -s	• le club
• der Chor, ¨-e	• la chorale
• das Laientheater, -	• le théâtre d'amateurs
• die Laienspielgruppe, -n	• la troupe d'amateurs
• eingetragen (u, a, ä)	• (association) déclaré(e)
• gemeinnützig	• (association) reconnu(e) d'utilité publique
• ehrenamtlich	• bénévole

aussi : der Gesangverein, -e mein lieber Herr Gesangverein!: *ça alors !*

e.V. = eingetragener Verein

Die Gesellschaftsspiele — Les jeux de société

• der Spieler, -	• le joueur
• der Spielgefährte, -n, -n	• le compagnon de jeu
• die Spielregel, -n	• la règle du jeu
• das Kartenspiel, -e	• le jeu de cartes
• die Karte, -n	• la carte
• das Pik; Schippen (sans article)	• le pique
• das Herz	• le cœur
• das Kreuz	• le trèfle
• das Karo	• le carreau
• der Joker, -	• le joker

ein gutes Blatt haben: *avoir un bon jeu*

	• das As, -se	• l'as
	• der König, -e	• le roi
	• die Dame, -n	• la dame
	• der Bube, -n	• le valet
	• der Trumpf, ¨-e	• l'atout
	• das Kartenhaus, ¨-er	• le château de cartes
	• das Bridge	• le bridge
le jeu de cartes le plus populaire en Allemagne	• der Skat	• le skat
	• der Poker	• le poker
jeu de société le plus populaire en Allemagne, le pendant allemand du jeu des petits chevaux	• Mensch-ärgere-dich-nicht	• les petits chevaux
	• das Brettspiel, -e	• le jeu qui se joue sur un damier
	• das Damebrett, -er	• le damier
	• das Damespiel, -e	• le jeu de dames
anglais : *chess*	• das Schachspiel, -e	• le jeu d'échecs
	• das Schachbrett, -er	• l'échiquier
	• die Partie, -n	• la partie
	• das Turnier, -e	• le tournoi
	• das Dominospiel, -e	• les dominos
	• das Billard	• le billard
	• der Billarstock, ¨-e	• la queue de billard
	• der Kicker, -	• le baby-foot
	• der Flipper, -	• le flipper
kegeln: *jouer au bowling*	• das Kegeln	• le jeu de quilles
	• die Kegelbahn, -en	• la piste de quilles, le bowling
	• die Kegelkugel, -n	• la boule
	• das Rollenspiel, -e	• le jeu de rôles
das Kreuzworträtsel, -: *les mots croisés*	• das Rätsel, -	• la devinette

	• raten (ie, a, ä)	• deviner
	• lösen	• résoudre
	• mischen	• battre (les cartes)
Wer gibt? *Qui donne ?*	• geben (a, e, i)	• distribuer (les cartes)
	• schummeln	• tricher
	• eins weiter/rücken	• avancer d'une case
	• aus/scheiden (ie, ie)	• être éliminé

anglais : *checkmate*	• schachmatt	• échec et mat

Die Glücksspiele — Les jeux de hasard

	• die Spielleidenschaft	• la passion du jeu
	• das Glückspiel, -e	• le jeu de hasard
	• das Würfelspiel, -e	• le jeu de dés
die Würfel sind gefallen: *le sort en est jeté*	• der Würfel, -	• le dé
	• das Kasino, -s; die Spielbank, -en	• le casino
	• das Roulett	• la roulette
	• der Spielautomat, -en, -en	• la machine à sous
das Toto-Lotto: *le P.M.U. allemand*	• das Fußballtoto	• le loto sportif (football)
	• die Lotterie, -n	• la loterie
das Große Los ziehen: *tirer le gros lot*	• das Los, -e	• le billet de loterie; le lot
	• die Wette, -n	• le pari

• **der Wetteinsatz, ¨-e**	• la mise
• **das Pferderennen, -**	• la course de chevaux
• **der Favorit, -en**	• le favori

aussi : der Turf

• **würfeln**	• lancer les dés
• **wetten**	• parier

anglais : *to bet*

Der Jahrmarkt — La fête foraine

• **die Kirchweih, -en**	• la kermesse
• **der Schausteller, -**	• le forain
• **das Karussell, -e/-s**	• le manège
• **das Kettenkarussel, -e/-s**	• la chenille
• **die Rutschbahn, -en**	• le toboggan
• **die Geisterbahn, -en**	• le train fantôme
• **der Irrgarten, ¨-**	• le labyrinthe
• **die Schiffschaukel, -n**	• la balançoire
• **die Achterbahn, -en**	• le grand huit
• **das Riesenrad, ¨-er**	• la grande roue
• **die Bude, -n; der Stand, ¨-e**	• le stand ; la boutique
• **der Schießstand, ¨-e**	• le stand de tir
• **der Losstand, ¨-e**	• la loterie
• **der Autoskooter, -**	• l'auto tamponneuse
• **die Wahrsagerin, -nen**	• la diseuse de bonne aventure
• **die Kartenlegerin, -nen**	• la tireuse de cartes
• **der Gaukler, -**	• le jongleur, le saltimbanque
• **die Zuckerwatte, -n**	• la barbe à papa
• **der Liebesapfel, ¨-**	• la pomme d'amour
• **der Tierpark, -s**	• le jardin zoologique
• **der Zoo, -s**	• le zoo
• **der Freizeitpark, -s**	• le parc de loisirs
• **der Vergnügungspark, -s**	• la parc d'attractions

zur Schau stellen: *faire étalage de*

Karussel fahren: *faire du manège*

Achtung rutschig!: *Attention, ça glisse !*

die Bude: *la piaule (fam.)*

Jeder Wurf gewinnt!: *À tous les coups on gagne !*

jdm etwas vor/gaukeln: *faire miroiter qqch à qqn*

Gesellige Anlässe — Les fêtes

• **das Fest, -e; die Feier, -n**	• la fête
• **der Tanzabend, -e**	• la soirée dansante
• **die Diskothek, -en; die Disco, -s**	• la discothèque
• **das Nachtlokal, -e**	• la boîte de nuit
• **das Tanzlokal, -e; die Tanzbar, -s**	• le dancing
• **die Tanzfläche, -n**	• la piste de danse
• **die Party, -s**	• la surprise-partie
• **die Rave-Party, -s; das Rave, -s**	• la rave-party
• **der Ball, ¨-e**	• le bal
• **der Mäuschenball, ¨-e**	• le bal musette
• **der Maskenball, ¨-e**	• le bal masqué
• **der Nachtschwärmer, -**	• le fêtard, le noctambule

(fam.) : die Fete, -n

der DJ, -s: *le DJ*

auf ein Rave gehen: *aller à une rave-party* (pron. anglaise)

• **feiern**	• fêter
• **tanzen**	• danser
• **jdn zum Tanzen auf/fordern**	• inviter qqn à danser

die Aufforderung zum Tanz: *l'Invitation à la valse (Weber)*

2 Die Jagd und das Angeln / La chasse et la pêche

Die Jagd / La chasse

Die Jagd	La chasse
• **die Jagd, -en; die Pirsch, -**	• la chasse
• **die Treibjagd, -en**	• la battue
• **die Hetzjagd, -en**	• la chasse à courre
• **der Jäger, -; der Weidmann, ¨-er**	• le chasseur
• **der Jagdhüter, -**	• le garde-chasse
• **der Jagdschein, -e**	• le permis de chasse
• **die Jagdzeit, -en**	• la saison de chasse
• **die Schonzeit, -en**	• la fermeture
• **der Wilddieb, -e**	• le braconnier
• **die Jagdtrophäe, -n**	• le trophée

jdn gegen jdn auf/hetzen: *dresser qqn contre qqn*

schonen: *ménager, épargner*

• **jagen**	• chasser
• **auf die Jagd gehen**	• aller à la chasse
• **treiben (ie, ie)**	• rabattre
• **hetzen**	• traquer
• **sich an/pirschen**	• s'approcher sans bruit
• **auf der Lauer liegen (a, e)**	• se tenir aux aguets
• **zielen**	• viser
• **an/legen**	• épauler
• **treffen (a, o, i)**	• toucher
• **erlegen**	• tuer
• **Halali blasen (ie, a, ä)**	• sonner l'hallali

ging, gegangen

Das Angeln / La pêche à la ligne

Das Angeln	La pêche à la ligne
• **die Angel, -n**	• la ligne
• **der Angler, -**	• le pêcheur à la ligne
• **die Anglerkarte, -n**	• la carte de pêche
• **das Wettangeln**	• le concours de pêche
• **der Gummistiefel, -**	• la cuissarde
• **die (Angel)rute, -n**	• la canne à pêche
• **der Angelhaken, -; das Häkchen, -**	• l'hameçon
• **der Köder, -**	• l'appât
• **der Wurm, ¨-er**	• le ver
• **der Kescher, -**	• l'épuisette
• **der Fisch, -e**	• le poisson
• **die Fischbrut, -en**	• l'alevin

einen dicken Fisch an der Angel haben: *avoir un gros poisson au bout de sa ligne*

der Petrijünger, - (plais.): *fanatique de la canne à pêche ; littéralement : le disciple de St Pierre*

anglais : *worm*

anglais : *fish*

• **angeln**	• pêcher (à la ligne)
• **aus/werfen (a, o, i)**	• lancer
• **an/ködern**	• appâter
• **an/beißen (i, i)**	• mordre
• **zappeln**	• frétiller

anglais : *to angle*

anglais : *to bite*

3 Der Tourismus — Le tourisme

Die Ferien — Les vacances

Allgemeines — Les vacances en général

das Urlaubergetto (péjoratif): *endroit envahi par les touristes*

• **die Ferien**	• les vacances
• **der Urlaub, -e**	• les congés, les vacances
• **der Urlauber, -**	• le vacancier
• **der Reisende (AS)**	• le voyageur
• **der Weltenbummler, -**	• le globe-trotter
• **der Tourist, -en, -en**	• le touriste
• **der Fremdenverkehr**	• le tourisme
• **der Urlaubsort, -e**	• le lieu de vacances
• **das Urlaubsgebiet, -e**	• la région touristique
• **der Erlebnisurlaub, -e**	• les vacances découverte
• **das Urlaubsziel, -e**	• la destination
• **die Saison, -s/-en**	• la saison
• **die Hochsaison, -s/-en**	• la haute saison
• **die Nebensaison, -s/-en**	• la basse saison

• **verreisen; fort/fahren (u, a, ä)**	• partir (en vacances)
• **in die Ferien fahren (u, a, ä)**	• partir en vacances
• **Ferien haben**	• être en vacances
• **Urlaub nehmen (a, o, i)**	• prendre des vacances

Ferien am Meer — Vacances à la mer

der See: *le lac*

die Sandburg, -en: *le château de sable*

anglais : *straw hat*

einen Brand haben (pop.): *mourir de soif*

einen Stich haben (fam.): *avoir un grain*

• **der Sommerfrischler, -**	• l'estivant
• **das Meer, -e; die See, -n**	• la mer
• **die Nordsee**	• la mer du Nord
• **die Ostsee**	• la mer Baltique
• **der Badeort, -e; das Seebad, ¨-er**	• la station balnéaire
• **das Hinterland**	• l'arrière-pays
• **der Strand, ¨-e**	• la plage
• **der Sandstrand, ¨-e**	• la plage de sable fin
• **die Strandmatte, -n**	• le tapis de plage
• **das Schlauchboot, -e**	• le bateau pneumatique
• **der Sonnenschirm, -e**	• le parasol
• **das Sonnenöl, -e**	• l'huile solaire
• **der Sonnenschutzfaktor, -en**	• l'indice de protection
• **der Sonnenhut, ¨-e; der Strohhut, ¨-e**	• le chapeau de paille
• **die Sonnenbrille**	• les lunettes de soleil
• **der Sonnenbrand, ¨-e**	• le coup de soleil
• **das Tauchen, -**	• la plongée sous-marine
• **der Sonnenstich, -e**	• l'insolation

anglais : *to brown*

• **sich sonnen**	• prendre un bain de soleil
• **sich ein/cremen**	• mettre de la crème solaire
• **sich bräunen**	• bronzer

	• **baden**	• se baigner
der Aal: *l'anguille*	• **aalen**	• lézarder
die Grillsaison: *la saison estivale*	• **sich (in der Sonne) grillen**	• se dorer (au soleil)

	• **braun(gebrannt)**	• bronzé
	• **sonnenhungrig**	• avide de soleil
	• **(un)bewacht**	• (non) surveillé

Im Gebirge — À la montagne

	• **der Winterurlaub, -e**	• les vacances à la neige
	• **die Bergtour, -en**	• la randonnée en montagne
	• **der Wanderer, -**	• le marcheur
der Fernwanderweg, -e: *le G.R.*	• **der Wanderweg, -e**	• le chemin de randonnée
	• **die Berghütte, -n**	• le refuge
	• **der Kurort, -e**	• la ville de cure, la station thermale
	• **der Luftkurort, -e**	• la station climatique
	• **das Thermalbad, ¨-er**	• l'établissement thermal
	• **die (Seil)schwebebahn, -en**	• le téléphérique
	• **die (Stand)seilbahn, -en**	• le funiculaire
	• **der Sessellift, -e**	• le télésiège
aussi : *la gondole (Venise)*	• **die Gondel, -n**	• la télécabine, l'œuf

familier	• **gondeln**	• voyager en prenant son temps
anglais : *to wander*	• **wandern**	• faire de la randonnée
	• **klettern; erklimmen (o, o)**	• escalader, grimper
anglais : *to rest*	• **rasten**	• faire une halte

	• **steil**	• escarpé
	• **schwindelerregend**	• vertigineux
schwindeln (fam.): *mentir, tricher (en jouant)*	• **schwindelfrei**	• qui n'est pas sujet aux vertiges

Campingurlaub — Le camping

	• **der Campingplatz, ¨-e**	• le terrain de camping
	• **der Camper, -**	• le campeur
	• **das Ferienlager, -**	• le camp de vacances
die Zelte ab/brechen (fig.): *lever le camp, larguer les amarres*	• **das Zelt, -e**	• la tente
	• **der Wohnwagen, -**	• la caravane
aus/rüsten: *équiper*	• **die Zeltausrüstung, -en**	• le matériel de camping
	• **das Wohnmobil, -e**	• le camping-car
	• **der Schlafsack, ¨-e**	• le sac de couchage
	• **die Isomatte, -n**	• le matelas isolé
	• **die Luftmatratze, -n**	• le matelas pneumatique
anglais : *gas cooker*	• **der Gaskocher, -**	• le réchaud à gaz
	• **die Thermosflasche, -n**	• la bouteille thermos
	• **die Kühltasche, -n**	• la glacière
	• **der (Holzkohlen)grill, -s**	• le barbecue
	• **das Lagerfeuer, -**	• le feu de camp

	• **zelten; campen**	• camper
= auf/bauen	• **das Zelt auf/schlagen (u, a, ä)**	• dresser (tente)
= ab/bauen	• **(das Zelt) ab/brechen (a, o, i)**	• replier (la tente)
	• **unter freiem Himmel**	• en plein air, à la belle étoile

Die Reisen — Les voyages

Reisevorbereitungen — Les préparatifs du départ

die (Ferien)reisewelle: *les grands départs*	• **die Reise, -n**	• le voyage
	• **die Vergnügungsreise, -n**	• le voyage de plaisir
	• **die Abenteuerreise, -n**	• le voyage d'aventure
	• **die Geschäftsreise, -n**	• le voyage d'affaires
	• **die Auslandsreise, -n**	• le voyage à l'étranger
	• **das Reisefieber**	• la fièvre du départ
	• **der Reiseplan, ¨-e**	• l'itinéraire
	• **die Reiseversicherung, -en**	• l'assurance-voyages
	• **das Verkehrsamt, ¨-er**	• le syndicat d'initiative
impfen: *vacciner*	• **die Schutzimpfung, -en**	• la vaccination
	• **das Gepäck, -**	• les bagages
	• **der Koffer, -**	• la valise
	• **die Reisetasche, -n**	• le sac de voyage
	• **der Kulturbeutel, -**	• le vanity-case, la trousse de toilette
der Rucksacktourist: *le routard*	• **der Rucksack, ¨-e**	• le sac à dos
schmieden: *forger*	• **Urlaubspläne schmieden**	• faire des projets de vacances
	• **eine Reise buchen**	• réserver, s'inscrire à un voyage
	• **(den Koffer) packen**	• faire (la valise)
anglais : *to pack*	• **(ein/)packen**	• faire ses bagages
	• **das Haus hüten**	• rester chez soi

Am Zoll — À la douane

das Passbild: *la photo d'identité*	• **der Pass, ¨-e**	• le passeport
	• **die Papiere (plur.)**	• les papiers
	• **das Visum, -sa**	• le visa
	• **die Wechselstube, -n**	• le bureau de change
	• **der Reisescheck, -s**	• le chèque de voyage
	• **(ein Visum)beantragen**	• demander (un visa)
anglais : *to smuggle*	• **schmuggeln**	• faire de la contrebande
	• **verzollen**	• payer la douane
(!) der Grenzübergang: *le passage de la frontière*	• **die Grenze passieren**	• passer la frontière
sich stauen: *s'amasser, s'entasser*	• **im Stau stehen (stand, gestanden)**	• être dans un embouteillage
	• **in der Schlange stehen**	• faire la queue
gelten: *être valable, valoir*	• **gültig**	• en cours de validité
	• **abgelaufen**	• périmé
	• **zollfrei**	• exempt de douane
	• **zollpflichtig**	• soumis aux droits de douane

Remarque	Die Unterkunft	L'hébergement
die Absteige (péj.): *hôtel borgne, hôtel miteux*	• das Hotel, -	• l'hôtel
	• die Hotelkette, -n	• la chaîne hôtelière
	• das Drei-Sterne-Hotel, -s	• l'hôtel 3 étoiles
das Einzelzimmer, -: *la chambre simple* das Doppelzimer, -: *la chambre double*	• das Hotelzimmer, -	• la chambre d'hôtel
	• die Aussicht	• la vue
	• die Privatunterkunft, ¨-e	• le logement chez l'habitant
	• das Fremdenzimmer, -	• la chambre d'hôte
≠ in Pension sein/gehen: *partir/être à la retraite*	• die Pension, -en	• la pension de famille
	• das Motel, -s	• le motel
	• die Jugendherberge, -n	• l'auberge de jeunesse
	• der Gasthof, ¨-e	• l'auberge
Übernachtung mit Frühstück: *chambre avec petit-déjeuner*	• die Übernachtung, -en	• la nuitée
	• die Ferienwohnung, -en	• l'appartement de vacances
	• die Vollpension	• la pension complète
	• die Halbpension	• la demi-pension
	• der Empfang, ¨-e; die Rezeption, -en	• la réception
die Bedienung: *la serveuse*	• die Bedienung, -en	• le service
	• der Hotelgast, ¨-e	• le client
die Buche: *le hêtre* die Buchung: *la réservation; la comptabilisation*	• reservieren; buchen	• réserver (une chambre)
	• (in einem Hotel) ab/steigen (ie, ie)	• descendre (dans un hôtel)
	• übernachten	• passer la nuit
die Unterbringung: *l'hébergement*	• untergebracht sein	• être logé
	• das Zimmer bis spätestens 12 Uhr räumen	• quitter la chambre avant midi
	• Zimmer zu vermieten; Zimmer frei	• chambres à louer
	• erstklassig	• de première catégorie
	• billig	• bon marché
	• gemütlich	• accueillant, confortable
	• mit Blick aufs Meer, mit Seeblick	• vue sur mer
	• ausgebucht	• complet

Remarque	Die Tourismusbranche	L'industrie du tourisme
	• der Massentourismus	• le tourisme de masse
sich bilden: *se cultiver, se former*	• die Bildungsreise, -n	• le voyage culturel
	• die Weltreise, -n	• le tour du monde
	• das Reisebüro, -s	• l'agence de voyages
	• der Reiseveranstalter, -	• le voyagiste
der Pauschalurlauber, -: *le participant à un voyage organisé* pauschal: *forfaitaire*	• die Pauschalreise, -n	• le voyage organisé
	• die Reiserücktrittsversicherung, -en	• l'assurance annulation
	• die Gruppenreise, -n	• le voyage organisé
aussi : *l'agence de voyages*	• die Reisegesellschaft, -en	• le groupe de voyage
	• der (Reise)führer, -	• le guide (livre)
	• der Reiseleiter, -	• le guide (personne)
	• die Rundreise, -n	• le circuit
	• der Ausflug, ¨-e	• l'excursion
	• die Kreuzfahrt, -en	• la croisière

	• **die Stadtrundfahrt, -en**	• la visite guidée de la ville
	• **die Sehenswürdigkeit, -en**	• la curiosité touristique
	• **die Führung, -en**	• la visite guidée
besuchen: *visiter et fréquenter (une école)*	• **der Museumsbesuch, -e**	• la visite de musée
	• **das Souvenir, -; das Andenken, -**	• le souvenir
der Schnappschuss, ¨-e: *l'instantané* anglais : *snapshot*	• **die Aufnahme, -n; das Bild, -er**	• la photo
	• **die Fotosafari, -s**	• le safari photos
	• **das All-Inclusive-Angebot, -e**	• le séjour tout compris
	• **das Last-minute-Angebot, -e**	• l'offre de dernière minute
	• **die Last-Minute-Reise, -n**	• le voyage dégriffé
	• **der Ferienklub, -s**	• le club de vacances
	• **das Feriendorf, ¨-er**	• le village de vacances
die Falle (fam.): *le pieu*	• **die Touristenfalle, -n**	• le piège à touristes
	• **sehenswürdig, sehenswert**	• qui mérite d'être vu

ÜBUNGEN

85 Urlaubsland Deutschland und andere Ferienparadiese. Le tourisme en Allemagne et d'autres lieux de villégiature.

Auf welchen deutschen, bzw. ausländischen Urlaubsort beziehen sich die folgenden Umschreibungen? Ordnen Sie zu!

a. die deutschen Ferieninseln – **b.** die Holsteinische Schweiz – **c.** der Kohlenpott – **d.** das bayrische Meer – **e.** das schwäbische Meer – **f.** Deutschlands grünes Herz – **g.** die Alpenrepublik – **h.** das Land, wo die Zitronen blühen – **i.** der Teutonengrill – **j.** das 17. Bundesland – **k.** die französische Riviera.

1. die Adriatische Küste – **2.** der Bodensee – **3.** der Chiemsee – **4.** die Côte d'Azur – **5.** Italien – **6.** Mallorca – **7.** die norddeutsche Seenplatte – **8.** Österreich – **9.** das Ruhrgebiet – **10.** Sylt, Helgoland und Rügen – **11.** Thüringen.

86 Lückentext. Texte lacunaire.

Alm - Auen - buchen - Ebbe - Gipfelkreuz - grillen - Reiseagentur - Rucksack - Schwimmflügel - schwindelfrei - Sesselliften - Sonnenschutzfaktor - Last-Minute-Angebot

Wer reiselustig und ... ist, der nehme sich seinen ... und starte durch in bergige Ferien. Unsere ... bietet Ihnen günstige und abenteuerliche Ferien, die Sie sich leisten können, auch wenn im Geldbeutel gerade ... herrscht. Vergessen Sie die Fleischbeschau auf Mallorca oder an der italienischen Adria: bei unserem Angebot brauchen Sie weder ..., um sich über Wasser zu halten, noch ... 20, um sich vor einem Sonnenstich zu bewahren. Was zählt sind drei Dinge: feste Bergschuhe, eine kräftige Brotzeit auf der ... und keine Angst vor ...
Lassen Sie uns zusammen das ... erklimmen und mit glücklichen Kühen auf saftigen ... die wunderbaren Aussichten geniessen! Sich in der Sonne ... ist out, und die sogenannte Höhensonne ist sowieso viel wirksamer! Profitieren Sie vom einmaligen ... und ... Sie jetzt ihren Wanderurlaub bei Oetzi 's Bergtour-Agentur.

Corrigés page 472

Landeskunde

Die Freizeitrenner

Les activités de loisirs favorites

Die deutsche Vereinsmeierei - La manie de l'association :

- **die Tanzstunde:** le cours de danse est très répandu en Allemagne ; **der Schautanz:** la démonstration de danse ; **der Mittelball:** le bal intermédiaire ; **der Abschlussball:** le bal final qui clôture la formation et les récompenses : **die goldene/silberne Nadel:** l'insigne d'or ou d'argent.
- **die Gesangvereine:** il existe dans les pays de langue allemande de très nombreuses chorales.
- **die Lesevereine; die Lesegesellschaften:** les premières sociétés ou clubs de lecture ont été fondés dès le XIXe siècle.
- **die Karnevalsgesellschaften:** les sociétés carnavalesques préparent les festivités du carnaval de Cologne sous la direction d'un conseil des onze **(der Elferrat)**.
- **die Schützenvereine:** les clubs de tir organisent de nombreuses fêtes **(das Schützenfest)** avec concours de tir où le meilleur tireur est proclamé **(der) Schützenkönig**.
- **die Dackelvereine:** les clubs de teckels, dont le club allemand des amateurs de teckels avec ses 30 000 membres, fondé en 1888 **(der Deutsche Teckelclub e. V.)**.
- **die Kleingartenvereine:** les clubs de jardiniers amateurs ; **der Gartenzwerg:** le nain de jardin.
- **die Oberammagauer Passionspiele:** jeu de la Passion joué chaque année dans un village de Haute Bavière par des amateurs, en l'occurrence les habitants du village.

Die fünfte Jahreszeit - La cinquième saison :

- **der Karneval** (Rhénanie), **die Fastnacht** (Allemagne méridionale, Suisse et Autriche), **der Fasching** (Saxe-Anhalt)
- **die Tollen Tage:** les Journées folles
- **die Weiberfastnacht:** le Carnaval des femmes (le jeudi avant les Cendres).
- **die Herrenfastnacht:** le dimanche du Carnaval
- **der Rosenmontag:** le lundi des roses
- **der Aschermittwoch:** le mercredi des Cendres, début du Carême **(die Fastenzeit)**

Volksfeste und Freizeitparks - Fêtes populaires et parcs de loisirs :

- **der Prater in Wien:** le premier parc de loisirs au monde, créé par Joseph II (empereur de 1765 à 1790), célèbre pour sa grande roue **(das Riesenrad)**.
- **der Dom in Hamburg:** grande fête foraine saisonnière de Hambourg.
- **das Oktoberfest in München:** la fête de la bière de Munich se tient tous les ans au mois d'octobre sous de grands chapiteaux **(das Bierzelt)** sur l'esplanade de la **Theresienwiese**. Les participants se balancent au rythme de la musique en se tenant bras dessus, bras dessous (**das Schunkeln** ou **Mitschunkeln**) et scandent "un toast à la convivialité" **(ein Prosit der Gemütlichkeit!)**.
- **die Love-Parade in Berlin:** grand défilé coloré qui attire chaque année en juillet des centaines de milliers de fans de musique techno.
- **der Europa-Park Rust im Dreiländereck:** un des premiers grands parcs d'attractions **(der Vergnügungspark)** en Europe et le plus important d'Allemagne, situé près de Fribourg.
- **Hagenbecks Tierpark in Hamburg:** le premier parc animalier au monde, fondé en 1874, et qui à l'apogée du colonialisme, présentait au public aussi bien des démonstrations de dressage **(Tierschau)** que des tribus africaines **(Völkerschau)**.

Von der deutschen Art zu reisen

L'art de voyager des Allemands

Meilensteine der deutschen Reiselust - Jalons du tourisme allemand :

- **die klassische Bildungsreise:** le voyage culturel, éducatif traditionnel à travers l'Europe qu'entreprenaient jadis les enfants de bonne famille et singulièrement les étudiants *(peregrinatio academica)*.
- **die Wandervogelbewegung:** premier mouvement touristique allemand, créé en 1901 : les jeunes oiseaux migrateurs, en réaction contre l'industrialisation et l'urbanisation, prônent le retour à la nature et à une vie simple; aujourd'hui on qualifie de **Wandervogel** un passionné de randonnée pédestre **(das Wandern)**.
- **die Deutschen Jugendherbergen (DJH):** les premières auberges de jeunesse allemandes ont vu le jour en 1910.
- **die Butterfahrt, -en:** croisière à la journée principalement vers l'île d'Helgoland dans la mer du Nord à l'occasion desquelles on pouvait acheter des produits détaxés et notamment du beurre.
- **die Wattwanderung, -en:** la promenade sur les grèves à marée basse (mer du Nord).
- **der Strandkorb, ¨-e:** le fauteuil-cabine de plage en osier pour profiter du soleil tout en se protégeant du vent (sur les côtes de la mer du Nord et de la mer Baltique).
- **die Pauschalreise:** le voyage organisé, le plus souvent selon une formule "club" tout compris **(Clubhotels alles inklusive).** Les agences de voyages allemandes sont parmi les plus importantes au monde : **die Touristikunternehmen TUI (Touristik Union International) und Neckermann**.
- **der Teutonengrill:** le grill des Teutons désigne les plages de Rimini sur l'Adriatique, l'une des premières destinations touristiques des Allemands, symbole du tourisme de masse.
- **die Bettenburg, -en:** la forteresse de lits, qualifie péjorativement les grands ensembles hôteliers et touristiques notamment des stations méditéranéennes, véritables ghettos à touristes **(das Urlaubergetto, -s).**
- **das 17. deutsche Bundesland:** le dix-septième land pour désigner tantôt l'Autriche, tantôt l'île de Majorque dans les Baléares, les deux destinations touristiques les plus prisées des Allemands.

Bildlich gesprochen

Rund um das Spiel

- **Das Spiel ist aus:** les jeux sont faits.
- **Das Spiel machen!:** faites vos jeux ! (à la roulette)
- **alles aufs Spiel setzen:** miser le tout pour le tout.
- **aus dem Spiel bleiben:** rester hors du jeu.
- **das Spiel zu weit treiben:** pousser trop loin le bouchon.
- **das Spiel auf/geben:** abandonner la partie.
- **Hasard spielen:** être casse-cou.
- **mit offenen/verdeckten Karten spielen:** (ne pas) jouer cartes sur table.
- **die alte Platte spielen:** jouer toujours la même rengaine.

- **den strammen Max spielen (pop.):** la ramener, l'ouvrir.
- **jemandem arg mit/spielen:** jouer un mauvais tour à quelqu'un.
- **Ein Onkel, der was mitbringt, ist besser als eine Tante, die Klavier spielt:** plaisanterie qui s'applique à un homme offrant un cadeau aux enfants de ses amis ou de ses proches.

Rund um den Tourismus

Im wörtlichen Sinne - Au sens propre :

- **der Trümmer-Tourismus (die Trümmer:** les ruines**):** voyages de découverte des sites antiques de la Grèce, du Proche-Orient (Égypte, Syrie, Jordanie, Liban).
- **der Massentourismus:** le tourisme de masse
- **der Ferntourismus (nach Übersee: Karibik, Seychellen):** les destinations lointaines outre-mer (Caraïbes, Seychelles).
- **der sanfte Tourismus:** le tourisme “soft” : depuis le début des années 90, on cherche à promouvoir un tourisme déconcentré et plus respectueux de l'environnement
- **der Öko-Tourismus:** le tourisme écologique, tourisme de proximité ou privilégiant la randonnée.

Im übertragenen Sinne - Au sens figuré :

- **der Gesundheitstourismus:** le tourisme sanitaire vers des pays tels que Cuba spécialisés dans certaines interventions (opthalmologie par exemple).
- **der Polittourismus:** le tourisme politique, celui des responsables politiques qui se paient des voyages aux frais de la collectivité.
- **der Abfalltourismus** ou **Mülltourismus:** désigne l'exportation de déchets vers l'ex-RDA, la France ou l'Afrique.
- **der Sextourismus ou Prostitutionstourismus:** le tourisme sexuel.

Zum Nachdenken

- **Die Würfel sind gefallen.** Les dés sont jetés ; le sort en est jeté.
- **Fischers Fritze fischte frische Fische. Frische Fische fischte Fischers Fritze (Zungenbrecher)**.
- **Früher sind die Menschen für die Freiheit auf die Barrikaden gestiegen. Jetzt tun sie es für die Freizeit (Werner Fink):** Autrefois les hommes ont élevé des barricades pour la liberté, à présent ils le font pour les loisirs.
- **Unrasiert und fern der Heimat:** être par monts et par vaux.
- **Reif für die Insel sein:** rêver de vacances.
- **Warum in die Ferne schweifen? Sieh, das Gute liegt so nah:** home sweet home.
- **Hinaus in die weite Welt:** prendre le large.
- **Den Toren packt die Reisewut, indes im Bett der Weise ruht (Sprichwort):** quand le fou voyage, le sage dort.
- **“Als deutscher Tourist im Ausland steht man vor der Frage, ob man sich anständig benehmen muss oder ob schon deutsche Touristen dagewesen sind” (Kurt Tucholsky):** En tant que touriste allemand dans un pays étranger, on se trouve confronté à la question de savoir s'il faut se comporter convenablement ou bien si des touristes allemands vous y ont précédé.

27 Sportarten und sportliche Leistungen

Sports et performances

1 Der Sport — Le sport

sich aus etwas einen Sport machen: *prendre un malin plaisir à faire qqch*

in Hochform sein: *être en pleine forme*

der Allroundsportler, -: *le sportif complet*

Sportgeist zeigen: *faire preuve de fair-play*

• **der Sport (sing.)**	• le sport
• **die Sportart, -en**	• la discipline sportive
• **der Massensport; der Breitensport**	• le sport populaire
• **der Freizeitsport**	• le sport de détente
• **das Turnen**	• la gymnastique
• **die Form**	• la forme
• **der Sportler, -**	• le sportif
• **der Sportsfreund, -e; der Kumpel, -**	• l'amateur de sport
• **der Sportgeist; die Fairness**	• le fair-play
• **der Amateur, -e**	• l'amateur
• **das Training**	• l'entraînement
• **die Fitness**	• la bonne condition physique
• **der Trimm-Dich-Pfad, -e**	• le parcours santé
• **der Muskelkater**	• les courbatures
• **die Gelenkigkeit, -en**	• la souplesse
• **die Waage, -n**	• l'équilibre horizontal
• **das Aufwärmen**	• l'échauffement
• **die Auflockerung, -en**	• l'assouplissement
• **die Ausdauer**	• l'endurance
• **das Durchhaltevermögen**	• la persévérance
• **der Ehrgeiz**	• l'ambition
• **die Widerstandskraft, ¨-e**	• la résistance
• **der Sportklub, -s**	• le club sportif
• **der Sportverein, -e**	• l'association sportive
• **der Sportverband, ¨-e**	• la fédération sportive

anglais : *to keep trim*

• **Sport treiben (ie, ie)**	• faire du sport, pratiquer un sport
• **sich trimmen**	• faire du sport (pour garder la forme)
• **trainieren**	• s'entraîner
• **zur Hochform auf/laufen (ie, au, äu)**	• atteindre sa pleine forme
• **sich bewegen**	• se déplacer, bouger
• **sich fit halten (ie, a, ä)**	• garder sa forme
• **sich in Form halten (ie, a, ä)**	• se tenir en forme
• **turnen**	• faire des exercices

anglais : *fit*

• **sportlich**	• sportif
• **unsportlich**	• non sportif
• **fit**	• en forme
• **außer Puste, atemlos**	• à bout de souffle, essoufflé
• **in Form, außer Form**	• en forme, pas en forme
• **biegsam**	• souple
• **drahtig**	• nerveux
• **durchtrainiert**	• musclé

• **widerstandsfähig**	• résistant
• **ausdauernd**	• endurant
• **kräftig, stark**	• puissant

2 Der Mannschaftssport — Les sports d'équipe

Der Fußball — Le football

	• **das Fußballspiel, -e**	• le match de football
	• **der Fußballplatz, ¨-e**	• le terrain de football
	• **das Stadion, -ien**	• le stade
	• **die Mannschaft, -en**	• l'équipe
das gelbe Trikot: *le maillot jaune*	• **das Trikot, -s**	• le maillot
	• **der Spieler, -**	• le joueur
	• **der Stürmer, -**	• l'attaquant
	• **der Verteidiger, -**	• le défenseur
	• **der Mittelspieler, -**	• le centre
= der Schiri, -s (fam.)	• **der Schiedsrichter, -**	• l'arbitre
	• **der Anpfiff, -e**	• le coup d'envoi
	• **der Abpfiff, -e**	• le coup de sifflet final
	• **das Tor, -e**	• le but
	• **der Torwart, -e**	• le gardien de but
	• **der Schuss, ¨-e**	• le tir
	• **der Torschütze, -n**	• le tireur, le buteur
einen Eckball treten: *tirer un corner*	• **der Eckball, ¨-e**	• le corner
	• **der Kopfball, ¨-e**	• la tête
pron. anglaise	• **das Foul, -s**	• la faute
	• **das Abseits, -**	• le hors-jeu
die rote Karte: *le carton rouge* die gelbe Karte: *le carton jaune*	• **die Verwarnung, -en**	• l'avertissement
	• **der Ersatzspieler, -**	• le remplaçant
	• **der Elfmeter, -**	• le penalty
anglais : *half-time*	• **die Halbzeit, -en**	• la mi-temps
	• **die Verlängerung, -en**	• la prolongation
	• **die Ausgleichung, -en**	• l'égalisation
	• **die Niederlage, -n**	• la défaite
	• **das Finale, -; das Endspiel, -e**	• la finale
	• **das Viertelfinale, -/-s**	• le quart de finale
	• **das Halbfinale, -/-s**	• la demi-finale
	• **das Länderspiel, -e**	• le match international
	• **das Freundschaftsspiel, -e**	• le match amical
	• **der Europapokal, -e**	• la coupe d'Europe
die Fußballbraut (iron.): *désigne par plaisanterie la femme délaissée d'un fana de football*	• **der Schlachtenbummler, -**	• le supporter (d'une équipe jouant en déplacement)

	• **eine Mannschaft auf/stellen**	• composer une équipe
	• **[ein Tor] schießen (o, o)**	• marquer un but
	• **ein Tor durch/lassen (ie, a, ä)**	• laisser passer en but
pron. anglaise	• **jdn foulen**	• commettre une faute contre qqn
	• **jdm die rote Karte zeigen**	• tendre le carton rouge à qqn

• **aus/scheiden (ie, ie)**	• se disqualifier
• **ins Finale kommen (a, o)**	• se qualifier pour la finale
• **aus/steigen (ie, ie)**	• déclarer forfait

unentschieden spielen: *faire match nul*

• **unentschieden**	• (match) nul

Ballspiele — Jeux de balle et de ballon

anglais : *net*

≠ der Golf: *le golfe* ; der VW-Golf: *la Golf*

• **das Tennis**	• le tennis
• **der Tennisplatz, ¨-e**	• le court de tennis
• **das Tennisspiel, -e**	• le match de tennis
• **der Tennisschläger, -**	• la raquette
• **das Tennisturnier, -e**	• le tournoi de tennis
• **das Netz, -e**	• le filet
• **der Aufschlag, ¨-e**	• le service
• **der Laufjunge, -n, -n**	• le ramasseur de balles
• **der Tischtennis**	• le tennis de table
• **das Squash**	• le squash
• **das Federballspiel**	• le badminton
• **das Golf; der Golfsport**	• le golf
• **der Basketball**	• le basket-ball
• **der Volleyball**	• le volley
• **der Handball**	• le handball
• **das Rugby**	• le rugby
• **das Eishockey**	• le hockey sur glace

• **auf/schlagen (u, a, ä)**	• servir

3 Die Einzelsportarten — Les sports individuels

Die Leichtathletik — L'athlétisme

der Startschuss: *le signal du départ*
Achtung, fertig, los!: *À vos marques, prêts, partez !*

• **der Sportplatz, ¨-e**	• le terrain de sport
• **die Aschenbahn, -en**	• la (piste) cendrée
• **die Startlinie, -n**	• la ligne de départ
• **die Ziellinie, -n**	• la ligne d'arrivée
• **der Athlet, -en, -en**	• l'athlète
• **der Lauf, ¨-e**	• la course
• **der Marathonlauf, ¨-e**	• le marathon
• **der Endspurt, -s/-e**	• le sprint final
• **der Staffellauf, ¨-e**	• le relais
• **der Hürdenlauf, ¨-e**	• la course de haies
• **der Läufer, -**	• le coureur
• **der Dreikampf**	• le triathlon
• **der Zehnkampf**	• le décathlon
• **der Hochsprung, ¨-e**	• le saut en hauteur
• **der Weitsprung, ¨-e**	• le saut en longueur
• **der Weitwurf, ¨-e**	• le lancer

• **das Kugelstoßen, -**	• le lancer du poids
• **der Speerwurf, ¨-e**	• le lancer du javelot
• **der Turner, -; die Turnerin, -nen**	• le/la gymnaste
• **die Sporthalle, -n; die Turnhalle, -n**	• le gymnase
• **der Turnschuh, -e**	• la chaussure de gymnastique
• **die Gymnastik**	• la gymnastique
• **die Turngeräte (plur.)**	• les agrès
• **das Geräteturnen**	• les exercices aux agrès

die Turnschuhgeneration: *la génération en baskets*

• **laufen (ie, au, äu)**	• courir
• **springen (a, u)**	• sauter
• **turnen**	• faire de la gymnastique
• **werfen (a, o, i)**	• lancer

• **gelenkig**	• agile, souple

4 Der Wintersport — Les sports d'hiver

• **das Skifahren; das Skilaufen**	• le ski
• **der Ski, -er; der Schi, -er**	• le ski, la paire de skis
• **das Snowboard**	• le snowboard
• **der Skilanglauf**	• le ski nordique
• **der Abfahrtslauf, ¨-e**	• la descente
• **der Slalom, -s**	• le slalom
• **das Skispringen**	• le saut à ski
• **der Bob, -s**	• le bobsleigh
• **der Schlitten, -**	• la luge
• **die Piste, -n**	• la piste
• **die Buckelpiste, -n**	• la piste bosselée
• **die schwarze Piste, -n**	• la piste noire
• **die Loipe, -n**	• la piste de ski de fond
• **der Skipass, ¨-e**	• le forfait de ski
• **der Skilift, -e; der Schlepplift, -e**	• le téléski, le remonte-pente
• **der Sessellift, -e**	• le télésiège
• **die Sesselbahn, -en**	• la télécabine
• **das Schlittschuhlaufen, -**	• le patinage
• **der Schlittschuhläufer, -**	• le patineur
• **der Schlittschuhschritt, -e**	• le pas du patineur
• **der Eiskunstlauf**	• le patinage artistique

der alpine Skisport: *le ski alpin*

Ski Heil!: *Bonne glisse ! (salut des skieurs)*

die Pistensau, ¨-e (péj.): *le dévaleur de pistes, le kamikaze*

aussi : die Gondelbahn, -en

• **[Ski] fahren (u, a, ä)** **[Ski] laufen (ie, au, äu)**	• faire du ski
• **rodeln**	• faire de la luge
• **eis/laufen (ie, au, äu)**	• faire du patin à glace

5 Schwimmen und Wassersport / La natation et les sports nautiques

anglais : *swimming*	• **das Schwimmen**	• la natation
	• **das Brustschwimmen**	• la brasse
	• **das Rückenschwimmen**	• la nage sur le dos
	• **das Schmetterlingsschwimmen**	• la brasse papillon
anglais : *crawl*	• **das Kraul**	• le crawl
	• **das Rückenkraul**	• le dos crawlé
anglais : *swimmer*	• **der Schwimmer, -**	• le nageur
	• **das Schwimmbad, ¨-er**	• la piscine
	• **das Freibad, ¨-er**	• la piscine de plein air
	• **das Hallenbad, ¨-er**	• la piscine couverte
anglais : *deep sea diving*	• **das Tiefseetauchen**	• la plongée sous-marine
	• **das Turmspringen, -**	• le plongeon de haut vol
das Ruder, -: *la rame*	• **das Rudern**	• l'aviron
	• **das Surfbrett, -er**	• la planche à voile (objet)
	• **das Surfen; das Surfing**	• la planche à voile (activité)
	• **der Surfer, -**	• le véliplanchiste
	• **der Wasserski**	• le ski nautique
Segelohren (fam.): *des oreilles en feuilles de chou*	• **das Segeln**	• la voile
	• **das Segelboot, -e**	• le voilier
	• **die Regatta, -tten**	• la régate

anglais : *to swim*	• **schwimmen (a, o)**	• nager, faire de la natation
	• **springen (a, u)**	• sauter, plonger
unter/tauchen (fig.): *se cacher, disparaître*	• **tauchen; tief/tauchen**	• faire de la plongée (sous-marine)
	• **schnorcheln**	• nager sous l'eau avec un tuba
anglais : *to row*	• **rudern; paddeln**	• faire de l'aviron
	• **surfen**	• surfer, faire de la planche à voile
anglais : *to sail*	• **segeln**	• faire de la voile

6 Andere Sportarten / Autres sports

anglais : *fencing*	• **das Fechten**	• l'escrime
	• **das Gewichtheben**	• l'haltérophilie
die Selbstverteidigung: *l'auto-défense*	• **der Kampfsport**	• l'art martial
	• **das Judo**	• le judo
	• **das Sumo**	• le sumo
	• **das Karate**	• le karaté
	• **das Ringen**	• la lutte
	• **das Boxen**	• la boxe
	• **das Wrestling**	• le catch américain
anglais : *shooting*	• **das Schießen**	• le tir
	• **der Radsport**	• le cyclisme
	• **der Rennfahrer, -**	• le coureur cycliste
	• **das Reiten; der Reitsport**	• l'équitation
anglais : *rider*	• **der Reiter, -**	• le cavalier
	• **das Pferderennen, -**	• la course de chevaux

• **das Klettern**	• l'escalade, la varappe
• **das Bergsteigen**	• l'alpinisme
• **das Drachenfliegen**	• le deltaplane
• **das Fallschirmspringen**	• le parachutisme
• **der Gleitflug**	• le parapente
• **der Segelflug**	• le vol à voile
• **das Segelflugzeug, -e**	• le planeur
• **das Raften**	• le rafting
• **das Skateboard; das Rollerbrett**	• le skateboard
• **das Aerobic**	• l'aérobic
• **das Ballett; der klassische Tanz, ¨-e**	• la danse classique
• **das Schautanzen**	• la danse professionnelle
• **der Eislauf**	• le patinage
• **das Bodybuilding**	• la musculation
• **der Kraftsportler, -**	• le culturiste
• **das Fitnessstudio, -s**	• le centre de remise en forme
• **der Extremsportler, -**	• le sportif de l'extrême

das Tutu, -s: *le tutu*

• **fechten (o, o, i)**	• faire de l'escrime
• **(Gewichte) stemmen**	• soulever (des poids)
• **schießen (o, o)**	• tirer un coup de feu
• **reiten (ritt, geritten)**	• faire de l'équitation
• **heben (o, o)**	• soulever
• **boxen**	• faire de la boxe
• **skaten**	• faire de la planche à roulettes

aussi : *jouer au skat*

7 Die Leistung — La compétition

• **der Hochleistungssport**	• le sport de haute compétition
• **der Leistungsgedanke, -n**	• l'idée de performance
• **der Leistungsdruck**	• la course aux performances
• **der Wettkampf, ¨-e**	• la compétition
• **der Wettkämpfer, -**	• le concurrent (participant)
• **der Konkurrent, -en**	• le concurrent (adversaire)
• **die Herausforderung, -en**	• le défi
• **die Auswahl, -en**	• la sélection
• **die Ausscheidung, -en**	• l'élimination
• **der Auscheidungskampf, ¨-e**	• l'épreuve éliminatoire
• **die Qualifikation, -en**	• la qualification
• **die Wertung, -en**	• le classement
• **der Favorit, -en, -en**	• le favori
• **der Berufssportler, -**	• le (sportif) professionnel
• **der Spitzensportler, -**	• le sportif de haut niveau
• **der Meister, -**	• le champion
• **die Meisterschaft, -en**	• le championnat
• **der Europameister, -**	• le champion d'Europe
• **der Weltmeister, -**	• le champion du monde
• **die Weltmeisterschaft, -en**	• le championnat du monde
• **das Turnier, -e**	• le tournoi

= der Profi, -s

das Hinspiel, -e: *le match aller*
das Rückspiel, -e: *le match retour*

das IOK (Internationales Olympisches Komitee): *le C.I.O.*	• **die Olympiade**	• les Jeux olympiques
	• **die Eröffnungsfeier, -n**	• la cérémonie d'ouverture
	• **der Rekord, -e**	• le record
	• **der Weltrekord, -e**	• le record du monde
anglais : *record holder*	• **der Rekordhalter, -**	• le recordman
	• **der Sieg, -e**	• la victoire
der Olympiasieger, -: *le champion olympique*	• **der Sieger, -**	• le vainqueur
	• **das Siegertreppchen, -**	• le podium
	• **die Siegerehrung, -en**	• la remise des prix
	• **der Pokal, -e**	• la coupe
	• **der Titelträger, -**	• le tenant du titre
	• **die Medaille, -n**	• la médaille
	• **die Gold-Medaille, -n**	• la médaille d'or
	• **die Silber-Medaille, -n**	• la médaille d'argent
	• **die Bronze-Medaille, -n**	• la médaille de bronze
	• **der Medaillengewinner, -**	• le médaillé
	• **der Wanderpreis, -e**	• le challenge
	• **der Sponsor, -en**	• le sponsor
	• **das Sport-Sponsoring**	• le sponsoring, le parrainage sportif
	• **die Sportveranstaltung, -en**	• la manifestation sportive
pluriel	• **die Übertragungsrechte**	• les droits de retransmission

---

	• **(etw) leisten**	• réaliser une performance
anglais : *to win*	• **gewinnen (a, o)**	• gagner
	• **siegen**	• vaincre
	• **[einen Sieg] erringen (a, u)**	• remporter une victoire
	• **auf Sieg spielen**	• jouer vainqueur
	• **jdn schlagen (u, a, ä)**	• battre qqn
	• **jdn nieder/schlagen (u, a, ä)**	• terrasser qqn
	• **verlieren (o, o)**	• perdre
	• **[einen Rekord] auf/stellen**	• établir un record
anglais : *to break a record*	• **[einen Rekord] brechen (a, o, i)**	• battre un record
	• **Profi werden**	• passer professionnel
	• **sponsern**	• sponsoriser
an + D	• **teil/nehmen (a, o, i)**	• participer à
das Auswärtsspiel, -e: *le match à l'extérieur*	• **ein Heimspiel machen**	• jouer à domicile
	• **wetteifern (mit)**	• rivaliser (avec)
der Herausforderer, -: *le challengeur*	• **jdn heraus/fordern**	• lancer un défi à qqn
	• **sich qualifizieren (für+A)**	• se qualifier (pour)

• **populär**	• populaire
• **siegreich**	• victorieux
• **erfolglos**	• sans succès
• **ehrgeizig**	• ambitieux
• **ausdauernd, zäh**	• persévérant, dur
• **anerkannt**	• homologué

8 Doping und Bestechung Dopage et corruption

• das Fairplay; die Fairness	• le fair-play
• das Doping	• le dopage
• das Doping-Mittel, -	• le produit dopant
• der Doping-Fall, ¨-e	• le cas de dopage
• die Doping-Kontrolle, -n	• le contrôle anti-dopage
• der Doping-Test, -s	• le test anti-dopage
• das Hormon, -e	• l'hormone
• das Wachstumshormon, -e	• l'hormone de croissance
• die Anabolika (plur.)	• les anabolisants
• die Nebenwirkung, -en	• l'effet secondaire
• die Langzeitfolgen (plur.)	• les séquelles
• die Bestechung, -en	• la corruption
• das Bestechungsgeld, -er	• le pot-de-vin
• die Sperrung, -en; der Ausschluss, ¨-e	• l'élimination

(fam.) : der Starkmacher, -

• sich dopen	• se doper
• auf/putschen	• stimuler
• ein/nehmen (a, o, i)	• absorber
• gefährden	• mettre en péril
• disqualifizieren	• disqualifier
• aus/schließen (o, o) (von)	• éliminer (de)
• sperren (für)	• suspendre (pour cause de)
• verweisen (ie, ie) (von)	• expulser, exclure (de)
• bestrafen	• pénaliser

• fair	• fair-play, loyal
• unfair	• déloyal
• bestechlich	• corrompu
• gesundheitsschädlich	• nocif pour la santé
• muskelaufbauend	• qui développe la musculature

ÜBUNGEN

87 Sport ist Mord. Einige Überlebensregeln für Sportbegeisterte.
Le sport est meurtrier. Quelques règles de survie pour les mordus du sport.

Setzen Sie das passende Wort ein!

Anabolika - biegsamen - Boxhandschuhen - Dreikampf - Eigentor - Endspurt - Fans - Fitnessstudio - in Form halten - Fußball - Gruppensport - Hürdenlauf - Leichtathlet - Mannschaft - Muskelpakete - muskulöser - Spitzentutu - Sportsmann - Training - Weltmeisterschaft - Weltrekord - Zehnkampf - Ziellinie

Ob Sie nun zu den Leuten gehören, die ihre Nächstenliebe am liebsten innerhalb der … praktizieren und daher eher eine Tendenz zum … zeigen oder aber zu denjenigen, die das Leben zum Einzelkämpfer prädestiniert hat, die Ausübung eines jeden Sportes verlangt die Respektierung bestimmter Regeln.
Nehmen wir einmal an, Sie sind ein begeisterter … und schicken sich an, den … im … zu brechen. Hüten Sie sich davor, schon einmal im eigenen Garten Hecken und Beete zu überspringen- die Nachbarn könnten Ihnen diese Art von … übelnehmen.
Hängt Ihr Herz aber eher an einem Paar …, so lassen Sie es sich gesagt sein, dass selbst Sandsäcke des öfteren zurückschlagen und auch Zahnärzte (trotz ihres weißen Gewandes) keine Götter sind.
Ein … Körper gut und schön, aber finden Sie nicht auch, dass Bananen viel besser schmecken als …? Ganz zu schweigen davon, dass aufgeblasene … längst nicht mehr die Mode sind, täten Sie besser daran, ab und zu Ihre Einkaufstüten über die Treppe zu befördern anstatt mit dem Aufzug, das wird Sie ganz natürlich … und ist billiger als das … .
Kommen wir zum König aller Sportarten, dem … : kaputte Knie, weinende Männer, die sich auf dem Rasen rollen, ein tobendes Stadion und Schlägereien nach der … - ist es Ihnen das wert? Verbissene … neigen dazu, ein … zu schießen.
Dann noch eher im … ein paar Pirouetten drehen und sich zur Musik von Tschaikowsky einen … Körper erarbeiten.
Wie dem auch sei, im Einkampf, … oder … gilt es, nie aus den Augen zu verlieren, dass ein wahrer … keinen Schmerz kennt und selbst im verbissensten … nie die … überschreitet.

88 Begriffsbestimmungen. Définition de mots.

Ordnen Sie folgende Erklärungen ihrem Signifikat zu:

1. Ehrgeiz - **2.** ein Foul - **3.** Muskelkater - **4.** ein Muskelprotz - **5.** Siegertreppchen - **6.** Sportsfreund - **7.** ein Trimm-Dich-Pfad

a. Das Gefühl, die ganze Nacht auf einer harten Parkbank geschlafen zu haben und mangelnde Eleganz bei der Ausführung einfachster Bewegungen in Folge starker sportlicher Anstrengung: …
b. Ein Charakterzug, der Spitzensportler dazu antreibt, immer höher hinauszuwollen und ständig ihre alten Rekorde zu brechen: …
c. Möbelstück, das zu erklimmen dem Erringen eines Sieges gleichkommt: …
d. Nicht nur ein sportlicher Mensch, sondern auch ein guter Freund kann als solches bezeichnet werden: …
e. Ein Waldweg, der nicht zu einer Lichtung mit leckeren Pilzen, sondern eher zur körperlichen Ertüchtigung führt: …
f. Ein übertriebener Gewichtestemmer, der der Damenwelt mit seiner ausgeprägten Silhouette imponieren will: …
g. Ein unschöner Ausdruck mangelnder Sympathie unter Fußballern gegensätzlicher Mannschaften, der sich meist in einem schmerzhaften Fußtritt niederschlägt: …

Corrigés page 472

Landeskunde

Sport damals und heute

Le sport hier et aujourd'hui

- **Der Turnvater Jahn:** Friedrich Ludwig Jahn (1778-1852), pédagogue et père fondateur de l'éducation physique **(die Körperertüchtigung)** de la gymnastique à l'allemande **(die deutsche Turnkunst) ;** sa devise était : **Frisch, fromm, fröhlich, frei** (frais, pieux, joyeux, libre).
- **Doping in der ehemaligen DDR:** le dopage dans l'ex-RDA ; d'après une étude rendue publique en 1998, 10 000 sportifs de RDA ont été dopés, notamment aux anabolisants **(Anabolika)**, à partir des années 70.
- **der Deutsche Sportbund:** la Fédération sportive allemande, organisme de coordination des associations sportives qui regroupent près de 2,5 millions de pratiquants et de bénévoles.
- **die Trendsportarten:** les sports très "tendance" sont les sports à risque ou sports de l'extrême **(Risiko- und Extremsportarten)**, comme ceux-ci : **Bungee-Jumping, Canyoning, Power-Rafting, Free-Solo-Climbing, Para-Gliding**.

Bildlich gesprochen

Rund um das Rennen

- **ein totes Rennen:** un match nul.
- **im Rennen liegen/sein:** être dans la course.
- **jemandem aus dem Rennen werfen:** mettre quelqu'un hors jeu.
- **Das Rennen machen (fam.):** décrocher la timbale.
- **Das Rennen ist gelaufen:** les jeux sont faits.
- **sich die Lunge/die Zunge aus dem Hals rennen (fam.):** courir à perdre haleine.

Rund um das Schwimmen

- **schwimmen wie eine bleierne Ente (fam.):** nager comme un fer à repasser.
- **ins Schwimmen kommen/geraten (fam.):** patauger, pédaler dans la semoule.
- **in jemandes Kielwasser schwimmen/segeln:** se mettre dans le sillage de quelqu'un.
- **mit dem Strom schwimmen:** nager dans le sens du courant.
- **gegen /wider den Strom schwimmen:** aller à contre-courant.

Zum Nachdenken

- **Schiedsrichter ans Telefon:** l'arbitre au téléphone ! (plaisanterie sportive exprimant le mécontentement à l'égard des décisions de l'arbitre).
- **Dabei sein ist alles:** L'important, c'est de participer.
- **Die Engländer haben den Sport erfunden und die Deutschen lediglich die körperliche Ertüchtigung (Thomas Mann):** Les Anglais ont inventé le sport et les Allemands seulement la culture physique.

28

Du mot à la phrase

1. Organiser sa pensée

Structurer sa pensée et ses idées

Ordonner ses idées

Premièrement…	**Erstens… Zuerst…**	
Tout d'abord…	**Zunächst…**	
Avant tout…	**Vor allem… In erster Linie…**	
Deuxièmement…	**Zweitens…**	
Ensuite…	**Dann… Ferner…**	
D'ailleurs	**Übrigens…**	
En plus	**Außerdem…**	
Troisièmement…	**Drittens…**	
En dernier lieu… Finalement…	**Zuletzt… Schließlich… Letztendlich…**	*endlich* = enfin (expression du soulagement)

Faire une transition

Concernant…	**In Bezug auf + A**	
En ce qui concerne…	**Was… betrifft**	
Passons à présent au point suivant	**Gehen wir nun zum nächsten Punkt über.**	
Changeons de sujet.	**Themawechsel:…**	familier
À part cela	**Davon abgesehen…**	

Ajouter de nouvelles idées

En outre…	**Darüber hinaus…**
C'est surtout…	**Nicht zuletzt…**
Il faut aussi tenir compte du fait que…	**Zu beachten gilt dabei, dass…**
Sans parler de…	**Ganz zu schweigen von + D**
Il faut ajouter à cela le fait que…	**Hinzukommen muss, dass…**
Et ce d'autant plus que…	**Dies um so mehr, als…**
Cela vaut en particulier pour…	**Dies gilt besonders für…**

Introduire des exemples

Par exemple…	**Etwa… Zum Beispiel… Beispielsweise…**	
Je renvoie par exemple au fait que…	**Ich verweise zum Beispiel darauf, dass…**	
Que l'on songe seulement à…	**Man denke nur an + A**	
Pensons à…	**Denken wir an + A**	
Que l'on se réfère sur ce point à…	**Dabei sei auf + A hingewiesen.**	style soutenu
Je voudrais prendre un exemple.	**Ich möchte ein Beispiel anführen.**	
Il suffit de rappeler…	**Man braucht nur an + A zu erinnern.**	
Cela me rappelle…	**Das erinnert mich an + A**	
à savoir…	**und zwar…**	
en effet	**… nämlich…**	

Résumer un développement

Bref… En un mot…	Kurzum: Kurz und gut:
En somme… Somme toute…	Im Großen und Ganzen…

Conclure

En conclusion…	Zum Schluss…
Pour conclure, on peut dire que…	Zusammenfassend lässt sich sagen, dass…
Tranchons le mot…	Der langen Rede kurzer Sinn… ◀ familier

Nuancer sa pensée

Reformuler ses idées

Autrement dit…	Anders ausgedrückt…
En d'autres termes…	Mit anderen Worten…
Qu'est-ce à dire ?	Was soll das heißen?
Cela signifie :	Dies bedeutet:
C'est-à-dire…	Das heißt…

Restreindre son point de vue

À vrai dire…	Allerdings…
Jusqu'à un certain point…	Bis zu einem gewissen Grade…
Je vous le concède,…	Zugegeben:

Introduire une opposition

En revanche…	Dagegen…
À l'inverse…	Umgekehrt…
Par contre…	Im Gegensatz dazu… Demgegenüber…
Bien au contraire	Ganz im Gegenteil.

2. L'expression des opinions

Rapporter l'opinion des autres

Rapporter une opinion

Il paraît que…	Es heißt,…
On dit souvent que…	Es wird häufig behauptet, dass…
On raconte que…	Man sagt, dass…
On dit que le chef du gouvernement devrait bientôt démissionner.	Der Regierungschef soll demnächst zurücktreten.
Elle prétend qu'il est parti en voyage.	Sie sei verreist, behauptet er.
Il prétend avoir toujours raison.	Er will immer Recht haben.

Rapporter une prise de position

D'après les explications du patron de l'entreprise…	**Den Erklärungen des Firmenchefs zufolge…**
D'après les indications du ministre…	**Laut/Nach den Angaben des Ministers…**
La plupart des électeurs approuvent sa politique.	**Die meisten Wähler befürworten seine Politik.**
Beaucoup de gens sont contre l'expérimentation animale.	**Viele Leute lehnen Tierversuche ab.**

Demander un avis, une opinion

Pour obtenir une opinion

Qu'en pensez-vous ?	**Wie stehen Sie dazu?**
Qu'est-ce que tu en dis ?	**Was sagst du dazu?**
Que penses-tu de la peinture abstraite ?	**Was hältst du von der abstrakten Malerei?**

Pour obtenir une appréciation

Comment as-tu trouvé le film ?	**Wie hast du den Film gefunden?**
Quel âge lui donnez-vous ?	**Wie alt schätzen Sie ihn?**
Tu ne trouves pas cela étrange ?	**Findest du das nicht seltsam/eigenartig?**

fam. : komisch

Exprimer son opinion

Introduire son point de vue

Je pense que…	**Ich denke, dass…/Ich meine,…**
Je suis d'avis que	**Ich bin der Meinung/der Ansicht, dass…**
À mon avis…	**Meiner Meinung/Ansicht nach…**
Je suis persuadé que…	**Ich bin überzeugt, dass…**
Personnellement…	**Ich für mein[en] Teil…**
Je pense que si.	**Ich denke schon.**

Donner une appréciation

Il y a quelque avantage à ce que…	**Es spricht manches dafür, dass…**
Ce serait peut-être une bonne chose que…	**Es wäre vielleicht sinnvoll, wenn…**
Je ne peux m'empêcher de penser que…	**Ich kann mich des Eindrucks nicht erwehren, dass…**
J'ai bien peur que…	**Ich fürchte, dass…**

Valoriser son point de vue

Autant que je sache…	**Soviel ich weiß,…**
En ce qui me concerne…	**Was mich angeht,…**
Quant à moi	**Meinetwegen…; von mir aus…**

Prendre position

Je pense que	**Ich bin der Meinung, dass…**
Je ne crois pas aux miracles.	**Ich glaube nicht an Wunder.**
Je persiste à croire que…	**Ich bleibe dabei, dass…**
Il reste sur ses positions.	**Er besteht auf seiner Meinung.**
D'accord !	**Einverstanden!**
Tout le monde veut que…	**Wir wollen alle, dass…/ Wir sind alle dafür, dass…**

Affirmer catégoriquement

Je suis sûr et certain que…	**Ich bin hundertprozentig sicher, dass…**
Tu peux y compter.	**Du kannst dich darauf verlassen.**
Cela ne fait pas l'ombre d'un doute que…	**Es besteht nicht der geringste Zweifel, dass…**
Je suis fermement convaincu que…	**Ich bin fest davon überzeugt, dass…**

Éviter les réponses tranchées, émettre des réserves

Tout cela est bien beau, mais…	**Was Sie sagen ist alles schön und gut, aber…**
Il y aurait aussi la possibilité de…	**Man könnte auch + *infinitif***
Une autre solution serait que…	**Eine andere Lösung wäre, dass…**
À ta/votre place, je…	**An deiner/eurer/Ihrer Stelle würde ich…**
si je puis dire; si j'ose dire	**wenn ich so sagen darf**
Ça dépend.	**Das kommt darauf an.**
Cela dépendra du temps.	**Je nachdem, wie das Wetter ist.**

Ne pas exprimer d'opinion

Je n'en ai pas la moindre idée.	**Ich habe nicht die geringste Ahnung [davon].**	*(fam. :)* Ich habe keinen blassen Schimmer davon.
Je suis incapable de vous donner une réponse.	**Das kann ich Ihnen nicht sagen.**	
Je n'ai pas d'avis sur la question.	**Da bin ich überfragt.**	*fam.*
	Ich habe dazu keine Meinung.	
	Ich weiß nicht, (was ich dazu sagen soll)	

3. La cause et la conséquence

Exprimer la cause

Cela est dû au fait que…	**Es liegt daran, dass… Es ist darauf zurückzuführen, dass…**
La cause en est que…	**Die Ursache dafür ist, dass…**
Le charme de cette contrée résulte de son insularité.	**Der Zauber dieses Ortes geht aus der Insellage hervor.**
Il doit sa carrière à son épouse.	**Seinen beruflichen Aufstieg hat er seiner Frau zu verdanken.**
C'est bien pour cette raison que…	**Das ist wohl der Grund, weshalb…**
Sa beauté a déjà donné lieu à maintes petites jalousies.	**Ihre Schönheit hat schon Anlass zu allerlei Eifersüchteleien gegeben.**

Il faut attribuer cette circonstance à la hausse des prix de l'immobilier.	**Dieser Umstand ist den steigenden Immobilienpreisen zuzuschreiben.**
C'est lié au changement climatique.	**Es hängt mit dem Klimawechsel zusammen.**

Exprimer la conséquence

Cela a pour conséquence que…	**Dies hat zur Folge, dass…**
On peut en déduire que…	**Daraus kann man schließen, dass…**
Tout cela conduit à ce que…	**Das alles führt dazu, dass…**
La gloire contribue à la richesse.	**Der Ruhm trägt zum Reichtum bei.**
Sa maladie fait qu'elle ne cesse de ronchonner.	**Ihre Krankheit bringt es mit sich, dass sie dauernd meckert.**
Le mode d'alimentation influe sur la santé.	**Die Ernährungsweise wirkt sich auf die Gesundheit aus.**
Ses propos ont déclenché une vive réaction.	**Seine Worte haben eine heftige Reaktion ausgelöst.**
Cela revient à dire que…	**Es läuft darauf hinaus, dass…**
Tout porte à croire que…	**Da liegt es nahe zu glauben, dass…; Man kann nicht umhin, anzunehmen, dass…**
Ainsi on en arrive au résultat que…	**So kommt man zu dem Ergebnis, dass…; Alles läuft darauf hinaus, dass…**

4. Accord et désaccord

Accord et approbation

Exprimer un accord de principe

Je suis d'accord avec toi.	**Ich bin mit dir einverstanden.**
C'est vrai ! Vous avez raison !	**Richtig! Sie haben Recht!**
D'accord !	**Abgemacht!**
Cela ne me dérange pas qu'il vienne avec nous.	**Ich habe nichts dagegen, dass er mitkommt.**
Il n'y a pas d'objection à cela.	**Dagegen ist nichts einzuwenden.**
Je pense que oui.	**Ich denke ja.**

Approuver des idées

Je suis d'accord avec vous sur la plupart des points.	**Ich stimme mit Ihnen in den meisten Punkten überein. Ich stimme mit Ihnen/mit ihr/mit ihm weitgehend/weitestgehend überein.**
Je suis pour !	**Ich bin pro/dafür!**
Je suis pour les nouvelles technologies.	**Ich bin für die neuen Technologien.** (oral)

Accepter une proposition

Oui, d'accord, bien volontiers.	**Ja! Einverstanden! Gut! Gern!**
C'est d'accord !	**Das mache ich!** (oral)

Si vous voulez !	**Wenn Sie meinen!**	oral
C'est une bonne idée !	**Das ist eine gute Idee!**	
J'allais le dire !	**Das wollte ich auch gerade sagen!**	
Quand tu veux !	**Wann du willst!**	

Exprimer une pleine approbation

Je suis tout à fait de votre avis.	**Ich bin ganz Ihrer Meinung.**
Je suis entièrement d'accord avec toi.	**Ich stimme mit dir völlig überein.**
Absolument.	**Eben.**
Exactement.	**Genau.**
Indéniablement/Sans aucun doute.	**Zweifellos/Ganz bestimmt.**

Désaccord et désapprobation

Prendre des précautions pour ménager l'autre point de vue

Je doute que…	**Ich zweifle daran, dass…**
Il faut que je réfléchisse.	**Ich muss mir das überlegen.**
Je voudrais bien, mais…	**Ich möchte schon, aber…**
C'est très gentil, mais…	**Das ist sehr freundlich, aber…**
Je vois ce que vous voulez dire, mais…	**Ich verstehe, was sie meinen, aber…**

Affirmer une divergence de point de vue

Vous faites erreur. Tu te trompes.	**Da irren Sie sich.** **Da irrst du dich.**	oral
Je ne suis pas d'accord.	**Da bin ich nicht einverstanden!**	oral
Je ne suis pas de cet avis.	**Da bin ich anderer Meinung.**	
Ce n'est pas vrai !	**Das ist nicht wahr!**	
C'est faux !	**Das stimmt nicht!**	
Ce serait une erreur de…	**Es wäre verfehlt,… zu + *infinitif***	

Exprimer une désapprobation directe

Quelle ineptie !	**So ein Unsinn!**	oral
C'est incroyable !	**Das ist doch nicht zu fassen!**	
J'ai une toute autre opinion.	**Ich bin ganz anderer Meinung.**	
Je suis contre…	**Ich bin gegen…**	
Je ne suis pas d'accord !	**Ich bin dagegen!**	
Tu es cinglé !	**Du spinnst wohl!**	familier
C'en est trop !	**Das ist doch allerhand!**	
C'est un scandale !	**Das ist eine Affenschande!**	
C'est trop fort à la fin !	**Das ist denn doch zu arg!**	
C'est le bouquet !	**Das setzt allem die Krone auf!**	

Exprimer un refus catégorique

absolument pas	**überhaupt nicht**	
Désolé, cela m'est impossible.	**Tut mir leid, das geht nicht.**	oral
Il n'en est pas question !	**Kommt nicht in Frage! Auf keinen Fall!**	
Jamais de la vie !	**Nie und nimmer!**	
Hors de question !	**Kein Gedanke!**	familier
Vous plaisantez !	**Sie belieben zu scherzen!**	

5. De l'indifférence à la préférence

Exprimer le désintérêt

Exprimer de l'indifférence

Ça m'est égal.	Es ist mir egal.	
Ça m'est égal.	Es ist mir Wurscht.	familier
C'est sans importance.	Das tut nichts zur Sache. Es kommt nicht darauf an.	
Ça n'a pas d'importance que…	Es ist unerheblich, ob…	
Je m'en fiche !	Das ist mir schnuppe! Ich pfeife darauf!	familier
Ce n'est pas la mer à boire !	Das ist nicht die Welt.	familier

Exprimer le manque d'intérêt

Je n'aime pas trop(regarder) le sport à la télévision.	Sportsendungen finde ich langweilig; Die Sportschau interessiert mich nicht.	
Je n'aime pas trop les promenades.	Ich gehe nicht so/besonders gerne spazieren.	
Je n'aime pas beaucoup les sucreries.	Ich mache mir nichts aus Süßigkeiten.	familier
	Ich steh nicht so auf Süßigkeiten.	familier
Ses discours me barbent.	Seine Reden öden mich an.	familier
Je ne vais pas m'embêter avec ça.	Das kann ich mir sparen. Das kann ich mir schenken. Das muss ich nicht haben.	
	Damit werde ich mich nicht herumschlagen.	soutenu

Exprimer de l'aversion

Cela me déplaît de…	Ich mag es nicht, wenn…	
Je ne supporte pas cette personne.	Diese Person kann ich nicht leiden.	…nicht riechen (familier)
Ils ne peuvent pas se sentir.	Sie können sich nicht leiden.	
Cette situation est difficile à supporter.	Diese Situation ist schwer zu ertragen.	
De tels propos sont insupportables.	Das ist ja unerhört!	
Le chef ne souffre aucun retard.	Der Chef duldet keine Verspätung.	
Je n'en peux plus de fatigue.	Ich kann nicht mehr. Mir fallen die Augen zu.	
Je n'en peux plus d'entendre ces stupidités.	Ich kann diesen Quatsch nicht mehr hören.	
Je lui en veux de n'être pas venu ce soir.	Ich nehme es ihm übel, dass er heute Abend nicht gekommen ist.	
Je déteste les hypocrites.	Ich verabscheue Scheinheilige.	
Ça m'horripile !	Das macht mich rasend!	oral
Ça me casse les pieds !	Das geht mir auf den Wecker!/ auf den Zeiger/ auf die Nerven/ auf den Keks	familier

Exprimer des goûts

Exprimer une marque d'intérêt

Je m'intéresse à…	**Ich interessiere mich für…**	
Vous intéressez-vous à la sculpture ?	**Interessieren Sie sich für die Bildhauerkunst?**	
Ta coiffure me plaît.	**Deine Frisur gefällt mir.**	
J'aime que tu me dises la vérité.	**Ich finde es gut, dass du mir die Wahrheit sagst.**	
Je trouve ça bien.	**Das finde ich schön.**	oral
Je trouve ça chouette.	**Ich finde das toll.**	familier

Exprimer un goût durable

J'aime bien les arts martiaux.	**Ich mag Kampfsportarten.**
Aimez-vous le chocolat ?	**Mögen Sie Schokolade?**
J'aime bien faire du cheval.	**Ich reite gern.**

Exprimer une goût prononcé

Mon écrivain préféré est Thomas Mann.	**Mein Lieblingsautor ist Thomas Mann.**
Ce que j'aime le plus, c'est le jus de pomme.	**Am liebsten trinke ich Apfelsaft.**
Il n'y a rien de tel que…	**Es geht nichts über…**
Ce sont les îles bretonnes que je préfère.	**Mir gefallen die bretonischen Inseln am besten.**

Exprimer de l'enthousiasme

Super !	**Prima!**	oral
Génial !	**Toll! Geil!**	familier
C'est merveilleux !	**Wunderbar!**	
Je brûle d'impatience de te revoir.	**Ich brenne darauf, dich wiederzusehen.**	
Je meurs d'envie d'essayer le parapente.	**Ich möchte furchtbar gern mal Paragliding machen.**	familier

Exprimer des préférences

Je préfère jouer au tennis.	**Ich spiele lieber Tennis.**	
J'aime beaucoup la montagne, mais je préfère la mer.	**Ich liebe die Berge, aber am liebsten bin ich an der See.**	
Il préfère son fils aîné.	**Er zieht seinen älteren Sohn vor.**	
Il préfère les brunes.	**Er zieht die Brünetten vor.**	*(fam. :)* Er steht mehr auf Brünett.
J'aimerais…	**Ich wünschte, ..**	
Ce serait mieux si…	**Es wäre besser, wenn…**	
J'aimerais mieux que…	**Mir wäre es lieber, wenn…**	
Je trouve cela plus intéressant.	**Ich finde das interessanter.**	
J'aime mieux cela !	**Das höre ich lieber!**	
	Das hört sich schon besser an!	

Exprimer l'intention et la volonté

Il se fixe pour objectif de…	**Er setzt sich zum Ziel, …**
J'ai l'intention de…	**Ich habe die Absicht, …**
Nous envisageons de déménager dans une semaine.	**Ich habe vor, … zu + *infinitif*** **Wir gedenken in einer Woche umzuziehen.**
Il se propose de…	**Er nimmt sich vor, …**
Il a envie de…	**Er hat Lust, …**
J'ai décidé de…	**Ich habe mich entschlossen, …/** **Ich habe beschlossen, zu…**
Il a pris la décision de…	**Er hat den Entschluss gefasst, …** **Er hat die Entscheidung getroffen, …**
J'aspire au bonheur.	**Ich strebe nach Glück.**

6. Souhaits et regrets

Exprimer des souhaits

Auriez-vous l'amabilité de	**Könnten Sie bitte…** **Würden Sie bitte…**
Pourrais-je…	**Dürfte ich mal…**
Auriez-vous l'obligeance de…	**Ich wäre Ihnen sehr dankbar, wenn…**
Que désirez-vous ?	**Was darf es sein?/** *(dans les magasins)* **Womit kann ich dienen?**
Ce serait bien, si…	**Es wäre schön, wenn…**
Si seulement j'avais de l'argent !	**Wenn ich bloß/nur Geld hätte! Hätte ich doch Geld!**
J'espère avoir un jour l'occasion de vous rencontrer.	**Ich wünsche mir, dass wir uns mal begegnen.**
Espérons que…	**Hoffentlich…**
Je rêve de me faire bronzer au soleil des Seychelles.	**Ich träume davon, mich in der Sonne der Seychellen zu bräunen.**
Il serait souhaitable que…	**Es wäre wünschenswert, wenn…**
J'aimerais bien apprendre le chinois.	**Ich würde gern Chinesisch lernen.**
Je ne tiens pas à en parler.	**Ich mag darüber nicht reden.**
Chaque citoyen aspire à exercer un travail intéressant.	**Jeder Bürger möchte eine sinnvolle Arbeit tun.**
Je ne voudrais pas vous déranger.	**Ich möchte Sie nicht stören.**
Désirez-vous une tasse de thé ?	**Möchten Sie eine Tasse Tee?**
Avez-vous autre chose à ajouter ?	**Wollen Sie noch etwas sagen?**
Le suspect cherche à se défendre.	**Der Verdächtigte sucht sich zu verteidigen**
Pourvu qu'il vienne !	**Wenn er bloß/nur kommt!**
Je voudrais poser une question.	**Ich hätte eine Frage.**

Exprimer des regrets

Tu aurais dû me le dire.	Du hättest es mir sagen sollen.
Tu aurais quand même pu me le dire !	Du hättest es mir doch sagen können!
Comment as-tu pu dire une telle chose ?	Wie konntest du so etwas sagen?
Tu n'aurais pas dû !	Das hättest du nicht tun dürfen!
J'aurais aimé être là.	Ich hätte anwesend/dabei sein wollen.
Si seulement il ne pleuvait pas !	Wenn es bloß/nur nicht regnete!
J'aurais souhaité que…	Ich hätte mir gewünscht, dass…
J'aurais préféré que…	Mir wäre es lieber gewesen, wenn…
Quel dommage !	Wie schade!

7. Du doute à la certitude

Exprimer le doute ou l'incertitude

J'ai des doutes quant à…	Ich zweifle daran, dass…
J'en doute.	Ich bin darüber skeptisch.
Qui sait	Wer weiß?
On ne sait jamais.	Man weiß nie.
Je me demande si	Ich frage mich, ob…
Je suppose. J'imagine.	Das kann ich mir vorstellen.
Je m'en doute !	Das kann ich mir denken!
Il se peut qu'il ait de l'argent.	Kann sein, dass er Geld hat.
Il se pourrait qu'il ait une promotion.	Er könnte befördert werden.

Exprimer la probabilité

Peut-être.	Vielleicht/möglicherweise/womöglich.
Très certainement.	Höchstwahrscheinlich.
Cela arrivera probablement.	Das wird wohl geschehen.
Il est probable qu'il viendra.	Er dürfte kommen.
Il y a peu de chances que cela arrive.	Die Chancen dafür sind gering.
Je suppose…	Ich nehme an… Ich vermute…
J'ai l'impression que…	Ich habe den Eindruck, dass…
Apparemment…	Anscheinend…
Il est possible que…	Es besteht die Möglichkeit, dass…
Il semble satisfait.	Er scheint zufrieden zu sein.
On a l'impression que…	Es sieht so aus, als ob… (+ subjonctif II)

Exprimer une certitude

Évidemment… Sûrement…	Gewiss… Bestimmt… Freilich… Sicherlich…
De toute évidence…	Offensichtlich…
Incontestablement…	Unbestreitbar…
Sans aucun doute.	Zweifellos. Zweifelsohne. Ohne (jeden) Zweifel.
Il est clair que	Es steht fest, dass… Es ist klar, dass…

Il ne fait aucun doute que	**Es liegt auf der Hand , dass…**
Il est certain que	**Sicher ist, dass…**
Je suis sûr/certain (que)	**Ich bin mir sicher, dass…**
Je suis convaincu (que/de)	**Ich bin davon überzeugt, dass…**
Il le faut !	**Es muss sein!**
Cela ne manquera pas de se produire	**Das passiert auf jeden Fall.**
Il ne manquera pas de réussir.	**Er schafft es bestimmt.**
Ils ont dû déménager.	**Sie müssen umgezogen sein.** ***(forte probabilité)***

≠ Sie haben umziehen müssen = sie mussten umziehen *(obligation)*

Corrigés

1 a. murmeln - b. heulen - c. wimmern - d. jammern - e. stöhnen - f. murmeln - g. lispeln.

2 a. eine rauchige Stimme
b. sie gackern wie die Hühner
c. eine Fistelstimme
d. eine spitze Zunge
e. er murmelt in seinen Bart hinein
f. es verschlägt dir die Sprache
g. er holt weit aus
h. er begeht einen Schnitzer
i. ein lockeres Mundwerk

3 Argumentation - langatmig - Fragen aufwerfen - fondiert - Zuhörer in seinen Bann zu schlagen - einwerfen - Einwand - rhetorische Frage - ausgefeilt - Einleitung - befürworten - Erläuterungen fortfahre - eintönigem - hochtrabenden Predigten - schmeicheln - Kritik - Heikle Themen - streitsüchtiges - Eingeständnis auschmücken - Geblümte Worte - beißende Ironie - wohlgemeinten Ratschläge - Schimpftiraden - Lobgesang - ausgepfiffen.

4 a. 2 - b. 1 - c. 4 - d. 3 - e. 6 - f. 5.

5 a. 2 - b. 6 - c. 8 - d. 4 - e. 7 - f. 5 - g. 9 - h. 1 - i. 3.

6 leserlich - Lesebrille - Lesung - Leserbrief - Leserschaft - Lesezirkel - Lesestoff - lesen - lesenswert - Leselampe - belesen.

7 a. 6 - b. 3 - c. 1 - d. 5 - e. 7 - f. 2 - g. 4.

8 a. der Krimi - b. der Liebesroman - c. das Familienepos

9 a. der Rahmen - b. der Held - c. das Motiv - d. die Figurenkonstellation - e. der Stoff

10 a. Feigenblatt - b. Vogelscheuche - c. Leitung - d. Dauerwelle

11 a. 6 - b. 3 - c. 5 - d. 2 - e. 4 - f. 1.

12 a. Fernsehlandschaft - b. Sommerloch - c. Zeitungsente - d. Parabolantenne.

13 a. Schlagzeile - b. Kummerecke - c. Käseblatt - d. Gemischtes - e. Vorspann - f. Einschaltquote - g. Gegendarstellung - h. Erkennungsmelodie.

14 Schlagzeile/Titelblatt/Untertitel/Kopf/Kürzel
Sensationsblatt/Schmierfink/Aufmacher/Zeitungsente/Falschmeldung
Hörerwunsch/Verkehrsfunk/Erkennungs melodie/Kurzwelle
Ansager/Moderator/Publikumsliebling/Quizmaster

15 a. verbunden - Signalton - rufen zurück
b. Anschluss - telefonisch - erreichen - Piepston - Rückruf
c. Anrufbeantworter - Pieps

16 a. speichern - b. Raubkopien - c. Nachnahme - d. Vorwahlen - e. Auskunft

17 a. 1. - b. 3 - c. 2 - d. 6 - e. 5 - f. 8 - g. 4 - h. 7.

18 a. Sprechen Sie nach dem Pfeifton.
b. Schnurloses Telefon
c. Briefträger

19

Kunst- = " artistique ", relatif aux beaux arts	**Kunst-** = " habile ", relatif à l'art, l'artisanat ou la technique	**Kunst-** = " artificiel "
der Kunstführer der Kunstexperte der Kunsthändler der Kunstkenner die Kunststudentin die Kunstkritik	der Kunstspringer der Kunstflieger der Kunstreiter der Kunstfehler das Kunststück die Kunstfertigkeit	die Kunstfaser der Kunsthonig der Kunstrasen der Kunststoff das Kunstlicht das Kunstleder

20 1. c - 2. d - 3. c - 4. b - 5. b.

21 a. feucht - b. Luftschloss - c. Zahnstein - d. Gips - e. Bauer

22 a. Katzenmusik - Zukunftsmusik
b. *Eiertanz - Totentanz - Veitstanz*
c. Affentheater

23 a. die Kunstreiterin - b. die Manege - c. das Publikum - d. das Orchester - e. das Beifallsklatschen - f. die Fanfare - g. der Zirkus - h. der Schlussmarsch

24 die Partei

25 a. der Spitzenkandidat - b. den Nachfolger - c. der Wahlspruch - d. Schlammschlacht - e. Lager - f. die Wahlschlappe - g. Führungswechsel

26 a. falsch - b. richtig - c. falsch - d. richtig - e. falsch

27 a. einheimischen - b. Völkerverständigung - c. Bürgertums - d. Grenzübergang - e. Ausweisung - f. Subkultur

28 a. 7 - b. 6 - c. 5 - d. 2 - e. 1 - f. 8 - g. 3 - h. 4.

29 a. 6 - b. 1 - c. 14 - d. 4 - e. 12 - f. 10 - g. 2 - h. 9 - i. 7 - j. 5 - k. 13 - l. 3 - m. 8 - n. 11.

30 a. 3 - b. 4 - c. 10 - d. 2 - e. 7 - f. 9 - g. 5 - h. 1 - i. 8 - j. 6 - k. 12 - l. 11 - m. 13.

31 a. L'appelé est en permission
b. Quand as-tu effectué ton service militaire ?
c. J'ai refusé d'accomplir le service militaire pour des raisons de conscience.
d. Le service militaire vient d'être supprimé en France.
e. Il s'est engagé dans la Légion.
f. Le général a fait tirer sur la population civile.

32 die Sexbombe (bombe sexuelle) - die Eisbombe (bombe glacée) - die Stinkbombe (la boule puante).

33 bombastisch - Bombendrohung - Bombenalarm - bombensicher - Bombengeschäft - Bombenerfolg - Bombe

34 a. Einspruch - b. zu verklagen - c. fällen - d. Kronzeuge - e. Verteidigung - f. Geständnis - g. Vergewaltigung - h. Drohbrief - i. ungeklärt - j. mutmaßliche - k. Alibi - l. ertappt - m. Beweises.

35 b. - a. - d. - e. - c.

36 a. Schmiergeld - b. Drohbrief - c. Haftbefehl - d. Polizeispitzel - e. Untersuchungshaft - f. Galgenvogel.

37 a. bettet - b. bieten - c. bitten - d. Meistbietenden - e. bete … an - f. Bitte - g. anbetet

38 a. Wer's glaubt, wird selig - b. fiel er aus allen Wolken - c. im siebten Himmel - d. Vergelt's Gott - e. Ach du lieber Gott - f. Gott sei dank - g. höllisch gut - h. sündhaft - i. armer Teufel - j. In Gottes Namen - k. Um Gottes willen - l. Grüss Gott - m. Bei Gott

39 a. 6 - b. 1 - c. 5 - d. 7 - e. 4 - f. 2 - g. 8 - h. 3.

40 a. Ihr Blutdruck - b. bohren - c. Verstopfung - d. kurzsichtig - e. ein Attest.

41 a. Spendenskandal - b. Lampenfieber - c. schachmatt - d. genießen - e. befummeln - f. Rezeptbuch - g. mauern - h. Treppe - i. schwindelerregend.

42 a. 4. - b. 5. - c. 6. - d. 1. - e. 3. - f. 2.

43 a. **tierische Nahrungsmittel :** Braten - Hähnchen - Schinken - Muschel - Fleischbrühe - Spiegelei - Schweizerkäse - Wiener Schnitzel

b. **pflanzliche Nahrungsmittel :** Teigwaren - Birne - Gewürz - Bier - Gemüsesuppe - Sauerkraut - Kirschen

44 a. der Kaffee - b. den Salat - c. das Geflügel, z. B. ein Hähnchen - d. eine Scheibe Fleisch - e. Brotteig - f. Kuchenteig.

45 tiefgefroren - Zubereitung auftauen - gewaschen - abgetrocknet - gesalzen - gefüllt - zugenäht - eingeölte - vorgeheizte - zugedeckt - schmoren - brät - knusprig - Servieren - Beilage - Bratkartoffeln - Trinken - Burgunder.

46 a. la soupière - b. le saladier - c. le sommelier, le caviste - d. la tomate génétiquement modifiée - e. le navet - f. la carotte - g. la betterave rouge - h. le steak tartare - i. le beurre à l'ail

47 a. sauer und ranzig - b. schimmlig - c. verdorben - d. abgestanden - e. verfault - f. altbacken und schimmlig - g. schlecht - h. abgelaufen.

48

	Unterwäsche	**Überkleider**	**Sonstige Kleider**	**Kopfbedeckung**
Damenkleidung	**Söckchen** Strümpfe Höschen	Pelzmantel	Kostüm Hemdbluse Rock	Mütze
Herrenkleidung	Socken Unterhose	Überzieher	Sakko Anzug Hemd	Zylinder
Baby- und Kinderkleidung	**Söckchen** Windelhöschen		kurze Hose Hemdchen	Häubchen

49 a. le sabot - b. l'ombrelle - c. la boutonnière - d. le dé à coudre - e. le béret basque - f. la robe de jersey - g. la jupe-culotte - h. le collier de perles - i. une paire de bas de soie - j. la veste de cuir, le blouson de cuir - k. la veste de laine - l. le short de tennis - m. la lingerie féminine - n. la coupe brosse - o. le cirage - p. le chausse-pied - q. le sac banane - r. les après-ski - s. le bonnet de nuit.

50 a. bügelfreie - b. wasserdichte - c. Krawatten - d. schlichtes - e. Armbanduhr.

51 a. 5 - b. 2 - c. 1 - d. 3 - e. 6 - f. 4.

52 a. 7 - b. 2 - c. 6 - d. 3 - e. 5 - f. 1 - g. 4.

53 Schulbänke - Lehrerpult - fleißigste - Klassenbester - Streber - Schulbücher - Störenfriede - Aushecken - Streich - Nachsitzen - Tafeldienst - Quasselstrippen -

Schwätzen - Disziplin - Nerven - Stoff - Schulaufgaben - Spickzettel - mündliches Ausfragen - Einsagen - Hausaufgaben - Schulbus.

54 a. 1 - b. 5 - c. 8 - d. 6 - e. 4 - f. 7 - g. 2 - h. 3.

55 a. zielstrebig - unbeirrbar- beharrlich
b. unerschütterlich - hartnäckig
c. zaudern - zögern
d. unbelehrbar - unverbesserlich
e. wankelmütig - unentschlossen - unschlüssig
f. bestimmt - entschlossen
g. empfangen - aufnehmen

56 a. wankelmütig - b. zielstrebig - c. hartnäckig - d. tatkräftig - e. eigenwillig - f. kopflos.

57 a. 2 - b. 4 - c. 5 - d. 6 - e. 1 - f. 3

58 a. 3 - b. 1+4 - c. 2 - d. 7+8 - e. 6 - f. 5.

59 a. Une hirondelle ne fait pas le printemps.
b. Un tiens vaut mieux que deux tu l'auras.
c. Faire d'une pierre deux coups.
d. Il a un chat dans la gorge.
e. Il est connu comme le loup blanc.
f. Il dort comme une marmotte.
g. Comme un éléphant dans un jeu de quilles.

60 1. d - 2. f - 3. b - 4. i - 5. g - 6. e - 7. c - 8. a - 9. h - 10. j.

61 eisiges - Luft - Gewitter - weht - Wind - Wolke - Donnerwetter - begossener - wettert - schmelzen - Sonne - Regen - Traufe

62 Richtig : b - e - f - i.
Falsch : a - c - d - g - h - j.

63 a. Ampeln - b. Bürgersteigen - c. Fahrgemeinschaften - d. Penner - e. Stau.

64 a. 4 - b. 3 - c. 7 - d. 5 - e. 2 - f. 1 - g. 6.

65 a. 12 - b. 4 - c. 11 - d. 13 - e. 9 - f. 6 - g. 14. - h. 2 - i. 7 - j. 1 - k. 3 - l. 8 - m. 10 (le village d'un million d'âmes) - n. 15 (la ville des fonctionnaires : siège du Bundeskriminalamt et du Statistisches Bundesamt) - o. 5.

66 1. p - 2. k - 3. d - 4. c - 5. e - 6. f - 7. m - 8. b - 9. j - 10. n - 11. h - 12. i - 13. q - 14. o - 15. a - 16. g - 17. l.

67 a. tot und **lebendig** - b. geschieden und **verheiratet** - c. Werktag und **Feiertag** - d. minderjährig und **volljährig** - e. Oma und **Opa** - f. Ende und **Anfang** - g. **gestern** und heute - h. **Leben** und Tod - i. **aufhören/beenden** und anfangen - j. **Brüder** und Schwestern - k. **Tag** und Nacht - l. **Neffe** und Nichte

68 a. J. - b. F. - c. I. - d. C. - e. A. - f. G. - g. B. - h. D. - i. E. - j. H.

69 a. schwanger - b. zeitgemäß - c. Heute Abend - d. erwachsen - e. verlobt

70 a. l'apiculture - b. la cuniculiculture - c. l'élevage de chevaux - d. la floriculture (horticulture) - e. l'arboriculture - f. l'élevage de poules - g. la pisciculture (aquaculture) - h. l'aviculture - i. l'élevage de pigeons (colombophilie) - j. l'élevage porcin - k. l'arboriculture fruitière - l. l'élevage bovin - m. l'élevage ovin - n. la culture des rosiers - o. l'élevage - p. l'ostréiculture - q. la culture de semences - r. le taureau reproducteur

71

Oberbegriff (mot générique, non sexué)	**Männchen** masculin	**Weibchen** féminin	**Junge** petit animal
das Rind, -er	der Stier/der Ochse/der Bulle	die Kuh	**das Kalb**
das Pferd	der Hengst	die Stute	das Fohlen, das Füllen
das Huhn	**der Hahn**	die Henne	das Küken (poussin)
die Ziege	**der (Ziegen)bock**	die Ziege	**das Zicklein, das Zickel, das Ziegenkitz**
das Schwein	der Eber	die Sau, ¨-e	**das Ferkel**
das Wildschwein	das Wildschwein	die Sau, -en	**der Frischling**
der Hund	der Hund, der Rüde	**die Hündin**	**der Welpe**
die Katze	**der Kater**	die Katze	**das Kätzchen**
das Schaf	**der Widder der Schafbock**	das Mutterschaf	**das Lamm, das Schäfchen**
der Hirsch	der Hirsch(bock)	die Hirschkuh	**das Hirschkalb**
der Reh	der Reh(bock)	die Rehgeiß, die Ricke	**das Rehkalb, das Rehkitz**
die Biene	**die Drohne**	die Königin, die Arbeitsbiene	
der Elefant	der Elefantenbulle	**die Elefantenkuh**	**das Elefantenbaby, das Elefantenküken (humor.)**
der Igel	**das Igelmännchen**	das Igelweibchen	

72 a. 10 - b. 8 - c. 3 - d. 1 - e. 2 - f. 12 - g. 11 - h. 4 - i. 5 - j. 9 - k. 6 - l. 7.

73 a. 13 - b. 12 - c. 7 - d. 11 - e. 4 - f. 6 - g. 5 - h. 8 - i. 10 - j. 2 - k. 1 - l. 9 - m. 3.

74 a. bestellen - b. einberufen - c. Arbeitsmoral - d. Lösegeld.

75 a. falsch - b. falsch - c. richtig - d. falsch - e. falsch - f. falsch - g. falsch.

76 a. 5 - b. 10 - c. 7 - d. 8 - e. 2 - f. 9 - g. 3 - h. 4 - i. 6 - j. 1.

77 a. Betrieb - b. Unternehmen - c. Sitzung - d. Lieferfrist - e. Anlage - f. Abwertung.

78 a. 4 - b. 8 - c. 1 - d. 9 - e. 13 - f. 10 - g. 3 - h. 5 - i. 6 - j. 11 - k. 2 - l. 7 - m. 12.

79 Schlussverkauf - kaufen - Auslaufmodell - Grabbeltischen - Litfassäulen - Werbung - Einkaufszentrum - Schleuderpreis - Gebrauchtwarenhändler - Kassenschlager reduziert - Versandhaus.

80 a. Werbespot - b. Inserat, Anzeige, Annonce - c. Umfrage, Befragung - d. Bäcker, Konditor - e. Apotheke.

81 Luxus**limousine** - Steuer - Motor - an**laufen** - rückwärts - hält - eingestiegen - schaltet - Gang - Gas - Autobahn - ordnet - Fahrbahn (Fahrspur) - Tempo - Stau - abbremsen.

82 die Autonomie - der Automat - die Autorität - das Autogramm

83 a. 3 - b. 16 - c. 12 - d. 6 - e. 7 - f. 1 - g. 8 - h. 15 - i. 11 - j. 2 - k. 9 - l. 13 - m. 4 - n. 14 - o. 5 - p. 10.

84 a. 3 - b. 1 - c. 5 - d. 4 - e. 2.

85 a. 10 - b. 7 - c. 9 - d. 3 - e. 2 - f. 11 - g. 8 - h. 5 - i. 1 - j. 6 - k. 4.

86 schwindelfrei - Rucksack - Reiseagentur - Ebbe - Schwimmflügel - Sonnenschutzfaktor - Alm - Sesselliften - Gipfelkreuz - Auen - grillen - Last-Minute-Angebot - buchen.

87 Mannschaft - Gruppensport - Leichtathlet - Weltrekord - Hürdenlauf - Training - Boxhandschuhen - muskulöser - Anabolika - Muskelpakete - in Form halten - Fitnessstudio - Fußball - Weltmeisterschaft - Fans - Eigentor - Spitzentutu - biegsamen - Dreikampf - Zehnkampf - Sportsmann - Endspurt - Ziellinie.

88 a. 3 - b. 1 - c. 5. - d. 6 - e. 7 - f. 4 - g. 2.

A

B

C

Couverture : Favre&Lhaïk
Avec la participation de : Peter-Raphaël Böhmer, Astrid Pape, Beate Winckler
Conception graphique : Thierry Méléard
Édition : Marie-Hélène Christensen
Fabrication : Jacques Lannoy

N° éditeur : 16169635 - Juillet 2010
Imprimé en Italie par Vincenzo Bona - Torino